Inhalt

Editorial (Anton Leitner)	3
Wolfgang W. Keil, Freud aus der Sicht der Klientenzentrierten Psychotherapie *Freud in the view of Client-centered Psychotherapy*	11
Hannes Krall, Freud und Moreno - das Psychodrama, eine nicht-psychoanalytische Psychotherapie *Freud and Moreno - Psychodrama, a non-psychoanalytical psychotherapy*	29
Margarete Mernyi, Freud im Blick des/der SystemikerIn *Freud in the view of Systemic Therapy*	45
Hilarion G. Petzold, Pierre Janet (1855-1947) - Ideengeber für Freud, Referenztheoretiker der Integrativen Therapie *Pierre Janet (1855-1947) - Ideas Man for Freud, Reference Theorist of Integrative Therapy*	59
Peter Rumpler, Freud aus der Sicht eines Gestalttherapeuten Des einen Freud' ... des andern Leid *Freud in the view of a Gestalt therapist.* *Joy for the one ... grief for the other!*	87
Bibiana Schuch, Freud im Blick der Verhaltenstherapie *Freud in the view of Behaviour Therapy*	101
Hans Waldemar Schuch, Freud aus der Sicht der Integrativen Therapie. Einige Bemerkungen zu Person und Werk von Sigmund Freud (1856-1939) aus Anlass seines 150. Geburtstages *Freud in the View of Integrative Therapy* *Some remarks on the person and the work of Sigmund Freud (1856-1939) on the occasion of his 150th birthday*	115
Reinhard Skolek, Der Blick des Jungianers auf Freud heute Sigmund Freud - Würdigung und Kritik durch C. G. Jung *The view of a Jungian on Freud today* *Sigmund Freud - Appreciation and criticism by C. G. Jung*	147
Rudolf Sponsel, Irrtümer und Irrwege Freuds aus allgemein-integrativer Sicht *Mistakes and wrong ways of Freud from a general integrative viewpoint*	171

Thomas Stephenson/Wilfried Datler, Der Blick auf Sigmund Freud
aus der Perspektive der gegenwärtigen Individualpsychologie
Von der „freien Psychoanalyse" zur Individualpsychologie - und zurück?   193
The view on Sigmund Freud from the perspective on Individial Psychology
of the present. From „free psychoanalysis" to Individual Psychology - and back?

Otmar Wiesmeyr, Frankls Logotherapie und Existenzanalyse, ein Entwurf
gegen Freud?   213
Frankl's Logotherapy and Existential Analysis - a framework against Freud?

Dokumente   223

Buchbesprechungen   228

Editorial

151 Jahre *Sigmund Freud*: geboren am 6. Mai 1856 in der damaligen österreichisch-ungarischen Monarchie im kleinen nordmährischen Städtchen Freiberg, dem heutigen Příbor in der Tschechischen Republik, gestorben am 23. September 1939 in London.

Das Jahr 2006 wurde zum Anlass genommen, über diesen bedeutenden Vertreter der jungen Disziplin „Psychotherapie" erneut zu diskutieren. Das geschah wie bei allen *Freud*jubiläen kontrovers, polarisierend, von der respektvollen bis zur sehr positiven „Berichterstattung", aus dem Bereich der „Anhänger" der Psychoanalyse bis zum „*Freud*-Bashing" heftiger GegnerInnen des psychoanalytischen Ansatzes. Es findet sich ein Spektrum der Meinungen, bei dem es nicht einfach ist, ausgewogenen Positionen zu begegnen. Dieses Phänomen ist bekannt. Es gleicht einem „Wiederholungszwang" oder einem „Wiederkehren von Verdrängtem", von Konflikthaftem, das ungelöst blieb und wahrscheinlich bleiben wird. Gründe dafür sind der nicht endende Streit um den Status der Psychoanalyse als Wissenschaft oder um ihre Wirkung als Heilverfahren.

Freud hatte einen Bekanntheitsgrad und Einfluss wie kein anderer Psychotherapeut des vergangenen Jahrhunderts. Weder *Carl G. Jung*, noch *Jakob L. Moreno* oder *Carl R. Rogers* kommen diesem nahe. Keiner der herausragenden Psychologen - *Kurt Lewin*, *Jean Piaget*, *Jerome Brunner* oder der erst am 31. März dieses Jahres verstorbene *Paul Watzlawick* kann mit *Freud* in irgendeiner Weise verglichen werden, aber auch kein Psychiater – von *Philippe Pinel* über *Emil Kraepelin*, *Kurt Schneider*, *Franco Basaglia* bis *Eric R. Kandel*. *Sigmund Freud* hat eine Bekanntheit, die der von *Charles R. Darwin* ähnlich ist. Vergleicht man die wissenschaftliche Substanz und den bleibenden, die Zeit überdauernden wissenschaftlichen Bestand der Lebenswerke der beiden Männer, sind diese unterschiedlich zu bewerten:

Darwin war ein Naturwissenschafter, der aufgrund sorgfältiger Forschungsarbeit unser Welt- und Menschenbild so verändert hat, wie kaum ein anderer Denker je zuvor. Seine Erkenntnisse wurden durch nachfolgende Forschungen weitgehend bestätigt, auch wenn die Abstammungslehre bis heute in manchen Teilen der breiten Öffentlichkeit keine Akzeptanz findet.

Freud konnte mit großem schriftstellerischen Talent seine Ideen über die Prozesse, die Menschen steuern und ihre Motive bestimmen, verbreiten - immer verbunden mit dem Versprechen der Heilung von seelischem Leid und von Krankheit. Er sprach Menschen unmittelbar an, löste Identifikationen aus, gab Erklärungen wie „Deshalb verhalten sich Menschen so!", die viele Leser überzeugten. *Freud*s Lehren sind durch die moderne Forschung weitgehend unter Druck gekommen, seine Metapsychologie und seine Erklärungshypothesen halten der wissenschaftlichen Überprüfung in vielen Punkten nicht stand, wie wissenschaftlich orientierte klinische Psychologen meinen

(*Perrez* 1972, *Grawe* 2004 et al.). Auch der Kognitions- und Neurowissenschafter *Wolfgang Prinz* (2005) beantwortet die Frage: „Ist die Psychoanalyse eine Wissenschaft?" abschlägig. Die Frage nach der Wissenschaftlichkeit muss aber nicht nur für die klassische Psychoanalyse gestellt werden, sondern auch für ihre modernen Entwicklungen (Brief *Grawes* an *Dörte von Drigalski*) und die Psychotherapie insgesamt.

PsychotherapeutInnen, die mit PatientInnen, mit KientInnen arbeiten, sind verpflichtet, Antworten auf Fragen nach Wissenschaftlichkeit, und darüber hinaus auf Wirksamkeit, Wirtschaftlichkeit und Unbedenklichkeit ihres Handelns zu geben.

Klinische Psychotherapie darf keine Positionen vertreten, die mit gesicherten Erkenntnissen aus Grundlagenwissenschaften wie Biologie, Chemie, Physik, Humanmedizin, ….unvereinbar sind. Sie muss ihre Geltungsbehauptungen in den wissenschaftlichen Diskurs stellen, damit sie sich dort bewähren oder korrigiert werden können. Sie muss ihre angewandten Verfahren, Methoden und Techniken - der „PatientInnensicherheit" wegen - auf Wirkungen und Nebenwirkungen mit kontrollierten Studien überprüfen lassen. Nur so lassen sich riskante Interventionen und gefährliche Nebenwirkungen erfassen. Ziel ist natürlich auch, die Wirkweisen konsistent und empirisch überprüfbar zu begründen. Diesen Forderungen muss sich jede moderne Psychotherapie stellen.

Aber was bleibt dann von der „Heilung durch Deutung?" „Was sind denn nun die unbestreitbaren wissenschaftlichen Leistungen von *Freud*?" *Rudolf Sponsel* beantwortet das in seinem Beitrag treffend: „Die heutige Akzeptanz unbewusster Prozesse, der Psychotherapie, des Homöostase- und Konfliktoptimierungsprinzips für seelische Gesundheit bzw. Krankheit, der großen und von den Naturwissenschaften chronisch unterschätzten Bedeutung des Subjektiven (Idiographie), der primären Bezugspersonen und Bindungsbeziehungen, von Entwicklungspsychologie und Sozialisation, Kultur, Kunst und Mythos und das energische Anpacken der sehr schwierigen und komplexen psychischen Prozesse wäre vermutlich ohne *Freud* und die Psychoanalyse nicht in der Weise auf den Weg gebracht worden wie wir es heute glücklicherweise vorfinden."

Unstrittig ist es dem Wirken *Freuds* zu verdanken, dass das Seelische in einem säkularen Verständnis in der Medizin und im öffentlichen Leben moderner Zivilgesellschaften eine nicht mehr zu übergehende Bedeutung gewonnen hat, auch wenn die Bestimmung dessen, was denn das „Psychische" sei, bei *Freud* unklar und unscharf geblieben ist. Auch bei der Mehrzahl der heutigen Psychotherapieverfahren ist der Begriff „Psyche" noch wenig greifbar oder überzeugend erklärt. In der modernen Psychologie wurde „Psyche" zur Bezeichnung für die Gesamtheit aller bewussten und unbewussten Erlebens- und Verhaltensweisen. Ein solches Verständnis findet sich im Prinzip auch bei *Freud*, zugleich hängt er aber mit seinem vorwissenschaftlichen „Energiebegriff" und der „Libidotheorie" noch in gewisser Weise dem substanzorientierten Paradigma an (*Russelman* 1988), und zwar massiver als *William James* oder *Pierre Janet*.

Freud sensibilisierte die Öffentlichkeit für die Bedeutung belastender biographischer Erfahrungen von Kindern für ihre Entwicklung und für mögliche pathologische Konsequenzen im späteren Erwachsenenleben. Er war nicht der Erste oder der Einzige, der diese Zusammenhänge erkannte - auch *Jean-Martin Charcot, Josef Breuer, Friedrich W. Nietzsche, Pierre Janet* u. a. hatten das erfasst. *Freud* gelang es, diese Erkenntnisse mit Breitenwirkung ins öffentliche Bewusstsein zu bringen. Darin liegt ein bleibender Verdienst.

Was ist das Faszinierende an *Freud*s Lehren? Sind es überhaupt die „Lehren", die ihn bekannt gemacht haben? - Wohl nicht, denn sie werden ja von den breiten Schichten, denen der Name *Freud* „irgendwie" geläufig ist, nicht zur Kenntnis genommen (*Moscovici* 1961, 2001). Es sind die Themen, die im Kontext des Zeitgeistes des ausgehenden 19. und beginnenden 20. Jahrhunderts „ankamen".

Als eines der öffentlichkeitswirksamen Themen war „Sexualität" in den abendländisch-christlichen Kulturen der alten und neuen Welt ein Problem- und Tabuthema. *Freud* konnte es im aufkommenden Diskurs der modernen Wissensgesellschaft in einer quasi wissenschaftlichen Weise - eben parawissenschaftlich - aufgreifen und einerseits durch einen szientistischen Duktus der Argumentation, sowie andererseits durch seine überragende Erzählkunst „unters Volk" bringen. Er fügte bald schon ein weiteres Tabuthema hinzu, die „Aggression". Er stellte beides mit populären und popularisierbaren Erklärungen in einem „gleichsam wissenschaftlichen" Diskurs in den öffentlichen Raum, in dem sich durch die Prozesse der Säkularisierung seit dem 19. Jahrhundert immense Leerräume aufgetan hatten. Es geschah aufgrund des Verfalls religiöser und politischer, sinnstiftender Institutionen, deren Glaubwürdigkeit und deren Deutungspotential massiv gelitten hatten. Das wurde durch die dramatischen Konfrontationen des 20. Jahrhunderts mit den beiden Weltkriegen, den Katastrophen von Verdun, Stalingrad, Auschwitz, Hiroshima ..., in die „aufgeklärte", von Wissenschaft und Kulturbewusstsein geprägte Nationen der westlichen Welt verwickelt waren, noch verschärft. Dies führte an die Grenzen der Selbst- und Kulturdeutung und in eine tiefe kollektive Verunsicherung. Die Psychoanalyse gab nicht-religiöse Antworten auf unverstehbar Geschehenes, vertrat also weltanschauliche Positionen.

Freud gab Antworten, die eigentlich schon *Darwin* gegeben hatte. Aber er machte sie populär und fand einen für diese Botschaften offeneren Zeitgeist vor. Menschen gehören über ihre Triebnatur zur archaischen Natur, sagte er, aber er gab - anders als *Darwin* - auch ein Versprechen ab: Die Psychoanalyse kann diese Triebe, kann unsere Gefährlichkeit bändigen! Er gibt Erklärungen, mit denen wir uns selbst verständlicher zu werden scheinen: für unser Begehren, für unsere Begierden, für das, was uns antreibt zu unserem Tun und unseren Taten. Es sind die Kräfte des „Es", ein Kunstwort, das er von *Georg Groddeck* borgte, für Mächte, die uns nicht bewusst seien, was uns für so manches entschuldigt oder entschuldet. *Freud* versprach Wissen über das Wirken dieser Kräfte und reklamierte eine Deutungsmacht für die Phänomene, die durch sie bewirkt werden. Er verheißt, das „Es" unter die Herrschaft des „Ichs" zu bringen, damit das „Ich" wieder „Herr im eigenen Hause" werden solle....

Freud gibt dem „Seelischen", das in der Aufklärung, in der Medizin, der evolutionär orientierten Biologie, der dialektisch-materialistischen Weltsicht und Politökonomie seinen Ort verloren hatte, wieder einen Platz im Bewusstsein und im gesellschaftlichen Raum durch seine Popularisierung - der Idee des „Unbewussten". Die von *Freud* aufgegriffenen Themen sprechen Menschen des Alltags an, Menschen, die sich nicht als Psychologen und Neurowissenschafter oder als ExpertInnen für Psychisches mit Fragen befassen wie: Bewusstes und Unbewusstes, Gesundheit und Krankheit, Sexualität und Begehren, Aggressivität und Angst et cetera. Was meinen die Fachleute, ÄrztInnen und PsychologInnen, die PsychotherapeutInnen? Was ist ihr Faszinosum an *Freud* und der Psychoanalyse?

Freud hat sein Verfahren mit einem generalisierten Erklärungsanspruch über die „Natur des Menschen" entwickelt und vertreten und für die Psychoanalyse eine immense Deutungsmacht aufgebaut, die er mit großem Sendungsbewusstsein vertreten hat: Er will die Welt lehren, sie soll seine Wahrheiten erfahren. „Die einschneidenden Wahrheiten wurden endlich gehört und anerkannt... Es ist bisher noch immer so gegangen, und die unerwünschten Wahrheiten, die wir Psychoanalytiker der Welt zu sagen haben, werden dasselbe Schicksal finden." (Die zukünftigen Chancen der psychoanalytischen Therapie, 1917, STA, S. 129). *Freud* erwartete für die Psychoanalyse in der Gesellschaft einen starken Zuwachs an „Autorität" (*ibid.*, 127). „Wir wissen natürlich lange noch nicht alles, was wir zum Verständnis des Unbewussten bei unseren Kranken brauchen. Nun ist es klar, dass jeder Fortschritt unseres Wissens einen Machtzuwachs für unsere Therapie bedeutet" (*ibid.*, 123). Psychoanalytiker würden natürlich an dieser Autorität partizipieren, so seine Verheißung - und ein wenig ist sie ja auch eingetreten, mit einer gewissen „Therapeutokratie" (*Habermas* 1981, 533), die die Gesellschaft mit einem Netz von KlientInnenverhältnissen überzogen hat und Hilfen in der neuen Unüberschaubarkeit und den Kolonialisierungsprozessen der Lebenswelt anbietet (*idem* 1985). *Freud* baute eine internationale Organisation auf, in deren Teilorganisationen und Ausbildungsinstitutionen durch die reglementierte Form der Ausbildung ein hohes Maß an Kontrolle bzw. Kontrollmacht zum Tragen kam und kommt, an der die AnhängerInnen dieser Schule partizipieren können. Das ist ein Prinzip, das von fast allen Schulen übernommen wurde.

Die Macht der Therapeutinnen und der Therapeuten ist ein kaum thematisierter Bereich in allen Therapieschulen, wie das Machtthema schlechthin, ebenso das Thema der Willensfreiheit und des Willens, das gleichfalls vernachlässigt wird. *Michel Foucault* (1978), *Manfred Pohlen* und *Margarethe Bautz-Holzherr* (1991, 1994) haben hier erhellende Analysen zum Thema Macht und Psychoanalyse durchgeführt. Diese haben Bedeutung für die gesamte Psychotherapie, in der Menschen durch unreflektierten Machteinsatz oder Machtmissbrauch verletzt wurden und werden.

Im *Freud*schen und im heutigen psychotherapeutischen Diskurs ist strukturell ein hohes Machtgefälle gegeben. Diese Aufarbeitung wird erst allmählich in Angriff genommen, und hier ist die Auseinandersetzung mit *Freud* und seiner Praxis wertvoll, über die das *Ferenczi*-Schwerpunktheft (3/4, 2000 *Integrative Therapie*) einen eindrücklichen Überblick vermittelte. Weil die psychotherapeutische Situation als solche eine strukturelle Machtsituation ist - der Patient, die Patientin ist krank, oft hilflos, vereinsamt, ohnmächtig, auf Hilfe und Zuwendung des Therapeuten/ Analytikers angewiesen, bleibt die Auseinandersetzung mit „Macht" ein wichtiger Inhalt jeder Psychotherapieausbildung. So darf das Fach „Risiken, Nebenwirkungen und Schäden durch Psychotherapie" kein „Nebenfach" in der Ausbildung von TherapeutInnen sein. Denn alles was wirkt hat auch Nebenwirkungen!

In einer Zeitschrift für vergleichende Psychotherapie und Methodenintegration soll dieses Schwerpunktheft zu *Freud* neben gelebter Integration im „Sinne von Vernetzung" erneut Gelegenheit geben, uns mit *Freud* auseinander zu setzen, respektvoll und dennoch klar in den Differenzen und Gemeinsamkeiten.

Die Mehrzahl der hier vertretenen Verfahren haben sich in Abgrenzung zu *Freud* herausgebildet, oder weil sie von der „Mainstream Psychoanalyse" als Dissidenten ausgegrenzt wurden. Eine solche Auseinandersetzung muss immer die Auseinandersetzung mit dem eigenen Verfahren einschließen, weil alle Psychotherapieverfahren Strukturprobleme mit der Psychoanalyse teilen: Macht- , Abhängigkeits-, Freiheits-, Willensthemen, um nur einige zu nennen. Es muss auch die Frage gestellt werden, warum sich Männer wie *Jung* oder *Adler* von *Freud* getrennt hatten, warum *Moreno*, *Rogers*, *Wolpe* oder *Minuchin* nicht zur Psychoanalyse gefunden hatten und stattdessen etwas Anderes entwickelten? Welche persönlichen Hintergründe gab es? Welche behandlungspraktischen Differenzen gab es? Was haben diese „Schulengründer" im PatientInnenkontakt erlebt, dass sie eine andere Behandlungstechnik entwickelt haben als die der traditionellen Psychoanalyse? Was schließlich wurde in der theoretischen Konzeptualisierung anders entwickelt und weshalb? Sind die Gründe, die einstmals die Begründer und Protagonisten der jeweiligen Verfahren motivierten, sich von *Freud* zu trennen oder sich seiner Bewegung gar nicht erst zuzugesellen, immer noch gültig, haben sie sich verschärft oder abgeschwächt? Über diese Fragen wollen wir noch mehr von etablierten VertreterInnen der unterschiedlichen Schulen in diesem Heft erfahren. AusbildungskandidatInnen sowie alle KlientInnen und PatientInnen haben ein Recht, Antworten darauf zu bekommen.

Eine Übersicht über die Beiträge dieses Doppelheftes (Vol. 33 No.1/2 2007) soll kurz aufzeigen, was Sie erwartet:

Alfred Adler fügte dem individuumzentrierten Ansatz *Freud*s das Moment des Sozialen hinzu; der Vergangenheitszentrierung die Teleoanalyse, eine Zukunftsdimension; der Dyade das Wir; dem Symptom den Lebensstil ... (*Thomas Stephenson, Wilfried Datler*).

Viktor E. Frankl griff die essentielle Dimension des Sinnes, der Werte auf: die existentielle Qualität der Liebe (nicht wie bei *Freud* dominant die Sexualität), Kräfte, die Leid und Verzweiflung zu überwinden vermögen. *Frankl* setzte auf Freiheit und Verantwortung, stellte sich gegen *Freud*s düstere, triebdeterministische Anthropologie … (*Otmar Wiesmeyr*).

Carl G. Jung erweiterte das Symbolverständnis in den übergeordneten kulturellen Raum, brach das „Dogma der Sexualtheorie" auf zu einer ganzheitlichen Theorie der Motive, erweiterte die Pathologieorientierung um eine Gesundheitsperspektive und entwickelte eine differenzierte Persönlichkeitstheorie … (*Reinhard Skolek*).

Jakob L. Moreno sah Kreativität und Spontaneität, den Handlungshunger als vitale Antriebe, nicht nur die Sexualität, begriff den Menschen als Gruppenwesen, sah die unverzichtbare Dimension sozialer Rollen (was kaum ein anderer Therapieansatz aufgriff) und schuf Gruppentherapie, Soziometrie, Rollenspiel. 1914 inaugurierte er den therapeutischen Begegnungsbegriff - unabhängig von *Buber*s „Ich und Du" -, und führte 1934 das Konzept des „Hier und Jetzt" in die Psychotherapie ein … (*Hannes Krall*).

Frederick S. Perls und seine Frau *Lore* sowie *Paul Goodman* gingen von der erlebten Gegenwart aus. *Perls*, der 1947 am Moreno-Institut in New York das Psychodramaverfahren kennen lernte, übernahm das „Hier und Jetzt-Prinzip" und das Begegnungskonzept von *Moreno* (nicht von *Buber*!), ebenso die Rollenspieltechnik und den „leeren Stuhl". Er ging vom leiblichen Erleben der Phänomenwelt aus, setzte auf organismische Selbstregulation, entfaltete das Awareness-Konzept, bezog Körpersprache ein, kreative Experimente - ein Kontrastprogramm zur *Freud*schen Abstinenz … (*Peter Rumpler*).

Carl R. Rogers, von *Otto Rank* inspiriert, zentrierte auf die Person des Klienten, betonte Wahrnehmung, Selbstverwirklichung, Förderung des Eigenwillens und Verantwortung. Gegenüber *Freud* vertrat er ein positives Menschenbild, statt Abstinenz setzte er auf Begegnung mit Zugewandtheit und Wärme … (*Wolfgang W. Keil*).

Als wichtiges Unterscheidungsmerkmal zur Psychoanalyse kann die Verhaltenstherapie keinen „Schulengründer" vorweisen, hat jedoch Leitfiguren wie *Andrew Salter, Joseph Wolpe, Frederick H. Kanfer, Donald Meichenbaum*. Sie ist zentriert auf die Analyse und Modifikation von offenem und auch verdecktem Verhalten, entwickelte forschungsgestützte Behandlungsmethoden, orientierte sich an lerntheoretischen Prinzipien und an der empirischen, klinischen Psychologie mit einem reichen Methodenspektrum. Die Verhaltenstherapie ist in ständiger, an der Forschung orientierter Entwicklung (kognitive Wende, neurowissenschaftliche, emotionale und achtsamkeitsorientierte Wende) und vertritt eine dezidierte Abgrenzung zu *Freud*s parawissenschaftlichem Paradigma … (*Bibiana Schuch*).

Die Systemische Therapie, in ihren Ansätzen breit gefächert, wurde auch von mehreren ProtagonistInnen entwickelt: *Virginia Satir, Salvador Minuchin, Mara Selvini-Palazzoli* u. a. Im Kontrast zu *Freud* sieht dieses Verfahren den Menschen im systemischen Zusammenhang, ist epistemologisch gänzlich anders, nämlich konsequent konstruktivistisch ausgerichtet und damit in der Störungstheorie oder zum Konzept des Unbewussten mit der Psychoanalyse - in zum Teil scharfem Dissens. Kybernetische und biologische Systemmodelle, ressourcenorientierte Behandlungsstrategien, originelle Therapietechniken zeigen ein von *Freud* abgegrenztes, innovatives Therapieparadigma, das allerdings wiederum Einseitigkeiten wie die Vernachlässigung einer entwicklungspsychologischen Perspektive aufweist … (*Margarete Mernyi*).

Johann C. Reil, ab 1803 einer der Leibärzte *Goethe*s, inaugurierte die Begriffe Psychiatrie/Psychotherapie und ist der Begründer einer integrativen psychiatrischen Psychotherapie mit einem großen Methodenreichtum … (*Rudolf Sponsel*).

Pierre Janet begründete die erste integrative, klinisch-psychologische Psychotherapie. *Reil* und *Janet* sind keine marginalen *Freud*-Vorläufer, sondern in ihrer Zeit bedeutende Protagonisten der aufkommenden Disziplin und müssen als solche historisch, aber auch in ihrer durchaus vorhandenen aktuellen Bedeutung, gewürdigt werden. *Janet* entwickelt ein klinisches Konzept des Unbewussten, erkennt die pathogene Wirkung von Traumata, besonders sexueller Gewalt, erarbeitet eine integrative psychologische Persönlichkeits- und Pathogenesetheorie auf entwicklungs- und sozialpsychologischer Grundlage als theoretische Basis seiner „médications psychologiques", eine vielfältige Behandlungsmethodik „psychologischer Medikamente". *Freud* entlehnte offenbar von *Janet* wesentliche Konzepte, entwickelte sie dann aber in eine andere Richtung weiter. *Janet* kann als ein Begründer der Traumatherapie bezeichnet werden, die heute wiederentdeckt wird … (*Hilarion G. Petzold*).

Die Integrative Therapie wurde als modernes, multimodales klinisches Therapieverfahren von *Hilarion G. Petzold, Johanna Sieper, Hildegund Heinl,* unter maßgeblicher Mitarbeit von *Ilse Orth* und vielen anderen entwickelt. Grundlage für Theorie und Praxis ist eine höchst eigenständige Integrationstheorie mit einer deutlichen Forschungsorientierung. Ihrer wissenschaftshistorischen Grundlagenarbeit getreu erfolgt eine Fokussierung, eine würdigende Auseinandersetzung mit *Freud* und seinem Werk, die die kritischen Differenzen nicht verwischt … (*Hans Waldemar Schuch*).

Die Autorinnen und Autoren haben mit ihren Beiträgen eine zentrale, mehrperspektivische Analyse der Rolle *Freud*s in der gegenwärtigen Psychotherapie erarbeitet. Es ist mir eine Freude und Ehre, diese Gedanken lesen und veröffentlichen zu dürfen.

Literatur

Foucault, Michel (1978): Dispositive der Macht, Berlin: Merve.
Freud, Sigmund (1917): Eine Schwierigkeit der Psychoanalyse. Gesammelte Werke Bd. XII. Frankfurt/ Main: S. Fischer, 1947, S. 7 - 11.
Grawe, Klaus (2004): Neuropsychotherapie. Göttingen: Hogrefe.
Habermas, Jürgen (1981): Theorie des kommunikativen Handelns, 2 Bde; Frankfurt a. M.: Suhrkamp.
Moscovici, Serge (2001): Social Representations. Explorations in Social Psychology, New York: New York University Press.
Moscovici, Serge (1961): La psychoanalyse, son image et son public, Paris: Presses Universitaires de France.
Perrez, Meinrad (1972): Ist die Psychoanalyse eine Wissenschaft? Bern: Huber. 2. Auf.1979.
Pohlen, Manfred; Bautz-Holzherr, Margarethe (1991): Eine andere Aufklärung – Das Freudsche Subjekt in der Analyse, Frankfurt: Suhrkamp.
Pohlen, Manfred; Bautz-Holzherr, Margarethe (1994): Psychoanalyse - Das Ende einer Deutungsmacht, Reinbek: Rowohlt.
Prinz, Wolfgang (2005): SpiegelOnline, 5. Mai 2006.
Reil, Johann Ch. (1803): Rhapsodieen über die Anwendung der psychischen Curmethode auf Geisteszerrüttungen. Halle, Curt'sche Buchhandlung.
Russelman, Gerald Hendrik E. (1988): Der Energiebegriff in der Bioenergetik. Eine kritische Abhandlung, Integrative Therapie 1/ 88, S. 4 - 40.

6. Mai 2007

Prof. Dr. med. Anton Leitner
Donau-Universität Krems
Department für Psychosoziale Medizin und Psychotherapie
www.donau-uni.ac.at/psymed

Wolfgang W. Keil

Freud aus der Sicht der Klientenzentrierten Psychotherapie

Es gibt nur wenige Psychotherapierichtungen, deren Gründerpersonen nicht anfänglich mehr oder weniger von der Psychoanalyse bzw. speziell vom Denken *Sigmund Freud*s beeinflusst waren. *Carl Rogers*, der Begründer der Klientenzentrierten Psychotherapie, kann hier als Ausnahme gelten. *Rogers* hat eine psychologische Ausbildung genossen, die einerseits stark vom Denken *J. Dewey's*, wie es von *W. H. Kilpatrick* vertreten wurde, geprägt war. Zugleich war seine Ausbildung am Teachers College der Columbia University gänzlich behavioristisch orientiert: Zu *Rogers'* Studienzeit lehrte dort etwa der Lerntheoretiker *E. L. Thorndike* und ein Jahrzehnt vorher hatte *J. B. Watson* ebenda sein berühmtes Behavioristisches Manifest verkündet. *Rogers* selbst bezieht sich diesbezüglich immer wieder auf seine Lehrerin *Leta Hollingworth* und auf seinen Doktorvater *Goodwin Watson*. *Rogers* wird hier geprägt von einer psychologischen Ausbildung, welche "streng wissenschaftliche Methodik, operationale Definitionen und die Verifizierung bzw. Falsifizierung von Hypothesen mit Hilfe verfeinerter statistischer Verfahren" (*Rogers* 1980/1991, 191) betont. Von daher ist es nicht überraschend, dass die Klientenzentrierte Psychotherapie weitgehend inspiriert von der amerikanischen Philosophie des Pragmatismus im Rahmen von empirischer Forschung entwickelt wurde. Dennoch gibt es aber auch einige Einflüsse aus dem Bereich der Psychoanalyse auf das Werk von *Rogers*; diese sollen hier zunächst kurz skizziert werden.

Psychoanalytische Einflüsse auf das Werk von Rogers

Noch während seiner Studienzeit kann *Rogers* über ein Stipendium am neugegründeten Institute for Child Guidance in New York mitarbeiten und erlebt dort eine zur psychologischen Atmosphäre des Teachers College völlig konträre Welt. "Dort dominierten die Psychoanalytiker, und der Einzelne und seine Lebensgeschichte standen im Mittelpunkt des Interesses. Dort lernte ich den Patienten mit Hilfe von Fallgeschichten kennen, welche die gesamte Persönlichkeitsdynamik der Großeltern, Eltern, Onkels und Tanten berücksichtigt und schließlich den ‚Patienten' selbst: mögliches Geburtstrauma, Entwöhnung, Grad der Abhängigkeit, Geschwisterbeziehungen usw. Daran schließen sich ausgefeilte Tests einschließlich des *Rorschach*-Tests an und schließlich viele Gespräche mit dem Patienten selbst, ehe über die Art der Behandlung entschieden wird" (*Rogers* 1977/1980, 189).

Das Institut ist *freud*ianisch orientiert, aber offen für andere psychoanalytische Richtungen. So lernt *Rogers* dort auch *Alfred Adler* im Rahmen einer Gastvorlesung kennen. *Rogers* kommt auf diese Erfahrung noch viele Jahrzehnte später (im Rahmen einer Grußbotschaft zum Jubiläum des *Alfred Adler* Instituts Chicago 1987) zu sprechen. Dort heißt es: "I had the privilege of meeting, listening to, and observing

Dr. Alfred Adler. This was the winter of 1927-28, when I was an intern at the then new Institute for Child Guidance in New York City. (The Institute perished in the Depression.) Accustomed as I was to the rather rigid *Freud*ian approach of the Institute-seventy-five-page case histories, and exhaustive batteries of tests before even thinking of `treating` a child – I was shocked by Dr. Adlers very direct and deceptively simple manner of immediately relating to the child and the parent. It took me some time to realize how much I had learned from him." (*Ansbacher* 1990, 47).

Wesentliche Impulse empfängt *Rogers* aber in der Folge von der psychoanalytischen Richtung, die *Otto Rank* in Amerika entwickelt und vertreten hat. Während seiner zwölfjährigen Tätigkeit im Child Study Department der Rochester Society for the Prevention of Cruelty to Children arbeitet *Rogers* mehr oder weniger eng mit *Virginia Robinson, Jessie Taft* (Übersetzerin und Biografin *Rank*s), *Elizabeth Davis* und *Frederick Allen* zusammen, die alle prominente Absolventen bzw. Mitarbeiter der von *Rank* inspirierten Pennsylvania School of Social Work waren. In diesem Zusammenhang holt *Rogers* auch *Otto Rank* für ein Fortbildungsseminar an sein Department in Rochester. *Rogers* war dabei besonders von *Rank*s „will therapy" („Dynamische Therapie"), die von *Taft* dann als „Beziehungstherapie" ausgearbeitet wurde, beeindruckt. Es lassen sich in der Folge viele Elemente im Therapieverständnis von *Rogers* ausmachen, die sehr stark von *Rank*s Konzepten inspiriert sind. *Raskin* (1948), *Kramer* (2002) und *Pfeiffer* (1990) haben diese Zusammenhänge ausführlich analysiert. *Pfeiffer* (*a.a.O.*, 21) fasst sie so zusammen: „Zu den wichtigsten Quellen der klientenzentrierten Psychotherapie gehört das Werk *Otto Rank*s und seiner Mitarbeiter. Besonders deutlich wird dies angesichts der Therapie-Prinzipien, wobei folgende Gemeinsamkeiten in die Augen fallen:

- Orientierung an der Individualität des Patienten.
- Bevorzugtes Eingehen auf die Gefühle und ihre Verbalisierung.
- Akzeptieren des Widerstandes / Förderung des Eigenwillens.
- Betonung der Realbeziehung.
- Hinwendung auf das aktuelle Erleben.

Als Behandlungsziele stehen Selbstannahme und Befreiung der kreativen Dynamik im Vordergrund. Ein bedeutsamer Unterschied liegt im Menschenbild. Gegenüber der *Rogers*'schen Annahme harmonischer Selbstentfaltung sieht *Rank* den Menschen als von Natur aus auf Konflikt und Leid hin angelegt."

Rogers hat in einem späteren Interview selbst festgestellt: "I would say that Goodwin Watson and then the Rankian influence were both very influential in shaping my ideas about therapy. The only thing I did was to carry those ideas further, spell them out in more extreme fashion, carry them through in a more extreme fashion." (*Rogers & Russell* 2002, 113).

In einen intensiveren Kontakt mit der Psychoanalyse kam *Rogers* als schon profilierter und berühmter Gründer der Klientenzentrierten Therapie in seiner Beziehung mit dem Psychoanalytiker *Carl Menninger.* In seiner *Rogers*-Biografie beschreibt *Groddeck* (2002, 94) die kritischen Dialoge der beiden: "*Menninger* war Psychiater. Er versuchte auf seine Weise, die Behandlungsstandards in den Anstalten der Psychiatrie zu verbessern und war in gewisser Hinsicht ein ebenso radikaler Denker wie *Rogers*. Aber in dem Maße wie *Rogers* ein grundlegender Optimist war, was die menschliche Natur anbetraf, war *Menninger* ein Pessimist. Wenn *Menninger* von seinen Patienten sprach, betonte er, dass sie krank waren und eine ärztliche Behandlung brauchten. Diese Sichtweise hat *Rogers* später als das medizinische Modell der Psychotherapie bezeichnet."[1]

Nicht ohne einen gewissen Stolz berichtet *Rogers*, dass *Menninger* sein (*Rogers*') Menschenbild wirklich für gefährlich gehalten habe. "Jetzt, bei meiner erneuten Vertiefung in die *Freud*schen Auffassungen verstehe ich besser, weshalb ich um 1950 herum an der Menninger-Klinik eindringlich vor den Konsequenzen meiner Ansichten gewarnt wurde. Man sagte mir, ich würde einen gefährlichen Psychopathen hervorbringen, weil keine Instanz vorhanden sein werde, um den angeborenen destruktiven Kern des Patienten unter Kontrolle zu halten." (*Rogers* 1977/1978, 29). Zu dieser Zeit war *Rogers*' Standpunkt gegenüber der Psychoanalyse somit bereits klar ausgebildet. Er soll im Folgenden näher ausgeführt werden.

Völlig gegensätzliche Menschenbilder

Das Menschenbild, die Auffassung von der Natur des Menschen, bildet den Bereich, in dem *Rogers* und *Freud* diametral gegensätzliche Auffassungen vertreten. *Rogers* betont, dass er seine Sicht von der grundlegenden Natur des Menschen vor allem durch seine Erfahrung mit Klienten in der Psychotherapie gewonnen habe. "Die wesentliche Quelle widersprüchlicher Untersuchungsergebnisse scheint nicht die Forschung, sondern ein klinischer Standpunkt zu sein. Nach und nach hat die psychoanalytisch orientierte *Freud*sche Gruppe aus einer reichen klinischen Erfahrung einen Standpunkt entwickelt, der unseren Hypothesen, die sich auf die Kapazitäten und Tendenzen des menschlichen Organismus beziehen, diametral entgegensteht. Er ist auch mit der Theorie des idealen gesunden Individuums [*Rogers*' Theorie der fully functioning person; Anm. W.W.K.] unvereinbar. Das *Freud*sche Team geht von seiner Erfahrung aus, daß das Individuum als ‚von der Natur aus zerstörerisch' anzusehen ist (um *Karl Menninger*s Worte zu benutzen) und somit der Kontrolle bedarf." (*Rogers* 1959/1978, 73).

In der Therapie zeigt sich – so *Rogers*' Erfahrung - zunächst zwar sehr deutlich, dass

---

[1] Vgl. dazu etwa *Rogers* 1980/1991, 188: "Jenes Element, das die klientenzentrierte Therapie vom Rest dieses Handbuchs am meisten unterscheidet, ist die Behauptung, daß das medizinische Modell – mit Einschluß der Diagnose pathologischen Verhaltens, der Spezifizierung von Behandlungsmethoden sowie der Erwünschtheit von Genesung – ein völlig inadäquates Modell für den Umgang mit psychisch notleidenden oder im Verhalten gestörten Menschen ist."

wir Menschen durchaus alle Arten von gewalttätigen und mörderischen Impulsen, von Hass und Wut, von perversen und antisozialen Wünschen usw. haben. In einer (therapeutischen) Beziehung, die gekennzeichnet ist von einer sicheren und angstlösenden Wertschätzung und einer empathischen Bestätigung der eigenen Wahl, kommt es jedoch dazu, dass die Menschen sich nicht in Richtung dieser destruktiven Impulse weiter entwickeln, sondern in Richtung von positiver Differenzierung, harmonischer Selbstregulation und sozialer Kooperation. Je mehr und je tiefer also Klienten in der Therapie dazu kommen, sich selbst auszudrücken und sich selbst zu werden, umso klarer zeige sich dann die eigentliche Natur des Menschen. „Der innerste Kern der menschlichen Natur, die am tiefsten liegenden Schichten seiner Persönlichkeit, die Grundlage seiner animalischen Natur ist von Natur positiv, von Grund auf sozial, vorwärtsgerichtet, rational und realistisch." (*Rogers* 1961/1973, 99).[2]

Natürlich muss gerade die Psychotherapie all das Destruktive in den Menschen und in der Welt, kollektive Unterdrückung und individuellen Missbrauch, exorbitante Ungleichverteilung, sinnlose Zerstörung, Kriege, Terror usw., wahrnehmen und ernstnehmen. Die destruktive Entwicklung ist für *Rogers* aber nicht eine Folge von destruktiven natürlichen Anlagen des Menschen, sondern eine Folge der Dynamik der individuellen wie der gesellschaftlichen Entwicklung. Auf Grund des umfassenden Angewiesenseins auf "positive Beachtung" durch Andere kommt der sich entwickelnde Mensch dazu, die eigenen organismischen Impulse und Bewertungen zu übergehen zugunsten von Bewertungsbedingungen und Konstrukten des Selbstverstehens und eigenen Handelns, die gebildet werden, um die positive Beachtung der relevanten Umwelt zu sichern. Dadurch kommt es zu einer Dissoziation der natürlichen "Aktualisierungstendenzen" bzw. zu einer Entfremdung von den eigenen organismischen Impulsen. "Diese Dissoziation, die in den meisten von uns vorhanden ist, stellt das Grundmuster und die Basis jeglicher psychologischer Pathologie des Menschen dar, und sie ist auch die Basis seiner gesamten sozialen Pathologie." (*Rogers* 1977/1978, 277).

Rogers wendet sich also entschieden dagegen, aus all dem Bösen in der Welt auf eine grundlegend destruktive Natur des Menschen zu schließen. Genau dies tut aber seiner Meinung nach *Freud* in seiner Auffassung vom Es als dem grundlegendsten Teil der menschlichen Seele. *Rogers* zitiert dazu wiederholt[3] die Definition des Es aus "Abriss der Psychoanalyse" (*Freud* 1938/1972, 53): "Den Kern unseres Wesens bildet also das dunkle Es ... In diesem Es wirken die organischen Triebe ... Das einzige Bestreben dieser Triebe ist nach Befriedigung ... Aber sofortige und rücksichtslose

---

[2] Es ist zu beachten, dass Rogers nicht sagt, die menschliche Natur sei in jedem Fall gut; sie kann es sein, wenn die die dafür nötigen Umweltbedingungen gegeben sind. So Rogers in einer Diskussion mit Rollo May: „..... wenn Rollo meint, daß ich den Menschen für gut halte, so glaube ich nicht, daß ich das jemals gesagt habe; ... Was ich zu sagen versuchte, ist, daß wenn ein bestimmtes psychologisches Klima hergestellt wird, die Person dazu neigt, sich in Richtung auf einen sozial konstruktiven Organismus zu entwickeln." (zit. bei *Kreuter-Szabo* 1988, 106)

[3] *Rogers* 1957/1989, 405; 1977/1978, 28

Triebbefriedigung, wie sie das Es fordert, würde oft genug zu gefährlichen Konflikten mit der Außenwelt und zum Untergang führen ... Das Es gehorcht dem unerbittlichen Lustprinzip ... und es bleibt eine theoretisch höchst bedeutsame, gegenwärtig noch nicht beantwortete Frage, wann und wie die Überwindung des Lustprinzips überhaupt gelingt." *Anna Freud* hat einmal auf sehr plastische Art dargestellt, wie man sich das Es als Grundausstattung, mit der der Mensch auf die Welt kommt, vorstellen kann: "Wenn der kleine Säugling ... - der Säugling, der sich ausschließlich von seinem Es leiten läßt – über eine entsprechende Muskelkraft verfügte, wäre er das gefährlichste Individuum, das man sich vorstellen kann. Er wäre eine Art Orang-Utan, der durch die Gegend streift, nach allen Seiten Schläge austeilt und sich nimmt, was er haben will." (*Freud Anna*, 1992/1993, 39).

Rogers fasst dieses Menschenbild so zusammen: "*Freud* und seine Jünger haben im Bereich der Psychologie überzeugende Argumente vorgelegt, daß das Es, des Menschen grundlegende und unbewußte Natur, primär aus Instinkten besteht, die, wenn sie zum Ausdruck gelangen, zu Inzest, Mord und anderen Verbrechen führen würden ... die Vorstellung, daß der Mensch in seinem Inneren irrational, unsozial, sich und andere zerstörend ist – dieses Konzept wird praktisch fraglos hingenommen" (*Rogers* 1961/1973, 100). In der Folge beschreibt *Rogers*, dass auch er selbst nur sehr langsam und erst im Lauf seiner therapeutischen Erfahrungen „den Fehler in diesem populären und auch wissenschaftlich anerkannten Konzept erkannt habe. ... Es ist nur langsam offenkundig geworden, dass diese ungezähmten und unsozialen Triebregungen weder die tiefsten noch die stärksten sind, und daß der innere Kern der menschlichen Persönlichkeit der Organismus selbst ist, der in seinem Wesen sowohl selbsterhaltend als auch sozial ist." (*ibid.*).

Unter günstigen psychologischen (therapeutischen) Bedingungen ist es möglich, zu diesem innersten Kern der eigenen Persönlichkeit vorzustoßen. Die Entwicklung des Menschen besteht darin, die eigenen Abwehrmasken fallen zu lassen und die dahinter verborgenen Aspekte des eigenen Selbst zu entdecken: sich dem eigenen organismischen Erleben und der darin eingebetteten eigenen organismischen Bewertung anzuvertrauen.

Der menschlichen Natur vertrauen oder sie kontrollieren

Rogers betont vor allem die Konsequenzen, die ein Menschenbild, wie das von *Freud*, haben muss. Es bedeutet für ihn, dass man dann den menschlichen Anlagen grundlegendes Misstrauen entgegenbringen muss bzw. dass man es als notwendig ansieht, die Menschen zu kontrollieren, zu erziehen und in jeder Hinsicht zu leiten und zu führen. Dies ist für *Rogers* auch die übliche Sichtweise unserer westlichen Kultur, von der sich sein Ansatz "revolutionär" abhebt. Diese westliche Sichtweise schreibt *Rogers Freud* in höchstem Ausmaß zu. "Bis zum Ende seiner Tage war *Freud* überzeugt, daß nichts als Zerstörung die Folge wäre, wenn der menschlichen Natur freier Lauf gelassen würde. Diese Bestie im Menschen unter Kontrolle zu halten, erschien ihm als Aufgabe höchster Dringlichkeit." (*Rogers* 1977/1978, 27f.). *Rogers* generalisiert dabei die Auffassung *Freud*s von der Notwendigkeit der intrapsychischen Kontrolle in Richtung interpersoneller Kontrolle und autoritärer Machtausübung. Aussagen *Freud*s wie etwa die folgende dienen ihm als Beleg dafür: "Unsere Seele, jenes kostbare Instrument, mittels dessen wir uns im Leben behaupten, ist nämlich keine in sich friedlich geschlossene Einheit, sondern eher einem modernen Staat vergleichbar, in dem eine genuß- und zerstörungssüchtige Masse durch die Gewalt einer besonnenen Oberschicht niedergehalten werden muss." (*Freud* 1932/1994, 194f.). *Freud*s Anliegen ist es hier allerdings nicht, autoritäre Formen von Staat und Gesellschaft als naturnotwendig zu postulieren, es geht ihm vielmehr primär um die innerpsychische Verfasstheit des Menschen. "Wir haben darum, durch Schaden klug gemacht, in unserer Seele Organisationen entwickelt, die sich der direkten Triebäußerung als Hemmung entgegenstellen" (*a.a.O.*, 195). Das Es bedarf der Kontrolle durch das Ich und vor allem durch das Über-Ich. Von dieser psychischen Verfasstheit des Menschen ausgehend, kommt *Freud* natürlich auch zu einer eher pessimistischen Sicht der gesellschaftlichen Strukturen wie etwa zum "Unbehagen in der Kultur". "Die Schicksalsfrage der Menschenart scheint mir zu sein, ob und in welchem Maße es ihrer Kulturentwicklung gelingen wird, der Störung des Zusammenlebens durch den menschlichen Aggressions- und Selbstvernichtungstrieb Herr zu werden." (*Freud* 1930/1974, 270). *Rogers* zieht aus diesen Ansichten *Freud*s jedoch noch weitergehende Schlüsse und versteht *Freud* als Verfechter einer äußeren, gesellschaftlichen Kontrolle und Lenkung des Individuums.

Die Ausführungen *Freud*s über die psychische Verfasstheit von Massen in ihrer Suggestibilität, ihrer Neigung zum Irrationalen, ihrem Bedürfnis nach autoritärer Beherrschung usw. bestätigen *Rogers* vollends in seiner Meinung vom autoritären Standpunkt *Freud*s. An Hand von Zitaten aus *Freud*s "Massenpsychologie und Ich-Analyse", in welchen *Freud* die Massenpsychologie von *Le Bon* referiert, konstatiert *Rogers* (1977/1978, 28): "Auch *Freud*s Auffassungen in bezug auf Gruppen sind gleichermaßen pessimistisch und bestürzend. Fast hat man den Eindruck, daß Hitler diese Ansichten studiert und sich zu eigen gemacht haben muß." Es fällt auf, dass *Rogers* hier in polemischer Weise *Freud*s Beschreibung der Psychodynamik von Massen so darstellt, als würde damit die Psychodynamik von strukturierten Kleingruppen beschrieben, um diesem Negativbild dann seine Auffassung gegenüberzustellen, "daß kleine Gruppen (in der Therapie oder im Klassenzimmer) in verantwortlicher und sensitiver Weise konstruktive zwischenmenschliche Beziehungen herstellen und vernünftige individuelle und Gruppenziele wählen können" (*a.a.O.*, 29). "*Freud*s Aussagen, daß ‚Gruppen niemals nach Wahrheit streben' und daß ‚eine Gruppe einer gehorsamen Horde ähnelt, die niemals ohne einen Führer leben könnte', lassen etwas von der tiefen Kluft ahnen, die zwischen den beiden Standpunkten liegt." (*ds.*, 1959/1987, 73).

Für *Rogers* ist *Freud* somit jemand, der gerade auch im Bereich der Psychotherapie die Notwendigkeit von Kontrolle und Führung der menschlichen Individuen betont. "Die meisten psychotherapeutischen Verfahren können einer Skala zugeordnet werden, die nach Gesichtspunkten der Macht und Herrschaft entworfen wurde. An dem einen Ende dieser Skala befinden sich die orthodoxen *Freud*ianer und die orthodoxen Behavioristen, die an eine Politik autoritärer oder elitärer Herrschaft über den Menschen ‚zu dessen eigenem Wohle' glauben, sei es, um ihn besser an den Status quo anzupassen oder ihn glücklich, zufrieden und produktiv zu machen bzw. alle diese genannten Ziele zu erreichen. In der Mitte sind die meisten der zeitgenössischen Schulen angesiedelt, die in bezug auf die Politik ihrer Beziehungen als konfus, mehrdeutig oder paternalistisch anzusehen sind (obwohl sie hinsichtlich ihrer therapeutischen Strategien durchaus zielstrebig sein mögen). Dem entgegengesetzten Pol ist der klientenzentrierte, erlebensorientierte, personenbezogene Ansatz zuzuordnen, der konsequent das Potential und die Autonomie der Person hervorhebt, sowie ihr Recht, die Richtung zu wählen, die sie in ihrem Verhalten einschlagen will, und schließlich ihre Selbstverantwortlichkeit in der therapeutischen Beziehung, in der die Person des Therapeuten eine gewichtige, aber primär katalytische Rolle spielt." (*a.a.O.*, 32f).

Das implizit wirksame Experiencing nach Gendlin

Eugene T. Gendlin ist der wohl bedeutsamste Mitarbeiter von *Rogers*; er hat die Methode des Focusing entwickelt und die experienzielle Richtung der Klientenzentrierten Psychotherapie begründet. *Gendlin* teilt *Rogers*' konträre Position zu *Freud*s Auffassung von der menschlichen Natur; er kommt zu seiner Sichtweise jedoch weniger auf Grund seiner klinisch-therapeutischen Erfahrung, sondern vor allem über seine Philosophie des Impliziten. Ausgehend von der für die Phänomenologie grundlegenden Ausgerichtetheit des Menschen auf die Welt, hat *Gendlin* umfassend dargelegt, dass im körperlich verankerten Empfinden (Experiencing) immer schon die jeweils situativ adäquaten Wahrnehmungs- und Reaktionsweisen auf subtile Weise angelegt und implizit enthalten sind. Von daher steht *Gendlin* (vgl. *Gendlin & Wiltschko* 1999, 126 ff.) der *Freud*schen Auffassung konträr gegenüber, wonach das Es nur ein Bündel von chaotischen Trieben sein soll, die selber keinen Weg der Entlastung, d. h. keine den menschlichen Situationen adäquate Verhaltensweisen kennen, und wonach das Ich bzw. das Über-Ich lediglich von der Gesellschaft vorgeformte und dem Individuum von außen auferlegte Normen und Werte beinhaltet.

Gendlin argumentiert, dass - wenn man von derartigen philosophischen Annahmen ausgeht - es folgerichtig sei anzunehmen, dass eine Klärung und Ordnung des seelischen Lebens nur vom Analytiker kommen kann. Und dass es dann auch verständlich sei, warum die Analytiker die Klientenzentrierten Therapeuten für dumm und naiv halten, die meinen, dass der Klient von sich selbst her zu seiner eigenen Klärung und stimmigen Entwicklung kommen kann. "Die Psychoanalytiker glauben zum großen

Teil immer noch, dass die Therapie nur auf den Deutungen des Doktors basiere. Sie glauben entscheiden zu müssen, wo es beim Patienten hapert. Auch glauben sie, für den Patienten das Ziel der Therapie aufstellen zu müssen. Nachdem ja alle Ordnung nur von außen kommen soll, scheint es ihnen unmöglich, dass sich in einem Menschen etwas Neues von innen her ergeben könnte, etwas Neues, das geordneter, besser und sogar heilend wäre." (*a.a.O.*, 127).

Hypothesen zum Menschenbild der Analytiker

Im Rahmen seines langjährigen Kontakts mit der berühmten *Menninger*-Clinic bzw. mit dem Psychoanalytiker *Carl Menninger* persönlich kommt *Rogers* nicht umhin, sich Gedanken darüber zu machen, warum die Psychoanalytiker ein vergleichsweise so negatives Menschenbild haben. Für *Rogers* (1957/1989) ergeben sich dabei eine Reihe von "perplexing questions". Wie kann es dazu kommen, dass Leute wie *Menninger* und er, die beide mit der gleichen Zielsetzung in ähnlich intensiven Beziehungen mit psychisch leidenden Menschen arbeiteten, die Menschen so unterschiedlich erleben können? Spielen diese großen Unterschiede vielleicht keine große Rolle, da ja beide wirklich Sorge tragen für ihre Patienten bzw. Klienten? Wie kann aber ein Analytiker seine Patienten wirklich mögen, wenn seine eigenen eingeborenen Tendenzen derart destruktiv sind? Sollte dies deswegen möglich sein, weil diese Tendenzen durch die Lehranalyse "kontrolliert" werden konnten - wie konnte dann aber die angeborene Destruktivität des Lehrananalytikers "kontrolliert" werden – usw. ad infinitum.

Rogers findet für diese Fragen zwei hypothetische Lösungen. Zunächst kann er sich gut vorstellen, dass *Freud* von seiner Entdeckung, dass die Menschen hinter einer konventionell "guten" Fassade erfolgreich alle Arten von aggressiven und sexuellen Impulsen vor sich und der Umwelt versteckt halten können, einfach überwältigt war. Dazu kommt, dass diese Entdeckung ja auf Ablehnung stieß und daher umso mehr verteidigt und im Fokus des Interesses gehalten werden musste. Dennoch hätte *Freud* aber merken können, dass seine Patienten, nachdem all die destruktiven Impulse in der Psychoanalyse wahrgenommen, akzeptiert und persönlich verstanden wurden, durchaus vertrauenswürdige, normal selbstkontrollierte und sozialisierte Persönlichkeiten darstellten.

Mit einer zweiten Hypothese versucht *Rogers* zu erklären, warum *Freud* diese Erfahrungen, die er in den Therapien ja laufend wahrnehmen konnte, nicht in seine Konzeption vom Menschen aufgenommen hat. Hier ist zu berücksichtigen, dass Menschen zwar vielleicht noch alleine ihre verborgenen oder verleugneten Impulse wahrnehmen können, dass sie aber nicht alleine zu einer vollen emotionalen Akzeptanz dieses inneren Erlebens gelangen können. Dazu bedarf es einer wirklich liebevollen Beziehung, in welcher zuerst der Therapeut all diese furchtbaren Empfindungen und Impulse akzeptiert, damit sie dann auch der Klient voll annehmen kann. *Freud* hat alleine seine Selbstanalyse betrieben und daher eine solche Beziehung nicht erlebt.

Von daher meint *Rogers*, dass *Freud* die verborgenen und verdrängten Aspekte seiner Persönlichkeit zwar wahrgenommen und bis zu einem gewissen Grad persönlich verstanden hat, dass er aber wahrscheinlich nicht dazu gekommen ist, sie vollständig zu akzeptieren und als bedeutsamen, willkommenen und konstruktiven Teil seiner selbst anzunehmen. Abschließend räumt *Rogers* ein, dass diese Hypothesen, falls sie die Position von *Freud* plausibel machen sollten, doch nicht erklären können, warum all die Nachfolger von *Freud* die hier beschriebenen Erfahrungen nicht in ihr Denken vom Menschen umgesetzt haben. Diese eindeutige Position der orthodoxen Psychoanalyse scheint aber für *Rogers* insofern hilfreich gewesen zu sein, als er im krassen Gegensatz dazu seine Auffassungen vom Menschen und seiner Grundausstattung besonders deutlich machen konnte.

Übertragung und Widerstand

Die Auffassungen *Freud*s und *Rogers*' von der Grundstruktur des Menschen sind zu einem guten Teil aus ihren klinisch-therapeutischen Erfahrungen entwickelt worden. Von daher ist es naheliegend, dass ihr Verständnis von einem jeweils adäquaten therapeutischen Umgang mit Menschen bzw. von den wesentlichen Charakteristika des psychotherapeutischen Prozesses in ähnlicher Weise konträr ist wie ihr Menschenbild. *Biermann-Ratjen, Eckert & Schwartz* (2003, 15) haben diese Differenz in pointierter Weise so zum Ausdruck gebracht: "Die eigentliche Entdeckung *C. Rogers*' ist nicht in der Abstraktion von operational definierbaren ‚Therapeutenvariablen' zu sehen. Vielmehr ist es die Entdeckung, dass Menschen (...) unter der Bedingung von unbedingt positiver empathischer Beachtung (...) ihr Selbstkonzept, ihre Identität [entwickeln], mit sich selbst identisch werden. (...) So wie *S. Freud*s wesentliche Entdeckung nicht in der des Unbewussten und seiner Inhalte zu sehen ist, sondern in der Entdeckung der Entwicklung von Übertragung und Widerstand gegen das Bewusstwerden von Erfahrung in einem therapeutischen Kontakt (...)." Das Verständnis des therapeutischen Prozesses als strukturierte persönliche Beziehung bzw. als Arbeit an Übertragung und Widerstand bildet somit den zweiten Bereich, in dem *Freud* und *Rogers* konträr sind.

Freud hatte zunächst unter Übertragung einfach nur den psychischen Vorgang der Verschiebung des affektiven Gehalts einer Vorstellung auf eine andere Vorstellung verstanden. Er hat aber sehr bald erkannt, wie bedeutsam und wie weitreichend dieser Vorgang im menschlichen Seelenleben ist: in der Kindheit unerfüllt gebliebene Liebesbedürfnisse und Triebbefriedigungen wirken sich unbewusst in der Gestaltung aller zwischenmenschlichen Beziehungen des Erwachsenen aus. Dies gilt in besonderem Maß für die Beziehung zwischen Analysand und Analytiker. "Das Merkwürdigste ist, daß der Patient nicht dabei bleibt, den Analytiker im Lichte der Realität zu betrachten als den Helfer und Berater, den man überdies für seine Mühewaltung entlohnt, ... sondern daß er in ihm eine Wiederkehr – Reinkarnation

– einer wichtigen Person aus seiner Kindheit, Vergangenheit erblickt und darum Gefühle und Reaktionen auf ihn überträgt, die sicherlich diesem Vorbild gegolten haben." (*Freud* 1938/1972, 33). Eine Konsequenz daraus ist die, dass das konkrete Auftreten von Übertragung in der Analyse darauf verweist, dass in diesem Moment jeweils besonders wichtige verdrängte Inhalte virulent geworden sind. In diesem Sinn möchte der Analytiker das Auftreten von Übertragung sogar fördern, weil sie das "Durcharbeiten" des Verdrängten möglich macht. "Wir eröffnen [dem Patienten] die Übertragung als den Tummelplatz, auf dem ihm gestattet wird, sich in fast völliger Freiheit zu entfalten, und auferlegt ist, uns alles vorzuführen, was sich an pathogenen Teilen im Seelenleben des Analysierten verborgen hat. Wenn der Patient .... die Existenzbedingungen der Behandlung respektiert, gelingt es uns regelmäßig, allen Symptomen der Krankheit eine neue Übertragungsbedeutung zu geben, seine gemeine Neurose durch eine Übertragungsneurose zu ersetzen, von der er durch die therapeutische Arbeit geheilt werden kann." (*ds.*, 1914/1975, S. 214). Von daher ist es sehr verständlich, dass der Begriff der Übertragung zu einem der wichtigsten Begriffe der Psychoanalyse wurde bzw. dass dieser Begriff so ausgeweitet wurde, dass darunter oft überhaupt die wesentliche Konzeption der analytischen Behandlung und ihrer Dynamik verstanden wird.

Für *Rogers* und sein Therapiekonzept hat der Begriff der Übertragung hingegen fast überhaupt keine Bedeutung. Wenn er sich mit Übertragung befasst, dann tut er dies, um eine "Kommunikationskluft zu überbrücken" zu Therapeuten, in deren Denken die Übertragung eine zentrale Bedeutung hat. (*Rogers* 1951/1972, 187). Die therapeutische Praxis hat *Rogers* gezeigt, dass in den meisten Fällen Übertragungs-Einstellungen in einem gewissen Grad beim Klienten festzustellen sind. In seltenen Fällen treten auch starke Übertragungs-Einstellungen auf, aber ebenso oft ist es der Fall, dass die Einstellungen des Klienten zum Therapeuten kaum Übertragungsmomente beinhalten. Der große Unterschied zur Psychoanalyse liegt nun darin, wie Klientenzentrierte Therapeuten mit der Übertragung umgehen. In Umkehrung einer Formulierung von *Fenichel* (1945/1983, 49): "Auf die Übertragung reagiert der Analytiker wie auf jedes andere Verhalten des Patienten: er interpretiert sie" - hält *Rogers* (1951/1972, 192) fest: "Die Reaktion des klientenzentrierten Therapeuten ist die gleiche wie die auf jede andere Einstellung des Klienten: er versucht zu verstehen und zu akzeptieren." Die Art des Umgangs Klientenzentrierter Therapeuten mit Übertragungs-Einstellungen bewirkt, dass diese von selbst schwinden und verschwinden und dass es gar nicht zu einer Übertragungs-Beziehung kommt. Die Übertragungs-Einstellungen verschwinden, weil der Klient in einer Atmosphäre stetigen und tiefen Akzeptiert-Werdens eine Freiheit und emotionale Sicherheit erlebt, in welcher er seine Abwehr aufgeben, d. h. seine Übertragungen als seine eigenen Projektionen wahrnehmen kann. *Freud* kann einer derartigen Selbstentwicklung des Klienten in keiner Weise vertrauen. Dies kommt deutlich etwa im Verständnis der therapeutischen Abstinenz zum Ausdruck, die sich orientiert am Chirurgen, "der alle seine Affekte und selbst sein menschliches Mitleid beiseite drängt und seinen geistigen Kräften ein einziges Ziel setzt: die Operation so kunstgerecht als möglich zu vollziehen" (*Freud* 1912/1975, 175). Eine solche Beziehungsatmosphäre wird Projektionen ja eher fördern als ihre Selbstaufklärung ermöglichen.

Wenn sich der Klient hingegen vom Therapeuten kongruent wertgeschätzt und empathisch verstanden erlebt, dann entwickelt er auch keinen Widerstand, jedenfalls keinen gegen die "Deutungen" und Reaktionen des Therapeuten, sofern er sich in ihnen verstanden fühlt. *Rogers* möchte in diesem Zusammenhang zwei Arten von Widerstand unterschieden wissen (1987/1990, 80): "Zum einen gibt es den Schmerz, Gefühle vor sich selbst und anderen zu offenbaren, die bis dahin vor dem Bewusstsein verleugnet worden sind. Zum anderen gibt es den Widerstand gegen den Therapeuten, der vom Therapeuten hervorgerufen worden ist. Deutungen, Diagnosen und andere Bewertungen sind der beste Weg, Widerstand aufzubauen – eben den Widerstand, mit dem der Therapeut dann umgehen muß." In diesem Sinn ist Widerstand ebensowenig ein wichtiger Begriff für die Klientenzentrierte Therapie wie der Begriff der Übertragung. Bei Widerstand handelt es sich demnach entweder um die intrapsychische Abwehr der Person oder um die Reaktion auf einen Fehler des Therapeuten in seinem therapeutischen Vorgehen.

Innerhalb wie außerhalb der Psychotherapie ist es für *Rogers* ein zentrales Anliegen, dass Menschen dazu kommen, das unendliche Potenzial zu entfalten, das in ihnen selbst liegt. Sie sollen den Ort der Bewertung in sich selbst finden und die Möglichkeit und Verantwortlichkeit zur eigenen Entwicklung selbst übernehmen. Von daher ist es in gewisser Weise sogar gefährlich, wenn ein Mensch erlebt, dass jemand anderer ihn besser kennt oder besser weiß, was er tun soll, als er selbst. "Wenn der Klient gewertet wird und in seiner eigenen Erfahrung zu der Erkenntnis kommt, daß diese Wertung zutreffender ist als alle, die er selbst vorgenommen hat, dann zerfällt das Selbstvertrauen und eine Abhängigkeits-Beziehung entsteht. ... Ob diese Abhängigkeits-Beziehung vom Therapeuten als wünschenswert betrachtet wird, hängt natürlich von seiner jeweiligen Theorie über die Therapie ab. Man ist sich jedoch allenthalben darüber einig, daß es danach lange dauert, bis der Patient an den Punkt gebracht werden kann, an dem er sich wieder sicher in der Lage fühlt, sein Leben selbst zu kontrollieren." (*Rogers* 1951/1972, 203). *Rogers* ist es klar, dass bei Klienten, bei denen eine tiefere Reorganisation des Selbst und daher eine längerfristige Psychotherapie nötig ist, vermehrt Übertragungs-Einstellungen auftreten und dass es wichtig ist, dass diese in der Therapie genügend Raum bekommen. Die Bedrohung des Selbst durch das Abgewehrte kann so intensiv werden, dass es gut ist, diese Bedrohung zunächst auf den Therapeuten übertragen zu können. Ein hoher Grad der Bedrohung macht dabei auch die Erfahrung einer zeitweilig größeren Abhängigkeit notwendig. Der Therapeut soll also für die Entwicklung einer Übertragungs-Beziehung offen und bereit sein, diese soll aber nicht von ihm intendiert oder forciert werden, wie dies in der Psychoanalyse der Fall ist. "So vermittelt der Nachdruck, den der Analytiker auf die Anwendung der freien Assoziation legt, vermutlich die Erwartung einer Abhängigkeit des Klienten. Die Tatsache, daß dem Patienten geraten wird, jedes Gefühl von Verantwortung für das, was er sagt, zu vermeiden und, wie *Fenichel* sagt, ‚überhaupt nicht aktiv zu werden', bedeutet doch, daß ein anderer in dieser Situation für ihn verantwortlich sein wird. In scharfem Gegensatz dazu würde der klientenzentrierte Therapeut mit seinem Respekt vor jeder Äußerung des Klienten, die als verantwortlicher Ausdruck des Selbst, wie es in diesem Augenblick ist, betrachtet wird, zweifellos eher eine Erwartung von Unabhängigkeit als von Abhängigkeit vermitteln." (*a.a.O.*, S. 202). Aber nicht nur das Auferlegen der Regeln des Arbeitsbündnisses, sondern überhaupt die Deutungshoheit des Analytikers, der ja das Unbewusste des Patienten per definitionem viel eher und besser erkennen kann als dieser selbst, widersprechen völlig dem *Rogers*'schen Anliegen der Förderung der Selbstverantwortlichkeit.

Während *Rogers* seine Ablehnung der Wichtigkeit der Übertragung in der Psychotherapie durchaus differenziert argumentiert hat, hat es sich *John Shlien*, ein enger Mitarbeiter *Rogers*', zur Aufgabe gestellt, dieses therapeutische Konzept grundlegend zu diskreditieren. *Shlien* (1987/1990) postuliert, dass Übertragung eine Fiktion ist, die von Therapeuten erfunden wurde und aufrecht erhalten wird, um sich vor den Konsequenzen ihres eigenen Verhaltens zu schützen. Das Konzept der Übertragung inkludiert "die ganzen ausgefeilten Säulen des Systems: Die vorrangige Bedeutung der Sexualtriebe, psychischen Determinismus, das Unbewußte, die Theorie der Psychogenese, die Macht der Erlebnisse aus der Vergangenheit. In der Theorie entscheidend! In der Praxis: Tröstend, schützend und erklärend." (*ebd.* 45). Dieses Konzept ermöglicht die Unterscheidung derer, die im Besitz des Wissens und damit der Macht sind, von denen, die nicht darüber verfügen können. Die Berufsgruppe der Psychotherapeuten sollte dieses grundlegende Konzept endlich vorurteilsfrei an der Praxis überprüfen und bei Bestätigung der Hypothese von *Shlien* gänzlich aufgeben. *Shlien* begründet seine These einerseits aus der Entstehungsgeschichte des Konzepts wie sie den "Studien über Hysterie" von *Breuer* und *Freud* zu entnehmen ist. Wichtig ist dabei der Umstand, dass die Intimität von intensiven Beziehungen zwischen jungen (hysterischen) Frauen und älteren (empathisch zugewandten) Männern in großer Gefahr ist, missverstanden zu werden – noch dazu in einer unterschwellig sexuell aufgeladenen gesellschaftlichen Atmosphäre. Mit dem Konstrukt der Übertragung als Projektion der Klientinnen können sich die Therapeuten ihrer Verantwortung für die entstandene Intimität entziehen bzw. Missverständnissen der Intimität vorbeugen. Von diesen spezifischen Umständen abgesehen gilt für *Shlien* generell, dass Übertragung eine Fiktion ist, mit der Therapeuten sich vor der Reaktion der Klienten abschotten. Der Klient ist in der Psychotherapie als Hilfesuchender immer in einer gewissen Abhängigkeit und hat somit Erwartungen, die von der Position wie der Person des Therapeuten ausgelöst werden. Gleichgültig, ob diese Erwartungen von früheren Erfahrungen des Klienten her geprägt sind oder nicht, sie sind auf jeden Fall immer auch frisch und neu im gegenwärtigen Moment entstanden und daher sinnvoll und ernst zu nehmen. Der Therapeut soll seine Verantwortung dafür übernehmen; er bietet ja eine Situation an, die angelegt ist auf Intimität, Verschwiegenheit, Vertrauen, häufige Kontakte und Enthüllung von kostbaren Geheimnissen. In der Sicht von *Shlien* hält das Konzept der Übertragung die Psychotherapeuten davon ab, sich als Person wirklich in eine Beziehung mit dem Klienten einzulassen.

Rogers (1987/1990) hat in seiner Reaktion auf den Artikel von *Shlien* deponiert, dass er eine detaillierte und kritische Bewertung dieser Darlegungen anderen überlassen möchte, dass er sich jedoch im Einklang mit *Shlien*s Hauptanliegen befinde. Zusätzlich hat *Rogers* hervorgehoben, dass "diese herausfordernde These von einem Mann aufgestellt worden ist, der ein begeisterter Schüler der *Freud*schen Psychoanalyse gewesen ist, bevor er andere Psychotherapierichtungen kennengelernt hat." (*ebd.* 75).

Abstrakte Theoriegebäude vs. empirisch prüfbare Hypothesenbildung

Im Bereich des Menschenbildes und im Verständnis des therapeutischen Prozesses bestehen die größten inhaltlichen Gegensätze zwischen *Freud* und *Rogers*. Am heftigsten hat *Rogers* die Psychoanalyse aber wohl deswegen angegriffen, weil sie sich einer vollen Offenlegung und empirischen Überprüfung sowohl ihrer konkreten Vorgehensweisen wie ihrer Theorien (damals, aber z. T. ja auch heute noch) verweigert.

Rogers war ein Pionier der Psychotherapieforschung. Er hat es als Wert gesehen und dies auch immer wieder hervorgehoben, dass seine Konzepte empirisch überprüft worden sind, ja zum Großteil überhaupt aus der Forschung heraus erst entwickelt wurden. Er berichtet auch freimütig, dass diese Überprüfungen ihm nicht leicht gefallen sind. "Besonders im Falle meiner frühen Untersuchungen kann ich mich gut an das ängstliche Warten erinnern, bis man wußte wie die Ergebnisse lauteten. Angenommen, unsere Hypothesen würden widerlegt! ... Ich habe vielleicht eine recht lange Zeit bis zu der Erkenntnis gebraucht, daß die Tatsachen *immer* freundlich sind." (*Rogers* 1962/1973, 41). Vor diesem Hintergrund verwundert es nicht, dass *Rogers* es als wesentliches Manko der Psychoanalyse angreift, ihr therapeutisches Tun nicht offen zu legen und ihre Konzepte nicht einer empirischen Prüfung zu unterstellen. "Es hat mich außerordentlich interessiert, daß die meisten Psychotherapeuten, vor allem die Psychoanalytiker, es ständig abgelehnt haben, irgendeine wissenschaftliche Untersuchung ihrer Therapie durchzuführen oder es anderen zu erlauben, dies zu tun." (*a.a.O.* 40f).

Besonders kritisch findet *Rogers* dieses Vermeiden der offenen empirisch-wissenschaftlichen Diskussion, da dies in einem eklatanten Missverhältnis steht zu dem doch umfassenden Aufwand an Theoriebildung und theoretischer Diskussion in der Psychoanalyse. In diesem Sinn, betont *Rogers* (1977/1980, 37), "zogen wir aus unseren Beobachtungen nur bescheidene Schlüsse und formulierten überprüfbare Hypothesen. Wir hätten hochgestochene abstrakte Schlüsse ziehen und hochgestochene abstrakte, unüberprüfbare Hypothesen aufstellen können, aber ich glaube, daß mich mein erdgebundener bäuerlicher Hintergrund davor bewahrt hat. (Die *Freud*ianer entscheiden sich meist für letzteres, und dies macht, meiner Meinung nach, einen der Hauptunterschiede zwischen ihrem und dem klientenzentrierten Ansatz aus.)" Noch in einer seiner letzten Veröffentlichungen äußert *Rogers* sich ganz ähnlich im Rahmen der Diskussion über das Konzept der Übertragung: "Wo sind die Aufnahmen von Sitzungen, die demonstrieren können, daß der psychoanalytische Zugang der erfolgreichere ist und die weiterreichenden Ergebnisse zeitigt? Warum besteht dieses Zögern offenzulegen, was wirklich geschieht, wenn der Therapeut mit dem Kernstück des analytischen Prozesses umgeht? ... Deswegen werden zwar die Fragen der Übertragung weiter diskutiert werden, doch immer einen Schritt neben den Beobachtungsdaten. Die Fragen können erst dann abschließend beantwortet werden, wenn die Psychoanalytiker bereit sind, ihre Arbeit der gründlichen und professionellen Überprüfung zu unterziehen." (1987/1990, 81).

Es kann allerdings aus heutiger Sicht festgestellt werden, dass die psychoanalytische Forschung sich zunehmend der Erforschung des therapeutischen Prozesses und seiner Bedingungen zuwendet. Die Ergebnisse dieser Arbeiten stützen dabei zentrale klientenzentrierte Konzepte und bestätigen damit auch Ergebnisse klientenzentrierter Therapieforschung (vgl. *Biermann-Ratjen* et al., 2003, 42 ff.). Dies geschieht allerdings meist ohne direkte Bezugnahme auf klientenzentrierte Konzeptualisierungen.

Die innere Ordnung in der Erfahrung entdecken

Obwohl *Rogers* der Psychoanalyse vorwirft, dass ihre Theorien zu weit von den Phänomenen entfernt sind und dass sie sich empirischer Untersuchung weitgehend entzieht, plädiert er dafür, sie ernstzunehmen, da ihre Konzepte ja auf der Basis klinischer Erfahrung entstanden seien (vgl. *Rogers* 1959/1978, 73). Erfahrung ist für *Rogers* die höchste Autorität; je primärer sie ist, umso zwingender soll ihre Gültigkeit sein. "Wenn ich eine Theorie der Psychotherapie lese, wenn ich eine Theorie der Psychotherapie aus der Arbeit mit meinen Klienten heraus formuliere und wenn ich eine direkte Erfahrung von Psychotherapie mit einem Klienten habe, so gewinnt meine Erfahrung mit jedem Schritt in dieser Reihenfolge an Autorität." (*ds.* 1961/1973, 39). Die Zielrichtung wissenschaftlicher Forschung soll es sein, Sinn und Ordnung, wie sie den Phänomenen der subjektiven Erfahrung inhärent sind, zu erfassen und ausfindig zu machen, sowie die auf diese Weise gewonnenen Hypothesen und Konzepte erneut an der Erfahrung zu überprüfen und zu modifizieren.

In diesem Sinn postuliert *Rogers* einen konstruktiven innersten Kern des menschlichen Wesens hinter allen auch wahrnehmbaren destruktiven Impulsen und stellt dies dem düsteren Es *Freud*s mit seinen chaotischen Trieben entgegen. Dementsprechend verlangt *Rogers* das Ernstnehmen der Ressourcen und der Selbstverantwortlichkeit der Person, was jedem Bemühen um eine intra- wie interpsychische Kontrolle der von ihren Trieben beherrschten Individuen diametral widerspricht. Das therapeutische

Vorgehen soll demnach konsequenter Weise von unbedingter Wertschätzung und von empathischem Verstehen geleitet sein, statt sich um das Fördern und Aufdecken von Projektionen mittels perfekter personaler Abstinenz zu bemühen.

Es wäre zu wünschen, dass diese diametral gegensätzlichen therapeutischen Konzepte nicht nur als mittlerweile selbstverständlich gegebene unterschiedliche Auffassungen, die nebeneinander koexistieren, hingenommen würden, sondern dass sie vermehrt in den Diskurs der konkreten Erfahrungen und der psychologischen und neurobiologischen Grundlagenforschung einbezogen würden.

Zusammenfassung: Freud aus der Sicht der Klientenzentrierten Psychotherapie

In diesem Beitrag werden - nach einer einleitenden Skizze der behavioristisch-pragmatistischen Ausbildung und der Therapiekonzepte von *Rank* und seinen Schülerinnen als wichtigste Einflüsse auf das Werk von *Rogers* – die konträren Positionen von *Rogers* gegenüber *Freud* dargestellt. *Rogers*' Auffassung vom positiven "innersten Kern der menschlichen Natur" steht diametral gegen *Freud*s Sicht vom "düsteren Es als Kern unseres Wesens". Ähnliches gilt für *Gendlin*, dessen von seiner Philosophie des Impliziten her kommende Position kurz angerissen wird. Zusätzlich werden *Rogers*' Hypothesen zur Entstehung des psychoanalytischen Menschenbildes aus der klinischen Erfahrung und seine Folgerungen aus diesem Menschenbild beschrieben. Anschließend werden die Unterschiede im Verständnis des therapeutischen Prozesses erörtert, der von *Rogers* als Selbstentwicklung unter den Bedingungen von Empathie und Wertschätzung verstanden wird im Gegensatz zur *Freud*'schen Auffassung als Analyse von Übertragung und Widerstand. Abschließend werden die Vorwürfe von *Rogers* bezüglich der Verweigerung empirischer Untersuchungen durch die Psychoanalyse erläutert, sowie für einen fortgesetzten Diskurs mit der psychologischen und neurobiologischen Grundlagenforschung plädiert.

Schlüsselwörter

Klientenzentrierte Psychotherapie, Psychoanalyse, Menschenbild, unbedingte Wertschätzung und Empathie, Übertragung und Widerstand

Summary: Freud in the view of client-centered psychotherapy

This contribution primarily depicts *Rogers*' opinions which are antithetical to *Freud*. At the outset the impact of psychoanalytic concepts in *Rogers*' work – besides behaviourism and American pragmatism – will be outlined. *Rogers*' notion of a positive "innermost core of men's nature" is in diametrical opposition to *Freud*'s concept of the "dark Id" as the core of our nature. Furthermore *Gendlin*'s contributions based on his philosophy of the Implicit will be introduced. *Rogers*' hypotheses of the genesis of the psychoanalytical idea of man rooted in clinical experience will be discussed along with his conclusions based on this idea. Moreover the differing comprehension of the therapeutic process either as a development of the self that requires empathy and unconditional positive regard, or as an analysis of transference and resistance will be described. *Rogers*' criticism of the refusal of empirical research in psychoanalysis will be considered and finally a resumed discourse with psychological and neurobiological research will be proposed.

Keywords

Client-centered therapy, psychoanalysis, conception of human nature, unconditional positive regard and empathy, transference and resistance

Literatur

Ansbacher, Heinz L. (1990): Alfred Adler's influence on the three leading cofounders of Humanistic Psychology. *Journal of Humanistic Psychology* 30, 45-53.

Biermann-Ratjen, Eva-Maria; Eckert, Jochen & Schwartz, Hans-Joachim (2003): Gesprächspsychotherapie. Verändern durch Verstehen. (9. Aufl.) Stuttgart: Kohlhammer.

Fenichel, Otto (1945/1983): Psychoanalytische Neurosenlehre. Frankfurt/M.: Ullstein (Orig. ersch. 1945: The psychoanalytic theory of neurosis)

Freud, Anna (1992/1993): Zur Psychoanalyse der Kindheit. Die Harvard-Vorlesungen. Frankfurt/M.: Fischer Tb. (Orig. ersch. 1992: The Harvard Lectures)

Freud, Sigmund (1912/1975): Ratschläge für den Arzt bei der psychoanalytischen Behandlung. In: Sigmund *Freud* Studienausgabe Ergänzungsband: Schriften zur Behandlungstechnik. 169-180. Frankfurt/M.: S. Fischer. (Erstveröff. 1912)

Freud, Sigmund (1914/1975): Erinnern, Wiederholen, Durcharbeiten. Weitere Ratschläge zur Technik der Psychoanalyse II. In: Sigmund *Freud* Studienausgabe Ergänzungsband: Schriften zur Behandlungstechnik. 206-215. Frankfurt/M.: S. Fischer. (Erstveröff. 1914)

Freud, Sigmund (1930/1974): Das Unbehagen in der Kultur. In: Sigmund *Freud* Studienausgabe Bd. IX: Fragen der Gesellschaft; Ursprünge der Religion. 191-270. Frankfurt/M.: S. Fischer. (Erstveröff. 1930)

Freud, Sigmund (1932/1994): Meine Berührung mit Josef Popper-Lynkeus. In: S. *Freud*: Schriften über Träume und Traumdeutungen. 191-198. Frankfurt/M.: Fischer Tb. (Erstveröff. 1932)

Freud, Sigmund (1938/1972): Abriß der Psychoanalyse. Frankfurt/M.: Fischer Tb. (Erstveröff. 1938)

Gendlin, Eugene T. & Wiltschko, Johannes (1999): Focusing in der Praxis. Eine schulenübergreifende Methode für Psychotherapie und Alltag. Stuttgart: pfeiffer bei Klett-Cotta.

Groddeck, Norbert (2002): Carl Rogers. Wegbereiter der modernen Psychotherapie. Darmstadt: Primus.

Kramer, Robert (2002): "Ich wurde von Rank'schem Gedankengut angesteckt"; Die Wiener Wurzeln des Personzentrierten Ansatzes. *PERSON* 6,2, 5-18.

Kreuter-Szabo, Susan (1988): Der Selbstbegriff in der humanistischen Psychologie von A. Maslow und C. *Rogers*. Frankfurt/M.: Lang.

Pfeiffer, Wolfgang M. (1990): Otto Rank und die klientenzentrierte Psychotherapie. In: *Behr, Michael; Esser, Ulrich; Petermann, Franz & Pfeiffer, Wolfgang M.* (Hrsg.), Jahrbuch für personenzentrierte Psychologie und Psychotherapie, Bd. 2., 8-21. Salzburg: Otto Müller.

Raskin, Nathaniel J. (1948): The development of non-directiv therapy. *Journal of Consulting Psychology* 12 (1948), 92-110.

Rogers, Carl R. (1951/1972): Die klient-bezogene Gesprächstherapie. Client-centered therapy. München:

Kindler; ab 1983: Die klientenzentrierte Gesprächspsychotherapie. Frankfurt/M.: Fischer-Tb. (Orig. ersch. 1951: Client-centered therapy. Its current practice, implication, and theory)

Rogers, Carl R. (1957/1972): A note on the "nature of man". In: *Kirschenbaum, Howard & Land Henderson, Valerie* (Eds.): The *Carl Rogers* Reader, 401-408. Boston: Houghton Mifflin (Erstveröff. 1957)

Rogers, Carl R. (1959/1987): Eine Theorie der Psychotherapie, der Persönlichkeit und der zwischenmenschlichen Beziehungen. Entwickelt im Rahmen des klientenzentrierten Ansatzes. Köln: GwG (Orig. ersch. 1959: A theory of therapy, personality, and interpersonal relationsship, as developed in the client-centered framework)

Rogers, Carl R. (1961/1973): Entwicklung der Persönlichkeit. Psychotherapie aus der Sicht eines Therapeuten. Stuttgart: Klett (Orig. ersch. 1961: On becoming a person. A therapists view of psychotherapy)

Rogers, Carl R. (1977/1978): Die Kraft des Guten. Ein Appell zur Selbstverwirklichung. München: Kindler; ab 1985 Frankfurt/M.: Fischer-Tb. (Orig. ersch. 1977: On personal power. Inner strength and its revolutionary impact)

Rogers, Carl R. (1980/1991): Klientenzentrierte Psychotherapie. In: *Carl R. Rogers & Peter F. Schmid*, Person-zentriert. Grundlagen von Theorie und Praxis, 185-237. Mainz: Grünewald. (Orig. ersch.: 1980)

Rogers, Carl R. (1987/1990): Kommentar zu Shliens Aufsatz. In: *Behr, Michael; Esser, Ulrich; Petermann, Franz & Pfeiffer, Wolfgang M.* (Hrsg.), *Jahrbuch für personenzentrierte Psychologie und Psychotherapie*. Bd. 2., 75-81. Salzburg: Otto Müller (Orig. ersch. 1987: Comment on Shlien s article "A countertheory of transference")

Rogers, Carl R. & Rosenberg, Rachel L. (1977/1980): Die Person als Mittelpunkt der Wirklichkeit. Stuttgart: Klett-Cotta (Orig. ersch. 1977: A Pessoa Como Centro)

Rogers, Carl R. & Russell, David E. (2002). Carl Rogers. The quiet revolutionary. An oral history. Roseville, CA: Penmarin.

Shlien, John M. (1987/1990): Eine Gegentheorie zur Übertragung. In: *Behr, Michael; Esser, Ulrich; Petermann, Franz & Pfeiffer, Wolfgang M.* (Hrsg.), *Jahrbuch für personenzentrierte Psychologie und Psychotherapie*. Bd. 2., 43-74. Salzburg: Otto Müller (Orig. ersch. 1987: A countertheory of transference)

Korrespondenzadresse:

Mag. rer. soc. oec Wolfgang W. Keil

Albertgasse 39/ 6

1080 Wien

Tel. Nr.: +43/1/40755872

E-Mail: wolfgang.keil@aon.at

Hannes Krall

Freud und Moreno
– das Psychodrama, eine nicht-psychoanalytische Psychotherapie

Freud und *Moreno* – zwei Gründerväter unterschiedlicher psychotherapeutischer Schulen. Zwei Pioniere des 20. Jahrhunderts, jüdische Migranten, Ärzte. Und doch grundsätzlich verschieden. Freud entwickelte seine Theorie und Praxis im Kontext klinischer Arbeit. Ausgangspunkt waren neurotische Störungen, deren Ursache er in der Entwicklung der Betroffenen zu ergründen suchte: frühe Traumatisierungen, ungelöste psychische Konflikte, Analyse von Primärbeziehungen. Das Ziel bei *Freud* richtete sich auf die (Wieder-) Herstellung von Arbeits- und Liebesfähigkeit. *Freud* versuchte, „das ICH zu stärken, es vom ÜBER-ICH unabhängiger zu machen, sein Wahrnehmungsfeld zu erweitern und seine Organisation auszubauen, so daß es sich neue Stücke des ES aneignen kann." Denn: „Wo ES war, soll ICH werden" (*Freud* 1969, 86).

Moreno hingegen entwickelte das Psychodrama vor dem Hintergrund seiner Beobachtungen des kindlichen Spiels, seines sozialen Engagements als Arzt und seiner künstlerischen Ambitionen im Bereich der expressionistischen Literatur und des experimentellen Theaters. Er sieht den Menschen als ein schöpferisch handelndes Wesen, das sich selbst über seine Beziehungen zur Welt bestimmt. *Moreno* konzipierte das Psychodrama als eine Methode, „welche die Wahrheit der Seele durch Handeln ergründet" (*Moreno* 1997, 77). *Moreno*s Sozialphilosophie und Kulturtheorie zielen auf den einzelnen Menschen *und* auf die Menschheit als Ganzes, deren Teil der Einzelne ist. *Moreno* wollte eine Neuordnung der Gesellschaft (*Moreno* 1934/1967). Seine therapeutischen Visionen setzte er als triadisches System um: als Gruppentherapie, Soziometrie und Psychodrama.

Freud und *Moreno* begründeten neue Arbeitsformen. Doch auch hier dominieren die Unterschiede: Couch und Bühne. Die zentralen Arbeitsinstrumente der beiden Gründerväter sind längst zu Symbolträgern geworden –Markenzeichen zweier unverwechselbarer therapeutischer Schulen.

Nachdem *Freud* von der Arbeit mit der Hypnose Abstand genommen hatte, führte er die Couch als Ort der Analyse ein. Die bequeme Lage fördere die Regression der Patienten. Mit den Techniken des freien Assoziierens, der Analyse von Träumen und der Deutung von Übertragung und Widerstand wurden Zugänge zum Unbewussten der Patienten eröffnet.

Moreno hingegen bot seinen Patienten die *surplus reality* einer Bühne – also einen „symbolischen Erlebensraum" (*Ameln, Gerstmann, Kramer* 2005, 226). Die Bühne verstand *Moreno* als Einladung zur Begegnung und Aufforderung zu spontaner und kreativer Handlung. *Moreno* hob dabei die aktive Rolle des Patienten im Heilungsprozess hervor. Mit den Mitteln des Stegreifspieles werde die Selbstheilung gefördert: „Der Kranke treibt selbst seine Krankheit aus". *Moreno* sieht den Kranken als Dichter, der im Stegreifspiel „unglückliches Schicksal" korrigieren könne. Das Stegreiftheater setzt daher nicht auf Reproduktion und Analyse von Lebensgeschichten, sondern auf Neuproduktion – handelndes Erkunden und Verändern im szenischen Spiel. *Moreno*: „An die Stelle der Tiefenanalyse tritt Tiefenproduktion" (*Moreno* 1924/1970, S. 71). *Moreno* setzte auf Progression, auf das Freisetzen von Spontaneität und Kreativität. *Moreno*s Vision war es, den Menschen deren Schicksale in die Hand zu geben: „I teach the people how to play God".

"...as if puzzled" – Moreno und Freud

Freud war anders, *Moreno* auch – vor allem anders als *Freud*. *Moreno* dachte soziologisch und konzipierte seinen Ansatz ausgehend vom Kollektiv. *Freud* hingegen ging vom Individuum und dessen psychischem Leiden aus. *Moreno* lehnte dies ab. Er wollte „die Psychoanalyse übertreffen, überwinden oder integrieren. Er konnte sich niemals mit ihr abfinden: Seine therapeutische Philosophie stand der *Freud*schen diametral gegenüber" (*Buer, Schmitz-Roden* 1999, 119). Ein produktives Zueinanderfinden wäre ohne Verrenkungen wohl nicht möglich gewesen. Wenn sich *Moreno* auf *Freud* bezog, war das Konkurrieren und Rivalisieren nicht zu überhören. Seine Erinnerungen an die Begegnung mit *Freud* sind dafür ein Beispiel. *Moreno*, der 1912 als 23jähriger Medizinstudent *Freud*s Vorlesungen besuchte, erinnerte sich später an folgende Begegnung:

„*I met Dr. Freud only on one occasion. It occured in 1912 (…) I attended one of his lectures. (…)As the students filed out he asked me what I was doing. 'Well, Dr. Freud I start where you leave off. You meet people in the artificial setting of your office, I meet them on the street and in their home, in their natural surroundings. You analyze their dreams. I try to give them the courage to dream again. I teach the people how to play God'. Dr. Freud looked at me as if puzzled*" (*Moreno* 1982a, 71).

"Puzzling" mag wohl der real stattgefundene oder phantasievoll ausgemalte Versuch sein, dem Begründer der Psychoanalyse selbstbewusst die Welt zu erklären. Charakteristisch ist dabei wieder die Betonung der Differenz. Wäre es nach *Moreno* gegangen, hätte sich die Geschichte der Psychiatrie in drei Stufen vollzogen: die erste Revolution habe die Geisteskranken von den Ketten befreit. Das Verständnis einer Psychotherapie als integraler Bestandteil der Medizin und *Freud*s Entwicklung der Psychoanalyse hätten die zweite Revolution geschaffen. *Moreno* glaubte, mit der Entwicklung der Gruppentherapie, des Psychodramas, der Soziometrie und der Soziatrie die dritte psychiatrische Revolution einzuläuten (vgl. *Moreno* 1997, 15f). Die Psychoanalyse könnte dabei die Rolle des Trojanischen Pferdes übernehmen: „Wherever psychoanalysis has caught hold, Psychodrama will step out and take over" (*Moreno* et al. 1964,

105, cit. *Buer, Schmitz-Roden* 1999, 121). Zweifelsohne war Bescheidenheit keine von *Moreno*s Tugenden. Dies hätte auch nicht zu jemandem gepasst, der den Anspruch erhob, den Menschen etwas von ihrer verlorenen Gottähnlichkeit zurückzugeben.

Moreno berichtete, dass es ihn bereits als Kind faszinierte, Gott zu spielen. Mit anderen Kindern – sie spielten die Engel – stellte er Stühle übereinander. Als Gott nahm er ganz oben Platz. Von einem Engel gefragt, ob er denn auch fliegen könne, unternahm er sofort einen entsprechenden Versuch. Dabei wurde er schmerzhaft mit der Realität konfrontiert: Er brach sich den Arm. Im Rückblick auf dieses Ereignis hielt er gegenüber *Yablonski* fest: „Mein Werk ist die Psychotherapie der gefallenen Götter. Wir alle sind gefallene Götter. Als Kinder haben wir ein Gefühl göttlicher Allmacht – ich nenne das den normalen Größenwahn. (…) Psychodrama hilft den Menschen, etwas von ihrem ursprünglichen Selbst, von ihrer verlorenen Gottähnlichkeit zurückzugewinnen" (*Yablonski* 1978, 241).

Der „normale Größenwahn" reichte aber nicht aus, um *Freud*s historische Bedeutung zu übertreffen. *Moreno* fand nicht annähernd diese Beachtung, auch wenn noch Jahrzehnte später viele Therapieschulen aus dem reichhaltigen Fundus psychodramatischen Denkens und Arbeitens schöpfen. Dennoch ging *Moreno*s Wunsch in Erfüllung, das Psychodrama weltweit zu verankern. Er gründete Institute und Zeitschriften zur Verbreitung seiner Methoden, wobei vor allem die Soziometrie, die Gruppentherapie und das Psychodrama auf Interesse stießen.

Gegenwärtig finden psychodramatische Arbeitsweisen Eingang in viele unterschiedliche Anwendungsbereiche, in denen Beziehungsarbeit eine zentrale Rolle spielt oder gar Gegenstand und Ziel einer Intervention darstellt. Methoden des Psychodramas kommen heute nicht nur in der der Psychotherapie (vgl. z.B. *Fürst, Ottomeyer, Pruckner* 2004) zur Anwendung, sondern auch in den Bereichen der Sozialen Arbeit (*Stimmer* 2000), der Pädagogik (*Springer* 1995), der Supervision (*Buer* 1999c u. 2001a), dem Coaching (*Schreyögg* 1998), der Personalentwicklung (*Weiß* 2001), der Team- und Organisationsentwicklung (*Buer* 2001b). Zunehmende Beachtung findet auch wieder die Arbeit mit Kindern und Jugendlichen (*Pruckner* 2001; *Aichinger, Holl* 2002).

Das Psychodrama im Spiegel Morenos Biografie

Die *Entwicklung des Psychodramas* ist eng mit der Biografie *J. L. Moreno*s (1889-1974) verbunden (vgl. *Buer* 1999b; *Schiferer* 1996; *Marineau* 1989; *Petzold* 1987). *Moreno* wurde 1889 als Sohn jüdischer Eltern in Bukarest geboren. Sein Vater war Kaufmann und in den Ländern der Monarchie häufig auf Reisen. Seine Mutter wurde in einer katholischen Schule erzogen, was später auch die Erziehung ihres Sohnes beeinflusste. *Moreno*s Interesse für das Christentum hatte in dieser Erziehung seine Wurzeln.

Im Alter von fünf Jahren kam *Moreno* mit seiner Familie nach Wien. Als Gymnasiast und später als Studierender inszenierte er mit Kindern in öffentlichen Gärten und Parkanlagen Wiens bereits Stegreif- und Märchenspiele.

Trotz seiner literarischen Ambitionen begann *Moreno* 1911 ein Medizinstudium. Er blieb vielseitig interessiert und beschäftigte sich neben seinem Studium der Medizin, der Psychologie und der Philosophie intensiv mit expressionistischer Literatur und experimentellem Theater. Er schloss sich einer Gruppe junger Literaten an, publizierte selbst und gab eigene Zeitschriften heraus. Bereits während seines Medizinstudiums engagierte er sich mit Freunden auch in sozialen Fragen und setzte sich u.a. für Randgruppen ein. So etwa beteiligte er sich an Initiativen zur Verbesserung der sozialen Situation von Prostituierten.

Gegen Ende des ersten Weltkrieges arbeitete *Moreno* als Arzt in einem Flüchtlingslager in Mitterndorf bei Wien, wo heimatvertriebene Südtiroler Bauern untergebracht waren. Er beobachtete, dass in jenen Baracken, in denen untereinander gute Beziehungen geknüpft wurden, die Flüchtlinge in geringerem Ausmaß Krankheiten und Beschwerden entwickelten, die wir heute der Psychosomatik zuordnen würden. Er ging von der Annahme aus, dass es einen ursächlichen Zusammenhang zwischen den wirksamen Kräften von Sympathie und Antipathie und der Ausbildung von Symptomen bei den betroffenen Flüchtlingen gibt. Diese Beobachtungen und Analysen waren eine Grundlage für die spätere Entwicklung der Soziometrie.

Nach dem Krieg war er von 1919-1925 als Stadtarzt in Vöslau tätig. Zur gleichen Zeit nahm er eine Stelle als Arzt in einer Fabrik an, in der vor allem Frauen unter menschenunwürdigen Bedingungen arbeiten mussten. Konfrontiert mit dem sozialen Elend dieser Frauen und den Problemen, die sich aus der mangelnden Versorgung der Kinder ergaben, gründete er in Bad Vöslau ein Betreuungszentrum, in dem Frauen während der Schwangerschaft und bei der Betreuung ihrer Kinder Unterstützung und Hilfe bekamen. Dieses Betreuungszentrum war zu dieser Zeit beispielgebend.

Seine Erfahrungen als Arzt in einem Flüchtlingslager und später als Fabriksarzt halfen ihm, die Wichtigkeit von Beziehungen in sozialen Systemen zu erkennen. Der augenscheinliche Zusammenhang zwischen der sozialen Situation und der Gesundheit von Menschen ermutigte ihn weiterhin, soziotherapeutisch zu handeln. Dies führte ihn zur Entwicklung der Soziometrie, mit deren Hilfe er Beziehungen empirisch erfassen und verändern wollte.

Neben seinem Wirken als Arzt setzte er seine künstlerischen Experimente fort. Sein Interesse für Literatur und Theater veranlasste ihn, mit verschiedenen Formen des Stegreiftheaters zu experimentieren. Erst arbeitete er mit Künstlerkollegen und interessierten Schauspielern, später zunehmend mit Laienschauspielern, da diese von dem konventionellen Theaterbetrieb weniger beeinflusst waren. Wenn auch *Moreno*s Anliegen in erster Linie künstlerische waren, so beobachtete er bereits damals therapeutische Effekte, wie die Katharsis bei Spielern und Zuschauern nach einer gelungenen Inszenierung.

1925 emigrierte *Moreno* in die Vereinigten Staaten von Amerika. Dort setzte er mit

Projekten des Stegreiftheaters, der Gruppenarbeit und soziometrischen Untersuchungen in Erziehungsanstalten (Hudson School) und Gefängnissen seine Arbeiten fort und entwickelte dabei seine Methoden weiter.

Anfang der Dreißiger Jahre führte er die Begriffe Gruppentherapie und Gruppenpsychotherapie in die Fachdiskussion ein. 1932 schlug er erstmals Gruppentherapie als Angebot für Erziehungsanstalten, Gefängnisse und psychiatrische Einrichtungen vor. 1936 gründete er ein Privat-Sanatorium in Beacon/New York, wo er seine psychotherapeutischen Ideen umsetzte.

Das Psychodrama als „Konserve"

Psychodrama hat sich nicht nur mit der sozialen Wirklichkeit in „spielerischer" und experimentierender Weise auseinandergesetzt, sondern auch sich selbst immer wieder in kreativer Weise neu erfunden und verändert. Trotzdem haben sich einige Elemente in der Praxis bewährt und – um die Sprache *Moreno*s aufzugreifen – als „Konserven" verfestigt. Einige Grundbausteine psychodramatischer Arbeit werden im Folgenden skizziert:

Das protagonistenzentrierte Psychodrama – Konstituenten und Arbeitsphasen

Wenn vom Psychodrama als einem Verfahren gesprochen wird, subsumiert man genau genommen unterschiedliche Arbeitsweisen. Das Verfahren wird den entsprechenden Erfordernissen angepasst, je nachdem ob eine inhaltlich umschriebene Auseinandersetzung in einem themenzentrierten Psychodrama erfolgt, Themen bearbeitet werden, die sich aus dem Gruppenprozess ergeben, die Beziehungen in der Gruppe zum Gegenstand soziometrischer Arbeit werden oder einzelne Gruppenmitglieder in einem protagonistenzentrierten Psychodrama ihr Anliegen mit Unterstützung der Gruppe zum Gegenstand der gemeinsamen Reflexion machen. Am Beispiel des *protagonistenzentrierten Psychodramas* lassen sich alle Konstituenten psychodramatischer Arbeit darstellen. Das sind

- der *Protagonist,* der ein Anliegen, eine Frage oder eine Problemstellung einbringt und diese als Hauptdarsteller auf der Bühne in Szene setzt. Der Protagonist entscheidet sich freiwillig für die szenische Umsetzung und bestimmt die Inhalte und den Verlauf des Spieles,
- die *Gruppenleitung (meist mit einer Co-Leitung),* die den Gruppenprozess strukturiert und begleitet. Die Leitung ist verantwortlich für die Struktur und den Rahmen des Psychodramas. Sie macht Vorschläge hinsichtlich der Form der Inszenierung und unterstützt den Protagonisten in seiner Arbeit, ohne vorgegebene Lösungen aufzusetzen,
- die *MitspielerInnen in ihren Hilfs-Ich-Rollen*, in denen einzelne Gruppenmitglieder sowohl Teile der Lebenswelt (z.B. Personen im sozialen Umfeld) als auch Anteile der psychischen Innenwelt (z.B. Angst, Zuversicht) des Protagonisten repräsentieren,

- die *Gruppe* als wichtiger sozialer Resonanzkörper für das gesamte Geschehen und als Unterstützung für die einzelnen Gruppenmitglieder und
- die *Bühne* als Ort der Inszenierung, des Spieles und der Aktion.

Der Verlauf einer psychodramatischen Arbeit lässt sich idealtypisch in drei Phasen gliedern:

- *Erwärmungsphase:* Psychodramatische Einheiten beginnen in der Regel mit einer Einstiegsrunde, bei der nach der momentanen Befindlichkeit gefragt wird und geäußert werden kann, mit welchen Themen, Fragestellungen, Ereignissen etc. sich die GruppenteilnehmerInnen beschäftigen wollen. Es können Einstiegsspiele zur Vertiefung oder Differenzierung eines genannten Themas folgen. Die Erwärmung dient der Aktivierung und Vorbereitung auf die Spielphase.
- *Aktions- oder Spielphase:* Je nach Gruppenentwicklung und Verlauf der Erwärmung kann mit einem Gruppenspiel, einer soziometrischen Übung, einem Protagonistenspiel etc. fortgesetzt werden. Der Psychodramaleiter schlägt ein Spiel vor oder entscheidet mit der Gruppe. Nach dem Einrichten einer Bühne und dem Auswählen von Rollen wird das Spiel in Szene gesetzt.
- *Integrationsphase:* Diese Phase der Nachbesprechung und der Integration setzt sich wiederum aus mehreren Teilschritten zusammen. Nach der Spielphase geben die MitspielerInnen ein *Rollenfeedback*. Sie erzählen, wie sie sich in der Rolle erlebt haben, was sie wahrgenommen haben, was überraschend, irritierend, hilfreich etc. war. Die Rückmeldungen aus den Rollen liefern wichtige Informationen zur Perspektivenerweiterung. Im *Identifikationsfeedback* geben die Zuschauer Rückmeldungen darüber, mit welchen Rollenanteilen sie sich im Spiel identifizieren und wessen Perspektiven sie beim Zusehen einnehmen konnten. Danach folgt in einem weiteren Schritt ein *Sharing*, in dem die Gruppenmitglieder mitteilen, welche Aspekte der Rolle bzw. des Spieles sie aus ihrem Lebensalltag kennen. Was haben sie selbst schon erlebt, welche Assoziationen, Erinnerungen, Bezüge tauchen vor dem Hintergrund ihrer eigenen biografischen Erfahrungen auf? Das Sharing hat die Funktion, den Protagonisten zu unterstützen und ihn gleichzeitig aus seiner exponierten Lage zu bringen, in dem die anderen Mitglieder der Gruppe aussprechen, welche Aspekte des Spieles ihnen selbst vertraut sind. Die Inhalte des Sharings sind in der Folge auch für die Weiterführung des Gruppenprozesses wichtig.

Im *Processing* (Prozessbetrachtung, -analyse) können die im Spiel zutage getretenen Phänomene (z.B. Rollenkonflikte, widersprüchliche gesellschaftliche Erwartungen) eingehender betrachtet oder Fragen zu den gespielten Themen erörtert werden. Schließlich wird wieder darüber gesprochen, welche Themen, Anliegen oder Fragen im Augenblick in der Gruppe präsent sind und wie in der Gruppe weiter gearbeitet werden soll.

Soziometrie – Soziales Atom, soziometrischer Test und Aktionssoziometrie

Die Menschen gestalten und modifizieren aktiv und fortlaufend ihre sozialen Beziehungen und werden auch in einem wechselseitigen Prozess durch ihre sozialen Beziehungen und Interaktionen bestimmt. Daher kann für *Moreno* das Individuum niemals losgelöst von seinen sozialen Bezügen verstanden werden, was bei *Moreno* vor allem in seinem Konzept des „sozialen Atoms" zum Ausdruck kommt. Die Metapher des sozialen Atoms wählte *Moreno* aufgrund der ursprünglichen Wortbedeutung, wonach „atomos" für „nicht weiter teilbar" steht. Das „soziale Atom" und nicht das Individuum ist nach *Moreno* die kleinste soziale Einheit (*Moreno* 1981, 85ff; 1989, 60 ff). Personen, die unterschiedlichen sozialen Atomen angehören, bilden durch die gegenseitige Wahl psychosoziale Netzwerke. Diese sind für die Entwicklungsmöglichkeit der Individuen von zentraler Bedeutung. Sowohl die Regenerationsfähigkeit des sozialen Atoms, als auch die Zugehörigkeit zu psychosozialen Netzwerken nimmt in der Regel mit dem Alter ab. *Moreno* spricht in diesem Zusammenhang vom „sozialen Tod" des Individuums. Der Tod ist somit nicht nur eine physische und psychische, sondern auch eine „soziale Realität" (*Leutz* 1986, 129).

Die *soziometrische Arbeit mit dem sozialen Atom* bietet viele Möglichkeiten. Klienten werden nach einer kurzen Erläuterung der Methode aufgefordert, ihr soziales Atom – also ihr Beziehungsnetz – aufzuzeichnen oder mit Hilfe anderer Medien, wie Puppen, Holzfiguren, Münzen aufzustellen. Die Darstellung des sozialen Atoms liefert für eine erste Situationsanalyse wichtige Informationen, wie Quantität und Qualität von Beziehungen, Nähe, Distanz, Kohäsion etc. (vgl. *Stimmer* 2000, 132).

Zur Situationsanalyse und für weitere Interventionen ist das soziale Atom sehr flexibel einsetzbar. Es kann nach Veränderungswünschen oder nach einem „idealen" sozialen Atom gefragt werden, es können Veränderungen erprobt und in ihren vielfältigen Auswirkungen auf das gesamte soziale Atom hinterfragt werden. Der Klient kann in der szenischen Darstellung mit Hilfe des Rollentausches die unterschiedlichen Personen im sozialen Atom sprechen lassen etc. Alle methodischen Möglichkeiten des Psychodramas lassen sich hier entsprechend der jeweiligen Zielsetzung anknüpfen.

Im *soziometrischen Test* (*Moreno* 1989, 157ff; *Leutz* 1986, 6; *Stimmer* 2000, 136) nehmen die Individuen einer Gruppe an der Erforschung ihrer sozioemotionalen Tiefenstruktur teil, die einen Einfluss auf die Interaktionen einer Gruppe nehmen. Mit den sozioemotionalen Tiefenstrukturen einer Gruppe meinte *Moreno* die Qualität der Beziehungen einzelner Gruppenmitglieder zueinander. Während die formellen Oberflächenstrukturen, wie formale Rollen, Hierarchien oder Aufgabenzuschreibungen leicht erkennbar und zugänglich sind, braucht man zur Untersuchung der sozioemotionalen Tiefenstrukturen eine systematische Vorgangsweise, die *Moreno* mit dem soziometrischen Test schuf, der die Grundlage für Aktion und Veränderung in der Gruppe liefert.

Die Ergebnisse einer soziometrischen Untersuchung werden in Form eines Soziogramms sichtbar gemacht, das die Wahlen und Ablehnungen der Gruppenmitglieder untereinander visualisiert. Ziel dabei ist, eine Verbesserung der sozialen Situation herbei zu führen.

Da das Erfragen und die grafische Darstellung der Ergebnisse zumeist recht zeitaufwendig sind, finden aktionssoziometrische Arbeiten in Gruppen (*Pruckner* 2004, 183f) häufiger Anwendung. Dabei werden die Mitglieder einer Gruppe aufgefordert, beispielsweise durch die Wahl einer Position im Raum ihre Sicht bezüglich einer bestimmten Fragestellung oder eines Kriteriums (z.B. Bekanntschaft in der Gruppe) zum Ausdruck zu bringen.

Psychodrama in der Dyade – „Monodrama"

Obwohl das Psychodrama als Gruppenmethode konzipiert wurde, gab es vor allem in jüngerer Zeit Bestrebungen, psychodramatische Arbeitsformen auch auf das „Einzelsetting" – oder genauer: auf das „Psychodrama in der Dyade" – zu übertragen. In diesem Zusammenhang wird auch von „Monodrama" (*Erlacher-Farkas* 1996, 95ff) gesprochen.

An die Stelle anderer MitspielerInnen einer psychodramatischen Gruppe treten „Hilfsobjekte", also Gegenstände, die sich im Raum befinden und für das monodramatische Spiel herangezogen werden können. Der Klient wählt die Hilfsobjekte der Reihe nach für die verschiedenen Personen oder Aspekte einer Situation oder Szene aus und stellt sie zueinander in Beziehung, sodass ein bedeutsamer Sachverhalt oder eine Problemsituation dargestellt und verändert werden kann, um beispielsweise Handlungsalternativen in einer Konfliktsituation zu erarbeiten.

Die monodramatische Arbeit folgt grundsätzlich dem Ablauf des Psychodramas in einer Gruppe. Die Phasen der Erwärmung, des Spiels/der Aktion und der Nachbesprechung müssen jedoch aufgrund der dyadischen Situation etwas modifiziert werden.

Zusammenfassend soll festgehalten werden, dass das Psychodrama als Methode handlungsorientiert und interaktiv zu verstehen ist. Es zielt auf eine korrigierende emotionale Erfahrung durch das „wahre zweite Mal" und auf Erprobung alternativer Verhaltensmöglichkeiten. Es geht von der Perspektive der beteiligten Akteure, deren Beziehungen zueinander und zu ihrem Umfeld aus und zielt auf Veränderung und Entwicklung individueller Handlungsmöglichkeiten und gesellschaftlich bestimmter Lebensverhältnisse. Ziel der (selbst-) reflexiven Auseinandersetzung ist es, zu einem umfassenderen und angemessenen Verständnis einer sozialen Situation zu kommen und Handlungsmöglichkeiten für eine Verbesserung zu erarbeiten. Das Psychodrama fördert dadurch Multiperspektivität und Kommunikation sowohl auf verbaler, bildhafter und szenischer Ebene. Kognitionen, Emotionen und Körperempfindungen werden dabei gleichermaßen in das prozesshafte Arbeiten im Psychodrama mit einbezogen.

Psychodrama und Psychoanalyse – Differenzen, Gemeinsamkeiten und Perspektiven

Bereits einleitend wurden die Unterschiede zwischen Psychodrama und Psychoanalyse beleuchtet. Und bei eingehender Betrachtung könnte man viele weitere Aspekte nennen. Dazu nur einige Stichworte: Liegt in der Konzeption *Freuds* dem menschlichen Leben ein Triebmodell zugrunde, so ist es bei *Moreno* die Kombination aus Spontaneität und Kreativität, die das Leben und seine Entwicklung in Gang halten. Setzt *Freud* in seinem theoretischen Modell auf Triebkräfte, um der Dynamik menschlichen Lebens auf die Spur zu kommen, so nimmt *Moreno* die Kräfte der sozialen Anziehung und Abstoßung zum Ausgangspunkt seiner Theorie. Geht *Freud* vom Unbewussten im Menschen aus, das wesentlich Einfluss auf das Erleben und Verhalten nimmt, so untersucht *Moreno* mit seinen Methoden sozioemotionale Aktualkonflikte und Tiefenstrukturen in den Beziehungen der Menschen, die er sichtbar und damit veränderbar machen will. Steht das Ich des Menschen bei *Freud* im Spannungsfeld von Es und Über-Ich, so betrachtet *Moreno* den Menschen im Spannungsfeld seiner unterschiedlichen Rollen und Rollenbeziehungen („intra and inter role conflicts"). Konzipiert *Freud* die Entwicklung des Menschen vor allem vor dem Hintergrund der voranschreitenden psychosexuellen Entwicklung und der damit verbundenen Konfliktlagen, so verfolgt *Moreno* ein Modell einer aufbauenden Rollenentwicklung. Eine Auflistung der vielen gegensätzlichen Zugangsweisen ließe sich fortführen.

Versuch einer Integration – das „analytische Psychodrama"

Auch wenn sich *Moreno* immer wieder von *Freud* abgrenzte, sind Überschneidungen in der praktischen Arbeit deutlich erkennbar. Beim Aufsuchen und Bearbeiten belastender Erfahrungen folgte *Moreno* etwa dem Modell psychoanalytischer Bearbeitung kindlicher Traumata. *Freuds* Bearbeitung von Kindheitstraumata lag jedoch nicht in der Wiederholung, sondern in der Deutung und Interpretation. *Morenos* Credo hingegen lautete: „Jedes wahre zweite Mal ist die Befreiung vom ersten" (*Moreno* 1997, 89).

Die Möglichkeiten des Stegreiftheaters treten an die Stelle der freien Assoziationen, wobei *Moreno* dem Handeln gegenüber dem Sprechen bzw. der „Tiefenproduktion" der „Tiefenanalyse" den Vorzug gibt: „Stegreif läßt das Unbewußte unverletzt (durch das Bewußtsein) frei steigen. Diese Lösung tritt nicht durch fremden Eingriff ein sondern autonom. Darauf beruht seine Bedeutung als Heilmittel" (*Moreno* 1924/1970, S.71).

Moreno selbst hat sich immer wieder auf die Psychoanalyse bezogen und machte bereits 1944 Vorschläge, Psychodrama mit psychoanalytischen Theorien zu verbinden. Er schlug eine „Synthese von Psychodrama und Psychoanalyse" (*Moreno* 1997, 90) vor. Dieser Gedanke wurde auch aufgenommen und in die Praxis umgesetzt (vgl. *Petzold* 1985, 28ff). Vor allem in Frankreich wurde am Konzept eines „analytischen Psychodramas" gearbeitet (vgl. z.B. *Anzieu* 1984 oder *Lebovici* 1993). Aber auch in

Deutschland stieß dieses Vorhaben auf Interesse (z.B. *Ploeger* 1983). Mit diesen Zugängen war auch die Vision verbunden, dass nicht nur psychoanalytische Konzepte im Psychodrama Anwendung finden, sondern – wie etwa *Petzold* im Vorwort bei *Anzieu* schreibt – auch eine „dramatische, d.h. handlungsbezogene Psychoanalyse" entstehen könnte. Die Umsetzung zeigte jedoch, dass weitgehend psychoanalytische Konzepte die Vorgangsweise bestimmten und aus dem Fundus des Psychodramas vor allem die Möglichkeiten einzelner methodischer Ansätze aufgenommen wurden (vgl. *Petzold* 1987, 187f). Dies entsprach jedoch nicht dem, was *Moreno* sich als „Synthese von Psychodrama und Psychoanalyse" vorgestellt hatte.

Weitere Anknüpfungspunkte:
Theorie der Objektbeziehung und szenisches Verstehen

Die Entwicklung der Objektbeziehungstheorie brachte neue Anknüpfungspunkte zwischen Psychoanalyse und Psychodrama (vgl. *Ameln, Gerstmann, Kramer* 2005). *Balint* forderte bereits in den 1930er Jahren mehr Beachtung für die Entwicklung der Objektbeziehungen (vgl. *Laplanche, Pontalis* 1994, 340). Mit der Objektbeziehungstheorie wird die Bedeutung früher Beziehungen und Interaktionsmuster in den Vordergrund gestellt. Vor allem *Winnicott*s Hervorhebung des kindlichen Spiels als Übergangsraum zwischen der innerpsychischen und äußeren Welt weisen Parallelen zum Psychodrama auf (vgl. *Winnicott* 1973). Gerade auch mit Hinblick auf die Säuglingsforschung der letzten Jahre, lassen sich viele Bezüge zu den Arbeiten *Moreno*s herstellen (vgl. *Schacht* 2003, 114).

Ein weiteres zentrales Verbindungsstück hat *Alfred Lorenzer* (1973) mit dem Konzept des szenischen Verstehens geschaffen (vgl. *Ottomeyer* 2004, 60). Nach *Lorenzer* gehe es der Psychoanalyse um das „Individuum in actu" – nicht der Handelnde, sondern die Handlung stehe im Zentrum der Aufmerksamkeit. Das Individuum wird bei Lorenzer als „persona dramatis" gesehen. Der Psychoanalyse gehe es darum, „die Persönlichkeit als Gefüge von Lebensentwürfen, als Entwurf einer zusammenhängenden ′Lebenswelt′ zu begreifen. Die Lebenswelt, das problematische Lebensdrama des Patienten ist der Gegenstand der Psychoanalyse (vgl. *Lorenzer* 1984, 148).

Mit dem Konzept des szenischen Verstehens nähern sich gleich mehrere Ansatzpunkte der Psychoanalyse und des Psychodramas. Erstens: Die Betrachtung des Individuums als Handelnden – als einen sozialen Akteur. Zweitens: Die Sicht des Individuums als „persona dramatis" – als einem Rollenspieler in einem zu gestaltenden Stück. Dies unterstreicht die szenisch-dramatische Einbettung des individuellen Handelns in übergreifende soziale und kulturelle Zusammenhänge. Und drittens: Die Bedeutung der Lebenswelt für die Bestimmung des Individuums an sich. Persönlichkeit wird als Gefüge von Lebensentwürfen in konkreten Lebenswelten verstanden. Rekonstruktion, Analyse und zukünftige Gestaltung von Lebensdramen erfordern eine Perspektive auf das Individuum in dessen sozialen und kulturellen Bezügen, wie es *Moreno* mit seiner Konzeption eines sozialen und kulturellen Atoms (*Moreno* 1982b, 301ff) zu fassen versuchte.

Moreno vertrat der Sache nach einen Life-span developmental approach. Seine Spontanitäts-Kreativitätstheorie aus der Stegreiftheorie und Antirollentheorie erwachsen tritt an gegen die Idee frühkindlicher Determiniertheit. Der Mensch könne sich jederzeit mit tragfähigen Mitmenschen verändern und befreien, wenn er zu seiner Spontaneität findet. Dazu brauche es keine Analyse oder Rekonstruktion, sondern die befreiende Aktion: ein wahres zweites Mal (1924). Neurowissenschaftlich völlig sinnvoll, denn es hemmt dysfunktionale Muster und macht die Performanz und damit Bahnung neuer Muster möglich.

Die therapeutische Beziehung – Differenzen und Lernchancen

Moreno stellte den Arbeitsweisen von Übertragung und Gegenübertragung in der Psychoanalyse das Tele-Prinzip und die Begegnung im Psychodrama entgegen (vgl. z.B. *Petzold* 1987, 173ff). Das Tele-Prinzip beruht auf dem „Gefühl und der Erkenntnis für die *wirkliche* Situation der anderen Personen" (*Moreno* 1997, 29). Erst auf Grundlage der Begegnung und wechselseitiger Einfühlung ist eine therapeutische Beziehung im Sinne *Moreno*s gegeben. Dabei ist hervorzuheben, dass in der Gruppe die jeweiligen TeilnehmerInnen auch füreinander eine therapeutische Funktion übernehmen können (vgl. *Moreno* 1997, 12). Die Abgrenzung gegenüber der Psychoanalyse formuliert *Moreno* polemisch: „Die ′Übertragung′ bindet den Patienten an einen nicht anwesenden Menschen, die ′Gegenübertragung′ setzt den Therapeuten zu einem ebenfalls abwesenden Menschen in Beziehung. Demzufolge reden die beiden nicht miteinander, sondern aneinander vorbei" (*Moreno* 1967, 393).

Übertragung und Gegenübertragung jedoch nur unter dem Gesichtspunkt einer „misslingenden Begegnung" zu betrachten ist nicht nur eine grobe Verkürzung, sondern vor allem auch eine vergebene Chance. Auch wenn das Psychodrama primär Begegnung ermöglichen will, so sind diese wohl nicht frei von Übertragungs- und Gegenübertragungsprozessen vorstellbar. Und keinesfalls sind sie als zu überwindender Störfall zu sehen, sondern – wie *Ottomeyer* festhält – als „spannender Hinweis auf das gemeinsame Drama mit dem Gegenüber" (2004, 62).

Aus einem psychodramatischen Blickwinkel betrachtet ist das klassische psychoanalytische Setting auf der Begegnungsbühne (vgl. *Pruckner* 2002) durch klar strukturierte Rollenvorgaben und eine reduzierte und weitgehend unveränderbare Bühnenarchitektur bestimmt: Der Patient auf einer Couch liegend, dahinter der Therapeut sitzend. In der freien Assoziation der Psychoanalyse erzählt der Patient, was ihn beschäftigt. Der Therapeut hört zu und dient dem Patienten vor allem als Projektionsfläche.

Legt man dieser Betrachtung ein psychodramatisches Bühnenmodell zugrunde, so findet die Arbeit primär auf der „inneren Bühne" des Patienten statt. Weiters ist die „innere Bühne" des Therapeuten zu nennen, der in „gleichschwebender Aufmerksamkeit" nicht nur den Mitteilungen des Patienten folgt, sondern vor allem auch auf die eigenen Gegenübertragungen – Gedanken, Emotionen, körperliche Wahrnehmungen etc. – achtet. Die „innere Bühne" des Therapeuten ist als eine Art Resonanzraum zu verstehen, in dem sich spontane Gegenübertragungsreaktionen abbilden können, die wichtige Zusatzinformationen für ein tiefergehendes Verständnis der Lebens- und Konfliktgeschichte des Patienten enthalten.

Und nicht zuletzt ist die „Begegnungsbühne" zwischen Therapeut und Patient bedeutsam. Im Interaktionsverlauf zwischen Therapeut und Patient kommt es nicht nur zu einem Austausch von Informationen, sondern natürlich auch zu einer für beide Beteiligten bedeutsamen Re-Inszenierung von biografisch relevanten Beziehungsaspekten. Die Begegnungsbühne ist somit nicht nur Ort der Interaktion, sondern auch ein wichtiges Instrumentarium für Diagnostik und Intervention im therapeutischen Arbeitsprozess.

Im Psychodrama sind Übertragung und Gegenübertragung sowohl zwischen Patient und Psychotherapeuten, als auch zwischen den Patienten in der Gruppe wirksam – sie sind jedoch „multipel und temporär" (*Ottomeyer* 2004, 61). Und das Psychodrama bietet die Möglichkeiten der Spielbühne, mit den Übertragungen zu arbeiten – sich darauf stärker einzulassen und sich wieder zu distanzieren. Beim Bühnenaufbau, der Auswahl der MitspielerInnen und den Dynamiken des Spieles kommen Prozesse der Übertragung und Gegenübertragung in Gang. Der Wechsel von der Spielbühne zur Begegnungsbühne in der Gruppe ermöglicht jedoch wieder Distanzierung und Betrachtung von außen – Rollenfeedback, Identifikationsfeedback und einfühlsames Sharing unterstützen die (Selbst-) Reflexion und Analyse der in Gang gebrachten Prozesse.

Gerade die Gegenüberstellung der therapeutischen Prinzipien von Begegnung und Tele auf der einen bzw. Übertragung und Gegenübertragung auf der anderen Seite macht deutlich, was eingangs bereits formuliert wurde und abschließend wiederholt werden kann: *Freud* war anders, *Moreno* auch – vor allem anders als *Freud*. *Freud* und *Moreno* scheinen einfach nicht zueinander zu passen, lassen sich aber aufeinander beziehen. Psychodrama und Psychoanalyse werden sich wohl ihre zwiespältige Beziehung erhalten und das ist nicht weiter problematisch. Ganz im Gegenteil. Die dialektische Spannung dieser Ansätze bleibt hoffentlich das, was sie war: ein Katalysator für die Entwicklung therapeutischer Methodik und Theoriebildung.

Zusammenfassung: Freud und Moreno - das Psychodrama, eine nicht-psychoanalytische Psychotherapie
Freud und *Moreno* haben zwei eigenständige Therapieschulen begründet – Psychoanalyse und Psychodrama. Eine Betrachtung beider Ansätze fördert vor allem Differenzen zu Tage. Sowohl die theoretischen Zugänge als auch die praktischen Arbeitsweisen unterscheiden sich grundsätzlich. Versuche einer Verknüpfung beider Ansätze erfolgten vor allem von Seiten des Psychodramas als „analytisches Psychodrama". Obwohl mit szenischen Arbeitsformen in der Frühphase der Psychoanalyse experimentiert worden war, schlug *Freud* einen anderen

Weg ein. Dennoch: Gerade die Unterschiedlichkeit der Traditionen kann – so eine Schlussfolgerung des Beitrages – nach wie vor Katalysator für die therapeutische Methodik und Theoriebildung sein. Der Beitrag skizziert – ausgehend von einem Aufriss der Methode Psychodrama im Spiegel *Morenos* Biografie – neben den Unterschieden auch die bestehenden Anknüpfungspunkte zwischen den beiden Schulen.

Schlüsselwörter:
Psychodrama, Soziometrie, Rollenspiel, J. L. Moreno, Psychoanalyse

Summary: Freud and Moreno – Psychodrama, a non-psychoanalytical psychotherapy
Freud and *Moreno* established two independent schools of therapy. Psychoanalysis and psychodrama: a consideration of both stances brings to light considerable differences. Theoretical approaches, as well as practical working methods, differ fundamentally. Attempts to find a connection between the two approaches succeed mostly on the side of psychodrama as "analytical psychodrama." Although scenic working methods were experimented with in the early phase of psychoanalysis, *Freud* chose to follow another path. However, even the differences between the traditions can – according to a conclusion in the article – still be a catalyst for therapeutic methodology and the formation of theory. The article sketches – beginning with an outline of the methods of psychodrama as reflected in *Moreno*'s biography – the existing points of connection between the two schools, alongside the differences.

Keywords:
Psychodrama, Sociometry, Role Playing, J. L. Moreno, Psychoanalysis

Literatur

Aichinger, Alfons; Holl, Walter (2002): Kinder-Psychodrama in der Familien- und Einzeltherapie, im Kindergarten und in der Schule. Mainz: Matthias-Grünewald.
Ameln, Falko von; Gerstmann, Ruth; Kramer, Josef (2005) (Hg.): Psychodrama. Heidelberg: Springer.
Anzieu, Didier (1984): Analytisches Psychodrama mit Kindern und Jugendlichen. Paderborn: Junfermann.
Buer, Ferdinand, Schmitz-Roden, Ulrich (1999): Psychodrama und Psychoanalyse. In: *Buer, Ferdinand* (1999a) (Hg.), 119-166.
Buer, Ferdinand (Hg.) (1999a), 3. Auflage: Morenos therapeutische Philosophie. Die Grundlagen von Psychodrama und Soziometrie. Opladen: Leske+Budrich.
Buer, Ferdinand (1999b): Morenos therapeutische Philosophie. Eine Einführung in ihre kultur- und ideengeschichtlichen Kontexte. In: *Buer, Ferdinand* (1999a) (Hg.), 13-45.
Buer, Ferdinand (1999c) (Hg.): Lehrbuch der Supervision. Münster: Votum.
Buer, Ferdinand (2001a) (Hg.): Praxis der psychodramatischen Supervision. Opladen: Leske+Budrich.
Buer, Ferdinand (2001b): Team- und Organisationsentwicklung im Rahmen der Organisationssupervision. Eine Fallstudie. In: *Buer, Ferdinand* (2001) (Hg.), 75-100.
Erlacher-Farkas, Barbara (1996): Beschreibung der praktischen Monodramaarbeit. In: *Farkas-Erlacher, Barbara; Jorda, Christian* (Hg.): Monodrama. Heilende Begegnung. Vom Psychodrama zur Einzeltherapie Wien, New York: Springer. 95-117.
Freud, Sigmund (1969): Einführung in die Psychoanalyse. Ges. Werke 15. Frankfurt/Main: Fischer.
Fürst, Jutta; Ottomeyer, Klaus; Pruckner, Hildegard (2004) (Hg.): Psychodrama-Therapie. Wien: Facultas.

Laplanche, Jean, Pontalis, Jean-Bertrand (1994), 12. Auflage: Das Vokabular der Psychoanalyse. Frankfurt: Suhrkamp.
Lebovici, Serge (1993), 4. Auflage: Das psychoanalytische Psychodrama. In: *Petzold, Hilarion* (Hg.): Angewandtes Psychodrama. Paderborn: Junfermann.
Leutz, Grete (1986): Psychodrama. Theorie und Praxis. Berlin/New York: Springer.
Lorenzer, Alfred (1973): Sprachzerstörung und Rekonstruktion. Vorarbeiten zu einer Metatheorie der Psychoanalyse. Frankfurt/Main: Suhrkamp.
Lorenzer, Alfred (1984): Intimität und soziales Leid: Archäologie der Psychoanalyse. Frankfurt/Main: Fischer.
Marineau, René F. (1989): Jacob Levy Moreno 1889-1974. Father of psychodrama, sociometry, and group psychotherapie. London, New York: Routledge.
Moreno, Jacob L. (1967), 2. Auflage: Die Grundlagen der Soziometrie. Wege zur Neuordnung der Gesellschaft. Opladen: Westdeutscher Verlag.
Moreno, Jacob L. (1970): Das Stegreiftheater. Beacon.
Moreno, Jacob L. (1981): Soziometrie als experimentelle Methode. Paderborn: Junfermann.
Moreno, Jacob L. (1982a): Gedanken zu meiner Gruppenpsychotherapie. In: *Petzold, Hilarion* (Hg.): Dramatische Therapie. Stuttgart: Junfermann. 70-79.
Moreno, Jacob L. (1982b): Ein Bezugsrahmen für das Messen von Rollen. In: *Petzold, Hilarion, Mathias, Ulrike* (Hg.): Rollenentwicklung und Identität. Paderborn: Junfermann. 301-309.
Moreno, Jacob L. (1989): Psychodrama und Soziometrie. Köln: Edition Humanistische Psychologie.
Moreno, Jacob L. (1997), 5. Auflage: Gruppenpsychotherapie und Psychodrama. Thieme: Stuttgart, New York.
Ottomeyer, Klaus (1992): Lebensdrama und Entfremdung. *Forum Kritische Psychologie* 29, 109-129.
Ottomeyer, Klaus (2004): Das Psychodrama zwischen Psychoanalyse und kritischer Gesellschaftstheorie. In: *Fürst, Jutta; Ottomeyer, Klaus; Pruckner, Hildegard* (2004) (Hg.), 59-80.
Petzold, Hilarion (1985), 2. Auflage: Psychodrama-Therapie. Paderborn: Junfermann.
Petzold, Hilarion (1987), 4. Auflage: Psychodrama. Die ganze Welt ist eine Bühne. In: *Petzold, Hilarion* (Hg.): Wege zum Menschen: Paderborn: Junfermann. 111-216.
Ploeger, Andreas (1983): Tiefenpsychologisch fundierte Psychodrama-Therapie. Stuttgart: Kohlhammer.
Pruckner, Hildegard (2001): Das Spiel ist der Königsweg der Kinder. Psychodrama, Soziometrie und Rollenspiel mit Kindern. München: InScenario.
Pruckner, Hildegard (2002): Psychotherapie mit traumatisierten Kindern. „Du sollst nicht fragen, das Kind soll nicht reden...". *Zeitschrift für Psychodrama und Soziometrie* 2, 147-175.
Pruckner, Hildegard (2004): Soziometrie – Eine Zusammenschau von Grundlagen, Weiterentwicklungen und Methodik. In: *Fürst, Jutta; Ottomeyer, Klaus; Pruckner, Hildegard* (2004) (Hg.), 161-192.
Schacht, Michael (2003): Spontaneität und Begegnung: zur Persönlichkeitsentwicklung aus der Sicht des Psychodramas. München: inScenario-Verlag.
Schiferer, Ruediger H. (1996): Imaginative Inszenierung des Selbst. J. L. Moreno: Sein soziales Wirken und sein expressionistischer Hintergrund. In: *Erlacher-Farkas, Barbara; Jorda, Christian* (Hg.): Monodrama. Wien, New York: Springer. 13-37.
Schreyögg, Astrid (1998): Coaching. Eine Einführung für Praxis und Ausbildung. Frankfurt/New York: Campus Verlag.
Springer, Roland (1995): Grundlagen der Psychodrama-Pädagogik. Köln: InSzenario.
Stimmer, Franz (2000): Grundlagen des Methodischen Handelns in der Sozialen Arbeit. Stuttgart: Kohlhammer
Weiß, Reinald (2001): Psychodramatische Supervision als Passage in PE-Maßnahmen. In: *Buer, Ferdinand* (2001a) (Hg.), 299-312
Winnicott, Donald W. (1973): Vom Spiel zur Kreativität. Stuttgart: Klett-Cotta.
Yablonski, Lewis (1978): Psychodrama: Die Lösung emotionaler Probleme durch das Rollenspiel. Stuttgart: Klett-Cotta.

Korrespondenzadresse:

Ao. Univ.-Prof. Dr. Hannes Krall
Alpen-Adria-Universität Klagenfurt
Institut für Erziehungswissenschaft
und Bildungsforschung (IfEB)

Universitätsstraße 65-67
9020 Klagenfurt

E-Mail-Adresse:
Hannes.Krall@uni-klu.ac.at

Hubert Hofmann & Arne Stiksrud (Hg.)

Dem Leben Gestalt geben

ERIK H. ERIKSON AUS INTERDISZIPLINÄRER SICHT

€ 29,50 • 370 Seiten • ISBN 3 901811 14 1

Dieses Buch will Leben und Werk eines der renommiertesten Psychologen – Erik Homburger Erikson – „Gestalt" geben. Nicht als Biografie und doch mit vielen biografischen Verweisen beleuchten Experten aus unterschiedlichen Disziplinen ihr Bild von Erikson, der so je nach Blickwinkel verschiedene „Identitäten" annimmt. Dabei werden genuin psychologische Betrachtungsweisen – Tiefenpsychologie, Entwicklungspsychologie, Klinische Psychologie und Persönlichkeitspsychologie – ebenso erhellt, wie Bezüge zur Pädagogik, Philosophie bis hin zur Theologie hergestellt. Erst aus einer solchen interdisziplinären Sicht ergibt Leben und Werk eine bis heute moderne „Gestalt".

Dieses Buch soll verleiten, Erikson wieder und wider zu lesen und aus dem Blickwinkel der Disziplinen zu betrachten, in die sich explizit und/oder implizit sein Gedankengut eingenistet und hineingewoben hat.

Fachliteratur für Psychotherapie & Psychologie
Kaiserstraße 13 • A-1070 Wien
Tel: 0043 1 985 21 19 • Fax: 0043 1 985 21 19 - 15
Mail: verlag@krammerbuch.at

Margarete Mernyi
Freud im Blick des/der SystemikerIn

Karl König und *Fritz Simon* formulieren im Vorwort von "zwischen Couch und Einwegspiegel" (*Simon, König* 2001) zwei Preisfragen: Wie unterscheidet sich der Hausbesuch eines/r PsychoanalytikerIn von dem eines/r systemischen FamilientherapeutIn?: Im ersten Fall schleppt ein Mensch eine Couch das Stiegenhaus hinauf, im zweiten Fall mühen sich dort mehrere Menschen mit einem Einwegspiegel ab. Obwohl so eine auf das Setting reduzierte Sichtweise in der Unterscheidung der Methoden theoretisch nicht haltbar ist, scheint sie aber doch eine der leitenden Ideen in der Betrachtung der Ähnlichkeit und Unterschiedlichkeit der beiden Methoden zu sein.

Historische Perspektive

Um dieses Phänomen besser verstehen zu können, macht es Sinn eine historische Perspektive einzunehmen. Was zuerst auffällt ist, dass "die systemische Familientherapie keinen eindeutigen Gründervater hat, auch keine Gründermutter so wie die Psychoanalyse" (*Fiegl* 2006). Systemische Familientherapie, oder entsprechend der Weiterentwicklung der Methode auch systemische Therapie genannt, hat ihre Wurzeln in den so genannten „Macy Conferences" (*Hoffman* 2002), die ab 1940 zur Erforschung und Verbesserung von Kommunikationsstrukturen im militärischen Bereich stattfanden. Die Entwicklung der „first-order-cybernetics" (*Wiener* 1963, *Bertalanffy* 1968) veranlasste einen weiteren Teilnehmer an den Konferenzen, nämlich *Gregory Bateson* kybernetische Denkmodelle auf soziale Kommunikationsprozesse und deren Zusammenhang mit der Entstehung von psychischen Krankheiten zu übertragen. Spezielles Interesse galt damals vorrangig der Suche nach neuen Erkenntnissen, um Symptome, z. B. die der Schizophrenie, besser verstehbar zu machen (*Bateson* 1959, 321-352).

Kybernetische Erklärungsmodelle

Damit wurde der Focus der Aufmerksamkeit nicht mehr auf intrapsychische Erklärungsmodelle für die Entstehung und Aufrechterhaltung von Symptomen gelegt, sondern auf die Bedeutung und die Auswirkungen von Informationsaustausch und wie diese Interaktions-/ und Kommunikationsprozesse mit der Entstehung/ Veränderung-/ Nicht-Veränderung von Gesundheit und Krankheit in wechselseitiger Bedingtheit stehen.

Weitere handlungsanleitende Theorien

In weiterer Folge wurden nicht nur kybernetische Erklärungsmodelle zur Entstehung handlungsanleitender Theorien für das psychotherapeutische Handeln herangezogen, sondern Erkenntnisse anderer Wissenschaftsbereiche fügten sich bei der Entwicklung einer einheitlichen Theorienbildung zusammen. Wesentlich dabei waren der radikale Konstruktivismus (*Foerster von* 1973, *Glasersfeld von* 1981), der neurobiologisch begründete Konstruktivismus (*Maturana* 1982), der soziale Konstruktionismus (*Berger, Luckmann* 1970, *Gergen* 1985), die soziologische Systemtheorie (*Luhmann* 1984), die Synergetik *(Haken* 1990) u. a.......

Systemtheorie

Günter Schiepek bringt einige dieser Einflüsse folgendermaßen auf den Punkt: „Im Sinne moderner Systemtheorien (Theorie nicht-linearer dynamischer Systeme, Synergetik und soziologische Systemtheorien) kann man systemische Therapie als Schaffen von Bedingungen für die Möglichkeit selbstorganisierter Ordnungsübergänge in komplexen bio-sozialen Systemen unter professionellen Bedingungen definieren." (*Schiepek* 1998, 30).

Zur Konstruktion von Bedingungen für gelingende Übergänge fokussiert systemische Therapie auf folgende Bereiche (*Schiepek* 1998, 30ff):

- Autonomie und Eigendynamik von Systemen (Autopoiese)
- System-Umwelt Relation (Denken, Fühlen und Handeln aus der Perspektive der Unterschiedsbildung)
- Veränderung der Wirklichkeitskonstruktionen
- Wechselseitiger Bezug zwischen individuellen Problemen und interpersoneller Kommunikation

Damit werden Thematisierung, Veranschaulichung und Veränderung kommunikativer Strukturen zu einem wesentlichen Mittel und Ziel systemischer Therapie. Sie (re)konstruieren Probleme/Störungen/Krankheiten sowohl auf der Ebene interpersoneller Beziehungsdefinitionen als auch persönlicher, wie sozialer Wirklichkeitskonstruktionen. In diesem Sinne werden Symptome/Krankheiten als kohärente Funktionsmuster bio-psycho-sozialer Systeme betrachtet – also nicht als statische Zustände, sondern als dynamische Prozessmuster. Aus der Annahme der Eigendynamik von Systemen erfolgt die Betrachtung und Bewertung dieser Muster im Bewusstsein, dass BeobachterIn/PsychotherapeutIn und beobachtetes System / therapeutisches System in wechselseitiger Bedingtheit stehen. Im Sinne der Kybernetik 2. Ordnung können keine Aussagen über KlientInnen unabhängig von dem/der BehandlerIn gesehen werden, denn "alles Gesagte wird von einem Beobachter gesagt" (*Ludewig* 1992, 85).

Diese Sichtweise hat weitreichende Auswirkungen – wie z.B. die Infragestellung „objektiven" Wissens des /der PsychotherapeutIn in Bezug auf Diagnose und die „richtige" Intervention (Position des Nichtwissens), und die gleichzeitige Anerkennung des Expertentums der KlientInnen/PatientInnen für sich selbst (*Anderson, Goolishian*

1992). Deren persönliche Problem-/oder Krankheitstheorien und ebenfalls ihre Lösungsideen werden damit in den Mittelpunkt der Aufmerksamkeit gestellt.

Menschliche Systeme – sprachliche Systeme

Diese Gedanken legen den Abschied von der Vorstellung "personale Systeme" zu behandeln nahe, obwohl "bis heute immer noch etliche Familientherapeuten glauben, dass das System mit dem sie es zu tun haben, aus Menschen bestünde" (*Simon, Weber* 1993, 73). *Harry Goolishian* und *Harlene Anderson* haben diesen Paradigmenwechsel mit der Aussage, dass menschliche Systeme sprachliche Systeme sind (*Anderson, Goolishian* 1988) auf den Punkt gebracht. Damit wird Veränderung von problem-/krankheitsaufrechterhaltenden Mustern als ein kooperativer Prozess (PsychotherapeutInnen/KlientInnen) der Re- und Neuorganisation von Prozessmustern in Sprache gesehen. "Die Rolle des Therapeuten ist die eines "Gesprächskünstlers", eines Architekten des dialogischen Prozesses, dessen Expertentum im Schaffen eines Raumes und dem Fördern dialogischer Konversation besteht. Der Therapeut ist ein teilnehmender Beobachter und teilnehmender Förderer therapeutischer Kommunikation" (*Anderson, Goolishian* 1992, 178).

Mit dieser narrativen Perspektive (*White* 1992) wird für die psychotherapeutische Arbeit relevant, wie Leidenszustände in sozialer Kommunikation definiert und aufrechterhalten werden und wie diese in neue („gesündere und lebenswertere") Lebenszustände umerzählt werden können. Daher interessiert SystemikerInnen nicht nur die Beteiligung der PatientInnen/KlientInnensysteme, sondern auch die der HelferInnensysteme und wie diese zur Lösung, bzw. auch zur Chronifizierung von Problemen/Symptomen beitragen können (*Imber-Black* 1990).

Verständnis von „Systemisch" als Settingveränderung?

Dabei war in den Anfängen der Familientherapie ("systemisch" wurde erst später vom Mailänder Team als Kennzeichen einer eigenständigen Theorienbildung formuliert) die personelle Erweiterung des Therapiesystems beinahe revolutionär. Nicht nur die Eltern, Großeltern und Geschwister der in Behandlung befindlichen Jugendlichen wurden in die Therapie miteinbezogen, sondern auch den/die PsychotherapeutIn unterstützende Teams. Mit der dadurch notwendigen "Installierung der Einwegscheibe wurde der Intimraum der Psychotherapie aufgebrochen" (*König, Simon* 2001, 8). Diese so auffällige Settingveränderung im therapeutischen Kontext wurde offensichtlich von Vertreterinnen anderer Methoden viel mehr beachtet als die das Vorgehen erläuternden Theorienbildungen. Vielleicht erschienen sie dagegen viel weniger spektakulär.

Abschied von der Psychoanalyse

Die PionierInnen der Familientherapie, die aus der klinischen oder sozialarbeiterischen Praxis kamen, wie *Nathan Ackermann, Don Jackson, Salvador Minuchin, Virginia Satir* waren entweder in Psychoanalyse oder Psychodrama ausgebildet worden (*Goldenberg* 1996). Auch in Österreich bewegten sich Pioniere, wie *Harry Merl* oder *Ludwig Reiter* von der Psychoanalyse kommend hin zur Familientherapie.

Virginia Satir (Satir et al. 1991) beschreibt, wie sie 1951 erstmals auf die Idee gekommen ist eine ganze Familie zu behandeln. Nach einer positiven Entwicklung einer als schizophren diagnostizierten jugendlichen Patientin, die sie im Einzelsetting behandelt hatte, rief deren aufgebrachte Mutter bei ihr an und sie beschuldigte, das Kind der Mutter zu entfremden. *Virginia Satir* glaubte die Not der Mutter am Telefon zu erkennen und lud sie zur nächsten Sitzung ein. Alle Fortschritte der Tochter schienen sich bei diesem Zusammentreffen aufzulösen und in den Anfangszustand zurückzuentwickeln. Nach einiger Zeit der gemeinsamen Therapie von Mutter und Tochter und weiterer guter Fortschritte in Richtung Gesundheit wiederholte sich das "Rückfallsphänomen" als der Vater und Bruder in die Sitzungen miteinbezogen wurden. "An dieser Stelle erkannte ich, dass ich einer sehr wichtigen Sache auf der Spur war" (Satir et al. 1991, 18).*Virginia Satir* versuchte ihre Vorgehensweise zu erklären, indem sie intrapsychische Modelle (z.B. dem Selbstwertkonzept) mit interpersonalen Modellen (z.B. Beschreibung von Interaktionsmustern) verband (*Satir* 1972). Das gilt zum Teil auch für die anderen Pioniere, wie z.B. *Nathan Ackermann*.

Abgrenzung zu Freud?

Trotzdem war das Feld der Betrachtung der Entstehung und Aufrechterhaltung von Problemen, Leiden und Symptomen so unterschiedlich von dem der Psychoanalyse, dass Abgrenzungsdebatten gar nicht geführt wurden. In dem „intrapsychischen Territorium", wo *Sigmund Freud* die Eckpfeiler der psychoanalytischen Theorienbildung konstituiert hat, wie die Formulierung der Abwehrmechanismen (*Freud* 1894), das Modell des psychischen Apparats in der Unterscheidung von Unbewusst, Vorbewusst, Bewusst und der Verdrängung (*Freud* 1915a und c) und die strukturelle Theorie von „Es, Ich und Überich" (*Freud* 1923) kann es der entsprechend der bisher ausgeführten systemischen Theorienbildungen keine Erklärungsmodelle geben. Aus der Perspektive des *Luhmann*schen Autopoiesiskonzepts wird sogar die Konzeption eines „Unbewussten" in Frage gestellt, denn „das Bewusstsein ist das Unbewusste, ist immer Operation und Beobachtung, die Erzeugung einer Sicht, die sich nicht selbst noch einmal sehen kann" (*Fuchs* 1998, 221). Mit dem Verzicht auf ein Krankheitsmodell, dem spezifische entwicklungspsychologische und Persönlichkeitstheorien zu Grunde liegen, interessiert die Form der Kommunikation im therapeutischen System und Auswirkungen auf Problem/Symptomaufrechterhaltung und –lösung. Damit gilt die Aufmerksamkeit dem sozialen Austausch, aber auch dem Unterschied, nämlich dem, was (noch)nicht ausgetauscht werden kann. Im Sinne der System-Umweltrelation geht es darum, wie das, was als Umwelt definiert war, Teil der therapeutischen Kommunikation werden kann (*Luhmann* 1984). Diese Sichtweise führte zur Entwicklung von differenzierten Fragetechniken *(Simon/Rech-Simon* 1999). Der Focus der Aufmerksamkeit liegt nicht darauf, was dem/der betreffenden KlientIn/PatientIn nicht-bewusst oder von ihm/ihr verdrängt worden ist, sondern darauf, was im therapeutischen System möglicherweise noch nicht erkannt worden ist und wie man sich dazu im Sinne der Problemlösung/ Symptomreduzierung Zugang verschaffen könnte.

So gesehen haben die beiden Methoden – Psychoanalyse und systemische Therapie- in einem jeweils ganz anderen Territorium die Grundlagen ihrer Theorie entwickelt. "Grenzkonflikte" gab es eher am Beginn der Entwicklung der systemischen Methode, z.B. als *Gregory Bateson* mit seiner Argumentation versuchte der *Freud*schen Theorie des Widerstandes den Boden zu entziehen (zit. nach *Stierlin* 2001). *Bateson* meint, dass es nicht darum gehen kann den so genannten Widerstand zu überwinden, sondern ihn gar nicht entstehen zu lassen, indem der/die PsychotherapeutIn sich auf die "individuellen Bedürfnisse, Wahrnehmungsweisen und Erwartungen des Klienten einstimmt und ihn somit optimal für die Informationen empfänglich macht, die ihm der Therapeut zu vermitteln sucht" (*ibid.*, 249). Noch schärfer formuliert *Steve de Shazer* das Phänomen Widerstand als eines, das eher dem/der PsychotherapeutIn als dem/der Klientin zugerechnet werden kann (*de Shazer* 1984)

Gibt es dennoch Gemeinsames?

Obwohl sich auf der Ebene der leitenden Theorien nur wenig Anknüpfungs-/bzw. Dissenspositionen finden lassen, könnte es aber Sinn machen den entsprechenden therapeutischen Dialog zu betrachten Um die Vorgehensweise von Psychoanalyse und systemischer Therapie nebeneinander zu stellen – Unterschiede und Ähnlichkeiten zu verdeutlichen - wurde ein Interview des Schriftstellers *Peter Roos* mit der letzten noch lebenden Patientin *Freud*s, *Margarethe Walter*, über eine 45-minütige Sitzung ausgesucht und an einigen Stellen durch einen Kommentar aus dem „Blick des/der SystemikerIn" erweitert. Im Unterschied zu den Sitzungsprotokollen *Ernst Blum*s (*Pohlen* 2006), handelt es sich dabei nicht um eine Niederschrift der Sitzung durch die Patientin, sondern um das Protokoll eines Gesprächs über ihre Erinnerungen an dieses Ereignis nach fast 70 Jahren. Daher kann nicht angenommen werden, dass „Freud ständig durch Blums Mitteilungen explizit, wie implizit spricht, da seine Niederschriften sich als Ergebnis eines Verständigungsprozesses darstellen, bei dem die beiden Akteure mit einer Stimme sprechen" (*Pohlen* 2006, 67/68). Vielmehr entwickelt sich durch Fragen des Interviewers eine spezifische Geschichte über das, was für Frau *Walther* auch nach so langer Zeit noch Bedeutung hat. Somit beziehen sich die systemischen Kommentare auf die Bedeutungsgebungen und Bewertungen der Handlungsweise von *Sigmund Freud* durch seine Patientin.

Freud und der Kino-Kuss – Essay von Peter Roos (Standard, 6. Mai 2006)

P. Roos: Welcher Seelenzustand hat Sie 1936 zu Sigmund Freud geführt?

M. Walter: Das Alleinsein.

P. Roos: Heißt?

M. Walter: Ich war das einsamste Mädchen in Wien.

Ross: Warum?

In der weiteren Folge des Interviews erzählt *M. Walter*, dass sie Einzelkind gewesen und ihre Mutter bei der Geburt gestorben war. Ihr Vater besaß eine Firma und war sehr vermögend. Die Stiefmutter wurde von der Mutter des Vaters ausgesucht und *Margarethe Walter* vermutet, dass sie ihn wegen des Geldes genommen hat.

P. Roos: Wieso haben Sie sich in dieser wohl ausgestatteten Wiener Welt allein und einsam gefühlt?

M. Walter: Man hat nicht mit mir gesprochen. Man hat mich nicht berührt, umarmt, liebkost und selbstverständlich auch nicht geküsst.

P. Roos: Gab es einen bestimmten Anlass für die Behandlung in der Berggasse 19?

M. Walter: Ich habe für mich allein Theater gespielt und stand als Isolde in voller Montur am Fenster, auf Tristan wartend. Gegenüber lud gerade unser Kohlenhändler Koks auf - er kam mir als Requisitenvolk gerade recht, und ich winkte huldvoll hinunter. „Des Madl is dodal varuckd!", tratsche er dem Hausbesorger und der Bedienerin. Mein Vater ließ den Hausarzt rufen, der eine Bronchitis diagnostizierte und, was ich nicht wissen sollte, ein „Seelen- leiden". Er hinterließ einen Brief an einen Dr. Freud, der „ein Kapazunder" sein sollte in diesem Fach, aber sehr teuer. So brachte der Chauffeur dann meinen Vater in die Berggasse mit seiner „verrückten Tochter".

P. Roos: War Freud damals nicht schon eine Zelebrität in Wien?

M. Walter: Meinen Sie, der wäre heute beim wirklichen Wiener akzeptiert?

> **Kommentar aus dem Blick des/der SystemikerIn:** Möglicherweise war schon das, was vor der Sitzung bei *Sigmund Freud* passiert ist von Bedeutung (Beachtung des Überweisungskontexts) Welchen Unterschied hat diese Zuschreibung „Kapazunder" zu der Einsamkeit und möglichen Resignation der jungen Frau wohl gemacht? Vielleicht wurde schon da die Aufmerksamkeit in Richtung Hoffnung auf Veränderung erweitert.

P. Roos: Wie haben Sie ihn in Erinnerung?

M. Walter: Er war ein alter Mann. Leicht gebückt. Weißer Bart. Grauer Anzug. Und trotz dieser Gebrechlichkeit war der Raum durch sein Eintreten völlig erfüllt. Er hat mich sehr ausdrücklich angesehen. Gegenüber meinem Vater war er distanziert. Dann fragte er mich nach meinem Namen. Aber mein Vater antwortete. Er fragte mich nach meiner Schule - und Vater antwortete. Auch kam die Antwort nach meinem Berufswunsch nicht aus meinem Mund. Ich saß da wie ein mitgebrachter Gegenstand.

> **Kommentar aus dem Blick des/der SystemikerIn:** *M. Walter* beschreibt genau den Widerspruch zwischen dem kommunikativen Raum, den *Freud* mit seiner gerichteten Aufmerksamkeit auf die Patientin eröffnete und dem Dialog, der sich dann entwickelte. Die Antworten auf *Freud*s Fragen wurden vom Vater gegeben. Ein mögliches problemaufrechterhaltendes Kommunikationsmuster begann sich zu etablieren, obwohl *S. Freud* einen Unterschied in der Kommunikation anbot. Die (aktive) Aufmerksamkeit galt der (passiven) Patientin, nicht dem (aktiven) Vater.

P. Roos: Wie hat Freud intoniert?

M. Walter: Er sprach ein gehobenes Wienerisch. Aber jetzt hat er erst einmal geschwiegen. Und dann kam für mich die Revolution! Freud schickte meinen Vater aus dem Zimmer. Unglaublich! So einen Vater schickt man nicht aus dem Zimmer. Niemals! Vater war ein Turm von einem Vater. Das Gesicht voller Wut über diese Zumutung. Aber ich hatte plötzlich nicht mehr diese Höllenangst vor seinem Despotismus. Der Druck war weg, als Vater Freuds freundlicher Bestimmtheit gehorchte: „Bitte, gehen Sie ins Wartezimmer. Ich möchte mit Ihrer Tochter allein sprechen."

> **Kommentar aus dem Blick des/der SystemikerIn:** Hier bietet *S. Freud* eine große Unterschiedsbildung auf der Handlungsebene mit deutlichen Auswirkungen an. Die bis jetzt zurückgezogene Tochter scheint sich befreit zu fühlen, der bisher bestimmende Vater befolgt die Anweisung. Die so schnelle Neuorganisation des Problemsystems ist vermutlich auch mit der großen Autorität, die *S. Freud* zugeschrieben wurde, erklärbar. SystemikerInnen würden an diesem Punkt des Gesprächs die beiden Familienmitglieder nicht gleich trennen, sondern z.B. danach fragen, wie es kommt, dass der Vater auf Fragen, die an die Tochter gestellt werden, antwortet. So eine Wahrung der (Beziehungs-)Neutralität wäre möglicherweise sogar abstinenter als die Vorgehensweise von *S. Freud*. Gleichzeitig hätte man so die Chance auf eine mögliche Veränderung in der Beziehung zwischen Vater und Tochter (interpersonell) gewahrt, die wieder auf Denken und Fühlen beider Personen (intrapsychisch) Auswirkungen gehabt hätte.

P. Roos: Und dann?

M. Walter: Wandte sich Freud sofort von Vater ab. Er nahm mich regelrecht in den Blick. Er drehte seinen Sessel zu mir, rückte näher und hat sich mir mit seinem ganzen Körper zugewandt. Vor allem diese Augen! So etwas von eindrücklich: „Jetzt sind wir unter uns."

> **Kommentar aus dem Blick des/der SystemikerIn:** Was aus einer psychoanalytischen Perspektive als Bestärkung einer positiven Übertragungsbeziehung bezeichnet werden kann, würden SystemikerInnen noch ganz anders sehen. Dieses „jetzt sind wir unter uns" könnte man als ein Angebot zu einem partnerschaftlichen Dialog deuten. *S. Freud* signalisiert der jungen Frau, dass er sie nicht nur für eine ohnmächtige Tochter hält, sondern auch für eine, die Verantwortung für Veränderung in ihrem Leben übernehmen könnte (Weiterführung der Unterschiedsbildung „passiv-aktiv".

P. Roos: Wie war seine Ausstrahlung?

M. Walter: Unglaublich freundlich, ruhig, angenehm, wohlwollend, gar nicht wie ein Arzt, der Angst macht.

P. Roos: Dabei gleich alt wie Ihre Großmutter.

M. Walter: Das ist mir noch nie aufgefallen. Denn er war so anders als alle anderen, die ich kannte. Der ganze Mensch hat sich für mich interessiert, für mich allein; dadurch hat er in mir etwas geöffnet, was sonst niemand geöffnet haben wollte: Sigmund Freud war der erste Mensch in meinem Leben, der wirklich Anteilnahme an mir gezeigt hat, der mich wichtig genommen hat, der etwas von mir erfahren wollte, der mir wirklich zugehört hat.

P. Roos: Und was haben Sie ihm erzählt?

M. Walter: Plötzlich konnte ich ganz unverblümt reden und meinen ganzen Hass auf die Stiefmutter herauslassen, auf die Sonntagsspaziergänge, auf die Schule. Meinen Kummer mit den schlechten Noten kurz vor der Matura. Dass ich keine Freundinnen haben durfte. Dass ich nicht die Schuhe meiner Wahl und nicht die Garderobe meines Gustos tragen durfte. Und dass ich so einsam war, wie es sich nicht einmal der Doktor Freud vorstellen könnte.

P. Roos: Wie hat er darauf reagiert?

M. Walter: Er hat mich ununterbrochen angesehen. Er hatte sehr warme Augen. Seine Anteilnahme hat mich umhüllt. Erstaunlich, nicht wahr: Er war 80, ich 18. Dass er sich für ein junges, unbedarftes, völlig unselbstständiges, unmündig gehaltenes Kind interessiert.

> Kommentar aus dem Blick des/der SystemikerIn: *S. Freud* gibt *M. Walter* einen Raum für Selbstäußerung, den sie als „erstaunlich – jemand interessiert sich für mich" interpretiert. Diese Sichtweise scheint einen Unterschied (der einen Unterschied macht) zu ihrer bisherigen Wirklichkeitskonstruktion „unbedarft, völlig unselbständig und unmündiges Kind" zu konstruieren. SystemikerInnen hätten vielleicht in diesem Abschnitt des Gesprächs noch mehr über die Unterschiede zwischen Innen- und Außenperspektive geredet und die Ambivalenz zwischen dem „gewünschten Leben" und den Anpassungsleistungen an die beschriebene „Realität" aufgespannt. Hier beginnt im Gespräch der Eintritt in die „Schwellenphase", wo Abschied von den bisherigen Sichtweisen genommen wird und sich Neues ankündigt (*Retzer* 2002).

P. Roos: Das war doch seine Aufgabe?

M. Walter: Was ich damals natürlich nicht wusste. Er hat eigentlich nur zugehört, sonst nichts. Allenfalls hat er ein paar Zwischenfragen gestellt.

P. Roos: Gab es etwas, was Ihnen zu erzählen schwer fiel?

M. Walter: Das mit dem heimlichen Lesen unter der Bettdecke! Ich hatte herumprobiert und herausgefunden, dass der Schlüssel zur Standuhr ident mit dem des Bücherkastens war. So habe ich sein Geheimnis und das meiner Stiefmutter gelüftet. Hinter Grillparzer und Goethe waren die „pikanten" Bücher versteckt, die ich nachts neben der schnarchenden Großmutter verschlungen habe. Und, dass ich, wenn ich mit meinem Vater ins Kino musste, nie die Liebesszenen ganz zu Ende sehen durfte.

P. Roos: Das hat Freud sicher interessiert.

M. Walter: Er war erstaunt. Jedenfalls kommandierte mich der Vater bei jedem sich ankündigenden Kuss mitten aus der Szene, mitten aus der Reihe heraus, sehr zum Vergnügen der anderen Cineasten. „Das ist nichts für dich."

P. Roos: Haben Sie sich das gefallen lassen?

> Kommentar aus dem Blick des/der SystemikerIn: Was hätte diese Frage nach dem „Gefallenlassen" wohl in den Sichtweisen des Vaters ausgelöst und möglicherweise verändert, wenn er sie hätte hören können? Vielleicht hätte sich dadurch eine neue, dem Alter und den Bedürfnissen der Tochter angemessenere Form der Beziehung entwickelt, zu der er auch einen Beitrag hätte leisten können. Man hätte den Vater auch ein bisschen herausfordern können, z.B. mit der Frage: „Angenommen, sie wären mit ihrer Frau im Kino – würden sie mit ihr auch so sprechen?" Offen bleibt jedoch, ob die Tochter in Anwesenheit des Vaters überhaupt die Informationen eröffnet hätte.

M. Walter: Hat Freud auch gefragt. Aber Protest war nicht denkbar für mich. Mein Vater hat das Wort „Widerspruch" nicht einmal gekannt.

P. Roos: Jetzt müsste sich dieses Erstgespräch langsam dem Ende zugeneigt haben, oder?

M. Walter: Bevor Dr. Freud meinen immer noch unwilligen Vater hereinrief, ein Billett für den Hausarzt und die Honorarnote für Herrn Walter schrieb, nahm er mich noch einmal fest in den Blick, analysierte, resümierte und appellierte an mich: Ich sei 18, erwachsen, und als Erwachsene würde die Klage allein nicht mehr hinreichen. Alles, was mir wichtig wäre, müsste ich nun eigenständig durchsetzen. Es sei angebracht, die eigenen Wünsche zu kennen und für sie Widerspruch einzulegen. „Nehmen Sie nicht alles stumm hin", sagte er und verordnete dann streng: „Wenn die nächste Kussszene im Kino kommt, bleiben Sie sitzen! Ich sage ausdrücklich: ‚Sie bleiben sitzen!'" Danach machte er eine lange Pause. Und dann, mit aller Kraft: „Denken Sie an mich!"

> **Kommentar aus dem Blick des/der SystemikerIn:** *S. Freud* erschafft für *Margarethe Walter* in Anwesenheit ihres Vaters eine Umerzählung ihrer (Leidens-)Geschichte Dabei bezieht er sich sowohl auf ihre Wirklichkeitskonstruktionen als auch auf die folgenden Handlungen. Er schildert sie als erwachsene Frau, die Verantwortung für ihr Leben übernehmen kann (Unterschied: Klagen/passiv – Durchsetzen/aktiv) und die ihre eigenen Wünsche auch gegenüber dem Widerstand anderer BeziehungspartnerInnen durchsetzen kann (Autonomie-Bindung). Zum Schluss betont *S. Freud* die Wichtigkeit der Handlungsebene als Dokumentation für Veränderung und bestärkt die Vorgehensweise mit der Ressource des Denkens an ihn. SystemikerInnen würden vermutlich keine so großen Perspektivenveränderungen anbieten, sondern sie im Gespräch durch Fragen entwickeln, z.B: „Angenommen, sie sitzen mit ihrem Vater wieder im Kino, eine Kussszene bahnt sich an und sie würden sich ganz mit ihren persönlichen Wünschen verbinden, was würden sie am liebsten tun? Was ist das Schlimmste, was sie in der Beziehung zu ihrem Vater befürchten, wenn sie sitzen bleiben und nicht seiner Aufforderung gehorchen? Was vermuten sie würde es dem Vater ermöglichen mit ihnen gemeinsam solche Kuss-Szenen im Kino anzusehen?" So könnte auch immer wieder überprüft werden, ob die durch Fragen aufgeworfenen Unterschiedsbildungen von der Patientin genommen werden können, oder möglicherweise doch nicht. Vermutlich würden SystemikerInnen auch nicht die therapeutische Beziehung (Bindung) als Ressource für den Veränderungsprozess anbieten, sondern eher auf die Eigenständigkeit der Patientin fokussieren (Autonomie), z.B. „was könnte sie in so einer Situation bestärken, um ihrem eigenen Wunsch zu verwirklichen? So eine Frage könnte sie mehr in ihrem eigenen Expertinnentum für Veränderung ansprechen.

P. Roos: Haben Sie beim nächsten Kuss an Freud gedacht?

M. Walter: Ich habe das ganze Leben an Freud gedacht. Obwohl ich nie auch nur einen Buchstaben von ihm gelesen habe. Warum auch? Er hat mir schließlich zweimal die Hand gegeben - da brauche ich keine Buchstaben mehr. Zumal mir C. G. Jung mit seinen Büchern ein lebenslanger Traum-Begleiter wurde.

P. Roos: Wie hat Sigmund Freud Sie verändert?

M. Walter erzählt dann in weiterer Folge, dass sie gleich nach der Freud-Visite im „Admiral-Kino", trotz Aufforderung des Vaters aufzustehen und zu gehen, schweißnass sitzen geblieben ist als Conrad Veith sich anschickte der tief dekolletierten Lilian Harvey auf die nackte Schulter zu küssen. Sie hat auch nicht Vaters Wunsch erfüllt und seine Firma übernommen und wagte später gegen den Willen ihres Ehemannes Bildhauerei zu studieren.

> **Kommentar aus dem Blick des/der SystemikerIn:** *Margarethe Walter* sieht diese eine Sitzung bei *S. Freud* im Zusammenhang mit einer weitreichenden neuen Positionierung in ihrem Leben. Aus systemischer Perspektive könnte man diese Vorgehensweise auch mit Kurzzeittherapiekonzepten (*de Shazer* 1989) vergleichen, wo angenommen wird, dass eine Veränderung in die erwünschte Richtung weitere Veränderungen im Alltag möglich macht, ohne dass dieser Prozess weiterhin eingehend psychotherapeutisch begleitet wird.

Sigmund Freud – doch schon eine systemischen Perspektive?

Verfolgt man diese erstaunlichen Veränderungen in nur einer Sitzung, dann löst dies neuerlich einen tiefen Respekt vor *Sigmund Freuds* Arbeit aus. Noch dazu, wenn man bedenkt, dass dieses Gespräch vor ca. 70 Jahren geführt wurde und trotz der psychotherapeutischen Weiterentwicklungen in der Zwischenzeit eine hohe Aktualität beweist. Der Unterschied in der Gestaltung des therapeutischen Kommunikationsprozesses scheint zwischen *Freuds* Vorgehensweise und der systemischen Therapie weit weniger groß zu sein, als das leitende Theorieverständnis. Die Leithypothese eines noch nicht vollzogenen Lebensübergangs scheint *Sigmund Freud* so zu verfolgen, wie es SystemikerInnen auch tun würden. Er balanciert Aspekte von Autonomie und Bindung, indem er gemeinsam mit der Patientin eine Geschichte der Abhängigkeit und Ohnmacht in eine Geschichte der Eigenständigkeit und der Einflussmöglichkeit auf das Leben umerzählt. Dabei stellt er weniger Fragen, sondern formuliert Botschaften, die er mit seiner Autorität verknüpft. Nach Unterschieden fragt *Sigmund Freud* allerdings nicht. Er bietet sie (in Form einer Deutung) an, denn „ Fragen zu stellen hat nun einmal in der systemischen Therapie einen ähnlich hohen Stellenwert wie das Deuten in der Psychoanalyse" (*Stierlin* 2001, 251).

Unterschiedlicher schätzt er jedoch die Bedeutung des Engagements von Familienangehörigen bei der Suche nach Lösungen für ein Problem, oder der Linderung von seelischem Leiden ein. *Freud* sah offensichtlich die Bedeutung der Familienbeziehungen für geistige Gesundheit oder Krankheit seiner PatientInnen eher in einem negativen Licht, nämlich nur in ihrem Beitrag zum Symptom/Problem. „Wer überhaupt weiß, von welchen Spaltungen oft eine Familie zerklüftet wird, der kann auch als Analytiker nicht von der Wahrnehmung überrascht werden, daß die dem kranken Nächsten mitunter weniger Interesse daran verraten, daß er gesund werde, als daß er so bliebe, wie er ist" (*Freud* 1916-17, 478). So schickt er den Vater lieber ins Wartezimmer als ihn in den Autonomie entwickelnden Dialog miteinzubeziehen. Vielleicht hätte dieser auch einen für die weitere Entwicklung der Familie (für die Tochter und den Vater) hilfreichen Beitrag leisten können, wenn man ihn dazu befragt und ihm so die Chance gegeben hätte zu lernen seine Aufmerksamkeit und sein Engagement für seine Tochter so zu zeigen, dass sie es erkennen und annehmen kann. Sein Verhalten zeigt keineswegs Desinteresse oder Abwendung.

Ob *Sigmund Freud* so doch für *Frau Walter* der idealisierte „Übervater" bleibt, oder sie sich gestärkt durch diese Erfahrung emanzipiert, erscheint offen. Am Ende des Interviews fragt *Peter Roos*: *„Hatten sie nicht das Bedürfnis auf weitere Zusammentreffen mit dem Menschen, der sie damals am besten verstanden hatte?"* und Margarethe *Walt*er antwortet: „Sigmund Freud hat sicher gewusst, dass 45 Minuten für mein Leben genügen." (Roos 2006).

Zusammenfassung: Freud im Blick des/der SystemikerIn

Um das grundsätzlich andere Theorieverständnis der systemischen Methode in Bezug zu den Arbeiten *Sigmund Freud*s zu verdeutlichen, wird zunächst auf den Unterschied zwischen Familientherapie (Settingfrage) und systemischer Therapie (Paradigmenwechsel) fokussiert. Ein historischer Aufriss der Entwicklung der systemischen Methode erzählt über den weitgefassten theoretischen Hintergrund und die wenigen Berührungspunkte mit psychoanalytischen Theorienbildungen. Da die Betrachtung von psychischen Systemen und Kommunikationssystemen einander ausschließt, wird versucht an Hand eines Interviews mit der letzten lebenden Patientin *Freud*s, *Margarethe Walter*, die Ähnlichkeit und Unterschiedlichkeit der beiden Methoden im therapeutischen Dialog zu beleuchten. Der/die LeserIn ist eingeladen weitere Überlegungen dazuzusetzen.

Schlüsselwörter:
Familien-/Systemtherapie, Selbstorganisation, sprachliche Systeme, Abschied von Freud, Freud und der Kino-Kuss

Summary: Freud in the view of the Systemic Therapist

To explicate the basic difference in the theoretical understandings/ approaches of the systemic modality and that of the work of *Sigmund Freud*, I emphasize on the shift between family therapy (a different setting orientation) and systemic therapy (a paradigm shift). One has to make a decision whether one focusses on psychic systems or on communication systems concerning theory. Looking at the historical development of the systemic approach one can view its broad theoretical scope and the little overlap with psychoanalytic theory. The similarities and differences of the two modalities are demonstrated through the interview with the last surviving patient of *Freud*, *Margarethe Walter*. The reader is invited to his/her own further considerations.

Keywords:

Family/Systemic Therapy, Self-organization, Linguistic Systems, parting from Freud, Freud and the cinema kiss

Literatur

Anderson Harlene, Goolishian H. A. (1988): Human Systems as Linguistic Systems. Preliminary and Evolving Ideas about the Implications for Clinical Theories. *Family Process*, 27 (4), 371-392

Anderson Harlene, Goolishian H.A. (1992): Der Klient ist Experte. Ein therapeutischer Ansatz des Nicht-Wissens. *Zeitschrift für systemische Therapie*, 10 (2), 176-189

Bateson, Gregory (1959): Minimalforderungen für eine Theorie der Schizophrenie
In: Ders. (1972): Ökologie des Geistes, Frankfurt, Suhrkamp 1981, 321-352

Berger, Peter; Luckmann, T. (1970): Die gesellschaftliche Konstruktion der Wirklichkeit. Frankfurt, Fischer

Bertalanffy, Ludwig von (1968): General Systems Theory New York, George Braziller

de Shazer, Steve (1984): The Death of Resistance. *Family Process* 23, 79-93

de Shazer, Steve (1989): Wege der erfolgreichen Kurztherapie. Stuttgart, Klett-Cotta

Fiegl, Jutta (2006): Die systemische Familientherapie und die Psychoanalyse.
Vortrag, Symposium zum 150. Geburtstag Sigmund Freuds an der Sigmund Freud Privatuniversität in Wien

Foerster, Heinz von (1973): Über das Konstruieren von Wirklichkeiten. In; *H. von Foerster* (1985): Sicht und Einsicht. Versuche einer operativen Erkenntnistheorie, 25-41, Braunschweig, Vieweg

Freud, Sigmund (1894): Die Abwehrneuropsychosen. Gesammelte Werke I

Freud, Sigmund (1915a): Die Verdrängung. Gesammelte Werke X

Freud, Sigmund (1915c): Das Unbewusste. Gesammelte Werke X

Freud, Sigmund (1916-17): Vorlesungen zur Einführung in die Psychoanalyse. Gesammelte Werke X

Freud, Sigmund (1923): Das Ich und das Es. Gesammelte Werke XII

Fuchs, Peter (1998): Das Unbewusste in Psychoanalyse und Systemtheorie. Frankfurt, Suhrkamp

Gergen, Kenneth (1985): The Social Constructionist Movement in Modern Psychology. *American Psychologist* 40, 266-275

Glasersfeld, Ernst von (1981): Einführung in den radikalen Konstruktivismus. In: *Watzlawick, Paul* (Hrsg.): Die erfundene Wirklichkeit. München, Piper, 16-38

Goldenberg, Irene; Goldenberg H. (1996): Family Therapy – an Overview. ITB, Pacific Grove

Haken, Hermann (1990): Synergetik. Eine Einführung. Berlin, Springer

Hoffman, Lynn (2002): Family Therapy – An Intimate History. New York, Norton

Imber-Black, Evan (1990*)*: Familien und größere Systeme. Heidelberg, Carl-Auer
König, Karl; Simon, Fritz B. (2001): Zwischen Coach&Einwegspiegel. Systemisches für Psychoanalytiker-Psychoanalytisches für Systemiker. Ein Gespräch. Heidelberg, Carl Auer
Luhmann, Niklas (1984): Soziale Systeme. Frankfurt, Suhrkamp
Maturana, Humberto (1982): Erkennen. Die Organisation und Verkörperung von Wirklichkeit. Braunschweig, Vieweg
Pohlen, Manfred (2006): Freuds Analyse. Die Sitzungsprotokolle Ernst Blums. Reinbeck, Rowohlt
Retzer, Arnold (2002): Passagen. Systemische Erkundungen. Stuttgart, Klett-Cotta
Roos, Peter (2006): Freud und der Kino Kuss. Standard, 6.5.2006
Satir, Virginia (1972): Peoplemaking. Palo Alto, Science and Behavior Books
Satir, Virginia; *Banmen, J.; Gerber, J.; Gomori, M.* (2000). Das Satir-Modell. Familientherapie und ihre Erweiterung. Paderborn, Junfermann
Schiepek, Günter (1999): Die Grundlagen der Systemischen Therapie. Theorie.Praxis.Forschung. Göttingen, Vandenhoeck&Ruprecht
Simon, Fritz; Weber, Gunthard (1993): Systemische Spieltheorie I. *Familiendynamik*, 18, 73-81
Simon, Fritz; Rech-Simon, Christl (1999): Zirkuläres Fragen. Systemische Therapie in Fallbeispielen. Heidelberg, Carl-Auer
Stierlin, Helm (2001): Psychoanalyse-Familientherapie-Systemische Therapie. Stuttgart, Klett Cotta
White, Michael; Epston D. (1992): Die Zähmung der Monster. Literarische Mittel zu therapeutischen Zwecken. Heidelberg, Carl-Auer
Wiener, Norbert (1963): Kybernetik. Düsseldorf, Econ

Korrespondenzadresse:
Dr. Margarete Mernyi
Landgutstrasse 20
4040 Linz
E-Mail-Adresse:
margarete.mernyi@liwest.at

Hilarion G. Petzold[1], Düsseldorf
Pierre Janet (1855 - 1947) – Ideengeber für Freud, Referenztheoretiker der Integrativen Therapie

Zum 60. Todestag des Begründers der „integrativen Psychologie" und einer „psychologischen Psychotherapie"

> „En un mot, la psychothérapie est une application
> de la science psychologique au traitment des maladies"
> (*Janet* 1919, III, 464)*

1. Vorbemerkung

Psychotherapie muss sich – wie jede andere wissenschaftliche Disziplin – vor dem Hintergrund ihrer eigenen Geschichte zu begreifen suchen, die immer auch eine Geschichte von Erkenntnissen und Irrtümern ist. Weiterentwicklung bedeutet dabei auch stets die Transgression der überkommenen Positionen in mehr oder weniger weitreichender Weise, und manchmal müssen auch Axiome, Paradigmen, Grundpositionen aufgegeben werden, zuweilen ein ganzer Ansatz. „Schulen" des Denkens und Tuns, wie die Psychotherapieschulen, haben mit dieser wissenschaftlichen Grundqualität beständiger Überprüfung und Revision oft große Mühen, besonders, wenn sie von salienten *Gründervätern* mit dominierenden Positionen bestimmt sind, die generalisierte Geltungsansprüche erhoben haben und dabei oft die Bedeutung ihrer Quellen minimalisierten oder ihre Vorläufer diskreditieren, um ihre eigene Methode mit einem Anspruch der Einzigartigkeit zu versehen. Wir finden das bei *Freud* mit seiner Psychoanalyse oder bei *Perls* mit seiner Gestalttherapie. Die Gefahr, dass Therapieschulen ihr Wissen als „Besitzstände" betrachten und Methoden und Techniken und Praxen in dieser Weise besetzen („Uns Gestalttherapeuten *gehört* der Hot Seat") behindert die Entwicklung klinischer Praxeologie, weil Barrieren aufgebaut werden, um Neues aufzunehmen. Wissenschaft lebt u. a. von konkurrierenden Paradigmen, die im Diskurs ihre Positionen darstellen und in fachlichen und wertschätzender Auseinandersetzungen mit „weiterführender Kritik" um ihre Geltungsbehauptungen ringen. Sie müssen sich deshalb dem Diskurs stellen. Auch das findet sich zwischen den traditionellen Psychotherapieschulen selten, denn sie führen ihre Auseinandersetzungen häufig im Stil von Glaubenskämpfen, grenzen aus, blenden aus, übergehen Argumente etc., wie die Geschichte der Psychotherapie zeigt (z. B. *Petzold* 2001). Deshalb ist der Blick in die Psychotherapiegeschichte immer wieder lohnenswert, um aus ihr zu lernen.

---

[1] (Sigle 2007b): Aus der „Europäischen Akademie für psychosoziale Gesundheit und Kreativitätsförderung", Düsseldorf/Hückeswagen und dem „Department für Psychosoziale Medizin und Psychotherapie", Donau-Universität Krems.

* „In einem Wort, die Psychotherapie ist eine Anwendung der Wissenschaft der Psychologie für die Behandlung von Krankheiten. - *Janet* ist also der Begründer der „Psychologischen Therapie", was *Klaus Grawe* (1998) entgangen ist.

In einer Sammlung von Texten zu *Sigmund Freud,* die sich mit dem Begründer der Psychoanalyse und seinem Werk im Lichte der Verfahren, die sich im Dissens zur Psychoanalyse entwickelt haben, befasst, darf ein Autor nicht fehlen, der *Freud* viele Anstöße gegeben hat, der etliche für die Psychoanalyse zentrale Konzepte vor *Freud* gefunden hatte (hierzu *Janet* selbst 1919, II, 214-268), dessen Bedeutung von *Freud* aber nie entsprechend gewürdigt wurde (*Bailey* 1956; *Bemporad* 1989; *Brown* et al. 1999; *Heim* 1999; *Nemiah* 1989, 1998). *Pierre Janet* (1913/14) hatte zeitlebens die *Freud*sche Psychoanalyse kritisiert – mit guten Gründen (idem 1919, II, 235 ff., 252ff.). Er hatte ein ingeniöses, methodenreiches Verfahren psychotherapeutischer Krankenbehandlung schon zwischen 1884 und 1893 als einen Beitrag zur Psychologie und Psychiatrie entwickelt, das er als „psychologische Analyse und Synthese" bezeichnete. Er gehört damit wie *Reil* (1803) und *Charcot* (1878, 1892) zu den Pionieren einer dynamischen, **„psychiatrischen Psychotherapie"**, also einer durchaus als eigenständig anzusehenden psychotherapeutischen Richtung, die als solche leider zu wenig benannt wird, aber bis in die Gegenwart wichtige Therapeuten hervorgebracht hat (ich nenne nur *W. Blankenburg, H. Ey, V. E. von Gebsattel, J. J. Ratey, H. Tellenbach, Ch. Scharfetter*).

Freud wurde in der Namensgebung für seine „Psychoanalyse" offenbar von *Jean Martin Charcot* und seinem jungen Mitarbeiter *Pierre Janet* inspiriert. *Freud* und *Breuer* „appelaint ‚psycho-analyse' ce que j'appelais ‚analyse psychologique'" (*Janet* 1919, II, 216). *Janet* hat immer sehr breit konzeptualisiert und geforscht und eine „integrative Psychologie" sowie eine „psychologische Psychotherapie" in seinem Lebenswerk erarbeitet. Er war damit auch für die von mir entwickelte „Integrative Therapie", die ihm auch behandlungsmethodische Anregungen zu danken hat, eine Inspiration. Der Beitrag ist seinem sechzigsten Todestag gewidmet.

2. Der Begründer der »integrativen Psychologie« - Stationen seines Lebens

Pierre Janet (* 29.5.1855 Paris, † 24.2.1947 Paris) war Philosoph, Mediziner/Psychiater, Psychologe. Er gehört zu den Begründern der wissenschaftlichen Psychologie in Frankreich (*Carroy, Plass* 1996, 2000). Mit *Charcot* ist er der Nestor der „dynamischen Psychiatrie" und er kann als Begründer der „klinischen Psychologie" und moderner wissenschaftlicher psychologischer Psychotherapie, Traumatherapie und der *klinischen Theorie* des Bewusstseins und des Unbewussten gelten, obgleich es natürlich mit *Carus, Herbart, Fechner, Nietzsche, Schopenhauer* viele Vorgänger gab, die sich mit diesem Konzept befasst hatten. Keineswegs kann also *Freud* hier als *der* „Entdecker" gelten.

Janet entstammte einer kultivierten französischen Familie, aus der Ärzte, Juristen, Ingenieure kamen. Sein Onkel war der berühmte Philosoph *Paul Janet* (1823-1899), sein Bruder *Jules* ein psychosomatisch forschender Urologe. Der Fall des „Second Empire", die Belagerung von Paris, die deutsche Annexion des Elsass, die er bei der Familie seiner Mutter in Straßburg erlebte, überschatteten seine Jugend. Gymnasialausbildung am berühmten Collège Sainte-Barbe und Lycée Louis-le-Grand, Studium der

Philosophie an der École Normale Supérieur zusammen mit *Henry Bergson*, lebenslange Freundschaft mit ihm. 1882 Agrégation in Philosophie (mit *Emile Durkheim*), danach Gymnasiallehrer für dieses Fach in Châteauroux und Le Havre. Psychologische Forschungen seit 1884 (*Janet* 1885), klinische Arbeit mit PatientInnen ab 1986 am dortigen Krankenhaus zu psychopathologischen Phänomenen wie Somnambulismus, Hypnotismus, multipler Persönlichkeit lieferte Material für sein *Doctorat es lettres* (1889) über „L'automatisme psychologique". *Charcot*, der sein Talent erkannte, ließ ihn seit 1890 an der Salpêtrière arbeiten und übertrug ihm die Leitung des ersten klinisch-psychologischen Laboratoriums an einer neuropsychiatrischen Universitätsklinik. *Charcot*s Werk in seiner beeindruckenden Breite, das bis in die jüngste Zeit – besonders unter dem Einfluss der psychoanalytischen Historiographie – nur eine Vorläuferrolle für die Entdeckungen *Freud*s erhielt – wird derzeit durch umfängliche Forschungen in ein neues Licht gestellt, in dem auch die *Freud*schen „Innovationen" erneut betrachtet werden müssen (*Micale* 2001). Auch auf *Janet* hatte *Charcot*s Werk und auch die Synthesen, die es für eine *psychiatrische Therapie/Psychotherapie* bot, großen Einfluss, nicht zuletzt durch seine ausgedehnten Traumaforschungen, die für das 19. Jahrhundert beachtlich waren (*Micale, Lerner* 2001).

Charcot, Théodule Ribot – einer der Wegbereiter der wissenschaftlichen Psychologie in Frankreich (*Benrubi* 1928; *Brooks* III 1993) – und *Janet*s Onkel, *Paul Janet,* hatten 1885 eine „Société de psychologie physiologique" gegründet, die eine experimentelle Orientierung der Psychologie vertrat (*Janet* 1898), der sich auch *Pierre Janet* verpflichtet fühlte. *Janet* hatte aber die intellektuelle Kraft, eigenständige, (auch kritische) Positionen zu dem dominierenden Werk *Charcot*s zu entwickeln. Er studierte ab 1889 neben all seinen anderen Tätigkeiten Medizin. 1894 Doctorat en médicine über „L'État mental des hystériques". 1896 Lehrauftrag an der Sorbonne, 1899 Dozentur, 1902 Professur für experimentelle Psychologie am Collège de France als Nachfolger von *Theodule Ribot*. Langjährige Arbeitskontakte mit *Alfred Binet*. 1904 gründete *Janet* mit *Georges Dumas* das „Journal de psychologie normale et pathologique", das er bis 1937 herausgibt. Er hält zahlreiche Auslandsvorlesungen, pflegt wissenschaftliche Beziehungen, z. B. zu *Mark Baldwin. C. G. Jung* hörte 1912 seine Vorlesungen und wird – wie auch *A. Adler* – in seiner Konzeptbildung von *Janet* beeinflusst (vgl. *Ellenberger* 1973, 556). Auch *Freud* und *Breuer* zitieren ihn anfänglich in den „Vorläufigen Mitteilungen" 1893 und 1895 in den „Studien über Hysterie". *Freud* übernimmt das „Realitätsprinzip" von *Janet* (fonction du réel) und wohl auch das Übertragungskonzept (rapport transférentiel). *Janet*s Konzeption des Unbewußten (1889), die er schon bald durch den Term „unterbewußt" (1893) präzisiert, wird für *Freud* zum Streitpunkt, ohne dass er sich wirklich mit dem *Janet*schen System auseinandersetzt. Eine differenzierte Auseinandersetzung mit den Prioritätsfragen (*Janet* 1913/1914), den Fragen nach den Einflüssen und zeitgenössischen Debatten in der Beachtung der *Freud-Janet*-Kontroverse – jenseits psychoanalytischer hagiographisch-apologetischer Legendenbildung (*Cavé* 1947) – beginnt ja erst in neuester Zeit (*Nemiah* 1989, 1998; *Brown* 1991; *Heim* 1999). *Freud*s Umgang mit seinen Daten, Quellen, seiner wissenschaftlichen und privaten Lektüre (*Israëls* 1999; *Brückner* 1975) ist von Verschleierungen gekennzeichnet, die von weiten Teilen der psychoanalytischen „community" unhinterfragt übernommen wurden. Das betrifft nicht nur das „Unbewußte" (*Ellenberger* 1972) – hier etwa *Schopenhauer* und vor allem *Nietzsche* mit einer weitreichenden Theorie eines dynamischen Unbewußten. Auch das Traumathema hat eine – weit über *Charcot* und *Janet* hinausgehende – Vorgeschichte in der Psychiatrie des 19. Jahrhunderts (*Young* 1995; *Porter, Micale* 1994), auf die *Janet*, der immer sehr sorgfältig seine Quellen offenlegte (*Ellenberger* 1972, 468), und wohl auch *Freud* zurückgriffen. *Janet* wird von *Freud* und seinen AnhängerInnen schon früh ausgeblendet. 1913 (auf dem Kongress in London, vgl. auch *Janet* 1919 Bd. III, 4) wirft *Janet* (1913/14) *Freud* vor, die Priorität seiner Entdeckungen zu verschweigen. 1937 empfängt *Freud Janet* in Wien nicht. Die psychoanalytische Community diskreditiert *Janet* (*Cavé* 1947). Aus den kritischen bis polemischen Ausführungen auf dem Londoner Kongress machen die Herausgeber der *Freud*-Studienausgabe (1975, 42) eine „Schmährede", durch die sich *„Pierre Janet* mit einem unqualifizierten und unfairen Angriff auf *Freud* und die Psychoanalyse hervorgetan" habe. *Ernest Jones* (*Journal of Abnormal Psychology* 9, 1915, 400/übers. *Internationale Zeitschrift für ärztliche Psychoanalyse* 4,1996, 34, mit editorischer Anmerkung von *Freud*) versucht, durch eine Replik darauf zu verweisen, dass die *Breuer/Freud*-Publikation auf Arbeiten vor *Janet*s Publikation von 1889 zurückgehe, übersieht aber, dass *Janet*s Arbeiten zu diesen Themen schon von 1884 datieren. *Freud* hospitierte von Mitte Oktober 1885 bis Ende Februar 1886 an der Salpêtrière und sah *Charcot* okkasionell bei offiziellen Anlässen (vgl. *Jones* 1960, I, 222ff). Am 30. November 1885 wurde unter dem Vorsitz von *Charcot Janet*s sehr beachteter Beitrag über somnambulistische Phänomene auf der Sitzung der neu gegründeten „*Société de psychologie psychophysiologique*" vorgetragen und unmittelbar danach publiziert (*Janet* 1885). Es ist mit großer Wahrscheinlichkeit anzunehmen, dass *Freud*, die kurze Zeit seines Studienaufenthaltes intensiv nutzend, sich diese wichtige Sitzung nicht hat entgehen lassen, oder zumindest die neue Zeitschrift seines Fachgebietes gelesen hatte. *Freud* versucht offenbar, Schwierigkeiten der Prioritätsfrage aus dem Wege zu gehen, wenn er zu *Jones'* Einlassungen von 1915 darauf verweist, er habe nichts von *Janet*, sondern alles „von Breuer empfangen", „Meine Anteilnahme [an der Arbeit *Breuer*s sc.] setzte erst 1891/92 ein" (zit. nach StA 1975, 42 Anmerk. 1).

Janet hatte 1913 die Psychoanalyse als „metaphysisches System" bezeichnet. Das ist keineswegs eine Schmähung, sondern darf – wie *Ellenberger* (1972, 467) richtig anmerkt – als ein Verweis auf *Auguste Comtes'* drei Stadien der Naturdeutungen des Menschen gesehen werden: 1. *religiöse* Deutungen, durch Verweis auf höhere Mächte, 2. metaphysische, auf abstrakten Spekulationen gründende und 3. wissenschaftliche, d.h. auf experimentellen Daten beruhende Deutung. *Janet* hatte übrigens trotz *Freud*s ablehnender bzw. ihn negierender Position die Größe, den Begründer der

Psychoanalyse im Kontext des antideutschen Klimas des beginnenden ersten Weltkrieges gegen Angriffe der französischen Fachwelt zu verteidigen (*Janet* 1915). In den Vorlesungen von 1916/17 im 17. Kapitel über den Sinn der Symptome kommt *Freud* noch einmal auf das Thema zurück. *Breuer* habe 1880-1882 den unbewussten Sinn von Symptomen entdeckt. Aber: „Es ist richtig, dass *P. Janet* unabhängig denselben Nachweis erbracht hat; dem französischen Forscher gebührt sogar die literarische Priorität ... Ich gestehe, dass ich lange Zeit bereit war, das Verdienst *P. Janet*s an der Aufklärung der neurotischen Symptome sehr hoch anzuschlagen, weil er sie als Äußerungen von *idées inconscientes* auffaßte" (StA 1969, 258). *Janet* hatte in der Folge sein Konzept nuanciert, vor allen Dingen hat er jede Hypostasierung *des* Unbewußten vermieden und war 1913 in seinem Kongressbeitrag in dieser Frage eher zurückhaltend. „Seither [so *Freud*, ibid.] verstehe ich *Janet*s Ausführungen nicht mehr, ich meine aber, daß er sich überflüssiger Weise um viel Verdienst geschädigt hat". *Freud* hat, das muss man anerkennen – um „gerecht" mit ihm zu sein (*Derrida* 1992) – aus seiner Einschätzung, *seiner* Konzeptualisierung des Unbewußten *Janet* in seinem Diskussionsbeitrag von 1913 bewertet, aber er hat nichts unternommen, seine Bewertung im Blick auf die weiteren Arbeiten *Janet*s zu validieren. Seitdem schweigt die psychoanalytische „Community" *Janet* tot oder bewertet seine Verdienste gering – zu Unrecht, wie die gegenwärtige *Janet*- Renaissance und -forschung zeigt (*Brown* 1991; *Micale* 2001; *Nemiah* 1989, 1998, *van der Hart* et al. 1989). Vereinzelt wird er neuerlich dem „behavioralen Paradigma" zugeordnet (*Hoffman* 1998), was sicher so nicht stimmig ist und allenfalls mit seiner forschungsorientierten Position und seinem breiten, Motorik, Emotinen, Volitionen und Gedanken umfassenden Verhaltensbegriff (*Janet* 1919, I, 208, 217, 1938) und seiner Programmatik: „La psychologie ... une science de la conduite" (idem 1919, I, 188), begründet werden könnte. Richtiger ist wohl, *Janet* mit seiner konsequenten Anbindung an die wissenschaftliche Psychologie, sein Interesse an entwicklungspsychologischen und sozialpsychologischen Fragen als der Protagonist einer **„psychologischen Psychotherapie"** zu sehen, ein Term, den *Klaus Grawe* (1998) für einen konsequenten Bezug auf die Psychologie in der Konzipierung einer Psychotherapie reklamiert. Und das finden wir bei *Janet* vollauf (1919, III, 464, 1935, 1937, 1938).

Eine umfängliche Lehrtätigkeit, Arbeit als Forscher, klinischer und experimenteller Psychologe, Psychiater und Psychotherapeut in freier Praxis (seit 1894) und an der Klinik bestimmt die außergewöhnliche wissenschaftliche Karriere *Janet*s. 1935 Emeritierung. 1942 lädt *Jean Delay*, Direktor der Universitätsklinik Saint-Anne, seinen 83-jährigen Lehrer *Janet* ein, wieder mit Patienten zu arbeiten. *Janet* hört überdies die Vorlesungen von *Delay*, mit den jungen Studenten im Hörsaal sitzend, bis in sein 87. Lebensjahr. Protagonisten der französischen Psychiatrie und medizinischen Psychologie *H. Baruk, H. Ey* (1939, 1967), *J. Delay* (1963) wurden von ihm geprägt. *J. Piaget* (1985) bezeichnet ihn als seinen wichtigsten Lehrer, und *E. Minkowski* (1966) preist sein umfassendes Werk – mehr als 20 Bücher, ca. 400 Fachaufsätze, hunderte dokumentierter Krankengeschichten (*Pichot* 1996). *Vygotskij* und *Lurija* nehmen auf seine Werke wertschätzend Bezug und dennoch – *Janet*s Werk bleibt aus vielfältigen Gründen wenig bekannt. Einige seien genannt: die Auswirkungen des Ersten Weltkrieges für seine Publikationen, insbesondere seines Hauptwerkes „Les médications psychologiques" 1919; aber auch die Breite seines Ansatzes, die viele engspurig denkende Spezialisten überforderte, keine glückliche Hand in der Hochschulpolitik (*Pièron* 1960), fehlende Schulenbildung, bzw. fehlender Aufbau machtvoller Gesellschaften, wie dies *Freud* betrieb. Nicht zu unterschätzen ist die Feindschaft der Main-Stream-Psychoanalyse, welche dissente Positionen und Kritiker sowohl im Binnenfeld – z. B. *Reich, Rank, Ferenczi, Masson* (*Petzold* 1998e, 2006g) – als auch im Außenbereich wie *Janet, Moreno, Foucault* u.a. bekämpft hat.

3. Das Werk Janets und seine Beiträge zur Psychotherapie

Mit dem Werk von *Pierre Janet* in seiner Gesamtheit und in seiner ganzen Anlage als „psychologischer Psychotherapie" – diese ist, wie leicht zu ersehen, keine „Erfindung" *Grawe*s (1998, vgl. *Petzold* 2005q, 2006x) liegt eine umfassende *Alternative* zur Psychoanalyse vor – *Janet* hat ja keinen Gegenentwurf ausgearbeitet. Sein Werk birgt noch viele ungehobene Schätze für eine psychologische und psychiatrische Psychotherapie der Gegenwart (*Brown* et al. 1996; *Bühler, Heim* 2001a-c, 2002) Weil dieses Werk des großen französischen klinischen Psychologen eine solch dezidiert psychologische Ausrichtung hat, finde ich es bedauerlich, dass *Grawe* (1998) diesen Autor für sein Projekt einer „allgemeinen, bzw. psychologischen Psychotherapie" nicht berücksichtigt hat. Erst durch die moderne Traumaforschung (*van der Kolk* et al. 2000; *Petzold, Wolf* et al. 2000) und klinische Psychologie (*Hoffmann* 1998) erhalten seine Arbeiten erneut verdiente Bedeutung. *Pierre Janet* hatte mit seinem klinisches Werk und dem dahinterstehenden Gesamtprojekt einer integrativen Psychologie für die „Integrative Therapie", die sich explizit immer wieder auf ihn bezieht, stets einen gewissen Vorbildcharakter (*Petzold* 2002h). *Janet* begann als *Philosoph*, wurde experimenteller *klinischer Psychologe* und klinisch-(psycho)therapeutisch tätiger *Psychiater*. Sein Lehrbuch der Philosophie (1894) beginnt mit einer Klassifikation der Wissenschaften. *Wissenschaftliche Methodik schreitet von der Analyse zur Synthese.* Das wird sein Programm für eine integrative Psychologie, die weit über die klinische Psychologie hinausgehen sollte. Denn um das menschliche Seelenleben, d.h. den Menschen zu verstehen, muss man alle relevanten Fragestellungen von den somatischen Grundlagen über Gefühle, Wille, Gedächtnis, muss man seine Intelligenz, Entwicklung, seine sozialen Bezüge bis hin zu Fragen seiner Religiosität – ein Thema, das ihn lebenslang beschäftigte – untersuchen und erforschen. *Janet* hat mit diesem umfassenden Ansatz ein Projekt in Angriff genommen, wie es in dieser Breite in der Psychotherapie kaum Vergleichbares gibt. Die „Integrative Therapie" des Autors (*Sieper* 2006) geht in ähnlicher Breite mit ihrem Projekt einer „Humantherapie" vor (*Petzold, Orth, Schuch, Steffan* 2001, *Petzold* 2003e). *Janet* betrachtete das Psychische – etwa im Unterschied des Instanzenmodells von *Freud* – als einheitlich und dynamisch. Er nimmt eine Hierarchie von Tendenzen an, mit dem Bewusstsein an der Spitze – dies wohl unter dem Einfluss von *William James*. Alle Ideen, Gefühle, Empfindungen, Volitionen werden als *Handlungen*, bzw. als *Verhalten* aufgefasst und konstituieren die Persönlichkeit als Gesamtheit dieser Tendenzen auf ihren niedrigeren oder höheren hierarchischen Niveaus.

Janet legt Untersuchungen von hoher Qualität vor, immer abgestützt durch breite Beobachtung, klinische Forschungen und Therapien mit großen Fallzahlen (dies im Unterschied zu *Freud*) - 591 untersuchte und behandelte PatientInnen, davon 257 mit einem traumatischen Hintergrund (*Crocq, Le Verbizier* 1989). Vor *Freud* erkannte er den Zusammenhang von Sexualität und Neurosegenese. *Janet*s psychotherapeutische Methode, seine „psychologische Analyse und Synthese" umfasste eine detaillierte Anamnese und experimentelle Diagnostik, worauf die therapeutische Arbeit der Synthese folgte, in der er mit Hypnose, Suggestion und vielfältigen Übungen arbeitete.

*Janet*s „psychologische Analyse und Synthese" klassifizierte Symptome nach ihrer „Tiefe", ihrer phylogenetischen und ontogenetischen Entstehung. Er fand in der *A n a l y s e* bei seinen Patientinnen „unterbewußte fixe Ideen" und oft frühe, schwere Traumatisierungen als überflutende Stimulierung, „unabgeschlossene Handlungen, bzw. Situationen". Beides kann zu einer Überlastung der zerebralen Integrationskapazität, bzw. Synthesefähigkeit führen, was psychologische Automatismen, d.h. Autonomisierungen von Verhalten und Dissoziationen (*désagrégation mentale*) zur Folge haben kann. Anders als im *Freud*schen Modell sieht er keine *Verdrängungen*, sondern *Abspaltungen* aus dem Bewusstsein als Ursachen für Hysterien, bzw. die verschiedenen Neurosen. *Janet* konzeptualisiert stärker vom Bewusstsein her, als die Psychoanalyse *Freud*s, der letztlich eine ausgearbeitete „Theorie des Bewusstseins" fehlt (die zu seiner Zeit auch nur philosophisch oder psychologisch-experimentell auf dem Stand der psychologischen Forschung hätte konstruiert werden können, und in beiden Disziplinen war *Freud* nicht zu Hause). *Freud* versuchte, anders als im Black-Box-Denken des traditionellen Behaviorismus (der damit seine spezifische Einseitigkeit pflegte), in das „Innere" der Person, das für ihn mit dem „Unbewußten" gleichbedeutend war, zu schauen, indem er spekulativ weitgreifende Mutmaßungen, oft weitab vom Bereich des Phänomenalen entwickelte. *Janet* war in seiner Theorie der Bewusstseinsprozesse (*Verbizier* 1978) vorsichtiger mit Spekulationen und empirischer ausgerichtet. „Das Bewusstsein ist genau dasjenige, was wir zu unseren Handlungen hinzufügen, um sie zu ordnen, den gesamten Organismus zu reorganisieren, wenn er durch einen von der Außenwelt bewirkten Akt gestört worden ist" (*Janet* 1929, 88). Dabei unterscheidet *Janet* in seiner differentiellen Theorie 1. ein *dispositionelles Unterbewusstes und Bewusstes* (evolutionär erworbene und damit genetisch angelegte Dispositionen, Tendenzen, die sich inszenieren – heute würde man von „Genexpressionen" sprechen – und die durch Wiederholung bestärkt werden, sich aber auch durch Erfahrungen herausbilden können). Weiterhin sieht er ein 2. „*Randbewusstes*", das ähnlich wie *Leibniz*ens „unmerkliche", „pétites perceptions", durch die auch „die merklichen Perzeptionen stufenweise aus solchen entstehen, welche zu schwach sind, um bemerkt zu werden", ein subliminales „*Schwellenbewusstes/Unbewussstes*" am Rande des Bewusstseinsfeldes (*Freud* würde von Vorbewusstem sprechen), wo unterhalb der Bewusstseinsschwelle kontinuierlich zerebrale Verarbeitung (*Janet* 1904, 180, vgl. *Fechner*s 1860 II, 432ff, „innere Bewusstseinsschwellen") stattfindet, psychische Gewohnheiten habitualisiert ablaufen und sich psychische *Automatismen* inszenieren, „automatische Phänomene, Überreste früherer Aktivitäten" (*Janet* 1897, 137). 3. sieht er ein *dissoziatives Bewusstes/ Unterbewusstes,* psychische Operationen einer Person „außerhalb ihres Bewusstseins und ihrer Persönlichkeit" (*Janet* 1893, 433). Unterbewusste Vorstellungen können damit ein Eigenleben führen, als „fixe Idee" auch ein gefährliches, pathologisches. „Diese Ideen scheinen gefährlich zu werden, weil sie dem Bewusstsein der Person entgleiten und einer anderen Kategorie [von Ideen, sc.] angehören, auf die der bewusste Willen keinen Zugriff mehr hat" (*Janet* 1924, 214). Es entstehen also „zweite Gedanken neben einem ersten" – eine „dédoublement des la personalité", Verdoppelungen der Persönlichkeit als eine Schwäche der psychischen Synthese, eine Vorstellung, die sich mit modernen klinischen Modellen der Identitätsstörung, der „multiple personality disorder", der dissoziativen Störungen (*Fiedler* 1999) gut verbinden lassen, aber auch in eine positive Richtung gedacht werden könnten, wenn die Syntheseleistung hinreichend gelingt und wir das Bild einer „reichen, vielfältigen Persönlichkeit" sehen oder mit *Mikhail M. Bakhtin* (1981) Persönlichkeit grundsätzlich als Vielfältige auffassen, wie wir das im Integrativen Ansatz vertreten: Das Subjekt erfüllt von inneren Polylogen mit verinnerlichten Menschen (positiven und negativen) und verinnerlichten Erinnerungen an die eigene Persönlichkeit (archivierte eigene Persönlichkeitsschemata, „innere Kinder/Jugendliche", „ich als junger/älterer Mann), denn „wir sind Erinnerung" (*Schacter* 1999). Diese „gesunde" Vielfältigkeit fällt dann nicht völlig aus dem Bewusstseinsfeld heraus, ist nicht traumabedingt dissoziiert, sondern bleibt bewusstseinsfähig, als durch einstmalige Syntheseleistungen aus dem „apersonalen Bewusstseinsgrund" in den personalen Bereich herausgehobene Materialien: „Nicht alle psychischen Phänomene, die sich im Gehirn bilden, sind in derselben personalen Wahrnehmung vereint, ein Teil bleibt unabhängig in der Form von Empfindungen oder elementaren Bildern" (*Janet* 1893, 434f). Diese können sich zu eigenen Systemen verbinden, zu einer „zweiten Persönlichkeit", wie im Somnambulismus. Die Synthese konstituiert die Persönlichkeit mit ihrem personalen Bewusstsein, das – wie bei *Vygotskij* und *Lurija* – zu den „höheren Funktionen" zählt. Das ist eine Sicht, die mit modernen Modellen der Bewusstseinstheorie in der kognitiven Psychologie gut vereinbar ist, etwa der „*Neo-Dissoziation-Theory*" nicht bewusster kognitiver Prozesse – wie das „hidden observing" bzw. „self monitoring" von *Ernst Hilgard* (1973, 1992, vgl. *Gabel* 1988). Auch zu aktuellen neurobiologischen

Modellbildung gibt es eine gute Anschlussfähigkeit, etwa zu dem Modell des Nobelpreisträgers *Gerald Edelman* (2004), der unzugängliches „Nichtbewusstes", „primäres Bewusstsein" als „Grundstufe des Bewusstseins ... aus der reziproken Kopplung zwischen Hirnregionen" entstehend (ibid. 162), von einem „Bewusstsein höherer Ordnung" (*ibid.* 148) unterscheidet. *Edelmans* Modell ist auch für den Integrativen Ansatz wesentlich geworden, weil hier gute Anschlussfähigkeit zu *Janets* Konzepten und unseren eigenen Bewusstseinsmodell besteht(*Petzold* 1988a, 2002b).

Belastende Erfahrungen bewirken Dissoziationen von Erlebnisinhalten aus diesen höheren Organisationsstrukturen, was zu „fixen Ideen" führt (*Janet* 1898), die sich verselbständigen, wie bei traumatischen Intrusionen gut ersichtlich (*Bühler, Heim* 2002). Bei vulnerablen Persönlichkeiten mit schwachem Integrations- bzw. Synthesevermögen wird dieses durch die Belastungen zunehmend geschwächt, was auch den Aufbau eines stabilen „Bewusstseinsfeldes" – so der Begriff von *Janet* (1889, 454) –, durch das wahrgenommene Bewusstseinsphänomene „mit unserer Person in Verbindung gebracht werden können" (idem 1894, 7) beeinträchtigt. Damit wird **Dissoziation** (*désagrégation*) der Vorgang, durch den sich Bereiche unseres Seelenlebens zunehmend der bewussten Kontrolle entziehen und damit auch aus dem Bereich der „höheren Funktionen" fallen, an den Rand des Bewusstseinsfeldes driften, bis dass sie aus der Versprachlichung fallen. Wenn *Janet* schreibt, dass „unser Bewusstsein nicht alle psychologischen Phänomene erfasst, die in uns vorkommen und es in unserem Geist viele Gegenstände gibt, die wir nicht wissen" (*Janet* 1885, 201), Handlungen, die „von der Person, die den Akt ausführt, nicht gewusst werden, selbst in dem Augenblick des Ausführens" (idem 1888, 239), Akte die also nicht notwendigerweise, wie *Freud* das in seiner Konzeption vertritt, „verdrängt" wurden, so steht *Janet* völlig in den heutigen Auffassung der Neurobiologen über ein „neuronales Un-bewusstes" oder **Nichtbewußtes**: das sind „Hirnvorgänge, die nicht bewusst werden können im Unterschied zum *Freud'schen* Unbewussten" (*Edelman* 2004, 161). Und es gibt natürlich Übergangsformen, „Schwellen", wie dies in der integrativen Bewusstseinstheorie, mit ihrem „**Bewusstseinsspektrum**" (*Petzold* 1988a/2003a, 243ff, 256ff) ausgearbeitet wurde. Von diesen frühen Beobachtungen und Überlegungen *Janets* zur Synthesefähigkeiten seiner PatientInnen durch belastende bzw. traumatische Erlebnisse (ggf. auch aufgrund dispositionierter Vulnerabilität) und dem Konzept *unbewusster* und *unterbewusster* Prozesse (auf *Janets* Differenzierung wird hier nicht eingegangen, ausgehend, entwickelte er über die Jahre ein „Defizitmodell" des Unterbewussten, nach dem seelische Erkrankungen, z. B. Hysterien, Zwänge, „Psychasthenien" (*Janet* 1903), als „Depression, als Erschöpfung der höheren Hirnfunktionen" (idem 1929, 332) gesehen werden können, eine Vorstellung, die sowohl für schwere Depressionen, chronifiziertes PTBS und andere Persönlichkeitsstörungen greifen kann. *Freud* hingegen entwickelte sein „Konfliktmodell" des Unbewussten, das aufgrund der *Verdrängung* entstehe, durchaus in Abgrenzung zu *Janet*. „Wir leiten die psychische Spaltung nicht von einer angeborenen Unzulänglichkeit des seelischen Apparates zur Synthese ab, sondern erklären sie durch den Konflikt widerstreitender Seelenkräfte, erkennen in ihr das Ergebnis aktiven Sträubens der beiden psychischen Gruppierungen gegeneinander" (*Freud* 1910a, 23, vgl. zum Ganzen *Bemporad* 1989; *Brown* et al. 1996; *Perry, Laurence* 1984; *Thoret* et al. 1999). *Janet* sieht Dissoziertes aufgrund mangelhafter (dispositioneller und/oder erworbener) Syntheseleistungen, als eine „Einengung des persönlichen Bewusstseinsfeldes und eine Tendenz zur Dissoziation" (*Janet* 1929, 332). Nun müssen sich diese beiden Modelle, das Defizit- und das Konfliktmodell der Pathogenese ja überhaupt nicht ausschließen. Chronifizierte Konflikte führen in die seelische Erschöpfung – wir sprechen in der Integrativen Therapie von einer *„Erosion der persönlichen Tragfähigkeit"* bis hin zu einem „personality burn-out" (*Petzold* 2003h; *Weibel, Petzold* 2007). Defizite führen auch zu Konflikten im Alltagsleben. Beide Konstellationen können zusammen oder sequentiell auftreten. Im Integrativen Ansatz sind diese Modelle der Pathogenese, das *Freud*sche und das *Janet*sche ergänzend weitergedacht worden mit der Theorie „multipler pathogener Stimulierung" (**Defizite** = Unterstimulierung, **Trauma** = Überstimulierung, **Störung** = inkonstante Stimulierung, **Konflikte** = widerstreitende Stimulierung, *Petzold* 1988n, 2003b) und „salutogener Stimulierung" (ibid. S. 448, 846; Janet spricht von positiver Anregung/ exitation 1919, III, 142f., 162f.), wobei die Stimulierungstheorie das integrative Metakonzept in Rahmen der Theorie „dynamischer Regulation" (idem 2005r) ist[2]. Adäquate Stimulierung bietet (in Form von „protektiven Faktoren" z. B. *Petzold, Müller* 2004) Unterstützung von Reintegrationsprozessen und der *S y n t h e s e n,* in denen diese biographischen Verletzungen rekonstruiert und Dissoziationen (*désagrégation*) aufgehoben und wieder zusammengefügt werden, denn: „Die Persönlichkeit [...] ist eine Synthese der Empfindungen und der Vorstellungen" (*Janet* 1904, 18). Sie bleibt prozessual an permanente Integrations- und Assimilationsprozesse des erlebten Lebensgeschehens gebunden. Wir sprechen heute von fortlaufenden „Mentalisierungsprozessen" (*Petzold* 2005r) – neurobiologisch als Prozessen der „Verkörperung" (*embodying, Clark* 1997; *Freeman* 2000), philosophisch als Vorgänge

---

[2] »**Stimulierung** wird verstanden als komplexe erregende *exterozeptive,* außenweltbedingte und *propriozeptive,* innersomatische Reizkonfiguration mit spezifischem **Informationswert** - z.B. durch die Amygdala als 'gefährlich' oder 'ungefährlich' bewertet [emotionale *valuation*] und durch den Hyppocampus und den präfrontalen Cortex aufgrund archivierter Erfahrung eingeschätzt [kognitives *appraisal*]. Durch die stimulierungsausgelösten mnestischen Resonanzen im Gedächtnis des 'informierten Leibes', des ‚Leibgedächtnisses', einerseits sowie durch die Qualität des weiterlaufenden und aufgenommenen Stromes von stimulierender Information andererseits, werden Regulationsprozesse beeinflusst und die psychophysiologische Erregungslage des Menschen (Organismus und Leibsubjekt zugleich!) intensiviert, weiter erregt (up regulation, kindling, hyperarousal, z. B. durch adversive Faktoren) oder abgeschwächt, beruhigt, gehemmt (down regulation, quenching, relaxation, z. B. durch protektive Faktoren), was mit dem entsprechenden neurohumoralen Geschehen verbunden ist und Bahnungen bestärkt oder schwächt. Das hat für die Konzipierung konkreter Interventionspraxis erhebliche Bedeutung, denn der Therapeut und das therapeutische Setting müssen entsprechende Stimulierungskonfigurationen bereitstellen können, um die Prozesse **dynamischer Regulation** adäquat zu beeinflussen.« (*Petzold* 2000h). Bei *Janet* entspricht *Stimulierung* dem Begriff *„exitation"* (1919, III, 483f.).

der „Einleibung" (*Hermann Schmitz* 1989). Beide Perspektiven sind im integrativen Konzept des **„Informierten Leibes"** (*Petzold* 2002j; 2003a) mit seinen „dynamischen Regulationsprozessen", der von „multipler Stimulierung" genährt, aber auch geschädigt werden kann, verbunden. Positive, heilsame Stimulierung (*Janet* 1924a) wird im reichen Arsenal „therapeutischer Medikationen" von *Janet* (1919) bereitgestellt durch: Hypnose, automatisches Schreiben und Sprechen (Vorwegnahme freier Assoziationen, *Janet* 1892), Dialoge, Dramatisierungen, Distraktionen, Substituierungen, Sport, Gymnastik, Visualisierungen und Imaginationsmethoden. Besonders letztere wurden in die Integrative Therapie übernommen und weiterentwickelt (*Petzold* 1990w). Weiterhin setzte *Janet* (1919, III, 15, 142) Körper-, Atem- und Bewegungstechniken ein, eine höchst innovative Behandlungsweise, die von *Henry Wallon*, dem bedeutenden Entwicklungspsychologen, in dessen Tradition *Petzold* und *Sieper* in Paris studierten (*Sieper, Petzold* 2003), zur Psychomotorik entwickelt wurde, und die die **„Integrative Bewegungstherapie und Psychomotorik"** (*Petzold* 1974j) beeinflusste. Auch *Piagets* „sensumotorische Phase" ist von *Janet* inspiriert und sein „Schemabegriff", der von *Grawe* mit Verweis auf *Piaget* im Bereich der Psychotherapie bekannt gemacht wurde. Die Integrative Therapie übernahm von diesen Konzeptualisierungen Inspirationen für ihre – in vieler Hinsicht zu Automatismen, fixierten Mustern funktional äquivalenten – Konzepte: Struktur, Schema, Stil, Narrativ, Skript (*Petzold* 2003a). *Janet* entwarf ingeniöse Imaginationsübungen zur schrittweisen kognitiven/ emotionalen/volitiven Umstrukturierung innerer Szenen – (Vorwegnahme moderner kognitiver Therapie, *Hoffmann* 1998) – soziale Aktivitäten, Handlungstraining (Vorwegnahme von Milieutherapie), die bei schwierigen PatientInnen auch mit stark übender Ausrichtung eingesetzt werden. Konzeptbildung und Behandlungspraxis von *Janet* erhalten hier eine kreative, variable Qualität, die die Zuordnung zur traditionellen, behavioralen Therapie nicht nachvollziehbar macht (vgl. *Janet* 1903). Besonders mit seinen Imaginationsmethoden gibt er den Anstoß für die reiche Tradition der französischen imaginativ-visualisierenden Verfahren der Psychotherapie von *Desoille, Virell* u.a. (*Frétigny, Virell* 1968), aus der auch die Imaginationsansätze der Integrativen Therapie schöpfen – ihr *„komplexes katathymes Erleben"* (*Petzold* 1972f, 1990w) ging ja nicht vom Ansatz *Leuners* aus, denn als „komplexe katathyme Imaginationen" dehnt sie das integrative Vorgehen auch über den visuell-imaginalen Bereich, auf den *Leuner* zentrierte, auf den olfaktorischen, akustischen, kinästhetischen etc., Vorstellungsbereich aus (*Petzold* 1972f; 1990w) und hat diese Techniken mit behavioralen Rollenspieltechniken verbunden (vgl. *Petzold, Osterhues* 1972). *Janet*, seit 1882 auf die Erschöpfungszustände seiner Patientinnen aufmerksam geworden, sah die unterschiedliche Verarbeitung von Überlastungen/Traumatisierungen (1919, vol. II, c. III, S. 204ff.) und versuchte, dieses Faktum durch ein Konzept der *„psychischen Energie"* zu erklären. Ein Konzept, das in der damaligen Psychiatrie und Psychologie durchaus verbreitet war (vgl. *James* 1907). Diese Energie ist durch latente und manifeste *„psychische Kraft"* gekennzeichnet, verstanden als die Fähigkeit, vielfältige psychischmentale Handlungen zu vollziehen, und durch *„psychische Spannung"*, d.h. die Fähigkeit, diese Energie auf unterschiedlich hohen Ebenen seiner „Hierarchie von Tendenzen" einzusetzen. Traumata, Konflikte, Defizite als „unabgeschlossene Handlungen" – ein Kernkonzept – müssen vermieden oder abgeschlossen werden. In der Integrativen Therapie wurden diese pathogenen Konstellationen als dysfunktionale Stimulierungen (*Petzold* 1975e) mit den dadurch ausgelösten neuronalen Erregungsprozessen und daraus folgenden Fehlbahnungen angesehen, durch welche der *„informierte Leib"* als biopsychosoziale Einheit fehlgesteuert und in seiner „dynamischen Regulation" beeinträchtigt wird (*idem* 1988n, 2002j; *Petzold, Orth, Sieper* 2005). Das Regulationskonzept, in dem heute mit Anschluss an den jeweiligen Wissenstand kognitive, emotionale und volitionale Steuerungsprozesse einbezogen sind (*Barret, Wagner* 2000; *Davidson* et al 2000, 2002; *Panksepp* 1998 etc.) ist in der Integrativen Therapie von *Anokhin, Bernštein* und *Lurija* beeinflusst (sie hatten sich auch mit *Janet* auseinandergesetzt) und durchaus mit *Janet*s Modell einer Ökonomie des Psychischen vereinbar, indes näher beim neurowissenschaftlichen Diskurs, als dies *Janet* seinerzeit möglich war.

Janet hat (1919, 3, 469ff; *Schwartz* 1951, 1951a) eine „klinische Ökonomie" des Psychischen entwickelt und differenziert: a) das *asthenische Syndrom*, ein Mangel an psychischer Kraft, b) das *hypotonische Syndrom*, ein Mangel an psychischer Spannung. *Janet* erarbeitet für beide Grundformen eine differenzierte Syndromologie auf der Basis umfangreicher phänomenlogisch-deskriptiver klinischer Beobachtungen aus und entwickelt Behandlungsstrategien. Zu a): 1. *Vermehrung der Einkünfte* (Ressourcen, Kraftquellen, z.B. Schlaf, Entspannung, Erholung, *Freude*) 2. *Verringerung der Ausgaben* (eine psychische Ökonomisierung, Reduktion von Belastungen, besonders im Beziehungsgefüge und in der Arbeitswelt), 3. *Schuldentilgung* (Bereinigung unerledigter z.T. latenter biographischer Belastungen, Traumata und ihren Nachwirkungen). Zu b) 1. Kanalisierung von Agitationen in sinnvolle Tätigkeit, 2. Erhöhung psychischer Spannung durch Anregung, Aktivierung und durch systematische Übung immer komplexerer Handlungsmöglichkeiten. *Janet* hat sein hochdifferenziertes System von „Tendenzen" der menschlichen Psyche (*Schwartz* 1951), von „niederen", z.B. reflexartigen, perzeptiv-suspensiven etc. Tendenzen zu mittleren, z.B. überlegten Handlungen und Glaubenssystemen, zu höheren, z. B. progressiven, evolutiven, schöpferischen Tendenzen, nicht nur aus der Psychopathologie erarbeitet – wie bei *Freud* –, sondern als eine Psychologie des menschlichen (Seelen)lebens, als einem dynamischen Geschehen in sozialen Kontexten, mit den **socii** entwickelt. Damit geht *Janet* (1937a) in die Richtung einer Gewichtung des Sozialen, die uns im Integrativen Ansatz dazu geführt hat, von einer „klinischen Sozialpsychologie" zu sprechen und eine „Integrative Soziotherapie" zu entwickeln (*Petzold, Petzold* 1993a, 1997c, *Petzold, Schay, Scheiblich* 2006; *Petzold, Müller* 2005). Die „Tendenzen" *Janet*s (*Meyerson* 1947) sind zweifelsohne ein eleganteres Konzept als der krude Triebbegriff und die Instanzenlehre *Freud*s. Sie machen eine differenziertere Sicht möglich und können auch für moderne Formen der Psychotherapie als Erklärungsfolien fruchtbar sein (*Schwartz* 1951), wenn man sie als biologisch disponierte und durch die Einwirkung von Kontexten erlernte Kompetenz- und Performanzschemata sieht (*Petzold, Orth* et al. 2001), die jeweils durch den Aufforderungscharakter von realen äußeren, aber auch durch imaginierte innere Kontexte „getriggert" werden können und sich in Performanzen inszenieren. Gegenüber dem Entelechiebegriff wird hier ein durch und durch kontextualisiertes Modell vertreten, in dem die formgebende Kraft nicht in einem „Inneren", sondern in einer „Verschränkung von Innen und Außen" liegt, wie es auch *Merleau-Ponty* (*Waldenfels* 1976, 1978) u.a. durch die Auseinandersetzung mit *Bergson* und *Janet* angeregt (*Merleau-Ponty* 1942/1976, 187), vertreten hatte (wobei „Verhalten" - weitergreifend als der damalige Behaviorismus - auch Denken und Fühlen umfasst).

Vor diesem Hintergrund und aus ihm entwickelte *Janet* ein breites Behandlungsspektrum (vgl. vol. III) – insbesondere für den Umgang mit „*souvenirs traumatiques*" (vol. II, 204) und für ein Eindämmen der Überlastungen schon im frühen Erkankungsstadium. Ziel: eine „Ökonomisierung" der Lebensführung, denn die PatientInnen haben im „*train de vie ordinaire*" einen verdeckten Verbrauch an Kräften (S. 303ff). Latente, unterbewusste Traumata zehren. *Janet* bietet hier neben *Vygotskij*, der gleichfalls seit den zwanziger Jahren konsequent kompetenz- und ressourcenorientiert konzeptualisierte, den ersten ressourcen- und enrichmenttheoretischen Ansatz in der Psychotherapie: Der Therapeut „lehre seine Patienten ihre Ressourcen zu vergrößern und ihren Geist zu bereichern" („à augmenter leurs ressources, à enrichir leur esprit"; Janet 1919, III, 470).

Mangel an „psychischer Kraft" (asthenisches Syndrom) oder „Spannung" (hypotonisches Syndrom) oder Überschuss an psychischer Energie artikulieren sich in niedrigen oder höheren „Tendenzen" menschlichen Seelenlebens, die es zu beeinflussen, bzw. zu entwickeln gilt: durch Anregung, Stimulierung, übendes Vorgehen, Milieutherapie – im Integrativen Ansatz betonen wir die Bedeutung „multipler Stimulierung" (*Petzold* 1988f; *Petzold, Sieper* 2007a). *Janet* betont die Bedeutung des *Sozius*, des Anderen, die *valorisation sociale*, die soziale Wertsetzung – ihr Fehlen kann pathogen wirken. In der Integrativen Therapie hat die Arbeit mit sozialen Netzwerken bzw. Konvois eine sehr hohen Stellenwert, wobei wir *Janet*s, *Vygotskij*s, *Moreno*s und *Bourdieu*s Ideen zusammenführen (*Hass, Petzold* 1999; *Brühlmann-Jecklin, Petzold* 2004; *Petzold, Ebert, Sieper* 1999). Mit seinem Konzept der „*actes doubles*" zeigt *Janet*, dass die soziale Wirklichkeit zumeist zwei Seiten hat. Sie ist konfigurativ (Sprechen/Angesprochen werden, Modellgeben/Nachahmen, Befehlen/Gehorchen etc.), denn die Socii arbeiten zusammen an den sozialen Handlungen. Wir haben das in dem integrativen Kompetenz-/Performanzmodell interaktiven Zusammenwirkens (etwa von Mutter und Kind, vgl. *Petzold, von Beek, van der Hoek* 1994) entwicklungspsychologisch fundiert. In dieser Konzeptbildung *Janet*s ist der Einfluss von *Emile Durkheim*, seinem Agrégationskollegen, spürbar – von internalisierten kollektiven Handlungsmustern mit unterschiedlichem Realitätsgehalt bestimmt (vgl. *Janet* 1927 mit einer differentiellen Realitätskonzeption), wie sie die Integrative Therapie im Konzept der „sozialen Repräsentationen" von *Serge Moscovici* annimmt (1961, 2001; *Petzold* 2003b), der auch von *Janet* beeinflusst ist. *Janet* nimmt in seinen sozialpsychologischen Überlegungen auf *James, Baldwin, Royce* Bezug. Ihr Modell komplexer Sozialisation kommt in seinem Ansatz – der zu *G. H. Mead* viele Parallelen hat, schöpft *Mead* doch aus den gleichen Quellen – zum Tragen: eine Neusozialisation von Patienten zu ermöglichen, ein Kernanliegen auch des Integrativen Ansatzes, der hier noch Verbindungen zum Reparentig-Ansatz *Ferenczi*s herstellt (1992a/2003a). *Janet* sah Realtraumata als pathogene, kräfteverzehrende unabgeschlossene Situationen, Überlastungen, die Dissoziationen hervorrufen (*van der Hart, Friedman* 1989), zum Zusammenbruch der Selbstregulation/Adaptation führen, wie es auch *Ferenczi* (*Petzold* 2006w) und die moderne Psychotraumatologie sieht (*van der Kolk* et al. 2000; *Petzold, Wolf* et al. 2000). *Janet* entwickelte ingeniöse Behandlungsstrategien von großer Variabilität, die heute wieder entdeckt werden (*Hoffmann* 1998). Das Gesamtwerk ist in vielem höchst modern und verdient erneute Beachtung.

4. Janet als Referenztheoretiker der Integrativen Therapie – Ein- und Auswirkungen

Psychotherapie ist ein neuzeitliches Phänomen, aus den Modernisierungsprozessen im Gefolge der Aufklärung möglich geworden. Das gilt es zu reflektieren, um ihre heutige Form zu verstehen. Sie hat ihre aufklärerische Emphase aus dieser Quelle, trägt allerdings auch schwer am Erbe des aufklärerischen Szientismus, in Sonderheit am cartesianischen Dualismus, wie ihr anthropologisch verkürzender Name „Psychotherapie" zeigt. Er schließt Leiblichkeit, Geistigkeit, Sozialität und Ökologie aus. Seine Engführung, mit der Begründung der Begrifflichkeit durch *Johann Christian Reil* (1803) initiiert, einem der Leibärzte *Goethe*s, schien aber damals sinnvoll, um in der dominanten, medizinalisierten Betrachtungsweise des Menschen mit dem „anatomischen Blick" (*Attali* 1981) dem „Psychischen" eine eigene Stellung zu geben. *Charcot* favorisierte die *neurologische* Betrachtungsweise und – zu seiner Umgebung gehörig – auch *Pierre Janet*. Beiden war es darum zu tun, das *Psychologische* mit dem *Physiologischen* zu *integrieren*, eine „*psychologie psychophysiologique*" zu etablieren (*Janet* 1885), in die Psychotherapie „traitments psycho-physiologiques" einzubeziehen (idem 1919, III, 463). *Freud*, ursprünglich im neurophysiologischen Bereich forschend, versuchte das „physiologische Paradigma" in den Bereich des Psychischen zu übertragen, was sich allein schon in seiner Begriffswahl „Psycho-*analyse*" ausdrückt, die offenbar von *Charcot/Janet* inspiriert ist. Im Unterschied zu *Janet* bleibt *Freud* dem medizinalisierten Diskurs verhaftet, obwohl er sich sein Leben lang in hoher Ambivalenz zu ihm bewegt, denn er wird nie wirklich ein „Psychologe", der sich in das Feld der wissenschaftlichen Psychologie hineinbegibt. Er ist aber auch nicht mehr im Feld der Medizin verankert.

Bei *Janet* ist das anders, denn er bearbeitet neben klinischen Fragen im medizinischen bzw. neuropsychiatrischen Diskurs in seinen wissenschaftlichen Arbeiten und Forschungen auch eindeutig psychologische Fragestellungen (Intelligenz, Gedächtnis, Lernen, soziale Beziehungen) im Kontakt mit und im Anschluss an das psychologisch-wissenschaftliche Feld. Er berücksichtigt, angeregt von *E. Durkheim* auch bewusst sozialpsychologische und sozialisatorische Fragestellungen, bleibt dabei aber durchaus auch neurophysiologischen Betrachtungsweisen verbunden, leistet also eine Integrationsarbeit zwischen diesen Bereichen, in dem er *avant la lettre* eine **biopsychosoziale** Sicht vertritt, und genau das ist es, was *Vygotskij* (1992, 230) und *Lurija* (1993, 70) an *Janet* attraktiv finden* und weshalb sie seine Arbeiten rezipieren, vertreten sie doch selbst ein sehr differenziertes **biopsychosoziales** Paradigma (*Petzold, Sieper* 2007). Beide Richtungen haben mit ihren Integrationsbewegungen ihren Beitrag zum „Integrativen Ansatz", seinem **biopsychosozialökologischen** Paradigma des Differenzierens und Integrierens geleistet (*Petzold* 2001a; *Orth, Petzold* 2000; *Sieper* 2006).

Im voranstehenden Text sind immer schon Hinweise auf Querverbindungen zum Integrativen Ansatz, wie wir ihn entwickelt haben, gegeben worden. *Janets* Werke haben wir (*Johanna Sieper* und ich) im Studium in Paris in den sechziger Jahren immer wieder beiziehen müssen: in der klinischen Psychologie und Psychopathologie, der Entwicklungspsychologie und der Sozialpsychologie. Er hat stets unser Interesse geweckt, was nicht von aller Pflichtlektüre des Studiums gesagt werden kann.

Janet sah die menschliche Persönlichkeit und ihre Entwicklung sicher ganzheitlicher als wir das bei *Freud* finden, nicht zuletzt auch, weil er sich der ganzen Breite des Erlebens und Handelns zuwandte und zwar nicht nur unter der klinischen und psychopathologischen Perspektive, sondern auch durch Auseinandersetzung mit Fragen zu Intelligenz und Entwicklung (*Janet* 1935, 1936), zur sozialen Persönlichkeit (*idem* 1929, 1937a), zu den „großen" Emotionen wie Angst, Liebe, Hass (*idem* 1928, 1937b) etc. Solch ganzheitliche Sicht kennzeichnet auch die so genannten „humanistischen Therapieverfahren", die über Jahrzehnte, *Janet* völlig ignorierend, versucht haben, in Richtung einer größeren Ganzheitlichkeit zu gehen - vor allem *C. Rogers* oder auch *F. S. Perls*. Beide aber haben den „sozialen Raum" in einer individualisierenden Personzentriertheit oder Organismusorientierung weitgehend ausgeblendet – „Organismus im Umwelt-Feld" (*Perls* et al. 1951) umfasst noch keine theoretische Sicht des Sozialen oder der Sozialisation. Das ist ganz anders bei der französischen Schule von *Pierre Janet* über *Henry Wallon* bis *René Zazzo*, **Entwicklungspsychologen**, die die psychische, motorische und die sozialisatorische

---

* Unter den von *E. Durkheim* inspirierten Forschern „ragt der französische Psychologe Pierre Janet heraus, der meinte, komplexe Formen des Gedächtnisses seien genau wie die Vorstellungen von Raum, Zeit und Zahl das Produkt der konkreten Geschichte einer Gesellschaft und keineswegs Kategorien des menschlichen Geistes, wie es die ideolistische Psycholgie lehrte" (*Lurija* 1993, 70):

Dimension gesellschaftlich eingebettet sahen und in integrativen Ansätzen zu verbinden suchten. Die Entwicklungsperspektive verlangt das (für die Letztgenannten kam auch ihre dialektische, durchaus marxistische Orientierung zum Tragen, was die Verbindungen zur russischen Schule wohl auch gefördert hat, etwa die Beziehung von *Lurija* und *Wallon*).

Der Humanistischen Psychologie als „dritter Kraft" im Bereich der Psychotherapie ist es – bei aller Rede von Ganzheitlichkeit – durch ihre individualisierende Sicht nicht gelungen, in ihren Entwicklungen zu wirklich integrativen Modellen zu gelangen, und heute ist sie wissenschaftlich kaum mehr präsent. Das **„systemische"** (*Eder* 2007) und das **„integrative"** Paradigma (bei dem ein großer Teil der körperorientierten Verfahren einbezogen ist, der integrativ konzeptualisiert, vgl. *Marlock, Weiss* 2006) gewinnen heute auf der *inhaltlichen* Ebene und über die Forschung in der Psychotherapie zunehmend an Bedeutung. Sie haben aber noch keine ausreichende, institutionelle Kraft gewinnen können (vor allem in Deutschland nicht), die sich in der politischen Realität durchsetzen könnte. Hier bleiben die Entwicklungen abzuwarten.

So steht die Psychotherapie gegenwärtig im europäischen Raum mit den beiden großen, dominierenden, bzw. dominanten Strömungen „Verhaltenstherapie" und „Psychoanalyse/Tiefenpsychologie" immer noch und wieder in dem alten Konflikt zwischen Natur- und Geisteswissenschaften, nomothetischer und idiographischer Forschung, dessen Unfruchtbarkeit schon *Vygotskij* beklagt hatte und dem sein Mitarbeiter *Lurija,* der große – durchaus *auch* reduktionistisch arbeitende – Neurowissenschafter, seine integrative Idee einer „romantischen Wissenschaft" und einer narrativen und übenden Therapiepraxis entgegenstellte (*Lurija* 1976, 1993, 1998; *Sieper* 2006). Über die Bewegung, die *Janet*s Onkel, der Philosoph *Paul Janet,* der Neuropsychiater *Jean Martin Charcot* und der Nestor der französischen Psychologie *Théodule Ribot* zu einer empirischen **psychopysiologischen** Orientierung angestoßen hatten, wurden **Psychologie** und **Physiologie** konnektiviert, wobei *Janet* und *Vygotskij/Lurija* der **Sozialität** eine solche Bedeutung zugemessen haben, dass sie ihr als „dritte Größe" in einem **bio-psycho-sozialen** Modell einen festen Platz zuwiesen. Diesen Platz hatte sie auch im **Integrativen Ansatz** in Theorie, Praxeologie und Praxis von seinen Anfängen an erhalten (*Hass, Petzold* 1999; *Petzold* 1965, 1974j, Abb. III, 1988n, 2003a; *Petzold, Schay, Scheiblich* 2006).

Die Bio- und Neurowissenschaften, die vom methodischen Vorgehen her reduktionistisch arbeiten müssen, haben heute in der Medizin und Psychiatrie die Federführung übernommen und greifen weit in die Territorien der übrigen „life sciences", ja der „human sciences" hinein (Petzold, Sieper 2007). Die **Psycho**-therapie wird diesen Entwicklungen nicht entgehen können, und sie wird sich dabei verändern. Sie wird integrativer werden – das zeigt sich bei fast allen Schulen (verwiesen sei nur auf Titel wie „Integrative Verhaltenstherapie, *Egger,* 2006; „Neuropsychotherapie", *Grawe* 2004; „Achtsamkeit in der Körperverhaltenstherapie, *Klinkenberg* 2007;

Psyche, Soma und Familie", *Eder* 2007). Im Integrativen Ansatz haben wir uns entschlossen, von **"Humantherapie"** zu sprechen (*Petzold* 1971, 1992a, 2003a), um die cartesianischen Dualismen zu vermeiden und den Fundus der **"Humanmedizin"** (*human medicine*) genauso einzubeziehen wie den Reichtum der **"humanities"** (Geisteswissenschaften). Männer wie *Janet* und *Wallon* – sie waren Mediziner, Psychologen und Philosophen – oder wie *Merleau-Ponty* und *Foucault* – beide waren Philosophen und Psychologen –, wie *Ricœur* und *Bakhtin* als Philosophen und Sprachwissenschaftler oder wie *Lurija* und *Vygotskij* – beide wahrhafte Universalgelehrte (*polymath*) – haben aus ihrem breiten Wissenshintergrund komplexe Sichtweisen auf den Menschen entwickelt und integrative Modelle geschaffen. Sie sind *deshalb* Referenztheoretiker der Integrativen Therapie (*Petzold* 2004b, 2002h, p). Das Faktum der erweiterten Einflusssphären der Neuro- und Biowissenschaften ist irreversibel, und das ist auch gut so, denn man muss das Gehirn verstehen, um seine Potenziale nutzen und Menschen wirksam helfen zu können (*Hüther* 2007; *Petzold, Sieper* 2007), um Störungen zu heilen und die neurobiologische Relevanz sozialer Kommunikation wirklich einzuschätzen (*Grawe* 2004, *Petzold* 2002j; *Schiepek* 2003). Man muss den **"informierten Leib"** im Kontext/Kontinuum begreifen, durch den wir die Welt und uns selbst begreifen, erfassen und verstehen (*Petzold* 2002j) – das ist ein naturwissenschaftlicher *und* kulturwissenschaftlicher Erkenntnisprozess zugleich, den der Integrative Ansatz hier vertritt und der eine ethische und ästhetische Fundierung verlangt (*Petzold, Orth* 2004b; *Haessig* 2007). Ein solcher, komplexer Ansatz, wie ihn *Janet, Vygotskij, Merleau-Ponty* mit je unterschiedlicher Akzentsetzung verfolgt haben und zu realisieren trachteten, konfrontiert die vorwissenschaftlichen Mytheme traditioneller Schulen und fordert sie zugleich heraus: einerseits "wissenschaftlicher" zu werden, andererseits sich auf tragfähige Substanz (anthropologischer, persönlichkeitstheoretischer oder klinischer Art) zu besinnen, aus der heraus sie mit den Vertretern des neurowissenschaftlichen Paradigmas ins Gespräch kommen müssen und deren Diskurs ergänzen können. Das jedenfalls ist die Position der Integrativen Therapie, die sie aus den Vorarbeiten ihrer ReferenztheoretikerInnen und den Einseitigkeiten ihrer Vorläufer in der Psychotherapie gewonnen hat. Dabei wurden für sie auch in der Psychotherapie bislang nur in Randbereichen aufgegriffene Themen "zwischenmenschlicher Praxis" wie mitmenschliche Liebe, Freundschaft, Wille, Menschenwürde, Sinn, Tugenden, Ethik und Ästhetik wesentlich und rückten in den Zentralbereich auch der klinischen Praxis (*Petzold* 2005r; *Petzold, Orth* 2005, *Petzold, Sieper* 2003, 2007). Die Herausforderung und Chance der Bio- und Neurowissenschaften, der Evolutionspsychologie usw. wird die Psychotherapie nur nutzen können, wenn sie sich darauf besinnt, dass sie eine **Integrationswissenschaft** ist, die Natur-, Sozial- und Kulturwissenschaften verbindet und in engem Kontakt mit den Künsten und der Kulturarbeit bleibt als "Wege" der Wirklichkeitserkenntnis und -gestaltung konzeptualisiert. Wenn ich von **"Integrativer Therapie"** oder **"integrativer**

Humantherapie" oder dem „**Integrativen Ansatz** in Therapie, Agogik, Supervision, Kreativitäts- und Kulturarbeit" spreche, über das Verfahren und seine Methoden, die ich in Theorie und Praxis über vierzig Jahre hin entwickelt habe, dann war das mit Blick auf das „**Integrationsparadigma**" in der „Modellbildung" möglich durch die konnektivierenden Vorarbeiten von Wissenschaftern der französischen Tradition wie *Janet, Marcel, Ricoeur, Merleau-Ponty, Foucault* und den universalistisch konzeptualisierenden Denkern aus der russischen Tradition wie *Bakhtin, Bernštein, Florenskij, Iljine, Lurija, Vygotskij*, die alle Natur-, Sozial- und Kulturwissenschaften verbunden haben. Das ist eine Ebene der Modellbildung, die „hinter" der Psychotherapie liegt, ihr zu Grunde liegt. Offenbar braucht Psychotherapie auch einen weiten Ausgriff auf den Bereich der Kultur, um Menschen zu verstehen, denn große Schulengründer wie *Freud, Jung, Moreno* haben immer wieder solche Explorationen unternommen.

Die **Integrative Therapie** verstehe ich vor diesem Hintergrund und in diesem Kontext **wissenssoziologisch** nicht als eine neuen „Schule". Wie *Janet*, der mir hier Vorbild war und ist, hatte ich nicht beabsichtigt, eine „Schule" zu gründen, sondern ich sah und sehe mein Werk als einen Beitrag für das *Feld der Psychotherapie, für die klinische Psychologie und die klinisch orientierten Sozialwissenschaften* – für die helfende und fördernde Arbeit mit Menschen „als Ganze". Mir geht es darum, eine neue, *transversale Orientierung des Denkens* (*idem* 2003a) anzustoßen, die das Psychische überschreitet, ohne es zu verlieren, und den „ganzen Menschen" als soziales Wesen in seiner Leiblichkeit und Zeitlichkeit und seiner geistigen Realität und mit seinem sozialen *Netzwerk/Konvoi* (*Hass, Petzold* 1999) sowie in seiner materiellen und ökologischen Lebenslage wieder in den Blick zu bekommen und in der konkreten therapeutischen Praxis zu erreichen. Denn diese Dimensionen umfassen die Neurowissenschaften nicht, wenn man auf ihre Arbeitsprogramme schaut, obgleich sie sie alle berühren, wie die Texte von Forschern wie *Damasio, Edelman, Freeman, Hüther, Kandel* erkennen lassen.

Die Psychotherapie – und hier liegt der Brückenschlag, den *Janet* in besonderer Weise geleistet hat – transportiert komplexes Wissen in eine "**Praxeologie für Menschen**"[3] (*Petzold* 1993a; *Orth, Petzold* 2004). „***Praxeologie** wird gesehen als Theorie der Praxis einer ‚engagierten und eingreifenden Wissenschaft' und als die kunstvolle und kreative Verschränkung von Theorie und Praxis, von Praxis und Theorie für die Arbeit mit Menschen*". Das ist unsere Position, und hier können die „Kliniker" unter den

---

[3] „**Methodengegründete Praxeologien** sind durch Erfahrung, systematische Beobachtung und methodisches Erproben erarbeitete, in sich hinlänglich konsistente Formen und Wege praktischen Handelns. Durch **Methoden**, die als solche **reflektiert** wurden, sind Wissensbestände entstanden, ein Praxiswissen. Aus diesem können im Prozess seiner Elaboration theoretische Konzepte und Konstrukte generiert werden, die bis zu Theorien von zunehmender Komplexität entwickeln können, welche wiederum in die Praxis zurückwirken und diese zu verändern vermögen. Gleichzeitig werden auf der Grundlage elaborierter und damit konsistenter Praxis erst Forschung und Maßnahmen der Qualitätssicherung, bzw. -entwicklung möglich, die für die Entwicklung von Verfahren, einer Disziplin und von Professionalität grundlegend sind." (*Petzold* 2000h).

genannten Referenztheoretikern der Integrativen Therapie – wie z. B. *Janet* – durchaus als Vorbilder gelten. Er hat ja über die Jahre hin eine beeindruckende Population von 591 PatientInnen untersucht und viele von ihnen auch langjährig behandelt und begleitet und ihre Lebens-/Krankheitsgeschichten sorgfältig dokumentiert. Bei Beendigung seiner klinischen Tätigkeit vernichtete er diese Krankenakten in sicherer Weise aus Respekt vor der Integrität seiner PatientInnen und in Wahrnehmung seiner klinischen Diskretionspflicht (*Crocq, Le Verbizier* 1989) – ethisch bewundernswert, für die klinische Forschung ein immenser Verlust. Auch *Lurija* untersuchte und behandelte hunderte von Patienten mit schweren neurologischen Problemen und begleitete sie z. T. über Jahrzehnte, wovon seine klinischen Patientengeschichten beeindruckendes Zeugnis ablegten (*Lurija* 1981). Hier sieht man: Patienten werden nicht als Studienobjekte der Psychologie, Psychoanalyse, Neurologie gesehen, sondern als leidende Menschen, für die nicht nur ein fundiertes Fachwissen bereitgestellt und geschaffen werden muss, sondern auch mitmenschliche Fürsorge und Engagement, denn wissenschaftliches Forschen ersetzt keine personale Präsenz, spendet keinen Trost, hilft nicht, Unrechtserfahrungen zu verarbeiten und ermutigt nicht, Gerechtigkeit zu suchen. Es verlangt nicht das *Engagement* und den festen *Willen,* für Menschenwürde, für die „*Würde von PatientInnen*", „*patient dignity*" (*Petzold* 1985d, 2000d; 2003d, 2004l) – ein besonderes Anwendungsfeld der Menschenrechte – einzutreten (das können allerdings Konsequenzen aus Forschungsergebnissen sein, die damit eine wichtige Quelle für sekundäre Motivationen werden). Aus meiner Sicht ist solches Engagement Kernthema der Psychotherapie, mit der sie eine reine Forschungsorientierung überschreiten, und dringend intensiver aufgreifen muss – hier liegt auch ein besonderer und durchaus eigenständiger Beitrag der Integrativen Therapie zum Feld der Psychotherapie (idem 2001m, 2006n). Die derzeitige einseitige Forschungszentriertheit (Wirksamkeitsforschung fokussierend) in der Psychotherapie geht zu Lasten solcher Themen. Ethik darf kein Accessoire sein, keine lästige Begrenzung von Forschungsaktivitäten und Methodenexperimenten werden (*Petzold* 2006n). Mit diesen Fragen müssen sich auch NaturwissenschafterInnen und ForscherInnen auseinandersetzen und dafür brauchen sie „menschen- und beziehungserfahrene" GesprächspartnerInnen, die Menschen in einer tief- und breitgreifenden Weise zu verstehen suchen. Psychotherapie kann hier eine wichtige „Brückenfunktion" zwischen Wissenschaft und zwischenmenschlicher Praxis gewinnen. Darin liegt eine bedeutende innovative Aufgabe, der wir uns in besonderer Weise gewidmet haben (*Petzold* 1990n, 2006n; *Haessig* 2007, *Moser, Petzold* 2007; *Lachner* 2007).

Ich habe in meinem Abschlussreferat auf dem Deutschen Psychologentag (*Petzold* 1999p) zur „Zukunft der Psychotherapie" mit Blick auf das neue Millennium mich in sehr breiter Weise mit der Zukunft unserer Profession auseinandergesetzt und eine weite Sicht von Psychotherapie vertreten, die Leib- und Sozialtherapie und Kulturarbeit einbezieht, sich als **differentielle** und **integrative Therapie**, eben als **Humantherapie**, verstehen sollte. Das ist mit dem Blick auf die Begründer dieser

Disziplin „Psychotherapie" vollauf gerechtfertigt, die sie gleichfalls in einem weit gesteckten Rahmen gesehen und ausgearbeitet haben, wie es ihre Werke ausweisen, die Schriften von *Johann Christian Reil,* Begründer der „psychiatrischen Psychotherapie", früher Protagonist der Kunst- und Kreativtherapien, *Pierre Janet,* Begründer der „psychologischen Psychotherapie" und profilierter Entwicklungspsychologe, und *Jacob L. Moreno,* Begründer von „Gruppenpsychotherapie" und Soziometrie, Pionier der Mikrosoziologie, *Lev S. Vygotskij,* Begründer der heilpädagogischen „Kinderpsychotherapie", Entwicklungs- und Sozialpsychologe, sowie *Sigmund Freud,* Neurologe und Kulturtheoretiker und mit *Josef Breuer* und *Bertha Pappenheim* (*Schlagmann* 2005) und den frühen Mitarbeitern seiner „Schule" Begründer der „Psychoanalyse". Wenn man *Freud* in einer solchen „Reihe von Begründern" sieht und positioniert – seine Allein- und Erststellung ist historisch nicht gerechtfertigt (*Sponsel*, dieses Heft) –, wenn man seinen Arbeits- und Interessensradius und den der genannten Protagonisten betrachtet, so wird noch einmal mehr deutlich, wie weit man das Verständnis einer Disziplin „Psychotherapie" fassen kann und auch muss, und dass sie tatsächlich eine „**Integrationswissenschaft**" ist.

Aus einem solchen, recht breiten Verständnis des Arbeits- und Aufgabenbereiches der Psychotherapie wird dann deutlich, dass sie über die unverzichtbaren neurobiologischen, grundlagenwissenschaftlichen Orientierungen und über die unabdingbaren Bemühungen um evidenzbasierte Wirkungsnachweise (und Nebenwirkungsnachweise/Therapieschäden, vgl. *Märtens, Petzold* 2002) hinausgehen muss, den gesellschaftlichen, ja politischen Rahmen in den Blick zu nehmen hat, aber auch sich den mitmenschlichen und zwischenmenschlichen Fundamenten ihres Tuns zuwenden muss: den Fragen nach den Bedingungen und den Prozessen einer **fundamentalen, konvivialen Partnerschaftlichkeit** mit den PatientInnen und ihrem sozialen Netzwerk/Konvoi (*Brühlmann-Jecklin, Petzold* 2004), die gender- und ethniebewusst, lebensalter- und kontextspezifisch mit dem Blick auf praxeologische Umsetzungen bearbeitet und geklärt werden müssen – *kognitiv, emotional* und *volitional* (vgl. *Orth, Petzold* 2004; *Petzold, Sieper* 1998, 2006n; *Petzold, Orth, Sieper* 2000, 2002, 2005). Hier, so denke ich, konnte der „**Integrative Ansatz**" die Impulse der Gründerpersönlichkeiten – durchweg Männer – weiterführen und es konnten über die kongeniale Zusammenarbeit mit Frauen: *Hildegund Heinl, Ilse Orth* und *Johanna Sieper* seit den Anfangszeiten der Integrativen Therapie in der Einbeziehung des „weiblichen Blicks" die Diskurse auch in die Bereiche von Ethik, Ästhetik, Ökologie, Politik und Kulturarbeit ausgedehnt werden (*Sieper, Orth, Schuch* 2007; *Orth, Petzold, Sieper* 1995), die wiederum in die konkrete Arbeit mit Menschen, Frauen, Männern, Kindern, in die „**Menschenarbeit**" zurückwirken (*Orth* 2002; *Sieper, Petzold* 2001c).

Die aufgezeigte „Mehrperspektivität", die sich im Werk von *Janet, Lurija, Merleau-Ponty* in so beeindruckender Weise findet, wirft natürlich Fragen zu den Wegen der „Konnektivierung" von Vielfalt, Fragen der Integration auf (*Sieper* 2006; *Orth,*

Petzold 2000). Jeder der Gründerpersönlickeiten hat hier versucht, seinen Beitrag zu leisten: *Freud* über die Konzepte „Unbewußtes und Libido", *Moreno* über „Soziales Netz, Rolle, Kreativität, Spontaneität", *Janet* über „Bewusstsein, Synthese, Verarbeitung und Entwicklung", Ideen, die sich in meinen Kernkonzepten des *„informierten Leibes in Kontext/Kontinuum"* durchaus wiederfinden. Über die Idee des *„Leibsubjektes"* in seinem „Netz/Konvoi", ausgestattet mit einer *„personalen Identität"* (*Petzold* 2001p), habe ich versucht, Neurowissenschaften, *longitudinale* „klinische Entwicklungspsychologie", „klinische Sozialpsychologie" und „klinische Philosophie" zusammen zu binden (*idem* 1994j, 2002j, 2003a, 2005t) für die Zukunft in einer globalisierten und zunehmend virtualisierten Welt, mit kinderarmen, überalterten Gesellschaften (idem 2005a; *Petzold, Müller* 2005a), die neue, *„proaktive"* Wege und Orientierungen in der Psychotherapie notwendig machen: *Intergenerationalität*, einen Paradigmenwechsel von der primären Vergangenheits- oder der Hier-und-Jetzt-Orientierung zu einer *proaktiven* Zukunftsorientierung (idem 2005o) therapeutischer Arbeit für eine Welt unsicher gewordener Sozialsysteme und der Notwendigkeit einer größeren Zukunftsbewusstheit auf der individuellen und kollektiven Ebene, aber auch der Chance für eine aktive Lebenszielgestaltung und Lebenskunst (idem 1999p, 2005o). An diesen Zielen und thematischen Orientierungen, an denen sich die gewandelten Kontextbedingungen zeigen, wird überdeutlich, dass man heute nicht mehr Psychotherapie gemäß einer *Janet*ianischen oder *Freud*istischen oder *Roger*ianischen oder *Perls*istischen etc. **„Schule"** machen kann, sondern das umfassende Modernisierungsprozesse in Disziplinen wie die Psychotherapie hineinwirken. Exemplarisch wird das am wissenschaftlichen Werk *Pierre Janet*s von „Les idées fixes ..." (*Janet* 1885), über „Les nevroses" (*idem* 1909), „Les médications psychologiques" (1919), „La médecine psychologique", „Les Débuts de l'intelligence" (1935), „Les troubles de la personnalité sociale" (1937) bis „La psychologie de la conduite" (1938) deutlich.

Was ich aus der Auseinandersetzung mit der Geschichte der Psychotherapie, mit meinen vielfältigen Studien zu ihren Formen und ihren Gründerpersönlichkeiten, ihren Werken und ihrer Praxis gewonnen habe, möchte ich wie folgt pointieren: Engführungen widersprechen dem Aufgabengebiet der Psychotherapie, denn sie ist letztlich Teil einer **„Humantherapie"**, die wiederum als „angewandte Humanwissenschaft" gesehen werden muss. Das macht ein unabdingbares Zusammengehen theoretisch-wissenschaftlicher Erkenntnisarbeit und empirisch-wissenschaftlicher Forschungsarbeit **und** zwischenmenschlicher Praxis erforderlich, um belasteten und erkrankten Menschen in komplexen, ggf. prekären oder desaströsen Lebenslagen zu helfen und effektive Unterstützung zur Meisterung (*maîtrise*) ihrer „Entwicklungsaufgaben" und – salutogeneseorientiert – zu ihrer „Gesundheitspflege" bereit zu stellen. Das zu gewährleisten, ist auch eine eminent berufspolitische Aufgabe und damit eine gesundheits- und gesellschaftspolitische Herausforderung. Hier liegt faszinierende Arbeit vor den PsychotherapeutInnen aller Richtungen, die sie nur *gemeinsam* zu bewältigen vermögen, wobei sich die „Schulen" aufgrund ihrer Verschiedenheit wechselseitig bereichern können, wenn sie beginnen, ihre Axiome in Frage zu stellen, denn *Heraklit hat recht*: *„Alles fließt!*

Es liegen also *beständig* neue Aufgaben vor der „community of psychotherapists", die *gemeinsam* mit einem Geist „weiterführender Kritik" in Angriff genommen werden müssen[4] – *proaktiv*, d. h. vorausschauend in planvoller Entwicklungsarbeit und mit „Mut zur Bescheidenheit" (idem 1994b) im Blick auf die Begrenztheiten des eigenen Ansatzes sowie dem **guten Willen**, miteinander und gemeinsam mit unseren PartnerInnen, den PatientInnen, die Herausforderung der Zukunft in einer sich rapide verändernden Welt zu meistern.

Zusammenfassung: Pierre Janet (1855 - 1947) – Ideengeber für Freud, Referenztheoretiker der Integrativen Therapie

Es wird eine kompakte Darstellung der Biographie und des Werks von *Pierre Janet* im Kontext der Geschichte der Psychotherapie gegeben und gezeigt, dass er gegenüber *Freud* in vieler Hinsicht eine Priorität für wichtige Konzepte beanspruchen kann, ja dass *Freud* von ihm manches „entlehnte", was *Janet* beanstandete. *Janet* wurde von der psychoanalytischen Community deswegen ungerechtfertigt diskriminiert. Er entwickelte ein differenziertes System „integrativer Psychologie", ingeniöse Techniken der Psychotherapie und höchst aktuelle Konzepte der Traumatherapie. Die Integrative Therapie erhielt durch sein Werk viele fruchtbare Anregungen.

Schlüsselwörter: Pierre Janet, Biographie, Synthese, Freud, Integrative Therapie, integrative Psychologie

Summary: Pierre Janet (1855 - 1947) – Ideas Man for Freud, Reference Theorist of Integrative Therapy
A concise overview over biography and work of *Pierre Janet* is given within the context of history of psychotherapy and it is shown that he has in many respect in comparison with *Freud* a priority concerning important concepts. In fact *Freud* has „borrowed" quite a bit from him, which has been criticized by *Janet*. Consequently he has been discriminated by the psychoanalytic community in an unjustified manner. Janet has developed a highly

---

[4] *Grawe* hat in seinem letzten Interview – die aktuelle Forschungslage zusammenfassend – betont, die Psychotherapie müsse viel besser werden, denn bei den schweren Störungen gebe es *bei allen* Schulen nur sehr mäßige, zudem von der Therapieforschung „geschönte" Ergebnisse (*Grawe* 2005, *Petzold* 2006ö). Leider trifft das zu. Sie hilft besonders YAVIS-PatientInnen der Mittelschicht, chronifizierte PatientInnen aus benachteiligten Schichten haben wenig Chancen. Die Gründe dafür sind vielfältig: es fehlt an erprobten und validierten Methoden, die breit genug greifen und finanziert werden. Auch wird wohl bislang zu einseitig traditionell *Psycho*-Therapie betrieben, die den Körper (z.B. die Möglichkeiten der Sporttherapie), den Geist (die Möglichkeiten säkularer Meditationswege), den Willen (eine moderne Volitionstherapie, *Petzold, Sieper* 2007), Netzwerk und Netzwerktherapie sowie die Möglichkeiten moderner Medikation zu wenig in differentieller und integrierter Weise nutzt. Hier bietet der Integrative Ansatz substantielle Erweiterungen des Blicks und Handlungsrepertoires für eine „Psychotherapie der Zukunft" (*idem* 1999p, 2003a).

sophisticated system of „integrative psychology", ingenious techniques for psychotherapy and very relevant and modern concepts of trauma therapy. Integrative Therapy owes his work many fruitful inspirations.

Keywords: Pierre Janet, biography, synthese, Freud, Integrative Therapy, integrative psychology

Wichtige Werke von *Pierre Janet*

Janet, P., Les décs fixes de forme hystérique. Presses Médicale 3, 1885, 201-203.
Janet, P., Notes sur quelques phénomènes de somnambulisme, *Bulletin de la Société de la psychologie physiologique* Vol. I, 1885, 24-32
Janet, P., Les actes inconscients et le dédoublement de la personalité, *Revue Philosophique* 22 (1886) 577-592.
Janet, P., Les actes inconscient et la mémoire pendent le somnambulisme, *Révue Philosophique* 25, 238-279.
Janet, P., L'automatisme psychologique, Alcan, Paris 1889. Reprint: Société Pierre Janet, Paris 1973.
Janet, P., Etude sur un cas d'aboulie et d'idées fixes, *Revue Philosophique* Vol. 31, I (1891) 258-287, 382-407.
Janet, P., Etude sur un cas d'amnesie retrograde dans la désagrégation psychologique, Int. Congr. Exp. Psychol. 1892, Williams & Norgate, London 1892, 26-30.
Janet, P. , Quelques définitions récentes de l'hystérie. *Archives de Neurologie* 25, 1893, 417-438.
Janet, P. , Quelques définitions récentes de l'hystérie. *Archives de Neurologie* 26, 1894, 1-29.
Janet, P., Histoire d'une idée fixe, *Revue Philosophique* Vol. 37, I (1894) 121-168.
Janet, P., Manuel du baccalauréat de l'enseignement secondaire classique. Philosophie, Nony, Paris 1894.
Janet, P., Der Geisteszustand der Hysterischen (die psychischen Stigmata). Übs. von Kahane, M. Leipzig/Wien: Deuticke 1894².
Janet, P., Sur la divination par les miroirs et les hallucinations subconscientes, *Bull. Univ. Lyon* 11 (1897) 261-274.
Janet, P., L'influence somnambulique et les besoin de direction, *Revue Philosophique* 43, 113-145.
Janet, P., Névroses et idées fixes, Alcan, Paris 1898.
Janet, P., J.-M. Charcot et son oeuvre psychologique. In: idem. (1898): Névroses et idées fixes. Vol. I. Paris: Alcan. 485-525.
Janet, P., The mental State of Hystericals, Putam & Sons, New York, 1902. Reprint: University Publications, Washington DC 1977.
Janet, P., Les obsessions et la psychasthénie, Bd. I, Alcan, Paris 1903. Reprint: Arno Press, New York 1976.
Janet, P., Manuel du Baccaulauréat. Seconde parti. Paris: Librairie Vuibert, 1904, 3. Aufl.
Janet, P., Les névroses, Flammarion, Paris 1909.
Janet, P., Diskussionsbeitrag, XVIIth Int. Congr. Medicine, London, Section YII, Part I, 1913, 13-64.
Janet, P., De l'angoise á l'extase, Alcan, Paris 1919.
Janet, P. Psychoanalysis. In: *Journal of Abnormal Psychology* 9(1914/15) 2-35 und 153-187.
Janet, P., Les médications psychologiques, 3 Bde., Alcan, Paris 1919. Reprint: Société Pierre Janet, Paris 1984;
Janet, P.: Psychological Healing. A historical and clinical study. 2 vols. London: Allen & Unwin (1924a²). Reprint: Arno Press, New York 1976.
Janet, P., La medicine psychologique. Paris: Flammarion 1924b
Janet, P., La pensée intérieur et ses troubles, Metoine, Paris 1927.

Janet, P., L'évolution de la mémoire et de la notion du temps, Chahine, Paris 1928.
Janet, P., L'évolution psychologique de la personalité. Paris: Cahine 1929.
Janet, P., Psychological Autobiography. In: *Murchison, C.*, A History of Psychology in Autobiography. Worcester, Mass. Clark University Press, Vol I. (1930)123-133.
Janet, P., Les débuts de l'intelligence, Flammarion, Paris 1935.
Janet, P., L'intelligence avant le language, Flammarion, Paris 1936.
Janet, P., Le language inconsistant, *Theoria* III (1937) 57-71.
Janet, P. Les Troubles de la personnalité sociale, Paris: Cahine 1937.
Janet, P. L'Amour et Haine. Paris: Maloine 1937b.
Janet, P., La psychologie de la conduite. In: Encyclopédie Francaise. Tome VIII. La vie mentale. Paris: Société de Gestion de l'Encyclopédie Francaise. (1938)11-16.
Janet, P., Leçons au Collège de France (1895-1934). Paris: L'Harmattan 2004..

Literatur

Anokhin, P.K. (1974): Biology and Neurophysiology of the Conditioned Reflex and ist Role in Adaptive Behavior. Oxford: Pergamon Press.

Anokhin, P.K. (1978): Beiträge zur allgemeinen Theorie des funktionellen Systems. Jena: Fischer.

Bakhtin, M.M. (1981): Dialogical imagination, Austin Tx.: University of Texas Press.

Bakhtin, M.M. (1986): Speech Genres and Other Late Essays. Austin: University of Texas Press.

Bailey, P. (1956): Janet and Freud. in: *A.M.A. Archives of Neurology and Psychiatry* 76, 76-89.

Barret, F.L., Wagner, T.D. (2000): The structure of emotion. Evidence from neuorimaging studies. *Current Directions in Psychological Resarch* 2, 79-83.

Bernstein, N.A. (1988): Biodynamik der Lokomotionen. Genese, Struktur, Veränderungen. In: *L. Pickenhain, G. Schnabel* (1988) (eds.): Bewegungsphysiologie von N.A. Bernstein. Leipzig: Johann Ambrosius Barth1. 2. Aufl. 21-66. Original 1940.

Bemporad, J.R. (1989): Freud, Janet and evolution: of statuettes and plants. *Journal of the American Academy of Psychoanalysis* 17 (1989) 625-638.

Benrubi, I. (1928): PhilosophischeStrömungen der Gegenwart in Frankreich. Leipzig: Felix Meinert.

Brooks, J.L. (1993): Philosophy and psychology at the Sorbonne, 1885-1913. *Journal of the History of the Behavioral Sciences* 19 (1993) 123-145.

Brown, P., MacMillan, M.B., Meares, R., Van der Hart, O. (1996): Janet and Freud: revealing the routes of dynamic psychiatry. *Australian and New Zealand Journal of Psychiatry* 30 (1996) 480-491.

Bühler, K.E., Heim, G. (2001a): Introduction générale à la Psychopathologie et à la psychothérapie de Pierre Janet. *Annales Médico Psychologiques* 159 (2001) 261-272.

Bühler, K.E., Heim, G. (2001b): General Introduction to the Psychotherapy of Pierre Janet. *American Journal of Psychotherapy* 55 (2001) 74-91.

Bühler, K.E., Heim, G. (2001c): Allgemeine Einführung in die Psychotherapie Pierre Janets. *Zeitschrift für Klinische Psychologie, Psychiatrie und Psychotherapie* 49, 319-334.

Bühler, K.E., Heim, G. (2002): Psychisches Trauma und fixe Ideen in Pierre Janets dynamisch-handlungspsychologischer Konzeption dissoziativer Störungen. *Zeitschrift für Klinische Psychologie, Psychiatrie und Psychotherapie* 50, 394-408.

Brückner, P. (1975): Sigmund Freuds Privatlektüre. Köln: Verlag Rolf Horst.

Carroy, J., Plas, R. (1996): The origin of French experimental psychology: experiment and experimentalism. *History of the Human Sciences* 9, 73-84.

Carroy, J., Plas, R. (2000): How Pierre Janet used pathological psychology to save the philoslphical self. In: *Journal of the History of the Behavioral Sciences* 16, 231-240.

Cavé, M (1947): L'Œuvre paradoxale de Freud. Paris: P.U.F.
Charcot, J.-M. (1878): De l'influence des lésions traumatiques sur le dévelopement des phénomènes d'hystérie locale, *Progrès médical* 6, 335-338.
Charcot, J.-M. (1892): Clinique des maladies du système nerveux. M. Le Professeur Charcot. Leçons du Professeur, Mémoires, Notes et Observations 1889-1890 et 1890-1891, 2 Bde. Paris: Bureau du Progrès Médical. Babé & Cie. 1892-1893.
Clark, A. (1997): Being There. Putting Brain, Body, and World Together Again. Cambridge MA: MIT Press.
Clark, A. (1999): An Embodied Cognitive Science? *Trends in Cognitive Sciences* 3 (9), 345-51.
Crocq, L, Verbizier, J (1989): Le traumatisme psychologique dans l'œuvre de Pierre Janet, *Annales Médico-Psychologiques* 147, 9, 983-987.
Delay, J. (1965): Pierre Janet (1859-1947). In: *Kolle, K.* (1963) (Hrsg.): Große Nervenärzte. Band 3. Stuttgart: Thieme. 77-81.
Derrida, J. (1992): «Être juste avec Freud». In: *Roudinesco, E.*, Penser la folie. Essais sur Michel Foucault. Paris, 139-195.
Desoillle, R (1961): Théorie et pratique du rêve éveillé dirigé. Genève: Edition du Mont-Blanc.
Edelman, G. M. (2004): Das Licht des Geistes. Wie Bewusstsein entsteht. Düsseldorf: Walter, Pathmos.
Eder, L (2007): Psyche, Some, Familie. Theorie und Praxis einer systemischen Psychosomatik. Stuttgart: Kohlhammer.
Ellenberger, H (1973): Die Entdeckung des Unbewußten. 2 Bde. Bern: Huber und Zürich: Diogenes. 1985.
Ellenberger, H.F. (1978): Pierre Janet and his American friends. In: *Gifford, G.E.* (1978) (ed.): Psychoanalysis, psychotherapy and the New England medical scene 1894-1944. New York: Science History Publication. 63-72.
Ey, H. (1939): The psychopathology of Pierre Janet and the dynamic conception of psychiatry. In: *Cousin, F.R., Garabé, J., Morozov, D.* (1999) (Hrsg.): Anthology of French language psychiatric texts. Le Plessis-Robinson. Institut Synthelabo pour le progreès de la connaissance. 532-550.
Ey, H (1988): *Pierre Janet*: The Man and his Work. In: *B.B Wollman* (Ed.). Historical Roots of Contemporary Psychology. New York: Harper & Row.
Fechner, G. Th. (1860): Elemente der Psychophysik, Teil II. Repr. Amsterdam: Bonset 1964.
Fiedler, P. (1999): Dissoziative Störungen. Weinheim: Beltz.
Freeman, W.J. (1999): How Brains Make Up Their Minds, London: Weidenfeld and Nicolson.
Freeman, W.J. (2000): Neurodynamics. An Exploration of Mesoscopic Brain Dynamics, London; Springer.
Frétigny, R Virell, A (1968): L'imagerie mentale. Introduction à la l'ornirothérapie. Lausanne: Editions du Mont-Blanc.
Freud, S. (1910a): Über Psychoanalyse, GW VIII, 1-60.
Freud, S., Breuer, J. (1895d): Studien über Hysterie. GW I. 75-312.
Gabel, S. (1988): Dissociative phenomena and monitoring of self: experimental, clinical and theoretical considerations, *Integrative Psychiatry* 6, 53-68.
Grawe, K. (1998): Psychologische Therapie. Göttingen: Hogrefe.
Grawe, K. (2004): Neuropsychotherapie. Göttingen: Hogrefe.
Grawe, K. (2005): Alle Psychotherapien haben auch ihre Grenzen. *Neu Zürcher Zeitung*, 23. 10. 2005, 78.
Haessig, H. (2007): Anfänge einer transversalen Psychotherapie-Perspektive der Integrativen Therapie. Bei www. FPI-Publikationen.de/materialien.htm - *Polyloge*, Jg. 2007.
Heim, G. (1999): Pierre Janet (1859-1947). „Médicin-philosophe", Psychologe und Psychotherapeut. *Nervenarzt* 70 (1999) 1019-1024.
Herbart, J.F. (1816): Lehrbuch zur Psycholgogie. 5. Aufl.: Leipzig: Voss 1887.

Hilgard, E.R. (1973): Dissociation revisted. In: *Henle, M., Jaynes, J, Sullivan, J. J.*: Historical conceptions of psychology. New York: Springer.
Hilgard, E.R. (1992): Divided Consciousness and Dissociation, *Consciousness and Cognition* 1, 16-31.
Hoffmann, N (1998): Zwänge und Depressionen. Pierre Janet und die Verhaltenstherapie. Heidelberg: Springer.
Hüther, G. (2007): Perspektiven für die Umsetzung neurobiologischer Erkenntnisse in der Psychotherapie: In: *Sieper, Orth, Schuch* (2007)
Israëls, H. (1999): Der Fall Freud. Die Geburt der Psychoanalyse aus der Lüge. Hamburg: Europäische Verlagsanstalt.
James, W. (1890): The principles of psychology, 2 Bde., Holt, New York 1890, 1905.
James, W. (1907): The energies of man. The American Magazine 1907. Abgedruckt in: Memories and studies, Longmans, Green & Co, New York, London 1911, 229-264.
Jones, E. (1914/15): Professor Janet on psychoanalysis. A rejoinder. *Journal of Abnormal Psychology* 9, 400-410.
Jones, E. (1960): Das Leben und Werk von Sigmund Freud. 3 vol. Bern: Huber.
Klinkenberg, N. (2007): Achtsamkeit in der Körperverhaltenstherapie. Stuttgart: Klett-Cotta.
Lachner, G. (2007): Ethik und Werte in der Integrativen Theapie, in: *Sieper, Orth, Schuch* (2007).
Lurija, A. R. (1976): The working brain. An introduction to neuropsychology, Harmondsworth: Penguin Books,.
Lurija, A.R. (1979): The making of mind: A personal account of Soviet psychology, Cambridge, MA: Harvard University Press.
Lurija, A. R. (1993): Romantische Wissenschaft. Forschungen im Grenzbereich von Seele und Gehirn. Reinbek. Rowohlt.
Lurija, A. R. (1998, 2): Das Gehirn in Aktion. Einführung in die Neuropsychologie, Reinbek: Rowohlt, 2. Auflage 1998.
Marlock, G., Weiss, H. (2006): Handbuch der Körperpsychotherapie. Stuttgart/New York: Schattauer.
Merleau-Ponty, M. (1942): La structure du comportement, Paris: Gallimard; Übers. *Waldenfels, B.*, Struktur des Verhaltens, Berlin: de Gruyter 1976.
Merleau-Ponty, M. (1945): Phénoménologie de la perception. Paris: Gallimard, dtsch. v. *Boehm, R.*, Phänomenologie der Wahrnehmung. Berlin: de Gruyter 1966.
Meyerson, I (1947): Janet et la théorie des tendences, *Journal de Psychology*, Vol. 40, 5-19.
Micale, M S (2001): Jean-Marie Charcot and les névroses traumatiques: From Medicine to Culture in French Trauma Theory of the Late Ninteenth Centuty, in: *Micale, Lerner* (2001) 115-139.
Micale, M S, Lerner, P (2001): Traumatic Pasts.History, Psychiatry, and Trauma in the Modern Age 1870-1930. Cambridge: Cambridge University Press.
Minkowski, E (1960): A propos des dernières publications de Pierre Janet, *Bulletin de psychologie* 14, 121-127.
Minkowski, E. (1966): Traité de psychopathologie. Paris: Presses Universitaires de France.
Moreno, J. L. (1953): Who shall survive? Beacon NY: Beacon House.
Moscovici, S. (1961): La psychanalyse, son image et son public, Paris: Presses Universitaires de France.
Moscovici, S. (2001): Social Representations. Explorations in Social Psychology, New York: New York University Press.
Nemiah, JC (1989): Janet redivivus: The Centenary of L'Automatisme Psychologique, *American Journal of Psychiatry* 146, 1527-1530.
Nemiah, J.C. (1998): Early Concepts of Trauma, Dissociation, and the Unconscious: Their History and Current Implications. In: *Bremner, J.D., Marmar, C.R.* (1998): Trauma, Memory and Dissociation. Washington. *American Psychiatric Press*, 1-26.
Orth, I. (2002): Weibliche Identität und Leiblichkeit – Prozesse „konvivialer" Veränderung und Entwicklung – Überlegungen für die Praxis, *Integrative Therapie* 4, 303-324.
Panksepp, J. (1998): Affective neuroscience - The foundations of human and animal emotions. New York: Oxford University Press.

Perry, C., Laurence, J.R. (1984): Mental processing outside of awareness. The contributions of Freud and Janet. In: *Bowers, K.S., Meichenbaum, D.* (1984) (Hrsg.): The unconscous reconsidered. New York: Wiley. 9-48.

Petzold, H. G. (2007): Die Arbeiten von Petzold und MitarbeiterInnen finden sich in der Gesamtbibliographie Update 2006: Bei: www.fpi-publikationen.de/polyloge - *POLYLOGE: Materialien aus der Europäischen Akademie für psychosoziale Gesundheit* - im **Update 2007**: "Randgänge der Psychotherapie – polyzentrisch vernetzt" Einführung zur Gesamtbibliographie und updating des Gesamtwerkeverzeichnis 2007. Bei www. FPI-Publikationen.de/materialien.htm - *POLYLOGE: Materialien aus der Europäischen Akademie für Psychosoziale Gesundheit* - 1/2007 sowie in: *Sieper, Orth, Schuch* (2007).

Petzold, H.G. (1972f): Methoden in der Behandlung Drogenabhängiger. Vierstufentherapie. Komplexes katathymes Erleben, Psychosynthesis, Gestalttherapie, Psychodrama, Kassel: Nicol.

Petzold, H.G., (1975e): Thymopraktik als körperbezogene Arbeit in der Integrativen Therapie. *Integrative Therapie* 2/3, 115-145; erweitert und revid. Integrative Leib- und Bewegungstherapie, Paderborn: Junfermann, Bd. I, 2 1996,S.341-406.

Petzold, H.G. (1990w): „Komplexes katathymes Erleben" - Arbeit zwischen Imagination und Aktion - Vorlesungsnachschrift von *N. Katz-Bernstein*. In: *Petzold, H.G., Orth, I.*, 1990a. Die neuen Kreativitätstherapien. Handbuch der Kunsttherapie, 2 Bde., Junfermann, Paderborn. S. 908-912; 3. Aufl. Bielefeld: Aisthesis 2006

Petzold, H.G. (1999p): Psychotherapie der Zukunft - Reflexionen zur Zukunft und Kultur einer korrespondierenden und evidenzbasierten Humantherapie. *Integrative Therapie* 4, 338-393.

Petzold, H. (2003a): Integrative Therapie. 3 Bde. Paderborn: Junfermann, überarb. und ergänzte Neuauflage von 1991a/1992a/1993a.

Petzold, H.G. (2003b): Integrative Beratung, differentielle Konflikttheorie und „komplexe soziale Repräsentationen". Düsseldorf/Hückeswagen. Bei *www. FPI-Publikationen.de/materialien. htm - SUPERVISION: Theorie - Praxis – Forschung*. Eine interdisziplinäre Internet-Zeitschrift 01/2003

Petzold, H.G., Osterhues, U.J. (1972b): Zur verhaltenstherapeutischen Verwendung von gelenkter katathymer Imagination und Behaviourdrama in einem Lebenshilfezentrum. In: *Petzold, H.G.*, 1972a (Hrsg.). Angewandtes Psychodrama in Therapie, Pädagogik, Theater und Wirtschaft, Junfermann, Paderborn. S. 232-241; 2. überarbeitet und erweitert in 1977h.

Petzold, H.G., Wolff, U., Landgrebe, B., Josić, Z., Steffan, A. (2000): Integrative Traumatherapie – Modelle und Konzepte für die Behandlung von Patienten mit „posttraumatischer Belastungsstörung". In: *van der Kolk, B., McFarlane, A., Weisaeth, L.*: Traumatic Stress. Erweiterte deutsche Ausgabe. Paderborn: Junfermann. S. 445-579.

Petzold, H.G, Wolf, H.-U., Landgrebe, B., Josić, Z. (2002): Das Trauma überwinden. Integrative Modelle der Traumatherapie. Paderborn: Junfermann

Piaget, P. (1985): Weisheit und Illusion der Philosophie. Frankfurt a. M.: Suhrkamp.

Pichot, P. (1996): Un siècle de psychiatrie. Le Plessis-Robinson. Collection Les êmpecheurs de penser en rond Synthélabo.

Piéron, H. (1960): Pierre Janet. Quelque souveniers. *Psychologie Francaise* 5 (1960) 82-92.

Plase, R. (2004): The research program „From body-soul to body-mind relationship". Concepts practiced and practices conceptualized at the crossroad of psychology, psychiatry and psychoanalysis, 19-20th centuries". Paper presented at the 23nd Annual Conference of the European Society of the Historiy of the Social Science, Salzburg July 2004.

Porter, R, Micale, M (1994): Discovering the History of Psychiatry. New York: Oxford University Press.

Reil, J.Ch. (1803) Rhapsodien über die Anwendung der psychischen Curmethode auf Geisteszerrüttung. Halle: Curt'sche Buchhandlung.

Roudinesco, E. (1994): Wien – Paris: die Geschichte der Psychoanalyse in Frankreich. Berlin: Beltz Quadriga.

Schacter, D. L. (1999): Wir sind Erinnerung. Gedächtnis und Persönlichkeit. Reinbek: Rowohlt.
Schiepek, G. (2003): Neurobiologie der Psychotherapie. Stuttgart: Schattauer.
Schmitz, H. (1989): Leib und Gefühl. Materialien zu einer philosophischen Therapeutik, Paderborn: Junfermann,.
Schwartz, L. (1951) Die Neurosen und die dynamische Psychologie von Pierre Janet. Basel, Schwabe.
Schwartz, L (1951a): Neurasthenie: Entstehung, Erklärung und Behandlung der nervösen Zustände. Basel: Schwabe.
Sieper, J., Petzold, H.G. (2002): Der Begriff des „Komplexen Lernens" und seine neurowissenschaftlichen und psychologischen Grundlagen – Dimensionen eines „behavioralen Paradigmas" in der Integrativen Therapie. Lernen und Performanzorientierung, Behaviourdrama, Imaginationstechniken und Transfertraining. Düsseldorf/Hückeswagen. Bei www. FPI-Publikationen.de/materialien.htm - *POLYLOGE: Materialien aus der Europäischen Akademie für psychosoziale Gesundheit* - 10/2002 und gekürzt in *Leitner, A.* (2003): Entwicklungsdynamiken der Psychotherapie. Wien: Krammer, Edition Donau-Universität. S. 183-251.
Sieper, J., Orth, I., Schuch, H.W. (Hg. 2007): Neue Wege Integrativer Therapie. Klinische Wissenschaft, Humantherapie, Kulturarbeit – Polyloge – 40 Jahre Integrative Therapie, 25 Jahre EAG - Festschrift für Hilarion G. Petzold. Bielefeld: Edition Sirius, Aisthesis Verlag
Thoret, Y, Giraud, A.C., Ducerf, B. (1999): La dissociation hystérique dans les textes de Janet et Freud avant 1911. *Évolution Psychiatrique* 64, 749-764.
Van der Hart, O, Brown, P, van der Kolk, BA (1989): Pierre Janet's Treatment of Post-traumatic Stress. *Journal of Traumatic Stress* 2, 4, 379-395.
Van der Hart, O, Friedman, B (1989): A Readers's Guide to Pierre Janet on Dissociation, *Dissociation* 2, 1, 3-16.
Van der Kolk, B.A., McFarlane, A., Weisaeth, L. (2000): Taumatic Stress. Grundlagen und Behandlungsansätze. Erw. deutsche Ausgabe von *Märtens, M., Petzold, H. G.* Paderborn: Junfermann.
Verbizier, J. de (1978): L'inconscient chez Pierre Janet. In: *Prangishvili, A.S., Sherozia, A.E., Bassin, F.V.* (1978) (Hrsg.): The unsonscious. Nature, functions, methods of study. Tbilisi: Metsuiereba Publishing House. 384-394.
Vygotskij, L.S. (1978): Mind in Society: The Development of Higher Psychological Processes. Cambridge: Harvard University Press.
Vygotskij, L.S. (1992): Geschichte der höheren psychischen Funktionen. Reihe: Fortschritte der Psychologie. Band 5. Hamburg, Münster: Lit Verlag.
Waldenfels, B (1976): Die Verschränkung von innen und außen im Verhalten, Phänomenologische Forschungen II, Freiburg. Alber.
Waldenfels, B (1978): Der Spielraum des Verhaltens, Frankfurt: Suhrkamp.
Wallon, H. (1942): De l'acte à la pensée, Paris: P.U.F., rééd. 1970
Wallon, H. (1945): Les origines du caractère chez l'enfant, Paris: P.U.F. rééd. 1962.
Wallon, H. (1950): Éducation physique et sport, Paris: P.U.F.
Wallon, H. (1977): La Psychomotricité, Paris: P.U.F.
Young, A (1995): The Harmony of Illusions: Inventig Post-Traumatic Stress Disorder. Princeton: Princeton University Press.
Zazzo, R. (1974): Attachement, Lausanne: Delachaux & Niestlé.
Zazzo, R. (1975): Psychologie et marxisme. La Vie et l'œuvre d'Henri Wallon, Paris:Gonthier.

Korrespondenzadresse:

Univ.-Prof. Dr. mult. **Hilarion G. Petzold**
Achenbachstraße 40
D-40237 Düsseldorf

Peter Rumpler

Freud aus der Sicht eines Gestalttherapeuten
Des einen Freud' ... des andern Leid

> *"Wo man der Seele - dieser eschatologischen Projektemacherin - Raum lässt für ihre Vollendungsgedanken, dort richtet sie sich mehr und mehr in einer selbstbewussten Weltferne, ja Weltentfernung ein und ordnet alles, was von außen Widerstand leistet, einer innerseelischen Perfektionslogik unter. So wird die Seele Fabrik und Theater eines Zielsetzens und geht beim Vorlaufen ins Letzte, Beste, Höchste mit typischer Rücksichtslosigkeit aufs Ganze." (Sloterdijk 1993, 179)*

Es ist eine besondere künstlerische Eigenart *Sloterdijk*s, Begriffen in fast animistischer Manier Leben einzuhauchen – anzudichten und damit seine philosophischen Betrachtungen bunt werden zu lassen. Dies ist seine Form der Beseelung der Welt. So auch ist dieses Zitat über die Seele zu verstehen und dahingehend zu korrigieren, dass jemand diese *Seele* dazu verwendet oben genannte Projekte zu verwirklichen. Man könnte im obigen Zitat statt Seele, auch *Freud* oder die Psychoanalyse einsetzen und hätte damit eine gute Beschreibung der Aktivität und Logik des Denkens der Psychoanalyse *Freud*s.

Prolog

Wer mit der Seele zu tun hat, stellt sich immer wieder die Frage, woraus sie besteht, wo sie ihren Aufenthaltsort hat und was ihre Form ist. (vgl. dazu auch *Rumpler* 1996) Der größte gemeinsame Nenner aller Meinungen über ihren Wohnort dürfte sein: Im Menschen.

Vor allem die Psychoanalyse war Weg- und Aufbereiter des *platon*ischen Denkmodells, welches dazu beitrug, unter mithilfe einer leicht verständlichen Typologie und auch Topoi, die Dreiheit von Ich, Es und Über-Ich, Bewusstes, Vorbewusstes und Unbewusstes in das Individuum hinein zu verpflanzen. Fort mit den Göttern, nun waren die Triebe die Gegner, und sie waren in uns!

Wenn bereits das Denken, wie *Platon* meinte, das Gespräch der Seele in sich selbst mit sich selbst ist, wie in sich verstülpt musste es hier erst mit den Gefühlen zugehen? Wenn die alten Griechen noch ihre Welt als von Gefühlen und Atmosphären bestimmt sahen, letztlich hatten diese einfach Namen von Göttern, so gelang es schließlich *Fichte* mit der Schaffung eines Ich den Menschen scheinbar von diesen zu emanzipieren.
Was somit früher in einer großen Welt geschah, sollte nun innerhalb des über sich hinaus hoch gehaltenen Menschen erfolgen. Die Innenwelt, das Psychische war geschaffen. Das von den deutschen Idealisten (*Schelling, von Hartmann*) noch große, allgemeine Unbewusste eines Volkes (vormals Weltgeist), wurde speziell mithilfe der

Psychoanalyse in den Menschen hinein verlagert. Geheimnisvoll und unerkannt waltete es nun im Menschen und bestimmte, oft gegen seinen bewussten Willen, sein Verhalten.

Dieses Konstrukt bewirkte und bewirkt noch immer eine Art des Selbst-Verständnisses, das enorme Auswirkungen auf alle kognitiven, emotionalen und kulturellen Tätigkeiten des Menschen haben sollte. Noch heute meinen wir, quasi von innen heraus wahrzunehmen und zu fühlen, und wir meinen auch, die Welt in unserem Inneren in Form von Objekten und Abbildern zu repräsentieren. Die Denkfigur eines im Inneren abgelegten Bildes, wie das eines Stilllebens, richtet sich im Französischen selbst – nature morte. (tote Natur)

Weil wir gerade bei der Kunst sind und dem Unterschied zwischen Gestalttherapie und Psychoanalyse: „Wissen kann neben dem bestehen was man weiß; eine Impression ist im Gegensatz dazu das, was als einziges überbleibt." (*Berger* 1992, 54) Dieser Satz von *John Berger*, einem der renommiertesten Bildleser, könnte ein Leitsatz von Gestalttherapie sein.

Sciacchitano, als Analytiker, spricht für die Psychoanalyse: „Es gibt eine therapeutische Wirkung der Psychoanalyse. Doch geht es ihr nicht ihn erster Linie um Heilung, sondern um Wissen. Die Heilung ist ein Nebeneffekt: Je mehr ein Mensch weiß, desto weniger leidet er" (*Sciacchitano* 2004, 29). Beiden Sätzen ist nichts hinzuzufügen; außer das Folgende…

Vorwort

Das *Freud*-Jahr ist nun vorbei. Daher schnell noch ein Statement der Schulen, ein Geschenk für die Umtopfung einer psychotherapeutischen Zeitschrift unter Zuhilfenahme eines Geburtstagskindes welches, ungenau betrachtet, die Psychotherapie begründet hat. *Talking cure*, oder *chimney sweeping* nannte es *Berta Pappenheim*, eine der ersten Analysandinnen *Freud*s, besser unter dem Pseudonym Anna O. bekannt.

Der Talking cure gingen bekanntlich viele andere Versuche der Behandlung voraus. Schon vor *Freud* erkannte *Mesmer* die Möglichkeit der Kontaktaufnahme und „Heilung" seiner Patienten durch die „magnetisierende" Wirkung seines Handauflegens. Die bessere, aufgeklärtere Gesellschaft begab sich ins Grüne und genoss die heilende und auch erregende Wirkung der Berührung im Kreise um einen Baum stehender, unbekannter Menschen. (Wir wissen heute was in und durch Selbsterfahrungsgruppen möglich ist.) *Mesmerising* blieb dem englischsprachigen Sprachraum als Relikt einer Zeit in der die quasi „vorsprachliche" Wirkung des Menschen auf den Menschen begann. Was heute oft umgangssprachlich als *psychisch* benannt wird, begann damals seine Karriere als Magnetismus. Das „Paramedizinische" war sozusagen in die bürgerliche Gesellschaft eingezogen und hatte dort eine Nische gefunden welche nach und nach mit Worten gefüllt …psychologisiert wurde.

Der Neurologe *Freud* lernte bei Janet und später bei Breuer und probierte es, in dieser Tradition geschult, anfänglich noch eine Zeit lang mit Hypnose, jedoch war er aufgeschlossen genug, das bloß körperliche, organmedizinische Handlungsmodell ein wenig zu verlassen, um an den ihm entgegengebrachten Gefühlen und Reaktionen seiner eigenen Patientinnen zu bemerken, dass der neurotische Mensch dazu neigt, ihn emotional so wahrzunehmen, wie er Personen seines früheren Lebens wahrgenommen hatte.

Die geniale Entdeckung und Denkfigur *Freud*s war, dass der Mensch etwas mit sich trägt, was er zu tragen gelernt hat und dann in gewohnter Weise auch auf sein „Gegenüber" über-trägt. Im Menschen sei etwas repräsentiert was sich in den Beziehungen durch die emotional selbst erzeugte Ähnlichkeit reinszeniert, und zwar unbewusst. Vor allem das Unbewusste war jenes Gebiet in das nun jeder mit Schaudern blicken konnte, um, wie in einem Reagenzglas, jene geheimen, verbotenen Wünsche sehen zu können, für die er und vor allem aber sie, nichts konnte. Vor allem *Freud*s hysterische Patientinnen dankten ihm seine Zuwendung mit dem Verschwinden ihrer, erstaunlicherweise gerade nur in dieser Epoche besonders spektakulär auftretenden Symptome. Es war übrigens sehr oft gerade nicht die Abstinenz und der kalte Spiegel, der zum Erfolg führte. Gerade das Gegenteil war der Fall und eher die Regel als die Ausnahme. Analysen mit der eigenen Tochter *Freud*s und andere unkonventionelle „Näheverhältnisse" trüben den klaren Blick auf die tatsächlichen Wirkfaktoren in der Praxis. Theoretisch war *Freud* jedoch streng und klar, ja die gesamte psychoanalytische Gemeinde war dies und schloss jene aus, die aus ihren praktischen Erfahrungen heraus die Theorie ändern wollten.

Das Ehepaar *Perls* hatte mit orthodoxen, sehr strengen Analytikerinnen und Analytikern zu tun (*Horney, Happel* und *Landauer*) welche, so gar nicht abstinent, Einfluss auf die Ehe ihrer Analysanden zu nehmen versuchten. Aber die *Perls* hatten auch mit Dissidenten zu tun. Bei *Reich* war Fritz in Analyse und von Rank scheint sein Ansatz zur Traumarbeit zu sein. Im Cafe des Westens war überhaupt die Créme der Avantgarde, die per se keine engen Grenzen des Denkens duldete.

Grundsatzfragen

Wieso aber ist es möglich, dass *Fritz Perls*, selbst psychoanalytisch ausgebildet und jahrelang praktizierend und sogar auch lehrend, die radikale polemische Aussage von *Karl Kraus* wiederholt, dass die Psychoanalyse selbst jene Geisteskrankheit sei, für deren Therapie sie sich halte?!

Diese Aussage kann nicht dadurch erklärt werden, dass *Freud*, als Perls ihn zu Hause aufsuchte, nicht mit ihm sprechen wollte. Auch die kühle Ablehnung seines Vortrages zur Aggression durch die Analytikergemeinde und später die von dieser geforderte Schließung seines Institutes in Südafrika, mögen zwar hinreichend aber nicht ausreichend sein. Denn Melanie Klein hatte auch ein enttäuschendes Gespräch mit

Freud und wurde von der männlich dominierten psychoanalytischen Community angefeindet; trotzdem blieb sie Analytikerin.

Wir wollen uns hier nicht auf psychologisierende Spekulationen berufen, sondern versuchen, Unterschiede zwischen Psychoanalyse und Gestalttherapie zu benennen, die sich aus einer inhaltlich und theoretisch begründeten Absetzbewegung ergeben.

Es macht die Dinge einfacher, nur von *Freud*s Gedanken sprechen zu müssen und nicht von jenen der Psychoanalyse als solcher, denn wenn man heute von *der Psychoanalyse* reden wollte, bediente man sich eines Begriffs der letztlich selbst von ihren Hauptvertretern auf seine Substanz hin grundsätzlich hinterfragt wird. So schreibt *Appy* in dem von *Wallerstein* herausgegebenen Band „The common ground of psychoanalysis: Common ground among psychoanalysts.": „Wallerstein considers that the common ground begins with the concentration, shared by all analysts, on the clinical interaction in the consulting room; I would add that this is also the point where they already end and dissociate." (*Appy* 1992, 86) Wenn man bedenkt, dass *Ferenczi, Jung, Reich, Rank, Adler, Klein* oder *Lacan* alle auf *Freud* aufbauen, dann wird der schmale Grat einer Plattform der theoretischen Gemeinsamkeit klar auf dem allzu leicht Dissidenz entstehen kann.

Einleitung

> „Der Hintergrund bricht sein Schweigen erst, wenn Prozesse im Vordergründigen seine Tragkraft überfordern." (Sloterdijk 2004, 66)

Mit einer gestaltpsychologischen Gesetzmäßigkeit soll darauf hingewiesen werden, dass neben den Ehrungen *Freud*s auch über die Ausläufer seines Schaffens gesprochen werden soll, die nicht immer zur Freude der Nachkommen ihre Auswirkungen zeigen. Sofort, ganz ohne Hintergrund wird im Titel bereits vom geteilten Verhältnis zu *Freud* berichtet. Dies ist aber letztlich ungenau, denn mit Leid ist nicht das Leiden an *Freud* sondern jenes an Elementen der Psychoanalyse gemeint, die gleich Trojanischen Pferden in verschiedensten Schulen stehen, unter anderen in der Theorie und Praxis der Gestalttherapie. Vor allem geht es um die Begriffe der Übertragung und Gegenübertragung und jenem der Abstinenz. Es sollte hier in dieser Arbeit gelingen die Verdienste *Freud*s genügend zu würdigen, um dann gemeinsam mit *Perls* sich von *Freud* zu verabschieden und dies besonders am Scheideweg des unterschiedlichen Menschenbildes und auch Beziehungsverständnisses der Psychoanalyse.

*Freud*s Entwicklung ist auch als ein Werdegang vom Natur- zum Geisteswissenschafter zu beschreiben. *Freud*s Schritte waren groß und mutig, es waren Überschreitungen von gesellschaftlichen, von moralischen Barrieren mit den Werkzeugen und der Legitimation von und durch Naturwissenschaft. Dies erinnert ein klein wenig an *Perls*, der, schon längst Dissident der Psychoanalyse, in New York, gemeinsam mit seiner Frau Lore, als Psychoanalytiker arbeitete; ein seriöser Titel, welcher zu jener

Zeit das ökonomische Fortkommen garantierte. Erst in ihren späten Jahren befreiten sich beide in die Richtung noch radikalerer Positionen.

Auch Fritz *Perls* fuhr anfangs zweigleisig. Auch er sammelte Theorie zur wissenschaftlichen Absicherung von Gestalttherapie. Schon der *Gestalt* -Begriff gab und gibt immer noch Anlass zur Auseinandersetzung über die Notwendigkeit seiner Verwendung zur Erklärung einfacher Phänomene wie Vorder- und Hintergrund.[1]

Es ist dies vielleicht der neuralgische Punkt: *Perls* ging diesen Weg künstlerisch und philosophisch hinein in die Geisteswissenschaft und distanzierte sich mit fortschreitender Zeit von den Traditionen naturwissenschaftlichen Denkens. Gemeinsam mit Paul *Goodman* besetzte er radikal die geisteswissenschaftliche Gegenposition. Seine Ächtung des *mindfucking*, also des Denkens, ist die polemisch ausformulierte Forderung nach Körper, Empfindung und Gefühl als der neuen Vernunft. „Lose your mind and come to your senses." Dies war ein wesentlicher Schritt in Richtung Mensch, ein radikaler Schritt, der den Blick frei machte auf die existentielle Position des Einzelnen im Angesicht und in der Begegnung mit dem Anderen.

Was historisch nicht mehr zu leisten war und noch sehr lange Zeit brauchte war die Herausarbeitung einer eigenen wissenschaftstheoretischen Position von Sozialwissenschaft. Wo *Freud* noch die Objektivität und Wahrheit im Analytiker als Spiegel sah[2], war für *Perls* vor allem die *Grenze* zum *Anderen* das Mittel zur Selbst-Bestimmung und Heilung.

Es war ein langer und durchwachsener Weg zu einer noch immer nicht ganz eindeutigen Position über Objektivität im Sozialen: Von der Kybernetik Norbert *Wieners* über die Systemtheorie Luhmanns, hinein in die Konstruktivismen verschiedenster Radikalitäten, von *von Förster* bis zu den einstmals unwidersprochenen Autopoietikern *Maturana* und *Varela*, angereichert mit den Intersubjektivitätsphilosophien und Anthropologien der französischen Phänomenologen, ein wenig *Buber*…Da ist auch noch *Maurice Merleau-Ponty* besonders hervorzuheben. Er hat den Körper quasi phänomenologisch auf die Beine gestellt, indem er mit dem Begriff des *Leibes* die Körper-Geist-Spaltung auflöste. Heute, wo die Funktion der Spiegelneuronen (*Rizzolatti, Gallese*) bekannt ist, wo über *Winnicott* hinausgehend von *deep reflection*(*Gergely, Watson* 1996) gesprochen wird, nähern wir uns zumindest im therapeutischen Feld einem sozialwissenschaftlichen Paradigma für die Beziehungsebene, dem sich

---

[1] Lore *Perls* wäre „konzentrative Therapie" als Name für die Methode lieber gewesen. Zum Verhältnis Gestalttherapie und Gestaltpsychologie vgl. auch Henle (2005)Auch die „*Laws of form*" von George Spencer-Brown(1979) würden heutzutage eher die Erwartungen an den Gestaltbegriff erfüllen. Z.B. der Satz „ Die Unterscheidung ist der perfekte Zusammenhang" bietet guten Übergang und auch Verbindung von der Wahrnehmungs- zur Beziehungsebene.(vgl. auch Rumpler 1996)

[2] „Der Arzt soll undurchsichtig für den Analysierten sein und wie eine Spiegelplatte nichts anderes zeigen, als was ihm gezeigt wird", *Freud, S.*, Ratschläge für den Arzt bei der psychoanalytischen Behandlung, 1912, StA, 178. In der Kombination mit seiner anderen Anweisung „mitleidlos wie ein Chirurg" zu sein, ergibt sich dabei doch ein Menschenbild, welches nicht mehr so recht in unser humanistisch aufgeklärtes passen möchte.

sogar psychoanalytische Intersubjektivisten wie *Merton Gill* anschließen, indem sie den Anspruch auf Objektivität aufgeben. Dies ist die von *Bourdieu* eingeforderte Objektivität des Subjektiven. (*Bourdieu* 1993, 246ff) Die Konsequenzen für die Praxis sind machtdynamisch dramatisch und für alle Beteiligten äußerst heilsam. (vgl. auch *Rumpler* 2006)

Die Übertragung (ein Dramolett)

Szene: **Der Klient mit seinem Gestalttherapeuten**

Klient(leise): *„Kaltschnäuziger Scheißkerl".*

Therapeut: *„Ja, sagen Sie das Ihrem Vater. Hier, setzen Sie ihren Vater da drauf."* (Wirft ihm einen Polster hin.)

Klient schleudert ihm den Polster zurück (laut): *„**Sie** sind der kaltschnäuzige Scheißkerl."*

Diese kleine Szene zeigt das Problem des Übertragungsbegriffes. Erstens kann er nicht klar angeben, was nun wirklich stimmt und zweitens leistet er deutungsmächtiger Kommunikation Vorschub und bewahrheitet somit innerhalb eines Circulus vitiosus letztlich die Erstaussage des Klienten.

„Übertragung nennen wir alle jenen Regungen des Patienten dem Analytiker gegenüber, die nicht in der aktuellen analytischen Situation neu entstehen, sondern aus früheren und frühesten Objektbeziehungen stammen und unter dem Einfluss des Wiederholungszwanges in der analytischen Situation nur neu belebt werden." (*Anna Freud* 1975) Dies ist die klassische Definition, welche noch eine gewisse Trennschärfe besaß. Heute sind Übertragung und Gegenübertragung wahrscheinlich die methodenübergreifend am meisten verwendeten technischen Begriffe der Psychoanalyse, wenn wir vom Unbewussten einmal absehen.

Es sind dies Begriffe, die nun bereits 100 Jahre alt sind und naturgemäß auch schon einige Alterserscheinungen aufweisen. Es gab immer wieder Versuche sie anzupassen, weil die Wirklichkeit sich gegen deren theoretische Vorgaben wehrte. So bahnbrechend die Entdeckung *Freuds* war, so modifikationsbedürftig zeigten sich die Begriffe letztlich in der Praxis. Denn es war und ist noch immer letztlich unmöglich zu unterscheiden, welche Gefühle des Patienten nun aus welchen Teilen seiner Vergangenheit oder gar Gegenwart stammen. Wie ist es letztlich heraus zu finden, ob es sich hier um einen Wiederholungszwang, Übertragung oder Projektion handelte, oder einfach um mitgebrachte Vorerfahrungen aus nicht so weit zurück liegenden Situationen? Konnte nicht auch der Patient recht mit seinem Gefühl gegenüber einem Lehrer haben? War es nicht wahrhaftig so, dass manche Patienten tatsächlich den letzten Nerv zogen, oder mancher Therapeut tatsächlich ein Scheusal war? Ja, war denn nicht bereits die psychoanalytische Situation als solche und mit ihr der

Analytiker eine einzige Provokation, der Inbegriff für und deswegen auch Auslöser für den Widerstand gegen eine sich entziehende Elternfigur - Väter bevorzugt? (Benjamin 1990) Ist nicht überhaupt die klassische psychoanalytische Situation der Höhepunkt des inhärenten Parameters der Abstinenz, der als solcher schon, verklärt in der Idee der leeren Leinwand daherkommen, ein Euphemismus für Abweisung, Ignoranz und Versagung ist? Und sind daher nicht viele der sogenannten Übertragungsgefühle Produkte, wenn nicht gar Artefakte…Geister, die man rief?

Teile dieser Überlegungen haben sich offensichtlich auch in der psychoanalytischen Gemeinde durchgesetzt und zur Erkenntnis geführt, dass die saubere Trennung zwischen Übertragungsgefühlen und realen Gefühlen nicht möglich sei. Die Lösung dafür war, nun alle in der therapeutischen Situation auftretenden Gefühle des Patienten Übertragung zu nennen. Auch alle Gefühle, die der Analytiker in der Beziehung zum Patienten erlebt waren nun Gegenübertragung. (*Heimann* 1950) Die Gegenübertragung des Analytikers musste nun nicht mehr als dessen Fehler ausgemerzt werden, sondern *Kernberg* öffnete die Beziehung sogar soweit, dass er vorschlug diese Gefühle als Diagnostikum zu verwenden. Die Wahrnehmung der eigenen Reaktionen konnte somit ein zusätzlicher Weg zum Verständnis der unbewussten seelischen Vorgänge des Patienten sein.

Man sollte an diesem Punkt nicht vergessen, dass mit dem Übertragungsbegriff in engster Verwandtschaft zumindest historisch auch die Übertragungsneurose und deren Förderung durch die psychoanalytische Behandlung mit zu denken ist. Das heißt, indem ein neurotisches Geschehen absichtlich prolongiert wird, der Analytiker hier also zum agent provocateur wird.[3] Diese Implikationen müssen hier benannt werden, weil ansonsten nicht klar wird, wie notwendig es ist, sich von diesen der eigenen Methode fremden Begriffen zu verabschieden. Gleich dem trojanischen Pferd importiert man sonst durch Weiterverwendung jener geschenkten Begriffe auch Menschenbilder, die sich langsam auch im eigenen Tun festsetzen. Vor allem schleicht sich durch die Hintertür eine Haltung ein, welche mit den phänomenologischen Prämissen von Gestalttherapie nichts mehr zu tun haben.

Die in der Gestalttherapie früher und teilweise heute noch oft sehr schnelle Verwendung des Polsters, wenn es einen Konflikt mit dem Therapeuten gibt, entspricht exakt der selben Denkfigur der Psychoanalyse: Anwendung der Deutungsmacht, Etikettierung des Verhaltens des Klienten als Übertragungsverhalten und damit Aussteigen aus dem Dialog und der Phänomenologie. Die Tatsache, dass hier ein Polster verwendet wird, macht es noch nicht zur guten Gestalttherapie. Das implizite Menschenbild und dessen Ethik müssten noch einer genaueren Betrachtung unterzogen werden.

Dazu kommt noch, dass die letzten Entwicklungen der Psychoanalyse Anlass zur

---

[3] Dies ist natürlich Theorie, und viele Analytiker weichen im tatsächlichen Kontakt zu ihren Patienten davon ab und distanzieren sich von der Förderung der Übertragungsneurose.

Freude geben, denn hier wird ein vollkommen neues Paradigma angemeldet. *Owen Renik*, bekannter und gegenwärtig bedeutsamer Vertreter der Beziehungsanalyse meint nämlich: „Statt den Analytiker als Chirurg oder reflektierenden Spiegel zu verstehen, könnte unsere Leitmetapher der Analytiker als Skiläufer oder Surfer sein - jemand, der sich zugesteht, dass mächtige Kräfte auf ihr einwirken, wissend, dass diese eher zu handhaben und zu zähmen als vollständig zu kontrollieren sind. Natürlich sind die Kräfte, mit denen ein Analytiker zu kämpfen hat, innere Kräfte. In diesem Sinne sollten wir uns eine effektive klinische psychoanalytische Praxis, nie erreicht, als etwas vorstellen, das einem guten Sex nicht unähnlich ist, insofern das erwünschte Ergebnis nur dann erreicht werden kann, wenn in gewissem Maße die Selbstkontrolle als Ziel aufgegeben wird." (*Renik* 1993, cit. Psychotherapieforum 11/3)

Hier sind sicherlich Westküstendiskurse enthalten. Atmosphärisch scheint hier in der Metaphorik eine gute, wenngleich auch gar exhibitionistische Öffnung des gestrengen Mantels der Psychoanalyse anzuklingen. Es fehlt hier noch die im wissenschaftlichen Diskurs verwendbare Begrifflichkeit, um diese doch etwas dissidente Position in der wissenschaftlichen Gemeinde kommunizierbar zu machen. Der Beziehungsanalytiker *Renik* schwingt hier atmosphärisch in einer Lockerheit der Beziehung, die nicht so recht an das Theoriegebäude der Psychoanalyse anschließen will. Hier wird noch einige Arbeit zu leisten sein, um die angedeutete mediumistische Haltung in eine methodisch saubere Form zu bringen. Vielleicht kann in unseren weiteren Ausführungen ein wenig dazu beigetragen werden.

Wir müssen also zusammenfassend zur Kenntnis nehmen, dass die beiden Begriffe Übertragung und Gegenübertragung seit der Zeit ihres Entstehens enorm an Schärfe verloren haben. Gerade durch das Aufgeben der strengeren Definition kam es auch zu deren inflationärer Verwendung. Wie oben bereits zitiert, gibt es die Psychoanalyse als Schule nicht mehr, trotzdem dient sie immer wieder, z.B. in historisch argumentierenden Diskursen, als Begründung für später Folgendes dienen (*Bocian* 1997). Psychoanalyse kann teilweise gar nicht mehr aus der ihr zugeteilten Aufgabe, und bleibt daher in ihrer schon damals zugedachten Rolle stecken, dass sie noch immer ein Teil jener Krankheit sei, für deren Heilung sie sich halte. So verführerisch die Tatsache ist, Teile des psychoanalytischen Begriffsinstrumentariums zu verwenden, welches von allen Seiten anerkannt ist, so gründlich muss sich jede andere Methode fragen, ob es ihr gut tut, wenn sie fremde Begriffe importiert, und seien sie noch so klassisch, .

Zusätzlich liegt in diesem Begriff jenes Momentum, welches der Psychoanalyse arteigen ist; das *Dort und Dann* Prinzip.[4] Im Wesentlichen bedeutet dies ein grundsätzlich anderes Verständnis der therapeutischen Situation als dies zum Beispiel in der Gestalttherapie der Fall ist.

---

[4] Auch das gestalttherapeutische Hier und Jetzt Prinzip wurde anfangs bis zur Kurzsichtigkeit strapaziert. Auch die dazugehörige Selfdisclosure führte in Einzel- und Gruppentherapien zu Verletzungsorgien und Übergriffen jeglicher Art.

Indem davon ausgegangen wird, dass von Patientenseite auf den Therapeuten grundsätzlich und permanent „übertragen" wird, findet ein Absaugen von Wirklichkeit statt. Der Analytiker „symbolisiert" und derealisiert die Situation in eine „als ob Wirklichkeit". Seine Beziehung zum Klienten ist demnach primär geprägt von der Interpretation des Verhaltens und erst sekundär von der realen Beziehung zwischen ihm und dem Klienten. In humanistischen Verfahren ist dies genau umgekehrt. Dies bewirkt auch, dass die Qualität der „Bearbeitung" des Verhaltens durch Klassifizierung und Etikettierung bestimmt ist. Damit bleibt der Analytiker in seinem eigenen Symbolisierungsgebäude gefangen, und somit kann Beziehung nicht gelingen.

Dem Denken *Freud*s liegt eine Figur zugrunde, welche er durch seine Arbeit noch weiter verfestigt hat und auch aus dem Alltagsbewusstsein kaum mehr wegzudenken ist und daher auch vielen anderen, ganz alltäglichen Vorstellungen zugrunde liegt. Vor allem das Ich wird, in Verbindung mit den beiden anderen Elemente der *Freud*schen Topologie, *Es* und *Über–Ich*, nochmals als Teil einer aufgefalteten Dreiheit betont, das ohnehin nicht Herr im eigenen Haus ist.

Interessanterweise bestätigen und widerlegen auch gleichzeitig die neueren neurophysiologischen Befunde die *Freud*schen Annahmen. „Hirnphysiologisch gibt es keine Kommandozentrale, in der entschieden werden könnte, in der das „Ich sich konstituieren könnte."(*Singer* 2004, 43)[5] Hinzu kommt, nach den oftmals fehl interpretierten *Libet* Versuchen, der schon fast zynisch klingende Befund, dass das Gehirn offensichtlich vorwiegend mit sich selbst beschäftigt sei[6], und dabei Geschichten kreiert, die rechtfertigen sollen, dass der Mensch Herr in seinem Haus sei, während, wie jedoch die Ergebnisse nahe legen, **es** weitgehendst bereits entschieden hat. Lichtenberg hatte also Recht, als er meinte, dass man eigentlich sagen sollte, „es denkt", ähnlich wie „es blitzt".[7]

Gestalttherapie hat in ihrer theoretischen Grundstellung, im Gegensatz zum triebtheoretischen Modell der Psychoanalyse, zum Anderen, zum Patienten, ein Menschenbild des Gegenüber, welches sich stark am humanistischen *Du* eines *Martin Buber*, oder den Intersubjektivitätstheorien der französischen Phänomenologien orientiert.

---

[5] „Der hochsynchrone Zustand über den Sehrindenarealen stellt sich also nur dann ein, wenn Mutterelemente zu einer bewusst wahrnehmbaren Gestalt zusammengebunden werden können. Dies legt nahe, dass das nicht weiter reduzierbare Korrelat eines Wahrnehmungsinhaltes ein hochkoordinierter dynamischer Zustand ist, der sich dadurch auszeichnet, dass die Neuronen, die für die Repräsentation des jeweiligen Inhaltes rekrutiert werden müssen, ihre Entladungen über kurze Zeitspannen synchronisieren."(*Singer*,45)

[6] „Eine Nervenzelle in der Großhirnrinde empfängt etwas 10000 bis 20000 verschiedene Eingangsverbindungen und die meisten davon kommen von anderen Großhirnrindenzellen. Die Hirnrinde beschäftigt sich also vorwiegend mit sich selbst. In hochorganisierten Gehirnen machen die Eingänge von den Sinnessystemen und die Ausgänge zu den Effektoren einen verschwindend kleinen Prozentsatz der Verbindungen aus." (ibid,42)

[7] Meine Tochter drückte dies einst treffend aus: „ Ich bin beim Schlafen gehen immer so neugierig was ich denken werde."

Was das *Du* für die Personzentrierte von Rogers ist, das Ich in *Abgrenzung* zum Du für die Gestalttherapie, ist das *Es* für die Psychoanalyse. Genau betrachtet liegen hier vollkommen unterschiedliche Menschenbilder, eine ganz unterschiedliche Ethik vor. Was von Beziehungsanalytikern nun neuerdings so radikal formuliert wird, könnte eine Chance sein, auch für die Gestalttherapie eine Plattform mit der Psychoanalyse zu finden, welche sich an einem Subjekt orientiert, dem der Psychotherapeut auf Augenhöhe begegnet, das heißt, jegliche Verobjektivierung vermeidet. Dies wäre eine Absage an jegliche Form der Abstinenz.

Abstinenz

Auch die Abstinenz, welche für die meisten psychotherapeutischen Schulen explizit oder auch implizit ein wesentlicher Bestandteil ihrer Praxis ist, ist ein Produkt *Freud*schen Denkens. Sie ist ein aus der naturwissenschaftlichen Logik entlehnter ethischer und ästhetischer Parameter der Reinheit des Experiments, der durch Berührungslosigkeit Störungsfreiheit verspricht. Die Psychoanalyse, die vor allem in ihren Anfängen naturwissenschaftlicher Metaphorik und Topologie zugetan war, hat auch den Abstinenzbegriff in ihr Theorie- und natürlich auch Praxisgebäude integriert.[8] Der aufklärerische Gestus, der in der Abstinenzformel implizit ist, scheint jedoch das „Menschelnde", fast ein wenig jakobinisch, gemeinsam mit dem unsauberen, „menschelnden" Badewasser mit auszuschütten. Das orthodoxe analytische Setting des vom Analytiker weggedrehten, liegenden Klienten schien die Kriterien der gewünschten „Keimfreiheit" zu erfüllen und war damit auch quasi auf die Metapher heruntergebracht. Die klinische und damit sauber erscheinende Differenz von Subjekt und Objekt war hergestellt.[9] Was dabei aber übersehen wird ist, dass die Abstinenz des Therapeuten als solche ebenfalls wieder ein spezielles Beziehungsangebot darstellt und als solches ganz spezifische Gefühls- und Verhaltensmuster beim Klienten auslöst. Die Systemiker haben dies auf den Punkt gebracht: Man kann sich nicht nicht verhalten. Heute haben wir mit dem Abstinenzparadigma ein Artefakt in den verschiedensten psychotherapeutischen Verfahren, paradoxerweise besonders in den humanistischen, welches die Therapeuten in Bedrängnis bringt, was sie mit ihren Gefühlen zu tun hätten. Selbst nachdem Kernberg die diagnostische Verwendung der Gegenübertragungsgefühle empfahl, blieb diese Unsicherheit bestehen. Jene Denkfigur, welche Objektivität im Beziehungsraum suggeriert, lässt die Therapeuten immer wieder auf die abstinente Haltung zurückgreifen. Es fehlt an dieser Stelle ein

---

[8] Besonders in der Beziehungsarbeit, wie sie Psychotherapie darstellt, ist die Forderung nach Abstinenz Ausdruck einer zynischen Vernunft, welche Freiheit vom Ausdruck eigenen Gefühlen verlangt eigentlich aber ihr Gefängnis meint. Tiefenstrukturell liegt im Abstinenzanliegen die Absicht zugrunde die (eigene) Natur beherrschen zu wollen.

[9] Es wäre interessant der Frage nachzugehen welche persönliche Disposition bei jenen Klienten vorwiegt, welche das orthodoxe analytische Setting aufsuchen und welche Disposition hilfreich ist, besonderen Nutzen daraus zu ziehen.

klarer sozialwissenschaftlicher Standpunkt über die Möglichkeit von Objektivität. [10]

Ausklang

Zwei Männer, die auf den ersten Blick nicht unterschiedlicher sein können. Der eine, gleich aufs Ganze gehend, der andere sehr gut auf sich selbst achtend.

„Kann ich schon die Götter nicht beeinflussen, so werde ich doch die Mächte der Unterwelt aufrühren" („Flectere si nequeo superos, acheronta movebo"), stellte *Freud* proklamatisch und mit hohem Anspruch ein Vergilzitat aus der Äneis seiner Traumdeutung voran.

Wie anspruchslos dagegen, jedoch zutiefst existentiell konfrontierend ist da Perls' Gestaltgebet: *"I do my thing and you do your thing. I am not in this world to live up to your expectations, and you are not in this world to live up to mine. You are you and I am I, and if by chance, we find each other, it's beautiful. If not, it can't be helped."(Perls 1969,0)*

Die Betrachtungen zu *Freud* sind wahrscheinlich keine Laudatio geworden. Diese wurden im Gedenkjahr oft genug gehalten und wären daher redundant geworden. Der gebotene Abstand zu *Freud* wurde eingehalten und zwar deswegen, weil er notwendig ist um sein Erbe einer dialektischen Negation zu unterziehen, darum ein Aufhebens zu machen: es aufzuheben, es aufzubewahren und höher zu heben.

Freud erkannte und bedauerte die Fesseln wissenschaftlichen Arbeitens. Er fand und findet noch immer in seinen literarischen Arbeiten wahrscheinlich genau so viele Begeisterte wie für seine streng theoretischen Abhandlungen. Wahrscheinlich bewunderte und beneidete er deswegen Arthur Schnitzler, seinen Zeitgenossen, der in seinen Stücken ganz klar und unverblümt das szenisch zeigte was *Freud* vermitteln wollte, es besser einem breiten Publikum darbrachte als er es vermochte. Der *Reigen* zeigte dem schaudernden Betrachter seine eigenen Wünsche. Das Unbewusste lag im Dunkel des Zuschauerraumes. Das Pathetische, manchmal im Kleid des Poetischen auftretend, ist oft die einzige Möglichkeit das bloß Deskriptive, das Analytische, zu überschreiten und sich damit dem Ganzen anzunähern. Beim zweiten Blick auf *Freud* und *Perls* zeigen sich große Ähnlichkeiten die jedoch unterschiedlich gelebt wurden. Die literarischen Qualitäten *Freuds* wurden und werden noch immer gelobt, seine Ausflüge in soziologische Gebiete, sein Zugang zu seinem eigenen wissenschaftlichen Metier zeigt einen Menschen, der wahrscheinlich das Zeug zum Künstler hatte,

---

[10] Dieser Ausgangspunkt im Wahrnehmen, Fühlen und Denken, in den einzelnen Hoffungen, Gewissheiten und Meinungen ist, da alle Theorien grundsätzlich auch falsch sein , können, der einzige sichere Grund von Erkenntnis, über den wir verfügen- was wir unmittelbar und im gegenwärtigen Augenblick denken, ist für diesen Augenblick unbezweifelbar."(*Peirce* 1985, 10) „Auf diesem „als einzig sicheren Grund von Erkenntnis" bietet diese „anthropomorphe Methode" (ibid 10) tatsächlich nicht Bestreitbares als Gegenstand für den Diskurs gleichberechtigter Subjekte.

der aber gewissermaßen gefangen war in seiner Profession die damals immer etwas mit Nüchternheit zu tun hatte. *Freud* beneidete *Schnitzler*. Vor allem um dessen künstlerische Freiheit und Leichtigkeit des Zugangs zu den Themen beneidete er ihn. Wenn man *Freud*s Definition des Doppelgängers liest, versteht man besonders gut se inen*„Doppelgängerbrief"* an *Schnitzler*.[11] *Freud* hielt seine eigene Wissenschaftlichkeit hoch, und konzedierte zähneknirschend *Schnitzlers* „intuitiv" richtigen Zugang, dabei geflissentlich ignorierend, dass *Schnitzler*, selbst Arzt, sich als solcher jahrelang mit dem Erscheinungsbild der Hysterie auseinandersetzte. Die Sprengkraft der Gedanken und Analysen *Freuds* war in seinen Schriften niedergelegt. Die Gesellschaft musste sich empört damit auseinandersetzen. Wenn *Freud* auch die bürgerlichen Grenzen seines Lebens überschritten hätte, wäre sicherlich sein Werk in Gefahr geraten. Ein Opfer, das er brachte und auch Hindernis, das er nicht zu übertreten wagte.

Perls war an vielen künstlerischen Ausdrucksformen interessiert. *Max Reinhardt*, oder *Elsa Gindler* beeindruckten und beeinflussten *Perls* enorm. Deswegen auch der experimentelle und rollenspielerische Zug zur Expression in der Gestalttherapie, der sicherlich auch von Moreno mit beeinflusst ist. Oft haderte er mit seinem Beruf; er fühlte sich mehr zu den Bohèmiens und Philosophen aus dem „Cafe des Westens" in Berlin hingezogen. *Perls* nahm sich vor allem gegen Ende seines Wirkens immer mehr die Freiheit von seiner professionellen Verantwortung und riskierte es zunehmend ein *dirty old man* zu sein. Esalen, am Highway No.1, war für viele, vielleicht auch für ihn, die Enklave für eine reale Utopie, die bloß für alle Anwesenden die ideale Lebensform ver-*suchte*. Im heißen Wasser der Naturbecken über dem Ozean schmolz der politische Anspruch zu einem Glück für die Hiergebliebenen.

Es ist problematisch, nein, es ist unzulässig, therapeutische Methoden auf ihre Begründer zurückzuführen und deren Güte an den Personen zu messen. Gesellschaftliche Bewegungen sind zu einem guten Teil dafür verantwortlich, dass die Begründer tradierte Barrieren überwinden können und den Blick frei machen für neue Sichtweisen. Das Verdienst liegt daher auch bereits in den geführten Diskursen der neuen Epoche. Das Überschreiten des Bisherigen kann oft erst rückblickend festgestellt oder als Wunschahnung eines propagierten neuen Denkens erspürt werden.

Vielleicht gelingt es anhand fortgeschrittener Forschung ein integratives Paradigma zu entwickeln, in dem ethische Grundhaltungen formuliert werden, wie dies *Petzold* in seinen Überlegungen zur *thérapie juste* tut (2006), und diese dekonstruktiv in

---

[11] „...ich habe immer wieder......mich in Ihren schönen Voraussetzungen, Interessen und Ergebnissen zu finden geglaubt, die mir als die eigenen bekannt waren. Ihr Determinismus wie Ihre Skepsis- der Triebnatur des Menschen(P. R: gegenüber), Ihre Zersetzung der kulturell-konventionellen Sicherheiten, das Haften Ihrer Gedanken an der Polarität von Lieben und Sterben, das alles berührte mich mit einer unheimlichen Vertrautheit. In einer kleinen Schrift vom J. 1920, „Jenseits des Lustprinzips", habe ich versucht, den Eros und den Todestrieb als die Urkräfte aufzuzeigen, deren Gegenspiel alles Rätsel des Lebens beherrscht. So habe ich den Endruck gewonnen, dass Sie durch Intuition- eigentlich aber in Folge feiner Selbstwahrnehmung – alles das wissen, was ich in mühseliger Arbeit an anderen Menschen aufgedeckt habe."(*Freud*, 249)

einem zweiten Schritt in den allgemeinen Wirkfaktoren von Psychotherapie wieder zu finden.

„There is no end to integration" war einer der finalen Sätze von Fritz Perls.
„Möge diese Übung gelingen!" lautet immer wieder die affirmative Aufforderung für chinesische Artisten vor schwierigen Kunststücken „begnadeter Körper".

Zusammenfassung: Freud aus der Sicht eines Gestalttherapeuten. Des einen Freud'… des andern Leid

In der Gestalttherapie wird oft betont, dass sie in der Psychoanalyse gründet. Damit werden einerseits zentrale Unterschiede zwischen den beiden Theorien verwischt und dabei gleichzeitig das Trojanische Pferd des Übertragungsbegriffes eingeschleust. Die beiden Gründerpersonen und Persönlichkeiten *Perls* und *Freud* werden vor ihrem historischen Hintergrund betrachtet, um auch die theoretische und praktische Dissidenz *Perls'* von der Psychoanalyse verstehbar zu machen. Aber auch die Psychoanalyse ist nicht monolith, sondern die Intersubjektivisten bewegen sich zu neuen Ufern, die weit weg von der Abstinenz liegen. So hilft letztlich *Arthur Schnitzler* als Mittler zwischen den beiden, indem er den poetischen Zugang zur Psyche, durch *Freud* bewundert, fand; ein Zugang, nämlich der künstlerische Weg, den letztlich alle drei miteinander teilten.

Schlüsselwörter:
Perls, Dissidenz, Freud, Schnitzler, Psychoanalyse, Übertragung, Gestalttherapie

Summary: Freud in the view of a Gestalt therapist. Joy for the one … grief for the other.

Gestalttherapy is often emphasizing its roots grounding in Psychoanalysis. This argument blurs some of the important differences between them and mainly keeps going the central figure of Psychoanalysis, the transference. It still stands as a trojanic horse in the yard of Gestalttherapy. A comfort of wellknown strangers?!
The two personalities, *Freud* and *Perls*, standing for their methods and theories, will be looked at in front of their historical background to help understanding the dissidence and deep difference between them. Today Psychoanalysis is no more monolithic, if ever it was, so new streams like intersubjectivists come up find quite different ways to their clients far from classic abstinent behaviour. *Freud* felt jealous about his "Doppelgänger" *Arthur Schnitzler* and his sensual approach to man's mind by poetic means. Perls didn'lose his mind at all as he asked others for, but he came closer to his and others senses by his own artistic approaches and interests.

Keywords:
Perls, dissidence, Freud, Schnitzler, Psychoanalysis, Transference, Gestalt Therapy

Literatur

Appy, G. (1992): Where does the common ground among Psychoanalysts end. In: *Wallerstein, R.S.* (Ed) The common ground of Psychoanalysis. Jason Aronson inc.
Benjamin, J.(1990): Die Fesseln der Liebe. Frankfurt am Main: Stroemfeld /Roter Stern
Bocian, B. (1997): Warum Psychoanalyse als Hintergrund? *Gestalttherapie* 1, 77-79

Bocian, B., Staemmler, F.M.(Hg.) (2000): Gestalttherapie und Psychoanalyse. Göttingen: Vandenhoeck und Ruprecht
Bourdieu, P. (1993): Sozialer Sinn. Frankfurt am Main: Surhkamp
Buber, M.(1979): Ich und Du. Heidelberg: Lambert Schneider
Berger, J. (1992): Das Kunstwerk. Über das Lesen von Bildern. Berlin: Wagenbach
Dornes, M. (1994): Der kompetente Säugling. Frankfurt am Main: S. Fischer
Dornes, M. (2002): Die emotionale Welt des Kindes. Frankfurt am Main: S. Fischer
Förster, H.v. (2001): Die Wahrheit ist die Erfindung eines Lügners. Heidelberg: Carl-Auer-Systeme-Verlag
Freud, A. (1975): Das Ich und die Abwehrmechanismen. Frankfurt am Main: S. Fischer
Freud, S. (1912): Ratschläge für den Arzt bei der psychoanalytischen Behandlung. Frankfurt am Main: S. Fischer
Freud, S. (1960): Briefe 1873-1939, ed. Ernst L. Freud. Frankfurt am Main: S. Fischer
Gergely, G. und Watson, J. (1996) The social feedback theory of parental affect- mirroring. The development of emotional self awareness and self control in infancy. Int. J. of Psycho-Analysis 77: 1181-1212
Dornes, M. (2002): Die emotionale Welt des Kindes. Frankfurt am Main: S. Fischer
Heimann, P. (1996): On Countertransference. Int.J.Psychoanal. 31: (1950)81 – 84 Deutsch: Über die Gegenübertragung. Forum Psychoanal 12: (1950)179 – 184
Henle, M. (2005): Gestaltpsychologie und Gestalttherapie. Gestalttherapie 2005,1
Luhmann, N. (1991): Soziale Systeme. Frankfurt am Main: Suhrkamp
Maturana, H. u. Varela, F. (1987): Der Baum der Erkenntnis. Bern, München: Scherz
Merleau-Ponty, M. (1966:) Phänomenologie der Wahrnehmung. Berlin: de Gruyter
Peirce, Ch. S.: (1985): Phänomen und Logik der Zeichen. Frankfurt am Main: Suhrkamp
Perls, F (1969): Gestalttherapie Verbatim. Real People Press. Bantam
Petzold, H. (2006/2007): Für Patienten engagiert. Werte, Grundregeln, Ethikprinzipien für die Psychotherapie. Schulenübergreifende, integrative Perspektiven. Buchmanuskript, ersch. bei Krammer, Wien.
Renik, O. (2003): Analytic Interaction: Conceptualizing technique in light of the analyst's irreducible subjectivity. Psycho Anal. Quart 62:553-571, 1993 In: Psychotherapieforum Vol 11 No3,
Rumpler, P. (1/1996): Die Gestalt der Seele, die Seele der Gestalt. Gestalttherapie, 1
Rumpler, P. (2/2006): Spiegelverkehr(t). Gestalttherapie 2/06
Sciacchitano, A. (2004b): Heilung allein durch Wissen. Tagblatt Zürich 19.5.
Singer, W. (2004): Verschaltungen legen uns fest. In: Geyer C.(2004): Hirnforschung und Willensfreiheit. Frankfurt am Main: Suhrkamp
Sloterdijk, P. (1993): Weltfremdheit. Frankfurt am Main: Suhrkamp
Sloterdijk, P. (1998): Sphären. Blasen. Frankfurt am Main: Suhrkamp
Sloterdijk, P. (2004): Sphären. Schäume. Frankfurt am Main: Suhrkamp
Spencer Brown, G. (1979): Laws of form. Neudruck New York
Waldenfels, B. (1987): Die Phänomenologie in Frankreich. Frankfurt: Suhrkamp

Korrespondenzadresse:
Dr. Peter Rumpler

Schottenfeldgasse 24/ 16
1070 Wien

Bibiana Schuch

Freud im Blick der Verhaltenstherapie

Die Verhaltenstherapie zu Beginn des 21. Jahrhunderts ist von der Psychoanalyse weit entfernt. Im zweibändigen, dreizehnhundert Seiten umfassenden Lehrbuch der Verhaltenstherapie (*Margraf*, 2000) wird *Freud* insgesamt nur drei Mal erwähnt. Im aktuellen Standard - Lehrbuch über Verhaltensmedizin (*Ehlert*, 2003), ein Arbeitsgebiet, das auch die Behandlung psychosomatischer Störungen umfasst, findet sich kein einziges *Freud*-Zitat. Verhaltenstherapie und Psychoanalyse gehören verschiedenen psychologischen Welten an, mit Unterschieden in den Störungs- und Behandlungsmodellen, der Sprache. Ein Blick auf die Literatur zeigt, dass es derzeit keine Tendenzen gibt, nach Gemeinsamkeiten oder Ähnlichkeiten zwischen beiden Schulen zu fahnden, geschweige denn, Integrationsüberlegungen anzustellen. Eher noch werden Unterschiede geprüft, um daraus Indikationsfragen abzuleiten.

Das war nicht immer so. In der 50-jährigen Geschichte der Verhaltenstherapie und der ihrer Urahnen, den Lerntheorien, finden sich wiederholt wellenförmige Annäherungs- und Abgrenzungsversuche. So gibt es kaum einen bedeutenden Lerntheoretiker oder Verhaltenstherapeuten der Gründerjahre, der nicht irgendwann zur Psychoanalyse Stellung genommen hätte. Selbst strengste Behavioristen konnten sich der Faszination *Freuds* persönlich nicht entziehen, auch wenn sie als Wissenschafter seine Konzeption ablehnen mussten.

Insgesamt wurde von 1920 (Beginn der lerntheoretischen Forschungen von *Pawlow* und *Thorndike*) bis in die Siebziger Jahre viel Arbeit in vergleichende Studien und Überlegungen investiert, um letztlich die Unvereinbarkeit beider Systeme zu akzeptieren.

Der Einbruch der kognitiven Wende beendete innerhalb der Verhaltenstherapie die Dominanz der Lerntheorien als alleiniges Erklärungsmodell für menschliches Verhalten und dessen Abweichungen. Beschränkt auf und durch diese engen Grundlagen konnten komplexere psychische Störungen weder erklärt noch gezielt behandelt werden. Kognitive, Emotions- und Neuropsychologie, Biologie und Psychophysiologie fanden schließlich als Grundlagenwissenschaften Aufnahme in das vormals enge Korsett der Verhaltenstherapie.

Die Erweiterung der theoretischen Konzepte erreichte zeitlich verzögert zu Beginn der 80er-Jahre auch die Praktiker, und führte zu neuen, viel versprechenden therapeutischen Vorgangsweisen. Die Verunsicherung der Verhaltenstherapeuten der zweiten Generation, die ihr Repertoire als unzureichend erlebt hatten, konnte aufgehoben und durch neu gewonnene Selbstwirksamkeitserwartungen ersetzt werden. Ab dieser Zeitspanne geht die Anzahl der Publikationen, die Vergleiche zwischen Psychoanalyse und Verhaltenstherapie abhandeln, deutlich zurück. Die Auseinandersetzung „*Freud* und Verhaltenstherapie' beschränkt. sich fast ausschließlich auf die Zeit der Gründerjahre und den Beginn der kognitiven Wende

Auf die Frage: „Hat *Freud* die Verhaltenstherapie beeinflusst?" kann man nur antworten: „Selbstverständlich – wen nicht?" Sein Beitrag für die Verhaltenstherapie ist allerdings kein inhaltlicher sondern ein motivationaler. Um die Anerkennung als eigenständiges Verfahren in einem tiefenpsychologischen Ambiente zu erringen, mussten ausreichend wissenschaftliche Beweise für Validität und Wirksamkeit dieser Behandlungsform erbracht werden. Das ist, wie wir heute feststellen, auch gelungen. *Freud* hat - ohne es zu ahnen- vor vielen Jahren die Verhaltenstherapie zu einer intensiven Forschungstätigkeit gezwungen, die sie als Identitätsmerkmal beibehalten hat.

Lerntheorie und Psychoanalyse

Wenn wir die Wurzeln der Verhaltenstherapie in den Lerntheorien orten, so beziehen wir uns fast ausschließlich auf die USA - dort hatte sich der Behaviorismus entwickelt, dort fand die Forschung statt. Wir beziehen uns auf eine Zeit, in der die Psychoanalyse nicht nur in Europa sondern auch in den USA längst etabliert war. Die amerikanischen Lerntheoretiker des Zeitraumes 1920 – 1950 standen unter doppeltem Einfluss: sie vertraten den Behaviorismus, orientierten sich an dessen Begründern *Watson* und *Thorndike* sowie an *Pawlow*. Sie mussten sich aber auch mit der Psychoanalyse auseinandersetzen, die in den einschlägigen Wissenschaften Medizin und Psychologie, in der Arbeit mit psychisch Kranken sowie in den Medien äußerst populär war.

In dieser Zeit wirkten sehr prominente Vertreter der amerikanischen Lerntheorie und des Behaviorismus, wie *Guthrie, Tolman, Hull, Dollard, Miller, Mowrer, Dunlap* (vgl. *Schorr*, 1984), denen *Freud* keineswegs fremd war. Einige von ihnen hatten sich selbst einer Psychoanalyse unterzogen. Sie betrieben exakte, experimentelle Grundlagenforschung im lerntheoretischen Bereich, parallel dazu beschäftigten sie sich mit *Freud*. Es war Mode geworden, Analysen und Gegenüberstellungen beider Konzepte anzustellen. Die Veröffentlichungen beinhalten sowohl Vergleiche und „Übersetzungen" als auch pointierte Kritik.

Einer der frühen schonungslosen Kritiker der Psychoanalyse war, wie zu erwarten, *Watson* selbst (*Watson*, 1927, 1928). Nach behavioristischer Auffassung sind psychische Störungen unangepasste „Gewohnheitsbildungen", d.h. erlerntes Fehlverhalten, entstanden durch Konditionierungsprozesse im Sinne *Pawlow*s, und nicht Ausdruck innerpsychischer Konflikte, wie es die Psychoanalyse lehrte. *Watson* war einer der ersten, der das medizinisch orientierte Krankheitsmodell *Freud*s ablehnte. Verständlicherweise war auch die Existenz eines Unbewussten für den Begründer einer Wissenschaftsrichtung, die Introspektion als Forschungsgegenstand ausschloss, genauso wenig vorstellbar wie die Behandlungsmethode der freien Assoziation.

Bei seiner extremen Kritik erfährt *Watson* Unterstützungen aus den eigenen Reihen (was bei der Popularität der Psychoanalyse nicht selbstverständlich war) wie z.B. durch *Dunlap* (1920) oder *Wohlgemuth* (1923): die Psychoanalyse wird als pseudowissenschaftliches Gedankengebäude bezeichnet, getragen durch den „Mythos" des Unbewussten, ohne methodischen Qualitätsanspruch. Dieser Vorwurf findet sich auch in der späteren verhaltenstherapeutischen Literatur (vgl. *Eysenck*).

Solche Abwertungen konnten von Psychoanalytikern nicht einfach hingenommen werden. Streitgespräche und beißende Kommentare als Reaktionen auf die Angriffe belebten die Fachliteratur.

Neben Ablehnungen gab es auch die ersten Kommunikationsversuche. Diese gingen von den Lerntheoretikern aus, die psychoanalytische Prozesse durch Lernvorgänge erklärten. Manches mutet sehr ungewöhnlich an. So hatte z.B. *Watson* kein Problem, Übertragungsprozesse anzuerkennen. Er verstand sie als generalisierte konditionierte emotionale Reaktionen, die nicht nur innerhalb der zwischenmenschlichen Kommunikation sondern auch in der Beziehung zu Tieren auftreten.

Die Zeit zwischen 1930 und 1950 ist die Epoche der großen Lerntheoretiker, die – wie bereits erwähnt – der Psychoanalyse nicht abgeneigt waren:

- *C. Hull* erweitert das einfache Reiz-Reaktions-Modell des Behaviorismus und führt zur Erklärung menschlichen Verhaltens zwei intervenierende Variablen ein: den „Trieb" als „zentrales körperliches Bedürfnis" und die „Gewohnheitsstärke", ein Maß für die Penetranz erlernter Verhaltensmuster zur Zielerreichung (*Hull*, 1943). Parallelen zur Psychoanalyse werden gezogen. *Hull* verfolgte das Ziel, aus der Psychoanalyse und den Lerntheorien eine gemeinsame Psychologie zu formen. Diesem Zweck dienten auch die Verschränkungen psychoanalytischer und lerntheoretischer Termini.

- *O.H. Mowrer* verdankt die Verhaltenstherapie das „Zwei-Faktoren-Modell" zur Erklärung phobischer Verhaltensweisen, das in der späteren Verhaltenstherapie längere Zeit Gültigkeit hatte (*Mowrer*, 1947). Es besagt - verkürzt zusammengefasst -: Angst entsteht durch klassische Konditionierung im Sinne *Pawlows* und hat den Charakter eines Triebes im Sinne *Hulls*. Sie wird in Folge durch operante Lernprozesse, speziell durch Vermeidung, aufrechterhalten. *Mowrer* war der Psychoanalyse sehr nahe. Er vertrat ein psychoanalytisches Modell zur Angstentstehung (neurotische Störungen sind die Folge von Lerndefiziten des schwachen Überichs, das unter der Dominanz von Es und Ich steht), übersetzt „Regression" und „Reaktionsbildung" (*Mowrer*, 1940) und lehnt entgegen der behavioristischen Lehrmeinung „Symptombehandlung" ab (*Mowrer*, 1950).

- Zu den bedeutendsten Autoren dieser Zeit zählen *Miller* & *Dollard*. Auf der lerntheoretischen Grundlage des Triebreduktionsmodells nach *Hull* formulieren sie die „Frustrations – Aggressions- Hypothese" (*Dollard* et. al. 1939). Sie postuliert im Sinne *Freud*s, Aggression sei immer und ausschließlich das Produkt von Frustration. Zurzeit ihrer Erst - Formulierung galt die Frustrations – Aggressions - Hypothese als eindrucksvolles Beispiel für eine erfolgreiche Synthese von Lerntheorie und Psychoanalyse und wurde daher sehr positiv aufgenommen. Relativierungen und Modifikationen sollten erst später erfolgen.

▸ Auch die weiteren Jahre ihrer Zusammenarbeit widmeten *Dollard & Miller* dem Vergleich Lerntheorie und Psychoanalyse. Schließlich erschien 1950 „Personality and Psychotherapy". Diese Abhandlung gilt als umfassendster Integrationsversuch und wird von den späteren Verhaltenstherapeuten (die „Verhaltenstherapie" selbst existierte noch nicht) zum Großteil positiv kommentiert. Den Autoren selbst war allerdings klar geworden, dass die lerntheoretischen Konzepte, auch wenn man deren Erweiterung durch *Hull* miteinbezieht, keineswegs ausreichen, um den komplexen, von der Psychoanalyse beschriebenen Mechanismen menschlichen Erlebens gerecht zu werden.

Fast alle bekannten Lerntheoretiker unterlagen der Verlockung, psychoanalytische Beobachtungen und Prozesse durch lernpsychologische Modelle zu erklären. Das schien nicht schwierig, solange sich die Vergleiche auf theoretische Überlegungen beschränkten. Zum Scheitern waren jedoch experimentelle Studien verurteilt, wie beispielsweise die Arbeiten von *Sears* zur Validierung von „Projektion" und „Verdrängung". Solche Phänomene waren empirisch nicht fassbar (*Sears* 1934, 1936, 1937; *Skinner* et. al 1953).

Übersetzungen psychoanalytischer Begriffe in die Terminologie der Lerntheorien faszinierte vor allem die klinischen Psychologen. Sie hatten großes Interesse an der Psychoanalyse, zu der sie in den USA kaum Zugang hatten. da diese fast ausschließlich den Ärzten vorbehalten war. Gleichzeitig fühlten sie sich der experimentellen Wissenschaft verbunden. Deshalb war jeder Brückenschlag willkommen. Unter diesen Umständen verwundert es nicht, dass die Motivation für ein gegenseitiges Verständnis fast immer von Psychologen als den Vertretern der Lerntheorie ausging. Die breite Anerkennung des Behaviorismus und wohl auch der Besuch *Pawlow*s in den USA motivierte einzelne Psychoanalytiker zu umgekehrten Vergleichen: die Lerntheorien, vor allem die klassische Konditionierung, in psychoanalytischen Termini auszudrücken. Auch das nahm manchmal seltsame Formen an. Beispielhaft sei der Österreicher *Paul Schilder* (1935) erwähnt. Er überträgt psychoanalytisches Wissen auf den „neurotisierten" Hund *Pawlow*s. Unter spezifischen Stimulusbedingungen (die Tiere wurden aversiven Reizen ausgesetzt, die einen Vermeidungskonflikt auslösten) entwickelten sich auffällige motorische Verhaltensweisen, die als neurotisch bezeichnet wurden (eine „experimentelle Neurose"). *Schilder* vergleicht *Pawlow* mit einem Analytiker, der einen Konditionierungsprozess mit Hilfe von Übertragung und Widerstand zum erfolgreichen Abschluss bringt.

Verhaltenstherapie und Psychoanalyse

Die Verhaltenstherapie entstand in den 50er Jahren in einem relativ knappen Zeitraum gleichzeitig in Südafrika (*J. Wolpe*), den USA (*B.F. Skinner*) und England (*H.J. Eysenck*). Der Name „behavior therapy" findet sich in verschiedenen Publikationen und es ist unklar, wem nun das Verdienst der ersten Namensgebung zusteht. Wie im vorigen Abschnitt erwähnt, bestand die Gemeinsamkeit dieser heterogenen Ansätze in der Berufung auf die Lerntheorien und der Verpflichtung zur empirischen Wissenschaft. Menschliches Verhalten sowie dessen Fehlentwicklungen wurden auf spezifische Lernprozesse zurückgeführt. Das galt es umfassend nachzuweisen.

Die Gründerjahre sind gekennzeichnet durch Grundlagenforschung, Entwicklung von Behandlungsstrategien, Aktivitäten, die der Verbreitung dienen sollten. Noch herrschte der Optimismus, die Lerntheorien würden ausreichen, die Komplexität psychischer Störungen zu erklären und behandelbar zu machen.

Südafrika

In Südafrika entwickelte *J. Wolpe* eine der immer noch bekanntesten Methoden der Verhaltenstherapie, die „Systematische Desensibilisierung" (*Wolpe*, 1958). Es handelt sich um ein Verfahren zur Behandlung von Angststörungen. In den entsprechenden Vorarbeiten bezog sich *Wolpe* auf Studien zur „experimentellen Neurose" nach *Pawlow*, sowie auf die Versuche *Massermann*s, einem Psychoanalytiker, der mit Hilfe tierexperimenteller Studien das Konfliktmodell der Psychoanalyse belegen wollte (*Massermann*, 1943). Die Ergebnisse seiner eigenen Studien ließen *Wolpe* jedoch die Bedeutung des Konfliktes als Bedingungsfaktor für die Entstehung von Angststörungen verwerfen, da er im Tierversuch nachweisen konnte, dass Angst auch ohne das Vorliegen eines Konfliktes, nämlich durch Konditionierungen (entsprechend *Pawlow* und *Hull*), entstehen kann. Den zentralen Wirkmechanismus der systematischen Desensibilisierung sah *Wolpe* im Phänomen der Reziproken Inhibition, später als Gegenkonditionierung bezeichnet. Lange Zeit galt die systematische Desensibilisierung als d a s Beispiel für eine gelungene Übertragung der Lerntheorien auf die psychologische Behandlung. Erst viel später sollte diese Begründung in Frage gestellt und das Verfahren selbst durch wirksamere Angstbewältigungsmethoden ersetzt werden. Trotz der engen Verbindung zu den Konditionierungstheorien wurde *Wolpe* in den eigenen Reihen kritisiert. Die Behavioristen verurteilten den Einbezug kognitiver Prozesse (zu Recht, es wird mit Imaginationen gearbeitet und das sind Kognitionen), andere die Nähe zur Psychoanalyse, die durch den Einbezug der *Hull*schen Lerntheorie gegeben sei.

Amerika

In den USA arbeitete *B.F. Skinner* an den Gesetzmäßigkeiten der operanten Konditionierung (*Skinner*, 1953). Verhalten steht primär unter der Kontrolle seiner Konsequenzen und deren Kontingenzen, weniger unter Stimulusbedingungen im Sinne *Pawlow*s. *Skinner*s Forschungen sind nicht auf Verhaltensauffälligkeiten ausgerichtet. Ihm geht es primär um übergreifende Lerngesetze, die jede Form des Verhaltens determinieren.

Psychische Störungen unterliegen dabei denselben Gesetzlichkeiten wie unauffälliges Verhalten. Sie werden als Resultat extrem kontrollierender oder aversiver (sozialer) Einflüsse erklärt, die von Seiten der Familie und/oder anderer Systeme auf das Individuum einwirken. Zufriedene Menschen verfügen ausreichend über Kompetenzen, externe Einflüsse zu verstehen und zu kontrollieren, d.h. diese zu bejahen oder sich ungewollten Einflüssen zu widersetzen. Fehlende Kontrollmöglichkeiten einer Person führen zu Flucht und Vermeidung und damit zur Fixierung problematischer Verhaltensmuster.

Im Rahmen der psychotherapeutischen Behandlung kommt der Rolle des Therapeuten die Aufgabe zu, dem Patienten anhand der Beziehung neue soziale Erfahrungen anzubieten, ihn zu alternativen Handlungen anzuleiten, um auf diese Art und Weise störungsgebundene emotionale Verhaltensweisen zu löschen.

Skinner gilt – bei aller Skepsis auch innerhalb des eigenen Faches - als einer der bedeutendsten Experimentalpsychologen des vorigen Jahrhunderts. Auch ihn faszinierte zunächst die Psychoanalyse, auch er „übersetzte", bevor er sie schließlich - bei großem Respekt für *Freud* - als nicht-wissenschaftliche Disziplin ablehnte (*Skinner* et. al 1953).

England

Die Entwicklung der Verhaltenstherapie am Maudsley Hospital in London war durch die Auseinandersetzung zwischen Psychiatrie, die psychoanalytisch ausgerichtet war, und klinischer Psychologie, die ihre Eigenständigkeit entwickeln wollte, motiviert. Die klinischen Psychologen, deren Proponenten *H.J. Eysenck* und *M.B. Shapiro*, versuchten, ihrer klinisch – psychologischen Arbeit eine wissenschaftliche Grundlage zu geben. Dafür war der gängige psychodynamische Ansatz nicht nur nicht geeignet, sondern hinderlich. Ein Rückgriff auf psychologische Modelle, in erster Linie auf die Lerntheorien von *Pawlow* und *Hull*, schien viel versprechend, allerdings nicht für die etablierten Psychiater, psychoanalytisch sozialisiert, die es zu überzeugen galt. Diese zeigten sich uninteressiert. Auch die Wissenschaftlichkeit der neuen Methoden war nicht attraktiv genug, um das vorherrschende tiefenpsychologische Denken in Frage zu stellen. Damit begann von Seiten der Psychologen eine Phase heftiger Kritik an der Psychoanalyse, die am prägnantesten und in ihrer Aggressivität bis heute unübertroffen von *H.J. Eysenck* getragen wurde. Seine „Gegner" waren die Psychoanalyse und in Folge alle psychodynamisch orientierten Richtungen, die er als unwissenschaftlich bezeichnete, während die Verhaltenstherapie auf einer angemessenen Theorie basiere. Die Auseinandersetzung beginnt 1957 („Psychoanalysis: Myth or Science?") und findet ihren Höhepunkt 1985 („Sigmund Freud: Niedergang und Ende der Psychoanalyse"). In diesem Buch fasst *Eysenck* alle Vorwürfe konzentriert zusammen: Sie betreffen *Freud* als Person; den Inhalt seiner Deutungen, die reine Spekulationen seien; die Traumdeutung; die Theorien zur kindlichen Entwicklung; den fehlenden Zusammenhang zwischen der Einsicht des Patienten und seiner tatsächlichen Heilung. *Eysenck* beschreibt die Psychoanalyse als unwirksam, scheinbare Erfolge seien Spontanremissionen, die nach so langer Behandlungszeit ohnehin stattfänden. Die Psychoanalyse sei nicht nur nutzlos sondern aufgrund ihres gewaltigen Einflusses schädlich – für den einzelnen Patienten, für die Gesellschaft.

Die Siebzigerjahre: Ernüchterung und Reflexion

In den folgenden Jahren verändert sich die Verhaltenstherapie. In der Behandlung schwerer psychischer Störungen zeigt sich bald, dass diese durch ausschließlich lerntheoretische Prozesse nicht erklärbar und mit daraus abgeleiteten Verfahren nicht ausreichend veränderbar sind. Nach dem ursprünglichen Optimismus finden sich in den eigenen Reihen Kritik und Skepsis, bezogen auf Theorie und Praxis (vgl. *Schorr*, 1984). Die kognitive Wende beginnt sich anzubahnen, es wird aber Zeit brauchen, bis diese Erweiterung (die von den Praktikern längst vollzogen war) zu einer Therapiemethode wird, die den klinischen Ansprüchen genügt. Während auf theoretischer Ebene von *Bandura, Meichenbaum, Kanfer, Mahoney* u.v.a. der Paradigmenwechsel vorbereitet wird, herrscht unter den klinisch arbeitenden Verhaltenstherapeuten Unsicherheit und Enttäuschung. Viele beginnen eklektisch zu arbeiten., und werden auch von prominenten Wissenschaftern unterstützt. *A. Lazarus*, Mitarbeiter der ersten Stunde von *J. Wolpe* und einflussreicher Vertreter der Verhaltenstherapie, hatte sehr früh begonnen, das Fehlen wirksamer Interventionsstrategien durch kognitiv – emotionale Verfahren zu füllen. Er hatte längst die lerntheoretische Basis zugunsten effektiver Methoden verlassen und plädiert - in Ermangelung angemessener Theorien, denn die Lerntheorien versagten – für ein eklektisches Vorgehen. Dieser Trend wird von vielen mitgetragen.

Auch die Nähe zur Psychodynamik wurde wieder gesucht. Wie schon Jahre davor wurden Vergleiche und Überlegungen zur Integration angestellt. Das bezeugen eine Reihe einschlägiger Publikationen (*Brady* 1967, 1968; *Marmor* 1969, 1971; *Birk* & *Brinkley-Birk* 1974; *Sloane* 1969; *Sloane* et. al., 1979; *Feather* & *Rhoads*, 1972). Als kleiner Höhepunkt gilt ein Symposium in Banff 1968, das von hochrangigen Vertretern der Psychoanalyse und Verhaltenstherapie organisiert wurde. Bei gegenseitigem Respekt und offensichtlicher Kommunikationsbereitschaft zeigten sich derart große

Unterschiede zwischen den beiden Schulen, dass eine weitere Zusammenarbeit nicht sinnvoll erschien (*Porter*, 1968).

Eine der interessantesten und genauesten Arbeiten aus dieser Zeit ist die Analyse von P. *Wachtel* (1977). *Wachtel* hatte als Psychoanalytiker besonderes Interesse an verhaltenstherapeutischen Interventionen, beobachtete und analysierte detailliert verhaltenstherapeutische Behandlungssequenzen unter psychoanalytischer Perspektive als auch psychoanalytische unter verhaltenstherapeutischem Aspekt. *Wachtel* findet überraschend viele Parallelen, entwickelt interessante Hypothesen und Fragestellungen. Seine Monographie zählt zu den bedeutendsten Arbeiten ihrer Art. Als Resultat seiner Überlegungen plädiert *Wachtel* für integrative Bemühungen, - ohne Erfolg, wie die geringe Rezeption seiner Ideen in der psychotherapeutischen Literatur aufzeigt.

In der Diskussion zwischen Psychoanalyse und Verhaltenstherapie gibt es ein Streitthema, das die Verhaltenstherapie seit Beginn ihrer Entwicklung begleitet. Es betrifft die Frage, ob ein symptomorientiertes Vorgehen zulässig bzw. sinnvoll sei, da Ersatzsymptome zu erwarten sind.

Symptomverschiebung

„Die Geschichte der Symptomverschiebungsdiskussion ist gleichzeitig eine Geschichte des wechselseitigen Verhältnisses der Psychoanalyse zur Verhaltenstherapie" (*Perrez*, 1978). Die kontrovers verlaufende Diskussion währte sehr lange und ist erst in den letzten zehn Jahren zurückgegangen. Die Sorge oder auch Gewissheit, dass Symptombehandlung pathologische Ersatzsymptome verursache, teilten Tiefenpsychologen nicht nur untereinander sondern auch mit Medizinern und prominenten Verhaltenstherapeuten. *Mowrer*, ein bekannter Vertreter des Behaviorismus, hatte das erste Gerät zur Enuresis-Behandlung konstruiert (*Mowrer* und *Mowrer*, 1938) und war selbst verwundert, dass das Einnässen apparativ beseitigt wurde, ohne andere Störungen auszulösen. *Dollard* und *Miller* (1950) prognostizieren Symptomverschiebung, wenn ausschließlich auf der Verhaltensebene interveniert wird. Die Begründung der Vorwürfe: die Psychoanalyse behandle die psychische Krankheit, die Verhaltenstherapie deren Oberfläche. Nach *Freud* sind Symptome Ausdruck zugrunde liegender unbewusster Triebkonflikte bzw. struktureller Defizite, die aufzulösen sind, um eine psychische Störung zu beheben. So wäre zum Beispiel die Heilung des Symptoms „Phobie" nur möglich, wenn der zugrunde liegende Ödipuskonflikt erfolgreich aufgelöst wurde. Ist das nicht der Fall, indem nur das Symptom beseitigt wird, muss zwangsläufig ein anderes Symptom auf das Grundproblem hinweisen.

Die Verhaltenstherapie war sehr früh mit diesen Argumenten konfrontiert und reagierte unterschiedlich. *Eysenck* provoziert (und relativiert später): "Es gibt keine Neurose, die dem Symptom zugrunde liegt, sondern nur das Symptom selbst. Man beseitige das Symptom und hat die Neurose zum Verschwinden gebracht" (*Eysenck* & *Rachman*, 1965). *Eysenck*s eigene, komplexere Theorie zur Angstentstehung widerspricht zwar dieser kurzen Formel, das Zitat selbst verfehlte nicht sein Ziel. Die Empörung war groß. Andere Verhaltenstherapeuten nahmen die Kritik ernst. Therapieverläufe wurden auf das Auftreten neuer Symptome untersucht, die einzelnen verhaltenstherapeutische Methoden wurden überprüft, Katamnesen durchgeführt. Die Vorwürfe konnten zwar zurückgewiesen werden (Symptomverschiebungen wurden nicht beobachtet), die Diskussion hielt dennoch an. Eine Zusammenstellung der streitbaren Publikationen findet sich bei *Perrez* & *Otto* (1978), eine schulenübergreifende Analyse bei Wachtel (1977).

Alle empirischen Untersuchungen kämpften jedoch mit einem unerwarteten Problem: die Begriffe „Symptom", „Symptomverschiebung", „Ersatzsymptom" werden häufig gebraucht, wurden jedoch nie definiert.

Nach *Bandura* (1969) und *Kazdin* (1982) sind grundsätzliche Fragen offen:
- Wodurch definiert sich ein Ersatzsymptom? Gibt es Kriterien, welche neu auftretenden Symptome „Verschiebungen" sind, welche nicht? Bei wem tritt es auf? Kann auch ein anderes Familienmitglied davon betroffen werden?
- Welche Qualität muss ein Ersatzsymptom annehmen (Körperlich, interpersonell, kognitiv etc.)?
- Welcher Zeitrahmen ist angemessen (Monate, Jahre)?
- Welche Bedingungen erleichtern eine „Verschiebung"?
- Wie kann man neu auftretende bzw. im Verlauf der Behandlung deutlicher gewordene von Ersatzsymptomen abgrenzen? Verläufe unbehandelter Störungen (z.B. Zwangsstörungen) zeigen – mit und ohne Therapie -Übergänge von einem Symptom zu einem anderen.

Die geforderten Kriterien wurden bis heute nicht präzisiert; das Thema hat nur mehr historische Relevanz. Für die moderne Verhaltenstherapie sind Symptome als Teile eines komplexen Bedingungsgefüges und im Sinne biopsychosozialer Modellvorstellungen durch prädisponierende, auslösende und aufrechterhaltende Faktoren determiniert. Letztere (als kurz- und langfristige Konsequenzen des Verhaltens) waren innerhalb des operanten Paradigmas immer schon ein Schwerpunkt verhaltenstherapeutischen Denkens. In modernen Störungskonzepten haben Konflikte ebenso Platz wie sämtliche Funktionalitäten, die bestehende Auffälligkeiten stabilisieren. Eine verhaltenstherapeutische Behandlung besteht nicht in der Unterdrückung eines Symptoms sondern einer weitreichenden Veränderung seiner Verflechtungen. Die Frage bzw. der große Unterschied zwischen Verhaltenstherapie und tiefenpsychologischen Konzepten besteht nach *Bandura* (1969) darin, welche zugrunde liegenden Faktoren als relevante Bedingungen gesehen werden, die zur Symptombildung führen. Und hier erst zeigen sich die großen Differenzen. Die aktuelle verhaltenstherapeutische Forschung befasst sich nur mehr vereinzelt mit der Symptomverschiebung (*Margraf* et. al. 1993; *Jacobi*,

1999). Stattdessen konzentriert man sich seit längerer Zeit auf die Erforschung therapeutischer Misserfolge: Therapieabbrüche, Rückfälle, Behandlungsresistenz. Symptomverschiebungen bzw. Prozesse, die darunter verstanden werden könnten, sind in den Rückfallsphänomenen inkludiert und darin gut aufgehoben.

Kognitive Verhaltenstherapie

Die moderne Verhaltenstherapie präsentiert sich als eine Therapierichtung, die sich aus verschiedenen theoretischen Ansätzen zusammensetzt und eine große Bereitschaft zur Weiterentwicklung in den Interventionsmaßnahmen zeigt (vgl. *Egger*, 2006; *Parfy* et. al 2003).

Auf die Frage „was ist Verhaltenstherapie" muss die Rückfrage lauten: - für welchen Patienten - mit welchen Schwierigkeiten und Ressourcen - zu welchem Zeitpunkt der Behandlung? Bei allem Respekt vor Therapiemanualen, und davon gibt es viele, ist das unmittelbare Vorgehen immer individuell, ohne den Grundsätzen der VT untreu zu werden. Zu diesen zählt die Verpflichtung zu einer detaillierten Diagnostik als Grundlage der Therapieplanung, zu wiederholten Formulierungen von Therapiezielen, zur Evaluation der Veränderungen. Diesbezüglich hat sich seit der Gründerzeit nichts verändert.

Die markanten Entwicklungen zeigen sich in mehreren Bereichen.

▸ **Störungsmodelle**

Kognitiv – behaviorale Therapien sehen psychische Störungen als multifaktoriell bedingt und beziehen sich meist auf biopsychosoziale Modelle. Prädisponierende, auslösende und aufrechterhaltende Einflüsse bedingen mit unterschiedlicher Gewichtung genetischer, körperlicher, sozialer und intrapsychischer Faktoren das jeweilige Störungsbild eines Menschen und dessen Ressourcen. So werden Temperaments- und neuropsychologische Faktoren ebenso berücksichtigt wie die Bedeutung menschlicher Grundbedürfnisse (*Epstein*, 1990), individueller Pläne (*Caspar*, 1996) und deren Konflikthaftigkeit. Die Bindungstheorien – seit langem selbstverständlicher Teil klinischen Denkens und kognitiv - behavioraler Verfahren (*Parfy* et. al. 2003; *Immisch*, 2004) - sind ein Beispiel für eine gelungene Integration psychoanalytischer Modelle in die Verhaltenstherapie. Ein anderes Beispiel – und hier kommen wir *Freud* sehr nahe – bezieht sich auf die Übertragung, d.h. die Aktivierung früherer Beziehungsmuster im Rahmen der Patient – Therapeut – Beziehung und deren Nutzung als Mittel zum sozialen Lernen innerhalb der Therapie (*Ambühl*, 1991).

▸ **Behandlungsstrategien**

Für viele psychische Störungen wurden komplexe Bedingungsmodelle entwickelt, aus denen sich verhaltenstherapeutische Behandlungskonzepte ableiten, die kontinuierlich evaluiert werden. Veränderungen im Störungswissen führen stets zur Überprüfung und gegebenenfalls Veränderung der Interventionen. Die Entwicklung neuer oder die Integration bewährter „Techniken" aus anderen Schulen (z.B. *Greenberg* et.al. 1993) erfolgt zielgerichtet auf der Basis einer Störungstheorie. So haben zum Beispiel die Ergebnisse der modernen Emotions- und Gedächtnisforschung die Verhaltenstherapie veranlasst, ihr Behandlungsrepertoire um erlebnisorientierte und emotionsfokussierte Strategien zu erweitern, da bestehende Verfahren nur unzureichend geeignet schienen, blockierte Gefühle zu lockern oder implizite Gedächtnisinhalte dem Bewusstsein zugänglich zu machen.

Ein interessantes Störungs- und Behandlungskonzept präsentiert in diesem Zusammenhang *J. Young*, die „Schema-Therapie" (*Young*, 2003). Es handelt sich um eine Weiterentwicklung der Kognitiven Therapie (*Beck* et.al 1979) für die Behandlung von chronischen und Persönlichkeitsstörungen. Es ist ein integrativer Ansatz, in dem Kognitive Verhaltenstherapie, Objektbeziehungstheorie und Gestalttherapie zu einem Ganzen verbunden sind. Traumatische Beziehungserfahrungen in Kindheit und Jugend sind als stabile „maladaptive Schemata" (negative Aspekte des Selbstbildes) gespeichert, und prägen den Lebensstil des Betroffenen. Die Therapie besteht in einer Veränderung solcher Schemata durch deren Aktualisierung und Veränderung im Hier und Jetzt. Eine intensive, nachträgliche Bearbeitung vergangener Erfahrungen ist verpflichtender Teil innerhalb des therapeutischen Vorgehens.

Ein Ausblick

In der kognitiven Verhaltenstherapie bahnt sich – nach der Epoche der Lerntheorien und der Kognitiven Wende – eine dritte Welle an („Third Wave of Cognitive Behavioral Therapy"). „Achtsamkeit" oder „Akzeptanz" sind zentrale Begriffe, die eine Abkehr vom traditionellen, ziel- und veränderungsfokussierten Vorgehen der Verhaltenstherapie andeuten - zugunsten eines unmittelbaren aktuellen Erlebens und Akzeptierens des Gegenwärtigen. Zu bereits ausgearbeiteten Konzepten zählen die „Achtsamkeitsbasierte kognitive Therapie für Depressionen" („Mindfulness-Based Cognitive Therapy for Depression") von *Segal*, *Williams* und *Teasdale* (2002), sowie die „Akzeptanz- und Commitment Therapie" („Acceptance and Commitment Therapy") von *Hayes*, *Strohsal* & *Wilson* (1999). Kognitiv behaviorale Methoden werden mit nicht- klinischen Strategien (z.B. Achtsamkeitsstrategien) kombiniert und sind zunächst in der Behandlung chronisch depressiver Patienten eine Alternative zur traditionellen verhaltenstherapeutischen Vorgangsweise (einen ausführlichen Überblick bietet das Handbuch von *Heidenreich* und *Michalak* 2006). Es wird interessant, die weitere Entwicklung zu beobachten.

Mit noch größerem Interesse – und nun nähern wir uns dem Ausgangsthema – verfolgen wir den Einfluss der Hirnforschung auf die Psychotherapie. Die bisherigen Ergebnisse verführen zu Visionen, denen man sich kaum entziehen kann. *Eric Kandel* (2005) ermutigt zum gemeinsamen Denken und Forschen, erste Ergebnisse, die

Freud bestätigen und widerlegen, liegen vor. Das gilt auch für die Verhaltenstherapie. Möglicherweise ist es der neurowissenschaftliche Boden, auf dem Therapieschulen in Zukunft miteinander kommunizieren werden. Und *Grawes* Idee einer Neuropsychotherapie (*Grawe*, 2004) scheint nicht mehr illusionär.

Zusammenfassung: Freud im Blick der Verhaltenstherapie
Vertreter des Behaviorismus waren an den Arbeiten *Freuds* interessiert und versuchten (erfolglos), psychoanalytische Konzepte durch lerntheoretische zu erklären. Die Begründer der Verhaltenstherapie standen in deutlichem Gegensatz zur Psychoanalyse, während praktisch tätige Verhaltenstherapeuten immer wieder versuchten, psychoanalytisches Denken in ihre Arbeit zu integrieren. Der Paradigmenwechsel in der Verhaltenstherapie, die so genannte „kognitive Wende" führte zu modifizierten Therapiekonzepten und beendete weitere Integrationsüberlegungen.

Schlüsselwörter:
Kognitive Verhaltenstherapie, Behaviorismus, Psychoanalyse, Ersatzsymptom

Summary: Freud in the view of Behaviour Therapy
Behaviorists were interested in the work of *Freud* and there were many (unsuccessful) efforts to interpret psychoanalytical concepts in terms of learning theory. Pioneers of behaviour therapy were in strong opposition to psychoanalysis, though many practitioners tried to integrate psychoanalytical ideas in their therapeutic procedures.
The paradigm shift in behavior therapy, called as "cognitive wave" gave rise to modifications of therapeutic concepts and stopped further integrative reflexions.

Keywords:
Cognitive behavior therapy, behaviorism, psychoanalysis, symptom substitution

Literatur
Ambühl, H. (1991): Therapeutische Beziehungsgestaltung unter dem Gesichtspunkt der Konfliktdynamik. In *Margraf, J. und Brengelmann, J.C.* (Hrsg.): Die Therapeut-Patient-Beziehung in der Verhaltenstherapie. München: Röttger. 245-264
Bandura, A. (1969): Principles of behavior modification. New York.
Beck, A. T., Rush, A.J., Shaw, B.F., Emery, G. (1979): Cognitive therapy for depression. New York: Guilford Press. (Deutsch: Kognitive Therapie der Depression. Wien: Urban und Schwarzenberg,.1986.)
Birk, L. & Brinkley-Birk, W.A. (1974): Psychoanalysis and behaviour therapy. Amer. J. Psychiatry, 131, 499-510.
Brady, J.P (1967): Psychotherapy, learning theory, and insight. Arch. Gen. Psychiat., 16, 304-311.
Brady, J.P (1968): Psychotherapy by a combined behavioral and dynamic approach. Comprehensive Psychiatry 9, 536-543.
Caspar, F. (1996): Beziehungen und Probleme verstehen. Eine Einführung in die Plananalyse. Bern: Huber.
Dollard, J., Miller, N. (1950): Personality and Psychotherapy: an analysis in terms of learning, thinking and culture. New York:. Mc Graw Hill.

Dollard, J., Doob, L.W., Miller, N.E. & Sears, R.R. (1939): Frustration and aggression. New Haven..

Dunlap, K. (1920): Mysticism, *Freud*ianism and scientific psychology. St. Louis.

Egger, J.W. (2006): Menschenbildannahmen in der verhaltenstheoretischen Psychotherapie. *Integrative Therapie*, 32, Sept. 2006, S. 181-219.

Ehlert, U. (2003): Verhaltensmedizin. Berlin: Springer.

Epstein, S. (1990). Cognitive - Experiential Self Theory. In *L.A. Pervin* (Ed.) Handbook of Personality: Theory and Research.- New York: Guilford press-. 165-192.

Eysenck, H. J. (1957): Psychoanalysis . myth or science. Inquiry 4, 1.

Eysenck, H. J. (1985): The Decline and Fall of the *Freud*ian Empire. London:. Viking Penguin. (Deutsch: Sigmund *Freud*: Niedergang und Ende der Psychoanalyse. München: List Verlag 1958)

Eysenck, H.J., Rachman, S. (1965): The Causes and Cures of Neurosis. An Introduction to Modern Behavior Therapy, based on Learning Theory and the Principles of Conditioning. London: Routledge and Kegan Paul. (Deutsch: Neurosen – Ursachen und Heilmethoden. Berlin: VEB deutscher Verlag der Wissenschaften, 1968)

Feather, B.W. & Rhoads, J.M. (1972): Psychodynamic behaviour therapy I & II. *Arch. Gen. Psychiatry*, 496-511.

Grawe, K. (2004): Neuropsychotherapie. Göttingen: Hogrefe,

Greenberg, L.S., Rice, L.N., Elliott, R. (1993): Facilitating Emotional Change. The Moment – by- Moment Process. New York :Guilford Press. (Deutsch: Emotionale Veränderung. Grundlagen einer prozess- und erlebensorientierten Therapie. Paderborn: Junfermann, 2003).

Hayes, S.C., Strohsal, K.D., & Wilson, K.G. (1999): Acceptance and Commitment Therapy – An Experiental Approach to Behavior Change. New York Guilford Press.. (Deutsch: Akzeptanz- und Commitment Therapie. München.:CIP-Medien),

Heidenreich, T. Michalak, J. (Hrsg.) (2006): Achtsamkeit und Akzeptanz in der Psychotherapie. Tübingen: dgvt-Verlag.

Hull, C.L. (1943): Principles of Behavior: An Introduction to Behavior Theory. New York.

Immisch, P.F. (2004): Bindungsorientierte Verhaltenstherapie. Behandlung der Veränderungsresistenz bei Kindern und Jugendlichen. Tübingen: dgvt-Verlag.

Jacobi, C. (1999): Symptomverschiebung in der Verhaltenstherapie. Psychologisches Alltagswissen, Regelfall oder Ausnahme?. *Psychotherapeut.* 44(1) 1999, 51-59.

Kandel, E. R. (2005): Psychiatry, Psychoanalysis and the New Biology of Mind. Washington:. American psychiatric publishing, inc. (Deutsch: Psychiatrie, Psychoanalyse und die neue Biologie des Geistes. Suhrkamp, Frankfurt, 2006).

Kazdin, A.E. (1982): Symptom substitution, generalization and response covariation: Implications for psychotherapy outcome. *Psychological Bulletin*, 91, 349-365.

Margraf, J. (2000): (Hrsg.) Lehrbuch der Verhaltenstherapie 1. Grundlagen, Diagnostik, Verfahren, Rahmenbedingungen. Berlin: Springer.

Margraf, J. (2000) (Hrsg.). Lehrbuch der Verhaltenstherapie 2 .Störungen. Glossar. Berlin: Springer.

Margraf, J., Fiegenbaum, W., Benna, S., Schneider, S. (1993): Zum Mythos der Symptomverschiebung nach erfolgreicher Angstreduktion. Vortrag auf dem 11. Symposium für Klinisch – Psychologische Forschung der Fachgruppe für Klinische Psychologie der Deutschen Gesellschaft für Psychologie, Rostock/Prerow.

Marmor, J. (1969): Neurosis and the psychotherapeutic process: Similarities and differences in the behavioural and psychodynamic conceptions. Int. J. Psychiatry, 8, 514-519.

Marmor, J. (1971): Dynamic psychotherapy and behavior therapy. Are they irreconcilable? *Arch. Gen. Psychiarty*, 124, 22-28.

Massermann, J.H. (1943): Behavior and Neurosis. Chicago: Chicago University Press.

Mowrer, O.H. & Mowrer, W.M. (1938): Enuresis – a method for its study and treatment, *Amer. J. of Orthopsychiatry*, 8, 436-459.

Mowrer, O.H. (1947): On the dual Nature of Learning: a Reinterpretation of "conditioning" and "problem solving". Harv. Educ. Rev.

Mowrer, O.H. (1940): An experimental analogue of "regression" with incidental observations on "reaction-formation". *J. Abn. Soc. Psychol.,* 35, 56-87.
Mowrer, O.H. (1950): Learning Theory and Personality Dynamics. Ronald Press, New York
Parfy, E., Schuch, B. ,Lenz, G. (2003): Verhaltenstherapie. Moderne Ansätze für Theorie und Praxis. Wien: Facultas.
Perrez, M. & Otto, J. (Hrsg.). (1978): Symptomverschiebung. Eine Kontroverse zwischen Psychoanalyse und Verhaltenstherapie. Salzburg: Otto Müller Verlag.
Porter, R. (Ed.) (1968): The role of learning in psychotherapy. A Ciba Foundation Symposium. London.
Schilder, P. (1935): Psychoanalyse und bedingte Reflexe. *Imago,* 21, 50-66
Schorr A. (1984): Die Verhaltenstherapie. Die Geschichte von den Anfängen bis zur Gegenwart. Weinheim: Beltz.
Sears, R.R. (1934): An experimental study of the *Freud*ian dynamism "projection". *Psychol. Bull.* 32, 711.
Sears, R.R. (1936): Experimental studies of projection: I. Attribution of traits. *J. Soc. Psychol.,* 7, 151-163.
Sears, R.R. (1937): Experimental studies of projection: II. Ideas of reference. *Soc. Psychol.,* 8, 389-400.
Segal, Z., Williams, M., Teasdale J. (2002): Mindfulness-Based Cognitive Therapy for Depression: A new approach to preventing relapse. New York: Guilford Press.
Skinner, B.F. (1953): Science and Human Behavior. Boston.
Skinner, B.F., Solomon, H.C. und Lindsley, O.R. (1953): Studies in behavior therapy. Metropolitan State Hospital, Waltham, Mass., Status report I, Nov. 30.
Sloane, R.B., (1969): The converging paths of behaviour therapy and psychotherapy. *Int. J. Psychiatry,* 8, 493-503.
Sloane, R.B., Staples, F.R., Cristol, A.H. Yorkston, N.J., Whipple, K. (1975): Psychotherapy versus behaviotr therapy. Cambridge: Harvard Univ. Press.
Wachtel, P. (1977). Psychoanalysis and Behavior Therapy. New York: Basics Books. (Deutsch: Psychoanalyse und Verhaltenstherapie. Ein Plädoyer für ihre Integration. Stuttgart: Klett-Cotta, 1981)
Watson, J.B. (1927): The Myth of the Unconscious. *Harp. Mag.* 155, 502-508
Watson. J.B. (1928): The ways of behaviorism. New York.
Wohlgemuth, A. (1923). A critical examination of psychoanalysis. London.
Wolpe , J. (1958): Psychotherapy by reciprocal inhibition. Stanford.
Young, J., Klosko, J.S., Weishaar, M.E. (2003): Schema Therapy. A Practitioners Guide. New York: Guilford Press. (Deutsch: Schematherapie. Paderborn: Junfermann. 2005).

Korrespondenzadresse:
Dr. Bibiana Schuch
Medizinische Universität Wien

Währingergürtel 18–20
A-1090 Wien

E-Mail-Adresse:
bibiana.schuch@meduniwien.ac.at

Hans Waldemar Schuch

Freud aus der Sicht der Integrativen Therapie

Einige Bemerkungen zu Person und Werk von Sigmund Freud (1856 – 1939) aus Anlass seines 150. Geburtstages

> *„Der Narr sprach: Die Pein zehrt auch den Wahrhaftigen"*
> Werner Filmer, Orion und 41

Anerkennung und Respekt

Der programmatische Vorsatz der *Integrativen Therapie (Petzold* 2003a*)*, *„Wertschätzung der Differenz"*, legt zum feierlichen Anlass zunächst einmal ehrende Anerkennung und gebührenden Respekt nahe: Rückt doch mit dem *Freud*schen Werk eine heutzutage schier unvorstellbare persönliche Leistung ins Blickfeld.

Dieses umfangreiche, großenteils literarisch beachtliche, in seiner Art wohl einzigartige theoretische Werk konnte nur ein Mensch schaffen, der mit überragender Geistesgröße, weit reichender Bildung, klarem Zielbewusstsein, starkem Durchsetzungswillen und größtmöglicher Disziplin ausgezeichnet war. Dies gilt umso mehr, wenn man in Rechnung stellt, dass *Freud* neben seiner gigantischen theoretischen Produktion in beträchtlichem Umfange klinisch gearbeitet hatte. Auf der Höhe seiner Schaffenskraft hielt er täglich bis zu acht Analysesitzungen ab und empfing auch noch bis ins hohe Alter trotz fortschreitender Krebserkrankung Analysanden und Besucher.

Auch wenn eine bestimmte destruktive Variante der *Freudkritik* (*Eschenröder* 1989; *Zimmer* 1986) anderes nahezulegen versucht - ich kann mich in dieser Hinsicht *Paul Roazen* (1971) nur anschließen: Das fortwährende Bedürfnis, sich mit *Freud* auseinanderzusetzen, gerade auch viel von der an ihm geübten Kritik bezeugen *Freud*s Größe sowie die Aktualität seiner Ideen (*Roazen* 1971, 31). Unbenommen bleibt davon allerdings, ob man *Freud*s Ansichten zustimmt oder nicht. Zumal zahlreiche seiner Ansichten mittlerweile durch die Forschung einfach widerlegt sind. Von den Differenzen der *Integrativen Therapie* zu *Freud* – so weit sie nicht ohnehin aus meiner Darstellung hervorgehen - wird insbesondere in meinem Schluss die Rede sein.

Vorab ist betont, hier wird es nicht ‚ad personam' gegen *Freud* gehen. Ihn kritisch zu würdigen verlangt zuerst, ihm *Gerechtigkeit* widerfahren zu lassen. Anders steht es um seine Nachwirkungen: Jene Praktiken, die von ihm ausgingen, deren Geltung heute immer noch machtvoll behauptet wird, auch wenn sie eigentlich nur noch historisches Interesse verdienen.

Samuel Weber (1979) hat in seinem *Jacques Derrida* gewidmeten Essayband *„Freud-Legende"* völlig zu Recht problematisiert, wie man heute *Freud* liest. Er selbst schlug vor, *Freud*s Texte so zu lesen, wie sie selbst den Traum lesen: Nicht allein um den Sinngehalt herauszuarbeiten, der einer „selbstverständlichen" Lektüre „abfällt wie Schlacke", sondern um die Bewegungsgesetze nachzuzeichnen, die jenen Inhalt hervorbringen – aber auch verstellen (*Weber* 1979, 12).

Jacques Derrida (1992) - einer der Referenzphilosophen der *Integrativen Therapie* - hatte dereinst den Vorsatz *Michel Foucault*s – ein weiterer Referenzphilosoph der *Integrativen Therapie* - „*Gerecht sein gegenüber Freud*" (*ibid*. 59) dekonstruiert, wodurch in der „*Geschichte des Wahnsinns im Zeitalter der Psychoanalyse*", die *Foucault* erzählt hatte, *Freud* auf beiden Seiten einer von diesem selbst gezogenen Linie auftauchte, mit der dieser Vernunft und Wahnsinn trennen wollte: Die Geschichte der *Freud*schen Vernunft wäre demnach auch eine Geschichte des *Freud*schen Wahnsinns.

Probleme der Geschichtsschreibung

Wenn man sich nach Jahren der Beschäftigung mit vielem, was zum Thema bereits veröffentlicht worden ist, dem historischen Phänomen *Sigmund Freud*, so, wie es die *Integrative Therapie* nahe legt „aus guter Distanz", würdigend zuwendet, kommt man nicht umhin, historisch kritisch, diskursanalytisch und dekonstruktiv zu denken, um eine multiperspektivische Ansicht zu entwerfen. Trotz bester Vorsätze warten auch hier erhebliche Schwierigkeiten. Ich beginne daher mit ein paar allgemeinen Worten zur Geschichtsschreibung.

Das Vorhaben, das Werk einer großen historischen Persönlichkeit zu würdigen, sozusagen Geschichte zu schreiben, ist mittlerweile von allerlei erkenntnistheoretischen Bedenken umstellt, auf die insbesondere *Paul Ricœur* eindrucksvoll und nachhaltig hingewiesen hat. Spätestens seit *Ricœur* (1991; 1998; 2003) muss man die Vorstellung einer objektiven Geschichtsschreibung aufgeben. Geschichtsschreibung erweist sich immer als ein subjektives, Interesse geleitetes Unterfangen. Denn anders als es die Gewohnheiten und Tendenzen von Alltagssprache und Alltagsdenken nahe legen, ist Geschichte nichts mit sich Identisches, keine Entität, die gleichsam an einem Ort abgelagert, dort anamnestisch aufsuchbar und objektiv beschreibbar wäre (1998, 23). Geschichte ist nach *Ricœur* (1991) eine schöpferische "*Refiguration von Zeit*". Die Vorstellung einer "Wirklichkeit" der Vergangenheit bleibt ihm zufolge abstrakt, solange sie nicht als komplexes Spiel sich wechselseitig bedingender Bedeutungen begriffen wird, das zwischen unseren auf die Zukunft gerichteten Erwartungen und unseren auf die Vergangenheit zielenden Interpretationen stattfindet (1991, 335).

Geschichte ist immer eine Realisation der Gegenwart. Geschichte ist etwas, das gleichsam auftönt im Sonar, respektive aufglimmt im Radar gegenwärtiger, subjektiver Erkenntnisinteressen. „Geschichte" bildet sich nicht zuletzt durch die Fragen, die man an das „Rätsel der Vergangenheit" (*Ricœur* 1998) richtet.

Übrigens, auch *Sigmund Freud* (1909) legte gegenüber der Objektivität der erinnerten

Lebensgeschichten seiner Patienten Skepsis an den Tag. Er verglich sie mit "der Sagenbildung eines Volkes über seine Urgeschichte" (*Freud* 1909, 427).

Erkenntniskritische Einschränkungen gelten selbstverständlich auch für meine Anmerkungen zu *Sigmund Freud*. Sie sind von meinem expliziten und impliziten Erkenntnisinteresse geleitet. Es wäre zudem keine Überraschung, wenn sich nicht in ihnen auch unbewusste, polyvalente Einstellungen zu *Freud* realisierten. *Freud* selbst hat auf das Problem der Ambivalenz hingewiesen, die häufig die Beschreibung der Lebensgeschichte großer Männer kennzeichnet, insofern die Verehrung für diese regelmäßig eine Komponente feindseliger Auflehnung enthält (*Freud* 1930, 550).

Bevor ich ausführlicher auf *Freud* zu sprechen komme, noch ein Bekenntnis: Ich glaube, dass phänomenologisch-hermeneutische Psychotherapieverfahren größtenteils personalen Ursprungs sind, weil sie sich zuerst wesentlich der Selbstbeobachtung und Selbstreflexion verdanken und weil ihre theoretischen Modellvorstellungen letztlich die zu Gedankenfiguren geronnenen Erlebens- und Verhaltensweisen ihrer Begründer enthalten. Um die spezifische Qualität der Verfahrensbegründung im Subjekt als Erkenntnisobjekt nicht zu ignorieren, ist neben allem anderen immer auch auf die Person seines Begründers zu sehen. Mit anderen Worten, ich gehe davon aus, dass sich im Werk immer auch in hohem Maße Persönliches (*Schuch* 1990) zeigt. Ich denke also, es gibt einen unauflösbaren Zusammenhang von *Freud*s persönlichen Lebensrealisationen und der Entstehung und Entwicklung seiner Theorie sowie seiner therapeutischen Praxeologie.

Für diesen subjektiven Ansatz spricht schon der Anfang der Psychoanalyse. Bekanntlich bildete *Freud*s Selbstanalyse eine entscheidende Etappe bei der Entwicklung seiner wissenschaftlichen Ansichten (*Gedo* 1968). *Freud* hat bei sich angefangen und sozusagen in einem inneren Dialog den Entwurf einer „Psychoanalyse" begründet und entwickelt. Die Form der Darstellung dieser Selbstanalyse enthielt bereits strukturell sein theoretisches Verfahren. *Schott* (1985) erkannte in seiner Rekonstruktion von *Freud*s analytischem Umgang mit sich selbst zwei miteinander verwobene Stränge: Zum einen der selbstanalytische Diskurs, in dem sich die selbstanalytische Deutungsarbeit vollzieht und zum andern die Leitlinie der objektiven Konstruktion, in der er ein Funktionsmodell des Seelenlebens entwirft (*Schott* 1985, 125).

Die Fähigkeit, sich zu reflektieren, gilt heute als ein unverzichtbares Eignungskriterium für Psychotherapeuten. Sie macht einen Großteil der psychotherapeutischen Praxis und Ethik aus, wie wir sie vertreten. Bereits *Freud* hatte verlangt, dass jeder angehende Analytiker mit Selbstanalyse beginne. *Freud* (1910) war klar, „dass jeder Psychoanalytiker nur soweit kommt, als seine eigenen Komplexe und inneren Widerstände es gestatten". Er hatte daher verlangt, dass der Psychoanalytiker „seine Tätigkeit mit einer Selbstanalyse beginne und diese, während er seine Erfahrungen an Kranken macht, fortlaufend vertiefe. Wer in einer solchen Selbstanalyse nichts zustande bringt, mag sich die Fähigkeit, Kranke analytisch zu behandeln, ohne weiteres absprechen" (*Freud* 1910, 108). Einige Zeit lang hielt *Freud* die Selbstanalyse für ausreichend, psychoanalytisch tätig zu sein. Erst später sprach er sich für die Lehranalyse aus, die man als Selbstanalyse fortsetzen könne (*Freud* 1912b, 383).

Schwierigkeiten und Widersprüche

*Freud*s Bild schaut uns derzeit von zahlreichen Buchtiteln bedeutungsschwer an. Ein Jeder kennt es. *Freud* gibt der „Tiefenpsychologie" regelrecht sein Gesicht. Auch wenn uns sein Anblick ikonisch vertraut vorkommt, ist es heute immer noch keineswegs einfach, ein einigermaßen differenziertes und stimmiges Bild von *Freud* zu entwerfen.

Die *Freud*-Literatur – je nach dem, womit sie sich zu welcher Zeit, aus welcher Perspektive und mit welchem Ziel beschäftigte - zeichnete vielmehr ein vielschichtiges, überaus widersprüchliches Bild dieses Giganten. *Lahann, B. / Mahler, U. (2006)* untertitelten insofern völlig zu recht: *„Die rätselvolle Geschichte des Sigmund Freud"*. Die Schwierigkeit, die komplexe Persönlichkeit *Freud*s zu verstehen, hat viele veranlasst, ein Schlagwort zu suchen, das ihn verständlich machen würde (*Ellenberger* 1973, 633). Die allfällige Hagiographie der organisierten Psychoanalyse hat ihr übriges dazu getan, indem sie ein undurchsichtiges, verehrungswürdiges Bild entwarf, in dem das Andere (vgl. *Böhme / Böhme* 1983) von *Freud* nicht oder nur noch andeutungsweise vorkommen sollte.

Freud selbst ist an der Entstehung dieser Schwierigkeit, ihn zu begreifen, maßgeblich beteiligt. Er trug schon früh Sorge, dass nur ein zensuriertes Bild von ihm auf die Nachwelt kam. *Ludwig Marcuse* (1972) hat in seinem Essay über *„Freuds Bild vom Menschen"* hervorgehoben, dass der Schöpfer der indiskretesten Wissenschaft, was sein eigenes Leben anging, von einer geradezu aggressiven Diskretion war. Spurentilgung erscheint als ein durchgängiger Wesenszug von *Freud*. Bereits im Alter von 28 Jahren hatte er alle Aufzeichnungen und Briefe, wissenschaftliche Exzerpte und Manuskripte seiner Arbeiten vernichtet. Anschließend schrieb er nicht ohne sichtliche Freude an seine Braut, dass seine „zum Unglück geborenen" Biographen sich plagen sollen. *Freud* wollte es ihnen nicht zu leicht machen. „Jeder soll mit seinen Ansichten über die Entwicklung des Helden recht behalten, ich freue mich schon, wie sie sich irren werden" (zit. nach *Appell* 1986).

*Freud*s Neigung, ein bestimmtes Bild von sich zu vermitteln, Kontrolle über das zu behalten, was über ihn an die Öffentlichkeit dringen könnte, sein Stil der Zensur von potentiell Unliebsamem und Gefährlichem wurde von seinen Erben konsequent fortgesetzt. In dieser Angelegenheit ist insbesondere das Wirken seiner Tochter und Statthalterin *Anna Freud* zu würdigen. Ging doch ein Großteil ihrer späten Sorge und Bemühung dahin, zu verhindern, dass unliebsame Dokumente aus dem Nachlass ihre Vaters veröffentlicht würden, weil sie fürchtete, sie könnten benutzt werden, den Ruf ihres Vaters herabzusetzen und seinen Charakter zu schmälern (vgl. *Malcolm* 1986; *Young-Bruehl* 1995).

Ernest Jones (1960-1962), der wohl Eingeweihteste, dem das ganze unveröffentlichte Material zur Verfügung stand, von der *Freud*-Familie gebeten, mit einer offiziellen Biographie das *Freud*-Denkmal zu errichten, war als der große Zensor eingesetzt (*Marcuse* 1972, 30). *Jones* erledigte seine Aufgabe in jeder Hinsicht auf beeindruckende Art und Weise. *Jeffrey M. Masson* (1986) kam nach Sichtung eines Großteils der Dokumente, die auch *Jones* zur Verfügung gestanden hatten, zu der Ansicht, dass *Jones* seine Darstellung nicht geschrieben habe, um die Wahrheit zu ergründen, sondern um *Freud*s Version von der Geschichte der Psychoanalytischen Bewegung zu untermauern (*Masson* 1986, 214). *Masson*s aus Sicht der *Freud*-Erben illoyales Wirken blieb nicht ohne Folgen. Nachdem sie bemerkt hatten, dass *Masson* aus der Lektüre dieser Dokumente ihnen unliebsame Ergebnisse ermitteln würde, haben sie ihm den weiteren Zugang zu den Quellen versperrt (*Masson* 1986, 330; vgl. *Malcolm* 1986). Auch *Kurt R. Eissler*, Leiter des *Sigmund-Freud*-Archivs, ist in diesem Zusammenhang zu erwähnen. *Eissler* versuchte das Seinige, um die Kontrolle über das veröffentlichte *Freud*-Bild zu behalten (vgl. *Malcolm* 1986). *Eissler* spielte insbesondere die Rolle des „Verteidigers", der seine Autorität darauf verwendete, unerwünschte biographische Exkurse anderer zu widerlegen (*Young-Bruehl* 1995, 315).

Um die Frage der Veröffentlichung fanden zahlreiche, mittlerweile dokumentierte, engagierte Auseinandersetzungen statt (vgl. *Steiner* 2000). Auch bis heute sind noch nicht alle Dokumente der Öffentlichkeit zugänglich: Die letzten von *Eissler* verfügten Veröffentlichungssperren laufen erst zu Beginn des 22. Jahrhunderts aus!

Ludwig Marcuse (1972) gelangte zu dem paradoxen Befund, dass ausgerechnet diejenige Wissenschaft, die den Respekt vor dem Verhüllten mehr als irgendeine zerstört hat, unerbittlich das verschleierte Bild von Wien respektierte (*ibid*. 31). *Marcuse* vermochte die Verschwiegenheit des Meisters und seiner Schüler über den personalen Ursprung der Psychoanalyse – für ihn Kern der wesentlichsten Differenzen innerhalb der Bewegung – nicht in Einklang zu bringen mit einer Lehre, welche prinzipiell die konventionelle Scheidung zwischen Person und Werk zerstörte (*ibid*. 38).

Ich möchte dem hinzufügen, dass auch dieses Verhalten als bezeichnendes Merkmal letztlich nur auf den *Chiasmus* von Person und Werk verweist: Der Mann, der sich so sehr für die Geheimnisse der Menschen interessieren sollte, war selbst ein passionierter Kreateur von Geheimnissen (vgl. *Brückner* 1975).

Freuds Persönlichkeit

Wenn man den Zusammenhang von Person und Werk unterstellt, ist es unvermeidlich, einen Blick auf die Person *Sigmund Freud* zu werfen. Wer könnte *Sigmund Freud* gewesen sein? Welche Lebenserfahrungen könnten ihn gezeichnet haben? Wie sind seine Lebenserfahrungen in sein Denken eingegangen?

Beginnen wir unverfänglich: In Biographien wird *Freud*s Kindheit allgemein als glücklich bezeichnet (vgl. *Weisweiler* 2006). *Sigmund* kommt als privilegierter erstgeborener Sohn – in der zweiten Ehe seines Vaters - vor, der von seiner jungen Mutter mit Liebe überschüttet und mit Geborgenheit umhüllt wurde. Der junge *Sigmund* war in der Lage, innerhalb der Geschwisterschar seine Stellung zu behaupten und seine Präferenzen - mitunter diktatorisch - durchzusetzen. Seine privilegierte Stellung in der Familie drückte sich nicht zuletzt darin aus, dass er ein Einzelzimmer bewohnen durfte, während sich seine fünf Schwestern zwei Zimmer teilen mussten. Als kritisch soll er allerdings die von der Familie freudig begrüßte Geburt seiner Schwester Anna (vgl. *Freud-Bernays* 2006) erlebt haben, zu der er lebenslang kein günstiges Verhältnis fand. Der junge *Sigmund* wird als glänzender, dabei doch bescheidener Schüler beschrieben, als ehrgeiziger und fleißiger Medizinstudent, als glühender, treuer, besitzergreifender, aber auch eifersüchtiger Liebhaber. Es wird allgemein berichtet, dass *Freud* sich als junger Arzt eher unsicher fühlte und von Selbstzweifeln geplagt war. Erst nach seiner Selbstanalyse scheint sich *Freud* physisch und psychisch besser gefühlt zu haben (*Markus* 1991, 150). Für *Ellenberger* (1973) erscheint *Freuds* Persönlichkeit ab 1900, nach seiner Selbstanalyse und dem Erscheinen der „*Traumdeutung*", in einem neuen Licht: Die Selbstanalyse hätte den unsicheren jungen Praktiker in den selbstsicheren Begründer einer neuen Lehre und Schule verwandelt, der überzeugt war, eine große Entdeckung gemacht zu haben, die er der Welt schenken wollte (*Ellenberger* 1973, 628).

Nach eigenem Bekunden sah sich *Freud* als einen im Grunde einsamen Menschen, der sich von anderen Menschen getrennt fühlte. So schrieb er z.B. an *Oskar Pfister*: „Es muß doch in jener Zeit ein unheilbarer Riß zwischen mir und den anderen entstanden sein" (*Freud* / Pfister 1963, 81 f.). In diese Mitteilung fügt sich nahtlos ein, dass *Freud* immer wieder Phasen schwerer Depression durchlitt, in denen ihm das Leben zeitweise nicht lebenswert erschien (*Jones* 1960, 356). Einsamkeit wurde ihm allerdings auch zur Attitüde, zu einem „Einsamseinwollen", zu einem „Sich-bergen in seine eigensten Ziele" (*Andreas-Salomé* 1958, 30).

Werfen wir aus gegebenem Anlass einen Blick auf *Freuds* Leidensgeschichte (*Schur* 1973). *Jürg Kollbrunner* (2001) hat akribisch *Freuds* lebenslange Krankheitserfahrungen nachgezeichnet. Ein Kapitel, dessen Bedeutung für *Freuds* Denken und Haltung zur Welt zu Unrecht weithin unterschätzt wird.

Sigmund Freud hatte nicht nur 16 Jahre lang an einem Mundhöhlenkarzinom gelitten, das ihn zu zahlreichen zum Teil schweren, sehr schmerzhaften, hochbelastenden chirurgischen Eingriffen und anderweitigen Therapien zwang, darunter auch Röntgenbestrahlung sowie Radiumtherapie, sondern musste bis zur Krebsdiagnose bereits zahlreiche, zum Teil schwere Erkrankungen durchleiden. *Kollbrunner* (2001, 16) verweist auf die kollosale Verharmlosung von *Jones* (1962), der geschrieben hatte, dass Freud bis in seine sechziger Jahre nie ernstlich krank gewesen sei (*Jones*, 1962, Bd. II, 458).

Ich zähle entlang *Kollbrunners* Berichterstattung nur einmal kurz auf: u. a. Typhus, Pocken, Neuritis im Arm, Neurasthenie mit hochgradigen Stimmungsschwankungen, Kopfschmerzen, häufige, erst im Alter seltener werdende, zum Teil schwere Migräneanfälle, Herzbeschwerden („Anfälle paroxysmaler Tachykardie mit angialen Schmerzen und Anzeichen linksseitigen Herzkammerversagens, welche im April 1894 zu einer organischen Myokardschädigung, wahrscheinlich einer Koronarthrombose in einer kleinen Arterie oder vielleicht einer postinfektiösen Myokarditis geführt habe"), Herzrhythmusstörungen mit Todesängsten, akute Angstattacken, spektakuläre Ohnmachtsanfälle, Naseneiterungen, die operativ behandelt wurden, Naseninfektionen, chronische Nebenhöhlenentzündungen, grippale Infekte, die damals lebensbedrohliche Verläufe nehmen konnten, schwere Anginen, Ischias, Magen-Darmstörungen, Verstopfung, Prostataerkrankung, Rheumatismus, Furunkel, Gasvergiftung, Schreiblähmung, phobische und zwanghafte Störungen, insbesondere Eisenbahnphobie, massive Todesängste, Nikotinsucht.

Kollbrunner (2001) erwähnt darüber hinaus zahlreiche kindlich-früh belastende Beeinträchtigungen, Verhaltens- und Erlebensweisen, wie z.B. Bettnässen („immer noch Bettnässen"), Unfall mit Unterkieferverletzung, Lispeln („immer noch Lispeln"), Schuldgefühle.

Freud musste in der Folge der Krebserkrankung und den insgesamt zweiunddreißig Operationen jahrelang Gaumenprothesen tragen. Er hatte häufig heftige Schmerzen zu ertragen, litt unter Schluckbeschwerden, konnte zeitweise nicht sprechen, sein Gehör war eingeschränkt. Denkt da nicht der erlebnistheoretisch orientierte Therapeut: „Wie wirkt sich eine solche Krankenkarriere auf einen Menschen aus? Wer wollte ihm verdenken, wenn er eine eher beschwerliche und pessimistische Einstellung zum Leben entwickelte?"

Doch nicht genug mit der Krankengeschichte: *Freud* hatte es auch in anderer Hinsicht keineswegs leicht. Nicht zuletzt musste er in seiner beruflichen Laufbahn immer wieder um sein wirtschaftliches Überleben kämpfen. Sein bemerkenswertes Arbeitspensum mit Patienten verdankte sich wahrscheinlich nicht zuerst seiner Einstellung eines aufopferungsvollen Arztes, sondern der reinen Geldnot. *Freud* war von Beginn seiner ärztlichen Tätigkeit an finanziell immer wieder in Nöten. Es gab Zeiten, in denen er sich nicht einmal die Kutsche für Hausbesuche leisten konnte (*Lahann / Mahler* 2006, 47). Zeitweise hielt er sich nur durch Anleihen bei besser gestellten Freunden über Wasser (*Clark* 1985, 65). Es mag ihn erniedrigt haben, dass er von anderen Menschen, z.B. von *Ferenczi* während des Ersten Weltkriegs, finanzielle Hilfen annehmen und deshalb auch gewisse inhaltliche Konzessionen z.B. im Hinblick auf *Ferenczis* „Aktive Technik" (*Freud* 1918; *Ferenczi* 1919) machen musste.

Wie übereinstimmend überliefert wird, fühlte sich *Freud* Zeit seines Lebens nicht genügend beachtet und in seiner Arbeit wertgeschätzt. Er litt z. B. darunter, nicht auf die ihm zustehende gesellschaftliche Position eines Ordinarius gehoben worden zu sein.

Er wähnte ständig um seine Anerkennung kämpfen zu müssen, sah sich von Gegnern umgeben und fortgesetzten Anfeindungen im Hinblick auf seine Psychoanalyse ausgesetzt. Trotz späten Weltruhmes fühlte sich *Freud* nach eigenen Worten nicht durch öffentliche Ehrungen verwöhnt und hatte sich darauf eingerichtet, dass er solche entbehren konnte (*Freud* 1930, 545).

Wie es aussieht, war *Freud* von dem, was ihm das Leben beschert hatte, zutiefst enttäuscht und verbittert. Dies schloss insbesondere seine Erfahrungen mit anderen Menschen ein. Er hatte, wie er einmal an *Oskar Pfister* schrieb, „an den Menschen durchschnittlich wenig ‚Gutes' gefunden. Die meisten sind nach meinen Erfahrungen Gesindel" (*Freud/Pfister* 1963, 62). In den zwanziger Jahren kam er bezeichnenderweise auf den Hund, als treuen Freund.

Bei wem hätten solche Erfahrungen nicht Folgen gezeitigt? Wer wollte es ihm verdenken, dass er insbesondere in der zweiten Hälfte seines Lebens nach außen hin ein schroff und abweisend wirkender, verschlossener, leicht kränkbarer und wohl eher auch scheuer Mann gewesen sein soll, der zu scharfen Urteilen neigte, sich häufig abwertend äußerte, sich in Kontroversen in der Regel rigide und autoritär verhielt (*Fromm* 1981) und lieber einen schlechten Eindruck hinterließ, als sich zu zeigen (*Marcuse* 1972).

Diese weit verbreitete Außenansicht *Freuds* wird von anderen Ansichten, insbesondere den Innenansichten von Familienmitgliedern stark konterkariert. Hier kommt ein gänzlich anderer Mann zum Vorschein. *Freud* zeigte im Familienkreis viel Geduld und wenig Reizbarkeit. Sein Sohn *Jean Martin Freud* schildert den Vater als gütig und guten Erzieher, der am Sonntag und in den Sommerferien Zeit mit seiner Familie verbrachte (*Freud, M.* 1957). Seine Tochter *Anna Freud* schrieb (*Marthe Roberts* (1975; 1986) Darstellung widersprechend) am 23. Juni 1975 an *Masud Khan*: „Sie beschreibt meinen Vater als autoritäre Gestalt, als orthodoxen Juden und in jeder Hinsicht die Art von Vater, gegen die ein Sohn revoltieren würde. Die Wahrheit ist aber, daß er ein Freidenker war, ein milder, nachsichtiger und ziemlich passiver Mensch, d.h., das genaue Gegenteil. Usw."

Auch andere Menschen, in der Regel solche, denen *Freud* außerhalb professioneller Konkurrenzen dyadisch begegnete, kamen zu ähnlichen Ansichten: Da wird er u. a. als liebenswürdig und gutmütig, als gütig und höflich geschildert, ja gar als Mann „voller Witz und Humor und alles in allem sehr charmant" (*Ellenberger* 1973, 632).

Auf der anderen Seite des einsamen, verbitterten, pessimistischen *Freud* kommt so ein überaus sensibler, freundlicher, passiver, höflicher, zugewandter, ja humorvoller Mensch zum Vorschein, der wiederum enorme physische Leidensfähigkeit, Kampfesmut und zielvoll entschlossenen Durchhaltewillen aufbrachte, bis zum geduldig, geradezu heroisch ertragenen Tod nach langer schwerer Krankheit (*Schur* 1982). *Freud* zeigte bemerkenswertes Format. So schrieb er z.B. im Mai 1929 – kurz nachdem er eine neue Gaumenprothese erhalten hatte - an seinen Neffen *Samuel*: „Das Leben ist mir keine Freude – ich bin in mancherlei Hinsicht nicht mehr als ein Wrack -, aber laß uns rasch die andere Seite ansehen. Ich bin im Besitz meiner geistigen Kräfte, ich arbeite weiter und verdiene Geld für unsere Leute" (cit. *Clark* 1981, 533). In dem Brief an *Stefan Zweig* vom 17. Oktober 1937 zitiert *Freud Horaz* (Oden III, 3): „Selbst wenn der Weltbau krachend einstürzt, treffen die Trümmer ein Herz, das furchtlos."

Freud hatte, bei aller pathetischen Tapferkeit, auch schwarzen Humor. So schrieb *Freud* an seine Vertraute und Gönnerin *Marie Bonaparte*, am 13. August 1937: „Im Moment, da man nach Sinn und Wert des Lebens fragt, ist man krank, denn beides gibt es ja in objektiver Weise nicht; Großartig sind meine Aufklärungen gewiß nicht. Vielleicht weil ich selbst zu pessimistisch bin. Mir geht ein ‚advertisement' im Kopf herum, das ich für das kühnste und gelungenste Stück amerikanischer Reklame halte: „Why live, if you can be buried for ten Dollars?"

Offensichtlich ist *Freud* aber nicht in Pessimismus zugrundegegangen. Es gab etwas Unbeugsames in ihm, das ihn durchtrug. Woraus *Freud* diese immense Kraft bezog, durchzuhalten und Großes zu leisten, wäre noch zu anzusprechen. Es liegt nahe, diese nicht nur in seiner Willenskraft, seinem Geltungsbedürfnis und seiner Rigidität, sondern auch in seiner erfolgreichen Ressourcennutzung zu suchen.

Nicht zuletzt lebte er im Mittelpunkt einer großbürgerlich konventionell geordneten Familie, deren gesamtes Leben sich um ihn herum abspielte und sich bis in kleinste Details nach seinen Vorgaben richten musste. Seine Frau *Martha Bernays* hat ihm zeitlebens aufopferungsvoll den Rücken freigehalten und ihm ein ungestörtes Arbeiten garantiert. Sie war „die tüchtige, verläßliche und zwanghaft pünktliche Gattin. Praktisch, liebenswürdig, hanseatisch" (*Lahann / Mahler* 2006, 47). *Freud* hatte sich in einer feindselig empfundenen Welt als Patriarch einer auf ihn bezogenen Großfamilie sicher eingerichtet und bekam offenbar in diesem Rahmen genügend viel von dem, was er brauchte, um sich immer wieder heroisch in die Schlacht zu stürzen und das Schlimmste zu ertragen. Letztlich mag ihn aber sein schonungsloser Realitätssinn durchgetragen haben.

Freud als Schriftsteller

Was *Sigmund Freud*s schriftstellerische Qualitäten angeht, herrscht in der Literatur weitgehend Einhelligkeit. Freud gilt als ein passionierter Schreiber (*Flem* 1993), der „in höchstem Grad die Eigenschaften eines großen Autors" besaß (*Ellenberger* 1973, 638). Er war ein hochgebildeter, „tief in der Sprache lebender" (*Muschg* 1975, 9), ein hervorragender Schriftsteller – wie schon *Thomas Mann* (1936) in seiner Rede zu *Freud*s 80. Geburtstag nachhaltig gewürdigt hatte. *Walter Muschg* (1975) traf in seiner Würdigung „*Freud als Schriftsteller*" polare Feststellungen: „*Freud*s Atemluft war die Abstraktion. Steinerne Unpersönlichkeit, ein kalter Fanatismus des Intellekts bezeichnen diese Haltung" (*ibid.*, 14); und dann doch: „Erzählende Kunst, beruhend auf einem lustvollen Gestalten und Verweilen auf dem Trieb, die Seelenregungen lebendig, nicht als aufgespießte Präparate aufzubewahren" (*ibid.*, 19 f.).

*Freud*s schriftstellerisches Verfahren kann man aus heutiger Sicht als ausgesprochen integrativ ansehen: Er verknüpfte in der Darstellung seiner psychologischen Ansichten auf literarisch ansprechende Weise theoretische Modellvorstellungen aus der Naturwissenschaft mit philosophischen und literarischen Gedankenfiguren. Dichtung und Mythologie dienten ihm als unerschöpfliche Materialquelle. So griff *Freud* z.B. auf die jüdische Bibel zurück, es finden sich bei ihm Stoffe der von ihm geliebten antiken griechischen Tragödien, der klassischen Literatur, wie z.B. *Shakespeare, Goethe, Schiller*, aber auch *Heine* und *Hans Christian Andersen* und nicht zuletzt der Kunst, z.B. *Leonardo da Vinci. Freud*s Bildung fußte stark auf der klassisch bildungsbürgerlichen Literaturliste des 19. Jahrhunderts. Seine Theorie war von der deutschen Tradition des klassischen Humanismus durchdrungen, die er seit seinen Gymnasiumstagen in sich aufgenommen hatte (*Deutsch* 1975).

Freud beherrschte in besonderer Weise die bildhafte Darstellungsweise. Er formulierte seine Theorien häufig so, als habe er sie, empirischen Befunden gleich (vgl. *Kerz* 1990), voraussetzungslos aus den Krankengeschichten entnommen:

„Ich kann nur versichern, daß ich, ohne einem bestimmten psychologischen System verpflichtet zu sein, an das Studium der Phänomene gegangen bin, welche die Beobachtung der Psychoneurotiker enthüllt, und daß ich dann meine Meinungen um so viel zurechtgerückt habe, bis sie mir geeignet erschienen, von dem Zusammenhange des Beobachteten Rechenschaft zu geben. Ich setze keinen Stolz darein, die Spekulation vermieden zu haben; das Material für diese Hypothesen ist aber durch die ausgedehnteste und mühevollste Beobachtung gewonnen worden" (*Freud* 1905, 276).

Mit der Darstellung seiner Ansichten in Form angeblich rein wissenschaftlich gewonnener, voraussetzungsloser Beobachtungen versuchte *Freud* wohl die Originalität seiner Ansichten herauszustreichen. Stilistisch wählte er raffinierte Wege: Er argumentierte scheinbar unvoreingenommen, wie eigentlich gegen seine eigenen Widerstände, das kaum Denkbare zu denken, um dann doch von geradezu unabweisbaren Gedanken überwältigt zu sein, um die er schließlich nicht umhinkommt, sie mitzuteilen. Ein geschicktes Verfahren: Auf diese Weise verschleierte *Freud* seine zielvollen theoretischen Realisationen, deren Ergebnisse für ihn wahrscheinlich von Anbeginn feststanden und als philosophische Leitmotive in seinem Werk nachgewiesen werden können. *Jacques Derrida* (1997), dem ich diese Anregungen verdanke, fand in seiner *Freud*-Dekonstruktion „*Dem Archiv verschrieben*" die Rhetorik und Logik *Freud*s bei der Einführung des Destruktionstriebes in dessen Schrift über das *Unbehagen in der Kultur* „derart durchtrieben, daß einem schwindelig werden kann. Und umso gerissener, als sie eine wehrlose Naivität vorgeben" (*ibid.*, 21).

Freud bediente sich freihändig in der Literatur und nahm viele Gedanken anderer Autoren auf. Seine Kunst bestand nicht zuletzt darin, anderer Leute Ideen so lange zu verarbeiten und zu assimilieren, bis sie als seine eigenen wieder an die Oberfläche kamen (vgl. *Falzeder / Haynal* 1981, 111). *Freud* wandte dieses Verfahrens zielvollbewusst an. In einem Brief an *Ferenczi*, vom 8.2.1910, gestand er seine Neigung „zum Plagiat" (*Freud / Ferenczi* 1993, I/1, 208). In dieses Bild passt, dass *Freud* häufig genug die Herkunft der maßgeblichen Gedankenfiguren, die in seinem Denken aufscheinen, insbesondere deren philosophischen Hintergrund unausgewiesen und unerörtert ließ, um seine eigenen gedanklichen Bemühungen herauszustreichen. Der nachweislich philosophisch wohlgebildete *Freud* (*Hemecker* 1991; *Gödde* 1999) bevorzugte es, seine Legende zu verbreiten: „Die weitgehenden Übereinstimmungen der Psychoanalyse mit der Philosophie Schopenhauers – er hat nicht nur den Primat der Affektivität und die überragende Bedeutung der Sexualität vertreten, sondern selbst den Mechanismus der Verdrängung gekannt – lassen sich nicht auf meine Bekanntschaft mit seiner Lehre zurückführen. Ich habe Schopenhauer sehr spät im Leben gelesen. Nietzsche, den anderen Philosophen, dessen Ahnungen und Einsichten sich oft in der erstaunlichsten Weise mit den mühsamen Ergebnissen der Psychoanalyse decken, habe ich darum lange gemieden; an der Priorität lag mir ja weniger als an der Erhaltung meiner Unbefangenheit" (*Freud* 1925, 86)

So, wie ich es sehe, war *Freud* ein in kühnem Gestus formulierender, hochgebildeter, geisteswissenschaftlicher Theoretiker, der vorhandene Gedankenfiguren konnektivierte, sie von einem Bedeutungsfeld zum anderen transferierte, ein Leben daran arbeitete, sie in ein konsistentes Theoriegebäude zu zwingen, dem Ziel seiner Vision unterzuordnen und mit seiner Narration zu überformen, letztlich sie in sein Eigenes zu transferieren. In diesen Narrationen benutzte er vornehmlich Themen seiner zeittypischen, „klassischen" Bildung um seine Themen zu lancieren.

Die Übergänge seines Denkens machen für mich das Faszinierendste an der *Freud*schen Theoriebildung aus. Auch gerade da, wo man ihr nicht zu folgen vermag, kreierte *Freud* eine großartig angelegte geisteswissenschaftliche Theorie im besten Sinne: Ein Aspekt kann nicht ohne den anderen gedacht werden. So sind z.B. seine kulturkritischen Schriften nicht von seiner Psychologie und seinen klinischen Ansichten und Praktiken zu trennen; von der Theorie des Unbewussten ausgehend hat er seine Krankheitslehre in Bezug auf Individuum und Kultur entwickelt (*Brumlik* 2006, 22).

*Freud*s Hoffnung, einmal zu den Autoren zu gehören, „denen eine große Nation wie die deutsche bereit ist, Gehör zu schenken" erfüllte sich wegen des Nationalsozialismus nicht. Er konstatierte: „Kurze Zeit nachher hatte sich unser Vaterland verengt und die Nation wollte nichts mehr von uns wissen" (*Freud* 1935, 33).

Vergessen wir über das Schwärmen nicht die Differenzen: *Freud*s monothematisch reduktionistischer Theorietyp unterscheidet sich von der Art des Denkens, die wir vertreten, substantiell. Es handelt sich nicht um das *Ricœur*sche «vernetzende» Denken, das *Petzold* mit seinem Entwurf der *Integrativen Therapie* (*Petzold* 2003a) praktiziert. Dieses Denken geht programmatisch von Vielfalt aus. Es zielt auf die Ermöglichung und Erhaltung von Vielfalt. Es steht für die Zulässigkeit *heterotopischen* Argumentierens (*Chlada* 2005). Es postuliert die Gültigkeit *heterogener* Ordnungen bzw. die Relativierung singulärer Geltungsansprüche. Mit *Integration* soll es eben nicht um die Generierung und Behauptung einheitlich verfasster Erkenntnisse und Praktiken gehen, sondern um Erweiterung, Vielfalt und Differenzierung.

Freud als Entdecker

Freud gefiel sich in der Rolle des kühnen Entdeckers. Diese, von heute besehen, eigentümliche, heroische Haltung kennzeichnete seinen Schreibstil von Anfang an. Schon in seiner Zeit als Physiologe sah er sich als „Feldherr", der mit seinen Einfärbungen den menschlichen Körper einteilte. Für sich war er ein „Conquistador", ein avantgardistischer Eroberer der „unentdeckten Provinzen des Seelenlebens". Er glaubte, „an eines der großen Geheimnisse der Natur" gerührt zu haben – wie er *Wilhelm Fließ* am 21. Mai 1894 schrieb. Noch während der Arbeit an der *„Traumdeutung"* phantasierte er bereits für seine großartigen Entdeckungen seinen Namen auf einer am Haus angebrachten Mamortafel verewigt zu bekommen. *Freud* gefiel sich in der Vorstellung, in einer Reihe mit *Kopernikus, Galileo* und *Darwin* zu stehen. Er hatte vor, der „menschlichen Größensucht" durch seine psychologische Forschung die „empfindlichste Kränkung" für ihre bisherige Sicht der Dinge zuzufügen (*Freud* 1916/17, 294 f.).

Die Bericht erstattende Literatur hat ihm großenteils diese heroische Darstellungsweise abgenommen resp. sich ihr bereitwillig angeschlossen. So gilt er z.B. als der Entdecker des Unbewussten, des Ödipus-Komplexes, der Übertragung etc. Die *Freud*sche „Entdeckung des Unbewussten" gilt nicht nur der Hagiographie als seine hervorragendste Leistung. Er gilt als jemand, der mit dem Begriff des Unbewussten einen „revolutionären Bruch" bewirkt und die Grundvoraussetzungen des abendländischen Denkens korrigiert habe (*Brumlik* 2006, 22).
Die Annahme der Existenz und die bestimmende Funktion des Unbewussten bilden für die meisten Berichterstatter den Kern, das Zentrum der Psychoanalyse. Sie stellt *die* ideologische Grundannahme dar, sozusagen „die Geburt der Psychoanalyse" (*Clark* 1981, 135). Der Psychoanalytiker *Helmut Junker* differenzierte und relativierte hingegen feinsinniger: Seit *Freud* das Unbewusste zu einem Begriff der Psychoanalyse erhoben hat, wüsste zumindest jeder Psychoanalytiker und jeder Analysierte, „daß, wenn er spricht, sein Unbewußtes stets mit einer zweiten Stimme mitredet, stört und dabei gelegentlich einen ungebetenen Sinn erzeugt" (*Junker* 1997, 13).

Freud selbst hatte auf die ihm eigene Art, die Dinge darzustellen, vorgegeben, allein die unvoreingenommene „Beobachtung" habe „ihm die Annahme des Unbewußten aufgedrängt" (*Freud* 1925b, 104). Er legte durch seine Darstellungsweise nahe, das „Unbewusste" aus den Narrationen seiner Patienten erschlossen zu haben, als „einen psychischen Vorgang, dessen Existenz wir annehmen müssen, etwa weil wir ihn aus seinen Wirkungen erschließen, von dem wir aber nichts wissen" (*Freud* 1933, 77). Aber kann man mit Recht *Freud* als den großen Entdecker des Unbewussten ansehen, wie es allenthalben kolportiert wird? Die „Entdeckung des Unbewußten" (*Ellenberger* 1973) weist zweifellos eine weitaus längere Geschichte auf: Die „Zwei-Tendenzen-Theorie" (Marquard 1973, 88) von „bewusst" und „unbewusst" zog sich seit langem durch die Tradition der deutschen Philosophie. *Freud* verdankte diese Art zu denken seiner umfangreichen Rezeption philosophischer Texte (*Hemecker* 1991), u. a. *Leibniz*, auch *Schelling* (*Marquard* 1973; 1987), und nicht zuletzt *Schopenhauer* und *Nietzsche* (*Gödde* 1999).

Auch wenn er mit seiner Darstellungsweise zunächst anderes nahezulegen versucht hatte, reihte sich *Freud* wenigstens nachträglich in diese philosophische Tradition ein und gab zu, dass *Schopenhauer* seine psychologische Denkweise philosophisch vorweggenommen hatte und dass dessen unbewusster "Wille" den „seelischen Trieben der Psychoanalyse gleichzusetzen" war.

Anna Freud (1970) sah den Beitrag ihres Vaters im Hinblick auf das Unbewusste ziemlich klar: „Zum ersten Mal wurde der Begriff des Unbewußten aus dem Zusammenhang philosophischer Spekulation herausgelöst und für das empirische Verständnis menschlichen Verhaltens und psychischer Erkrankung nutzbar gemacht" (*Freud, A.* 1970 2554). *Freud*s wesentlicher Verdienst bestand nicht so sehr darin, auf das Unbewusste hingewiesen, „sondern als erster demonstriert zu haben, wie unbewußte Prozesse funktionieren" (*Frostholm* 1978, 40).

In der Tat kann man *Freud*s besondere Leistung darin sehen, die theoretische Modellvorstellung (*Herzog* 1984) eines Unbewussten als interpretatorisches Instrument zu nutzen, indem er den Sinn - für sich genommen - unverständlicher Phänomene mithilfe der Annahme eines Unbewussten deutete. Mit der Gedankenfigur des Unbewussten, als unterstelltes „Drittes", hatte *Freud* sich die Möglichkeit eröffnet, interpretativ Zusammenhänge herzustellen, die sich aus den Phänomenen als solche nicht ergaben.

Aber wozu Zusammenhänge herstellen, wo keine sind? Die *Integrative Therapie* neigt im Hinblick auf das Unbewusste dem Standpunkt von *Maurice Merleau-Ponty* zu, der die *Freud*sche Vorstellung des Unbewussten als „*Subjekt hinter dem Subjekt*" ablehnte (vgl. *Frostholm* 1978).

Oder, um eine andere große „Entdeckung" anzusprechen: Ist ihm wirklich, wie z.B. *Schöpf* (1982) schreibt, die „zweifelsohne höchst bedeutsame Entdeckung der ödipalen Erlebniswelt" (*ibid.* 165) gelungen? Gibt es überhaupt eine „ödipale Erlebniswelt" oder hat er, in seiner Vorliebe für die Antike, den Ödipus-Mythos eher zielvoll in seine Analysen hineingewoben? Z.B., indem er die inneren Konflikte von Menschen prävalent im Kontext seiner Elternbeziehungen verstand und diese Konflikte und

Beziehungen mit den Themen seiner klassischen Bildung interpretierte? *Schöpf* (1982) merkte immerhin völlig zu recht an, dass *Freud*, der sich die kindliche Entwicklung und Reifung nur im Kontext der patriarchalisch geordneten Dreierbeziehung einer bürgerlichen Familie vorstellen konnte, das von ihm so interpretierte „ödipale Geschehen" ungerechtfertigterweise als anthropologische Tatsache behauptet hat.

Aus meiner Sicht erscheint das, was *Freud* als Ödipuskomplex benannt hat, eher als Projektion und Resultat eines bestimmten, kultur- und zeittypischen elterlichen Erlebens und Verhaltens im Hinblick auf die bio-psycho-soziale Entwicklung des Kindes. Wissenschaftlich lässt sich dieses Stadium der *Freud*schen Entwicklungspsychologie jedenfalls nicht nachweisen.

Sollte man aber heute *Freud* ernsthaft vorwerfen, den Ödipuskomplex, wie auch andere seiner „Entdeckungen", z.B. Kastrationsangst, Penisneid etc., erfunden und anthropologisiert zu haben? Ich denke, diese Kritik sollte in erster Linie diejenigen treffen, die diese Gedankenfiguren heute noch tradieren.

Freud als Analytiker

Freud hatte in den Jahren 1912 – 1915 die Grundzüge seines Verfahrens in fünf Aufsätzen zur Behandlungstechnik publiziert, von denen er vier - verharmlosend - als „Ratschläge für den Arzt" bezeichnet hatte (*Freud* 1912a, 1912b, 1913, 1914, 1915). Nach Abschluss dieser Publikationsreihe finden sich im Werk *Freud*s nur noch wenige ausführliche programmatische Äußerungen zur psychoanalytischen Behandlungstechnik (z.B. 1918, 1937a, 1937b). Die Anwendung der technischen Regeln im vorgeschriebenen Kontext des analytischen Settings sollte ein experimentelles Design zur Erforschung des von Freud unterstellten „*Unbewussten*" bilden und durch ihre konsequente Einhaltung die „*Wahrheit der Psychoanalyse*" verbürgen. War es nicht eine neuartige Erfindung, wenn denn nicht „wagemutige Entdeckung", über die man „nie genug staunen kann" (*Ricœur* 1969, 416), ein Gespräch zwischen zwei Personen nach bestimmten technischen Regeln zu führen?

Ausgangspunkt bildete einerseits die Aufforderung an den Patienten, sich hinzulegen und in der Entspannung frei zu assoziieren und andererseits die Vorschrift für den Analytiker, sich vom Patienten abgewandt zu platzieren und sich in eine „gleichschwebende Aufmerksamkeit" zu versetzen.

Mit diesem Entwurf ging *Freud* mit seiner Zeit. So stand das zu seiner Zeit moderne technische Vorbild des Rundfunks Pate: Der Analytiker sollte sein eigenes Unbewusstes wie einen „Empfänger" auf die Mitteilungen des sendenden Patienten richten. Ziel war, die in den Assoziationen des Patienten enthaltenen Abkömmlinge unbewusster Triebkonflikte aufzuspüren. Auch im Hinblick auf die Assoziationsmethode gab es ein damals modernes Vorbild: Sie fand ihre Entsprechung in der damaligen, *Freud* als gelerntem Physiologen wohlbekannten Vorstellung der Hirnphysiologie, dass Neuronen per Assoziation kooperierten. *Freud* brachte insofern mit seiner Assoziationstechnik sozusagen ein in der Natur vorfindliches Prinzip zur Anwendung.

In diesem technischen Setting sollte der analytische Prozess in Gang gesetzt werden: Die Assoziationen des Patienten tasteten sich allmählich an die relevanten Themen heran, die der Analytiker anschließend unschwer erraten konnte. So weit schien alles ganz einfach – bis erwartungsgemäß Komplikationen auftraten: Der Patient wiederholte im analytischen Setting am Analytiker Beziehungsformen aus seiner Kindheit, anstatt sich zu erinnern.

Die besondere technische Aufgabe der *Freud*schen Erfindung bestand im Umgang mit diesen komplizierten Beziehungskonstellationen zwischen Patient und Analytiker. Freud hatte die *„Übertragung"* des Patienten auf den Analytiker entdeckt - als *„Anwesenheit eines unbekannten Dritten"*- sowie die Gegenübertragung des Analytikers als Antwort auf die Übertragung des Patienten. Die Übertragung – als unbewusste Wiederholung - war *Freud* zufolge durch die Deutung des Analytikers in Erinnerung umzuschaffen. Er arbeitete „an" der Übertragung, um sie zu beseitigen. *Freud* setzte hier auf *„Heilung durch Erkenntnis"*. Dem Analytiker gab *Freud* auf, seine Gegenübertragung nieder zu halten. Er vertrat insofern einen „defensiven" Gegenübertragungsbegriff (vgl. *Körner* 1990). Diese Position fügt sich in *Freud*s Überzeugung, dass die Kur in der Abstinenz durchzuführen sei. Er wollte nicht zuletzt aus triebökonomischen Gründen verhindern, dass die durch die analytische Situation provozierte *„Übertragungsliebe"* der Patientin durch den Analytiker befriedigt würde. *Freud* (1918) hielt es für falsch, die Leiden der Patienten zu einem vorzeitigen Ende kommen zu lassen. Er wollte vielmehr die Situation offen und die Übertragungsliebe des Patienten sozusagen auf kleiner Flamme am Köcheln halten - als Motiv weiterhin fleißig zu assoziieren und den Rat des Analytikers bereitwillig anzunehmen.

Man kann *Freud*s Entwurf der therapeutischen Technik konzeptionell drei Dimensionen der psychoanalytischen Beziehung entnehmen:

1. Die zwischen Arzt und Patient, in der sich der Patient verbal mitteilt und im Rahmen seiner Widerstände sich an lebensgeschichtliche Ursachen seiner Triebkonflikte erinnert.
2. Diejenige, in der der Patient in Form der Übertragungsneurose in der Gegenwart jene konflikthaften, lebensgeschichtlich bedingten Beziehungsformen an dem Arzt wiederholt, die dann Gegenstand von Deutung werden, in Erinnerung umgeschafft und also durchgearbeitet werden sollen (*Freud* 1914).
3. Die des zwar durch die analytische Situation provozierten und im Dienste der Widerstände stehenden, gleichwohl aber echten Liebeserlebens des Patienten in der Übertragungsliebe (*Freud* 1915), von dem er programmatisch annahm, dass es nicht dem Analytiker gelte, das von diesem nicht erwidert bzw. befriedigt werden darf, sondern im Sinne der gedeihlichen Entwicklung der Analyse und zur Sicherung seines Einflusses auf den Patienten strategisch genutzt werden soll.

Die Übertragungsliebe bildete sozusagen den Zugang, durch den der Analytiker seine Belehrung dem Patienten einflößen konnte. Diese Dimension ist – im Vergleich zu den beiden anderen Dimensionen - die eigentlich „unanalytische" Dimension der Praxeologie der Psychoanalyse, insofern hier durch eine asymmetrische Beziehungsstruktur konzeptionell die Möglichkeit eröffnet wurde, den Patienten zu belehren und ihm psychoanalytisches Denken beizubringen.

Eine „menschliche" Beziehung von Analytiker und Patient während der Analysestunde war für *Freud* kein Thema für die *Technik* der Analyse. Dies sollte wohl verstanden werden: *Freud* ging außerhalb der eigentlichen Analysezeit durchaus „wirkliche" Beziehungen zu seinen Patienten ein. Seine *„Technik"* bestand ja gerade darin, die menschliche Beziehung von Analytiker und Patient programmatisch für einen definierten Zeitraum durch die Anwendung der Grundregel auszuschließen bzw. auf die in der Grundregel vorgegebenen Verhaltensweisen und Beziehungsmöglichkeiten zu reduzieren. In dem für einen bestimmten Zeitraum regelrecht freigesperrten analytischen Leer- und Lehr-Raum sollte der Patient seine Geschichten erzählen, sollten sich Übertragung und Wiederholung sowie das unbewusste Triebleben des Analysanden darstellen können.

Ich verstehe die *„Ratschläge" Freud*s auf dem Hintergrund seiner nach außen gut abgegrenzten Persönlichkeit. Sie waren zum einen Teil Ergebnis von *Freud*s Evaluierung seines persönlichen Stils zu arbeiten, zu einem anderen Teil waren sie aber auch Ergebnis seines Wunsches, der von ihm verordneten Arbeitsweise ein wissenschaftlich korrektes, formalisiertes Gepräge zu geben und schließlich eröffneten sie ihm die Möglichkeit, seine Ansichten zu verwirklichen und den Patienten seine Triebtheorie einzureden.

In diesen Kontext dürfte sich auch z.B. seine „Entdeckung" des Phänomens der Übertragung (*Freud* 1912a) einordnen lassen. Der Übertragungsbegriff bezieht sich nach meiner Ansicht auf ein durch das psychoanalytische Arbeitssetting bewirktes Phänomen. Überall da, wo Kontakt zwischen Menschen limitiert ist, wo sich Asymmetrie in die Beziehung einspielt, wird die Bildung von Übertragung angeregt. D.h. die Leerstellen und Unklarheiten in den Beziehungen werden sich voraussichtlich mit lebensgeschichtlichen Motiven füllen. So gesehen käme der „Übertragung" keine existentielle Evidenz zu, sie stellte keine allgemeine Wahrnehmungsweise dar, sondern wäre Ergebnis bestimmbarer, defizitärer, ungleicher Verhältnisse.

Die Standardtechnik bereitete eine Reihe von Schwierigkeiten, die in der Literatur diskutiert wurden. Sie bewirkte bei großem Aufwand an Energie und Zeit eher nur bescheidene Heilungserfolge. Ihr drohte zudem immer wieder die Gefahr, sich zu einer Zumutung sowohl für den Analytiker als auch für den Patienten zu entwickeln. Nicht zuletzt erwies sich ihre Indikation als sehr eingeschränkt. *Franz Alexander* (1944) musste in einem Vortrag über die Indikation der psychoanalytischen Therapie feststellen, dass die Frage nach der Indikation der Psychoanalyse relativ leicht zu beantworten war, solange sie als Standardtechnik ausgeübt wurde: „The problem is, then, to select those patients who fit the technique" (*ibid*. 319). Der englische Psychoanalytiker *Edward Glover* (1955) hatte die Vorstellung, eine Psychoanalyse ausschließlich gemäß der Grundregel durchzuführen, für einfach unrealistisch gehalten (*Glover* 1955, 165). Dies scheint *Freud* selbst so gegangen sein: Insbesondere, wenn man seine technischen Vorschriften im Spiegel von Schülern und Patienten (*Cremerius* 1981) in den Blick nimmt, entdecken wir einen Analytiker, der geradezu „eine unfreudianische Praxis" führte (*Pohlen* 2006, 38). Jedenfalls hielt sich *Freud* selbst nicht an seine „Ratschläge", die er anderen gegenüber so unerbittlich einklagte und die orthodox verordnet als „Standardtechnik" über Generationen von Analytikern kommen sollte: „*Quod licet jovi non licet bovi?*".

Wie berichtet wird, arbeitete *Freud* keineswegs anonym oder gar unmenschlich, sondern machte sich in der Analysestunde immer wieder – mitunter sogar recht heftig – auch persönlich deutlich. Sein Umgang mit Abstinenz war völlig unbekümmert. (*Cremerius* 1982, 332). *Freud* sprach nicht selten analysefremde Themen an, die ihn interessierten. So diskutierte er z.B. mit *Sarasin* über *Goethe* (cit. *Cremerius* 1982, 332), machte abfällige Bemerkungen über den Sozialismus, teilte Tagesereignisse mit oder gar Indiskretionen über Patienten und Kollegen.

Für *Manfred Pohlen* zeigte sich in *Freud*s analytischer Praxis, wie sie von *Ernst Blum*s Aufzeichnungen überliefert ist, vor allem seine Kreativität (*Pohlen* 2006). *Cremerius* (1981), der *Freud* bei seiner Arbeit über die Schulter zu schauen versucht hatte, fielen „drei Dinge" an *Freud*s Arbeitsweise auf: zum einen ganz allgemein die geringe Beachtung der Übertragung, zum anderen die ausschließlich reduktiven Deutungen der Übertragung und schließlich die Außerachtlassung von Aktionen über die Bearbeitung der Übertragung. Selbst massive Aktionen der Patienten berücksichtigte *Freud* nicht unter dem Aspekt der Übertragung. *Cremerius* (1981, 329) nannte deshalb *Freud*s Vorgehen hinsichtlich der Übertragung „reduktionistisch". *Franz Alexander* hatte bereits 1933 kritisiert, *Freud* praktiziere sein Verfahren weitgehend „without recognition of the importance of the emotional relation between patient and physician which develops while using the technique" (*Alexander* 1933, 183).

Triebtheorie, Sexualität und die Frauen

Das vielleicht größte Anliegen und die mit Sicherheit problematischste Hinterlassenschaft *Freud*s bildete seine Trieblehre. *Freud* war im Ergebnis zu der Auffassung gelangt, es gebe zwei Triebe, die sich unbewusst im Leben des Menschen abspielen: Einen Lebenstrieb, der der „Triebkraft des Sexualtriebes" zugrunde lag (*Freud/Jung* 1984, 209), den er Libido nannte, und einen Todestrieb. Seit ihrer Propagierung war die Libidotheorie in höchstem Maße umstritten. *Freud* sah sich wegen ihr heftigen Anfeindungen ausgesetzt. Er wähnte sich regelrecht in einer Schlacht um den Geltungsanspruch seiner Erkenntnis, in der er vorhatte, „die Fahne der Libido" aufzupflanzen. Er glaubte, sie zum Dogma seiner Lehre erheben zu sollen: zum „unerschütterlichen Bollwerk" gegen die „schwarze Schlammflut" des Okkultismus - wie er einmal *Jung* beschwor. (vgl. *Donn* 1990).

*Freud*s Libidobegriff hatte eine große Spannbreite. Er oszillierte sozusagen zwischen Philosophie und Psychologie. Seine Triebpsychologie begann insofern eigentlich als Triebphilosophie: Sie lehnte sich auf der einen Seite vor allem an *Schopenhauers* unbewussten *"Willen"* an und reichte auf der anderen Seite bis in sexuelle Details. Die Libidotheorie beinhaltete eine inflationäre Ausweitung des Begriffs des Sexuellen und führte zu einem vieldeutigen Sexualitätsbegriff. *Freud*s Libidobegriff streute über die Maßen: Allein in *„Massenpsychologie und Ich-Analyse"* (*Freud* 1921) beinhaltete Libido u. a. Liebe, geschlechtliche Liebe, Mutterliebe, Kindesliebe, Menschenliebe, Freundschaft, Hingabe. In *„Widerstände gegen die Psychoanalyse"* (*Freud* 1925 b) gebrauchte er Gefühlsbindung und sexuelles Begehren alternativ, als bezeichneten beide Begriffe auch nur etwas Ähnliches (vgl. *Fahrig* 1987).

Freud vertrat einen erweiterten Sexualitätsbegriff. Ihm zufolge war die Sexualität das zentrale Movens für die gesamte psychische Entwicklung des Menschen. Er reduzierte Sexualität nicht auf das Genitale. Sexualität umfasste bei ihm das gesamte Spektrum von lustvollen Erregungen und Aktivitäten, die ein Mensch bei seinen physiologischen Abläufen erfahren bzw. ausüben kann. Die genitale Sexualität bildete sozusagen nur die Krönung einer Abfolge von Partialsexualitäten, die in sie einmündeten, in ihr eine Rolle spielen konnten und ihr gegenüber als „Vorlust" einzuordnen waren. *Freud* vertrat darüber hinaus die Auffassung von der grundsätzlichen Bisexualität der Menschen. Dies kam, ebenso wie sein erweiterter Sexualitätsbegriff, zu seiner Zeit wie eine Provokation vor. Im Ergebnis eröffnete er damit der menschlichen Sexualität „einen breiten Horizont von Gestaltungsmöglichkeiten" (*Rhode-Dachser* 2006, 951). Sexuelle Identität war *Freud* zufolge Ergebnis einer Entwicklung, genauer einer Abfolge von Entwicklungsschritten entlang einer Skala von Partialtrieben, in der sich das Kind als polymorph-pervers darstellt, mit der Folge, dass die spätere geschlechtliche Festlegung lediglich oberflächlich ausfällt. Nach *Freud* gab es zum Lebensbeginn noch keinen psychischen Geschlechterunterschied. Die psychische Differenzierung der Geschlechter begann seiner Ansicht nach für das Mädchen mit der Feststellung seiner Penislosigkeit, die als Folge einer Kastration erlebt wird. Letztlich würde die Wahrnehmung der Anatomie darüber entscheiden, ob männliche oder weibliche Qualitäten in den Vordergrund treten. Der anatomische Unterschied zwischen Penis und Vagina, zwischen Zeugen und Gebären hatte *Freud* zufolge entscheidenden Einfluss auf die seelische Entwicklung (*Freud* 1925c).

Ein aus heutiger Sicht ebenso interessantes wie kurioses Kapitel tut sich im Hinblick auf *Freud*s Ansichten über die Sexualität der Frau auf. *Freud*s Theorie der Weiblichkeit (vgl. *Rhode-Dachser* 2006) stellt aus unserer Sicht lediglich eine weitere Verallgemeinerung seines konservativen Weltbildes und seiner patriarchalischen Lebenserfahrung dar.

Ist *Freud* im Hinblick auf seine *Theorie der Frau* den Vorstellungen seiner Zeit ebenso zum Opfer gefallen, wie im Hinblick auf seine *Theorie der Gesellschaft* den gesellschaftlichen Verhältnissen? Vordergründig bietet sich die feministische Bewertung an, sein Bild der Frau zu den peinlichsten Schwachstellen in seinem Denken zu zählen. Sein phallischer Monismus sei nichts Weiteres als eine Ausgeburt von Knabenphantasien. Diese Bewertung hat sich allerdings mit der Tatsache auseinanderzusetzen, dass *Freud* – außerhalb seines patriarchalisch strukturierten Familienlebens – zu zahlreichen Frauen, denen er im psychoanalytischen Kontext begegnete, überaus einflussreiche und förderliche Beziehungen pflegte, ja geradezu als Katalysator für die emanzipatorische Entwicklung dieser Frauen wirkte, u. a. mit der Folge, dass z.B. in der zweiten Analytikergeneration – zeituntypisch – ebenso viele Frauen wie Männer vertreten waren (*Young-Bruehl* 1995, 350; *Appiganesi / Forrester* 1996).

Aber auch diese förderlichen Beziehungen wollen wohl verstanden und eingeordnet sein. *Freud*s Schwester *Anna* berichtet in ihren Erinnerungen eine Vignette, die vielleicht ein bezeichnendes Licht auf *Freud*s frühe Sicht von Frauen wirft. Anlässlich der Geburt des Bruders *Alexander* verglich er gegenüber dem Vater die Kinder der Familie mit der häuslichen Bibel: „die zwei starken Deckel sind die Buben und dazwischen die losen Blätter, das sind die fünf Mädchen" (*Freud-Bernays* 2006, 14). *Freud*s Denken über Frauen wies ein grundsätzliches Gefälle auf. *Freud* war zu sehr „Mann und Vater", wie er einmal *Ferenczi*s „Mutter-Kind-Gespiele" entgegengehalten hatte, um eine andere Möglichkeit einzuräumen. *Freud*s Geschlechterbild war patriarchalisch wohlgeordnet: Der Mann stand oben, die Frau unten. Z.B. gab er sich sicher, „daß das Niveau des sittlich Normalen für das Weib ein anderes sein wird. Das Über-Ich wird niemals so unerbittlich, so unpersönlich, so unabhängig von seinen affektiven Ursprüngen, wie wir es vom Manne fordern" (*Freud* 1925, 29). Auf der für ihn sicheren Grundlage von Oben und Unten konnte er wiederum auf die freundlichste, intellektuellste und förderlichste Weise mit einer ganzen Reihe von - für ihre Zeit emanzipierten, selbständigen - Frauen für diese persönlich hochbedeutsam korrespondieren. Es handelte sich ohne Ausnahme um Frauen, die sich an ihn gewandt hatten, sich ihm unterwarfen, ihn verehrten und sein Denken wertschätzten (*Appiganesi / Forrester* 1996) - bis zum Schluss insbesondere mit seiner Gönnerin, der zweifellos für ihre Zeit emanzipierten *Marie Bonaparte*.

Es gab – wie könnte es im Hinblick auf den Protagonisten der öffentlichen Diskussion um die Sexualität anders sein - zahlreiche Spekulationen über *Freud*s Sexualleben. Auch ich möchte unter dem Gesichtspunkt des „Persönlichen im Werk" einige Worte verlieren. Mir geht es nicht um Moral: Nur, wer anders als einer, der in mehrfacher Hinsicht ein Doppelleben führte, würde die Thematisierung des Verschwiegenen dermaßen zu seiner Lebensaufgabe gemacht haben? *Freud* hatte bei aller Diskretion nach außen insbesondere seinem langjährigen Freund *Wilhelm Fließ* (*Freud* 1986; *Appell* 1986) zahlreiche intime Details mitgeteilt. U. a., dass seine Frau endlich wieder auflebe, weil sie „ein Jahr kein Kind zu erwarten hat, da wir jetzt in der Abstinenz leben";

oder, „auch die sexuelle Erregung ist für einen wie ich nicht mehr zu gebrauchen"; schließlich, er sei „mit dem Kinderkriegen" fertig – da war er gerade 45 Jahre alt. Wie man heute mit guten Gründen annehmen muss (*Blumenthal* 2006), betrafen diese Mitteilungen jedoch nur den Teil der Wahrheit, der sich auf seine Frau *Martha* bezog. Was niemand wissen sollte und kaum jemand konnte, *Freud* pflegte wohl hinter der Mauer seiner Diskretion ein außereheliches Verhältnis mit seiner Schwägerin *Minna Bernays*, die nach dem Tod ihres Mannes im *Freud*schen Haushalt lebte und dort fast die Hälfte ihres Lebens verbrachte. *Carl Gustav Jung* ahnte immerhin auf Grund einer Mitteilung *Minna*s sowie seiner Analyse eines *Freud*schen Traumes, dass *Freud* sich auf eine ungelöste Beziehung mit *Minna* eingelassen hatte (*Donn* 1990, 155).

Jones hatte in seinem Bemühen, *Freud* nach Möglichkeit makellos darzustellen, ihm konsequente Monogamie nachgesagt: *Freud* sei in „sehr ungewöhnlichem Grad monogam gewesen". Auch *Eissler* hatte behauptet, *Freud*s „Sexualakte" sei „lilienweiß" – im Gegensatz zu der von *Carl Gustav Jung*. Diese Aussagen erscheinen heute in einem anderen Licht und verweisen noch einmal auf die puritanische Denkmalserrichtung. Aber auch die *Freud*sche Diskretion verdient Verständnis: *Freud* konnte sich mit seiner Psychoanalyse, die für seine Zeit die Sexualität provokativ thematisierte, zu Recht bedroht fühlen. Gegen ihn wurden zu Lebzeiten genügend Anwürfe erhoben. Seine Angst vor Reputationsverlust war ja keineswegs aus der Luft gegriffen.

Nicht zuletzt mag ihm auch seine philosophische Bildung den Weg gewiesen haben, mit seiner persönlichen Wahrheit auf diese widersprüchliche Weise umzugehen. Insbesondere seine komplizierte dialektische Vorstellung von dem Funktionieren von Gesellschaft und Ethik, in der sinnvollerweise, notwendigerweise stets zwei Tendenzen vorzuherrschen hätten, mochten ihm die Strategie vorgegeben haben: Die des Bewussten und des Unbewussten, des Öffentlichen und des Privaten. *Freud* hatte sich im Innenverhältnis im Hinblick auf sexuelle Praxis liberal gegeben. Z.B. in einem Brief an *Putnam* hatte *Freud* immerhin einmal angedeutet, dass er eher liberale Ansichten im Hinblick auf das Sexualleben präferierte, auch wenn er persönlich davon keinen Gebrauch gemacht hätte. Nicht auszudenken: Was wäre aus *Freud* und seiner Theorie geworden, wenn er bei seiner Wahrheit geblieben wäre und seine tatsächliche Lebenserfahrung und Praxis mitgeteilt und sich als polygam geoutet hätte?

Freud als Kultur- und Gesellschaftstheoretiker

Freud hatte sich in den letzten zwanzig Jahren seines Schaffens vorwiegend metapsychologischen und kulturanalytischen Themen zugewandt. Die kultur- und gesellschaftstheoretischen Vorstellungen, die *Freud* ausgearbeitet hatte, beinhalteten die Gründung von Zivilisation und Kultur auf der triebhaften Natur des Menschen. Die kulturtheoretische Gedankenfigur, die er dabei in Anschlag brachte, begriff Kultur im Gegensatz zur Natur. Kultur war für ihn das Ergebnis von Selbstbeherrschung. *Freud* konnte sich Kultur ohne Triebaufschub resp. Triebverzicht nicht vorstellen:

„Kultur ist durch Verzicht auf Triebbefriedigung gewonnen worden und fordert von jedem Neuankommenden, dass er denselben Triebverzicht leiste. Während des individuellen Lebens findet eine beständige Umsetzung von äußeren Zwängen in inneren Zwang statt." Dieses Zitat stammt aus 1915: *„Zeitgemäßes über Krieg und Tod"* (*Freud* 1915, 333) und bringt einen Gedanken ein, den er später in *„Das Unbehagen in der Kultur"* (*Freud* 1930) ausführte. *Freud*s Lebenserfahrung gipfelte in der Ansicht, dass „der Mensch glücklich sei, ist im Plane der Schöpfung nicht enthalten" (*Freud* 1930, 434). Individuelle Ansprüche auf Glück hielt er für uneinlösbar. Seine Auffassung von Glück wies eher indirekte, kulturell verfeinerte, und sozial angemessene Perspektiven auf.

Ludwig Marcuse (1972) galt *Freud* daher nicht von ungefähr als der „resigniertestе Ratgeber" bei der Frage: „Wie werde ich glücklich?". *Freud* wollte psychisches Leid lediglich in „normales Elend" verwandeln. Er sah kein Ziel darin, Menschen per individueller Wunscherfüllung glücklich zu machen, sondern wollte ihnen zu einem aufgeklärten Leben in einer aus zivilisatorischen Gründen notwendigerweise repressiven Gesellschaft verhelfen. Als Verfechter des Realitätsprinzips wollte *Freud* lediglich, dass es etwas heller wird in der von ihm so erkannten Realität. Hatte aber *Helen Puner* (1949) recht, wenn sie in dem Licht, mit dem *Freud* die Probleme und dunkelsten und furchterregendsten Winkel der Menschheit ausleuchtete, lediglich ein trostloses, stechendes, kaltes Nordlicht, ohne Frieden und Barmherzigkeit erkannte?

Freud hatte die problematischen Folgen des notwendigen Kultivierungsprogramms durchaus erkannt: Der zivilisierte Mensch war ein gehemmter, schwacher, von inneren und äußeren Feinden gleichsam umstellter, bedrohter Mensch. Sein Ich war nicht Herr im eigenen Haus, angewiesen auf unzulängliche Informationen von dem, was sich unbewusst in seinem Leben abspielte (*Freud* 1916/17, 294 f). Das Ich befand sich in einer konflikthaften, prekären Position, denn es hatte einen permanenten Zweifrontenkrieg zu führen. Es hatte „sich seiner Existenz zu wehren gegen eine mit Vernichtung drohenden Aussenwelt wie gegen eine allzu anspruchsvolle Innenwelt" (*Freud* 1940, 130). Der zivilisierte Mensch litt unter dem „Unbehagen in der Kultur". Ihm war kulturell aufgegeben, die gesellschaftlichen Verbote in einem Maße zu verinnerlichen, dass sie die Verwirklichung seiner Wünsche störten. Kultur konnte den Menschen nicht primär glücklich machen, weil sie seiner Natur abgerungen war. Erst sekundär sollte der Mensch den Gewinn der Kultur, allerdings nur in sozial „angemessener" Form, genießen können. Sprach hier *Freud* über sich?

In den Zusammenhang seiner kulturtheoretischen Ansichten gehört auch *Freud*s männlich ausgerichtetes Elite-Denken. *Freud* war der Ansicht, dass die Individuen, die dem Anspruch der Kultur genügen, einer besonderen Verantwortung unterliegen. Ihnen war aufgegeben, als Führer gegenüber den von ihm verachteten, kulturfeindlichen und unmündigen Massen aufzutreten. Mit Führer meinte er allerdings keine politischen Führer, sondern „Geistesadel", „Fürsten der Wissenschaft", „erhabene

Persönlichkeiten", „große Männer" – so jemanden wie sich. *Junker* (1997) titelte völlig zutreffend: „Unter Übermenschen". Von heute aus können wir nur Patriarchat pur erkennen: „Die Entschiedenheit der Gedanken, die Stärke des Willens, die Wucht der Taten gehören dem Vaterbilde zu, vor allem aber die Selbständigkeit und Unabhängigkeit des großen Mannes…" (*Freud* 1937, 216 f.). Solcher männlicher Heroen bedurfte es, um den „Primat der Vernunft" zu behaupten.

*Freud*s gesellschaftstheoretische Vorstellungen waren dem Denken des 19. Jahrhunderts verhaftet, mit dem er sich zeitlebens auseinandergesetzt hatte. *Freud*s gesellschaftstheoretische Vorstellungen wurden unterschiedlich bewertet: Einerseits wurde in seinem Individualismus und seiner Gründung des Menschen auf der Trieb-Natur die Radikalität der *Freud*schen Gesellschaftskritik gesehen (*Marcuse* 1963; 1969). Insofern *Freud* das Individuum gegenüber der Vergesellschaftung eingeklagt, die geknechtete Menschennatur zum Thema gemacht und die Aufmerksamkeit auf die Deformation der Sexualität gelenkt hatte, bot er Anlass, ihn zum Kritiker der modernen Gesellschaft zu erheben (*Schöpf* 1982, 156). Andererseits war aber auch der konventionelle Charakter und latente Konservativismus der *Freud*schen Gesellschaftsvorstellung zu thematisieren, da aus seinen Erkenntnissen letztlich kein anderer Gesellschaftsentwurf als die bürgerliche Gesellschaft resultierte.

Für *Schülein* (1975), der den aufklärerischen Gehalt der *Freud*schen Theorie – aus meiner Sicht gegen *Freud* - herausgearbeitet hatte, ist *Freud* der gesellschaftlichen Wirklichkeit zum Opfer gefallen (*Schülein* 1975, 218). *Lohmann* (1985) sieht in seiner Interpretation des *Freud*schen „*Unbehagens*" dessen Vorstellung von Kultur gleichsam als eine vernunftgesteuerte Präventivmaßnahme gegen unbeherrschte äußere Naturgewalten wie gegen die asozialen Triebstrebungen der Einzelnen. Aber der kollektive Selbsterhaltungswille der Gattung sei, wie *Freud*s kulturtheoretische Arbeiten seismographisch registriert hätten, längst in Selbstnegation umgeschlagen. Die Maßnahmen der Selbsterhaltung schafften nicht mehr Schutz vor katastrophalen Einbrüchen, sie seinen vielmehr selber zu Quellen des Destruktiven geworden.

Freud lässt sich für die emanzipatorischen Anliegen kritischer Gesellschaftstheorie nur sehr bedingt in Anspruch nehmen (*Zaretsky* 2004). So, wie er ein Setting und eine Technik erfand, innere Räume zu öffnen, Tabuiertes zur Sprache zu bringen und ihm Gehör und eine gewisse Geltung zu verschaffen, so geschlossen hielt sein Denken die äußeren Räume: „Die individuelle Freiheit ist kein Kulturgut" (*Freud* 1930, 455). Nach seiner Ansicht musste sich der individuelle Wunsch sozial relativieren und sich der gesellschaftlichen Wirklichkeit stellen. „Freiheit" lief für ihn letztlich auf „Einsicht in die Notwendigkeit" hinaus. Die *Psychoanalyse* konnte insofern nie nachhaltig den Eindruck verwischen, es ginge ihr letztlich darum, den Menschen an eine schlechte Wirklichkeit anzupassen und ihn unter gegebenen, schwierigen Bedingungen einigermaßen bewusst überleben zu lassen. Immerhin: Auch dieses Ziel sollte nicht zu gering bewertet werden.

Freuds Scheitern

Freud genoss gegen Ende seines Lebens Weltruhm. Dies mag oberflächlich besehen den Eindruck erwecken, er hätte mit seinen Theorien tatsächlich große Wirkung erzielt. Ich komme zu einem anderen Befund: Ich habe mich entschieden, *Freud* als gescheitert anzusehen. Dies könnte sogar seine Selbsteinschätzung treffen. *Freud* hatte das Prekäre seines Entwurfs vorausgeahnt. Besonders in den Zwanziger Jahren hatte er dieser Befürchtung mehrfach Ausdruck verliehen. So schrieb er z.B. an *Jones*, dass sein Name wohl in Vergessenheit geraten, aber sein Werk wenigstens weiter bestehen werde. *Reik* teilte er seine pessimistische Erwartung mit, dass die Psychoanalyse nach seinem Ableben einen „langsamen Tod" erleiden würde (*Reik* 1942, 28). *Jung* gegenüber äußerte er fast leidenschaftlich, er glaube nicht, dass die jungen Männer, die auf dem Gebiet der Psychoanalyse mitarbeiteten, sein Werk erhalten würden: „Nein, sie würden es niederreißen" (*Freud* an *Jung* cit. *Donn* 1990, 185). Da er die Psychoanalyse weitgehend mit seinen Ansichten gleichgesetzt und andere Ansichten und Entwicklungsvorschläge voller Misstrauen als Abweichungen angesehen hatte, hatte er ohnehin dafür gesorgt, auch in dieser Hinsicht Recht zu behalten.

*Freud*s Scheitern lässt sich sowohl im Hinblick auf seine Theorie als auch seine Praxis behaupten. Zuerst zur Praxis: *Freud* hatte sich in den letzten zwanzig Jahren seines Schaffens vorwiegend metapsychologischen und kulturanalytischen Themen zugewandt. Dies wird auf seine Enttäuschung über die Heilungsmöglichkeiten der Psychoanalyse zurückgeführt. Patienten waren ihm ob dieser Enttäuschung zum „Gesindel" geworden, „nur gut um uns leben zu lassen und sie sind Stoff zum lernen. Helfen können wir ihnen ja nicht" (cit. *Ferenczi* 1988, 142). Die Psychoanalyse als Behandlungsmethode war schon zu *Freud*s Zeiten in eine Sackgasse geraten (*Thompson* 1952, 180). *Freud* sah das klar: Er befürchtete, dass man genötigt sein werde, „das reine Gold der Analyse reichlich mit dem Kupfer der direkten Suggestion" legieren zu müssen, um eine Therapie für die „Massenanwendung", resp. „für's Volk" zu entwickeln (*Freud*, 1918, 193 f.).

Bekanntlich fanden zahlreiche Versuche von Psychoanalytikern statt, den Patienten besser gerecht zu werden und die Psychoanalyse zu intensivieren, zu verkürzen, sie zu einem wirksamen, konzentrierten, ökonomischen Heilverfahren mit breiter Indikation zu entwickeln - um nur drei Namen zu nennen: *Sándor Ferenczi*, *Franz Alexander* oder *Michael Balint*. Ebenso bekannt ist, dass alle diese Befürworter technischer Experimente sich mit dem Vorwurf der Abkehr von der reinen Lehre auseinanderzusetzen hatten, weil *Freud* und die ihm nachfolgende Orthodoxie ihnen gegenüber dogmatisch auf der Gültigkeit der „Grundregel" beharrten. *Andre Haynal* (1989) konstatierte nachhaltige, traumatisierende Folgen der Auseinandersetzung *Freud*s mit *Ferenczi* um dessen „technische Experimente" für die Diskussionskultur innerhalb der Psychoanalyse (vgl. *Schuch* 1994). Die Geschichte der Psychoanalyse stellt sich nicht zuletzt als eine Geschichte ihrer Dissidenten dar (vgl. *Cremerius* 1982).

Die Entwicklung weg von *Freuds* Vorschriften war nicht aufzuhalten: *Pulver* (1978) musste auf der Grundlage einer Umfrage unter den Mitgliedern der *American Psychoanalytic Association* feststellen, dass die Anwendung der Grundregel stark abgenommen hatte: Nur noch 20 % der Befragten gaben an, eine rein analytische Praxis zu betreiben.

Freud hatte die Psychoanalyse nur als eine Therapiemethode unter anderen gesehen und stattdessen die Wissenschaftlichkeit und die Wahrheit der psychoanalytischen Erkenntnis in den Vordergrund gestellt. Er glaubte offenbar, dass seine Theorie mehr verstehen als seine Technik leisten konnte (*Young-Bruehl* 1995, 307). Aber auch mit *Freuds* Theorie nahm es offenkundig kein gutes Ende. Bereits zu seinen Lebzeiten, insbesondere aber nach seinem Tod, wurde innerhalb der Psychoanalyse vieles anders gesehen als er es angestrebt hatte. Insbesondere sein großes Dogma, die Triebtheorie, als „unerschütterliches Bollwerk" gedacht, war ins Wanken geraten. *Balint* (1959) hatte die Katastrophe für das Fundament des *Freuds*chen Gedankengebäudes in die menschlich verharmlosende Formulierung gefasst, das „Interesse für die Triebe" habe mehr und mehr abgenommen (*Balint* 1959, 11). Auf die von *Freud* begründete und favorisierte Triebpsychologie folgte bekanntlich die von *Freud* misstrauisch beäugte „amerikanische" Ich-Psychologie, später standen auch noch „Selbst", „Objekt" bzw. „Objektbeziehungen" im Vordergrund der Aufmerksamkeit der Psychoanalytiker (*Pine* 1990) – streng genommen vier unkompatible Psychologien. Neuerdings nimmt die Psychoanalyse gar eine „intersubjektive Wende" (*Altmeyer / Thomä* 2006). Alle diese Entwicklungen können wohl kaum als im Sinne *Freuds* gesehen werden. Sie widersprechen jedenfalls seinen deklarierten Ansichten. *Freuds* Psychologie war eine *Triebpsychologie*. Diese war nicht intersubjektiv, sondern eine *„Ein-Personen-Psychologie"*.

Freuds Tochter *Anna* hatte noch am 21. Oktober 1974 in einem Brief an *J.C. Hill*, (in dem sie sich insbesondere von der Objektbeziehungstheorie abgrenzte, der sie nachsagte, sie verfehle das Wesentliche an der Psychoanalyse) den Konflikt innerhalb des Individuums als das Wesentliche der Psychoanalyse bezeichnet, nämlich die Ziele, Ideen und Ideale, die mit den Trieben in Konflikt liegen, damit der einzelne innerhalb der zivilisierten Gesellschaft bleibt. Z.B. Schuld sei keine Beziehung zwischen zwei Menschen, sondern zwischen den verschiedenen Teilen des psychischen Apparats, d.h. als Angst, die das Ich bezüglich des Über-Ichs fühlt. Sie kam zu dem Ergebnis, die Psychoanalyse sei „vor allem eine Triebpsychologie, aber aus irgendwelchen Gründen möchten es die Menschen nicht so haben" (cit. *Young- Bruehl* 1995, 354).

Am 29. Juli 1976 schrieb *Anna Freud* an *Harold Blum*: „Anstatt das psychoanalytische Gedankengebäude weiterzuentwickeln, besteht eine deutliche Tendenz, die bereits erzielten Errungenschaften und Fortschritte zu zerstören und durch etwas weniger Wertvolles zu ersetzen." (cit. *Young-Bruehl* 1995, 306). Die postfreudianische Psychoanalyse bestehe – so lautet die konservative Klage - gewöhnlich aus Resten der *Freuds*chen Psychologie, aus der alle schwierigen Teile weggelassen wurden.

Die Psychoanalyse wäre demnach verwässert worden, zugunsten der Propagierung von Aspekten, denen *Freud* persönlich in hohem Maße misstraut, sie vorhersehbar kritisiert, abgewertet und mit dem Dissidenzvorwurf überzogen hätte: Der Sehnsucht der Menschen nach der Vereinigung mit der Mutter, d.h. geliebt zu werden, wie nur ein kleines Kind geliebt werden kann.

Freuds Tochter *Anna* (*Freud, A.* 1970) hatte mit dieser Entwicklung – aus eigenem Interesse, aber ganz im Sinne ihres Vaters - in einem Abschnitt, überschrieben „Psychoanalyse: Revolutionär oder konservativ?", unmissverständlich abgerechnet. Sie beklagte: „In der Tat gibt es nicht ein einziges Stück in Theorie und Technik, das nicht von dem einen oder anderen Autor in Zweifel gezogen wird" (*ibid.* 2556). Ihre Klage umfasste eine ganze Reihe von Punkten: Die freie Assoziation, „der Eckstein der analytischen Technik", würde längst nicht mehr allgemein benutzt. Die Traumdeutung habe ihre Rolle als „via regia zur Kenntnis des Unbewußten" an die Übertragungsdeutung abgegeben. Selbst der Begriff der Übertragung habe sich geändert: Statt spontan im Bewusstsein und Verhalten des Analysanden aufzutreten, würde sie von Analytikern durch Deutungen aktiv in die Situation eingeführt. Der Beitrag der Sexualstrebungen zur Genese psychischer Störungen sei mehr und mehr hinter dem Aggressionstrieb zurückgetreten. Die Wiedergewinnung von Kindheitserlebnissen in der analytischen Situation würde von einigen Analytikern für minder wichtig gehalten als das „Hier und Jetzt". Auf der metapsychologischen Ebene sei der ökonomische Aspekt in Verruf geraten. Vor allem aber habe die Neuprägung und Umdefinierung so vieler technischer Begriffe zu einer bisher unbewältigten Sprachverwirrung geführt, die es Autoren schwer machte, die Theorien anderer zu verstehen (vgl. ibid. 2556).

So gesehen hat es sich bei der Entwicklung und Ausbreitung der Psychoanalyse nach *Freud* keineswegs schon um einen Siegeszug der *Freud*schen Ideen gehandelt. Buchtitel wie z.B. „*Freuds Jahrhundert*" (*Zaretsky* 2004) oder „*Freuds Zwanzigstes Jahrhundert*" (*Glaser* 1979) kommen in diesem Licht oberflächlich und irreführend vor.

Schluss

Es ist auch heute noch gewiss anregend und bildend, *Freuds* Werk zu studieren – allerdings als *historisches Phänomen*, das in seiner Zeit verstanden werden muss. Darüber hinaus gibt es aus meiner Sicht kaum etwas, was die *Integrative Therapie* mit *Freud* und seinem Werk im Guten direkt verbindet oder von ihm übernehmen könnte. Weder der opportunistische Gebrauch psychoanalytischer Begriffe noch der Hinweis, dass Revisionen der Psychoanalyse - wie z.B. die von *Ferenczi* oder *Perls* - einige therapiepraktische Elemente beigesteuert haben, sollte an dieser Einschätzung Grundlegendes ändern. Dies mag in früheren Zeiten der Entwicklung und Identitätssuche der *Integrativen Therapie* auch schon einmal anders gesehen worden sein.

Sprechen wir also zum Schluss über das Trennende. Die Differenzen sind Legion: *Freud* hatte den Menschen nicht in Beziehung zum Mitmenschen begriffen, im Feld seiner sozialen Beziehungen, seines Milieus, seiner Kultur oder im Kontext zeitgeschichtlicher Metaszenen samt der dazugehörigen Atmosphären. Sein Individuum war ein von inneren Konflikten gebeutelter, gehemmter, einsamer Mensch, theoretisch reduziert auf eine *„Topik"* von Über-Ich, Ich, Es. Mit Sicherheit war es nicht *„Ensemble der gesellschaftlichen Verhältnisse"*, wie es z. B. bereits *Karl Marx* begriffen hatte oder intersubjektives *„Leibsubjekt in der Lebenswelt"*, wie dies z. B. im Anschluss an *Merleau-Ponty* für die *Integrativen Therapie* gilt (vgl. *Schuch* 2001). *Freud* hatte individualisiert und pathomorph psychologisiert, anstelle Kontexte zu beachten, Lebenslagen und Lebensperspektiven in den Blick zu nehmen und auf das Gute zu schauen, wie wir es heute richtig finden, um Erleben und Verhalten von Menschen angemessen zu verstehen. Nach unserer Auffassung wäre das historische Phänomen *Psychotherapie* als *Humantherapie*, als Therapie von Menschen in Kontext und Kontinuum zu begreifen.

Durch seine monothematische Problematisierung der Sexualität hatte *Freud* mit der spätviktorianischen, bürgerlichen Konvention des 19. Jahrhunderts versucht abzurechnen. Mit seiner Erfindung der Neurose als symptomatische Inszenierung eines sexuellen Triebkonfliktes hatte er den Gegenstand seiner Psychoanalyse gebildet und dogmatisch vorgeschrieben. Aber auch die psychoanalytische Vorstellung der Befreiung von der psychoanalytischen Vorstellung von Neurose durch die psychoanalytische Erkenntnis blieb durch die konservative *Freud*sche Zivilisations- und Kulturpräferenz eigentümlich gebunden. In seinen theoretischen Proklamationen findet sich kein Plädoyer für sexuellen Genuss, für einen *„Gebrauch der Lüste"* (*Foucault*). *Freud* hatte die Sexualität vielmehr mit einer strategischen Aufgabe belastet: Die sexuelle Entsublimierung hatte im Dienste des Ich zu stehen. Weil sich Triebbefriedigung und Zivilisation ausschlossen, weil das Realitätsprinzip herrschen und die Sexualität beherrscht werden sollte, konnte es im Rahmen seiner Ansichten nur wenig Platz für einen freiheitlichen, kreativ, lebensfroh und lustvoll gestalteten, innovativen Entwurf von Gegenwart geben, wie wir ihn vertreten.

Eine Ästhetik der Existenz, eine – im *Foucault*schen Sinne – *Lebenskunst*, die erfinderisch den Horizont der eigenen Möglichkeiten öffnet, die dazu anhält, den eigenen Lebensentwurf experimentell auszumessen und tatkräftig zu realisieren, wäre *Freud* nie in den Sinn gekommen. Seine Lebenserfahrung legte ihm mit der „Einsicht in die Notwendigkeit" gänzlich anderes nahe, als im Sinne einer parrhesiastisch vorzutragenden *„Sorge für sich und andere"* repressive Strukturen zu durchbrechen, um eine andere *„Ordnung der Dinge"* anzustreben und Möglichkeiten des Andersseins und Anderslebens auszuloten. *Freud* war ein Problematisierer der Vergangenheit. Er arbeitete reduktionistisch. Die Gegenwart fand nur in geringem Umfang sein Interesse. Insbesondere aber war *Freud* kein Begriff von der Zukunft als etwas wirklich Neues gelungen. Letzteres mag u. a. auch an seinen triebtheoretischen Ansichten gelegen haben. Triebtheoretisch gibt es ja nichts wirklich Neues: Die Befriedigung läuft stets auf das Gleiche hinaus.

Die *Integrative Therapie* versteht sich demgegenüber gegenwartsorientiert und zukunftsoffen als *Humantherapie*. Sie plädiert dafür, gängige Vorstellung von Psychotherapie entlang der *Grundqualitäten des Menschlichen* radikal umzuschreiben, die Therapie aus der Okkupation psychoanalytischer Konstrukte und psychiatrischer Krankheitsbilder zu entlassen und eine phänomenologische, prozessuale, korespondierende Theragnostik zu betreiben. Es gälte alle Facetten des Menschen zu berücksichtigen – engagiert für die Integrität des Anderen. Sein Erleben und Verhalten wäre nicht monothematisch, sondern im Zusammenhang eines als Dispositiv begriffenen, komplexen Wirkgefüges zu verstehen. Der Therapeut wäre seinen Patienten Partner in Begegnungs- und Auseinandersetzungsprozessen, für die Entwicklung von Willenskräften, von persönlicher Souveränität, der Selbstverwirklichung in Gemeinschaftsprozessen.

Zusammenfassung: Freud aus Sicht der Integrativen Therapie. Einige Bemerkungen zu Person und Werk von Sigmund Freud (1856-1939) aus Anlass seines 150. Geburtstages

Der Essay gedenkt *Sigmund Freud* gut distanziert aus der Perspektive der *Integrativen Therapie*. Er skizziert *Freuds* bemerkenswerte Persönlichkeit sowie *Freud* als Schriftsteller und als Analytiker. *Freuds* Werk wird historisch-kritisch besprochen. Einige seiner grundlegenden Konzepte werden diskutiert, i.e. seine Triebtheorie, seine Ansichten zu Sexualität und Frauen, *Freuds* Kultur- und Gesellschaftstheorie. Im Ergebnis wird *Freud* als gescheitert angesehen. Seine praxeologischen Vorschriften erwiesen sich als unpraktikabel und seine triebtheoretischen Ansichten wurden aufgegeben. *Freuds* Werk ist ein bemerkenswertes historisches Phänomen, das sich zu studieren lohnt. Zur *Integrativen Therapie* ergeben sich kaum Gemeinsamkeiten.

Schlüsselwörter:
Sigmund Freud, Psychoanalyse, Geschichte der Psychotherapie, Freud-Kritik, Integrative Therapie.

Summary: Freud in the view of Integrative Therapy. Some remarks on the person and the work of Sigmund Freud (1856-1939) on the occasion of his 150th birthday

The essay commemorates *Sigmund Freud* well distanced in the perspective of the *Integrative Therapy*. It sketches *Freud's* remarkable personality, *Freud* as an author and analyst. *Freud's* opus is historical-critically reviewed. Some of *Freud's* basic concepts are being discussed, i.e. his theory of instincts, sexuality and women, *Freud's* theory of culture and society. In the outcome *Freud* is considered as failed. His praxeological prescriptions turned out to be impracticable and his theory of instincts has been given up. *Freud's* opus is a remarkable historical phenomenon which deserves studying. *Integrative Therapy* has hardly anything in common with it.

Keywords:
Sigmund Freud, Psychoanalysis, History of Psychotherapy, Freud-critics, Integrative Therapy.

Literatur

Adorno, Th. W. (1970): Negative Dialektik. Frankfurt (Suhrkamp).
Alexander, F. (1933): On Ferenczi's Relaxation Principle. *International Journal of Psychoanalysis* 14, 183 – 192.
Alexander, F. (1944): The Indications for Psychoanalytic Therapy. *Bulletin of the New York Academy of Medicine* 20, 319 – 332.
Altmeyer, M. / Thomä, H. (Hrsg.)(2006): Die vernetzte Seele. Die intersubjektive Wende in der Psychoanalyse. Stuttgart (Klett).
Andreas-Salomé, L. (1958): In der Schule bei Freud. Zürich (Pan).
Appell, R. (1986): Was bisher unterschlagen wurde. *Frankfurter Allgemeine Zeitung* Nr. 268, vom 18. November 1986.
Appiganesi, L. / Forrester, J. (1992): Die Frauen Sigmund Freuds. München / Leipzig (List).
Balint, M. (1959): Angstlust und Regression. Stuttgart (Klett).
Blumenthal, R. (2006): Hotel Log Hints at Illicit Desire That Dr. Freud Didn't Repress. http//www.nytimes.com/2006/12/24/world/europe/24freud.html.
Böhme, H. / Böhme, G. (1983): Das Andere der Vernunft. Zur Entwicklung von Realitätsstrukturen am Beispiel Kants. Frankfurt (Suhrkamp).
Bokanowski; T. (1999): Zwischen Freud und Ferenczi: Das "Trauma". *Psyche* 53, 5, 432 - 440.
Brückner, P. (1975): Sigmund Freuds Privatlektüre. Köln (Rolf Horst).
Brumlik, M. (2006): Sigmund Freud. Der Denker des 20. Jahrhunderts. Weinheim (Beltz).
Chlada, M. (2005): Heterotopie und Erfahrung. Abriss der Heterotopologie nach Michel Foucault. Aschaffenburg (Alibri).
Clark, R.W. (1981): Sigmund Freud. Frankfurt (S. Fischer).
Cremerius, J. (1981): Freud bei der Arbeit über die Schulter geschaut. Seine Technik im Spiegel von Schülern und Patienten. In: ders. (2004), 326 – 363.
Cremerius, J. (1982): Die Bedeutung der Dissidenten für die Psychoanalyse. In: ders. (1984), 364 – 397.
Cremerius, J. (1984): Vom Handwerkszeug des Psychoanalytikers: Das Werkzeug der psychoanalytischen Technik. Stuttgart-Bad Cannstatt (Frommann-Holzboog).
Derrida, J. (1997): Dem Archiv verschrieben. Eine Freudsche Impression. Berlin (Brinkmann & Bose).
Derrida, J. (1992): „Gerecht sein gegenüber Freud" - Die Geschichte des Wahnsinns im Zeitalter der Psychoanalyse. In: ders. (1998): Vergessen wir nicht – die Psychoanalyse! Frankfurt (Suhrkamp), 59 -126.
Donn, L. (1990): Freud und Jung. Biographie einer Auseinandersetzung. Hamburg (Kabel).
Ellenberger, H. F. (1973): Die Entdeckung des Unbewußten. Bern (Huber)
Eschenröder, Chr. T. (1989): Hier irrte Freud. Zur Kritik der psychoanalytischen Theorie und Praxis. München/Zürich (Pieper).
Fahrig, H. (1987): Anregungen zur biologischen Fundierung einer Neurosentheorie – Kritik der Libidotheorie. In: Rudolf, G / Rüger, U. / Studt, H.H. (1987): Psychoanalyse der Gegenwart. Göttingen (Vandenhoeck & Ruprecht) , 142 -
Falzeder, E. (1984): Die „Sprachverwirrung" und die „Grundstörung" - Die Untersuchungen Sandor Ferenczis und Michael Balints über die Entstehung und Auswirkung früher

Objektbeziehungen. Salzburg (Diss.).
Falzeder, E./ Haynal, A.(1981): Heilung durch Liebe? Ein außergewöhnlicher Dialog in der Geschichte der Psychoanalyse. In: Eickhoff, F.W. et al. (1981): Jahrbuch der Psychoanalyse. Stuttgart-Bad Cannstatt (Frommann-Holzboog), 109 – 127.
Ferenczi, S. (1988): Ohne Sympathie keine Heilung. Das klinische Tagebuch von 1932. Hrsg. Von J. Dupont, Frankfurt (Fischer).
Flem, L. (1993): Der Mann Freud. Frankfurt (Campus).
Freud, A. (1970): Kinderanalyse als ein Spezialfach der Psychoanalyse. In: Freud, A. (1987) aaO., 2553 – 2567.
Freud, A. (1987): Die Schriften der Anna Freud. 10 Bde. Frankfurt (Fischer).
Freud, E.L. / Meng, H. (Hrsg.) (1963): Sigmund Freud und Oskar Pfister Briefe 1909 – 1939. Frankfurt (S. Fischer).
Freud, M. (1957): Glory reflected. Sigmund Freud. Man and Father. London (Angus & Robertson).
Freud, S. (1905): Bruchstück einer Hysterie-Analyse, GW V, 161 – 286.
Freud, S. (1909): Bemerkungen über einen Fall von Zwangsneurose. GW VII, 379 – 463.
Freud, S. (1910): Die künftigen Chancen der psychoanalytischen Therapie. GW VIII, 104 – 115.
Freud, S. (1912a): Zur Dynamik der Übertragung. GW VIII, 364 – 374.
Freud, S. (1912b): Ratschläge für den Arzt bei der psychoanalytischen Behandlung. GW VIII, 376 – 387.
Freud, S. (1913): Weitere Ratschläge zur Technik der Psychoanalyse: I. Zur Einleitung de Behandlung. GW VIII, 454 – 487.
Freud, S. (1914): Weitere Ratschläge zur Technik der Psychoanalyse: II. Erinnern, Wiederholen, Durcharbeiten. GW X, 126 – 136.
Freud, S. (1915): Weitere Ratschläge zur Technik der Psychoanalyse: III. Bemerkungen über die Übertragungsliebe. GW X, 306 – 321.
Freud, S. (1915): Zeitgemäßes über Krieg und Tod. GW X,
Freud, S. (1916/17): Vorlesungen zur Einführung in die Psychoanalyse. GW XI.
Freud, S. (1918): Wege in der analytischen Therapie. GW XII, 183 – 194.
Freud, S. (1921): Massenpsychologie und Ich-Analyse. GW VIII,
Freud, S. (1923): Psychoanalyse und Libidotheorie. GW XIII, 209 – 233.
Freud, S. (1925a): Selbstdarstellung. GW XIV, 31 – 96.
Freud, S. (1925b): Die Widerstände gegen die Psychoanalyse. GX XIV, 97 – 110.
Freud, S. (1925c): Einige psychischen Folgen des anatomischen Geschlechtsunterschieds. GW XIV, 19 – 30.
Freud, S. (1926): Hemmung, Symptom und Angst. GW XIV, 111 - 205.
Freud, S. (1930): Das Unbehagen in der Kultur. GW XIV, 419 – 506.
Freud, S. (1930): Brief an Dr. Alfons Paquet. GW XIV, 545 – 546.
Freud, S. (1930): Ansprache im Frankfurter Goethe-Haus. GW XIV, 547 – 550.
Freud, S. (1931): Über die weibliche Sexualität. GW XIV, 517 – 537.
Freud, S. (1932): Warum Krieg? GW XVI, 11 – 27.
Freud, S. (1933): Neue Folge der Vorlesungen zur Einführung in die Psychoanalyse. GW XV.
Freud, S. (1935): Nachschrift 1935. GW XVI, 31 – 34.
Freud, S. (1937a): Konstruktionen in der Analyse. GW XVI, 43 – 56.
Freud, S. (1937b): Die endliche und die unendliche Analyse. GW XVI, 59 – 99.
Freud, S. (1939): Der Mann Moses und die monotheistische Religion. GW XVI, 101 – 246.
Freud, S. (1940): Abriss der Psychoanalyse. GW XVII, 63 – 138.
Freud, S. (1962): Aus den Anfängen der Psychoanalyse. Frankfurt (Fischer).
Freud, S. (1986): Briefe an Wilhelm Fließ. Hrsg. v. Masson, J. M., Frankfurt (Fischer).
Freud, S. / Ferenczi, S. (1993): Briefwechsel. Bd. I, 1 u. 2, Hrsg. v. Brabant, E. / Falzeder, E. / Giampieri-Deutsch, P., Wien / Köln / Weimar (Böhlau).

Freud, S. / Jung, C.G. (1984): Briefwechsel. Hrsg. v. Mc Guire, W. / Sauerländer, E., Frankfurt (Fischer).
Freud-Bernays, A. (2006): Eine Wienerin in New York. Erinnerungen der Schwester Sigmund Freuds. Berlin (Aufbau).
Freud-Marlé, L. (2006): Mein Onkel Sigmund Freud. Erinnerungen an eine große Familie. Berlin (Aufbau).
Fromm, E. (1981): Sigmund Freud. Seine Persönlichkeit und seine Wirkung. Frankfurt/Berlin/Wien (Ullstein).
Frostholm, B. (1978): Leib und Unbewusstes. *Freuds* Begriff des Unbewussten interpretiert durch den Leib-Begriff Merleau-Pontys. Bonn (Bouvier)
Gedo, J. E. (1968): Freud's Self-analysis and his Scientific Ideas. *American Imago* 25, 99 – 118.
Glaser, H. (1979): Sigmund *Freuds* Zwanzigstes Jahrhundert. Seelenbilder einer Epoche. Frankfurt (Fischer).
Gödde, G. (1999): Traditionslinien des `Unbewussten´. Schopenhauer – Nietzsche – Freud. Tübingen (edition diskord).
Haynal, A. (1989): Die Technikdebatte in der Psychoanalyse. Freud, Ferenczi, Balint. Frankfurt (Fischer).
Hemecker, W. (1991): Vor Freud. Philosophiegeschichtliche Voraussetzungen der Psychoanalyse. München (Philosophia).
Henscheid, E. (1983): Wie Max Horkheimer einmal sogar Adorno hereinlegte. Anekdoten über Fußball, Kritische Theorie, Hegel und Schach. Zürich (Haffmans).
Holzkamp, K. (1970): Wissenschaftstheoretische Voraussetzungen kritisch-emanzipatorischer Psychologie. Zeitschrift für Sozialpsychologie, 1, 5 – 21, 109 – 141.
Jones, E., (1960-62): Das Leben und Werk von Sigmund Freud. 3Bde., Bern/Stuttgart/Wien (Huber).
Junker, H. *(1997):* Unter Übermenschen: Freud und Ferenczi. Die Geschichte einer Beziehung in Briefen. Tübingen (edition diskord).
Kerz, J. Ph. (1990): Freuds Klinischer Induktivismus. Forum der Psychoanalyse 6, 277 – 298.
Körner, J. (1990): Übertragung und Gegenübertragung, eine Einheit im Widerspruch. *Forum der Psychoanalyse* 6, 87 – 104.
Kollbrunner, J. (2001): Der kranke Freud. Stuttgart (Klett-Cotta).
Lahann, B. / Mahler, U. *(2006)*: Als die Psyche auf die Couch kam. Die rätselvolle Geschichte des Sigmund Freud. Berlin (Aufbau).
Leitner, A. (2006): Sigmund Freud 150. In: *Consilium* 3 / 06, 28 – 31.
Lohmann, H.M. (Hrsg.)(1985): Das Unbehagen in der Psychoanalyse. Frankfurt (Fischer).
Lohmann, H.M. (Hrsg.)(1986): Die Psychoanalyse auf der Couch. Frankfurt (Fischer).
Malcolm, J. (1986): Vater, lieber Vater… Aus dem Sigmund-Freud-Archiv. Frankfurt/Berlin (Ullstein).
Mann, Th. (1936): Freud und die Zukunft. In: Freud, S. (1953): Abriß der Psychoanalyse. Das Unbehagen in der Kultur. Frankfurt (Fischer), 193 – 222.
Marcuse, H. (1963): Das Veralten der Psychoanalyse. in: ders (1965:), Kultur und Gesellschaft 2, Frankfurt (Suhrkamp), 85 – 106.
Marcuse, H. (1969):Triebstruktur und Gesellschaft. Ein philosophischer Beitrag zu Sigmund Freud. Frankfurt (Suhrkamp).
Marcuse, L. (1972): Sigmund Freud. Sein Bild vom Menschen. Zürich (Diogenes).
Markus, G. (1991): Sigmund Freud und das Geheimnis der Seele. Frankfurt / Berlin (Ullstein).
Marquard, O. (1973): Über einige Beziehungen zwischen Ästhetik und Therapeutik in der Philosophie des neunzehnten Jahrhunderts. In: ders. Schwierigkeiten mit der Geschichtsphilosophie. Frankfurt (Suhrkamp), 85 – 106.
Marquard, O. (1987): Transzendentaler Idealismus, Naturphilosophie, Psychoanalyse. Köln (Dinter).
Masson, J.M. (1986): Was hat man dir, du armes Kind, getan? Sigmund *Freuds* Unterdrückung der Verführungstheorie. Reinbek (Rowohlt).

Muschg, W. (1975): Freud als Schriftsteller. München (Kindler).
Petzold, H. G.(2003a): Integrative Therapie. 3 Bde. Paderborn (Junfermann).
Petzold, H. G. / Orth, I. (1999) Die Mythen der Psychotherapie. Paderborn.
Pohlen, M. (2006): Freuds Analyse. Die Sitzungsprotokolle Ernst Blums. Reinbek (Rowohlt).
Pohlen, M. / Bautz-Holzherr, M. (1995): Psychoanalyse. Das Ende einer Deutungsmacht. Reinbek (Rowohlt).
Pulver, S. (1978): Report of "Survey of Psychoanalytic Practice 1976". Some Trends and Applications. Journal of the American Psychoanalytic Association 26, 615 – 631.
Puner, H. (1949): Freud – His Life and his Mind. London (Grey Walls Press).
Reicheneder, J. G. (1990): Zum Konstitutionsprozeß der Psychoanalyse. Stuttgart-Bad Cannstatt (Frommann-Holzboog).
Reik, Th. (1942): From Thirty Years with Freud. London (Hogarth Press).
Ricœur, P. (1969): Die Interpretation. Ein Versuch über Freud. Frankfurt (Suhrkamp).
Ricœur, P. (1991): Zeit und Erzählung. Bd. III: Die erzählte Zeit. München (Fink).
Ricœur , P. (1998): Das Rätsel der Vergangenheit. Erinnern, Vergessen, Verzeihen. Göttingen (Wallstein).
Ricœur, P. (2003): Gedächtnis, Geschichte, Vergessen. München (Fink).
Roazen, P. (1971): Politik und Gesellschaft bei Sigmund Freud. Frankfurt (Suhrkamp).
Robert, M. (1975): Sigmund Freud – zwischen Moses und Ödipus. Die jüdischen Wurzeln der Psychoanalyse. München (List).
Robert, M. (1986): Die Revolution der Psychoanalyse. Leben und Werk von Sigmund Freud. Frankfurt (Fischer).
Rohde- Dachser, C. (2006): Über Hingabe, Tod und das Rätsel der Geschlechtlichkeit. *Freuds Weiblichkeitstheorie aus heutiger Sicht. Psyche* 60, 9/10, 948 – 977.
Schöpf, A. (1982): Sigmund Freud. München (Beck).
Schott, H. (1985): Zauberspiegel der Seele. Göttingen (Vandenhoeck & Ruprecht).
Schuelein, J. A. (1975): Das Gesellschaftsbild der Freudschen Theorie. Frankfurt / New York (Campus).
Schuch, H.W. (1990): Über Persönliches im Werk. Einige ideologiekritische Vorbemerkungen zur Art, der Person und dem Werk eines großen Psychotherapeuten zu gedenken. *Integrative Therapie* 16 / 1-2, 134 – 152.
Schuch, H. W. (1994): Aktive Psychoanalyse. Sándor Ferenczis Beitrag zur Technik der Psychotherapie. *Integrative Therapie* 20 / 1-2, 68 - 100.
Schuch, H.W. (2001): Integrative Therapie – Eine kurze Übersicht. In: Leitner, A. (2001): Strukturen der Psychotherapie. Wien (Krammer), 129 – 194.
Schuch, H.W. (2003): Geschichte und Psychotherapie. Chronosophische und diskursanalytische Vorüberlegungen zur Geschichte und Mythologie der Psychotherapie aus integrativer Perspektive. In: Leitner, A. (Hrsg.)(2003): Entwicklungsdynamiken in der Psychotherapie. Wien (Krammer), 13 – 56.
Schur, M. (1973): Sigmund Freud. Leben und Sterben. Frankfurt (Suhrkamp).
Steiner, R. (2000): Die Zukunft als Nostalgie: Biographien von Mythen und Helden...? Bemerkungen über Jones' Freud Biographie. 2 Teile. PSYCHE 54, 99 – 142, 242 – 282.
Thompson, C. (1952): Die Psychoanalyse. Ihre Entstehung und Entwicklung. Zürich (Pan).

Weber, S. (1979): Freud-Legende. Drei Studien zum Psychoanalytischen Denken. Olten und Freiburg (Walter).
Weissweiler, E. (2006): Die Freuds. Biographie einer Familie. Köln (Kiepenheuer & Witsch).
Young-Bruehl, E. (1995): Anna Freud. Eine Biographie. Teil 2. Die Londoner Jahre. Wien (Wiener Frauenverlag).
Zaretsky, E. (2004): Freuds Jahrhundert. Die Geschichte der Psychoanalyse. Wien (Zsolnay).

Zimmer, D. E. (1986): Tiefenschwindel. Die endlose und die beendbare Psychoanalyse. Reinbek (Rowohlt).

Korrespondenzadresse:

Prof. Dr. Hans Waldemar Schuch M.A.
Department für Psychosoziale Medizin und Psychotherapie
Donau-Universität Krems

Dr.-Karl-Dorreck-Straße 30
A-3500 Krems

E-Mail-Adresse:
mail@hwschuch.de

Reinhard Skolek

Der Blick des Jungianers auf Freud heute
Sigmund Freud – Würdigung und Kritik durch C. G. Jung

> Er war ein großer Mann und, was noch mehr ist, ein Ergriffener"
> (*Jaffe/Jung* 1979, 157).

In „Sigmund Freud als kulturhistorische Erscheinung" schreibt *Jung*: *Freud* ist „eine Antwort auf die Krankheit des 19.Jahrhunderts" und „Freuds welthistorisches Verdienst besteht ... in der seinen Ruhm begründenden und rechtfertigenden Tatsache, daß er, wie ein alttestamentarischer Prophet, falsche Götzen stürzt und mitleidslos die Fäulnis der zeitgenössischen Seele am Tageslicht ausbreitet" (*Jung* 1932, 47). *Jung* bezieht sich damit auf das viktorianische 19. Jahrhundert, ein Zeitalter der „bürgerlichen Wohlanständigkeit", Heuchelei und Verdrängung. Die zentrale Bedeutung der verdrängten Sexualität für *Freud* wurde von *Jung* als kulturhistorische Notwendigkeit verstanden, ihre Erhebung zum Dogma allerdings von ihm auf Dauer nicht mitgetragen. In seiner Biographie erzählt *Jung*: „Ich erinnere mich noch lebhaft, wie *Freud* zu mir sagte: Mein lieber *Jung*, versprechen Sie mir, nie die Sexualtheorie aufzugeben. Das ist das Allerwesentlichste. Sehen Sie, wir müssen daraus ein Dogma machen, ein unerschütterliches Bollwerk. Das sagte er zu mir voll Leidenschaft und in einem Ton, als sagte ein Vater: Und versprich mir eines, mein lieber Sohn: geh jeden Sonntag in die Kirche!" (*Jaffe/Jung* 1979, 154f.). *Jung* konnte und wollte das von *Freud* geforderte Glaubensbekenntnis nicht ablegen. Das hat ihm aus seiner Sicht die Freundschaft mit *Freud* gekostet.

Im Nachruf „Sigmund Freud" (vgl. *Jung* 1939) würdigt *Jung Freud*s großes Verdienst um den Traum. *Freud* hat ihn als wichtigste Informationsquelle über die Vorgänge im Unbewussten der Vergessenheit entrissen und ihn zur wissenschaftlichen Diskussion gestellt. Dem jungen Psychiater *Jung* war *Freud*s *Traumdeutung* 1900 eine „Quelle der Erleuchtung" gewesen. Andererseits wirft *Jung Freud* vor, dass er seine Beobachtungen aus der Neurosenpsychologie auf die allgemeine und normale Psychologie übertrug, indem er sie auch auf den Traum ausdehnte, den er als verhüllte Wunscherfüllung verstand. Ebenso kritisiert *Jung*, dass *Freud* die normale Entwicklung des Kindes im Sinne der Sexualität deutete und umbenannte. Den Vorstoß der Verdrängungslehre auf das Gebiet der primitiven Psychologie in *Totem und Tabu* 1912 sieht *Jung* als wenig erfolgreich, und die Anwendung dieser auf das religiöse Gebiet in *Die Zukunft einer Illusion* 1927 sowie auf Kunst und Kultur lehnt er als nicht haltbar ab. „Einsichten, die aus der Empirie von Wiener Neurosen zwischen 1890 und 1920 gewachsen sind, lassen sich schlecht auf die Probleme von *Totem und Tabu* anwenden, ..." (*Jung* 1932, 51).

Jung bescheinigt *Freud* „eine bewundernswerte Kenntnis und ein ebenso erstaunliches

Verständnis des krankhaft seelischen Materials, das er ... mit wahrhaft unendlicher Geduld herauszuschälen wusste" (*Jung* 1939, 59). Und weiters: Man verdankt *Freud* die Möglichkeit, Neurosenfälle individuell behandeln zu können und die Bereicherung der Wissenschaft mit der „individuellen Seele als Forschungsobjekt" (*Jung* 1932, 49f.). Andererseits hatte *Freud* – in der Auffassung *Jung*s - immer die Vision der neurotischen Geistesverfassung vor Augen, die ihn stets zwang, das Unzulängliche in allen Dingen zu sehen, das Peinliche, den nicht zugestandenen Wunsch, die durch Zensur entstellte geheime illegitime Wunscherfüllung. „Aus der Gedankenwelt *Freud*s tönt uns darum ein erschütterndes, pessimistisches „Nichts als" entgegen. Nirgends öffnet sich ein befreiender Durchblick auf hilfreiche heilende Kräfte, welche das Unbewusste dem Kranken zugute kommen ließe" (*Jung* 1939, 58). *Jung* hält dem entgegen „Es gibt keine Krankheit, die nicht zugleich ein missglückter Heilungsversuch wäre" (*ibid*.) und sich auf *Freud* und *Adler* beziehend: „Ich kann beiden Schulen den Vorwurf nicht ersparen, dass sie den Menschen zuviel aus der pathologischen Ecke und seinen Defekten erklären ... Ich möchte demgegenüber den Menschen lieber aus seiner Gesundheit verstehen" (*Jung* 1929b, 387). *Jung* hat dementsprechend den gesunden Anteilen, den „schöpferischen Keimen" der Patienten größtes Interesse entgegengebracht. Seine Theorie des kollektiven Unbewussten mit dem Selbst als Persönlichkeitszentrum ist auf seelisches Wachstum, Lebenssinn, Selbstheilung und Selbstregulation ausgerichtet. Hinter dieser viel später modern gewordenen ressourcenorientierten Einstellung steht ein letztenendes optimistisches Weltbild. *Jung* wollte sich auch nicht nur auf einzelne Teilbereiche der Seele (Sexualität, Macht etc.) beschränken, sondern in einer umfassenderen Sicht den ganzen Menschen begreifen, was in seiner Theorie von Gesundheit als *Ganzheit* seinen Ausdruck gefunden hat. Innerhalb dieser Ganzheit finden alle Teilbereiche ihren Platz, als miteinander in Beziehung stehende Teile eines sinnvollen übergeordneten Ganzen.

In der Schrift „Der Gegensatz Freud und Jung" beschäftigt sich *Jung* mit den persönlichen Hintergründen von Idee und Wahrheit. Er bezweifelt, dass wir überhaupt imstande seien, etwas Wahres oder Richtiges über das Wesen der Seele auszumachen. Das Beste was wir hervorbringen können ist „wahrer Ausdruck, ein Bekenntnis und eine ausführliche Darstellung des subjektiv Vorgefundenen" (*Jung* 1929, 386). So muss es in letzter Konsequenz verschiedene Wahrheiten geben. „Man sieht, wie man ist. Und da andere eine andere Psychologie haben, so sehen sie auch anders und drücken anderes aus" (*ibid.*, 387). „Die Einsicht in den subjektiven Charakter jeder Psychologie, die von einem Einzelnen erzeugt ist, dürfte das Merkmal sein, welches mich von Freud am strengsten sondert" (*ibid.*). Nach der Trennung von *Freud* hat *Jung* eine Typologie entworfen, basierend auf zwei verschiedenen *Einstellungstypen* (*Extra- und Introversion*) und vier *Ich-Funktionen*, mithilfe derer er auch die divergierenden Standpunkte von *Freud*, *Adler* und *Jung* verstehen und aussöhnen wollte.

In Anerkennung der Verdienste *Freud*s als Pionier und der seiner Psychologie als einen möglichen Zugang zur kranken menschlichen Seele ist *Jung* seinen eigenen, anderen

Weg gegangen. Um sich selbst treu zu bleiben, musste er ihn alleine beschreiten, ohne die Zustimmung seines ehemals väterlichen Freunds *Sigmund Freud*.

Freud, Jung und die Analytische Psychologie

„Die Wirkung, auf die ich hinziele, ist die Hervorbringung eines seelischen Zustandes, in welchem mein Patient anfängt, mit seinem Wesen zu experimentieren, wo nichts mehr für immer gegeben und hoffnungslos versteinert ist, ein Zustand der Flüssigkeit, der Veränderung und des Werdens" (*Jung* 1929a, §99).

In diesem Zitat drückt *Jung* seine Auffassung vom Ziel der Psychotherapie und seine Vorstellung von seelischer Gesundheit aus. Gesund ist ein Mensch dann, wenn er sich ein Leben lang verändern, entwickeln, wachsen kann, so befindet er sich im Fluss des Lebens. Den angesprochenen lebenslangen Entwicklungsprozess nennt *Jung Individuationsprozess.*

Die Gewinnung einer schöpferischen, kreativen Haltung wird im therapeutischen Prozess nach *C.G.Jung* als das therapeutisch Wirksame angesehen, neben und im Zusammenhang mit der therapeutischen Beziehung (vgl. *Kast* 2006). Das Leben in einer schöpferischen Haltung bedeutet, dass man an seine Ressourcen angeschlossen ist und Selbstheilungskräfte wirksam werden können. In den Schwierigkeiten des Lebens lassen sich neue Wege finden statt in lähmender Gewohnheit zu erstarren.

Ich möchte einige wesentliche Aspekte in den unterschiedlichen Auffassungen von *Freud* und *Jung* darstellen. Ich werde zwei Träume ausführlich beschreiben, damit die Unterschiede auch ein wenig erleb-bar werden.

Ein Mann im mittleren Lebensalter hatte, bevor er in *Jung*sche Analyse kam, ein Jahr lang seine Träume aufgeschrieben und sie in einer Selbstanalyse an Hand von *Freud*ianischer und *Jung*ianischer Literatur bearbeitet. Er hatte sich überlegt, ob er eine *Freud*ianische oder *Jung*ianische Analyse beginnen sollte. Als er von einem Pfarrer träumte, der ihm die *Freud*sche Analyse empfahl, tendierte er eine Zeitlang zu *Freud*. Letzten Endes entschied er sich aber dann doch für die *Jung*ianische Analyse, vor allem weil ihm die *Freud*ianische Literatur zu eng und „kopfig" vorkam. Er fühlte sich mehr von der erlebnisnäheren und anschaulicheren Sprache der *Jung*ianer angezogen. Die optimistischere auf Wachstum und Zukunft orientierte Haltung *Jung*s erschien ihm angenehm, ebenso wie dessen kreativer Umgang mit dem Unbewussten. Der Mann war 40 Jahre alt, Naturwissenschafter, äußerst diszipliniert, ordentlich, hart zu sich selbst. Sein einseitiges Leben bestand im Wesentlichen aus Arbeit. Oft stand er Tag und Nacht im Labor. Sein Denken war streng naturwissenschaftlich orientiert. Er beschäftigte sich hauptsächlich mit lebloser Materie, für Beziehungen zu Menschen war wenig Platz. Etwa ein Jahr nach Analysebeginn hatte er folgenden ergreifenden Traum:„Ich bin Mönch in einem achthundert Jahre alten taoistischen Kloster. Ich gehe die Treppe hoch, an der Nische vorbei, wo sonst immer die steinerne Statue des alten taoistischen Weisen steht, der das Kloster gegründet hatte. Ich erschrecke, denn die Nische links von mir ist leer. Doch plötzlich, es ist unglaublich, tritt der taoistische Heilige aus der Nische hervor: Er ist aus Fleisch und Blut, er lebt! Von ihm geht eine tiefe abgeklärte Ruhe aus, Wärme und Freundlichkeit. Er nimmt mich an der Hand und führt mich aus dem Kloster. Ich sehe die vielen Mönche und den Abt, die fassungslos den Vorgang beobachten, besonders der Abt, ein sehr strenger und harter Mann mittleren Alters, der über Zucht und Ordnung im Kloster wacht. Eigentlich bin ich froh, von hier weg zu kommen. Der Alte führt mich zielstrebig und festen Schritts auf die Mariahilferstraße. Es ist Nacht, aber sie ist voll mit Leben. Ich sage zum Alten, dass ich ihn führen möchte, weil er sich doch in unserer modernen Welt nicht zurechtfinden würde. Milde lächelnd schüttelt er den Kopf und meint: Es hat sich seit tausend Jahren nichts verändert."

Dieser Traum ist ein *archetypischer* Traum. Solche Träume beinhalten Gestalten wie sie in Märchen und Mythen vorkommen und aus dem realen Leben nicht bekannt sind. Sie besitzen eine starke emotionale Ausdruckskraft (*Numinosität*), bleiben oft ein Leben lang in Erinnerung und treten meist in Zusammenhang mit wesentlichen Veränderungen im Leben eines Träumers auf. Sie gehören also nicht zu den üblichen täglichen Träumen. Ich habe einen archetypischen Traum gewählt, weil man das wohl von einem *Jung*ianer erwartet. Außerdem möchte ich anhand dieses Traums versuchen, einige grundsätzlich unterschiedliche Positionen von *Jung* und *Freud* zu veranschaulichen.

Der Traum zeigt die „innere Welt" des Analysanden. Er führt ein Leben wie im Kloster, in einer lustfeindlichen Männerwelt mit ihrer strengen Ordnung und ihren Dogmen. Das Weibliche, Sinnlichkeit und pulsierendes Leben bleiben draußen. Dorthin führt der taoistische Heilige den Patienten. Das Wort „Heiliger" lässt folgende Assoziationen zu: Begriffe wie „Heil", „Heiler" und „Heilung", unter der *Jung Ganzwerdung* versteht. Der Heilige, der zunächst nur aus Stein vorhanden war, wird lebendig, tritt in das Leben des Träumers ein und bewirkt eine Veränderung. Der Träumer wird auf den Weg zur Heilung gebracht. Tao wird oft mit „Weg" aber auch mit „Ziel" und „Sinn" übersetzt. Dieser Vorgang ist emotional ergreifend, *numinos*. Der Heilige kann als ein Symbol der *Selbstregulierung* im *Jung*schen Sinn verstanden werden. Vom *Selbst*, dem unbewussten Zentrum der Persönlichkeit, gehen Impulse zur Veränderung und Heilung aus. Ein kollektives, mythologisches Symbol, das des Heiligen, bzw. des alten Weisen, erwacht spontan zum Leben und tritt in das individuelle Leben des Träumers. Eine archetypische Form wird lebendig. Der *Archetyp* des *alten Weisen konstelliert* sich. Er führt den Patienten aus seiner eigenen lebensfeindlichen „inneren" Männerwelt. Der Alte sagt am Ende des Traums: „Es hat sich seit tausend Jahren nichts geändert". Das löste beim Träumer ein sehr starkes Gefühl von Sicherheit und Geborgenheit aus. Er geht einen Weg, den schon viele Menschen vor ihm seit Urzeiten gegangen sind. Er spürt Sinn und Orientierung, fühlt sich eingebunden in die Menschheit, als Ausdruck eines archetypischen Geschehens.

Nicht der Träumer wird im Traum initiativ, sondern ein Impuls aus dem Unbewussten führt zur Veränderung. Er selbst aber bleibt auch nicht untätig, regressiv dem Unbewussten die Führung überlassend. Er muss den Weg ja selbst gehen, allerdings Hand in Hand, also in Übereinstimmung mit seinem „inneren" alten Weisen, den lebensfreundlichen Impulsen aus seinem Unbewussten. Er selbst muss das Geträumte verstehen und letzten Endes im Alltag in die Tat umsetzen.

Ich habe diesen Traum im Sinne *Jungs final* gedeutet, als einen seelischen Vorgang, der auf ein Ziel hinausläuft, auf Entwicklung. Das Motiv des Wegs ist ein häufiges Individuationssymbol, die *Individuation* der Weg zu einer umfassenderen, also weniger einseitigen Persönlichkeit. Die Figuren im Traum versinnbildlichen Persönlichkeitsanteile des Träumers, die mehr oder weniger unbewusst sind (*Subjektstufendeutung*). Das Unbewusste in Gestalt des alten Weisen wird hier als *kompensatorisch* zum Bewusstsein des Träumers verstanden. Es kompensiert dessen einseitige Einstellung, nämlich die eines ausschließlich disziplinierten und fast asketischen farb- und beziehungslosen Lebens.

Die finale Deutung fragt nach Sinn, Zweck und Ziel, ist der Zukunft verbunden, ermöglicht alte mit neuen Aspekten des Träumers zu verbinden. Sie ist daher *synthetisch* und ressourcenorientiert. „Dementsprechend hätte dann der Traum … den Wert einer positiv leitenden Idee oder einer Zielvorstellung, die dem momentan konstellierten Bewusstseinsinhalt an vitaler Bedeutung überlegen wäre" (*Jung* 1928b, §491). Die Idee, dass das Unbewusste eine final orientierte Führung übernehmen könnte, wird heute von der neurowissenschaftlichen Forschung unterstützt (vgl. *Kast* 2006, 102). Archetypische Bilder beinhalten ein großes Phantasiepotential, sie müssen final gedeutet werden. Dadurch können schöpferische Anreize aus dem Unbewussten aufgenommen werden. „Im Gegensatz zu *Freud* und *Adler*, deren Erklärungsprinzip wesentlich reduktiver Natur und darum stets der infantilen Bedingtheit des Menschen zugekehrt ist, lege ich auf die konstruktive oder synthetische Erklärung ein etwas größeres Gewicht, in Anerkennung der Tatsache, dass das Morgen praktisch wichtiger als das Gestern, und das Woher unwesentlicher als das Wohin. Bei aller Würdigung der Historie erscheint mir der zu schaffende Sinn von größerer Lebensbedeutung, und ich bin der Überzeugung, dass keine Einsicht in das Vergangene und kein noch so starkes Wiedererleben pathogener (krankmachender) Reminiszenzen den Menschen von der Macht der Vergangenheit so befreit wie der Aufbau des Neuen. Ich bin mir dabei sehr wohl bewusst, dass ohne Einsicht ins Vergangene und ohne Integration verloren gegangener wichtiger Erinnerungen etwas Neues und Lebensfähiges gar nicht geschaffen werden kann." (*Jung* 1930, 378). Die finale Betrachtungsweise drängt sich bei diesem Traum auf: der Träumer verlässt das Kloster, macht sich auf den Weg. Man könnte aber ebenso *kausal* vorgehen und fragen: Wie ist er denn überhaupt in das Kloster gekommen? Dort gibt es keine Frauen, hat er Angst vor ihnen, wehrt er die Sexualität ab? Was haben der strenge Abt und der Heilige mit der Mutter und dem

Vater des Träumers zu tun? *Jung* bedient sich sowohl der finalen als auch der kausalen Vorgehensweise, er wendet sich aber gegen die ausschließlich *reduktive, kausale* Deutung *Freud*s und bevorzugt die *finale, synthetische*. Die kausale Deutung fragt nach Ursachen, weist in die Vergangenheit, ist analytisch diagnostisch, Regression fördernd. Sie führt zu einem *Komplex*, z.B. zum *Vater-* oder zum *Mutterkomplex*. Eine zu ausführliche Beschäftigung mit diesem würde die emotionale negative Erfahrung eventuell sogar vertiefen und verfestigen. Die finale Deutung hingegen beschäftigt sich mit dem Ziel, wie man den zwingenden Wiederholungen durch den Komplex entkommen kann (vgl. *Kast* 2006, 103f).

Im Fall des Klostertraums würde man mit der kausalen Vorgehensweise den Patienten wieder in das Kloster zurückbringen, man hätte den Aufbruch versäumt. Man wäre gegen die ausdrückliche Absicht des Traumes, wie sie im Traumgeschehen sichtbar wird, in der Vergangenheit gelandet statt in der Zukunft.

Der Patient hatte eine Aversion gegen die christliche Kirche, die er als einengend, infantilisierend, heuchlerisch und lebensfeindlich ansah. Der Taoismus hingegen, mit dem er sich theoretisch beschäftigte, faszinierte ihn. Dort ahnte er etwas Heilsames, was in seinem Traum zum Ausdruck gekommen ist. *Schellenbaum* weist darauf hin, dass *Jung* in den Religionen mit ihren Symbolschätzen die ältesten therapeutischen Systeme der Menschheit sah. Nicht konfessionell gebundene Menschen, wie der Patient aus dem Klostertraum, haben oft ein viel lebendigeres Gespür für die Bilder und Aussagen der Religionen als kirchlich Gebundene. „Der religiöse Zwangsneurotiker hat keinen Zugang zu ihnen" (*Schellenbaum* 1981, 67). *Freud* sieht die Religion als universale Zwangsneurose und im Gottesbild nichts anderes als ein übermächtiges verinnerlichtes Vaterbild. Er beschränkt sich „auf die Analyse jener religiösen Prägungen, die das Individuum von sich selbst entfremden" (*Schellenbaum* 1981, 18). *Schellenbaum* sieht aber auch ein wichtiges Verdienst *Freuds*: dieser hat sich dank seines einseitigen Negativbildes von Gott um die Entmachtung des übermächtigen Vaters bemüht, um die Menschen aus ihrer kindlichen Abhängigkeit und lebenshemmenden Ohnmacht zu mehr Eigenverantwortlichkeit und Selbstbestimmung zu führen. Doch hier endet die *Freud*sche Sicht des Religiösen. Mir drängt sich der Vergleich des strengen Abts aus dem oben erzählten Klostertraum mit dem *Freud*schen *Überich* auf. Dieser Abt ist nur ein strenger Wächter religiöser Gebote, einer starren Ordnung und ein Verwalter leblos versteinerten Wissens. Im Traum kommt aber auch der Heilige/ der alte Weise vor, der lange vor diesem Abt selbst das Kloster gegründet hatte. Er ist der Ursprung des Ganzen. Er führt nicht nur in das Kloster hinein, sondern er führt auch aus dem Kloster heraus! Er steht mit seiner ganzheitlicheren Sicht, seiner verständnisvoll gütigen, liebevollen und lebensfreundlichen Art über dem Abt. Er führt den Träumer in die Mariahilferstraße, wo Hilfe durch Weibliches, Mütterliches zu erwarten ist (Maria hilf!). Er symbolisiert eine Kraft aus einem übergeordneten Zentrum, das Abweichungen von den „Sollwerten" seelischer Gesundheit wahrnimmt und das durch Einseitigkeit verlorene seelische Gleichgewicht wieder herstellen will.

Jung betont in seiner Theorie des *Selbst* eben diese Funktion des Unbewussten und setzt damit ganz andere Akzente als *Freud* mit der Theorie des Überich. *Jung* vermutet *Freud*s altes negatives Jehova-Bild hinter seiner Theorie des Überich (vgl. *Jung* 1929b). Schellenbaum (vgl.1981) meint, dass *Jung* der „dreifaltigen" männlichen Psychologie *Freud*s ein „Viertes" hinzugefügt hat: das *kollektive Unbewusste*. Schellenbaum nimmt wohl mit dieser Feststellung Bezug auf die Tatsache, dass *Jung* stets für das einseitig männliche christliche Gottesbild das fehlende Weibliche, Mütterliche eingefordert hat. Ähnlich ergänzte *Jung Freud*s Vorstellung vom Unbewussten durch ein umfassenderes kollektives Unbewusstes: den mütterlich schöpferischen Urgrund aus dem das Bewusstsein geboren wurde und immer wieder geboren wird. Aus diesem Schoß erblicken immer wieder neue Einfälle, Ideen, Phantasien, Anschauungen und Werte das Licht der Welt. Es ist der Ort der Kreativität. Die Rolle des Ich als Zentrum des Bewusstseins ist dabei eine sowohl aktiv fragend und aufarbeitende wie auch eine passiv aufnehmende im Hinblick auf die Wechselwirkung zwischen Ich und dem Unbewussten.

Ich möchte nun wieder auf den Patienten zurückkommen, dessen Traum vom Kloster ich weiter oben vorgestellt habe. Der Patient spürte immer dringlicher die Unzufriedenheit mit seinem beruflichen, seinem ehelichen und überhaupt mit seinem ganzen Leben. Dieses hatte seinen Sinn verloren, etwas Neues zeichnete sich allerdings noch nicht ab. So beließ der Patient alles beim alten. Hin und her gerissen zwischen dem Bleiben- und dem Gehen-Wollen träumte er Folgendes:

„Ich sitze am Waldrand auf einem Hochstand, den üblicherweise Jäger zur Beobachtung benützen. Ich sehe vor mir mein Haus in einer Wiese. Plötzlich eine Schießerei von links und von rechts. Ich bin mitten drin, dann flüchte ich auf das Dach meines Hauses. Das Haus wird vollkommen zerschossen, es bricht in sich zusammen und ich lande schmerzlich auf dem Boden in einem Trümmerhaufen. Ich weiß nicht, was ich jetzt anfangen soll. Da taucht plötzlich aus der Erde eine uralte Frau auf. Sie muss aus einer anderen Welt kommen. Trotz ihres Alters strahlt sie eine ungeheure Kraft aus. Mit großer Bestimmtheit sagt sie mir: „Hör auf zu kämpfen!" Dann gibt sie mir einen Revolver mit vier Patronen, die mit Spiritus gefüllt sind und verschwindet. Tief beeindruckt mache ich mich nun auf den Weg."

Wieder tritt, so wie schon im Klostertraum das Motiv des Weges, des sich auf den Wegmachens in diesem Traum auf. Diesmal wird der Träumer zu einem Neubeginn gezwungen, nachdem sein Haus, sein bisheriges Heim von unsichtbaren Konfliktparteien (seinem Konflikt) in Trümmer geschossen worden ist. Zunächst nimmt er einen distanziert beobachtenden Standpunkt vom Jägerhochstand und dem Dach seines Hauses ein. Er versucht die Situation von oben, intellektuell zu betrachten, bis er unsanft auf dem Boden landet. Hin und her gerissen zwischen dem Bleiben- und dem Gehen-Wollen war es ihm unmöglich gewesen, den Konflikt zu lösen. Erst wenn ein Mensch seine bewussten Möglichkeiten ausgeschöpft hat, nicht mehr weiter kann und dann diesen Zustand lange genug ausgehalten hat, kann das Unbewusste eine kreative Lösung anbieten. *Verena Kast* (Kast 1990, 42) beschreibt diesen Vorgang als *schöpferischen Prozess*, der mit *Jung*s Prozess der *Symbolbildung* von 1916 übereinstimmt. Prozesshafte Veränderungen in der Psyche als einem selbstregulierenden System, werden über die Symbole und die Symbolbildungen ans Bewusstsein herangetragen. Sie bewirken eine Wandlung im Ichkomplex und damit auch im Erleben, ohne dass der Charakter der ursprünglichen Identität verloren geht (vgl. *Kast* 1990, 43). Als Ausdruck der Veränderung in der Psyche des Patienten erscheint in diesem Traum eine mütterliche mythologische Gestalt. Der Klostertraum hatte damit geendet, dass der Träumer in die Mariahilferstraße geführt wurde, in Richtung eines archetypischen Symbols des gut Mütterlichen. Zu der mütterlichen Gestalt des aktuellen Traumes assoziiert der Träumer „Erdmutter und Irgendetwas mit Schicksalsgöttin". Aus der germanischen Mythologie lässt sich zu ihr passend die Göttin Erda *amplifizieren*, die tatsächlich etwas mit Schicksal zu tun hat. Es ist Schicksal jedes Menschen, immer wieder Altes aufzugeben, so wie man einst sein Elternhaus verlassen musste, um in das eigene neue Leben hinaus zu gehen. Manchen fällt es besonders schwer Neues zu wagen, sie ertragen lieber mit kräfteraubender Selbstverleugnung und Unterdrückung wichtiger Anteile ihres Selbst das nicht (mehr) Passende. Sie sind *uneins* mit sich selbst geworden, innerlich zerrissen, erstarrt, *neurotisch*. Ihr Lebensfluss ist zum Stillstand gekommen.

Die Erdmutter im Traum verkörpert das Gegenteil von der persönlichen Mutter des Träumers. Die persönliche Mutter hatte den Sohn überfürsorglich festgehalten. Sie hatte ihm stets Willenskraft, Selbst-Beherrschung, Selbst-Überwindung und Pflichterfüllung bis zur Selbst-aufgabe als die wichtigsten Ideale vermittelt und ihre Lebensdevise „Bleiben und Aushalten" vorgelebt. Die Erdmutter hingegen sagt: „Hör auf (gegen dich selbst) zu kämpfen! Füge dich deinem Schicksal und geh!" Sie gibt ihm noch eine Waffe mit auf seinem Individuationsweg: einen Revolver mit vier Patronen, die mit Spiritus (lat., Geist) gefüllt sind. So kann er, muss er im *Geist* des Mutterarchetyps handeln und sich durch ihn inspiriert endlich auf den Weg zu sich selbst machen. Das Erscheinen der alten Frau in diesem Traum symbolisiert die Entwicklung des Patienten aus seinem Mutterkomplex (vgl. *Kast* 1988). Die zum Teil lebensfeindlichen Ideale seiner Mutter und seine Erfahrungen mit ihrer überfürsorglich festhaltenden Art hatten bisher sein Leben maßgeblich bestimmt. Seine heroische Willenskraft und die Fähigkeit zur Selbst-Überwindung hatten dem Träumer lange gute Dienste geleistet. Mit eiserner Disziplin war er in Studium und Beruf besonders erfolgreich gewesen. Sein Leben stand unter der Dominanz des *Heldenarchetyps*. Die Lebensmitte fordert von ihm aber nun eine Einstellungsänderung. Die Gestalten der beiden *alten Weisen* aus beiden Träumen besitzen ein umfangreicheres Wissen vom Leben und seinen Notwendigkeiten als die leiblichen Eltern des Träumers. Sie verhalten sich zum Teil ganz anders, sogar konträr zu den leiblichen Eltern. Damit symbolisieren sie eine wesentliche Veränderung im Träumer: er kann sich jetzt so erleben und kann so handeln, als ob er diese Eltern gehabt hätte anstelle seiner leiblichen.

Neurose

Für *Jung* bedeutet Neurose „Entzweiung mit sich selbst" (*Frey-Rohn* 1969, 282, cit. *Jung* 1912, 284), ein spannungsreiches „Uneinssein mit sich selber". Der neurotische Konflikt ist Ausdruck verschiedenster Gegensatzspannungen, wobei Triebkonflikte im Gegensatz zu *Freuds* Ansicht nur eine von mehreren Möglichkeiten darstellen. Der Konflikt kommt durch die Einseitigkeit der bewussten Einstellung zustande, wodurch die jeweils gegensätzlichen Inhalte bekämpft oder vernachlässigt werden. Ab 1913 versteht *Jung* die Neurose als „einen missglückten Versuch, die andere, die nicht anerkannte Seite der Gesamtpersönlichkeit, in das bewusste Leben mit einzubeziehen" (*Frey-Rohn* 1969, 286, cit. *Jung* 1912, 289). Die Integration der anderen Seite soll die neurotische Desintegration aufheben. Die dabei auftretenden regressiven Erscheinungen sieht *Jung* im Gegensatz zu *Freud* als notwendig und bewertet sie positiv. Das eventuell infantile oder archaische Material der „anderen Seite" betrachtet *Jung* als zu bearbeitendes Rohmaterial für Wachstumsprozesse.

Jung ist wenig an der Bewusstmachung der Ursachen noch an der Aufhebung der Verdrängung und der Überwindung von Widerständen interessiert. „Die Aufgabe der Psychotherapie besteht darin, die bewusste Einstellung zu wandeln, und nicht darin, versunkenen Kindheitserinnerungen nachzujagen" (*Frey-Rohn* 1969, 289, cit. *Jung* 1929c, 33). *Jung* lehnt die ausschließliche Begründung der Neurose durch einen Triebkonflikt mit dem neurosenätiologischen Schwerpunkt in der Kindheit ab. Er stellt den aktuellen Konflikt in den Vordergrund seines Interesses.

Die moderne Psychoanalyse hat *Freuds* negative Sicht der Regression revidiert: *Balint, Ferenczi, Kohut, Kris* und *Winnicott* sehen die Regression auch positiv (vgl. *Samuels, Shorter, Plaut* 1989, 188). Mit *Ferenczi* war *Balint* der Ansicht, dass der Patient einen Punkt vor Beginn seiner Fehlentwicklung erreichen könne, von dem aus er zur Entdeckung eines besseren neuen Weges kommen kann. Es handelt sich dabei um die Entdeckung von Verhaltensweisen, die niemals zuvor manifest geworden sind. Dieser Neubeginn setzt eine tiefe Regression voraus. Damit kommen die beiden Ungarn der *Jung*schen Sichtweise sehr nahe. *Stadler* versteht den „Neubeginn" als archetypisch strukturierten Erfahrungsprozess (vgl. *Stadler* 2006). Der Archetyp strukturiert die neue Erfahrung und das neue Verhalten. Im oben angeführten Traumbeispiel macht der Patient eine neue, durch den Mutterarchetyp strukturierte Erfahrung, die sich grundlegend von jener mit seiner persönlichen Mutter unterscheidet. Er fängt sozusagen noch einmal von vorne an.

Ganzheit

„Ganzheit ist der Ausdruck aller Aspekte der Persönlichkeit in größtmöglicher

Vollständigkeit, sowohl was die Persönlichkeit selbst betrifft als auch in Beziehung zu anderen Menschen und der Umwelt" (*Samuels, Shorter, Plaut* 1989, 77). Für *Jung* ist *Ganzheit* gleichbedeutend mit Gesundheit. Bei der Geburt besitzt der Mensch eine elementare Ganzheit, die er um der Entwicklung willen verliert. Das Streben nach bewusster Ganzheit individuell differenzierter Gestaltung lässt sich als Lebensziel und –sinn verstehen, als Selbstwerdung, *Individuation*. Die Interaktion mit anderen Menschen und der Umgebung kann den Prozess fördern oder hemmen. Damit wird die Individuation natürlich auch zu einem gesellschaftlichen Problem. *Jung* wies immer wieder darauf hin, dass das Christentum durch die alleinige Betonung des „Guten" den westlichen Menschen von sich selbst entfremdet und gespalten hat. Die unmoralische, „böse" Seite wird in jedem Menschen zum dunklen Anderen, zum *Schatten*. Das Streben nach Ganzheit beinhaltet die Versöhnung mit dem Schatten, die Begegnung in der Liebesbeziehung, die Auseinandersetzung mit den Werten der Gesellschaft, der Emanzipation des Weiblichen (nämlich die Ergänzung der patriarchalen Werte durch das fehlend „Weibliche") etc. (vgl. *Skolek* 1998).

Das Selbst

Das Selbst ist die „ursprünglich im embryonalen Keim angelegte Persönlichkeit mit all ihren Aspekten" (*Jung* 1943, 120). *Fordham* hat *Jung*s These des Selbst beginnend in den fünfziger Jahren zu einem entwicklungspsychologischen Modell erweitert. Bereits am Beginn des Lebens existiert eine psychosomatische Ganzheit, ein primäres, ursprüngliches Selbst, das alle angeborenen archetypischen Potentiale des Menschen enthält. Diese Potentiale beginnen sich in einer geeigneten Umwelt aus dem ursprünglich unbewussten integrierten Zustand heraus zu entwickeln, indem sie nach Entsprechungen in der Außenwelt suchen. Die Interaktion eines aktiven archetypischen Potentials des Kleinkindes mit den reaktiven Antworten der Mutter wird dann reintegriert, internalisiert (vgl. *Samuels, Shorter, Plaut* 1989 cit. *Fordham* 1974, *Jacoby* 1985). *Jacoby* definiert das Selbst als „ … einen unanschaulichen zentralen Anordnungsfaktor, dem psychisches Gleichgewicht sowie psychische Entwicklung und Wandlung zugrunde liegt" (*Jacoby* 1965, 65).

Jung verwendet den Begriff des Selbst scheinbar widersprüchlich manchmal im Sinn von Ganzheit der Persönlichkeit, dann wieder im Sinn von organisierendem Zentrum der Ganzheit. Wenn man aber wie *Jung* das Selbst als oberste zentrale Einheit, als Gesamtintegrator in einem selbstregulierenden System versteht, hebt sich meines Erachtens der Widerspruch auf: vom Selbst als potentieller Ganzheit gehen Wirkimpulse zur Erreichung eben dieser Ganzheit aus (vgl. *Obrist* 1990).

Das Selbst gilt als Grund und Ursprung der individuellen Persönlichkeit. Es steuert den Aufbau des *Ichkomplexes*. Als zentraler Archetyp von großer Selbstregulierungs- und Selbstzentrierungskraft gehen von ihm Impulse zur Integration von psychischen Anteilen und damit zu lebenslanger Entwicklung aus. Wird der Archetypus des

Selbst z.B. im Traum erlebt, „dann entsteht ein Lebensgefühl der Selbstzentrierung, der Schicksalhaftigkeit einer Situation, begleitet vom Erleben einer fraglosen Identität und einem unabweisbaren Sinnerleben, einem sicheren Selbstwertgefühl verbunden mit Hoffnung auf Zukunft" (*Kast* 2006, 133). Damit ist auch die (als spirituell, bzw. religiös im nicht konfessionellen Sinn erlebbare) Erfahrung der Öffnung auf etwas Umfassenderes hin, weg von narzisstischer Ego-Bezogenheit verbunden und das Gefühl des Geborgenseins in etwas Größerem. Das Selbst beinhaltet zwei Aspekte: einen strukturierend ordnenden selbst-zentrierenden Aspekt, der vor Fragmentierung schützt und einen dynamischen Aspekt. Dieser regt zur schöpferischen Entwicklung, zur Selbst-Werdung an, was ich mit den beiden Traumbeispielen veranschaulichen wollte.

Mit dem Konzept des *„Selbst"* hat *Jung* eine Verbindung zwischen der Psychologie und der Theologie, Philosophie, Ethnologie und Soziologie geschlagen. Er schafft damit aber auch eine Verbindung abendländischer Kultur mit der alten indischen Philosophie. „Im theoretischen Persönlichkeitsmodell der analytischen Psychologie sind Ich und Selbst zwei zentrale Pole, die das Spiel der psychischen Kräfte sowohl bedingen wie steuern. Dem Selbst kommt dabei die Funktion des verursachenden, übergreifenden und dynamisierenden Faktors zu, dem Ich die der wahrnehmenden, entscheidenden und bewusst handelnden Instanz. Ich und Selbst sind als psychische Instanzen aufeinander bezogen und wechselseitig von einander abhängig. Die Impulse des Selbst würden ohne ein aufnehmendes Ich nicht zur bewusst verantworteten Tat, und ohne die Verbindung zum Selbst fehlen dem Ich innere Anreize und schöpferische Impulse. Es verfällt dann äußeren Einflüssen und entfremdet sich der ihm zugehörenden Psyche" (*Seifert* 1981, 315). Viele psychoanalytische Autoren verstehen unter dem Begriff des Selbst etwas Anderes als *Jung*, nämlich die Selbstrepräsentanz, das Selbsterleben, bzw. die Vorstellung, die man von sich selbst hat2. Diese werden in der analytischen Psychologie aber dem Ichkomplex zugeordnet. *Winnicott* nähert sich mit dem *Konzept des wahren* und *des falschen Selbst* der *Jung*schen Position an (vgl. *Jacoby* 1998), das Verständnis vom Selbst bei *Kohut* kommt ihr sehr nahe (vgl. *Jacoby*, 1985).

Die Selbstregulation der Psyche, bzw. die kompensatorische Funktion des Unbewussten setzt einen kohärenten Ichkomplex voraus, da sonst dessen Fragmentierung droht (vgl. *Kast* 2006, *Jacoby* 1998).

Archetypen

Mythen sind in einer universalen Bildsprache bis ins Detail verfasste Erklärungen psychodynamischer Abläufe (vgl. *Dieckmann* 1991). *Jung* hat sein Archetypenkonzept aufgrund seiner Analogieforschungen zwischen Träumen und Mythen sowie religiösen Schriften entwickelt. Daraus wird verständlich, dass *Jung* immer wieder Begriffe aus der Mythologie und der Religion verwendete. Umso bemerkenswerter erscheint es, dass *Jung* bereits in den Jahren 1910 bis 1920 von angeborenen seelischen Strukturen (*Archetypen*) und der Selbstregulation der Seele sprach, jahrzehntelang vor der Entstehung der Ethologie, der Systemtheorie und der Kybernetik (vgl. *Obrist* 1990 und *Seifert* 1981).

„Eine der wichtigsten Errungenschaften der analytischen Psychologie ist ... die Erkenntnis der biologischen Struktur der Seele" (*Jung* 1923, §103). Bezüglich seiner *Archetypentheorie* meint *Jung*: Ich bin der Einzige, „der die zwei Probleme, die *Freud* am meisten interessiert haben, sinngemäß weitergeführt hat: das der *archaischen Reste* und das der Sexualität" (*Jaffe/Jung* 1979, 172). Die Archetypentheorie entspricht der *evolutionären Erkenntnistheorie* (vgl. *Schlegel* 2006). „*Archetypen* sind phylogenetisch erworbene neuronale psychische Systeme, die das Wahrnehmen und das Verhalten des Menschen steuern, sowie seine affektiven und kognitiven Erfahrungen bedingen" (*Kast* 2007). In existentiell bedeutsamen, Situationen reagieren die Menschen mit ähnlichen, also (arche)typischen Vorstellungen, Bildern, denen ähnliche Emotionen und daraus resultierendes vergleichbares Verhalten zugrunde liegen. Es handelt sich um Situationen von Tod/Neubeginn, Bindung/Trennung, Sinnverlust/Sinnfindung etc. (vgl. *Kast* 2006). Die Archetypen als neuronale Systeme sind nur indirekt über ihre Wirkungen erfahrbar, vor allem in Form der mit starken Emotionen verbundenen Bilder, z.B. in Träumen. *Jung* hatte in sehr umfangreichen Studien derartige Bilder und Motive aus Träumen und Phantasien in Mythen, Märchen und anderen Kunstschöpfungen gefunden. Auch in den modernen Kinofilmen tauchen die alten mythologischen Gestalten in neuem Gewand, aber sonst unverändert wieder auf. Archetypische Bilder können zu neuem Verhalten motivieren, inspirieren, so wie es die archetypischen Bilder der/des alten Weisen in den vorher beschriebenen Träumen getan haben. Der Neurowissenschafter *Gerald Hüther* beschreibt mit seinem Konzept der *handlungsleitenden inneren Bilder* ähnliches wie C.G. *Jung* mit seinen archetypischen Bildern (vgl. *Hüther* 2006). *Mario Schlegel* fasst die Archetypen als *Sinnerzeugungssysteme* auf. Die von ihnen konstellierten Vorstellungen und Bilder erzeugen das für die seelische Gesundheit wichtige Sinnerleben des Menschen (vgl. *Schlegel* 2006). Unter Archetypen kann man die Bereitschaft verstehen, das Leben in bestimmten, in der Psyche bereits festgelegten allgemeinen Bahnen zu erfahren. Gemeinsam mit den sie begleitenden Emotionen bilden sie den strukturellen Urgrund der Psyche, *das kollektive Unbewusste*. Archetypen konstellieren individuelle Erfahrungen im Einklang mit angeborenen Schemata. Bilder, die sich aus archetypischen Strukturen herleiten, veranlassen den Menschen in seiner Umgebung nach Korrespondenz zu suchen (vgl. *Samuels* 1989). Die Säuglingsforschung bestätigt die Hypothese der vorgegebenen Organisation des menschlichen Erlebens und Verhaltens durch den Nachweis angeborener Grundmotivationen, Grundbedürfnisse und Grundemotionen, mit denen der Säugling im Sinn archetypischer Bereitschaften ausgestattet ist. Der Andere (Mensch) wird von Anfang an archetypisch als vorhanden und mit spezifischen Eigenschaften ausgestattet erwartet (vgl. *Otscheret/Braun* 2005, 8). „Archetypische Dispositionen und Bedürfnisse im einzelnen Menschen sind in komplexer Weise mit der Umwelt verwoben, was im Säuglingsalter und in der Kindheit von besonders prägendem Einfluss ist." (vgl. *Jacoby* 1998, 126). Im Aufeinandertreffen der archetypischen Dispositionen mit der Umwelt (insbesonders dem elterlichen Verhalten) entstehen die psychischen Komplexe. Die persönlichen Erfahrungen gruppieren sich um archetypische Kerne, versehen mit entsprechenden Emotionen bilden sie die im Gedächtnis gespeicherten *Komplexe*.

Komplexe

Jung führte während seiner Zeit an der Psychiatrischen Universitätsklinik Zürich experimentalpsychologische Studien über Erinnerungsvermögen und Assoziation durch (Habilitation 1905). Die Ergebnisse dieser Forschungsarbeit fasste er in seiner *Komplextheorie* zusammen. Diese trifft Aussagen über die Funktionsweise der Psyche des Menschen und ist zugleich Basis einer Krankheitslehre der analytischen Psychologie (vgl. *Dieckmann* 1991).

Die Komplextheorie ist auch ein entwicklungspsychologisches Modell. Schon die frühesten Erlebnismuster des Kindes mit seinen Beziehungspersonen werden (archetypisch) organisiert und verinnerlicht, gespeichert und durch Rückkoppelung immer wieder neu organisiert. Fast hundert Jahre nach *Jungs* Entwicklung der Komplextheorie gelang *Stern* zu einer ähnlichen Auffassung wie *Jung*: zu den im *impliziten* (unbewussten) Gedächtnis gespeicherten frühen Interaktionsmustern des Säuglings (*RIGs*) mit seiner Mutter und den daraus resultierenden Erwartungshaltungen(vgl. *Kast* 2006). Ebenfalls besteht eine Ähnlichkeit zwischen den Komplexen und *den inneren Arbeitsmodellen* aus *Bowlbys* Bindungstheorie.

Bovensiepen definiert die Komplexe unter Einbeziehung der inneren Arbeitsmodelle als „Subnetzwerke aus der Matrix aller verinnerlichten Interaktionserfahrungen des Kindes mit den Objekten, bestehend aus inneren Arbeitsmodellen, Affekten und Erwartungsmustern, die hauptsächlich im impliziten Gedächtnis gespeichert werden und die z.T. bewusst, überwiegend aber unbewusst sind" (*Bovensiepen* 2004, 43). Er sieht aufgrund aktueller Erkenntnisse der Kognitions- und Säuglingsforschung sowie der Neurowissenschaften in *Jungs* Komplextheorie eine bemerkenswert moderne Auffassung der Psyche. Das moderne Konzept der Matrix- und Netzwerkstruktur der Gehirnfunktion ist mit *Jungs* Vorstellung von der Dissoziabilität der Psyche sehr viel besser vereinbar als das Triebmodell von *Freud* und seine Strukturtheorie. Die *Freud*sche Auffassung von der Aufhebung der Verdrängung als Wirkmechanismus in der Analyse trifft vermutlich nicht zu. Die *Komplexe* sind normale Lebenserscheinungen, sie sind die „lebendigen Einheiten der unbewusste Psyche" (vgl. *Jung* 1928a, §210). Sie sind Inhalt des *persönlichen Unbewussten*. Jeder Mensch besitzt emotional positiv getönte, fördernde Komplexe und infolge konflikthafter Beziehungserfahrungen hemmende, störende Komplexe (z.B.: negative Elternkomplexe, Minderwertigkeitskomplex), die mit starken negativen Gefühlen einhergehen können. Komplexe besitzen oft einen hohen Grad an Autonomie, können zu Wahrnehmungsverzerrungen, emotionaler

Überreaktion, unangemessenen und stereotypen Verhaltensweisen führen. Sie können sich in der therapeutischen Beziehung konstellieren (ebenso wie in jeder anderen Beziehung) und in der Therapie bearbeitet werden. Die Komplexe verursachen Phantasien und im Schlaf unsere Träume, sie sind die handelnden Personen unserer Träume (vgl. *Jung* 1928a). Sie bilden sich als Symbole ab und könne auch auf diese Art als Traum und Phantasie bearbeitet werden. Dank ihres archetypischen Kerns und der damit verbundenen Bedürfnisse und Emotionen beinhalten die Komplexe ein Entwicklungspotential, einen finalen Aspekt.

Der Traum

Freud verstand den Traum als eine durch Zensur entstellte Wunscherfüllung. Der erinnerte (*manifeste*) Trauminhalt war für ihn eine entstellte Ersatzbildung, im *latenten* hingegen lag das Eigentliche, der Wunsch verborgen (vgl. *Frey-Rohn* 1969). *Jung* verwehrte sich gegen die Ausdehnung des aus der Neurosenpsychologie stammenden Verdrängungsmechanismus auf das Gebiet des Traumes als Übergriff in die Sphäre der normalen Psychologie (vgl. *Jung* 1939). Er lehnte die Theorie des *Traumzensors* ebenso ab wie die Ansicht, dass Träume bloß verdrängte Wunscherfüllungen wären. Er verstand den Traum als spontane Selbstdarstellung der aktuellen Lage des Unbewussten in symbolischer Ausdrucksform (vgl. *Jung*1928b).

Kast beschreibt die Traumtheorien von C.G. *Jung*. Sie sind mit Ergebnissen der Neurowissenschaften kompatibel (vgl. *Kast* 2006, *Kleespies* 2007, *Wilkinson* 2006). Der Traum hat von Anfang an zentrale Bedeutung in der Analytischen Psychologie: als spontane, unzensurierte Selbstdarstellung des Unbewussten, als Ressource, Wegweiser und kreativer Prozess, in dem personifizierte Komplexe und Emotionen bearbeitet und reguliert werden – im Sinn der Selbstregulation der Psyche. Jahrzehntelang unterscheid sich diesbezüglich die Analytische Psychologie von der Psychoanalyse. Auch unter dem Einfluss der Neurowissenschaften, die dem Traum therapeutische, Problem lösende, korrigierende und neue Erfahrung vermittelnde Funktionen zuschreiben und damit *Jung*s Traumtheorie bestätigen, näherten sich Psychoanalytiker in den letzten Jahrzehnten *Jung*s Auffassungen an. *Freud*s triebbezogene *Wunscherfüllungstheorie* war für viele seiner Nachfolger nicht mehr haltbar (vgl. *Kleespies* 2007). Der Traum kann heute teilweise Funktionen übernehmen, die früher Mythen, Rituale und Religionen erfüllt haben (vgl. *Kleespies* 2007). Die Erfahrung von stark emotional wirkenden und sinnstiftenden Symbolen ist mit religiösem Erleben verbunden, vollkommen unabhängig von jeder Konfession bzw. Religion (vgl. *Kast* 2006, *Obrist* 1990).

Symbol

*Freud*s Verständnis vom *Symbol* als einem Ersatzprodukt von verdrängten Kindheitserinnerungen und die Reduktion auf feststehende meist sexuelle Bedeutungen war *Jung*s Auffassung völlig fremd. *Freud*s kausal-reduktive Erklärung des Symbols lässt nur die Zurückführung von etwas Bekanntem auf ein anderes ebenso Bekanntes zu. Damit entspricht es einem *Zeichen* (vgl. *Frey-Rohn* 1969 und *Kast* 1990). Zeichen sind Abmachungen mit festgelegter Bedeutung. Sie weisen stellvertretend auf etwas hin, besitzen aber keinen Bedeutungsüberschuss, z.B. Verkehrszeichen für den Straßenverkehr. Das Symbol ist Sinn-Bild, es vereinigt Bewusstes und Unbewusstes in sich, Sinn und Bild. Es appelliert an das vollständige Erleben des Menschen, nicht nur an seine Ratio (vgl. *Jacobi* 1977). Mit der bloßen Übersetzung eines Symbols in die Wortsprache würde es an Lebendigkeit und Wirksamkeit verlieren. Das Verständnis von Symbolen kann durch *Amplifikation,* das bedeutet phantasieanregende Symbolanreicherung mit passenden Symbolen aus Märchen, Mythen und überhaupt der Kunst gefördert werden. Symbole bilden Komplexe ab und sind Verarbeitungsstätten der Komplexe (vgl. *Kast* 1990). *Jung* sieht im Symbol auch den finalen Aspekt: z.B. verweist das Symbol des Kindes nicht nur auf Vergangenes in der Kindheit sondern auch auf Neues, Heranwachsendes und damit Zukünftiges. Die Arbeit mit dem und am Symbol ist zentrales Anliegen der analytischen Psychologie, sei es in der Traumarbeit, in Imaginationen oder kreativen Gestaltungen.

Die wesentlichen Unterschiede im Symbolverständnis der analytischen Psychologie und der Psychoanalyse bestehen noch immer (vgl. *Samuels* 1989, *Kleespies* 2007). *Erich Fromms* Auffassung vom Symbol als einzige Universalsprache der Menschheit, in der Märchen, Mythen und Träumen verfasst sind, kommt allerdings dem *Jung*ianischen sehr nahe (vgl. *Kast* 2006, 78). In einer radikal-konstruktivistischen Sicht sieht *Jung* im Einklang mit der modernen Hirnforschung und im Gegensatz zu *Freud* die Wirklichkeit als nicht subjektunabhängig sondern symbolisch (*Schlegel* 2006).

Bild, Phantasie und Imagination

Freud sieht sowohl beim Gesunden wie auch beim Kranken die Phantasie als Wunscherfüllung unbefriedigter Wünsche (vgl. *Freud* 1908, 216ff.). *Freud* „glaubte an die Macht des Intellekts. Er erhoffte alles von der Aufklärung" (*Jung* 1939, 61). Der kritischen Vernunft aber fällt die kindliche Voraussetzungslosigkeit des Schöpferischen zum Opfer (vgl. *ibid.*) Für *Jung* bedeutet Phantasie „der unmittelbare Ausdruck der psychischen Lebenstätigkeit" (vgl. *Jung* 1914, §792), „die Selbsttätigkeit der Seele. Im Schlaf erscheint sie als Traum" (vgl. *Jung* 1929c). „Das Wesentliche in erster Linie ist nicht die Deutung und das Verstehen der Phantasie, sondern vielmehr ihr Erleben ..." (*Jung* 1933, 233). In einem jahrelangen Selbstexperiment entwickelte *Jung* nach der Trennung von *Freud* ein Imaginationsverfahren zur Auseinandersetzung des Ich mit dem Unbewussten, die *aktive Imagination.* Ziel des dialogischen Verfahrens ist die Kooperation zwischen dem Ich und dem Unbewussten als zwei gleichberechtigten Partnern. Meier vergleicht neurobiologische Erkenntnisse mit den Erfahrungen aus der Imagination. Mit Imaginationen kann man vermutlich das *implizite* (unbewusste) emotionale Gedächtnis besser ins Bewusstsein holen als nur über das Gespräch. Emotionen können bebildert und dann über die Sprache bearbeitet werden. In der

Imagination lassen sich innere Bilder verändern. In den Gedächtnissen scheinen neue limbische Netzwerkstrukturen gelegt werden zu können, die negative Erfahrungen kompensieren oder überdecken. Positive Emotionen spielen für die Umlernprozesse eine entscheidende Rolle (vgl. *Meier* 2006). Diese Erkenntnisse untermauern *Jung*s ressourcenorientierten Ansatz.

Jung bediente sich im Gegensatz zur Psychoanalyse gerne einer bildhaft anschaulichen und damit erlebnisnahen Sprache, weil er diese als ausdrucksvoller und genauer als die abstrakte Wissenschaftssprache erachtete. Die in der Psychoanalyse gebräuchliche Bezeichnung „Objekt" anstelle von „Mutter"," Vater" etc. könnte man hier als Beispiel anführen. Die Vernachlässigung des bildhaften Denkens führt zu einer Verarmung, Austrocknung und einem Mangel an Kreativität (vgl. *Dieckmann* 1991). Bilder sind mit höchsten Erkenntnissen verbunden, Höchstleistungen auch kognitiver Art (vgl. *Seifert* 1979).

Methodik

Nach seiner Trennung von *Freud* hat *Jung* grundlegende Veränderungen im Setting vorgenommen. Er ersetzte die Couch durch die Analyse im Sitzen, vis á vis, verringerte die Stundenfrequenz auf 1 bis 2 Stunden pro Woche und veränderte die Therapie im Sinne einer partnerschaftlich dialogischen Beziehung zwischen Patient und Analytiker, sowie dem Ich und dem Unbewussten. Die Patienten wurden angeregt innerhalb der therapeutischen Beziehung aber auch selbständig kreativ mit ihren Träumen und Phantasien zu arbeiten, um das Unbewusste zu beleben und Entwicklungsimpulse aufzunehmen und umzusetzen. *Jung* beschränkte sich nicht auf bloße Übertragungsdeutungen, sondern betrat mit dem Patienten als Mitbeteiligter in einem Prozessgeschehen den gemeinsamen Erzähl- und Phantasieraum. Durch das Gegenübersitzen von Patient und Analytiker können vermehrt nonverbale Äußerungen (Mimik, Gestik, Körperhaltung) zusätzlich zum Tonfall der Stimme, der ebenfalls viel über den emotionalen Zustand verrät, wechselseitig wahrgenommen werden und zur gegenseitigen Beeinflussung beitragen. In Wertschätzung der Individualität von Patient und Analytiker hat *Jung* auf verbindliche Behandlungsregeln verzichtet und keine abgeschlossene Theorie verfasst „ der Patient ist... dazu da, um behandelt zu werden und nicht um eine Theorie zu verifizieren" (*Jung* 1951, § 237). Die Archetypentheorie und Komplextheorie sind allerdings trotzdem gut dokumentiert und begründet worden (vgl. *Schlegel* 2006), ebenso die Traumtheorie (vgl. *Kast* 2006). Zusammenfassende Darstellungen der Methoden der Analytischen Psychologie wurden später von *Jung*s Nachfolgern verfasst (z.B. *Dieckmann* 1979, *Eschenbach* 1978-1991). Die über das Gesamtwerk verstreuten Beiträge zur *aktiven Imagination* wurden von *Amann* gesammelt (*Amann* 1978), der Einsatz von Märchen, Imagination und Kreativität in der Psychotherapie von vielen Autoren, vor allem von *Kast* in zahlreichen Publikationen dargestellt.

Jung fürchtete auch „Engstirnigkeit" und wissenschaftliche „Sektiererei" infolge von theoretischen Festlegungen – mit Recht, wenn *Freud*ianer auch heute noch von „Loyalität gegenüber dem Erbe, das unsere Vorfahren uns in Gestalt der psychoanalytischen Regeln hinterlassen haben„ schreiben und „von Ängsten und Konflikten, die in Anbetracht all der Exkommunikationen und Ausschlüsse, die in der Geschichte der Psychoanalyse wegen nicht analytischen Handelns verhängt wurden, mehr als verständlich wären" (*Orange, Atwood, Stolorow* 2001, 48). Die Analytische Psychologie zeichnet sich hingegen durch große Offenheit und Vielfalt aus. *Jung* schrieb 1946: „ … ich vertrete… keine Doktrin, sondern beschreibe Tatsachen und schlage gewisse Auffassungen vor, die ich für diskussionswürdig halte… ich verkünde keine fertige und abgeschlossenen Lehre… Ich lasse jedem die Freiheit, auf seine besondere Art mit den Tatsachen fertig zu werden, denn ich nehme mir diese Freiheit ja auch heraus" (*Jung* 1946, 9). „Das bedeutet eine wohltuende Freiheit der therapeutischen Beziehung, auf die ich nicht verzichten möchte" (*Jacoby* 1985, 189). Das bedeutet aber auch, ohne den Schutz einer Behandlungstechnik arbeiten zu müssen, was unter anderem große Flexibilität benötigt und eine hohe Anforderung an die Selbstreflexion des Analytikers stellt. Manche *Jung*ianer arbeiten heute wie *Jung* im Sitzen, andere „mit der Couch" bzw. überlassen den Patienten die Wahl. *Jung* erachtete die Persönlichkeit des Therapeuten für wichtiger als Technik und Methode. „ Jeder Psychotherapeut hat nicht nur eine Methode, er selber ist sie" (*Jung* 1945, §198). Die Wirksamkeitsforschung hat inzwischen die entscheidende Bedeutung des Therapeuten und nicht der therapeutischen Technik bestätigt. Die Psychoanalyse hat das auch seit den fünfziger Jahren in zunehmenden Maß erkannt (vgl. *Jacoby* 1985, 194). Indem *Jung* im Therapeuten einen derart wichtigen Faktor sah, wird auch verständlich, dass er einst als erster die gründliche Lehranalyse für Analytiker gefordert hatte.

Jung verstand bereits 1929 die Behandlung als „ Produkt einer gegenseitigen Beeinflussung…in welcher das ganze Wesen des Patienten sowohl wie das des Arztes teilhat" (*Jung* 1929d, §163). 1946 verfasste *Jung* eine vollständige Übertragungs-Gegenübertragungs- und Beziehungstheorie unter Einbeziehung aller bewusster und unbewusster Möglichkeiten (vgl. *Jung* 1946b). Obwohl *Jung* die gegenseitige Beeinflussung von Patient und Therapeut so früh erkannt hatte und sich seine Beobachtungen mit der modernen psychoanalytischen *Intersubjektivitätstheorie* nahezu decken, erarbeitete weder er noch die erste Generation seiner Schüler eine Mikroanalyse des interaktionellen Geschehens (vgl. *Jacoby* 1998, 2005). *Jung*s Interesse galt hauptsächlich der Beziehung des Ich zum Unbewussten und dem Verständnis seiner symbolischen Inhalte. Angeregt durch *Klein, Winnicott, Balint, Erikson, Kohut* u.a. fand das Geschehen im interaktiven Feld bei *Jung*ianern mehr Beachtung (vgl. *Jacoby* 1998), z.B. *Asper* 1991, *Dieckmann* 1980, *Jacoby* 1985, 1987, 1998, *Kast* 1990, 2006.

Jung – Freud, Postjungianer – Postfreudianer

Die Analytische Psychologie deckt sich in hohem Maße mit heutigen Erkenntnissen aus der Forschung und neuem Denken (*Schlegel* 2006, 195). In einer ausführlichen Studie beschreibt *Andrew Samuels* das Werk *Jung*s verglichen mit dem von *Freud* und stellt die wichtigsten Arbeiten von *Jung*s und *Freud*s Nachfolgern einander gegenüber. *Jung* entpuppt sich „als ein überraschend moderner Denker und Psychotherapeut, der die weitere Entwicklung der psychoanalytischen und psychologischen Theorie verblüffend gut vorausgesehen hat" (vgl. *Andrew Samuels* 1989). Er zitiert *Roazen*, der in seiner monumentalen Studie über „Sigmund *Freud* und sein Kreis" 1976 sagt, dass es heute nur wenige Psychoanalytiker stören würde, wenn ein Analytiker Auffassungen vorbringen würde, die mit denen *Jung*s von 1913 übereinstimmten. *Samuels* fügt hinzu, dass das gleiche wohl auch in Bezug auf viele Auffassungen *Jung*s aus späterer Zeit zutreffend wäre und dass verschiedene Entwicklungen in der Psychoanalyse „*Jung*ianisch" wären. *Samuels* spricht von einer Kategorie der „*Jung*ianer wider Wissen", also Psychoanalytikern und anderen Psychotherapeuten, die nicht wissen, wie „*Jung*ianisch" sie denken und arbeiten. *Samuels* (1989, 36 ff.) gibt eine Übersicht über die *Jung*ianische Umorientierung der Psychoanalyse:

- Betonung der frühen präödipalen Erfahrungen von Bindung an und die Trennung von der Mutter (*Klein*; die britischen Vertreter der Theorie der Objektbeziehungen: *Fairbairn, Guntrip, Winnicott, Balint.* Daneben *Bowlby.*)
- Hervorhebung der für das Seelenleben entscheidenden Rolle der angeborenen, psychischen Strukturen (Archetypen) (*Klein, Bowlby, Spitz, Lacan, Bion*).
- Kreativer, zweckgerichteter, nicht-destruktiver Aspekt des Unbewussten (*Milner, Rycroft, Winnicott* über das Spiel; siehe ferner *Maslow* und die humanistische Psychologie).
- Betrachtung der Symptome nicht ausschließlich kausal-reduktiv, sondern auch vor dem Hintergrund ihrer sinn- und orientierungsgebenden Bedeutung für den Patienten (*Rycroft* und die Existenz-Analyse).
- Abwendung der analytischen Theorie von patriarchalischen, männlich dominierten und phallozentrischen Ansätzen; Berücksichtigung des femininen Ansatzes (feministische Psychologie und Psychotherapie, *Mitchell, Stoller, Lacan*).
- Betonung der klinischen *Anwendung* der Gegenübertragung (heute von den meisten Analytikern vertreten, z.B. von *Searles, Langs, Racker, Little, Winnicott*).
- Analyse als wechselseitig verändernde Interaktion mit der Folge, dass der Persönlichkeit des Analytikers und seiner Erfahrung der Analyse zentrale Bedeutung zukommen (*Langs, Searles, Lomas*, der Interaktionalismus).
- Regression in der Analyse als hilfreich und nützlich, Möglichkeit ihrer Nutzbarmachung in der Analyse (*Balint, Kris*).

- Beschäftigung der Analyse mit dem Selbst zumindest im gleichen Umfang wie mit dem Ich; das Selbst wird als kohäsiver Ausdruck der Person und nicht so sehr als eine von zahlreichen Ich-Repräsentationen angesehen (*Kohut, Winnicott*).
- Es gibt Unterabschnitte der Persönlichkeit (Komplexe), mit denen ein Analytiker arbeiten kann (*Winnicott*s wahres und falsches Selbst; vergleiche auch Gestalttherapie, Transaktionsanalyse).
- Die Inzestphantasie hat Symbolcharakter (*Bion, Lacan, Mitchell, Winnicott*).
- Fragen der Integration der Persönlichkeit (Individuation) sind gewichtiger als geistige Gesundheit oder Genitalität (*Erikson, Milner*).
- Schizophrene Phänomene haben eine Bedeutung (*Laing* und seine Mitarbeiter).
- Ausdehnung des analytischen Interesses auf die zweite Lebenshälfte (*Levinson, Parkes, Erikson, Kübler-Ross*).
- Schwierigkeiten der Eltern untereinander finden ihren Ausdruck bei den Kindern (Familientherapie).

Im Vorwort zu dem zuletzt erwähnten Buch von *Samuels* schreibt *Mario Jacoby*: Es blieb „*Jung* jahrelang ignoriert oder totgeschwiegen, während viele seiner Positionen von anderen analytischen Schulen ohne Erwähnung ihrer Herkunft übernommen oder noch einmal entdeckt wurden." Auch er betont, dass wichtige Modifikationen und Entwicklungen innerhalb der *Freud*schen Psychoanalyse sich weitgehend den *Jung*schen Positionen annähern. Als Brückenbauer zwischen der Analytischen Psychologie und der Psychoanalyse verbindet Jacoby umgekehrt, wie bereits erwähnt, aber auch moderne psychoanalytische Konzepte und Ergebnisse der Säuglingsforschung mit der *Jung*ianischen Theorie und macht die Synthese daraus für die *Jung*sche Praxis nutzbar (vgl. *Jacoby* 1985, 1987, 1988). *Jung*s Werk zeichnet sich durch hohe Konsistenz und Kontinuität aus, es war ohne wesentliche Modifikationen der Grundkonzepte erweiterbar. Der aktuelle abschließende Vergleich zwischen Psychoanalyse und Analytischer Psychologie scheint mir wegen der Inhomogenität beider Richtungen schwierig zu sein. Während zum Beispiel die Selbstpsychologie *Kohut*s der *Jung*ianischen Position sehr nahe kommt (vgl. *Jacoby* 1985) sind die Auffassungen innerhalb und zwischen den beiden Schulen zum Teil weit voneinander entfernt. Die Grenzen haben sich verwischt. In Deutschland tragen sowohl *Jung*ianer wie *Freud*ianer die Bezeichnung Psychoanalytiker. Es gibt mindestens drei *Jung*ianische Richtungen: die *entwicklungspsychologische* (die der Psychoanalyse am nächsten steht), die *archetypische* und dazwischen in der Mitte die *klassische* (vgl. *Samuels* 1989). Wenn man allerdings die analytische Psychologie in ihrer Gesamtheit, trotz aller Annäherungen zwischen der Psychoanalyse und ihr betrachtet, so kann man feststellen, dass sie sich in ihrem unveränderten Wesens- Kern nach wie vor grundsätzlich oder zumindest in Akzenten von der Psychoanalyse unterscheidet:

- Indem sie von der Ganzheit des gesunden Menschen ausgeht, mit

- ihrer Sicht der Seele als selbstgestaltendes und selbstregulierendes System mit dem Konzept eines phylogenetisch erworbenen überpersönlichen, schöpferischen und Sinn stiftenden Unbewussten und dem
- Selbst als übergeordneten steuernden Zentrum, von dem ein
- lebenslanger Differenzierungs- und Wachstumsprozess (Individuation) ausgeht (und damit eine Entwicklungspsychologie auch der zweiten Lebenshälfte).
- In ihrem final entwicklungsorientierten Ansatz anstelle des kausal reduktiven
- durch Dialog und Kooperation zwischen dem Ich und dem Unbewussten als zwei gleichberechtigten Partnern, statt „wo Es war, soll Ich werden"
- in ihrer undogmatischen Haltung und nicht nur methodischen Offenheit gegenüber der Vielfalt des Lebendigen
- in der Bedeutung, die sie dem Traum und der Phantasie, dem Bildhaft-Anschaulichen und Symbolischen, sowie der Amplifikation und der Kreativität einräumt
- in ihrer oft erlebnisnahen metaphorischen Sprache
- und in der Bedeutung, die sie der therapeutischen nicht „technischen" Beziehung und der Persönlichkeit des Analytikers als therapeutisch wirksamen Faktor schon immer zugeschrieben hat.

Zusammenfassung: Der Blick des Jungianers auf Freud heute. Sigmund Freud – Würdigung und Kritik durch C. G. Jung

Es wird versucht zu zeigen, wie erstaunlich modern *Jung*s Auffassungen von Seele und Psychotherapie nach fast 100 Jahren erscheinen. Sie sind mit den Ergebnissen der Säuglings- und Kleinkindforschung, der Kognitionsforschung und der Neurowissenschaften kompatibel. Die Psychoanalyse musste sich hingegen grundlegender Revisionen unterziehen. Sie ist im Verlauf von Jahrzehnten zunehmend „*Jung*ianisch" geworden. *Jung*s Ansichten vom Unbewussten, von angeborenen seelischen Strukturen (Archetypen), Komplexen, seelischer Gesundheit, Neurose, Individuation, von Traum, Phantasie und Psychotherapie werden vorgestellt und mit den Auffassungen von *Freud* verglichen. Noch bestehende Unterschiede zwischen Psychoanalyse und analytischer Psychologie werden angeführt.

Schlüsselwörter:
Vergleich Jung-Freud, Analytische Psychologie - Psychoanalyse

Summary: The view of a Jungian on Freud today. Sigmund Freud - Appreciation and criticism by C. G. Jung

An attempt is made to show that *Jung*'s ideas of the soul and psychotherapy are surprisingly modern even after nearly 100 years. They are compatible with the results of infant and child developmental research, "cognitive research", and research in neurosciences.
Psychoanalysis, however needed a thourough revision of its concepts. In the course of times it has become increasingly "*Jung*ian". *Jung*'s ideas concerning the unconscious, innate psychic structures (archetypes), complexes, psychic health, neurosis, individuation, dreams, fantasy

and psychotherapy are described and compared with *Freud*'s theories. Still existing differences between psychoanalysis and analytical psychology are stressed.

Keywords:
Analytical Psychology contrasted with Psychoanalysis, C.G. Jung – S. Freud

Literatur
Asper, Kathrin (1991), 4. Auflage: Verlassenheit und Selbstentfremdung. Neue Zugänge zum therapeutischen Verständnis. Olten:Walter
Ammann, Adolf, N. (1978): Aktive Imagination. Olten: Walter
Bovensiepen, Gustav (2004): Bindung – Dissoziation – Netzwerk. Analytische Psychologie. Heft 135. Frankfurt am Main: Brandes & Aspel.
Dieckmann, Hans; Meier, C. A.; Wilke, H. J. (1975) (Hg.): Aspekte Analytischer Psychologie. Basel: S. Karger.
Dieckmann, Hans (1979): Methoden der analytischen Psychologie. Olten:Walter
Dieckmann, Hans (1980) (Hg.): Übertragung und Gegenübertragung in der Analytischen Psychologie. Hildesheim: Gerstenberg
Dieckmann, Hans (1980) (Hg.): Übertragung und Gegenübertragung in der Analytischen Psychologie. Hildesheim: Gerstenberg
Dieckmann, Hans (1991): Komplexe. Diagnostik und Therapie in der analytischen Psychologie. Berlin Heidelberg: Springer.
Eibl-Eibesfeldt, Irenäus(1986), 2. Auflage: Die Biologie des menschlichen Verhaltens. Grundriss der Humanethologie. München: Piper
Eschenbach, Ursula (1978-1991): Therapeutische Konzepte der Analytischen Psychologie C.G.*Jung.* 8 Bände.Stuttgart: Bonz
Fordham, Michael (1974): Das Kind als Individuum. Ernst Reinhardt: München.
Freud, Sigmund (1908): Gesammelte Werke VII
Frey-Rohn, Liliane (1969), 2.Auflage: Von Freud zu Jung. Eine vergleichende Studie zur Psychologie des Unbewussten. Zürich: Daimon.
Hüther, Gerald (2006), 3.Auflage: Die Macht der inneren Bilder. Wie Visionen das Gehirn, den Menschen und die Welt verändern. Göttingen: Vandenhoeck & Ruprecht.
Jacobi, Jolanda (1977): Vom Bilderreich der Seele. Olten: Walter.
Jacoby, Mario (1985): Individuation und Narzissmus. Psychologie des Selbst bei C.G. Jung und H. Kohut. München: Pfeiffer.
Jacoby, Mario (1987): Psychotherapeuten sind auch Menschen. Übertragung und menschliche Beziehung in der Jungschen Praxis. Olten: Walter.
Jacoby, Mario (1998): Grundformen seelischer Austauschprozesse. Jungsche Therapie und neuere Kleinkindforschung. Zürich und Düsseldorf: Walter.
Jacoby, Mario (2005): Zu den Wurzeln intersubjektiver Bedürfnisse. Von der Kleinkindforschung zur psychotherapeutischen Praxis. In: Otscheret, L., Braun, C. (Hrsg. 2005): Im Dialog mit dem Anderen. Intersubjektivität in Pychoanalyse und Psychotherapie. Frankfurt am Main: Brandes und Apsel.
Jaffe, Aniela/Jung,C.G. (1979), 10. Auflage: Erinnerungen, Träume und Gedanken von C.G.*Jung*. Olten: Walter.
Jung, Carl Gustav (1912): Neue Bahnen der Psychologie. Gesammelte Werke VII.
Jung, Carl Gustav (1914): Definitionen. Gesammelte Werke VI.
Jung, Carl Gustav (1923): Die Bedeutung der analytischen Psychologie für die Erziehung. Gesammelte Werke XVII.

Jung, Carl Gustav (1928a): Allgemeines zur Komplextheorie. Gesammelte Werke VIII
Jung, Carl Gustav (1928b): Allgemeine Gesichtspunkte zur Psychologie des Traumes. Gesammelte Werke VIII.
Jung, Carl Gustav (1929a): Ziele der Psychotherapie, Gesammelte Werke XVI
Jung, Carl Gustav (1929b): Der Gegensatz Freud und Jung. Gesammelte Werke IV.
Jung, Carl Gustav (1929c): Einige Aspekte der modernen Psychotherapie. Gesammelte Werke XVI.
Jung, Carl Gustav (1929d): Probleme der modernen Psychotherapie. Gesammelte XVI.
Jung, Carl Gustav (1930): Einführung zu W.M.Kranefeldt „Die Psychoanalyse". Gesammelte Werke IV.
Jung, Carl Gustav (1932): Sigmund Freud als kulturhistorische Erscheinung. Gesammelte Werke XV.
Jung, Carl Gustav (1933): Die Beziehungen zwischen dem Ich und dem Unbewussten. Gesammelte Werke VII.
Jung, Carl Gustav (1939): Sigmund Freud. Gesammelte Werke XV.
Jung, Carl Gustav (1943): Über die Psychologie des Unbewussten. Gesammelte Werke VII.
Jung; Carl Gustav (1945): Medizin und Psychotherapie. Gesammelte Werke XVI
Jung, Carl Gustav (1946a): Briefe II, 1946-1955. Olten: Walter
Jung, Carl Gustav (1946b): Die Psychologie der Übertragung. Gesammelte Werke XVI
Jung, Carl Gustav (1951): Grundlagen der Psychotherapie. Gesammelte Werke XVI
Kast, Verena (1990): Die Dynamik der Symbole. Olten: Walter.
Kast, Verena (2006): Träume. Die geheimnisvolle Sprache des Unbewussten. Düsseldorf: Walter.
Kast, Verena (2007): Die Traumtheorein von C.G. Jung und die Neurowissenschaften. Vortrag beim internationalen Kongress der ÖGATAP für angewandte Tiefenpsychologie, Wien
Kleespies, Wolfgang (2007): Traumforschung heute: Entwicklungen und Perspektiven. In: Analytische Psychologie, Heft 147. Frankfurt am Main: Brandes & Apsel
Meier, Isabelle (2006): Imagination und Neurobiologie. In: *Mattanza, Guido; Meier, Isabelle; Schlegel, Mario* (Hg.): Seele und Forschung. Ein Brückenschlag in der Psychotherapie. Basel: S.Karger.
Mattanza, Guido; Meier, Isabelle; Schlegel, Mario (2006) (Hg.): Seele und Forschung. Ein Brückenschlag in der Psychotherapie. Basel: S.Karger.
Obrist, Willy (1990): Archetypen. Natur- und Kulturwissenschaften bestätigen C.G.Jung. Olten: Walter.
Otscheret, Lilian; Braun, Claus (2005) (Hg.): Im Dialog mit dem anderen. Intersubjektivität in Psychoanalyse und Psychotherapie. Frankfurt am Main: Brandes&Apsel
Orange, Donna M.; Atwood, George E.; Stolorow, Robert D.(2001): Intersubjektivität in der Psychoanalyse. Frankfurt a. M.: Brandes &Apsel
Samuels, Andrew; Shorter, Bani; Plaut, Fred (1989): Wörterbuch Jungscher Psychologie. München: Kösel.
Samuels, Andrew (1989): *Jung* und seine Nachfolger. Stuttgart: Klett Cotta.
Schellenbaum, Peter (1981): Stichwort: Gottesbild. Psyche und Glaube, Bd.2. Stuttgart: Kreuz.
Schlegel, Mario (2006): Das Sinnerlebnis in der analytischen Psychologie. In: *Mattanza, Guido; Meier, Isabelle; Schlegel, Mario* (Hg.): Seele und Forschung. Ein Brückenschlag in der Psychotherapie. Basel: S.Karger.
Seifert, Theodor (1981): Lebensperspektiven der Psychologie. Olten: Walter

Skolek, Reinhard (1998): Ganzheit. In: Sedlak, Franz; Gerber, Gisela (Hg.): Dimensionen integrativer Psychotherapie. Wien: Facultas.
Stadler, Peter (2006): Die Funktion archetypischer Bildpartikel. In: Analytische Psychologie. Heft 145. Frankfurt am Main: Brandes & Apsel.
Wilkinson, Margaret (2006): Die träumende Psyche – Das träumende Gehirn. In: Analytische Psychologie, Heft 145. Frankfurt am Main: Brandes & Apsel.

Korrespondenzadresse:
Dr. Reinhard Skolek
NÖ Landesakademie, Zentrum für Psychotherapie und psychosoziale Gesundheit

Neue Herrengasse 17a
3109 St. Pölten

E-Mail-Adresse:
reinhard.skolek@noe-lak.at

Rudolf Sponsel

Irrtümer und Irrwege Freuds aus allgemein-integrativer Sicht

Zusammenfassung, Perspektiven und Ausblick

"Die"[1] Psychoanalyse war und ist kein Psychotherapiesystem, dem eine wissenschaftliche Theorie zugrunde liegt. Bis auf wenige Ausnahmen (z.B. *Toman*) fehlt es von Anfang an bis in die Gegenwart an der richtigen wissenschaftlichen Einstellung und wissenschaftlichen Fundierung, besonders an einem Selbstverständnis, empirischen, experimentellen und evaluativen Kontrollen genügen zu wollen – diese Einstellung findet man hingegen z.b. in den Werken und Sendungen von *Manfred Spitzer*[2]. Dennoch verdankt die Psychotherapie *Freud* und der Psychoanalyse einiges. Die heutige Akzeptanz **unbewusster Prozesse**, der **Psychotherapie**[3], des **Homöostase-** und **Konfliktoptimierungsprinzips**[4] für **seelische Gesundheit** bzw. **Krankheit**, der großen und von den Naturwissenschaften chronisch unterschätzten **Bedeutung des Subjektiven (Idiographie**[5]**)**, der **primären Bezugspersonen** und **Bindungsbeziehungen**, von **Entwicklungspsychologie** und **Sozialisation**, **Kultur**, **Kunst** und **Mythos**, und das energische **Anpacken der sehr schwierigen** und **komplexen psychischen Prozesse** wäre vermutlich ohne *Freud* und die Psychoanalyse nicht in der Weise auf den Weg gebracht worden wie wir es heute glücklicherweise vorfinden. Eine allgemeine und integrative Psychotherapie unter Einbeziehung tiefenpsychologischer Konzepte erscheint psychotherapeutisch notwendig und wissenschaftlich unverzichtbar. Die Zeiten, wo sich PsychologInnen sogar schamvoll entschuldigen[6], weil sie sich mit Bewusstseinsinhalten und Introspektion beschäftigen, sollten endgültig und nachhaltig der Vergangenheit angehören – dank der vielfältigen

---

[1] Es gelang nie, "die" Psychoanalyse zu definieren. So *Greenson* (1975, 15): „Diese Verwirrung und Unsicherheit {über die Handhabung der psychoanalytischen Technik, RS} wird auch durch die alarmierende Tatsache bestätigt, daß das Komitee zur Bewertung psychoanalytischer Therapie der Amerikanischen Psychoanalytischen Vereinigung sich 1953 auflöste, nachdem man sechseinhalb Jahre lang ohne Erfolg versucht hatte, eine annehmbare Definition der psychoanalytischen Therapie zu finden (Rangell, 1954)." Hierzu auch *Perner* (1997).

[2] Geist & Gehirn, Bayern alpha.

[3] Mit auch ganz praktischen Ideen, wie etwa der Triashypothese, dass Menschen gesund heißen sollen, wenn sie lieben, arbeiten und genießen (entspannen) können (ausführliche Operationalisierung bei *Toman*, 1978, 198f; empirisch bestätigt von *Sponsel*, 1983).

[4] Ein gewisses Maß an Konflikten gehört zum Leben und fördert den Antrieb, daher der auf den ersten Blick womöglich merkwürdig erscheinende Ausdruck "Konfliktoptimierung". Konfliktminimierung könnte nämlich Langeweile, Ziellosigkeit oder entrückte Manie und im Extremfall den ewigen Frieden, also den Tod bedeuten.

[5] Die grundlegenden Probleme und Aporie jeglicher Einzelfall- und damit Therapieforschung. Grundzüge einer idiographischen Wissenschaftstheorie: [http://www.sgipt.org/wisms/ptf/aporie.htm]

[6] z.B. *Gadenne, V. & Oswald, M. E.* (1991,): „Dieses Buch hat einen Gegenstand, der heute von vielen Psychologen als heikel empfunden wird." Was jeder „Normalmensch" als genuin psychologisch begreifen kann, ist offenbar auf einer höheren Ebene „heikel" (nicht 1891, damals war man weiter, sondern 1991!). Das liegt aber sicher nicht am Thema, sondern offenbar an zahlreichen fehlbesetzten Lehrstühlen, wissenschaftstheoretischen und methodologischen DünnbrettbohrerInnen, SignifikanzmagierInnen und anderen „ScientologInnen".

Arbeit der TiefenpsychologInnen als deren *Vater Freud* anzusehen ist. Es daher natürlich zu wünschen, dass sich die wichtigsten Verfahren unter Einbeziehung der Tiefenpsychologie zu einer allgemeinen und integrativen Therapie fortentwickeln.

Eigene Position, Hintergrund und Beurteilungsbasis

Wissenschaftliche Basis der GIPT. Historisch[7] (*Sponsel*, 1997) beruht die allgemeine und integrative Psychotherapie (GIPT) auf den psychologischen, psychiatrischen und psychotherapeutischen Arbeiten *Reil*s (1803-1812), und später z.B. auf den Arbeiten von *O. Binswanger* (1896), *Leopold Löwenfeld* (1897), *Dornblüth* (1911) und *Münsterberg* (1909, 1914).

Die neuere Entwicklung der allgemeinen und integrativen psychologischen Psychotherapie (GIPT) beruht wissenschaftlich auf der Grundlagenwissenschaft Psychologie, der Verarbeitung der internationalen schulen- und methodenübergreifenden Psychotherapieentwicklung und Evaluation: *Van Quekelberghe* 1979, *Garfield* 1982, *Petzold* 1993, der DGIK [seit 1993], EAG [seit 1989], IAEP [seit 1982], SEPI [seit 1983], SEPI Deutschland [seit 1995], *Grawe* 1995, *Sponsel* 1995ff und der seit Jahrzehnten erprobten Arbeitsweise der schulen- und methodenübergreifenden Klinischen Psychologischen PsychotherapeutInnen des Berufsverbandes Deutscher Psychologinnen und Psychologen (KLIPSinnen) in der praktischen Ausgestaltung z.B. nach *Blaser* et al. 1992, *Rahm* et al. 1992 oder *Sponsel* 1995[8].

Darstellung der Psychoanalyse Freuds[9]

Freud gebraucht den Ausdruck Metapsychologie als – wie man heute sagen würde – wissenschaftstheoretischen Grundbegriff für die Psychoanalyse. Und er bestimmt, "daß es eine *metapsychologische* Darstellung genannt werden soll, wenn es uns gelingt, einen psychischen Vorgang nach seinen dynamischen, topischen und ökonomischen Beziehungen zu beschreiben."[10] Damit zeichnet *Freud* drei weitere wichtige Grundbegriffe des psychoanalytischen Systems aus: **Dynamik**: Motive als Kräfte, die sich hemmen, verstärken, verbinden und auch Kompromisse miteinander eingehen können[11] mit den beiden umstrittenen Grundtrieben **Lust (Libido)** und **Aggression (Thanatos)**. *Nagera* (1976, 348): "Seelische Gesundheit oder Krankheit hängt weitgehend von der Fähigkeit des Ichs ab, mit den Konflikten,

---

[7] Tatsächlich könnte man schon *Plutarch* als frühen allgemeinen und integrativen Psychotherapeuten ansehen, der auch schon das Selbstbehauptungstraining erfand [http://www.sgipt.org/hm/gesch/plutarch.htm].

[8] Zur praktischen Organisation des Therapieprozesses: [http://www.sgipt.org/gipt/method/ap10gipt.htm]. Zur Geschichte: [http://www.sgipt.org/wisms/ptfevqs0.htm#1.%20Exkurs:%20Kurzer%20Abri%DF]

[9] Eine aktuelle psychotherapeutisch orientierte Darstellung findet man beim Innsbrucker Arbeitskreis für Psychoanalyse: [http://www.psychoanalyse-innsbruck.at/was_ist.htm]

[10] 1915, Das Unbewußte, GW 10, 281 zitiert nach *Nagera*, 1976, 339.

[11] Eigene Formulierung nach der Darstellung *Nagera*s, 1976, 338.

,mit seinen verschiedenen herrschenden Instanzen' fertig zu werden." **Ökonomie**: Das zentrale Ökonomiepostulat besagt, dass das Super-Ich[12] darauf abzielt, einen **dauerhaft ausgeglichenen** und **befriedigenden** Energiehaushalt mit "gesundem Konfliktniveau"[13] unter Regulierung des **Lust-** und **Realitätsprinzips** zu gewährleisten. Dies wird auch als Homöostasemodell bezeichnet und wurde von *Toman* (1968, 1970, 1978)[14] im homöostatischen Motivationsmodell ausgearbeitet und von *Sponsel* (1984) in seiner Dissertation als Lebenszufriedenheitstest operationalisiert und für die Psychotherapiesituation unter Einbeziehung mehrerer Kontrollgruppen empirisch überprüft und bestätigt. **Topik**: Auch als Strukturtheorie bekannt mit den populären Schöpfungen ES, ICH, ÜBER-ICH, wozu auch Bewusstes, Vorbewusstes (= Bewusstseinsfähiges Unbewusstes) und Unbewusstes (= nicht bewusstseinsfähiges) gehören. Ein weiterer von *Nagera* aufgeführter wissenschaftstheoretischer Begriff betrifft die **Genetik**, hier die entwicklungspsychologische Perspektive: das Spätere entwickelt sich aus Früherem. Phasentheorie (Oral, Anal, Phallisch, Latenz, Genital). Grundlegend ist weiter das dynamisch-topische Postulat vom **Primat des Unbewussten** und des genetisch-dynamischen für die psychoanalytische Therapie so wichtigen Postulates: **Früheres ist bedeutsamer als späteres**, das man als **genetisch fundiertes Heilungsaxiom** bezeichnen könnte: Ein Symptom ist nur heilbar, wenn seiner Entstehung und Entwicklung "nachgespürt" wird[15]. Zum bevorzugten – und extrem beschränkten - Methodenrepertoire gehören: die **freie Assoziation**, die auf **Einsicht** und **Bewusstheit** abzielende **Deutung**, bevorzugt die AnalytikerIn-AnalysandIn-Beziehung[16] durch die Analyse und Durcharbeitung der **Übertragung** - und hoffentlich auch Gegenübertragung -, der **Abwehrmechanismen** und der **Träume**, Entwicklung und Auslösung der **Übertragungsneurose**, mit deren Durcharbeitung eine erfolgreiche Analyse zum Ende kommen sollte. Aus der theoretischen wie praktischen Arbeit erzeugte *Freud* schließlich sein berühmt-berüchtigtes **Junktim-Postulat**, das er im Nachwort zur Laienanalyse (GW 14, 1927, 293) ausführt: "In der Psychoanalyse bestand von Anfang an ein Junktim zwischen Heilen und Forschen, die Erkenntnis brachte den Erfolg, man konnte nicht behandeln, ohne etwas Neues zu erfahren, man gewann keine Aufklärung, ohne ihre wohltätige Wirkung zu erleben. Unser analytisches Verfahren ist das Einzige, bei dem dies kostbare Zusammentreffen

---

[12] Ein in der GIPT für wichtig erachteter Terminus als Inbegriff zentraler Lenkung, teils nichtbewusst, teils unbewusst, teils vorbewusst, teils bewusst. Gehört im System der Psychoanalyse zum ES und Ubw.

[13] Ein gewisses Maß an motivationaler Konfliktspannung ist wahrscheinlich für ein befriedigendes Lebensgefühl förderlich: zu viele und nicht integrierte Konflikte fördern seelische Störungen und halten sie aufrecht. Mit dem Charakter-Struktur-Test wurde eine empirische Möglichkeit geschaffen motivationale Konflikte und Spannungen operational-quantitativ zu schätzen. Hier konnte ich 1983 zeigen, dass bei Erfüllung der *Freud*'schen Triashypothese die Konfliktspannungen in der Persönlichkeitsstruktur drastisch ("übersignifikant") erniedrigt sind.

[14] Reader unter [http://www.sgipt.org/gipt/allpsy/moti/toman_mit.htm]

[15] 1913; GW 8, 411; *Nagera*, 1976, 337.

[16] " … Es geht in der Psychoanalyse vor allem um die Beziehung Therapeut - Klient und macht diese zum Gegenstand. …" [http://www.psycholinguistik.uni-muenchen.de/index.html?/seminar/therapiesprache.html].

gewahrt bleibt. Nur wenn wir analytische Seelsorge betreiben, vertiefen wir unsere eben dämmernde Einsicht in das menschliche Seelenleben. Diese Aussicht auf wissenschaftlichen Gewinn war der vornehmste, erfreulichste Zug der analytischen Arbeit."

Von den spezifischen psychoanalytischen Syndromdeskriptionen sei hier nur stellvertretend die wohl heute noch stimmige und akzeptable **Definition** der **Phobie** erwähnt: "Sie [die Phobie] besteht darin, daß Angst auftritt, ohne daß wahrgenommen würde, wovor."[17] In Anerkenntnis dieser Definition ergibt sich sofort die Notwendigkeit der Erforschung der Bedeutung dieses zugrunde liegenden Unbewussten.

Wissenschaftliche Verirrungen

Es gibt eine anhaltend reichhaltige interne und externe Kritik an *Freud* und der Psychoanalyse[18]. Auf die Vielzahl der Kritikpunkte kann in dieser Arbeit nicht ausführlich eingegangen werden. Ich beschränke mich daher auf einige wesentliche Punkte.

Antiwissenschaftliche Grundeinstellung Freuds am Beispiel Kokain

Freud und das Kokain ist aus mehreren Gründen eine sehr interessante Geschichte: Einmal zeigt sie, was *Freud* für eine absonderliche Wissenschaftsauffassung hatte. Zum anderen wird deutlich, dass sich *Freud* als völlig unkritischer und unverantwortlicher Rauschgift-Missionar betätigte. Die Geschichte des „Cocain-Dramas" beginnt mit seinem Freund *Carl Koller*. *Freud* hatte seine Entdeckung[19] (1885) von der anästhesierenden Wirkung des Cocains seinem Laborkollegen *Königstein* erzählt und diesen angeregt, es zu prüfen. Dieser hatte es, während *Freud* in den Urlaub fuhr, dem Laborkollegen *Carl Koller* weitererzählt, der entsprechende Tierversuche durchführte und den Nachweis der lokalanästhesierenden Wirkung für das Auge führte und auf dem Ophthalmologenkongreß in Heidelberg vortragen ließ und damit berühmt wurde, ohne den Hinweisgeber *Freud* zu erwähnen - nicht sehr edel, aber leider auch nicht so selten in der Wissenschaft: *Koller* hätte *Freud* wenigstens erwähnen müssen. Im Nachhinein wurden allerdings einige Rationalisierungen *Freuds* durch die Zunft entlarvt (*Grinstein* 1987, 152). So wurde festgestellt, dass *Freud* ganz objektiv fünf Wochen Zeit gehabt hätte - also Zeit genug -, die Versuche durchzuführen. Es gab nur

---

[17] 1915, Das Unbewußte, GW 10, 281 zitiert nach *Nagera*, 1976, 339.

[18] Eine Auswahl unter "Kritiker ...": [http://www.sgipt.org/th_schul/pa/pak_glo0.htm]

[19] **Kokain Entdeckung**. *Freud* hat nicht das Kokain und auch nicht die antriebsteigernde Wirkung des Kokain entdeckt, das fanden und entdeckten andere und *Freud* las darüber, u. a. in *Deutsche medizinische Wochenschrift 12. Dezember 1883*, die Arbeit von *Aschenbrandt*, der beschrieb, wie Kokain erschöpfte bayerische Soldaten reaktivieren konnte. So wurde er auf die Bedeutung des Kokains aufmerksam und er witterte zu Recht, dass im Kokain einige medizinische Wirkung steckte. Er scheint die lokal-anästhesierende, also betäubende Wirkung auch am Auge entdeckt zu haben, was die Augenoperationen jener Zeit revolutionierte.

einen Grund, es nicht zu tun: er war nicht motiviert, weil er keine wirklich empirisch-experimentelle wissenschaftliche Einstellung[20] hatte. Und deshalb sah er auch die Möglichkeiten nicht, sich hiermit solche Lorbeeren zu verdienen. Das wurde ihm erst schmerzlich bewusst, als er vom Urlaub zurückkehrte und erleben musste, wie *Koller* mit seiner Entdeckung so leicht berühmt werden konnte. Nun, *Freud* hatte die Idee, aber *Koller* hat es **nachgewiesen** und **gezeigt**. Und mit dem Nachweisen und Zeigen hapert es bei *Freud* wie auch bei seinen traditionellen Nachkömmlingen (*Sponsel* 1995, 28, Fußnote). Schon hier zeigt sich das grundlegend fatale sog. „hermeneutische Missverständnis"[21] der Psychoanalyse: *Freud* hatte - wie die meisten PsychoanalytikerInnen - in der Tat eine ganz seltsame und völlig abwegige Auffassung von Wissenschaft: sie **verwechselten** Ideen, Assoziationen und Phantasien, die ihr Geist zu einem Thema produzierte und mit dem die Wissenschaft **anfängt** mit dem **Ende** der Wissenschaft. Sie verinnerlichten nicht, dass die Wissenschaft zwar so anfängt, dann aber kommt die harte Arbeit: Daten sammeln, Belege suchen, Experimente, Untersuchungen und empirische Erhebungen durchführen; faktisches und schlüssiges Zeigen, Beweisen und Evaluieren. Sein absonderliches und abwegiges Vorgehen hat *Freud* sogar versucht, mit einem eigenen Prinzip (Junktim) zu rechtfertigen, wonach angeblich überhaupt nur PsychoanalytikerInnen fähig seien, psychopathologische Erkenntnisse zu gewinnen. Daraus hat sich ein weiteres seltsames Phänomen ergeben, das der grenzenlosen Überhebung, eine Art Auserwähltgebaren und in der Folge Isolierung, Abschirmung und Abschottung, ja eine Art mentale sektiererische Inzucht. Zu einer Vorbedingung, ob eine psychoanalytische Aussage richtig oder falsch ist, sollte man der Zunft der PsychoanalytikerInnen angehören: Psychoanalyse ist damit zur scholastischen Theologie demutiert[22], so dass *Cremerius* noch 1995 (24) sagen kann: "Die psychoanalytische Institution trägt Züge einer Kirche". Die traditionellen

---

[20] *Jones*, der erste Geheimdienst-Offizier und Propagandist *Freuds*, teilt hierzu erstaunlich kritisch mit, dass *Freud* sogar selbst seine „Faulheit" ins Spiel brachte. *Jones*, E. (1960-62). Das Leben und Werk von Sigmund Freud. Bern: Huber. Drei Bände, hier Bd. I., 103. Diese "Faulheit" ist eine spezifische, keine allgemeine, nämlich seine fehlende Bereitschaft, Wissenschaft wirklich richtig empirisch-experimentell zu betreiben: *Freud* hatte keine Ahnung, was richtige psychologisch-wissenschaftliche Arbeit ist und bedeutet. So hat er sich sein eigenes phantastisches Wissenschaftskonzept geschaffen: [psychoanalytische] „Wissenschaft" ist, was PsychoanalytikerInnen zusammenphantasieren.

[21] Das hermeneutische Missverständnis der Psychoanalyse und analytischen Psychotherapie besteht darin, irrtümlich zu glauben, durch die Erklärung, man sei oder arbeite hermeneutisch, erübrigten sich Experiment, Empirie und Evaluation, als sei Hermeneutik eine besondere Form der Wissenschaft, die um das spezifisch Wissenschaftliche, nämlich empirisch zu belegen, zu zeigen, zu „beweisen", lehr-, lern- und damit überprüfbar darzulegen, also um die eigentliche wissenschaftliche Arbeit herumkommt. Das psychoanalytisch vulgärwissenschaftliche Verständnis von Hermeneutik kulminiert letztlich in der Haltung: die Einfälle und Assoziationen der PsychoanalytikerIn seien schon die ganze Wissenschaft, was gut zum Junktim-Dekret zum Forschen und Heilen von *Freud* (1927) passt.

[22] demutiert: de =: herab, herunter; mutieren =: Entwicklungssprung. Demutieren: sich zurück, herunter entwickeln. Wie man um 1900 herum einen solchen theologisch-mittelalterlichen Rückschritt in der Entwicklung einer vermeintlichen Wissenschaft wie *Freud* mit seiner Psychoanalyse machen konnte, ist immer noch nicht vollständig aufgeklärt. Möglicherweise muss man das sekten-soziologisch erklären. Dass die Psychoanalyse sich in der Gegenwart so gut hält, hat etwas damit zu tun, dass sie durch staatliche, institutionelle und sozialrechtliche Geldquellen und einen entsprechenden feudalen Sozialstatus nachhaltig belohnt wird.

PsychoanalytikerInnen im Geiste *Freuds* mein(t)en, sie könnten bequem im Sessel durch bloßes Denken und Phantasieren das mühselige empirisch-experimentelle Geschäft des Wissen-Schaffens umgehen. Damit ist ein extremer Phantastismus und Literarismus an die Stelle empirischer Forschung getreten, was gut erklärt, dass praktisch jede PsychoanalytikerIn letztlich ihre „eigene Schule"[23] bildet. Das einzige Kriterium für richtig und falsch wird die subjektive Phantasie, das Für-Wahr-Halten der PsychoanalytikerIn. Nachdem experimentelle und empirische Kriterien missachtet und für irrelevant gehalten wurden, ist eine Situation eingetreten wie in der Theologie und mittelalterlichen Scholastik. Um einen Sachverhalt aufzuklären, untersucht man ihn nicht experimentell und empirisch, man schlägt bei *Freud* nach, wie weiland die Theologen sich weigerten, einfachste Experimente durchzuführen und stattdessen lieber bei *Aristoteles* nachlasen, was der **meinte** - wie es *Brecht* in seinem Galilei[24] auf unnachahmliche Weise brandmarkte und geißelte.

Später wehrte *Freud* seine Verantwortung für seine Nachlässigkeit in der Kokainfrage ab und versuchte die Schuld seiner Braut Martha zuzuweisen. *Markus* (1989, 70) führt aus: „In der *Traumdeutung* geht Freud einige Jahre später auf diese Episode ein, gibt sich aber vorerst noch großmütig: »Koller gilt darum mit Recht als der Entdecker der Lokalanästhesie durch Kokain, die für die kleine Chirurgie so wichtig geworden ist; ich aber habe mein damaliges Versäumnis meiner Braut nicht nachgetragen«, behauptet er, nachdem er ja wegen Martha darauf verzichtet hatte, seine Entdeckung rechtzeitig zu veröffentlichen. In Wahrheit hat er ihr den unverzeihlichen Fehler - der freilich sein eigener war - immer nachgetragen. Und so konnte Freud viel später, in seiner *Selbstdarstellung*, »rückgreifend erzählen, daß es die Schuld meiner Braut war, wenn ich nicht schon in jungen Jahren berühmt geworden bin.«„

Es ist natürlich nicht die Schuld seiner Braut, wie oben schon durch den kritischen Teil der Zunft bewiesen wurde, sondern seine eigene Fehleinstellung und Sündenbocksuche. Aber *Freuds* Fehlverhalten geht noch viel weiter. *Clark* (1981, 76f) führt zum Martha-Zitat aus: „Aber die Wirkung der Droge war auch ohne Messungen im Laboratorium offenkundig, wie es Freud anschaulich erklärte, als er Martha am 2. Juni 1884 schrieb: »Wehe, Prinzeßchen, wenn ich komme. Ich küsse Dich ganz rot und füttere Dich ganz dick, und wenn Du unartig bist, wirst Du sehen, wer stärker ist, ein kleines, sanftes Mädchen, das nicht ißt, oder ein großer, wilder Mann, *der Cocain im Leib hat.*

---

[23] Perner (1997, 227f): „Und wenn wir uns des Fortbestands der Psychoanalyse heute nicht so sicher sind, dann liegt das daran, daß sie zwar im Überfluß theoretische Postulate, empirische Hypothesen und praktische Regeln entwickelt hat, daß wir aber über keine Kriterien verfügen, ihre epistemische Kohärenz und ihre empirische Valenz zu beurteilen. Selbst wenn die Arbeiten einzelner Autoren tatsächlich Fortschritte darstellen würden, könnte niemand das wirklich wissen: Wer in den Arbeiten von Kohut oder Kernberg einen Fortschritt der analytischen Wissenschaft erblickt, wird den Theorien von Melanie Klein oder Lacan eine Verirrung des analytischen Geistes attestieren und vice versa. *Woran sollte man aber ermessen, welcher analytischen Theorie der Vorzug vor den anderen zu geben ist, wenn man nicht schon von vornherein für die eine oder andere Seite eingenommen ist?*

[24] Brecht, B. (1898 - 1956). Leben des Galilei. Frankfurt: Suhrkamp. Uraufführung erste Version 1943 im Schauspielhaus Zürich. Darin die berühmte Passage, ob eine Stecknadel auf Wasser schwimmt.

In meiner letzten schweren Verstimmung habe ich wieder Coca genommen und mich mit einer Kleinigkeit wunderbar auf die Höhe gehoben. Ich bin eben beschäftigt, für das Loblied auf dieses Zaubermittel Literatur zu sammeln.« [25]

Missionarisches Agieren der Kokain-Empfehlungen. *Markus* (1989, 71) berichtet, nachdem *Freud* annehmen musste, mit seiner Entdeckung der Kokain-Wirkung auf die Muskelkraft nicht mehr berühmt werden zu können: „Trotzdem arbeitete er wie geplant auch in diese Richtung weiter. Und erntete damit doch noch sehr viel Publizität. Wenn auch in ganz anderer Weise, als er sich das gewünscht hatte. Nachdem er nämlich in einem Vortrag auch noch die psychiatrische Anwendung des Kokains bei Hysterie, Hypochondrie und Depression empfahl, verfasste Professor Albrecht Erlenmeyer im *Centralblatt für Nervenheilkunde* ein gegen Freuds Theorie gerichtetes Pamphlet, in dem er »auf Grund einer durch große Zahlen imponierenden Versuchsreihe« Kokain als gefährliches Mittel erkannte und anprangerte."

„Während Koller also mit seinen Kokainarbeiten Weltruf erlangt hatte, brachte dasselbe Forschungsobjekt Freud nur negative Kritik. »Die Empfehlung des Kokains, die 1885 von mir ausging, hat mir auch schwerwiegende Vorwürfe eingetragen«, schreibt Freud, um noch einmal auf die Tragödie seines Kollegen Ernst von Fleischl zurückzukommen: »Ein treuer, 1895 schon verstorbener Freund[26] hatte durch den Mißbrauch dieses Mittels seinen Untergang beschleunigt.« Es war ein furchtbarer Tod, der Ernst von Fleischl ereilte. Die immer größeren Kokaindosen, die er schon nach kurzer Zeit benötigte, hatten zu einer chronischen Vergiftung und schließlich zum Delirium geführt, während dessen er weiße Schlangen über seine Haut kriechen sah. *Freud* hatte sich sein Leben lang Vorwürfe gemacht, dem Freund das Ende eher erschwert als erleichtert zu haben.

Die Zeit des ersten Sturms gegen Freud war gekommen, zumal sein Freund Fleischl nicht das einzige Kokain-Opfer bleiben sollte. Er experimentierte weiter und empfahl die damals in Apotheken und Drogerien frei zu beziehende Droge jedem, der unter Depressionen litt. »Coca«, sagte Freud, wäre ein »weit kräftigeres und unschädlicheres Stimulans als Alkohol« und man müsse bedauern, [>72] daß der Anwendung ein unsozial hoher Preis im Wege stehe. Seine Untersuchungen brachten ihm den Ruf eines Fanatikers ein, gegen dessen Methoden jetzt auch die Professoren Meynert und Richard von Krafft-Ebing heftig protestierten.

Doch Meynerts einstiger Musterschüler war nicht zu bremsen, glaubte an die Richtigkeit seiner Thesen. Erst als er bei seinem Freund Fleischl die gefährlichen

---

[25] Etwas seltsam und eigenartig erscheint die offensichtlich genüsslich erlebte Macht-Differenz zwischen der "kleinen, sanften" und dem "großen, wilden". Wozu braucht der „große, wilde" im besten Mannesalter (28) für die körperliche Liebe Kokain?

[26] Zu *Bankl*: Das *Freud* nicht wusste, was er tat, ist angesichts der Ereignisse um *Ernst von Fleischl-Marxow* und der öffentlichen Kritik durch *Erlenmeyer*, *Meynert* und *Krafft-Ebing* sicher falsch. Wenn schon, dann wollte es *Freud* nicht wissen und das zeigt ihn als schlechten Arzt, Psychologen und Psychotherapeuten.

Nebenwirkungen der Injektion entdeckte, stellte er seine Versuche mit Kokain ein, für das er, wie er später bekannte, ein »abseitiges aber tiefgreifendes Interesse« empfunden hatte."

Auch der *Freud* wohlgesonnene *Bankl* (1992, 203) belegt den missionarischen Eifer *Freud*s in Sachen Kokain: „Zuletzt jedoch verwendete Freud das Kokain weiter, nahm es selber, schickte seiner Verlobten kleine Dosen, »um sie stark und kräftig zu machen«, drängte es seinen Freunden und Kollegen für sie selber und für ihre Patienten auf und gab es seinen Schwestern; kurz, vom Standpunkt unseres heutigen Wissens gesehen, war er auf dem besten Wege, gemeingefährlich zu werden. Er selbst hatte dabei nicht die mindeste Ahnung, etwas Gefährliches zu tun, und seine Behauptung, er könne beliebig viel Kokain einnehmen ohne die geringsten Anzeichen einer Sucht zu verspüren, entsprach der Wahrheit. Denn es werden nur besonders veranlagte Personen süchtig, und Freud gehörte glücklicherweise nicht zu ihnen. Außerdem hat er nur so geringe Mengen eingenommen, daß er nie Halluzinationen erlebte und nie Abstinenzerscheinungen verspürte. Er konnte ohne die geringste Schwierigkeit auf die Droge verzichten."[27]

Extreme Fixierung und Beschränkung auf den antik-abendländischen Kulturkreis

Es ist zwar kaum zu glauben, aber tatsächlich betrachtete *Freud* die Welt, das Leben und die Menschen aus der extrem einseitigen Perspektive abendländisch-antiker Geschichte und Mythologie, wobei er sich sehr auf *Frazer*s *Goldener Zweig* stützte. Die zweite Einengung war das einerseits - offiziell – viktorianisch verklemmte und andererseits doppelmoralische Wien seiner Zeit. *Freud* hat nie verstanden, dass man umfassende anthropologische Aussagen nicht aus einem kleinen Abschnitt der Menschheitsgeschichte, hier des antiken Griechenlands, ableiten darf. Auch hier zeigt sich, dass es ihm am grundlegenden Wissenschaftsverständnis mangelte. Für solche gewaltigen allgemeinen Aussagen muss man repräsentative Stichproben *aller* Kulturen ziehen. Auf dem Kongress "Neuronen im Gespräch – Sprache und Gehirn" im Turm der Sinne 2006 in Nürnberg war zu erfahren, dass die Wissenschaft derzeit ca. 5000 - 6000 Sprachen kennt. Damit kann man sagen, gibt es auch ca. 5000 - 6000 mehr oder minder verschiedene Kulturen. Das antike Griechenland dürfte hiervon nur einen verschwindend kleinen Anteil repräsentieren. Als ein Beleg für die unbedarfte *Freud*sche Art, über grundlegende anthropologische Theoreme aus der beschränkten Sicht eines abendländisch-antiken Bücherwurms zu schwadronieren,

---

[27] Die letzten Ausführungen *Bankl*s verblüffen insofern, als *Freud* Zeit seines Erwachsenenlebens bis hin zu seinem schrecklichen, 16 Jahre währenden Krebsleiden - von dem ihn schließlich sein Hausarzt *Dr. Schur* mit Morphium auf eigenen Wunsch erlöste - an wirklich extremer Zigarren- und Nikotinsucht litt. *Freud* war ganz klar eine (Genuss-) Suchtpersönlichkeit.

mag eine Bemerkung aus *Margaret Mead*s (1978, 135) Autobiographie dienen: "Beim Lesen von Freud, Levy-Bruhl und Piaget, die alle annahmen, daß Primitive und Kinder sehr vieles gemeinsam hätten - und Freud fügte hinzu, sowohl Kinder wie Primitive glichen Neurotikern -, hatte ich angefangen, mich für das Problem zu interessieren, wie wohl primitive Kinder wären, wenn primitive *Erwachsene* in ihrem Denken unseren Kindern ähnelten. Das war eine naheliegende Frage, aber noch niemand hatte sie aufgeworfen. Während ich mich mit dem Problem herumschlug, wie man Freudsche Hypothesen auf das Verhalten der Primitiven anwenden könne, schrieb ich zwei Artikel, «An Ethnologist's Footnote to Totem and Taboo» und «A Lapse of Animism among a Primitive People» ein Aufsatz, in dem ich die Tatsache diskutierte, daß die Art von prälogischem Denken, von dem Levy-Bruhl und Freud sprachen, bei den Samoanern, die ich studiert hatte, nicht vorkam." Interessanterweise wird dieser Befund, dass die Art von prälogischem Denken, von dem *Levy-Bruhl* und *Freud* sprachen, im Nachwort von *Margarete Mitscherlich-Nielsen* nicht beachtet.

Theoretische und Propagandistische Verirrungen

Psychoanalytische Propaganda, Märchen und Mythen haben mehrere Gründe. Einmal sind die meisten PsychoanalytikerInnen - z. T. motiviert - sehr einseitig und unzulänglich psychologisch und psychopathologisch gebildet, besonders, was die Geschichte der Psychologie und Psychopathologie betrifft. So verkennen viele PsychoanalytikerInnen ihren eigenen, oft sehr beschränkten Horizont, und wähnen, ihr gruppensubjektives Wissen sei identisch mit der Wirklichkeit. So kommt es dann dazu, dass die meisten ebenso falsch wie naiv meinen, die Psychotherapie beginne mit *Freud*[28]. Die historische Wahrheit ist: Ein verschwindend kleiner Teil psychotherapeutisch Interessierter – Psychoanalytiker – haben den *Freud*'schen Weg eingeschlagen; dass damit alle anderen früheren, gegenwärtigen und nachfolgenden PsychotherapeutInnen durch Verleugnung entwertet werden, spricht nicht für das Realitätsprinzip und die Ich-Stärke der Zunft. Noch überzeugter wird die völlig falsche Ansicht vertreten, *Freud* habe "das Unbewusste" entdeckt. Das völlig falsche und verzerrte Bild der Geschichte und der Wirklichkeit kann man im Grunde nur als extrem narzisstische-illusionäre Störung verstehen – bestärkt durch das sektiererische Inzuchtsystem, das so typisch für die Entwicklung der Psychoanalyse war und ist. Richtig ist lediglich, dass *Freud* und die Psychoanalyse eine Reihe völlig absonderlicher und hanebüchener Ideen (z.B. Ödipuskomplex, Kastrationsangst, Penisneid) produziert haben, die sie auch heute noch für richtig halten, ohne dafür allgemein wissenschaftlich anerkannte Belege vorzulegen.

---

[28] Verkündet z.B. von: *Freedheim, D. K.* (1992, Ed.). Siehe auch *Petzold & Orth* (1999).

Hat Freud das Unbewusste oder seine Bedeutung "entdeckt"?

"Vom Unbewussten spricht man nicht erst seit Freud, aber der Wiener Nervenarzt hat es berühmt gemacht. Bereits in den Schriften von Descartes (1596 - 1650) oder Leibniz (1646 - 1716) spielt das Unbewusste, wenn auch in anderen Worten, eine Rolle. So schreibt Leibniz: „Es wäre ein großer Irrtum anzunehmen, es gäbe keine Wahrnehmungen, derer man sich nicht bewusst ist." Doch noch nie sind die Forscher dem Unbewussten so auf den Leib gerückt wie heute – mit den Methoden der modernen bildgebenden Verfahren wie Kernspin- oder Positronen-Emissions-Tomographie."[29] *Eisler*[30] über *Descartes* Vorwegnahme des Unbewussten: "Die untrennbare Verknüpfung des Bewußtseins mit der Seele betont DESCARTES. Die Seele »denkt« immer, aber es besteht nicht immer Erinnerung (Resp. ad obiect. IV)." *Leibniz*: „Der Glaube, dass es in der Seele keine anderen Perzeptionen gibt als wir gewahr werden, ist eine große Quelle von Irrtümern"[31] Der Begriff des Unbewussten war auch schon *Kant* (1798) und *Reil* (1803, 127) bekannt. Während bei den bislang Zitierten die Einsicht in die Existenz des Unbewussten auf relativ kurzen Einlassungen beruht, wird in *Carl Gustav Carus'* "Psyche. Zur Entwicklungsgeschichte der Seele" von 1846, 10 Jahre vor *Freuds* Geburt, eine umfassende Theorie zum Unbewussten im ersten Abschnitt seines Buches auf 93 Seiten abgehandelt[32]. *Carus* beginnt sogleich mit einem Paukenschlag, den die Analytiker gerne *Freud* zuerkennen: „Der Schlüssel zur Erkenntnis vom Wesen des bewußten Seelenlebens liegt in der Region des Unbewußtseins. ..." *Carus* vertrat auch bereits die grundlegende Ansicht (430f), „daß, da das Kranksein seine eigentliche Wurzel nur im unbewußtsein Seelenleben haben, die Idee der Krankheit nur hier erzeugt werden kann, eine eigentümliche allein im bewußten Geiste wurzelnde Krankheit unmöglich sei ...". *Ellenberger* (1973, 292) urteilt über *Carus'* Buch, dass "das der erste Versuch war, eine wirklich vollständige und objektive Theorie über das unbewußte Seelenleben aufzustellen."

Hagen[33], einer der Gutachter, die unter der Federführung *von Guddens*, die

---

[29] Sigmund Freud feiert 150. Geburtstag und wir fragen: Existiert das Unbewusste? Meldung vom 3.5.2006: [http://www.med.tu-muenchen.de/index.php?we_objectID=449&we_objectTID=219]

[30] *Eisler*: Wörterbuch der philosophischen Begriffe. Geschichte der Philosophie, Digitale Ausgabe: 15797 (vgl. *Eisler*-Begriffe Bd. 2, 544)]

[31] Monatlicher Auszug aus allerhand neu herausgegebenen nützlichen und artigen Büchern. Hannover 1700 - 1702, Teil 1-3, hg. von Joh. Georg Eckhard (Kirchner: 8).
[Reprint: http://www.haraldfischerverlag.de/hfv/index_mf_deutsch.html?/hfv/DtZS/monatlicher_auszug.htm]

[32] Zum Vergleich: *Freuds* (1912) Das Unbewusste hatte einen Umfang von 43 Seiten . (Fischer Studienausgabe 1975, Bd. III., 119 - 162).

[33] Die Verwendung des Begriffs des Unbewussten bei *Hagen* habe ich vollständig dokumentiert, sie kann unter [http://www.sgipt.org/wisms/geswis/psychiat/hagenfi.htm] eingesehen werden. Den Namen *Hagen* (1814 - 1888) kennen heute nur noch wenige (Psychiatriehistoriker), obgleich er ein bedeutender Psychiater seiner Zeit war, mit heute noch sehr lesenswerten Arbeiten. Er war von den vier Gutachtern wahrscheinlich der psychologisch und psychopathologisch und auch wissenschaftlich Kompetenteste, wenngleich *von Gudden* berühmter war als er. Zu seiner Wissenschaftsbiographie: [http://www.sgipt.org/medppp/zwang/ludwig2/guta4.htm]

Entmündigung *Ludwigs II.*, König von Bayern, zu verantworten hatten, schrieb 1870 – *Freud* war zu dieser Zeit gerade 14 Jahre jung - eine interessante Arbeit über Fixe Ideen, in der er wie selbstverständlich 10 mal den Begriff des Unbewussten verwandte, z.B. (53f). Auch die umfassende Monographie von *Eduard von Hartmann*s Philosophie des Unbewussten 1869 geht *Freud* voraus. Und im Wörterbuch der philosophischen Begriffe von *Eisler* (1904) nimmt der Eintrag über das Unbewusste immerhin 8 dicht gepackte Seiten mit sehr vielen Belegstellen ein. Obwohl die Beweislage erdrückend ist, werden die PropagandistInnen der Psychoanalyse nicht müde, zu behaupten, *Freud* sei der Schöpfer des Unbewussten. Sein Verdienst ist nur die Popularität des Unbewussten, das selbstverständlich auch in der allgemeinen und integrativen Psychotherapie eine wichtige Rolle spielt (*Sponsel* 1995, Axiom VI-IX), wenn auch nicht in der psychoanalytischen Bedeutung als unbewusster Homunkulus-Generalstabschef ES.

Hat Freud oder Janet die karthartische Heilung entdeckt?

Janet, bedeutender Philosoph, Arzt und Psychotherapeut (Hypnotherapie, Theorie der Dissoziation) auf dem Gebiet der Allgemeinen und Integrativen Lehre, war auch Schöpfer des Begriffs des **Unter**bewußten - Hauptthema des 6. Internationalen Kongresses für Psychologie 1909 in Genf -, das er von dem seiner Meinung nach philosophischen Konzept des Unbewussten unterschied. In entsprechenden wissenschaftlichen Kreisen längst berühmt, trug *Janet* im Juli 1892 auf dem Internationalen Kongress für Experimentelle Psychologie in London seine Forschungsergebnisse über den Zusammenhang zwischen Amnesie (Erinnerungsverlust) und unbewussten fixen Ideen vor, also fast **sechs Monate vor** den vorläufigen Mitteilungen *Freud*s am 11.1.1893 - so viel zu den historischen Tatsachen, die manche PsychoanalytikerInnen so gerne verdrängen. Auf dem Internationalen Kongress für Medizin 1913 in London, wo die psychiatrische Sektion die Psychoanalyse diskutierte, beanspruchte *Janet* die Erstentdeckung der kathartischen Heilung von Neurosen. Er kritisierte *Freud*s Traumdeutung und dessen Theorie vom sexuellen Ursprung der Neurose. Verständlicher- und berechtigterweise ärgerte er sich über *Freud*, der *Janet*s Arbeit - wie so viele andere - in seinen Quellenangaben verschwieg. Sein zentrales Hauptwerk zur - heute würde man sagen Allgemeinen und Integrativen - Psychotherapie umfasste 1100 Seiten und wurde durch die Kriegsereignisse erst 1919 veröffentlicht. Als er 1937 nach Wien reiste, weigerte sich *Freud*, ihn zu empfangen. Obwohl er seine Erkenntnisse vor *Freud* fand und einst berühmter war als dieser, verschwand er zusehends und unverdient im Schatten *Freud*s. Zur Frage der Priorität der Erkenntnisse kam es 1913 auf dem 17. Internationalen Kongress für Medizin in London zu einem Streit zwischen *C. G. Jung* und *Janet*, wobei *Jung Janet* übel attackierte und *Freud Janet* gegenüber verteidigte, *Freud* aber gleichzeitig wegen seiner extremen Überbewertung der Sexualität angriff.

Sexuelle Verirrungen: Ödipus-, Kastrationskomplex, Penisneid, Homosexualität und Perversion

Ödipuskomplex: Diese merkwürdige Forschungsphantasie *Freuds* besagt, dass ein Kind seine Mutter sexuell begehrt und aus Angst vor der Strafe seines Vaters die Angst, kastriert zu werden erzeugt. Erstmals wird diese merkwürdige Phantasie von *Freud* 1897 in einem Brief an *Fließ* erwähnt und egozentrisch-narzisstisch begründet: "Ich habe die Verliebtheit in die Mutter und die Eifersucht gegen den Vater auch bei mir gefunden und halte sie jetzt für ein allgemeines Gesetz früher Kindheit, …"[34] Der Ödipus muss schon deshalb ganz offensichtlich falsch sein, weil er ja nur die Knaben betrifft – in einer Welt von Machos und Patriarchen[35] allerdings kein Problem; aber auch die A-, Bi- und Homosexualität passen nicht für diese abstrusen Phantasien. Dissident *C. G. Jung* hilft mit seiner ergänzenden Erfindung des Elektrakomplexes[36] aus. Und die Komplex-Betrachtungen lassen sich auch weiter spinnen, wie *Rumpf* (1985) für die griechische Mythologie und Götterwelt sehr schön gezeigt hat[37]. Die Lösung des Ödipuskonfliktes des Knaben besteht nach *Freud* in der Verdrängung der Inzestwünsche: gibt es keinen Inzestwunsch, gibt es keine Gefahr, gibt es keine Angst. Der Ödipuskomplex ist heute[38] – vorsichtig ausgedrückt - nicht weniger Unsinn als damals.

Perverse Verirrungen am Beispiel der Homosexualität

Socarides, der Berichterstatter für klinische und therapeutische Aspekte offener männlicher Homosexualität der American Psychoanalytic Association, definiert noch 1970 die Homosexualität als "eine furchtbare Fehlfunktion, ihrem Wesen nach bösartig, die sich inzwischen zu einer epidemischen Seuche ausgewachsen hat." Die zahlreichen extremen und menschenverachtenden Entwertungen devianter Entwicklungen als "Perversionen" gehen auf *Freud* (1905) selbst zurück. Im Abschnitt "I. Die sexuellen Abirrungen" in den "Drei Abhandlungen zur Sexualtheorie" heißt es (Studienausgabe Bd. V, 70): „Wenn die Perversion nicht neben dem Normalen (Sexualziel und Objekt) auftritt, wo günstige Umstände dieselbe fördern und ungünstige das Normale verhindern, sondern wenn sie das Normale unter allen Umständen verdrängt und ersetzt hat - in der *Ausschließlichkeit* und in der *Fixierung* also der Perversion sehen wir zu allermeist die Berechtigung, sie als krankhaftes Symptom zu beurteilen."

---

[34] *Masson, J. M.* (dt. 1999, 2. A., engl. 1985). Sigmund Freud. Briefe an Wilhelm Fließ, 293.

[35] Von denen *Freud* ohne Zweifel selbst ein erstrangiger Repräsentant war.

[36] *Elektra* will die Mutter beseitigen, um den Vater für sich alleine zu haben.

[37] Der Kassler Psychologieprofessor findet neben dem schon erwähnten Ödipus- und Elektrakomplex noch: Niobakomplex (Kindersegen als Erfüllung des Daseins); Orestkomplex (Tötung der Mutter, um den Vater für sich zu haben), offenbar eine Variante für homosexuelle Männer; Kronoskomplex (Unterdrückung der Kinder durch den Vater aus Angst vor ihnen); Herakomplex (krankhaft eifersüchtig und rachsüchtig).

[38] *Bischof, N.* (1989, 123): "Man hat nicht den Eindruck, daß die Psychoanalytiker mit diesem Trakt ihres Lehrgebäudes sehr viel anzufangen wüßten."

Therapeutische und methodische Verirrungen

In der Psychoanalyse kann man eine eigenartige ambivalente Einstellung zu den psychotherapeutischen Möglichkeiten feststellen, die zwischen Pessimismus, narzisstisch aufgeblähter Allmachtshybris und aufgezwungener Fremdbestimmung und Bevormundung der "Therapie"-Ziele hin- und herschwankt. Letzteres kommt in der ignoranten Haltung zum Ausdruck, wie sie von *Freud* (1909, GW 7, 284) z.B. in der "Analyse der Phobie eines fünfjährigen Knaben" formuliert wurde: "Es ist aber nicht der therapeutische Erfolg, den wir an erster Stelle anstreben, sondern wir wollen den Patienten in den Stand setzen, seine unbewußten Wunschregungen bewußt zu erfassen." Verallgemeinert zeigt sich diese therapiefremde und patientenignorante Einstellung in dem spezifisch psychoanalytischen Interesse: Aus ES soll ICH werden. Das ist aber psychotherapeutisch vielfach weder angemessen, noch sinnvoll oder immer möglich. Hier wird deutlich, dass die PsychoanalytikerInnen die Therapieziele der PatientInnen gar nicht interessieren. Therapeutischen Pessimismus äußerte *Freud* z.B. 1937 in der „Die endliche und die unendliche Analyse[39]": „Man hat den Eindruck, dass man nicht überrascht sein dürfte, wenn sich am Ende herausstellt, dass der Unterschied zwischen dem Nichtanalysierten und dem späteren Verhalten des Analysierten doch nicht so durchgreifend ist, wie wir es erstreben, erwarten und behaupten."

Narzisstische Allmachtshybris

In völligem Kontrast zum Therapiepessimismus steht die narzisstische Allmachtsphantasie, den Menschen in seiner ganzen Persönlichkeit zu verändern mit zahlreichen unkalkulierbaren Risiken. Nun beansprucht oder impliziert zwar jede Psychotherapie eine Veränderung des Menschen, weil natürlich durch die Psychotherapie die Beschwerden, Symptome und Störungen im Idealfall dauerhaft verschwinden sollen. Das bedeutet aber auch, dass Psychotherapie – medizinrechtlich ein Eingriff in die persönliche Integrität - nur mit Zustimmung der PatientIn erfolgen darf. So schreibt *Pulverich* (1996, 479; 2000, 644): "Auch die Psychotherapie gilt als Eingriff in die körperliche Integrität, da auf den seelischen Zustand eines Menschen eingewirkt wird. Die Einwilligung des Patienten muß daher vor jeder psychotherapeutischen Behandlung vorliegen." Aus dieser Bestimmung ergeben sich sofort die ersten großen und groben allgemeinen Kunstfehlermöglichkeiten. Denn: **Ein Mensch kann in einen Eingriff seiner persönlichen Integrität nur dann einwilligen, wenn er die möglichen Folgen und Risiken wirklich einsehen und realistisch einschätzen kann**. Therapeutische Eingriffe, die solche Risiken und Folgen verbergen, nicht einsehbar machen können oder verharmlosen, sind m. E. von vornherein unzulässig (wie z.B. u. U. Psychoanalyse, Primärtherapie oder esoterische Heilweisen). Die Psychoanalyse gehört schon deshalb dazu, weil sie nach ihrem

---

[39] Die unendliche Analyse ist ein weiteres düsteres Kapitel der Psychoanalyse.

Selbstverständnis nicht nur symptombezogene Veränderungen anstrebt, sondern strukturelle und damit tiefgreifende Eingriffe in die Struktur der Persönlichkeit beansprucht und offenbar auch für legitim hält. Besonders kritisch ist dies, wenn diese Eingriffe und ihre Folgen für die PatientInnen nicht vor Aufnahme der Behandlung wirklich einsichtig, realistisch einschätzbar und transparent vermittelt werden. Diese narzisstische Allmachtshybris psychoanalytischer Therapie lässt sich ganz einfach durch Inspektion typischer psychoanalytischer Lehrbücher beweisen (beweisrelevante Stellen werden im Folgenden von mir *kursiv gefettet* hervorgehoben):

Gerd Rudolf (1995, 297): "… dabei bilden **Symptomreduzierung** und **Umstrukturierung** der Persönlichkeit die wichtigsten Veränderungskriterien." 309: "Der Grundgedanke aufdeckender Psychotherapie lautet: eine verläßliche Beseitigung der Symptomatik erfolgt dadurch, daß die unbewußten Wurzeln der Symptomatik aufgedeckt werden und die dort befindlichen konflikthaften Persönlichkeitsbereiche umstrukturiert werden."

Wolfgang Mertens (1992, 124f) erläutert im Kapitel "Behandlungsziele der Psychoanalyse": "Nach psychoanalytischer Auffassung erzielen Behandlungen, die überwiegend therapeutische Ziele anstreben, nicht immer dauerhaft Erfolge; manche Symptome kehren nach einiger Zeit wieder, neue Symptome treten auf und erreichte Verhaltensänderungen betreffen bei genauerer Betrachtung nur einen kleinen Ausschnitt wünschenswerter Änderungen. Aus diesen Gründen plädieren Psychoanalytiker dafür, so viel Psychoanalyse wie nur möglich zu machen, d.h. wann immer es nur geht, die unbewußten Konflikte eines Patienten zu erkennen und durchzuarbeiten, um damit strukturelle Veränderungen, die mit einer Vielzahl von Erlebnis- und Verhaltensweisen verbunden sind, zu ermöglichen. Dieses Durcharbeiten unbewußter Konflikte geschieht mit Hilfe des Entstehenlassens von Übertragungen bzw. einer Übertragungsneurose, wobei aufgrund der unbewußten (und deshalb auch dem Analytiker über mehr oder weniger lange Zeit auch unbekannten) Natur des Konflikts die Ziele der analytischen Reise zwangsläufig zunächst offen bleiben müssen. Fest steht nur, daß das Unbewußte des Patienten bewußt gemacht werden soll, aber über dieses globale Therapieziel hinaus existieren keine weiteren Wegbeschreibungen zum Bestimmungsort." In den meisten psychoanalytischen Lehrbüchern[40] findet man

---

[40] Z.B. in dem älteren: *Schultz-Hencke, H.* (1973, 154) und in dem jüngeren: *Thomä, H. & Kächele, H.* (1985, 13). Letztere bekennen auch ganz unverblümt: "Auch wären wir gründlich mißverstanden, wenn der Betonung der Veränderung als Ziel der Therapie entnommen würde, daß es hierbei um festgelegte Zielsetzungen geht. In der psychoanalytischen Deutungstechnik kann zwar nicht ziellos kommuniziert werden, aber die Ziele bleiben offen, und sie werden durch die Spontaneität des Patienten, durch dessen freie Assoziationen und durch dessen kritische Prüfung der Ideen des Analytikers und ihrer offenen oder latenten Ziele gestaltet. Hierbei ergeben sich neue Wege und Ziele wie von selbst und doch mit innerer Notwendigkeit." Und ziemlich aktuell der "Innsbrucker Arbeitskreis für Psychoanalyse: [Quelle: http://www.psychoanalyse-innsbruck.at/was_ist.htm]:
"Da seelische Erkrankung immer die Person als Ganzes erfasst, ist das Ziel analytischer Behandlung nicht primär die Symptomheilung sondern die Veränderung der Persönlichkeit in ihrer Erlebnis-, Denk- und Beziehungsfähigkeit und in ihrer Anerkennung von Wirklichkeit. Die meist sehr komplexen Zusammenhänge psychischer Krankheit erfordern mitunter lange therapeutische Prozesse."

sowohl den hybriden Umbau der ganzen Persönlichkeit als "Therapieziel" als auch das fremdbestimmte Psychoanalytikerziel, Unbewusstes in Bewusstes zu verwandeln, was in den meisten Fällen auf eine unendliche, d.h. lebenslange Psychoanalyse hinausläuft. Dass die Behandlungsziele von PatientIn und PsychoanalytikerIn auseinanderklaffen scheint der Zunft ganz selbstverständlich, so *Thomä, H. & Kächele, H.* (1985, 330): "Wie lang und langwierig die Analyse auch gewesen sein mag, die Beendigungsphase bringt für beide Beteiligten die Bewältigung eigenständiger Probleme mit sich. Ein Auseinanderklaffen der Zielvorstellungen von Patient und Analytiker ist nicht selten; die Lebensziele, die der Patient mit der Behandlung verknüpft hat, decken sich nicht mit den Behandlungszielen des Analytikers (*E. Ticho* 1971)." Damit nicht genug stellen die Autoren noch fest (1985, 61): "Denn ob die durch die Standardtechnik hergestellte Regression mit ihren speziellen Übertragungsinhalten der bestmögliche Weg zur Struktur- und damit Symptomveränderung ist, kann bezweifelt werden (s. Kap. 8). Man kann die Augen nicht davor verschließen, daß es ungünstige Therapieverläufe gibt (Drigalski 1979; Strupp 1982; Strupp et al. 1977; Luborsky u. Spence 1978)." Und (219): "Die Ziele dieser Analysen bewegen sich immer weiter von der Therapie krankheitswertiger Symptome im Sinne des medizinischen Krankheitsbegriffs und von der Bindung an den Nachweis von Notwendigkeit, Wirtschaftlichkeit und Zweckmäßigkeit weg." Damit konsistent (221): "Die Lebensschwierigkeiten und Zielvorstellungen, die Analysanden im Laufe der Behandlung entwickeln, decken sich oft noch randständig mit dem medizinischen Krankheits- bzw. Gesundheitsbegriff." Die Krönung findet sich in Bd. 2 (1988, 518): "Die Verpflichtung, am Anfang zugleich auch Ziele der Behandlung mit dem Patienten zu erörtern, dürfte bislang noch wenig eingelöst werden. Viele scheinen die Gefahr zu fürchten, daß der Patient dann zu zielbezogen vom Analytiker die Einlösung des Versprechens fordert."

Abenteuerliche Heilungsphantasien durch die sog. Übertragungsneurose

Diese Theorie wird ganz gut von *Loch* (1983) im Kapitel *Grundriß der psychoanalytischen Theorie (Metapsychologie)* dargelegt (7 - 8). Hiernach wird folgendes unbestätigt behauptet: 1) Die kranken Primärerfahrungen bilden sich in der Arzt-Patient-Beziehung isomorph[41] ab. 2) Diese Isomorphie ist sowohl die Bedingung für das Verstehen als auch für die Überwindung der Symptome. 3) Durch die Behandlung der zu erzeugenden Übertragungsneurose ergibt sich die Chance zu einer seelischen Umwandlung und Umstrukturierung.

---

[41] Isomorph, ein mathematischer Ausdruck, der eine 1:1-Strukturgleichheit bedeutet („verknüpfungstreue bijektive Abbildung zwischen zwei Verknüpfungsgebilden"). In dieser apodiktischen Verallgemeinerung ist diese Isomorphie ein völlig aus Wunschphantasien *Freud*s entstandenes Dogma, das der gesamten psychoanalytischen Arbeit seit seiner Erfindung 1905 bis auf den heutigen Tag unbelegt zugrunde gelegt wird.

Die extreme Beschränktheit psychoanalytischer Heilmittel, Methoden und Techniken

In merkwürdigem Kontrast und Missverhältnis zu der gigantischen und unabsehbaren Flut von psychoanalytischen Veröffentlichungen steht die extreme Dürftigkeit und Beschränktheit der psychoanalytischen Mittel und Heilmethoden. Ihr Werkzeugkasten passt, metaphorisch gesprochen, in einen Fingerhut. Da gibt es die freie Assoziation - die die AnalysandIn nach trial and error mühselig erraten muss[42] - und die auf Bewusstheit zielende, meist noch hochgradig suggestive Deutung – und das wars. Die vielen, vielen psychologischen Heilmittel, Verfahren, Methoden und Techniken und ihre Kombinationen, die die allgemeine und integrative psychologische und psychopathologische Erfahrung und Literatur hervorgebracht hat (Überblick: *Sponsel* 1995, 19-26; 193-222; 388-404) berücksichtigt die Psychoanalyse nicht.

Der stark suggestive Charakter psychoanalytischer Deutungen: Psychoanalyse als Gehirnwäsche und riskant?

Welch dubiose Phantasien in die PatientInnen hineinprojiziert werden, wissen diese in der Regel nicht; und auch nicht, dass die psychoanalytische Interventions- und Deutungstechnik sich weitgehend äußerst fragwürdiger und extremer Suggestivität bedient. *Stuart Sutherland*, Professor für experimentelle Psychologie, erlitt eine sehr schwere und langanhaltende endogene Depression. *Sutherland* (1980, 35f) schreibt in seinem Therapiebericht „Die seelische Krise" aus seiner Psychoanalyse und von seinem Psychoanalytiker: „Obwohl er versuchte, ein wenig von der Schuld, die ich mit mir herumtrug, von mir zu nehmen, machte er eine Reihe von Bemerkungen, die ich ziemlich bedrohlich fand. Er erklärte: »Es scheint, als hätten Sie die besten Dinge im Leben versäumt« Einmal diagnostizierte er bei mir verdrängte Homosexualität und während ich ihm von einem Kindheitserlebnis erzählte, beugte er sich vor und sagte etwas zutiefst Schockierendes. Ich bitte den Leser um Verzeihung, aber um die Art meiner Reaktionen zu verstehen, ist es notwendig, den Wortlaut wiederzugeben, nämlich: »Hatten Sie damals nicht den Wunsch, Ihr Vater sollte Sie ficken, bis die Scheiße herausrinnt?« Wenn ich jemals einen solchen Wunsch gehabt haben sollte, so habe ich ihn seither lang vergessen, jedenfalls aber fand ich diese Idee höchst bestürzend." Diese Deutungen sind unerträglich **negativ suggestiv** und daher ein schwerer therapeutischer Kunstfehler. Die hohe Suggestivität wird gelegentlich auch von Psychoanalytikern gesehen, so *Krause* (1997, 155): „... fast ein experimentelles Paradigma für Suggestibilität ..."

---

[42] PsychoanalytikerInnen scheinen eine Phobie gegen jede Systematik und kontrolliertes, effektives Lernen, Hilfen und Aufklärung zu haben. Das mag insofern verwundern, als doch die freie Assoziation die zentrale Grundlage für das psychoanalytische Material liefern soll. So gesehen erschiene es doch sinnvoll, dies den AnalysandInnen möglichst schnell und effektiv beizubringen. Das ist indessen nicht der Fall. Wie man das in der GIPT angehen könnte, ist hier beschrieben: [http://www.sgipt.org/gipt/ubw/anl_fa0.htm]

Spaltungen, opportunistische und sektiererische Verirrungen

Die Psychoanalyse befindet sich seit ihrer Einführung in fortgesetzten Spaltungen und einem Begriffschaos[43]. Von den gesellschaftskritischen und emanzipatorischen Ansprüchen[44], auf die man vielfach so stolz war, ist in Deutschland kaum etwas übrig geblieben. Opportunistische Anpassung, Dominanzstreben und sehr fragwürdige Kontrolle zeigte schon *Freud*:

Der Widerruf

Eine wichtige Geschichtsklitterung und propagandistische Falschdarstellung wurde von *Masson* (1983ff) aufgedeckt[45]. *Sigmund Freud* hatte 1896 frühzeitig erkannt, dass zahlreiche Kinder, in erster Linie Mädchen, von Familienangehörigen und hier hauptsächlich von ihren Vätern sexuell missbraucht wurden. Diese Entdeckung war hochexplosiv und seine FachkollegInnen mochten sie nicht akzeptieren, so dass *Freud* geschnitten und isoliert wurde. Unter diesem Eindruck widerrief *Freud* 1905 öffentlich seine Einsichten und seine Überzeugung, indem er die sog. Verführungstheorie, die korrekt Missbrauchstheorie genannt werden muss, zu einem Phantasieprodukt seiner PatientInnen erklärte. Seine SchülerInnen folgten ihm, nicht wenige weltweit bis auf den heutigen Tag. Wir kennen die Zahl nicht genau, waren es 10.000, Hunderttausend, eine Million oder noch mehr in den hundert Jahren, in denen Opfern sexuellen Missbrauchs die ihnen angetanen Schwerverbrechen nicht geglaubt und als Phantasieprodukte abgetan wurden. So wurden die Opfer gleich zwei Mal bestraft: durch die Missbrauchstaten und die von arroganten, opportunistischen und zynischen PsychoanalytikerInnen nicht ernst genommenen Angaben ihrer PatientInnen.

General Moses - Die religiöse Großmachtssprache Freuds

Annemarie Dührssen (1994, 20 - 21) analysiert: „Schon die Gründungsversammlung der Internationalen Psychoanalytischen Vereinigung hatte er den »Nürnberger Reichstag« genannt. Mehr als einmal sprach er später von dem »von mir gegründeten Reich«. In diesem seinem Reich gab es »Herrscher« und »Befehlshaber«. »Mitstreiter wurden rekrutiert« oder »fielen in Nachbarprovinzen ein und machten Eroberungen«. »Machtpositionen« wurden gefestigt und auf »kleine Scharmützel« folgten wieder »Siegeszüge«. Auch sollte dem neu gegründeten Reich der »Erbe« und »Nachfolger« nicht fehlen. C. G. JUNG wurde »zum Kronprinzen gesalbt«. War eine »Schlacht verloren«, dann trat die »beleidigte Göttin Libido einen Rachefeldzug an«. ... Es wurde immer deutlicher, daß die Zugehörigkeit zum Kreis um FREUD mehr und mehr von ihrer inneren Einstellung zu FREUDS Hypothesen bestimmt wurde. Für FREUD

---

[43] Fußnote 1, aber auch *Bruch* (1987, 49-53) oder z.B. *Thomä, H. & Kächele, H.* (1985, 13): "Es gibt kaum einen theoretischen oder technischen Begriff, der nicht von einem anderen Autor attackiert wird."
[44] Hierzu: *Erdheim, M.* (1985). Über das Lügen und die Unaufrichtigkeit des Psychoanalytikers.
[45] Ausführlich unter [http://www.sgipt.org/th_schul/pa/misbr/wideru.htm]

gab es »Bekenner« und »Ketzer«. Es gab solche, die »treu im Glauben« standen und andere, die als »Abtrünnige« bezeichnet wurden. Sehr früh mußten sich die Mitglieder der Psychoanalytischen Vereinigung selber fragen, ob sie tatsächlich zu einer *Sekte* gehörten, wie es ihnen so häufig von Wissenschaftlern anderer Gruppierungen vorgeworfen wurde. Vorwürfe dieser Art waren gewiß nicht unberechtigt. Es war gänzlich unverkennbar, daß FREUD sich selbst nicht nur als Reichsgründer verstand, der neue Länder erobern und in Besitz nehmen wollte. FREUD trug zugleich all jene Erlebnisweisen, Motive und Tendenzen in sich, die ihn in die Rolle eines *Religionsstifters* führten. Schon im Jahre 1909 hatte FREUD an JUNG geschrieben: »Wenn ich der Moses bin, werden Sie das gelobte Land der Psychiatrie, das ich nur aus der Ferne erschauen darf, in Besitz nehmen.«

… Kaum einer der Biographen FREUDs kam an der Einsicht vorbei, daß FREUD tatsächlich selbst all jene inneren Tendenzen in sich trug, die ihn zum »Gesetzgeber und Erzieher« seines Volkes machten, das er in den »Dienst einer neuen Religion zwingen wollte«. Schließlich kannte FREUD unter seinen Schülern und Anhängern nicht nur »Bekenner«, »Ketzer« oder »Abtrünnige«. Er sprach auch von »Strenggläubigen« oder Häretikern und der alttestamentarische Ausdruck von den »Abgefallenen« kehrt in seinen Briefen regelmäßig wieder. …"

Das Geheime Komitee

Studiert man die Entwicklung der Psychoanalyse und ihre Spaltungen, so wird psychologisch verständlich, dass man nach Mitteln und Wegen suchte, die Truppe beisammen zu halten. Zum "General" *Freud* und zur Handhabung der Ketzer, Abtrünnigen und Häretiker passt denn auch ganz ausgezeichnet die Einführung seines privaten psychoanalytischen Geheimdienstes: des geheimen Komitees[46].

„General Moses" und das „Geheime Komitee" fügen sich nahtlos in die berufspolitische Machtpolitik der psychoanalytischen Ausbildungsinstitute und der Richtlinienpsychotherapie ein[47]. Offen ist derzeit, wie Instrumentalisierung und Anbiederung an die Neuroscience sich künftig entwickeln.

Zusammenfassung: Irrtümer und Irrwege Freuds aus allgemein-integrativer Sicht

Es wird erklärt und begründet, dass Psychoanalyse kein wissenschaftliches Psychotherapiesystem ist. Dennoch haben *Freud* und die Psychoanalyse für die moderne Psychotherapie sehr viel bewegt (gegenwärtige Akzeptanz unbewusster Prozesse und der

---

[46] Mehr hierzu: [http://www.sgipt.org/th_schul/pa/gesch/komitee.htm]

[47] Die absonderlichen und im Grunde rechtswidrig anmutenden Praktiken um die Ausschaltung psychotherapeutischer Konkurrenz, finden z.B. ihre Krönung in der Schaffung eines „wissenschaftlichen" Beirats, in dem VertreterInnen oder Nahestehende etablierter Schulen „unbefangen" und „fair" entscheiden sollen, ob sie ihre Konkurrenz zulassen wollen, eine völlig absurde unsinnige Konstruktion nach dem Prinzip den Bock zum Gärtner machen: Vor jedem deutschen Amtsgericht würden solche Sachverständige wegen Befangenheit abgelehnt werden: [http://www.sgipt.org/berpol/gesptvg0.htm#Wissenschaftlicher%20Beirat%20Psychotherapie.]

Psychotherapie; Homöostase- und Konfliktprinzipien für seelisch-geistige Gesundheit oder Krankheit; der großen und von den Naturwissenschaften chronisch unterschätzten Bedeutung des Subjektiven (Idiographie); der primären Bezugspersonen und Bindungstheorie, Entwicklungspsychologie und Sozialisation, Kultur, Kunst und Mythos). Viele dieser tiefenpsychologischen Ideen sind für eine integrative Therapie sehr wertvoll und wichtig, müssen aber im Rahmen wissenschaftlicher Methoden entwickelt und evaluiert werden.

Schlüsselwörter:
Freud-Kritik, Tiefenpsychologie, Integrative Psychotherapie, wissenschaftliche Evaluation

Summary: Mistakes and wrong ways of Freud from a general integrative viewpoint
It is explained and founded that psychoanalysis is no scientific psychotherapy system. *Freud* and the psychoanalysis have still moved a lot for the modern psychotherapy (present acceptance of unaware processes and the psychotherapy; homeostasis- and conflict principles for mental health or illness; the big and from the natural sciences chronically underestimated meaning of the subjective (ideography); the primary relation persons and attachment theory, developing psychology and socialization; the meaning of culture, art and myth). Many of this of the deep-psychological ideas are very valuable for an integrative therapy and are important, however, must become within the scope of scientific methods developed and evaluated.

Keywords:
Freud criticism, deep psychology, integrative psychotherapy, scientific evaluation

Literatur

Bankl, H. (1992): Freud und das Kokain. In: Woran sie wirklich starben. Krankheiten und Tod historischer Persönlichkeiten, 202-204. Wien, Maudrich.
Bischof, N. (1989). Das Rätsel Ödipus. Die biologischen Wurzeln des Urkonfliktes von Intimität und Autonomie. München, Piper.
Bruch, H. (1987): Grundzüge der Psychotherapie. Einführung in Theorie und Praxis. Frankfurt, Fischer.
Carus, C. G. (1846): Psyche. Zur Entwicklungsgeschichte der Seele. Neu (o. J.): Leipzig, Kröner.
Clark, R. W. (1981): Sigmund Freud. Frankfurt, Fischer.
Cremerius, J. (1995): Die Zukunft der Psychoanalyse, 7-55. Frankfurt, Suhrkamp.
Dührssen, A. (1994): Ein Jahrhundert Psychoanalytische Bewegung in Deutschland. Die Psychotherapie unter dem Einfluß Freuds. Göttingen, Vandenhoeck & Ruprecht.
Ellenberger, H. F. (1973): Die Entdeckung des Unbewußten. 2 Bde. Bern, Huber.
Erdheim, M. (1985): Über das Lügen und die Unaufrichtigkeit des Psychoanalytikers. In: Lohmann, H.-M. (1985, Hrsg.), 10-16.
Freedheim, D. K. (1992, Ed.): History of Psychotherapy: A century of change. Washington, DC, American Psychological Association.
Freud, S. (1975): Studienausgabe. 10 Bde. und Ergänzungsband Behandlungstechnik. Frankfurt, Fischer.
Gadenne, V. & Oswald, M. E. (1991): Kognition und Bewußtsein. Berlin, Springer.
Greenson, R. R. (1975): Technik und Praxis der Psychoanalyse. Stuttgart, Klett.
Grinstein, A. (1987): Zum lebensgeschichtlichen Hintergrund des Traumes von der ‚Botanischen Monographie'. In: *Scheidt, J. v.* (1987, Hrsg.).
Hagen, F. W. (1870): Fixe Ideen. In: Studien auf dem Gebiete der aerztlichen Seelenkunde.

Gemeinfassliche Vortraege. Erlangen, Besold. Seiten 39-85.
Israëls, H. (1999): Kapitel „Kokain für Morphinisten". In: Der Fall Freud. Die Geburt der Psychoanalyse aus der Lüge. Hamburg, EVA, 45-119.
Jones, E. (1960-62): Das Leben und Werk von Sigmund Freud. Bern, Huber. Bd. I und II. der 3 Bde.
Krause, R. (1997): Allgemeine Psychoanalytische Krankheitslehre. Stuttgart, Kohlhammer.
Loch, W. (1983): Grundriß der psychoanalytischen Theorie (Metapsychologie). In: Die Krankheitslehre der Psychoanalyse. Stuttgart, Hirzel, 1-74.
Lohmann, H.-M. (1985, Hrsg.): Das Unbehagen in der Psychoanalyse. Frankfurt, Fischer.
Markus, G. (1989): „Über Coca". Freuds Kokain Episode. In: Sigmund Freud und das Geheimnis der Seele. Eine Biographie, 66-80. München, Langen Müller.
Masson, J. M. (1984): Was hat man dir du armes Kind, getan? Sigmund Freuds Unterdrückung der Verführungstheorie. Reinbek, Rowohlt.
Masson, J. M. (1995): Was hat man Dir, Du armes Kind, getan? Oder: Was Freud nicht wahrhaben wollte. Freiburg, Kore.
Masson, J. M. (1999): Sigmund Freud. Briefe an Wilhelm Fließ. 1887 - 1894. Frankfurt, Fischer.
Mead, M. (1978): Brombeerblüten im Winter. Ein befreites Leben. Reinbek, Rowohlt.
Mertens, W. (1992): Einführung in die psychoanalytische Therapie. 3 Bde. Stuttgart, Kohlhammer.
Michels, A.; Müller, P. & Perner, A. (1997): Psychoanalyse nach 100 Jahren. 10 Versuche eine kritische Bilanz zu ziehen. München, Reinhardt.
Nagera, H. (1976, Hrsg.): Psychoanalytische Grundbegriffe. Eine Einführung in Sigmund Freuds Terminologie und Theorienbildung. Frankfurt, Fischer.
Perner, A. (1997): Nach 100 Jahren: Ist die Psychoanalyse eine Wissenschaft? In: *Michels, A.; Müller, P. & Perner, A.* (1997), 226-256.
Petzold, H. G. (1993): Integrative Therapie. Modelle, Theorien und Methoden für eine schulenübergreifende Psychotherapie. 3 Bde. Paderborn, Junfermann.
Petzold, H. G. & Orth, I. (1999, Hrsg.): Die Mythen der Psychotherapie. Ideologien, Machtstrukturen und Wege kritischer Praxis. Paderborn, Junfermann.
Pulverich, G. (1996): Rechtliche Rahmenbedingungen. In: *Margraf, J.* (1996 [469-489], 2. A. 2000 [633-654], Hrsg.): Lehrbuch der Verhaltenstherapie. Bd. 1. Grundlagen, Diagnostik. Verfahren. Rahmenbedingungen. Berlin, Springer.
Quekelberghe, R. v. (1979): Systematik der Psychotherapie. Vergleich und kognitiv-psychologische Grundlegung psychologischer Therapien. München, Urban & Schwarzenberg.
Reil, J. C. (1803): Rhapsodieen über die Anwendung der psychischen Curmethode auf Geisteszerrüttungen. Halle, Curt'sche Buchhandlung.
Rudolf, G. (1995): Psychotherapeutische Medizin. Ein einführendes Lehrbuch auf psychodynamischer Grundlage. Stuttgart, Enke.
Rumpf, E. (1985): Eltern-Kind-Beziehungen in der griechischen Mythologie. Frankfurt am Main, Lang.
Scheidt, J. v. (1987, Hrsg.): Der unbekannte Freud. Neue Interpretation seiner Träume. Frankfurt, Fischer.
Schultz-Hencke, H. (1973): Lehrbuch der analytischen Psychotherapie. Stuttgart, Thieme.
Socarides, C. W. (1970): Homosexuality and Medicine. Journal of the American Medical Associates 212, 1199-1202.
Sponsel, R. (1983): Prüfung der Freud'schen Triashypothese. In: CST (Charakter-Struktur-Test), 1. Ergänzung, Gruppe 8, Anwendung Forschung: 08-AV: 02,3,4,5 — UV: Freud'sche Trias-01-01 bis 10.
Sponsel, R. (1984): Lebens- und Selbstzufriedenheit als Psychotherapieerfolgskontrolle. Praktische Systematik psychologischer Behandlungsforschung. Dissertation, Erlangen, IEC-Verlag.
Sponsel, R. (1995): Handbuch Integrativer Psychologischer Psychotherapie. Zur Theorie und Praxis der schulen- und methodenübergreifenden Psychotherapie. Ein Beitrag zur Entmythologisierung

der Psychotherapieschulen. Mit 43 Fallbeispielen, ausführlichem Anamneseschema, Anwendungsbeispielen und Kurzbeschreibung des CST-Systems und einem 74-teiligen Reader. Erlangen, IEC-Verlag.

Sutherland, S. (1980): Die seelische Krise. Frankfurt, Fischer.

Thomä, H. & Kächele, H. (1985, 1988): Lehrbuch der psychoanalytischen Therapie. Bd. 1: Grundlagen. Bd. 2: Praxis Berlin, Springer.

Toman, W. (1968): Motivation, Persönlichkeit, Umwelt. Göttingen, Hogrefe.

Toman, W. (1978): Tiefenpsychologie. Stuttgart, Kohlhammer.

Korrespondenzadresse:
Dr. Rudolf Sponsel

Stubenlohstraße 20
D-91052 Erlangen

E-Mail-Adresse:
Rudolf-Sponsel@sgipt.org

Thomas Stephenson und **Wilfried Datler**

Der Blick auf Sigmund Freud aus der Perspektive der gegenwärtigen Individualpsychologie

Von der „freien Psychoanalyse" zur Individualpsychologie - und zurück?

Die Geschichte der Individualpsychologie ist mit jener der Psychoanalyse ebenso untrennbar verbunden wie die Entwicklung der Theorien der beiden Gründer *Alfred Adler* und *Sigmund Freud*. Die im Zuge der historischen Auseinandersetzung dieser beiden Persönlichkeiten auftretenden Schwankungen zwischen Sachlichkeit und Emotionalität prägen auch die intensive Beschäftigung der *„Adler*ianerInnen" mit den *„Freud*ianerInnen" von den Anfängen bis zum heutigen Tag.

Wir wollen im Folgenden versuchen, den Stand dieser Auseinandersetzung aus unserer Sicht (also aus der Sicht zweier Vertreter des Österreichischen Vereins für Individualpsychologie) darzustellen. Wir werden in diesem Zusammenhang einige Überlegungen aufgreifen und weiterverfolgen, die wir andernorts zur Geschichte der Psychoanalyse und Individualpsychologie publiziert haben[1], und einige Entwicklungen im Bereich der Theorie und Praxis der Individualpsychologie nachzeichnen, in denen auf *Freud*s Theoreme und seine therapeutische Methodik Bezug genommen wird.

Die im Titel gestellte Frage markiert dabei zum einen den Umstand, dass die ursprünglich von *Adler* für die von ihm gegründete Richtung gewählte Bezeichnung „freie Psychoanalyse" sowohl die Differenz als auch die Verbindung zu *Freud* deutlicher macht als der bis heute beibehaltene Name „Individualpsychologie". Zum anderen benennt sie eine Entwicklung in der deutschsprachigen Individualpsychologie, welche die letzten Jahrzehnte geprägt hat und zu der Tatsache geführt hat, dass ein Großteil der heutigen IndividualpsychologInnen sich als „individualpsychologische *AnalytikerInnen*" versteht.

Auf die regionalen Unterschiede, wie sie zwischen den Ländern der deutschsprachigen Individualpsychologie, also Schweiz, Deutschland und Österreich ausmachbar sind, können wir in diesem Rahmen nicht näher eingehen. Sehr wohl aber werden wir auf die deutlichen Differenzen zwischen der Haltung der amerikanischen und der deutschsprachigen Individualpsychologie bezüglich der Abgrenzung gegenüber *Freud* Bezug nehmen.

Nach einer Diskussion der Gründe für die Trennung *Adlers* von *Freud* und einer Skizzierung seiner eigenständigen Position nach dieser Trennung geben wir Einblick in die Veränderungen in der Sicht des *Freud*schen Oeuvres, versuchen anschließend,

---

[1] Wir meinen damit insbesondere die Veröffentlichungen: *Stephenson* (1995), *Datler/Stephenson* (1999), *Datler/Gstach* (2005) und *Datler/Gstach/Wittenberg* (2001).

einen Blick auf die gegenwärtige Art, in der *Freud* in der Individualpsychologie gesehen wird, zu werfen sowie einige Ausblicke und Perspektiven für mögliche zukünftige Entwicklungen zu umreißen.

1. Die Adler-Freud-Kontroverse: Positionierungen und Trennung

Die Individualpsychologie stellt jene tiefenpsychologische Tradition dar, die von *Alfred Adler* im Zuge seiner Auseinandersetzung mit *Sigmund Freud* begründet wurde. Diese Auseinandersetzung nahm ihren Anfang im Herbst 1902, als der junge, sozialmedizinisch und sozialpolitisch engagierte Arzt *Alfred Adler* von *Freud* eingeladen wurde, sich im kleinen Kreis regelmäßig mit *Freud* und anderen Kollegen über psychoanalytische Fragen auszutauschen. Auf diese Weise etablierte sich ein Gesprächskreis mit *Adler* als Gründungsmitglied, der später unter dem Namen „Mittwochgesellschaft" in die Geschichte der Psychoanalyse einging und nicht nur zur Gründung der Wiener psychoanalytischen Vereinigung, sondern letztlich auch zur Trennung *Adlers* von *Sigmund Freud* führte (s.v.a. *Handlbauer* 2002).

Am 7.11.1906 stellte *Adler* Grundzüge seiner Überlegungen, die er später in der „Studie über die Minderwertigkeit von Organen" veröffentlichte, *Freud* und den Mitgliedern der „Mittwoch-Gesellschaft" vor (*Nunberg/Federn* 1976, 36ff.). Spätestens von diesem Zeitpunkt an bis zur letzten dokumentierten persönlichen Auseinandersetzung mit dem Gründer der Psychoanalyse am 22.11.1911 traten die grundsätzlichen Unterschiede in den Positionen dieser beiden Männer scharf hervor und sollten Zeit ihres Lebens nicht mehr zu einer Verbindung Ihres Gedankengutes führen - eine Aufgabe, die erst von der jüngeren Individualpsychologie verstärkt und unter neuen Gesichtspunkten wieder aufgenommen wurde.

Gerade durch die intensive Auseinandersetzung und das durch sich steigernde Konflikte gekennzeichnete gemeinsame Arbeiten an der Fortführung von *Freuds* Anfangsgedanken ist nicht immer genau festmachbar, in welcher Weise *Freud* und *Adler* einander zur Weiterentwicklung ihrer originären (psychoanalytischen) Ansätze anregten[2]. Wenn sich *Freud* und *Adler nach* der Trennung auf das Werk des jeweils anderen bezogen, geschah das immer mehr in polemischer Form, wie u.a. *Adlers* Worte siebzehn Jahre nach der letzten persönlichen Diskussion mit *Freud* illustrieren: „Wir stehen in starkem Widerspruch zu denen, die meinen, daß im Unbewußten das böse Triebleben eine große Rolle spielt" (*Adler* 1929 [1978], 76f). Noch unversöhnlicher klingt es in der 1926 verfassten Vorrede zur Wiederauflage seiner „Studie": „Es sind

---

[2] So wie auch beide ihre Theorien in Verknüpfung mit Überlegungen von „Vordenkern" entwickelten, in denen sie bereits Teile ihrer späteren paradigmatischen Terminologie fanden - wie beispielsweise *Freud* seine Rede von den „eingeklemmten Affekten" in *Lindners* Lehrbuch (*Lindner* 1868) und *Adler* in *Griesingers* Worten: „Es muß sich die ... Untersuchung auf die *Gesamtheit* der leiblichen und geistigen Antecedentien einer Persönlichkeit erstrecken, sie muß ... die herrschenden Neigungen des Individuums, seine *Lebensrichtung* ... auffassen und so ein *allseitiges Bild* der Geschichte einer *Individualität* zu gewinnen suchen." (*Griesinger* 1845, 116; Hvh.: T.S.)

durchaus neue Grundlagen, die sich die wachsende Wissenschaft der Individualpsychologie geschaffen hat. Sie ist keine Tochterwissenschaft und ist so sehr all den nunmehr versinkenden Theorien platter ‚Tiefenpsychologie' entrückt" (*Adler* 1926, 17; zu *Adler*s Verhältnis zur Theorie des Unbewussten vgl. *Datler* 1996).

Nachdem *Adler*s Auffassungen zentraler Fragen der psychoanalytischen Theorienbildung in der besagten „Mittwochgesellschaft" bereits mehrfach diskutiert und 1911 nochmals in komprimierter Form vorgestellt worden war, vertrat die Mehrzahl der Mitglieder die Meinung, dass *Adler*s Ansätze mit jenen *Freud*s unvereinbar wären. *Adler* verließ daraufhin mit einigen Anhängern die Wiener Psychoanalytische Vereinigung, publizierte unter dem Titel „Über den nervösen Charakter" eine erste Darstellung seiner Theorie in Buchform (*Adler* 1912) und gründete den „Verein für freie psychoanalytische Forschung", den er 1913 in „Verein für Individualpsychologie" umbenannte. Den Begriff „Individualpsychologie" wählte *Adler*, weil „Individuum" im Lateinischen „das Unteilbare" bedeutet und *Adler* mit dem Begriff „Individualpsychologie" die zentrale Stellung seines Paradigmas der Unteilbarkeit der einzelnen menschlichen Person zum Ausdruck bringen wollte: Der Mensch in *Adler*s Theorie kann nicht in einzelne Triebe, Kräfte und Instanzen aufgespaltet werden. Zugleich sollte der Begriff „Individualpsychologie" für ein tiefenpsychologisches Verstehen der unverwechselbar-einmaligen („individuellen") Art und Weise stehen, in der einzelne Menschen Situationen erleben und gestalten (*Wiegand* 1995, 247).

In diesem Zusammenhang wäre es freilich falsch zu meinen, *Adler* hätte mit dieser Betonung des „Individuell-Einmaligen" von Menschen das Anliegen verbunden, Menschen sollten als vereinzelte „Individuen" isoliert und unabhängig von den sozialen Bezügen betrachtet werden, in die sie eingebettet sind. *Adler*, u.a. von *Virchow*s „socialer Medizin" (*Virchow* 1849) stark beeinflusst (vgl. *Stephenson* 1995), kritisierte im Gegenteil bereits in seiner Identität als Arzt „die zeitgenössische Medizin, deren Perspektiven noch zu eng seien, um das Vorhandensein sozial verursachter Krankheiten zu erkennen" (*Rüedi* 1988, 17). Schon in seiner ersten Schaffensperiode (1898 bis 1903) handelte und fühlte *Adler* „als Befürworter und Wegweiser einer ganzheitlich denkenden Sozialmedizin" (*Rüedi* 1988, 18f). Und in seiner psychotherapeutischen Position betonte er, wenn er von der Entstehung von Minderwertigkeitsgefühlen sprach, dass die Art, wie sich ein Kind in der tagtäglichen Begegnung und im tagtäglichen Zusammenleben mit Eltern, Geschwistern oder Lehrern erlebt, wesentlich dazu beiträgt, ob und in welcher Weise es Minderwertigkeitsgefühle ausbildet. Er wies wiederholt darauf hin, dass in späteren Jahren die privaten oder beruflichen Beziehungen, in die Menschen eingebunden sind, wesentlich darauf Einfluss nehmen, ob erworbene Minderwertigkeitsgefühle im Erwachsenenalter gelindert, stabilisiert oder weiter intensiviert werden. Und auch dann, wenn *Adler* darüber nachdachte, in welch vielgestaltiger Weise sich Menschen vor dem bewussten Verspüren von Minderwertigkeitsgefühlen zu sichern versuchen, machte er deutlich, dass viele solcher

Sicherungsbemühungen auf das Engste mit der Ausgestaltung von sozialen Beziehungen verbunden sind. Denn je stärker Menschen das Verlangen verspüren, sich vor dem bewussten Erleben von Gefühlen der Kleinheit, Schwäche oder Hilflosigkeit zu schützen, desto stärker verfolgen sie die Tendenz, solche sozialen Beziehungen herzustellen oder zu suchen, in denen sie sich (zumindest vordergründig) als mächtig, überlegen oder attraktiv erleben können:

In diesem Sinn ist *Adler* etwa der Ansicht, dass in vielen Fällen ein autoritär-unterdrückendes ErzieherInnenverhalten ebenso wie die diktatorische Ausübung von politischer Macht, die wirtschaftliche Ausbeutung bestimmter Menschengruppen ebenso wie die kriegerische Anwendung von Gewalt, die vorurteilshafte Geringschätzung von Menschen ebenso wie die ungerechtfertigte „Verzärtelung" von Kindern im Dienst dieses Sicherheitsstrebens stehen, wenn diese Verzärtelung beispielsweise vom Wunsch des Erziehers bzw. der Erzieherin getragen ist, vom Kind stets geliebt zu werden.

Adler ist damit der Überzeugung, dass viele Menschen einander deshalb so viel Leid zufügen und einander in ihren Entwicklungsmöglichkeiten beschränken, weil sie in äußerst hohem Ausmaß mit Minderwertigkeitsgefühlen zu ringen haben und in ihrem Verhalten primär das Ziel verfolgen, sich vor dem bewussten Erleben dieser Minderwertigkeitsgefühle zu schützen. Deshalb war es für *Adler* nahe liegend, diese tiefenpsychologische Sichtweise mit seinen sozialpolitischen Anliegen zu verknüpfen und für die Entfaltung von solchen zwischenmenschlichen Beziehungen einzutreten, die im Dienst der Förderung von „Gemeinschaftsgefühl" stehen; denn dieses „Gemeinschaftsgefühl" stellte für *Adler* von 1918 an eine Art „Kraft" dar, die dem Streben nach persönlicher Überlegenheit „entgegenwirkt".

Doch auch Ausdrücke wie „Kraft" und „Wirkung" dürfen nicht darüber hinwegtäuschen, dass *Adler* sich in der prinzipiellen Sicht auf die Psyche des Menschen von *Freud* deutlich distanzierte. Sprach *Freud* vom „psychischen Apparat", so sah *Adler* den Menschen als in ständiger Eigenbewegung befindlichen sinn- und zielbezogenen Regisseur seines Lebens. Somit war für *Adler* die menschliche Psyche „als ständig aktiv konzeptualisiert" (*Rogner, Titze* 1995, 331) und weniger eine „reagierende" als eine von sich aus handelnde.

In seiner Absicht, eine psychologische Theorie auszuarbeiten, sprach er sich in kritischer Absetzung von *Freuds* Metapsychologie überdies für die konsequente Verwendung von *psychologischen* Begriffen aus[3] und plädierte damit für die Aufgabe von Termini, die den Naturwissenschaften entlehnt sind. Seinem Ringen um ein psychologisches Verstehen von menschlicher Entwicklung entsprang auch seine Zu-

---

[3] Am bekanntesten ist *Habermas'* diesbezügliche Kritik an *Freuds* „szientistischem Selbstmissverständnis" (*Habermas* 1968). Diese wurde übrigens in jüngerer Zeit von *Harald Wasser* in einem interessanten Ansatz relativiert (*Wasser* 1995, 105ff).

rückhaltung gegenüber der Annahme, Menschen müssten sich in genetisch vorherbestimmter Weise mit bestimmten Konflikt- und Problemkonstellationen auseinandersetzen. Stattdessen betonte er mit Vehemenz die Bedeutung des Erlebens von sozialen Beziehungen für die Ausbildung der *lebensstiltypischen* Art und Weise, in der ein Mensch einzelne Aspekte von Selbst und Welt wahrnimmt und ihnen handelnd begegnet. Dies führte einerseits zur Einführung des Begriffs des *Lebensstils*, der die Aufmerksamkeit auf Prozesse der Ausbildung und Tradierung von psychischen Strukturen lenkt, sowie zur Formulierung des Begriffs des *Gemeinschaftsgefühls*, das in vielgestaltiger Weise *Adlers* Überlegungen zur sozialen Bezogenheit des Menschen zum Ausdruck bringt.

Seine paradigmatische Sicht auf die Persönlichkeit des Menschen als aktives Wesen und als Regisseur seines Lebens setzte sich auch in der Sicht auf die Wahrnehmung des Menschen fort. Der von *Leibniz* resp. *Herbart* ausgestaltete Begriff der Apperzeption wird von ihm zur „tendenziösen Apperzeption" weitergeführt, in der jene Sicherungstendenzen zum Tragen kommen, durch die selektiv nur jene Inhalte wahrgenommen bzw. erinnert werden, „die zur Zielrichtung passen" (*Andriessens* 1985, 33). Dabei wird in neuerer Zeit in der Individualpsychologie differenziert zwischen „individuell-*tendenziellen* Apperzeptionsweisen einerseits und dem Konzept der tendenziösen Apperzeption im engeren Sinn andererseits ..., das unmittelbar mit dem Konzept der unbewussten Abwehr und Sicherung verknüpft ist" (*Datler* 1995, 38). Dies hat Folgen auch für *Adlers* Verständnis der Neurosen: „Die Neurose wird solchermaßen als eine Art Verzerrung der Erlebnis- und Beurteilungsgrundlagen der Erfahrungen aufgefasst." (*Spiel* 1983, 161) Doch mit dieser Sicht auf einen zentralen Bestand der *Freud*schen Theorie, der Neurosenlehre, entfalteten sich anscheinend unüberbrückbare Differenzen zwischen den beiden Gründerpersönlichkeiten.

2. Gründe für Adlers Trennung von Freud

Als *Alfred Adler* im Jahre 1902 Mitglied jener Männerrunde wurde, die sich mittwochs regelmäßig mit *Freud* zur Diskussion psychoanalytischer Themen traf, war *Adler* 32 Jahre alt. Er hatte sich mit sozialmedizinischen Fragen befasst und begann sich nun intensiv mit *Freuds* Theorien, aber auch mit Arbeiten von *Charcot* und *Janet* zu beschäftigen. An den Diskussionen in der Wiener Psychoanalytischen Vereinigung nahm *Adler* regen Anteil; und *Freud* attestierte ihm im Vergleich zu den anderen Wiener Psychoanalytikern der damaligen Zeit das höchste Maß an Originalität und Eigenständigkeit. 1910 wurde er Obmann der Wiener Ortsgruppe des Internationalen Vereins für Psychoanalyse, doch waren damals bereits mehrere Themenbereiche deutlich geworden, in denen sich *Adler* von *Freuds* Anschauungen abhob (vgl. *Handlbauer* 2002).

Diese Trennung gründete nicht zuletzt darin, dass *Adler* die Entstehung von neurotischen Symptombildungen anders begriff als *Freud*. Während *Freud* - vereinfacht gesprochen - davon überzeugt war, dass die Entstehung solcher Symptome letztlich auf die Verdrängung von sexuellen Konflikten zurückzuführen sei, vertrat *Adler* die Ansicht, dass neurotische Symptombildungen letztlich einen Versuch darstellen, sich vor dem bewussten Erleben von bedrohlichen Gefühlen der Kleinheit, Schwäche und Unterlegenheit - also vor dem bewussten Erleben von Minderwertigkeitsgefühlen - zu schützen.

Die Annahme, dass psychopathologische Zustandsbilder letztlich in solchen Versuchen der (vordergründigen) Überwindung von Minderwertigkeitsgefühlen wurzeln, widersprach freilich zusehends der Auffassung *Freuds*, der seit dem Beginn unseres Jahrhunderts dem sexuellen Moment in der Ätiologie der Neurosen großes Gewicht beimaß – und hatte in der konflikthaften Auseinandersetzung zwischen *Freud* und *Adler* folglich auch besonderes Gewicht (*Handlbauer*, 2002). Und im Herzstück dieser Theorie über das Zustandekommen neurotischer Entwicklungen wartete der unverzichtbarste Bestandteil der *Freud*schen Sicht auf die Psyche des Menschen: der Begriff des Unbewussten.

Seit *Bleuler* 1910 den Ausdruck „Tiefenpsychologie" zur Charakterisierung der *Freud*schen Psychoanalyse aufgebracht hatte, sorgte dieser Begriff für Grundsatzdiskussionen zwischen den unterschiedlichen aus der *Freud*schen Psychoanalyse hervorgegangenen Richtungen, die sich als „analytische" verstehen. Ohne die ganze Breite der diesbezüglichen Diskussionsstränge und Diskurse innerhalb der Individualpsychologie zeigen zu können, wollen wir doch einen Aspekt dieser Auseinandersetzung hervorheben, der möglicherweise helfen könnte, zu verstehen, weshalb sich *Adler* vor allem in seinen späteren Schriften von *Freuds* Psychoanalyse abzugrenzen bemühte: *Adler* selbst hat sich nie als Tiefenpsychologe bezeichnet und sich bei vielen Gelegenheiten überdeutlich von zentralen terminologischen Setzungen *Freuds* und dessen Psychoanalyse distanziert. Ein Motivationsstrang für diese Haltung, die der amerikanischen Individualpsychologie letztlich als Vorlage für ihren Weg der klaren Abhebung von wesentlichen Strömungen der europäischen und insbesondere deutschsprachigen Individualpsychologie diente, lag wohl in *Adlers* Verlangen, sich neben der überragenden Persönlichkeit *Sigmund Freuds* behaupten und profilieren zu müssen. Dies zeigt sich unmissverständlich in Stellen wie dieser: „Auch daß das sogenannte Unbewußte oder das Ich voll steckt von Unbewußtem, oder wie ich gezeigt habe, von Unverstandenem, daß es immer verschiedene Grade von Gemeinschaftsgefühl aufweist, wird mehr und mehr von der Psychoanalyse, die in der Individualpsychologie einen Gefangenen gemacht hat, der sie nicht mehr losläßt, begriffen und in ihr künstliches System gebracht" (*Adler* 1933, 125).

Wenn man aber Stellen wie diese genauer betrachtet und dabei von den – heute nur mehr schwer nachvollziehbaren – polemischen Einschüben einmal absieht, lässt sich noch eine andere Grundlage für die Abhebung des *Adler*schen Verständnisses des Unbewussten gegenüber dem *Freuds* herausarbeiten:

Adler verwendet hier den Begriff des „Unverstandenen", ohne ihn an dieser Stelle näher zu bestimmen. Im selben Werk, seiner letzten großen Arbeit, schreibt er 100 Seiten vorher:
„Wichtiger ist der Umstand, dass das Ganze des Lebens, von mir konkret Lebensstil genannt, vom Kinde in einer Zeit aufgebaut wird, wo es weder eine zureichende Sprache noch zureichende Begriffe hat. Wächst es in seinem Sinne weiter, dann wächst es in einer Bewegung, die niemals in Worte gefasst wurde, daher unangreifbar für Kritik, auch der Kritik der Erfahrung entzogen. Man kann hier nicht von einem etwa gar verdrängten Unbewussten reden, vielmehr von einem Unerkanntem, dem Verstehen Entzogenem ... Wir sind nun vorbereitet zu verstehen, welche Bedeutung darin liegt, über den Sinn des Lebens etwas zu erfahren ... den außerhalb unserer Erfahrung liegenden Sinn des Lebens... die Hoffnung winkt, dass mit wachsender Erkenntnis die Zahl derer namhaft wächst, die durch den besser erkannten Sinn des Lebens für diesen Sinn gewonnen werden können" (*Adler* 1933, 24f).

Das in diesem Zusammenhang Entscheidende an diesen und ähnlichen Formulierungen *Adler*s liegt hier in einem Ansatz des Begriffs des Unbewussten, demzufolge das Unbewusste jenen Anteil an dem eigenen Erleben und Handeln darstellt, für den der/die Erlebende respektive Handelnde *noch kein Verstehen entwickelt hat*. Die Betonung liegt hier nicht nur auf „Verstehen", sondern auch und vor allem auf „*der/die Erlebende* respektive *Handelnde*". Dadurch wird nämlich eine Sicht auf jene Bereiche eröffnet, die innerhalb der (individualpsychologisch-)analytischen Version der Psychotherapie zentral sind: das Erleben und Handeln der *KlientInnen*, die *für sich selbst* zu einem Verstehen bislang unverstandener Anteile ihres bewussten Denkens und Fühlens gelangen wollen - um dadurch mehr Freiheit in ihren Entscheidungen und in ihrer Lebensführung zu erreichen.

Allerdings ist auch festzuhalten, dass *Adler* – insbesondere in seinen späten Schriften – die Differenz zwischen der Annahme eines deskriptiv Unbewussten und der Annahme eines dynamischen, durch unbewusste Abwehraktivitäten vom Bereich des bewusst Wahrnehmbaren ferngehaltenen Unbewussten nahezu aufzugeben scheint, wenn er im hier skizzierten Sinn vom Unbewussten als Unverstandenem bzw. Noch-nicht-Verstandenem spricht (vgl. *Datler* 1996).

3. Veränderungen in der Sicht des Freudschen Oeuvres

3.1 Adlers Position nach seinem Bruch mit Freud
*Adler*s originärer Beitrag zur psychoanalytischen Theorienbildung lag in der Auseinandersetzung mit jener Gruppe von Gefühlen, die *Adler* als „Minderwertigkeitsgefühle" bezeichnet. Die intensive Befassung mit diesem Aspekt des menschlichen Seelenlebens knüpft an *Adler*s (1907) „Studie über die Minderwertigkeit von Organen" an, in der *Adler* die These vortrug, dass der menschliche Organismus die Schwäche einzelner Organe „unter Ausschaltung des Bewusstseins" kompensieren könne, da er

in der Lage sei, durch besondere Anstrengungen die volle und mitunter sogar überdurchschnittlich gute Funktionstüchtigkeit der zunächst „minderwertigen Organe" herbeizuführen. Bald war *Adler* aber mehr an der psychologischen Frage nach den Folgen des Erlebens von Minderwertigkeits*gefühlen* interessiert. In diesem Zusammenhang ging *Adler* davon aus, dass jeder Mensch in zahlreichen sozialen Situationen Gefühle der Kleinheit, Schwäche, Unterlegenheit etc. empfindet, sich in diesem Sinn als „minderwertig" erlebt und zugleich vielgestaltige Wünsche nach der Überwindung dieser Minderwertigkeitsgefühle verspürt. Diese Wünsche können bedeutsame Entwicklungsprozesse anstoßen, die zu einer Stärkung des Selbstwertgefühls führen. Sind die Minderwertigkeitsgefühle aber besonders intensiv und die bewusste Wahrnehmung dieser Minderwertigkeitsgefühle in zu hohem Ausmaß kränkend, so neigen Menschen dazu, sich vor dem bewussten Gewahrwerden ihrer Minderwertigkeitsgefühle zu schützen, indem sie diese verdrängen und Situationen zu schaffen versuchen, in denen sie vordergründige Gefühle der Größe, Macht, Überlegenheit etc. verspüren können.

Solch ein Streben nach Stärke, Macht und Überlegenheit war für *Adler* „menschlich" und psychologisch verstehbar, zugleich aber alles andere denn unproblematisch. Denn zum einen stellen aus *Adler*s Sicht auch psychopathologische Zustandsbilder primär einen Ausdruck des Schutzes vor dem bewussten Gewahrwerden von besonders schmerzlichen Minderwertigkeitsgefühlen dar. In diesem Sinn haben Symptombildungen etwa den (unbewusst verfolgten) Zweck, die eigene Person von bestimmten Lebenssituationen fernzuhalten, denen sich diese Person (unbewusst) nicht gewachsen fühlt; die Aufmerksamkeit anderer auf sich zu lenken, damit man sich als wichtig und beachtet erleben kann; oder andere gleichsam zu zwingen, auf den/die „Symptomträger/in" Rücksicht zu nehmen, was mit dem (unbewussten) Gefühl verbunden sein kann, Macht über andere zu haben. Darüber hinaus war *Adler* ganz allgemein der Auffassung, dass das unbewusste Streben nach dem Erleben von Stärke, Macht und Überlegenheit primär *ich*-bezogenen Motiven entspringt, die nur allzu schnell mit der Abwertung, Unterdrückung oder Geringschätzung *anderer* einhergeht. Menschen ist es dann kaum möglich, mit anderen auf der Basis intendierter Gleichwertigkeit und wechselseitiger Wertschätzung kooperative Beziehungen einzugehen, von denen letztlich alle profitieren können, die in diese Beziehungen eingebunden sind.

Für *Adler* stand außer Frage, dass die Entwicklung von solchen kooperativen Beziehungen in allen sozialen und gesellschaftlichen Bereichen von Nöten ist. Deshalb lag es für ihn auch nahe, darüber nachzudenken, was für die Entwicklung von zwischenmenschlichen Formen der Interaktion und Kommunikation getan werden kann, die im Dienst der Förderung von „Gemeinschaftsgefühl" stehen; wobei *Adler* unter dem „Gemeinschaftsgefühl" von 1918 an eine Art „Kraft" verstand, die dem Streben nach persönlicher Geltung, Macht und Überlegenheit „entgegenwirkt".

Die Annahme eines angeborenen, letztlich aber auf Förderung angewiesenen „Gemeinschaftsgefühls" entfaltete *Adler* Schritt für Schritt in mehreren Schriften (*Seidenfuß* 1995), in denen er wiederholt zum Ausdruck brachte,

- dass Menschen als soziale Wesen zu begreifen seien, die von Beginn an in soziale Bezüge eingebettet und auf diese auch angewiesen sind;
- dass sie die Fähigkeit, mit anderen Menschen in einer förderlich-kooperativen Weise zusammenzuleben und zusammenzuarbeiten, zu kultivieren und zu entwickeln haben;
- dass Menschen deshalb grundsätzlich dafür verantwortlich sind, nach ihren je gegebenen Möglichkeiten Beiträge zu einem kooperativen Miteinander zu leisten; und
- dass es ihnen deshalb in ihren verschiedenen Lebensbereichen wie Familie, Schule, Beruf oder Politik aufgegeben ist, an der Weiterentwicklung, d.h. an der „Verbesserung" von sozialen Gegebenheiten zu arbeiten.

Zugleich hielt *Adler* kritisch fest, dass die Bemühungen von „pädagogischen Institutionen" wie Familie und Schule nur allzu oft der Entwicklung von Gemeinschaftsgefühl entgegenwirken und der Entfaltung eines Lebensstils dienen, der auf das Streben nach persönlicher Geltung, Macht und Überlegenheit abzielt. Deshalb machte er Vorschläge zur Neueinrichtung und Weiterentwicklung von pädagogischen Institutionen, in denen Heranwachsende zusehends so erzogen werden sollen, dass sie ihr Leben erfolgreich (und nicht etwa in neurotischer) Weise meistern können und zugleich dazu befähigt werden, sich auch selbst (einmal) für die Weiterentwicklung, d.h. für die „Verbesserung" von sozialen Gegebenheiten zu engagieren.

Die Überzeugung, dass an der Weiterentwicklung von sozialen Gegebenheiten engagiert gearbeitet werden muss, teilte *Adler* mit vielen Zeitgenossen. Dies hing auf das Engste mit den verheerenden Folgen des 1. Weltkriegs, dem Zerfall europäischer Monarchien, der wachsenden Forderung nach der Herbeiführung eines höheren Maßes an sozialer Gerechtigkeit und der zunehmenden Demokratisierung des öffentlichen Lebens zusammen. In den ersten Jahrzehnten des 20. Jahrhunderts setzten daher zahlreiche Reformbemühungen ein, die einschneidender Natur waren und der Erneuerung des Bildungswesens besondere Bedeutung einräumten; machte sich doch die Auffassung breit, dass es eine neue Generation von Menschen heranzubilden galt, die in der Lage sein sollte, den neuen gesellschaftlichen Herausforderungen gewachsen zu sein und die Utopien der älteren Generation zu leben. In diesem Umfeld war auch die Reformpädagogik angesiedelt, die in den ersten Jahrzehnten des 20. Jahrhunderts in verschiedenen Ländern Europas sowie in den USA aufgekommen war, eine „kindgemäße" Neugestaltung von Erziehung und Unterricht forderte und alle pädagogischen Bereiche zu durchdringen versuchte.

Von diesen Entwicklungen beflügelt, gelang es vielen IndividualpsychologInnen vor allem in Wien, zahlreiche Reformarbeiten einzuleiten. Den Studien von *Handlbauer*

(1984, 182ff), *Bruder-Bezzel* (1991), *Schiferer* (1995) und *Gstach* (2003) ist zu entnehmen, wie vielgestaltig die individualpsychologischen Aktivitäten auch außerhalb des Bereichs der Psychotherapie waren, die in den 20er und frühen 30er Jahren des vorigen Jahrhunderts verfolgt wurden. Die genannten AutorInnen berichten von einer ungemein reichhaltigen Vortrags- und Publikationstätigkeit, von zahlreichen Kursen, die in Volksheimen oder anderen öffentlichen Bildungseinrichtungen angeboten wurden, von der Eröffnung eines individualpsychologischen Kinder- und Erziehungsheimes, von der Einrichtung einer Ehe-, Familien- und Sexualberatungsstelle (durch *Sofie Lazarsfeld*), von der - allerdings kurzfristigen - Existenz von individualpsychologischen Kindergärten, Nachmittagshorten und Ferienheimen sowie von den unbestrittenen Schwerpunkten der individualpsychologischen Aktivitäten, die in den Bereichen der Erziehungsberatung und der Schulpädagogik lagen.

2.2 Die Abgrenzung von Freudschen Positionen in individualpsychologischen Veröffentlichungen

Psychosoziale Aktivitäten dieser Art waren allerdings kaum Gegenstand der Kontroversen zwischen den Begründern und RepräsentantInnen der Individualpsychologie und Psychoanalyse. Denn im Zentrum der Kontroversen stand vielmehr die Frage, wie bestimmte Phänomene des menschlichen Erlebens und Verhaltens zu verstehen sind. In diesem Zusammenhang kann man in manchen individualpsychologischen Publikationen auch noch Jahrzehnte nach *Adlers* Entzweiung mit *Freud* manche Deutungs- und Interpretationsfiguren nachlesen, die in der Tradition *Adlers* stehen und die sich markant von *Freud*schen Weisen des Verstehens abheben. Um dies zu illustrieren, wollen wir ein Traumbeispiel referieren, das wir einem Buch des Individualpsychologen *Rainer Schmidt* (1991, 96) entnehmen. Ein Patient, der wegen diverser Angstzustände mit einer Analyse begonnen hatte, berichtet folgenden kurzen Traum:
„Ich sah einen jungen Mann in der Bank. Er wurde von außen von Scharfschützen überwältigt. Ich war einer von ihnen."

In seinen Assoziationen erkennt der Patient im jungen Mann, der im Traum überwältigt wird, „den Vater seiner Kinderjahre", der im Bankfach gearbeitet und von seiner Familie verlangt hatte, sich seinen vielen Geboten und Verboten zu unterwerfen. Dem Patienten fällt überdies auf, dass er gemeinsam mit dem anderen Scharfschützen nicht geschossen, sondern den Mann in der Bank *überwältigt* hatte. Dies lenkt die Aufmerksamkeit des Patienten auf seinen Wunsch, sich von seiner Familie zu lösen, sowie auf sein Gefühl, dass ihm dies nur dann gelingen kann, wenn er sich von seinem übermächtigen Vater löst, von dem er sich so oft unterdrückt und übertrumpft gefühlt hat. „In diesem Zusammenhang", so *Schmidt* (1991, 97), „ist dieser Traum zu verstehen." Er bringe unter anderem das Verlangen des Patienten zum Ausdruck, den Vater, von dem er so oft überwältigt wurde, endlich selbst zu überwältigen und zu übertrumpfen.

Es ist offensichtlich, dass sich *Rainer Schmidt* mit dieser seiner Interpretationslinie innerhalb des Theorierahmens *Adlers* bewegt: Er ist mit dem Zusammenhang zwischen dem Erleben von Gefühlen von Kleinheit und Unterlegenheit einerseits und dem Wunsch nach dem Erleben von Gefühlen der Stärke und Überlegenheit andererseits befasst, während man etwa die Thematisierung von libidinösen Konflikten und Phantasien, die eine enge Anbindung an *Freud*sche Konzepte erkennen lassen, vergeblich sucht.

2.3 Annäherungen zwischen Individualpsychologie und Psychoanalyse

Bemerkenswerter Weise zählt *Rainer Schmidt* neben *Walter Spiel* und *Erwin Ringel* allerdings zu jenen führenden Vertretern der deutschsprachigen Individualpsychologie, die sich in Österreich und etwas später auch in Deutschland vehement für eine Wiederannäherung zwischen Individualpsychologie und Psychoanalyse einsetzten (vgl. *Ringel/Spiel* 1952, *Ringel* 1978, *Schmidt* 1985, 1987, 1991). In diesem Kontext wurden in weiten Bereichen der deutschsprachigen Individualpsychologie wiederum stärkere Verbindungen zwischen dem Oeuvre *Freuds* und jüngeren individualpsychologischen Konzepten gesehen. *Ringel* brachte dies in dem vielzitierten Diktum zum Ausdruck, dass *Adler* als Vater, *Freud* aber als Großvater der Individualpsychologie zu sehen ist (*Ringel* 1978, 145).

Diese Entwicklungen hingen nicht zuletzt mit der kritischen Diskussion von *Freuds* Triebtheorie in der zeitgenössischen Psychoanalyse (*Eagle* 1988) sowie mit dem Umstand zusammen, dass in der jüngeren individualpsychologischen Literatur die Frage nach der Bedeutung des Mangels an Selbstwertgefühl zur Frage nach dem Erleben vielgestaltiger Mangellagen ausgeweitet wurde (*Datler, Stumm* 1994, 72): In gegenwärtigen individualpsychologischen Veröffentlichungen findet man demnach immer wieder komplexe Zusammenhänge zwischen dem Erleben von bedrohlichen sexuellen oder aggressiven Wünschen, dem Aufbrechen massiver innerpsychischer Konflikte oder dem Verspüren von verzehrenden Gefühlen der Trauer, der Einsamkeit oder der Scham beschrieben und in ihrer Bedeutung für die Ausbildung von Abwehrtendenzen und Symptombildungen untersucht.

4. Ein Blick auf die gegenwärtige Art, in der Freud gesehen wird

Die am Anfang unserer Ausführungen angesprochenen Polemiken und Distanzierungen, die von *Adler* und den frühen IndividualpsychologInnen gegenüber *Freud* an den Tag gelegt wurden, sind in der heutigen deutschsprachigen Individualpsychologie weitgehend von der Bildfläche verschwunden.

Gstach und *Brinskele* haben in jüngster Zeit eine Untersuchung veröffentlicht, in der sie der „psychoanalytischen Identität der Individualpsychologie im Spiegel der Literaturangaben individualpsychologischer Autoren" nachspürten (*Gstach, Brinskele* 2005). Sie erweiterten und ergänzten damit eine vorgängige Studie aus dem Jahr

1991 (*Gstach* 1991). Als zusammenfassendes Ergebnis beider Studien (1985-2002) halten die AutorInnen fest, dass „allmählich weniger individualpsychologische Literatur rezipiert wird, umgekehrt ... die Zahl der rezipierten psychoanalytischen Literatur seit 1985 kontinuierlich" ansteigt (*Gstach, Brinskele* 2005, 138), wobei aber die höhere Rezeptionsrate psychoanalytischer Literatur in einer kleineren Gruppe von AutorInnen beobachtet wurde. Darüber hinaus führen BeraterInnen mehr individualpsychologische Literatur, PsychotherapeutInnen mehr psychoanalytische an. Insgesamt scheint sich die Anzahl der häufig zitierten AutorInnen zu verkleinern. Abgesehen von „Konjunkturschwankungen" liegt die Konzentration bei psychoanalytischen zitierten AutorInnen auf *Freud, Kernberg* und *Kohut*, bei individualpsychologischen Zitaten auf *Adler, Heisterkamp, Schmidt* und *Antoch*.

Insgesamt lässt sich feststellen, dass die Sicht der heutigen Individualpsychologie auf *Freud* eine „abgeklärtere" ist. Als Begründer der modernen Tiefenpsychologie und somit als Begründer jener psychoanalytischen Tradition, in der sich auch die gegenwärtige Individualpsychologie befindet, ist er unumstritten. Bahnbrechende Konzeptionen wie die des ubiquitären dynamischen Unbewussten, der Abwehr- und der Widerstandsanalyse, der zentralen Bedeutung von Übertragung und Gegenübertragung werden auch von IndividualpsychologInnen in Theorie und Praxis aufgegriffen, diskutiert und weiterentwickelt. *Freud* gilt hier als Begründer eines umwälzenden entwicklungstheoretischen Denkens, und individualpsychologische Behandlungsmethoden sowie Methoden des Arbeitens auch außerhalb des Therapeutischen werden zusehends als Arbeitsformen begriffen, die in Errungenschaften des Begründers der Psychoanalyse wurzeln.

Gleichzeitig teilt die gegenwärtige Individualpsychologie Kritikpunkte, welche innerhalb der modernen Psychoanalyse an *Freud* in Zusammenhang mit ihrer Weiterentwicklung vorgebracht werden. Dazu gehört v.a. die Kritik an *Freud*s Metapsychologie, kritische Forderungen nach weitergehender Differenzierung der Technik und stärkerer Einbeziehung der Bedeutung von Beziehungserfahrungen und deren Einfluss auf Triebstruktur u.ä.m.

Bei aller Wertschätzung und Bezugnahme auf *Freud*s Leistungen in ihrer Bedeutung für die moderne Individualpsychologie wird aber hervorgehoben, dass *Alfred Adler* nicht nur in seinen Überlegungen zur Theorie des Psychischen und Psychopathologischen, sondern auch in seinen Überlegungen zur Gestaltung psychotherapeutischer Prozesse eigenständige Beiträge geleistet hat. Während sich *Freud* zusehends mit der hochfrequenten, längerfristigen therapeutischen Arbeit im Sessel-Couch-Setting beschäftigte, wandte sich *Adler* der niederfrequenten, fokussierenden Arbeit im Sessel-Sessel-Setting zu. Seiner Annahme zufolge, dass sich Menschen mit massiven Minderwertigkeitsgefühlen entmutigt fühlen und oft Angst vor Veränderungen haben, betonte er die Notwendigkeit einer *ermutigenden Haltung* auf Seiten der PsychotherapeutInnen. Dies entspricht den Ergebnissen der jüngeren Psychotherapieforschung, welche besagen, dass das Erleben von Zuversicht, Hoffnung und Erfolg in der TherapeutIn-PatientIn-Beziehung einen schulenübergreifenden „Wirkfaktor" von Psychotherapie darstellt.

Nähere Ausführungen zur Geschichte und Entwicklung der Individualpsychologie findet man bei *Bruder-Bezzel* (1991). In gegenwärtige Diskussionen gibt das „Wörterbuch der Individualpsychologie" das über weite Strecken den Charakter eines Handbuches hat, Einblick (*Brunner, Titze* 1995). Individualpsychologische Analytiker arbeiten heute sowohl hochfrequent und langfristig als auch niederfrequent und fokussierend im Sessel-Couch-Setting sowie im Sessel-Sessel-Setting und bewegen sich damit innerhalb der Gesamtbreite der psychoanalytisch-psychotherapeutischen Therapieverfahren. In der jüngeren individualpsychologischen Literatur wird einerseits kritisch festgehalten, dass die therapeutischen Arbeitsweise *Adler*s über weite Strecken belehrende und suggestive Züge aufwies (z.B. *Heisterkamp* 1983); andererseits wird verstärkt darauf hingewiesen, dass *Adler*, der ja auch das Konzept des Aggressionstriebes in die Psychoanalyse eingeführt hat, mit seiner direktiv-konfrontierenden Art des therapeutischen Arbeitens den aggressiven Übertragungsneigungen seiner Patienten in äußerst sinnvoller Weise begegnete und damit technischen Überlegungen entsprach, die heute in Zusammenhang mit der Frage der psychotherapeutischen Behandlung von so genannten frühgestörten oder Borderline-PatientInnen angestellt werden (*Lehmkuhl, Lehmkuhl* 1995, 248 f.).

In weiten Bereichen der deutschsprachigen Individualpsychologie wird *Freud* also ähnlich gesehen wie innerhalb des Mainstreams der Psychoanalyse, wobei wir in der Individualpsychologie sozusagen den Vorteil der Triangulierung gegeben haben: Es gibt kritische Auseinandersetzung mit *Freud*, aber auch mit *Adler*. Das erschwert zwar bis zu einem gewissen Grad auch die Identitätsbildung, schafft aber auch Freiräume (*Datler* 1991). So schreibt *Almuth Bruder-Bezzel* in ihrer kritischen Auseinandersetzung mit dem „frühen" und dem „späten" *Adler*: „Es hat für unsere heutige Arbeit m.E. keinen Sinn, auf dem Adlerschen „Gesamtwerk" bestehen zu wollen. Vielmehr ist es ... ‚legitim' und ‚klug', Adler als ‚Baustelle' oder als ‚Steinbruch' zu verwenden ... und diese Fundstücke in andere Psychologien oder in die Psychoanalyse zu integrieren, dort weiterzuentwickeln und - vor allem - sie für das einzelne Individuum zu konkretisieren und zu differenzieren" (*Bruder-Bezzel* 2000, 282).

5. Perspektiven und Ausblicke

Als Beispiel für aktuelle Auseinandersetzungen mit der Frage, inwieweit *Freud*sche Positionen und Theoreme in ihrer Weiterentwicklung maßgeblich für die Individualpsychologie von heute und morgen bleiben sollen, möchten wir auf einen Diskurs Bezug nehmen, der in der von der Deutschen Gesellschaft für Individualpsychologie, der Schweizer Gesellschaft für Individualpsychologie und dem Österreichischen Verein für Individualpsychologie herausgegebenen Zeitschrift für Individualpsychologie anlässlich eines Beitrages zweier RepräsentantInnen der amerikanischen Individualpsychologie entstand (*Stein, Edwards* 2000, *Eife* 2000, *Presslich-Titscher* 2000, *Tenbrink* 2000, *Lehmkuhl* 2000, *Wiegand* 2000).

Henry T. Stein, Direktor des *Alfred Adler* Institutes San Francisco, und *Martha E. Edwards* aus New York stellen ihre Version individualpsychologischer Therapie als „klassische *Adler*ianische Psychotherapie" vor und bringen darin das Konzept der MEE, der „mangelnden Entwicklungserfahrung" ein. Eine Reihe deutschsprachiger IndividualpsychologInnen antwortet darauf - und so beginnt sich ein Diskurs zu entfalten, der einen recht guten Einblick in wichtige Positionen aktueller Strömungen in der Individualpsychologie gibt, v.a. was das Erbe und die Weiterentwicklung der *Adler-Freud-*Kontroverse betrifft.

Gisela Eife stellt zunächst die Frage nach der Art des Mangels, der mit der MEE, der „mangelnden Entwicklungserfahrung" behoben werden soll, und stellt dann auf den „moment of meeting" ab, wie *Daniel Stern* (1998) ihn definierte. *Eife* hebt in ihrer Kritik v.a. hervor, es gehe hier „um das Gewahrwerden bisher verschlossener oder nicht gelebter Gefühlsbereiche und um deren Integration. Es geht nicht um ein Nachholen vergangener Versäumnisse" (*Eife* 2000, 119).

Dieter Tenbrink nimmt die amerikanische Demonstration „klassischer" *Adler*ianischer Therapie zum Anlass, ein „Plädoyer für einen reflektierten Essentialismus in Psychotherapie" (*Tenbrink* 2000, 132) zu halten und hebt jene „Schwachstellen in der Argumentationsfigur und in der theoretischen Grundlage der Autoren" (a.a.O) hervor, die sich durch den nicht beachteten Unterschied zwischen dem realen und dem vorgestellten Mangel der Annahme durch die Eltern ergeben. Er sieht „unüberbrückbare Widersprüche hinsichtlich der diesen beiden Modellen zugrunde liegenden Vorstellungen von Ätiologie und Pathogenese", die durch *Stein* und *Edwards* „auf eine künstliche Art eingeebnet und verdeckt werden" (*ibid.*, 133). *Tenbrink* vermisst eine „differenzierte Theorie des Heilungsprozesses" (*ibid.*) und hinterfragt die impliziten Wertvorstellungen und Weltanschauungen, von denen die Rede vom „optimalen Grad der Entfaltung", wie *Stein* und *Edwards* ihn als Ziel für jeden Fall einer „klassischen" *Adler*ianischen Therapie postulieren, getragen sei.

Gerd Lehmkuhl (2000, 144) bezweifelt, ob es möglich sei, dass KlientInnen „in ein paar Stunden buchstäblich erwachsen" werden, wie *Stein* und *Edwards* es in ihren Beispielen vorführen zu können glauben. *Lehmkuhl* wittert hier „die Gefahr von narzisstischen Größenideen und Spiegelungen, vor allem dann, wenn Übertragungs- und Gegenübertragungsprozessen, wie bei *Stein* und *Edwards*, zu wenig Beachtung geschenkt wird" (*ibid.*).

An zentraler Stelle seiner Replik stellt *Lehmkuhl* (2000, 146) die entscheidende Frage: „Was heißt „klassisches Setting"?" und bringt damit auch gleich jene Frage in den Blick, die uns in diesem Artikel besonders bewegt: Wie reagieren IndividualpsychologInnen auf die Frage, inwiefern sie in ihren identitätsstiftenden Grundsatzentscheidungen sich mehr an „*Freud*ianischen" oder mehr an „*Adler*ianischen" Grundsätzen orientieren (sollen)?

Und hier lohnt sich ein etwas genauerer Blick auf *Lehmkuhl*s Argumentationsfigur: Er zitiert zunächst den (klassischen) Psychoanalytiker *Wolfgang Loch* (1972) aus seinem Werk „Zur Theorie, Technik und Therapie der Psychoanalyse" mit einer Darstellung eines zentralen Wirkfaktors psychoanalytischer Therapie, wenn deutend „bald vorsichtig tastend, bald entschieden und prägnant vermittelt wird, was durch die Verdrängung von der lebendigen Kommunikation mit der Umwelt ausgeschlossen war und in ihm deshalb nur dumpf gegenwärtig oder in der Sprache des Leibes chiffriert mit einer gleichsam privaten Existenz vegetierte. In gewisser Weise geschieht hier wieder etwas zur Mutter-Kind-Beziehung ganz Analoges. Die Mutter ahnt ‚auf dem Weg des Einfühlens', was das Kind möchte, und hilft ihm zu dessen Verwirklichung. Sie stellt reifere Bewältigungsformen zur Verfügung und versucht, mit dem ‚geschlossenen System' der unbewussten Objektrelationen zurückgehaltenen Affekten und Bewältigungsversuchen einen Realitätsbezug herzustellen."

Der Individualpsychologe *Lehmkuhl* setzt nach diesem Zitat eines „*Freud*ianischen" Psychoanalytikers seine Kritik an der „Klassischen *Adler*ianischen Therapie"-Demonstration *Stein*s und *Edwards*' fort: „Auch für Individualpsychologen bietet diese therapeutische Haltung Möglichkeiten, psychodynamische und strukturelle Anteile des jeweiligen Lebensstils zu erkennen, in der therapeutischen Beziehung anzusprechen und nach Alternativen und Veränderungen zu suchen. Dass dies durch den Einsatz der MEE gelingen kann, mag eher einer gemeinsamen Fiktion von Patient und Therapeut entspringen, einem Allmachtsgefühl, das der Vermeidung von Trauer und der Verleugnung negativer Übertragungsanteile entspringen mag. Es geht, wie *Heisterkamp* (1985) formuliert, um das Erkennen und Durcharbeiten der häufig gemeinsam auftretenden progressiven und regressiven Momente in der Therapie" (*Lehmkuhl* 2000, 147)

Lehmkuhl legt also besonders Wert darauf, dass beim innerhalb der therapeutischen Beziehung anzustrebenden Erkennen und Durcharbeiten der „psychodynamischen und strukturellen Anteile des jeweiligen Lebensstils" jede Technik (und insbesondere jede Art von „acting-out-Methoden), die als „Nebenwirkung" die „Vermeidung von Trauer" und die „Verleugnung negativer Übertragungsanteile" aufweise, zu vermeiden sei.

Im anschließenden „Meta-Kommentar", in dem (nicht ohne leichte Selbstironie) der „deutschen Psychoanalyse" unterstellt wird, sie „möge es kompliziert", versucht *Ronald Wiegand* (2000), ein Stück „Realitätsanpassung" in der Auseinandersetzung mit dem „Vater" *Alfred Adler*: „Vielleicht passte und passt ja sein pädagogischer Optimismus und seine aktive Therapieauffassung zur US-amerikanischen Mentalität besser als zum deutschen Tiefsinn. Vielleicht war er seinem Lebensgefühl nach eher Bruder denn Vater, eher Genosse als Meister, stärker Wachstums- als Sicherheitsorientiert" (*ibid.*, 152).

Mitten in dieser für die aktuelle Landschaft der deutschsprachigen Individualpsychologie bis zu einem hohen Grad repräsentativen Reaktion auf die Arbeit der amerikanischen Individualpsychologie, die sich weitgehend vom *Freud*schen Erbe „losgesagt" hat, finden wir nun die Arbeit *Eva Presslich-Titscher*s. Und auf diese wollen wir als letzte eingehen, denn sie zeigt einen Weg auf, der u.E. auch der Weg der zukünftigen Individualpsychologie sein könnte:

Zunächst erkennt *Presslich-Titscher* (2000, 123) an, „dass Individualpsychologie sich nicht überall auf der Welt als Tiefenpsychologie versteht" und attestiert *Stein* und *Edwards* „eine gelungene Umsetzung der therapeutischen Vorstellungen des ‚späten' Adler" (*ibid*. 124) geschafft zu haben. Und dann beginnt sie mit den Worten „Zwischen seiner [*Stein*s, Anm.T.S.] Klientin und mir hätte sich vielleicht eine andere Dynamik entwickelt, wahrscheinlich eine in der Art, wie Adler sie für ‚nicht sattelfeste Individualpsychologen' prophezeit" (*ibid*.). Daraufhin entfaltet sie (nicht ohne anzukündigen, dass die von ihr dargestellte Art des Umgangs mit dem therapeutischen Geschehen „doch auch mit Adler zu tun hat" (*ibid*.)) Schritt für Schritt entlang eines von ihr skizzierten fiktiven Prozesses zwischen ihr und der Klientin *Stein*s ihre eigene Haltung und ihre eigenen theoretischen und therapeutischen Grundsätze und überlegt dabei, wie sich diese auf den Prozess innerhalb der therapeutischen Beziehung vermutlich ausgewirkt hätten.

An dieser Stelle wollen wir zum einen in den Blick bringen, dass hier eine Art der Auseinandersetzung gepflegt wird, die nicht von der Absolut-Setzung der eigenen Position ausgeht, sondern einen Diskurs anregt, indem mögliche Auswirkungen verschiedener Positionen, Haltungen und Techniken durchgedacht werden.

Zum anderen möchten wir unsere Ausführungen mit einer Pointierung abschließen, die uns der Beitrag *Eva Presslich-Titscher*s in Bezug auf die Weiterentwicklung der Individualpsychologie ermöglicht: Mit mikroprozessanalytischer Sorgfalt wird hier der Fokus auf die Bedachtnahme der Auswirkungen jedes Settingdetails auf die innerhalb der Beziehung zwischen Analytikerin und Klientin ablaufenden bewussten und unbewussten Vorgänge gelegt. Hier wird sehr aufmerksam darauf geachtet, inwiefern die „Klientin ... mit dem, was sie sagt, auch über uns spricht" (*ibid*., 125). Damit wird die Rolle des Gewahrwerdens der vielschichtigen und vielfältigen ständig im Hier und Jetzt ablaufenden Übertragungs-Gegenübertragungs-Prozesse in den Vordergrund gerückt.

Presslich-Titscher verfolgt hier konsequent einen Weg, den sie 1987 mit der Frage „Gibt es noch schulspezifische Unterschiede in analytischen Behandlungen?" begonnen, 1991 in der Frage „Sind individualpsychologische Analysen Psychoanalysen?" verschärft und bis zum heutigen Tag weitergeführt hat (*Presslich-Titscher* 2006).

Sind IndividualpsychologInnen PsychoanalytikerInnen? Folgen Sie *Freud* und/oder *Adler*? Oder beziehen sie ihre Anregungen aus zeitgenössischen Beiträgen aus dem weiten Feld der ebenso vielschichtigen wie international weitverzweigten Tiefenpsychologie, ohne sich allzu sehr mit der Frage zu befassen, inwiefern sie dabei originär *Freud*sche oder *Adler*sche Positionen tradieren oder verlassen? Dies scheinen die bedeutsamsten Fragen zu sein, mit denen sich IndividualpsychologInnen seit geraumer Zeit in der Suche nach ihrer Identität auseinandersetzen - und sie werden es auf dem Weg zurück zu einer „freien Psychoanalyse" wohl auch in der Zukunft sein.

Zusammenfassung: Der Blick auf Sigmund Freud aus der Perspektive der gegenwärtigen Individualpsychologie. Von der „freien Psychoanalyse" zur Individualpsychlogie - und zurück?
In diesem Artikel wird die Kontroverse zwischen *Sigmund Freud* und *Alfred Adler* nachgezeichnet, die *Adler* 1911 veranlasste, *Freud*s Wiener Psychoanalytische Vereinigung zu verlassen und den „Verein für freie Psychoanalyse" zu gründen. 1913 veränderte er den Namen in „Verein für Individualpsychologie". In weiterer Folge grenzten sich Individualpsychologlnnen markant - und häufig in abwertender Weise - von *Freud* ab. Als sich innerhalb der europäischen Individualpsychologie nach 1945 ein verstärkt psychoanalytisches Selbstverständnis auszubilden begann, änderte sich auch der Bezug der Individualpsychologie zu *Freud*, der – einem Diktum *Ringel*s zufolge – als „Großvater der Individualpsychologie" anzusehen ist. Im Artikel werden abschließend die Bedeutung von *Freud*s Oevre für die gegenwärtige Individualpsychologie sowie das Verhältnis zwischen zeitgenössischer Psychoanalyse und Individualpsychologie skizziert.

Schlüsselwörter:
Psychoanalyse, Individualpsychologie, Sigmund Freud, Alfred Adler

Summary: The view on Sigmund Freud from the perspective of individual Psychology of the present: From „free psychoanalysis" to individual psychology - and back?
In this paper the controversy between *Sigmund Freud* and *Alfred Adler* is reconstructed, which motivated *Adler* in 1911 to leave *Freud*'s „Viennese Association of Psychoanalysis" and to found an „Association of Free Psychoanlysis". In 1913 *Adler* changed the name of this association into „Association of Individual Psychology"; and Individual Psychologists refered for many decades in a very pejorative way to *Freud*. After World war II many European Individual Psychologists developed a psychoanalytic identity and developed a new kind of relationship to *Freud*, who was mentioned by *Ringel* as the „Grandfather of Individual Psychology". The meaning and relevance of *Freud*'s scientific opus for the recent Individual Psychology and todays relationship between Psychoanalysis and Individual Psychology in European is outlined.

Keywords:
Psychoanalysis, Individual Psychology, Sigmund Freud, Alfred Adler

Literatur

Adler, A. (1907/1977): Studie über die Minderwertigkeit von Organen. - Frankfurt am Main: Fischer Taschenbuch Verlag 1977
Adler, A. (1912): Über den nervösen Charakter. Grundzüge einer vergleichenden Individual-Psychologie und Psychotherapie. – Wiesbaden: Bergmann 1912
Adler, A. (1926): Vorrede zur Wiederauflage der Studie über die Minderwertigkeit von Organen. (In: Adler 1907/1977)
Adler, A. (1929): Individualpsychologie in der Schule. Vorlesungen für Lehrer und Erzieher. - Frankfurt am Main: Fischer Taschenbuch Verlag 1976
Adler, A. (1933): Der Sinn des Lebens - Frankfurt am Main: Fischer Taschenbuch Verlag 1977
Andriessens, P. (1985): Tendenziöse Apperzeption - In: *Brunner* et.al. 1985, 33-35
Bell, K; Höhfeld, K. (Hrsg.) (1995): Psychoanalyse im Wandel - Gießen: Psychosozial- Verlag 1995
Bruder-Bezzel, A. (1991): Geschichte der Individualpsychologie. – Göttingen: Vandenhoeck und Ruprecht 1991
Bruder-Bezzel, A. (2000): Welchen Adler lieben wir? Zu unserem Verhältnis zum „frühen" und „späten" Adler - In: Zeitschrift für Individualpsychologie - 25. Jg. 4/2000
Brunner, R.; Kausen, R.; Titze, M. (1985): Wörterbuch der Individualpsychologie. – München; Basel: Reinhardt 1985
Brunner, R.; Titze, M. (Hrsg.) (1995): Wörterbuch der Individualpsychologie (2., neubearbeitete Auflage). - München et.al.: Reinhardt 1995
Datler, W. (1991): Was wir ererbt von unseren Vätern ... Ein Plädoyer für Ambivalenz in unserer Beziehung zu Alfred Adler - In: *Zeitschrift für Individualpsychologie* 16.Jg., 1/1991, 29-38
Datler, W. (1995): Tendenziöse Apperzeption. – In: Brunner u. Titze 1995, 37-39
Datler, W. (1996): Adlers schiefes Verhältnis zum Konzept des dynamischen Unbewussten und die Identität der Individualpsychologie. - In: *Zeitschrift für Individualpsychologie* 21.Jg., 1996, 103-116
Datler, W., Gstach, J. (2005): „Auch Chicago ist nun daran, einen Verleger für Ihre ausgezeichnete Arbeit zu finden ..."- Einführende Bemerkungen zur dritten Auflage von Oskar Spiels „Am Schaltbrett der Erziehung". - In: Spiel, O. (1947): Am Schaltbrett der Erziehung. Wien: Empirie-Verlag 2005 (3. Aufl.), 1-24
Datler, W., Gstach, J., Wittenberg, L. (2001): Individualpsychologische Erziehungsberatung und Schulpädagogik im Roten Wien der Zwischenkriegszeit. - In: Zwiauer, Ch., Eichelberger, H. (Hrsg.): Das Kind ist entdeckt. Erziehungsexperimente im Wien der Zwischenkriegszeit. Wien: Picus Verlag 2001, 227-269
Datler, W., Stephenson, Th. (1999): Tiefenpsychologische Ansätze in der Psychotherapie. In: *Slunecko, Th., Sonneck, G.* (Hrsg.): Einführung in die Psychotherapie. Wien: Facultas/UTB 1999, 77-139
Datler, W.; Stumm, G. (1994): Individualpsychologie - In: Stumm, Wirth 1994, 66-77
Eagle, M.N. (1988): Neuere Entwicklungen in der Psychoanalyse. Eine kritische Würdigung - Wien: Verlag Internationale Psychoanalyse 1988
Eife, G. (2000): Der „emotionale Durchbruch" – ein verschenkter Augenblick der Begegnung. - In: Zeitschrift für Individualpsychologie, 25.Jg. 2/2000, 118-122
Griesinger, W. (1845): Die Pathologie und Therapie der psychischen Krankheiten. - Stuttgart: Adolph Krabbe (1845) (1.Auflage)
Gstach, J. (1991): Die psychoanalytische Identität der Individualpsychologie im Spiegel der Literaturangaben individualpsychologischer Autoren - In: *Zeitschrift für Individualpsychologie - 16.Jg 1/1991, 39-53*
Gstach, J. (2003): Individualpsychologische Erziehungsberatung der Zwischenkriegszeit. – Wien: Empirie Verlag 2003
Gstach, J.; Brinskele, H. (2005): Zur individualpsychologischen Identität - revisited. Eine neuerliche

Analyse individualpsychologischer Literaturangaben - In: *Zeitschrift für Individualpsychologie* - 30.Jg 2/2005, 115-142

Habermas, J. (1968): Erkenntnis und Interesse. - Frankfurt am Main: Suhrkamp 1968

Handlbauer, B. (1984): Die Entstehungsgeschichte der Individualpsychologie Alfred *Adler*s. – Wien/Salzburg: Geyer 1984

Handlbauer, B. (2002): Die Freud-Adler-Kontroverse. Überarbeitete Neuausgabe Gießen: Psychosozial-Verlag 2002

Heisterkamp, G. (1983): Psychotherapie als Beziehungsanalyse. – In: *Zeitschrift für Individualpsychologie* 8.Jg. 2/1983, 86-105

Heisterkamp, G. (1985): Progressive und regressive Momente in der Therapie. – In: Mohr 1985, 21-33

Kehrer, A.; Scheer, P. (Hrsg.) (1983): Das Weite Land der Individualpsychologie - Wien: Literas 1983

Lehmkuhl, Gerd (2000): Therapeutische Haltung, Behandlungsziele und Veränderungsprozeß - oder die Fiktion der Heilung. - In: Zeitschrift für Individualpsychologie - 25.Jg 2/2000, 142-148

Lehmkuhl, U.; Lehmkuhl, G. (1995): Zur Theorieentwicklung der Individualpsychologie. – In: Bell u. Höhfeld 1995, 246-263

Lindner, G. A. (1968): Lehrbuch der empirischen Psychologie als inductiver Wissenschaft für den Gebrauch an höheren Lehranstalten und zum Selbstunterrichte. Wien: Gerold, 1868 ff.

Loch, W. (1972): Zur Theorie, Technik und Therapie der Psychoanalyse. – Frankfurt am Main: S.Fischer 1972

Mohr, F. (Hrsg.) (1985): Individualpsychologie in der Bewältigung von Lebenskrisen (Beiträge zur Individualpsychologie Bd.6) - München: Reinhardt 1985

Nunberg, H., Federn, E. (1976): Protokolle der Wiener Psychoanalytischen Vereinigung, Bd. I: 1906-1908. Frankfurt: Fischer 1976

Presslich-Titscher, E. (1987): Gibt es noch schulspezifische Unterschiede in analytischen Behandlungen? - In: Zeitschrift für Individualpsychologie - 12.Jg 2/1987, 91-97

Presslich-Titscher, E. (1991): Individualpsychologen als Psychoanalytiker - Sind individualpsychologische Analysen Psychoanalysen? - In: Zeitschrift für Individualpsychologie - 16.Jg 4/1991, 260-266

Presslich-Titscher, E. (2000): Jedem sein eigener Adler - Anmerkungen zu Henry T. Stein - In: *Zeitschrift für Individualpsychologie* - 25.Jg 4/2000, 123-131

Ringel, E. (1978): Zur Identitätsfindung in der Individualpsychologie. - In: *Kausen, R., Mohr*, F. (Hrsg.): Beiträge zur Individualpsychologie 1. München: Reinhardt: 1978, 145-154

Ringel, E., Spiel, W. (1952): Zur Problematik des Unbewussten vom Standpunkt der Individualpsychologie. - In: *Psyche* 6, 378-388

Rogner, J.; Titze, M. (1995): Motivation. – In: *Brunner* u. *Titze* 1995, 331-334

Rüedi, J. (1988): Die Bedeutung Alfred Adlers für die Pädagogik. Eine historische Aufarbeitung der Individualpsychologie aus pädagogischer Perspektive - Bern; Stuttgart: Haupt 1988 s

Seidenfuß, J. (1995): Gemeinschaftsgefühl - In: *Brunner* u. *Titze* 1995, 185-191

Schiferer, R. (1995) Alfred Adler: Eine Bildbiographie. München, Reinhardt. Strauss HA, ?)

Schmidt, R. (1991): Träume und Tagträume. Eine individualpsychologische Analyse. - Frankfurt am Main: Fischer 1991

Schmidt, R. (1985): Neuere Entwicklungen der Individualpsychologie im deutschsprachigen Raum. - In: *Zeitschrift für Individualpsychologie* 10, 226-236

Schmidt, R. (1987): Die Entwicklung der Individualpsychologie im deutschsprachigen Raum nach dem Zweiten Weltkrieg. - In: *Zeitschrift für Individualpsychologie* 12, 244-257

Schmidt, R. (1991): Schnittpunkte [Kommentar zu Ringel 1978]. - In: *Kropiunigg, U.* (Hrsg.): Erwin Ringel: Die wichtigsten Schriften mit Kommentaren von seinen Schülern, Freunden und Weggefährten. Wien: Überreuter 1991, 163-172

Spiel, Walter (1983): Individualpsychologie - Quo vadis? - In: *Kehrer, A., Scheer, P.* 1983, 159-167

Stein, H.T.; Edwards, M.E. (2000): Arbeit mit mangelnden Entwicklungserfahrungen in der klassischen *Adler*ianischen Psychotherapie. - In: *Zeitschrift für Individualpsychologie* - 25.Jg 4/2000, 100-117

Stephenson, Th. (1995): „Man gebe der Psyche, was der Psyche, und dem Körper, was dem Körpers gehöre": Individualpsychologische Analyse als Reflexion auf Psyche oder Soma? Anstößiges aus den tiefenpsychologischen Menschenbildern der frühen Phasen der Psychoanalyse. - In: *Stephenson, Thomas* (2003): Gesammelte Schriften Bd.1 – Wien: Empirie Verlag 2003, 51-96

Stern, D. N. et.al. (1998): Non interpretative mechanisms in psychoanalytic therapy. The „something more" than interpretation. The Process of Change Study Group. – In: *Int. J. Psychoanal.* 79, 903-921

Stumm, G.; Wirth, B. (Hrsg.) (1994): Psychotherapie: Schulen und Methoden. Eine Orientierungshilfe für Theorie und Praxis - Wien: Falter Verlag 1994

Tenbrink, D. (2000): Plädoyer für einen reflektierten Essentialismus in Psychotherapie und Psychoanalyse. - In: *Zeitschrift für Individualpsychologie* - 25.Jg 2/2000,132-141

Virchow, R. (1849): Einheitsbestrebungen in der wissenschaftlichen Medicin. - Berlin: G. Reimer 1849

Wasser, H. (1995b): Sinn-Erfahrung-Subjektivität. Zur Evolution von Semantiken in der Systemtheorie, der Psychoanalyse und dem Szientismus - Würzburg: Königshausen & Neumann 1995

Wiegand, R. (1995): Individualpsychologie. - In: Brunner u. Titze 1995

Wiegand, R. (2000): Deutsche Psychoanalyse. - In: *Zeitschrift für Individualpsychologie* - 25.Jg 2/2000, 149-153

Korrespondenzadresse:

Univ.Doz. Dr. **Thomas Stephenson** Ao Univ.Prof. Dr. **Wilfried Datler**

Institut für Bildungswissenschaft
Forschungseinheit Psychoanalytische Pädagogik

Universitätsstrasse 7/ 6. Stock
1090 Wien

E-Mail-Adresse:
thomas.stephenson@univie.ac.at   wilfried.datler@univie.ac.at

Otmar Wiesmeyr

Frankls Logotherapie und Existenzanalyse, ein Entwurf gegen Freud?

Eine Geschichte über den alten und bereits von Krankheit gezeichneten *Sigmund Freud* erzählte *Viktor Frankl* immer wieder. Als Medizinstudent sei er ihm im Stadtpark begegnet und habe sich ihm vorgestellt, worauf *Sigmund Freud* kurz nachdachte und seine Adresse haargenau wiedergab. Diese enorme Gedächtnisleistung hatte *Viktor Frankl* sichtlich beeindruckt. Briefliche Kontakte zum weltbekannten Begründer der Psychoanalyse führten

1924, als *Frankl* noch Mittelschüler war, zu einer Veröffentlichung seines Manuskripts „Zur Entstehung der mimischen Bejahung und Verneinung" in der „Internationalen Zeitschrift für Psychoanalyse" (*Frankl* 2002, 30). In den folgenden Jahren wandte sich *Viktor Frankl* allerdings *Alfred Adler* zu und entwickelte im Anschluss daran einen eigenständigen psychotherapeutischen Ansatz, die Logotherapie und Existenzanalyse.

Eine Karikatur *Viktor E. Frankls* stellt die Begründer der „Drei Wiener Schulen der Psychotherapie" (*Freuds* Psychoanalyse, *Adlers* Individualpsychologie, *Frankls* Logotherapie) auf einem dreistufigen Podest dar (*Frankl* 1998, Anhang), wobei *Frankl* dazu an anderer Stelle humorvoll anmerkt, dass ein Zwerg auf den Schultern eines Riesen weiter und mehr sehen könne als der Riese selbst. Wenn dieses Bonmot auch plakativ erscheinen mag, so gibt es doch einen wichtigen Hinweis, worauf es der Existenzanalyse und Logotherapie ankommt, nämlich auf ein anderes Bild vom Menschen.

Frankl karikiert die „Drei Wiener Schulen der Psychotherapie" (Freuds Psychoanalyse, Adlers Individualpsychologie, Frankls Logotherapie)

1. Tertium datur – Von der Psychoanalyse zur Logotherapie

Die „Überhöhung" der Psychoanalyse bei gleichzeitiger Anerkennung ihrer Bedeutung für die Weiterentwicklung der Logotherapie und Existenzanalyse zeigt sich in einer Anthropologie, die Mensch-Sein als Bewusst-Sein und Verantwortlich-Sein begreift. Damit soll die sowohl von der Psychoanalyse als auch Individualpsychologie verursachte Einseitigkeit überwunden und die ontologisch verloren gegangene Einheit wieder hergestellt werden. *Freuds* bedeutende Entdeckungen einer spezifischen Tiefenschau der Seele erfahren nach *Frankl* durch die Konzepte der Verdrängung und Übertragung eine Reduktion auf das Psychische-Sein und seiner Mechanismen.

In der anlässlich des 150. Geburtstages von *Sigmund Freud* neu aufgelegten Werkausgabe mit den Herausgeberinnen *Anna Freud*, der jüngsten Tochter *Sigmund Freuds*, und *Ilse Grubrich-Simitis* verweist eine Passage in dem umfangreichen Briefwechsel zwischen Vater und Tochter auf den denkwürdigen Umstand hin, dass seine damals 25jährige Tochter genau so alt wie die Psychoanalyse sei. Die Entwicklung *Anna Freuds* zur Psychoanalytikerin, Bewahrerin und Fortentwicklerin stellt ein bezeichnendes Beispiel für die nicht immer leichte Handhabbarkeit der Psychoanalyse dar. *Freuds* Ideen und Ansätze erregten damals wie heute die Gemüter, wenn das Gewicht des Unbewussten, der Druck der im Soma verankerten Triebe, insbesondere des Sexualtriebs, samt der zentralen Bearbeitung der Triebtheorie, die Eigenart des Traumlebens und die Rolle der Traumdeutung im analytischen Behandlungsprozess, die untilgbaren Spuren der frühen Erfahrungen und der basalen infantilen Phantasiekonfigurationen in der seelischen Entwicklung eines jeden Menschen in den Vordergrund menschlicher Betrachtungsweisen gestellt werden. Bedeutung und Einflussnahme unbewusster Prozesse, der Träume und die nicht erinnerbaren frühkindlichen Erfahrungen konnten durch die moderne Hirnforschung bestätigt werden.

Der Weg *Sigmund Freuds* zum Unbewussten beginnt mit dem „Sinn der Träume" (*Freud A, Grubrich-Simitis* 2006, 71) als Beweis für die Existenz eines unbewussten Seelenlebens, von dem das Wachleben keine Kenntnis hat. Er wendet sich in der Folge den Trieben zu, die dasselbe psychische System erfüllen und mit Energie ausstatten. Seine detaillierte Darstellung des menschlichen Sexuallebens von seinen infantilen Vorstufen bis zur Ausformung im Erwachsenen stellte für *Freud* die Grundlage für die Darstellung des Widerspruchs zwischen Lustprinzip und Realitätsprinzip dar. Die Auseinandersetzung zwischen Triebregung und hemmender Außenwelt beeinflusst den Aufbau der psychischen Persönlichkeit. Ein triebhaftes, unbewusstes Es, ein rational orientiertes Ich und ein ethisch-moralisch kritisches Über-Ich bestimmen die Dynamik des Seelenlebens. Sein Konzept des seelischen Konflikts ergibt sich aus den Strebungen des Ichs, Triebregungen zu verdrängen und sie von ihrer Durchsetzung abzuhalten. Das Verständnis dieser Konflikte zwischen Ich und Es eröffnet den Zugang zur Kenntnis jener Kompromissbildungen, die die Entstehung neurotischer Symptome bedingen. Die „ .... fehlende positive Bindung des Patienten an seine Symptome, d.h. seinen Krankheitswillen; die Widerstände gegen die Aufhebung von Verdrängungen und anderen Abwehrleistungen sowie die Angst vor dem Triebdurchbruch, welche ursprünglich zur Erkrankung geführt hat; die Gefühlsübertragung von Personen der Vergangenheit auf den behandelnden Analytiker und die technischen Schwierigkeiten ihrer Handhabung." (*Freud A, Grubrich-Simitis* 2006, 15) bilden wichtige Schwerpunkte der psychoanalytischen Behandlung.

Wenn in Anspielung auf diese wesentliche These der Psychoanalyse *Viktor E. Frankl* den bekannten Ausspruch *Freuds* „Wo Es ist, soll Ich werden" sinngemäß umformt in: „Nur das Ich, das ein Du intendiert, kann das eigene Es integrieren." (*Frankl* 2005, 31), dann werden die unterschiedlichen Positionen und Ansätze deutlich sichtbar. Der Zugang zum Urphänomen menschlicher Existenz wird damit ein völlig anderer. Liebe wird dann nicht wie bei *Freud* als zielgehemmte Strebung im Sinne einer Sublimierung, sondern auf dem Hintergrund einer existentiell originären und primären Liebesfähigkeit betrachtet.

Ausgehend von *Schelers* Wertlehre entwirft *Frankl* einen sinn- und wertorientierten Ansatz, der einen deutlichen Gegensatz zu *Freud* darstellt, wenn dieser die Frage nach dem Sinn als Krankheit bezeichnet. Mit seiner Beschreibung der Neurose als ein Leiden der Seele, die ihren Sinn nicht gefunden hat, steht *C.G. Jung* der Logotherapie wesentlich näher.

Frankls Sinnbegriff ist eine Antwort auf den Determinismus, den er auch in der Psychoanalyse zu orten glaubte. Seine Dimensionalontologie ergänzt das Psychophysikum um den Bereich des Geistigen, des spezifisch Humanen, das unter anderem Fähigkeiten, Potentiale und Prozesse wie Kreativität, Religiosität und ethisches Empfinden sowie Willensentscheidungen beinhaltet.

Der diagnostische Zugang angesichts der Unterschiedlichkeit der Menschenbilder ist daher folgerichtig ein anderer.

„In der Psychoanalyse selbst hat sich vor allem eine psychodynamische Strukturdiagnose durchgesetzt, die ein aktuelles psychogenes Leiden mit seinen individuell-historischen Entstehungsbedingungen verknüpft und Störungen in den narzisstischen und ödipalen Objektbeziehungsstrukturen und in den Entwicklungsphasen der libidinös-aggressiven Triebe heranzieht, um eine klassifikatorische Unterscheidung von Persönlichkeitsmerkmalen in Bezug auf spezifische Symptomatiken und Charakterologien durchzuführen." (*Ruhs* 2005, 152).

Dementsprechend anders versteht die Existenzanalyse und Logotherapie psychotherapeutische Diagnostik. Ihr geht es im Sinne *Frankls* vor allem um einen Ein- und Durchblick auf Freiheit und Verantwortlichkeit des Menschen. Die Beschreibung der gesunden Anteile des Menschen und ihrer Bedeutung für Heilungsprozesse führte zur Entwicklung einer spezifischen Ressourcen orientierten Diagnostik, die sich in besonderer Weise der Zunahme und Abnahme von Sinnwahrnehmungs- und Sinnfindungsprozessen zuwandte. Die „Zuordnung der klinisch-diagnostischen Leitlinien der ICD 10 zur Terminologie der Existenzanalyse und Logotherapie" (*Lukas*

1998) beruhen auf einem Menschenbild und einem Personbegriff, die die noetische Ebene beinhalten. „Davon ist auch die Symptomatik in Relation zur Persönlichkeit betroffen, indem geistige Konflikte, die zur Entstehung von psychosozial oder auch psychosomatisch bedingten Verhaltensstörungen und Leidenszuständen beitragen, einen Schwerpunkt in der methodenspezifischen Diagnostik bilden." (*Wiesmeyr* 2005, 94) *Viktor E. Frankl* verdeutlicht die Zusammenhänge dieser unterschiedlichen Prozesse, indem er zwischen der noetischen, psychischen und somatischen Ebene „Auswirkungen, Auslöser und Rückwirkungen" (1983, 48) unterscheidet. Diese Ätiologie zur Krankheitsentstehung ermöglicht die psychotherapeutische Behandlung einer „aus einem geistigen Konflikt entstandenen und daher vom Geistigen her behandlungsdürftigen Neurose" (1983,145).

Dabei wird von einer „Pathoplastik" des Seelenlebens ausgegangen, die durch die Ergebnisse der Resilienzforschung bestätigt werden. „Salutogene Ansätze haben die Erforschung von protektiven Faktoren und Prozessen zum Ziel, die Gesundheit erhalten und Gesundheit wieder herstellen." (*Gunkel, Kruse* 2004, 11)

Innerhalb der Strömungen der Existenzanalyse und Logotherapie besteht auch ein modifizierter Ansatz, der in der Beschreibung einer existenzanalytischen Diagnostik zum Ausdruck kommt. „Die existenzanalytische Diagnostik geht als phänomenologische Diagnostik aus von dem, was den Patienten bewegt und richtet ihre Aufmerksamkeit auf die existentiellen Fähigkeiten und Erfordernisse des Patienten." (*Längle* 2005, 85) Die Methode der Existenzanalyse weist eine tiefenpsychologische Orientierung auf, wobei den Emotionen und der Biographie ein besonderer Stellenwert beigemessen wird. Die sinnzentrierte Psychotherapie nach *Viktor E. Frankl* betont verstärkt die ethische Ausrichtung.

Das folgende Kapitel widmet sich daher eingehend diesem spezifischen Schwerpunkt, um so eine weitere Akzentuierung im Hinblick auf die Fragestellung nach der Unterschiedlichkeit der Konzepte von Psychoanalyse sowie Existenzanalyse und Logotherapie zu ermöglichen.

2. Die Logotherapie und Existenzanalyse als sinnzentrierte Psychotherapie mit ethischer Schwerpunktsetzung

Immer öfter findet sich der Begriff der Haltung des Therapeuten im Kontext zu ethischen Fragestellungen. Die Logotherapie und Existenzanalyse setzte sich bereits in ihren Anfängen intensiv mit dieser Fragestellung auseinander, wobei die Verantwortung des Therapeuten und die Würde des Klienten im Vordergrund stehen. Der Psychotherapeut ist demnach verantwortlich für seinen Klienten oder Patienten und soll seine Würde in der therapeutischen Beziehung respektieren. *Viktor E. Frankl* geht davon aus, dass Verantwortlichsein immer ein Wovor hat und transparent sein soll. Demnach können wir so etwas wie ein therapeutisches Gewissen postulieren, das uns als Psychotherapeuten befähigt, in der jeweiligen

Situation das für den therapeutischen Prozess Sinnvolle zu erspüren. Transparenz wiederum meint, dass der/die Therapeut/in weltoffen agieren soll. „Die Menschen sind es, die uns zurufen: Gebt acht – ihr steht vor offenem Vorhang!" (*Frankl* 1982, 107) Bereits in seinen frühen Jahren warnte *Viktor E. Frankl* vor iatrogenen Schädigungen, seelischen Verletzungen, die durch eine inadäquate Therapie entstehen können. Beständiges verantwortliches Handeln stellt die Basis für die Entstehung ethischer Grundhaltungen dar. Institutionelle Selbsterfahrung unterstützt dabei die Persönlichkeitsentwicklung des angehenden Therapeuten. „ Indem sie den Menschen als freies, entscheidendes und verantwortliches Wesen begreift, trägt sie in dem Maße zur Entfaltung der Persönlichkeit des Therapeuten bei, als sich auch dieser auf diese Prozesse einlässt und damit seinem Leben und seinem therapeutischen Tun Sinn verleiht." (*Wiesmeyr* 2006, 104) All das, was sich in der therapeutischen Beziehung als förderlich erweist, gilt demnach auch für die Haltung des Therapeuten im Besonderen: Empathie, Einfühlungsvermögen, „die echte Annahme des Patienten"(*Pöltner* 2003, 170), die Entwicklung einer Beziehungs- und Vertrauenskultur, um nur einige Schwerpunkte zu nennen. Darauf verweist auch *Renate Hutterer-Krisch*: „Der verantwortungsvolle Umgang mit der eigenen Person setzt Offenheit sich selbst gegenüber voraus und ist die Basis, eine notwendige, (aber noch nicht hinreichende) Bedingung für eine angemessene Erfüllung der psychotherapeutischen Aufgabe und einem verantwortungsvollen Umgang mit dem Menschen, der sich im Rahmen der Psychotherapie dem Psychotherapeuten anvertraut." (2001, 58)

Ethisch begründete, wertvolle psychotherapeutische Grundhaltungen bedürfen einer ständigen Erprobung in der therapeutischen Realität, einer kritischen Reflexionsfähigkeit, einer regen Achtsamkeit und eines intensiven, offenen Meinungsaustauschs mit Kollegen/innen, wie das folgende Supervisionsbeispiel im Rahmen einer fachspezifischen Ausbildung aufzeigt.

Ein Ausbildungskandidat fand sich als Co-Therapeut im Rahmen eines gruppentherapeutischen Settings in einer psychiatrischen Klinik mit verletzenden Äußerungen und Bloßstellungen eines Kollegen gegenüber teilnehmenden Klienten konfrontiert. In der Supervision setzte er sich mit Fragen nach der eigenen Wahrnehmung, der Rückmeldung seines Erlebens an den Kollegen, der Gestaltung und Planung kooperativer Settings sowie der eigenen psychotherapeutischen Verantwortung auseinander.

Anhand dieses Beispiels wird deutlich, dass Psychotherapie immer auch in Zusammenhang mit gemeinschaftlichem Handeln zu sehen ist, das in hierarchischen Strukturen und bei fehlender Kooperation und Kommunikation eine besondere Herausforderung darstellt. Das Wegschauen angesichts von Ungerechtigkeit und Machtmissbrauch, um Kollegen zu schützen oder Kritik an Vorgesetzten zu vermeiden, beeinträchtigt die Entwicklung ethisch-wertvoller Grundhaltungen. Daraus leitet sich auch die gesellschaftliche Verpflichtung zur Qualitätssicherung in bestehenden Strukturen, psychotherapeutischen Praxen sowie die Weiterentwicklung der Ausbildungsstandards und der Aufnahmekriterien ab. Hilfreiche und praktikable Ansätze sind auch die zunehmende Zusammenarbeit von Psychotherapeuten, der fachliche Austausch, der Besuch von Fortbildungsveranstaltungen, Supervision, Intervision, Konsultationen und die Reflexion des eigenen Handelns. Damit wird auch den gesetzlichen Anforderungen des Psychotherapiegesetzes in Hinblick auf die Berufspflichten des Psychotherapeuten entsprochen: „Der Psychotherapeut hat seinen Beruf nach bestem Wissen und Gewissen und unter Beachtung der Entwicklung der Erkenntnisse der Wissenschaft auszuüben." (*Kierein, Pritz, Sonneck* 1991, 98) Die im Psychotherapiegesetz und im Berufskodex eingeforderten ethischen Grundhaltungen stimmen mit den Erkenntnissen der Logotherapie und Existenzanalyse überein und stellen eine gute Ausgangsbasis für die therapeutische Praxis dar. Die Entwicklung entsprechender Kommunikationsstrukturen, Diskussionsforen, Gesprächsplattformen und Fortbildungsveranstaltungen zu offenen Fragen kann dazu beitragen, den Abstand von Soll- und Ist-Zuständen bei ethischem Handeln zu verringern.

„Die Entwicklung tragfähiger Haltungen in der Psychotherapie erweist sich demnach als ein fortwährender berufsbegleitender, persönlicher und gemeinschaftlicher Prozess, der Mut und Beständigkeit erfordert, um die Zukunftsperspektiven für kompetentes ethisches Handeln zu erhöhen." (*Wiesmeyr* 2004, 84)

3. Viktor E. Frankls Vision von der zukünftigen Therapeutengeneration als gemeinsame Diskussions- und Gesprächsbasis

Standen in den Gründungsphasen der unterschiedlichen Psychotherapierichtungen vorwiegend Abgrenzungsfragen und die Konzentration auf Etablierung und Absicherung der eigenen Methode im Vordergrund, fördert die beruflich bedingte Zusammenarbeit von Psychotherapeuten mit unterschiedlicher methodenspezifischer Ausrichtung die fachliche Auseinandersetzung und den Austausch notwendiger Informationen. Auch aufgrund ihres berufsethischen Auftrags vermögen sich Psychotherapeuten in der Praxis dem Aufruf zur Zusammenarbeit, die dem Wohl des Klienten dienen soll, nicht zu entziehen. Zudem erweisen sich Teams, die die unterschiedlichen Sichtweisen als Ressource nützen können, als innovativ und kreativ. Obwohl der Ausschluss von so genannten Andersdenkenden, wie dies in der Vergangenheit praktiziert wurde, als undenkbar erscheint, bestehen noch immer gegenseitige Diskriminierung, fehlende Akzeptanz und eine begrenzte Bereitschaft zur Kommunikation. Trotzdem gibt es unübersehbare Tendenzen zu einer Demokratisierung in der Psychotherapie, ohne dass damit die Identität der eigenen Methode in Frage gestellt und einem verschwommenen Methodenpluralismus gehuldigt wird.

Deutliche Unterschiede bestehen in Hinblick auf grundsätzliche Ansätze und Ziele, Settingfragen, spezifische Schwerpunkte und Techniken. Die neuere Psychotherapieforschung relativiert allerdings jene Wirkungen, die ausschließlich auf die jeweilige Methode zurückgehen. So beruhe die Wirksamkeit der verschiedenen Therapieansätze mehr auf ihren gemeinsamen Elementen als auf ihren theoretischen Lehrsätzen. „Auch andere Vergleichsuntersuchungen haben größtenteils keine wesentlichen Unterschiede zwischen den verschiedenen Verfahren gezeigt. Dieses Ergebnis ist über streng kontrollierte Studien hinweg erstaunlich einheitlich." (*Boessmann* 2005, 24) Die hohe Bedeutung der Therapiebeziehung und des Arbeitsbündnisses für das Therapieergebnis, das Prinzip „Hoffnung", das in der Logotherapie und Existenzanalyse eine entscheidende Rolle spielt, sowie der Patient selbst, seine Persönlichkeit und die ihm und seinem Umfeld innewohnenden Selbstheilungskräfte sind weitere besonders wichtige Wirkfaktoren in der Psychotherapie, die nur teilweise methodenspezifisch verknüpft sind. Besonderheiten und Schwerpunktsetzungen bestimmter Psychotherapierichtungen, die oft auf eine lange Tradition verweisen können, stellen wertvolle Beiträge dar, da sie die große Vielfalt, Kreativität und Buntheit der Psychotherapie insgesamt dokumentieren. So hat sich die Logotherapie und Existenzanalyse insbesondere dem leidenden Menschen, dem Homo Patiens, zugewandt, der auch mit dem Schicksal *Viktor Frankl*s in unmittelbarem Zusammenhang steht.

Anlässlich seines Eröffnungsvortrags beim ersten Weltkongress der Logotherapie 1980 in San Diego, Kalifornien sprach *Viktor E. Frankl* über die Zukunft der sinnzentrierten Psychotherapie. „But I do wish for the future that the cause of logotherapy be taken over and carried out by independent and inventive, innovative and creative spirits." (*Frankl* 1986, 271)
"....logotherapy is a system open in a twofold sense inasmuch as it is open towards its own evolution as well as toward the co-operation with other schools." (272)

Die Logotherapie und Existenzanalyse als unabhängige, schöpferische, innovative und kreative Psychotherapie weiter zu entwickeln, stellt für die sinnzentrierte Psychotherapie nach *Viktor E. Frankl* weiterhin eine zukunftsträchtige Perspektive dar, die Offenheit, Gesprächs- Diskussions- und Kooperationsbereitschaft mit allen anderen Psychotherapierichtungen einschließt. Um die fachliche und wissenschaftskritische Auseinandersetzung zu pflegen, bieten sich bestehende Gesprächsforen, gemeinsame Veranstaltungen und die Akademisierung der Psychotherapie an. Die Kooperation mit der Donauuniversität Krems soll die fruchtbringende Verknüpfung von Forschung, Lehre und Praxis weiter intensivieren und der Weiterentwicklung der Qualitätsstandards der sinnzentrierten Psychotherapie dienen, die letztendlich den Klienten zu Gute kommen soll. Eine umfassend angelegte Evaluation von Ausbildung, Lehre und Wirksamkeit der unterschiedlichsten Bereiche psychotherapeutischer Praxis wird in Zusammenarbeit mit der Universität Osnabrück umgesetzt und verfolgt das Ziel der Ausweitung der Wirksamkeitsforschung und Qualitätssicherung.

Im Rahmen unserer Ausbildung fand ein Selbsterfahrungsseminar statt, das die Themen Grenze, Abgrenzungen, Zäune sowie das Überwinden solcher Barrieren aufgriff. Dabei wurden auch Bilder ausgeteilt, die solche „Zaungäste" darstellten. Kletterpflanzen, Blumen und Sträucher überwinden spielerisch die Barriere Zaun, nützen ihn als Stütze oder bilden daraus ein gemeinsames Gebilde. Im darauf folgenden Gespräch in der Gruppe zeigte sich, dass dieser Metapher eine spannende Möglichkeit darstellte, neue und kreative Sichtweisen für die gute Bewältigung von oftmals als unüberwindlich erlebten Hürden zu entwickeln. Dieses Beispiel aus der Ausbildungspraxis könnte als Anregung verstanden werden, zwischen den verschiedenen Psychotherapierichtungen wie der Psychoanalyse die wissenschaftskritische Auseinandersetzung zu suchen, die unterschiedlichen Positionen darzustellen sowie sie in ihrem historischen Kontext und Geworden-Sein zu begreifen. In diesem Sinne versteht sich dieser Artikel als bescheidener Beitrag, nicht nur Zäune zu beschreiben, sondern ihre Genese zu erahnen und voneinander zu lernen.

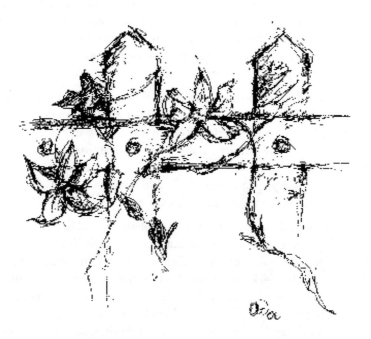

Zusammenfassung: Frankls Logotherapie und Existenzanalyse, ein Entwurf gegen Freud?
Die Begegnung *Viktor E. Frankl*s mit *Sigmund Freud* markiert den Beginn einer gegensätzlichen Entwicklung. Das Gewicht des Unbewussten, der Druck der im Soma verankerten Triebe, insbesondere des Sexualtriebs, samt der zentralen Bearbeitung der Triebtheorie, die Eigenart des Traumlebens, die untilgbaren Spuren der frühen Erfahrungen verdeutlichen andere Sichtweisen im Vergleich zu einer anthropologisch und phänomenologisch fundierten Psychotherapie, der es um die Würde der Person, Verantwortung und Willensentscheidungen sowie Sinn und Werte geht. Auch die psychodynamische Strukturdiagnose einerseits und die sinnorientierte ressourcenorientierte Diagnostik andererseits weisen auf unterschiedliche

Positionen hin. Zukunftsperspektiven beinhalten die Bereitschaft zur fachlichen und wissenschaftskritischen Auseinandersetzung sowie zur Kooperation.

Schlüsselwörter:
Frankl, Freud, Trieborientierung, Sinnorientierung, Strukturdiagnostik, Ressourcenperspektive

Summary: Frankl's Logotherapy and Existential Analysis - a framework against Freud?
The meeting of *Viktor E. Frankl* and *Sigmund Freud* marks the beginning of a diverging development. *Freud* focuses on the unconscious mind, our drive caused by instincts to be found in our physical bodies, especially on the sexual drive, enclosing the central work of his instinct theory, the idiosyncracy of our dream experiences and the undeligable traces of our childhood experiences. *Frankl* on the other hand stresses a psychotherapy based on anthropology and phenomena. It cares about the dignity of a person and considers our responsibility and our own free will as well as the meaning of life and values. The two differing positions are also exemplified by *Freud's* psychodynamic structural diagnostic method on the one hand and *Frankl's* diagnostic method being meaning- and resource oriented on the other hand. Future perspectives comprise of a willingness to discuss technical and scientific questions and matters as well as cooperation.

Keywords:
Frankl, Freud, instinct orientation, meaning orientation, structural diagnosis, ressource perspective

Literatur

Boessmann U (2005) Wirksam behandeln. Deutscher Psychologen Verlag, Bonn
Frankl V E (1982) Der Wille zum Sinn. Hans Huber, Bern
Frankl V E (1983) Theorie und Therapie der Neurosen. Reinhardt, München/Basel
Frankl V E (1998) Logotherapie und Existenzanalyse. Psychologie Verlags Union, Weinheim
Frankl V E (2002) Was nicht in meinen Büchern steht .Beltz, Weinheim Basel
Frankl V E (2005) Ärztliche Seelsorge. Deuticke, Wien
Freud A, Grubrich-Simitis I (2006) (Hrsg) *Sigmund Freud* Werkausgabe in zwei Bänden Band 1. Elemente der Psychoanalyse. S. Fischer Verlag, Frankfurt am Main
Gunkel S, Kruse G (2004) Salutogenese und Resilienz – Gesundheitsförderung, nicht nur, aber auch durch Psychotherapie In: *Gunkel S, Kruse G* (Hrsg) Salutogenese, Resilienz und Psychotherapie. Hannoverische Ärzte-Verlags-Union, Hannover
Hutterer-Krisch R (2001) Zum Verhältnis von Ethik und Psychotherapie In: *Hutterer-Krisch* (Hrsg) Fragen der Ethik in der Psychotherapie. Springer, Wien New York
Kierein M, Pritz A, Sonneck G (1991) Psychologengesetz Psychotherapiegesetz. Orac, Wien
Längle A (2005) Existenzanalyse In: *Bartuska, Buchsbaumer, Metha, Pawlowsky, Wiesnagrotzki* (Hrsg) Psychotherapeutische Diagnostik. 85-91, Springer, Wien New York
Lukas E (1998) Lehrbuch der Logotherapie. Profil Verlag, München Wien
Pöltner G (2003) Ethische Dimensionen psychotherapeutischen Handelns. In: Psychotherapieforum, Vol.11, No.4, Springer, Wien New York
Ruhs H (2005) Zur Problematik einer psychotherapeutisch relevanten Diagnostik mit besonderer Berücksichtigung der psychoanalytischen Perspektive In: *Bartuska, Buchsbaumer, Metha, Pawlowsky, Wiesnagrotzki* (Hrsg) Psychotherapeutische Diagnostik. 147-153, Springer, Wien New York

Wiesmeyr O (2004) Auf die Haltung kommt es an: Ethische Handlungskompetenz von PsychotherapeutInnen als fortwährende Herausforderung In: Psychotherapieforum Supplement. Vol. 12, No.3, 83-84. Springer, Wien New York

Wiesmeyr O (2005) Existenzanalyse und Logotherapie In: *Bartuska, Buchsbaumer, Metha, Pawlowsky, Wiesnagrotzki* (Hrsg) Psychotherapeutische Diagnostik. 93-99, Springer, Wien New York

Wiesmeyr O (2006) Selbsterfahrung als geistiger Prozess In: *Wiesmeyr O, Batthyany A* (Hrsg) Sinn und Person. Beltz Verlag, Weinheim Basel

Korrespondenzadresse:
Dr. Otmar Wiesmeyr
Lärchenstr. 52
4600 Wels

E-Mail-Adresse:
abileinstitut@aon.at

DOKUMENTE

Unter dieser Rubrik werden Dokumente abgedruckt, die uns für die Psychotherapie wichtig erscheinen. Prof. *Manfred Pohlen* stellte uns freundlicher Weise ein Autoreferat zu seinem psychotherapiegeschichtlich bedeutenden Buch über *Freud*s Psychotherapie mit *E. Blum* zur Verfügung. Ein Brief von **Klaus Grawe** zur [psychoanalytischen] Psychotherapieforschung illustriert die kontroverse Diskussion.

Freuds Analyse – die Sitzungsprotokolle Ernst Blums
Rowohlt, 2006

Dieses Buch enthält die stenographischen Sitzungsprotokolle der Analyse Ernst Blums 1922 bei Freud und ist von besonderer kultur- und wissenschaftsgeschichtlichen Bedeutung, weil es ein ganz anderes Freudbild vermittelt als die gängige Ikonographie. Von keinem anderen Analysanden Freuds ist ein vergleichbares Dokument überliefert. Die Aufzeichnungen Blums, die er mir in den 70er Jahren übergab, habe ich bisher unter Verschluß gehalten, weil die Bearbeitung dieser Sitzungsprotokolle einer lebenslangen Erfahrung mit und durch die Psychoanalyse bedarf, um sie souverän handhaben zu können. Die Aufzeichnungen Ernst Blums, einzig vorhandenes Dokument einer Analyse bei Freud und einzigartig in der Prozessdarstellung dieser Analyse, zeigen anschaulich, wie Freud bei seiner Arbeit vorgegangen ist. Noch nie gab es eine derart authentische Nahaufnahme der Freudschen Praxis - 150 Jahre nach Freuds Geburtstag, über 60 Jahre nach seinem Tod: ein einzigartiges Dokument seines Denkens und Wirkens.

Ich beschreibe die Entstehung der Protokolle und die Lebensgeschichte von Ernst Blum. Die geistige Führung dieser Analyse durch Freud, ihre künstlerische Gestaltung und die besondere Wahrheit der psychoanalytischen Produktionen werden als Erkenntnisse für die kultur- und ideengeschichtlichen Grundlagen der Psychoanalyse erörtert. In diesem Buch über „Freuds Analyse" wird auch dargestellt, warum diese Protokolle seinerzeit nicht an Kurt Eissler, den Leiter des Sigmund-Freud-Archivs in New York, übergeben wurde, weil er diese Dokumente über 100 Jahre im New Yorker Archiv verschwinden lassen wollte.

Die Geschichte von „Freuds Analyse" folgt zwei Erzählsträngen: der eine erzählt die Geschichte des mosaischen Problems von Freud und Blum, die Antwort beider auf die Frage nach den religiösen Wurzeln ihres Judentums: Freud, der sich seiner Identität als Jude immer bewusst war und Blum, dem das Judentum gleichgültig war und der sich einer totalen Assimilation auslieferte und das für die Assimilation typische Schicksal jüdischer Identitätsauslöschung erfuhr. Blum löste sein mosaisches Problem, indem er Freud zu seinem „Moses" machte, und Freud löste es, indem er sich an die Stelle Moses setzte und neue Gesetzestafeln für die Selbstverständigung des Menschen aufstellte – <u>die</u> kulturhistorische Leistung Freuds.

Es geht nämlich bei der Analyse dieser beiden Protagonisten um den psychoanalytischen Prozess zwischen zwei Juden, die davon überzeugt sind, dass sie aufgrund ihrer Herkunft einen ganz anderen Zugang zur Psychoanalyse haben als christliche oder arische Analytiker. Die Verwicklung beider macht die Auseinandersetzung mit den christlichen Wurzeln des Antisemitismus und den jüdischen Wurzeln der Psychoanalyse unausweichbar; denn diese Analyse hat ihren Grund in der Verweigerung Blums gegenüber der religiösen Tradition seiner jüdischen Familie und der Flucht vor den dynastischen und missionarischen Ansprüchen Freuds in der Verbreitung seiner Lehre.

Die unterschiedliche Bedeutung der Moses-Figur für die beiden Protagonisten bestimmt die Lebensbewegung und das Ende ihrer Lebensgeschichte: Blum ist fixiert auf die wegweisende Funktion von Moses (Freud), und Freud wendet den jüdischen Monotheismus in psychoanalytische Psychologie und bewirkt dadurch den "Fortschritt in der Geistigkeit", indem er die Selbstverständigung des Subjekts um seinen bisher verfemten Teil erweitert, das heißt, dass dort, wo Ich ist, Es ankommen muss und nicht, wie es konventionell missbraucht wird, wo Es war, Ich sein soll. Die um den „Mann Moses" zentrierte Geschichte von beiden wird als eine Geschichte jenseits der (konventionellen) Psychologie begriffen, jenseits des Evolutionismus und Biologismus: die Freudsche Analyse, und das zeigt diese Analyse bei Blum, ist eine Gegenwissenschaft zu den sog. positiven Wissenschaften.

Der andere Erzählstrang handelt von der geistigen Führung der Analyse durch Freud, von Psychoanalyse als künstlerischer Prozess im Freudschen Paradigma vom Dichter, der den Dichter führt (Dante – Vergil), wie es Freud in Blums Analyse als seine authentische Praxis vor Augen führt. Freuds Deutung dieser Analyse am Leitfaden der Kunst zeigt die Orientierung seiner Arbeit an ästhetischen Kategorien: die Enträtselung der psychologischen als „künstlerische" Phänomene, die Enträtselung des Lebens als Enträtselung eines Kunstwerks. Freud sieht die Symptome des Analysanden Blum, überhaupt die Phänomene des Menschlichen als künstlerische Produktionen. Er steht in der hier dargestellten Auffassung seiner Arbeit in unmittelbarer Nähe Nietzsches, der das Leben unter die Optik der Kunst stellte: „Freuds Analyse" repräsentiert also eine Artistenmetaphysik (Nietzsche), die in der Grundeinsicht besteht, die Phänomene der menschlichen Lebenswelt, die Phänomene des Subjekts als künstlerische Schöpfungen anzusehen. Freud praktiziert als Analytiker eine heillose Heilkunst, eine Wahrnehmungserkenntnis zur Selbstverständigung des Analysanden jenseits der für die psychoanalytische Tradition zur Ideologie gewordenen Heilungsmission. Die Freudsche Psychoanalyse ist ähnlich wie Nietzsches Philosophie eine Lebens- und Erkenntnislehre, wie es die Analyse Freuds bei Ernst Blum exemplarisch zeigt.

Autoreferat Manfred Pohlen

Dieser Brief wurde uns freundlicherweise von Frau Dr. Dörte von Drigalski zur Verfügung gestellt. Im Jahr 2000 wird die Beforschung der Psychoanalyse als selbstreferentiell und zu kurz gegriffen kritisiert. Wir danken Frau Dr. von Drigalski für dieses interessante und wichtige Dokument und Frau Dr. Mariann Grawe-Gerber für die Einwilligung zur Veröffentlichung des Briefes von Prof. Klaus Grawe.

Sehr geehrte Frau Dr. von Drigalski,   Bern, 28. Juni 2000

bitte sehen Sie es mir nach, dass ich Ihre Faxe erst jetzt beantworte. Als Sie mich letzte Woche anriefen, war ich gerade im Begriff, in die USA zu reisen und bin erst gestern zurückgekehrt. Ich habe einen sehr vollen Schreibtisch vor mir und bin daher nicht in der Lage, auf die vielen Fragen, die Sie mir in Ihrem ersten Fax gestellt haben, differenziert einzugehen. Auf die Frage, die Sie mir in Ihrem zweiten Fax gestellt haben, kann ich jedoch relativ kurz antworten:

Ich kenne natürlich die DPV-Studie zur Langzeitpsychoanalyse. Sie ist auch gerade auf der Konferenz der Society for Psychotherapy Research in Chicago, die ich letzte Woche besucht habe, vorgestellt worden. Es handelt sich um eine Studie, die wissenschaftlich nicht beachtenswert ist. Es ist eine reine Legitimationsstudie. Sie wird von Psychoanalytikern zu defensiven Zwecken durchgeführt, um der Vorhaltung zu begegnen, es gäbe eine Studie zur Wirksamkeit der Langzeitpsychoanalyse. Die Studie ist aber so angelegt, dass sie alle methodischen Forderungen kontrollierter Psychotherapieforschung grob verletzt, was Patientenauswahl, Unabhängigkeit und Unvoreingenommenheit der Untersucher, Fragestellung und Methoden angeht. Das ganze Vorhaben ist von vornherein so angelegt, dass überhaupt nichts Nachteiliges über die Psychoanalyse herauskommen kann. Wenn wirklich herauskäme, dass sie in vielen Fällen unwirksam oder sogar schädlich ist, dann hätten es die Untersucher leicht, diese Fälle einfach zu unterdrücken, nicht mitzuteilen usw. Die Untersuchung ist so weit von einem akzeptablen methodischen Standard entfernt, dass sie außerhalb der Psychoanalyse selbst von vornherein nicht ernst genommen wird. Trotzdem bin ich sicher, dass diejenigen, die dieses Unternehmen geplant haben und es durchführen, damit einen gewissen Einfluss auf die Öffentlichkeit zu nehmen versuchen werden. Schließlich können Laien nicht so leicht beurteilen, wann eine Untersuchung wissenschaftlich ernst zu nehmen ist und wann nicht. Die Autoren können immer darauf hinweisen, dass eine solche Untersuchung durchgeführt wurde und entgegen den Angriffen auf die Psychoanalyse sehr vorteilhafte Ergebnisse erbracht hätte. Die Studie ist also als eine „Munitionsfabrik" anzufassen. Die Untersucher sind nicht neugierig darauf, was herauskommt, sondern sie haben von vornherein ein leicht durchschaubares Interesse an einem ganz bestimmten Ergebnis, sonst hätten sie nicht den bemerkenswerten persönlichen Aufwand für diese Studien auf sich genommen. Wenn als in dieser Untersuchung irgendetwas Vorteilhaftes über die Psychoanalyse herauskommt, wie etwa eine niedrige Quote von negativen Effekten, dann hat das keinerlei Informationsgehalt. Bemerkenswert wäre allenfalls, wenn die Studie zu Ergebnissen käme, die den Wert der psychoanalytischen Langzeittherapie einschränken. Dann müsste man aufhorchen und auch sonstige Ergebnisse der Studie ernst nehmen, denn dies wäre ein Zeichen dafür, dass die Untersucher ein offenes Erkenntnisinteresse hätten.

Gegenwärtig werden international mehrere solcher Untersuchungen durchgeführt. Einige davon haben ein höheres methodisches Niveau als das der DPV-Studie. Allen Studien ist aber gemeinsam, dass sie Legitimationscharakter haben. Wenn es anders wäre, würden die Untersucher nicht-psychoanalytische Therapieforscher in die Planung und Durchführung der Untersuchungen einbeziehen und insbesondere einen Vergleich mit Therapiemethoden anstellen, von denen behauptet wird, sie seien wirksamer als psychoanalytische Therapie. Dieser Minimalstandard, was die Anlage und Fragestellung der Untersuchungen angeht, wird aber von keiner einzigen Studien eingehalten, immer mit der fragwürdigen Entschuldigung, Psychoanalyse würde sich wegen ihrer Eigenart einem solchen Vergleich entziehen.

Die Menninger-Studie, auf die ich in meinem Buch „Psychotherapie im Wandel" relativ ausführlich eingegangen bin, ist nach wie vor bemerkenswert wegen der Nüchternheit, mit der die tatsächlichen Befunde mitgeteilt werden, unabhängig davon, ob sie schmeichelhaft für die Psychoanalyse sind oder nicht. In dieser Studie herrschte noch ein echter Forschergeist vor. Daher sind auch alle positiven Ergebnisse zur Psychoanalyse, zu denen diese Studie gelangt, ernst zu nehmen.

Schäden durch Psychotherapie sind übrigens nach den Ergebnissen mehrerer dazu vorliegender Untersuchungen im Durchschnitt nicht allzu hoch anzusehen. Im Durchschnitt über alle dazu vorliegenden Untersuchungen scheint es in nicht mehr als 5 % der Fälle zu echten negativen Auswirkungen zu kommen. Das gilt jetzt allerdings nicht speziell für die Psychoanalyse, sondern für Psychotherapie überhaupt. Die behaupteten Vorzüge einer Langzeitpsychoanalyse habe ich persönlich allerdings auch bei keinem einzigen Menschen wirklich sehen können, weder bei Kollegen oder Kolleginnen, die sich einer Lehranalyse unterzogen haben, noch bei Patienten. Natürlich treten bei etlichen Patienten positive Wirkungen psychoanalytischer Therapie ein. Das tun sie aber auch oder gerade bei sehr viel kürzeren Therapien und bei Therapien mit nichtanalytischer Konzeption und Methodik. Die positiven Wirkungen können daher nicht als Bestätigung psychonalytischer Annahmen angesehen werden. Sie können schnell auf Faktoren zurückgeführt werden, die den meisten Therapieformen gemein sind. Damit will ich nicht behaupten, dass die Wirkungen verschiedener Therapieformen nicht spezifisch seien. Aber die Wirkungen gehen in der Regel nicht auf die Wirkannahmen der jeweiligen Therapieform zurück, sondern auf andere Faktoren. Das ist jedenfalls immer dann herausgekommen, wenn man es genau untersucht hat. Für etliche verhaltenstherapeutische Verfahren ist es inzwischen gesichert, dass sie nicht deswegen wirken, wie es den Annahmen ihrer Begründer entspricht, sondern dass sie ihre Wirkung auf andere Weise erzielen, die inzwischen durch eine lange Serie von auf einander aufbauenden Studien immer deutlicher herauskristallisiert wurde.

Was die Forschung uns wirklich über die Wirkungsweise verschiedener Therapieformen sagt, habe ich in meinem neueren Buch „Psychologische Therapie" aus dem Jahr 1998, ebenfalls im Hogrefe-Verlag erschienen, ausführlich zu berichten und erläutern versucht.

Mit freundlichen Grüßen

Prof. Klaus Grawe

BUCHBESPRECHUNGEN

Ein „Schwarzbuch" der Psychoanalyse – Probleme des Freudschen Paradigmas
Meyer, Catherine (Hrsg.), unter Mitarbeit von Mikkel Borch-Jacobsen, Jean Cottraux, Didier Pleux, Jaques van Rillaer: *Le Livre Noir de la Psychanalyse. Vivre, Penser et Aller Mieux sans Freud* [Das Schwarzbuch der Psychoanalyse. Wie man ohne *Freud* besser lebt, denkt und gesund ist]. Paris: Édition des Arènes, 830 Seiten, 2005.

Rechtzeitig vor dem *Freud*-Jubiläumsjahr, das ja eine überbordende Menge an *Freud*-Büchern brachte – zumeist hagiographischen Charakters, zumeist auch wenig Neues bringend – hat *Catherine Meyer* ein monumentales „Schwarzbuch der Psychoanalyse" herausgebracht, um eine „Bilanz eines Jahrhunderts des Freudismus" zu ziehen. Das Buch erscheint in „Frankreich – mit Argentinien – das Freudianischste Land der Welt", was durchaus zutrifft, wenngleich Deutschland als das Land mit der etabliertesten verrechtlichen Machtposition der Psychoanalyse gelten kann mit ihrer Etablierung als „Richtlinienverfahren" und ihrer „Verdoppelung" durch die gleichzeitige Etablierung der „Tiefenpsychologie" als gesetzlich anerkanntes Therapieverfahren. *Meyer* bietet aus dem Bereich der Philosophie, Psychologie, Geschichtswissenschaft, Medizin, und Psychiatrie Theoretiker, Forscher, ja Patienten auf, um zu zeigen, wie problematisch der *Freud*ismus und wie unseriös *Freud* als Wissenschafter war – der berühmte Neurowissenschafter *Kornhuber* (2006, 312) schrieb unlängst im Deutschen Ärzteblatt: „Ein Vorbild für Forscher ist Freud nicht, erst recht nicht für Ärzte. Allenfalls ein Schriftsteller, aber einer, der oft nur die halbe Wahrheit sagte". *Meyer*s Band bietet eine wahrhaft beeindruckende „schwarze" Bilanz neben all der Hofberichterstattung des *Freud*-Jahres und den historisch korrekt dokumentierenden Werken. Noch beeindruckender allerdings ist, dass die zusammengetragenen Materialien – wenngleich höchst verstreut – weitgehend schon bekannt waren, ohne dass das der dominanten Position der Psychoanalyse in den genannten Ländern irgendeinen Abbruch getan hätte, so stellt die Herausgeberin fest und konstatiert, dass *Freud*sches Denken, *Freud*sche Terminologie – selbst Konzepte, die längst überholt sind, im klinischen Feld zu gängigen Allgemeinplätzen geworden sind, die der Psychoanalyse „eine dominierende Position im Universum der geistig-seelischen Gesundheit (santé mentale) einräumt" (S. 7[1]). Übertragung, Trauerarbeit, frühkindliche Traumatisierung und Ödipuskomplex sind alles Konzepte, die im Lichte moderner Forschung und Wissenschaft höchst problematisch sind. Sie sind aber – wie *Moscovici* 1961 in seiner berühmten Studie aufgezeigt hat – zu einem Bündel *kollektiver mentaler Repräsentationen* geworden, die das klinische Feld und auch weite Bereiche des Alltags beherrschen. Mit *Meyer*s Buch liegt nun eine Bündelung vor, die in dieser Kompaktheit an Problematik und Negativität schon

---

[1] Alle Seiten- und AutorInnenangaben in Klammern beziehen sich auf den Band von *Meyer*.

erschlagend erscheint. *Meyer* und ihre MitstreiterInnen setzen dieses voluminöse Opus gegen das in Frankreich herrschende „Tabu, die Psychoanalyse zu kritisieren" (S. 8). Zu den fünfunddreißig mitarbeitenden Autorinnen und Autoren gehören Zelebritäten wie *Albert Ellis, Aaron Beck, Frank Sulloway, Tuble Nathan , Isabelle Stengers* u. a. m. Das Buch hat einen großen historischen Teil über die „Verborgenen Seiten der Freudistischen Geschichte" (S. 21-146), in dem *Freud*s erfolglose oder sogar schädigende Therapien, die Manipulation seiner Behandlungsberichte und „Erfolge" minutiös dokumentiert werden, *Freud*s systematischer Aufbau von Mythen: über sich selbst, über die Psychoanalyse und ihre Konzepte, der missbräuchliche Umgang mit PatientInnen, ihren Daten und Schicksale. Der Wolfsmann, der Rattenmann, die Anna O., die Schreber-Geschichte usw. - durch renommierte HistorikerInnen wird dokumentiert, wie ihre Schicksale im Dienste solcher Mythenbildungen vernutzt worden sind und werden, weil hier keine offiziellen Richtigstellungen erfolgen, was letztlich *Han Israëls'* (1999) Motto „Die Geburt der Psychoanalyse aus der Lüge" unterstreicht. Und es ist ja nicht nur Freud. *Hug-Hellmuth*s Falsifikationen stehen zur Rede (*Israëls*, S. 121ff) oder die von *Bruno Bettelheim* (*Pollak*, S. 533ff) und wie damit umgegangen wurde und wird. Nicht in diesem Band dokumentiert sind *Ernest Jones'* Geschichtsklitterungen in seiner hagiographischen *Freud*-Biographie, im Dienste von *Freud*, nicht zu reden über die Unsitte, mit unstandardisierten Fallvignetten und - berichten, höchst subjektiv ausgewählt und interpretiert, theoretische Hypothesen zu fundieren, bis hin zur immer wieder auffindbaren Praxis des „Erfindens" oder des „Umgestaltens" solcher „Dokumente" (auch bei *Jung*), die dann nicht als fiktives Beispiel deklariert sind. Die ganze Problematik des Junctim-Paradigmas, „Forscher und Behandler zugleich" kommt hier zum Tragen. Über die bekannten „professionellen" Opfer psychoanalytischer Orthodoxie und Machtpolitik: *Tausk, Ferenczi, Reich, Rank* usw. findet man in diesem Buch wenig (vgl. diese Zeitschrift 2, 1998e; 2-4, 2006), wohl aber über die sinistre Geschichte des *Horace Frink,* Mitbegründer der New Yorker psychoanalytischen Gesellschaft und Analysand von *Freud,* die einmal mehr *Freud*s „manipulation sordide" (*Edmunds*, S. 444ff) in den familiären Bereich von AnalysandInnen „im Dienste der psychoanalytischen Sache" zeigt, wie man es auch aus anderen Geschichten, etwa die Interventionen in die Familie *Ferenczi*s kennt. So findet sich ein weiterer Hauptteil des Buches zum Thema „Les victimes de la psychoanalyse", die „Opfer der Psychoanalyse" (S. 444-637), in dem nicht nur historische Dokumente dargestellt und Betroffene, PatientInnen zu Wort kommen, sondern auch die z. T. fatalen Folgen psychoanalytischer Ideologien für Eltern und Kinder, und Fehlkonzeptualisierungen zum Autismus und zur Drogenabhängigkeit dargestellt werden.

Das sind nicht nur Probleme der Psychoanalyse, um die es hier geht, denn ähnliche Dokumentationen lassen sich über die Familientherapie mit ihren Fehlkonzeptualisierungen (Zeiten, wo man nur „ganze Familien" zur Therapie akzeptierte und die Teilfamilien, die es besonders notwendig gebraucht hätten, ohne

Hilfe blieben) oder über die Verhaltenstherapie (ihren mit elektrischen Stromstössen arbeitenden, aversiven „Therapien" bei Suchtkranken oder Homosexuellen) oder über die Gestalttherapie (mit ihren massiven Konfrontationspraktiken, die *Perls* vorexerziert hatte). *Jedes* Verfahren steht in der Gefahr, Nebenwirkungen und Schäden zu verursachen (*Märtens, Petzold* 2002) oder dysfunktionale Ideologien zu verbreiten (*Petzold, Orth* 1999), wie die Psychoanalyse mit ihrer einseitigen Frühstörungsdoktrin oder die Gestalttherapie mit ihrer problematischen Aggressionstheorie oder der *Perls'*schen Praxis undifferenzierten emotionalen Ausagierens (*Petzold* 2003c, 2006h). Es besteht also für kein Verfahren ein Grund zur Hybris, was die Psychoanalyse anbelangt, wohl aber gibt es Gründe genug, aus ihren Fehlern zu lernen. Dafür muss man sie problematisieren und zwar in einer Weise, dass man das *eigene Verfahren* auf der gleichen Ebene wie der jeweilig kritisierten in den Blick nimmt. Nur dann wird Kritik weiterführend.

Der Hauptteil „La Psychoanalyse et ses impasses" über die „Sackgassen" der psychoanalytischen Theorie und Praxis (S. 306–443) gibt reiches Material zur kritischen Selbstreflexion. Nun muss man gegen die dokumentierten Negativitäten die Lebensleistung von *Freud* stellen und die Leistungen der psychoanalytischen Bewegung für das klinische Feld, um nicht in ein unfruchtbares „*Freud*bashing" zu verfallen, wie es im amerikanischen Raum Mode war bzw. ist oder zu einer „Verteufelung" der Psychoanalyse zu kommen, die unfruchtbar und ungerecht ist und berechtigte Kritik behindern würde. Die Lebensleistung von *Freud* als Schulengründer, Denker, Organisator, Verleger, Schriftsteller ist immens. Über seine wissenschaftlichen und klinischen Leistungen kann man und muss man geteilter Meinung sein. *Frank Sulloway,* der bedeutende Wissenschaftshistoriker, stellt nach Jahrzehnten der Recherchen zu *Freud* und zur Psychoanalyse fest: „Ich bin dazu gelangt, die Psychoanalyse immer klarer als eine Art Tragödie zu sehen, als eine Disziplin die sich von einer recht vielversprechenden Wissenschaft zu einer sehr enttäuschenden Pseudo-Wissenschaft gewandelt hat" (*Sulloway,* S. 53). Bis 1900 sei sie noch eine Wissenschaft gewesen, seit 1915/1920, die Zeit, als man die Lehranalyse einführte, könne diese „Disziplin nicht mehr vorgeben, wirklich wissenschaftlich zu sein" (*ibid.,* 63). Das ist eine renommierte Stimme von vielen im internationalen Raum der Wissenschaftsforschung. Blickt man auf die „Wirkungsgeschichte" *Freud*s, so kann sie nur als enorm bezeichnet werden. Ob das allerdings nur als ein Positivum zu sehen ist, bedarf der kritischen Reflexion. Denn was wurde und wird bei den Menschen angesprochen, und was davon ist förderlich? Das sind Fragen, die eigentlich der wissenschaftlichen, sozialpsychologischen bzw. soziologischen Forschung bedürf(t)en, um hier seriöse Aussagen machen zu können. Unbezweifelbar ist *Freud*s Verdienst, mit Breitenwirkung die Öffentlichkeit für die Bedeutung psychischer Phänomene und belastender, lebensgeschichtlicher Ereignisse für die Krankheitsentstehung sensibilisiert zu haben – allerdings in einer einseitig pathogenetischen Ausrichtung, die salutogenetische (*Antonovsky*) Ressourcen und protektive Faktoren übergeht (*Petzold, Goffin, Oudhof* 1993). Damit kann auch klar gesagt werden, dass bei einer solchen Breitenwirkung Irrtümer – die *Freud* natürlich wie jedem Pionier unterlaufen sind – sich schwerwiegend auswirken können, und es dann auch recht schwierig ist, Korrektive zu setzen, besonders bei Positionen, die mit dem Anspruch von Wissenschaftlichkeit vorgetragen werden und dadurch auch Geltungskraft erhalten, ohne dass es sich um wissenschaftliche Aussagen handelt.

Das Ankreiden kleiner oder größerer wissenschaftlicher Falsifikationen kann hier kein Argument zu einer Rundumdesavouierung der Psychoanalyse sein, sondern wirkt sich als Argument *ad hominem* eher nachteilig für eine ernsthafte Auseinandersetzung mit den wirklich gravierenden ideologischen Problemen aus. Und damit verschiebt sich das Problem des *Freud*ismus weg von *Freud* zu den *Freud*isten, seinen Epigonen, die hagiographisch-unkritisch ihre Geschichte und Theorie nicht befragen, hinterfragen, aufarbeiten, korrigieren, sondern sich wie Gläubige verhalten, die *Freud* als Aufklärer feiern, aber die Fragwürdigkeiten in dieser Aufklärung (*Dauk* 1989) nicht dekonstruieren oder diskursanalytisch (sensu *Foucault*) auf verdeckte **Diskurse** – etwa die der „Pastoralmacht" (*Foucault* 1982) – befragen, die nicht auf die Klagen von PatientInnen aus Psychoanalysen und Lehranalysen hören, um die dort sichtbar gewordenen Fehler zu beheben, was ich als das Schlimmste ansehe. Solche Menschen, die die Psychoanalyse kritisierten, mussten mit z. T. massiven Diskriminierungen rechnen, wie *Dörte von Drigalsky* (1980, 2002), die sich mutig (als Kollegin) geäußert hatte und pathologisiert wurde – sie ist nur ein Beispiel von vielen. In der Psychoanalyse wurde die Methode selbst nur selten zur Aufklärung über das eigene Verfahren angewendet, wie der Psychoanalytiker *Manfred Pohlen* das konsequent unternommen hatte (*Pohlen, Bautz-Holzherr* 1994, 1998) und dafür marginalisiert wurde. Damit leisten Psychoanalytiker nicht das, was *Nietzsche*, der eigentliche Begründer einer Psychodynamik und Tiefenpsychologie (von *Freud* in seinem Einfluss auf die Psychoanalyse verschleiert), gefordert hatte: „Wühlarbeit unter den eigenen Füssen" (vgl. *Nietzsche,* Morgenröte I, 1010) zu betreiben. Eine solide Auseinandersetzung über *Freud* und den *Freud*ismus bzw. eine *Freud*istische Psychoanalyse **als Ideologie** bzw. ihre Seiten einer „dysfunktionalen Ideologie" (vgl. zu diesem Begriff *Petzold, Orth, Sieper* 1999a, b) das ist es, was notwendig wäre und nicht nur von Psychoanalytikern selbst geleistet werden kann. Sie bräuchten dabei die massive und *faire* Hilfe nicht-analytischer Außenbeobachter (*Luhmann* 1992), um **Exzentrizität**, ja **Hyperexzentrizität** zu gewinnen, die sie – in „fundamentalen Attributionsfehlern" (*Stroebe* et al. 2003) gefangen, denen niemand entgehen kann, der sich im Binnenraum einer Ideologie befindet – alleine nicht herstellen können, meine ich.

Niemand kann sich bekanntlich am „eigenen Zopf" aus dem Sumpf ziehen, wobei jede große Ideenbewegung auch Sumpfgebiete hat. Eine solche Erkenntnis kann und darf nicht zu einer Stigmatisierung der Psychoanalyse führen, sondern muss jedem Therapieverfahren bewusst sein! Aber man muss natürlich die Bereitschaft haben, eine diskursive Neubestimmung und eine notwendige Revision eigener Grundpositionen zu **wollen**. Bei Ideologien mit fundamentalistischem Charakter, die im Besitz letztgültiger Wahrheit zu sein glauben – und der orthodoxe *Freud*ismus bzw. die orthodoxe Psychoanalyse und so mancher ihre Abkömmlinge, etwa die Schule der *Klein*ianer, tragen diese Züge – ist ein kritischer Diskurs schwierig bis unmöglich, denn es geht um **Glaubensdinge** und um **Macht**. Das macht dieses Buch eindrücklich und bedrückend deutlich (vgl. auch *Sponsel*, dieses Heft) und das erfordert natürlich eine Auseinandersetzung mit diesen Positionen im psychotherapeutischen Feld – um der PatientInnen willen und um der Psychotherapie als wissenschaftlicher Disziplin und um der PsychotherapeutInnen als seriösen, wissenschaftlich fundierten PraktikerInnen willen, die sich um eine offen deklarierte und begründete, *wertegeleitete* und möglichst ideologiearme Praxis bemühen („ideologiefrei" ist weder möglich noch sinnvoll). Viel schwieriger noch ist es, den Populär*freud*ismus zu dekonstruieren, der die Erziehungsideologien und Therapieideologien und so vieles andere durchfiltert bis in einen gewissen Common Sense hinein – durchaus in dysfunktionaler Weise und natürlich bringt er nicht nur Fehlkonzeption –, und genau das macht die Problematik von „Ideologien mit Halbwahrheitscharakter" aus.

Damit befasst sich der zweite Hauptteil des Buches „Warum hat die Psychoanalyse einen solchen Erfolg" (S. 147–304). Es ist in der Tat zu fragen, was das Faszinosum des *Freud*ismus ausmacht, denn er hat ja in Literatur und medialer Welt eine immense Präsenz (womit sich *Cottraux*, S. 184ff) auseinandersetzt. *Rillaer*, Psychologieprofessor, langjährig selbst Psychoanalytiker, dann seit Jahrzehnten fundierter Psychoanalysekritiker, untersucht die Verführungsstrategien des *Freud*ismus, seine Vorspiegelung eines klinischen Nutzens, seine Mythologie der „Tiefen-therapie" – ein Begriff mit einer hohen suggestiven Kraft, der aber letztlich nur einen sehr flachen, banalen Inhalt hat – weiterhin seine Initiationsqualität. Was zieht die Menschen sonst noch an? Hierzu einige knappe Überlegungen:

Sicherlich das (nicht wirklich eingelöste) Versprechen, die Thematik der Sexualität aufzuklären, mit der die Menschen in vielen Kulturen in schwerwiegenden Problemen stehen, Probleme, die nicht zuletzt mit der Liberalisierung der Sexualmoral, ja z. T. mit dem Verschwinden einer solchen in der Spätmoderne zu tun haben, besonders durch den Geltungsverfall religiöser Sexualnormen, womit unsere evolutionsbiologischen Programme ohne zivilisatorische Regulationshilfen sind. Es finden sich oft nur kryptoreligiöse Relikte mit ihrem Niederschlag in strafrechtlichen Bestimmungen, die, an moderner neurobiologischer und psychologischer Forschung orientiert, reflektiert werden müssten, was allerdings nicht von einer ethiktheoretischen Auseinandersetzung in **genderbewusster** Ausrichtung entbindet (auch hier hat der *Freud*ismus ein schwieriges, ja höchst problematisches Erbe mit *Freud*s paternalistischen, genderhegemonialen Konzeptualisierungen hinterlassen). Lösungen für eine Sexualethik liegen m. E. in einer kritischen Aufarbeitung der Ergebnisse der psychologischen, evolutionspsychologischen und neurobiologischen Gender- und Sexualforschung (*Bischof-Köhler*, *Baron-Cohen*, *Sigusch* u. a.). Dann erst kann die **Kulturarbeit** einer Sexualethik beginnen, die eine Klarheit über die biologischen

Befunde braucht (welche der *Freud*ismus obskurantistisch verstellt!), und erst dann ist es möglich zu einer kulturalistisch vielfältigen „differentiellen und integrativen Ethik" zwischen „Sollens- und Strebensethik" zu gelangen (*Krämer* 1995; *Wittkugel* 2007), die der Situation einer transversalen Moderne gerecht wird. Hier liegt ein immenses ethiktheoretisches Defizit der psychotherapeutischen Schulen (zur Ethik der Integrativen Therapie vgl. *Petzold* 1992a/2003a, 412 ff, 2006n, *Moser, Petzold* 2007; *Lachmann* 2007).

Eine Sexualethik muss auf einem allgemeinen ethiktheoretischen Fundament aufruhen. Das fehlt bei *Freud,* ist allenfalls implizit und dieses Implizierte (in einer Qualität paternalistischer, normativer Strenge) erscheint mir recht problematisch. Die Integrative Position kann hier nur angedeutet werden: sie liegt in der Linie einer Ethik der „*Alterität*", des Respekts vor der „*Andersheit des Anderen*" (*Levinas*), einer Ethik der „*Intersubjektivität*" (*Marcel*), auf deren Boden eine „*Gerechtigkeit*" (*Ricœur*) – auch als Gendergerechtigkeit – als Ethik des mutuellen *Respekts* vor dem anderen Subjekt und seiner *Souveränität* (als ausgehandelter) und seiner Entscheidungsfreiheit gegründet werden kann und zu einer konkreten „Sorge um seine Integrität" (*Petzold*) führt. Die „*Sorge um sich*" (*Foucault*) und die „*mutuelle Sorge um die Integrität der Anderen*" müssen dabei miteinander verschränkt sein (*Petzold* 2006n), so dass eine anzustrebende „Lebenskunst" (*Foucault, Krämer, Petzold, Schmid*) neben und mit der *Selbstsorge* immer auch den Anderen in seiner anderen Geschlechtlichkeit und Genderqualität und weiterhin das Gemeinwohl – die Anderen – im Blick haben muss. In das anomische Vakuum der Sexualethik, der Regelungen zwischen den Geschlechtern, ist ein diffuser *Freud*ismus getreten, der scheinbar Legitimierungen für das normative Defizit zu bieten scheint und dabei immer noch massiv und subtil – was besonders problematisch – ein *paternalistisches* (ich spreche bewusst *nicht* von patriarchalisch), *androhegemoniales* Paradigma fortschreibt. Ein weiteres Moment für die Attraktivität des *Freud*ismus ist seine Suggestion, einer „Tiefe" und damit verbunden einer Herrschaft über die eigene Natur (man ist „durchanalysiert") sowie einer Wissens- und Deutungsmacht über die Anderen. Der Analytiker „durchschaut" den Anderen, sein Unbewusstes kann ihm seine Probleme deuten. Diese Macht der psychologisierenden Deutung des Anderen hat offenbar eine hohe Attraktivität und hat in den verbreiteten Phänomenen des Vulgär*freud*ismus in der Beraterliteratur, im Managementcoaching, des Beratungsjournalismus in den Medien vielfältige Ausdruckformen gefunden. Ein weiteres Moment sind die Möglichkeiten der *Rationalisierung,* die der *Freud*ismus befremdlichen, bedrohlichen, besonderen und unverfügbaren Phänomenen gegenüber bietet: der Aggression, der Perversion, der Ohnmacht, der Verlusterfahrung, aber auch der religiösen Sehnsüchte, der Ekstase, der Kunst (man denke an die Unsäglichkeiten gewisser Formen psychoanalytischer Literatur- und Kunstinterpretation als Terrain willkürlicher Über- und offenkundiger Fehlinterpretationen – z. T. wider besseres Wissen oder mit einem Festhalten an den Deutungen, auch wenn, wie für *Freud*s Leonardostudie (*Israëls*, S. 114ff) oder seiner

Interpretation für *Jensens* „Gravida" (*Schlagmann* 2005, 541ff), die Fehlerhaftigkeit nachgewiesen wurde. Die Beispiele ließen sich beliebig vermehren – man denke an das Genie *Goethe*, dessen Werk, sein Verhältnis zu Friederike, sein Werther etc. etc. als Ausdruck seiner Mutterprobleme interpretiert wird. Die psychoanalytischen *Goethe*interpretationen von *Freud* über *Rank, Reik, Eissler, Hitschmann* usw. usw. überbietet sich in einem *furor interpretandi*, in der Regel ohne Bezüge zu den Arbeiten der Literaturwissenschaft oder zur Geschichte, Literatur- und Kunstgeschichte. Das zeigte sich auch in der willkürlichen und falschen Vernutzung griechischer Mythologie durch *Freud* und viele Psychoanalytiker, ihrer Fehlinterpretation des Ödipus-Mythos (*Schlagmann* 2005) oder des Narzissmus-Mythos (*ibid.*, 635). Ich forderte deshalb: „Gebt Narziss seinen ehrlichen Namen zurück" (*Petzold* 1992f). „Narzissmus" als Begriff klinischer Diagnostik sollte aufgegeben werden, weil er auf einer historischen Falschauffassung des historisch-mythengeschichtlichen Materials gründet, dessen Fehlinterpretation die Psychodynamik dieses Störungsbildes korrumpiert. Es geht doch um „Selbst- und Selbstwertstörungen", die aufgrund empirischer Studien zur klinischen Entwicklungspsychologie zu beschreiben wären und nicht durch mythoforme, obskurantistische Deutungen eines antiken Mythos. Dass es dabei nicht nur um eine vernachlässigbare Fehlbenennung geht, sondern dass diese Fehldeutungen auch etwas mit der Psychodynamik der Deutenden – von *Freud* bis *Kernberg* – zu tun haben, Ausdruck auch eigener Pathologie ist oder sein könnte – das hat *Schlagmann* (2005) in seinem provokanten, ungewöhnlichen und durchaus umstrittenen Buch „Ödipus – komplex betrachtet" mit einer Fülle historischer Dokumente zu den Mythen, zu *Freuds* Leben und Verhalten gezeigt. Er dokumentiert *Freuds* Umgang mit seinem Kollegen *Breuer*, den *Schlagmann* mit guten Gründen in dem Kapitel „Die ursprüngliche Psycho-ana-lyse nach *Josef Breuer* und ihre Entwertung" (*ibid.*, 319) zusammen mit der *Anna O.* (d. i. *Bertha Papenheim*, vgl. *Borch-Jacobsen* 1997; *Edinger* 1968) als den eigentlichen Begründer der Psychoanalyse identifiziert). *Schlagmann* meint, *Breuers* subtile Behandlungstechnik (vgl. *Hirschmüller* 1978) verdiene es, wiederentdeckt zu werden.

Dass mythoforme Fehldeutungen, wie sie von *Freud* und seinen Nachfolgern praktiziert wurden, zu Lasten von PatientInnen gehen können, ist am tragischen Beispiel der *Anna O.* und der Geschichte ihrer Fehlbehandlungen („un fiasco total", *Borch-Jacobsen* in: *Meyer*, S. 27) sowie der Fehlschlüsse, die *Freud* aus dieser Behandlung gezogen hat, zu zeigen. Sie hat zu weiteren Fehlbehandlungen *Freuds* bei seinen PatientInnen geführt, die stets von ihm als Erfolge dargestellt wurden, obwohl er sie z. T. in seiner Privatkorrespondenz mit seiner Verlobten zeitgleich als prekär oder misslungen beschreibt (*ibid.*, 77 ff, *Israëls* 1999; *Schlagmann* 2005, 419 ff). *Anna O.*, später bedeutende Frauenrechtlerin und Pionierin der Sozialarbeit und psychosozialen Frauenhilfe (*Edinger* 1968), „sprach nie über diese Periode ihres Lebens und widersetzte sich mit Vehemenz jedem Vorschlag einer psychoanalytischen Behandlung von Personen, für die sie die Verantwortung trug, zur großen

Überraschung der Leute, die mit ihr zusammenarbeiteten" (*ibid.*, S. 15; vgl. *Borch-Jacobsen* 1997, 36f). Es ist stupend, wie Generationen von Psychoanalytikern diese historischen, inzwischen gut zugänglichen Fakten übergehen, sie nicht mit den Mitteln der Psychoanalyse dekonstruieren, um zu sehen, welche *strukturellen* Folgen diese Fakten für die Praxis der Psychoanalyse haben – *Foucault* hat gezeigt, wie nachhaltig sich solche Diskurse fortschreiben. *Freuds* z. T. verächtliche und abwertende Haltung PatientInnen und Frauen gegenüber (ein massiver Dissensgrund von *Ferenczi*, siehe diese Zeitschrift 3-4, 2006) und seine negative Anthropologie haben zweifelsohne Nachwirkung bis in die Praxis von Lehranalysen und Psychoanalysen heute genauso wie seine problematische Hermeneutik in der Deutungspraxis, und wie die Junctim-These. Vor allem in seinem Mythengebrauch sind ihm theoriestrukturell *Jung* und andere Psychotherapeuten gefolgt, indem sie den historischen und ethnologischen Gehalt solcher Mythen übergehen und ihnen willkürliche Bedeutungen aufpfropfen, sie zu ätiologischen Modellkonzeptionen machen, um ihre Behandlungsstrategien damit zu legitimieren. So wurden und werden die gleichsam mythoman explizierten Störungen des Patienten fehlinterpretiert und führen – oft genug zu Lasten des Patienten – zu Fehlbehandlungen oder verhindern bessere Behandlungsmöglichkeiten (z. B. dialektisch-behaviorale Therapie nach *Marsha Linehan* statt Psychoanalyse bei Borderline-Persönlichkeitsstörungen). Die „interpretation light" (durch eine Hermeneutik ohne die Mühen einer fundierten Recherche, für die *Ricœur* als überzeugendes Gegenbeispiel gelten kann) als *Strategie der Bemächtigung*, der *(Pseudo)legitimierung* und *Definitionsmacht* hat offenbar eine große Faszination.

Das große Kapitel „La psychoanalyse et ses impasses" (S. 306-444) über die "Sackgassen" der Psychoanalyse gibt für jede Psychotherapierichtung reiches Material die eigenen theoretischen und praxeologischen Probleme zu reflektieren. Wenn man dieses Buch nämlich nur als eine Streitschrift gegen die Psychoanalyse liest, als eine Abrechnung gar, geht man völlig an seiner Bedeutung vorbei. *Es ist eine kritische Anfrage an Psychotherapie schlechthin*, eine Aufforderung, die eigenen Positionen kritisch zu überdenken, die eigenen Geltungsbehauptungen und -ansprüche an der Realität der Evidenzbasierung oder den interdisziplinären Theorie- und Forschungsdiskursen zu messen. „Hat die Psychoanalyse einen wissenschaftlichen Wert?", fragt *Cioffi* (S. 306 ff). „Hat die Integrative Therapie einen wissenschaftlichen Wert?", muss ich fragen. „Ist die Psychoanalyse ein Instrument der Selbsterkenntnis?" (S. 356ff), – das müssen sich Systemtherapie, Gesprächstherapie, Gestalttherapie etc. fragen und fragen lassen. Wir haben das untersucht – mit positivem Ergebnis von Seiten der befragten AusbildungskandidatInnen (*Steffan, Petzold* 1999a; *Petzold, Rainals* et al.2006). *Rillaer* beschreibt die Abwehrmechanismen der Psychoanalyse (S. 414–444). Was sind unsere Abwehrmechanismen? Das müssen wir uns fragen und fragen lassen.

Der Abschlussteil des Werkes ist übertitelt: „Es gibt ein Leben nach *Freud*" (S. 642–820). In der Tat, das gibt es. Da finden sich Kapitel über den Beitrag der

Neurowissenschaften, die die Psychoanalyse keineswegs bestätigen, wie *Hobson* (S. 642 ff) und *Proust* (S. 650ff) ausführen – auch *Grawe* ist dieser Auffassung, und auch ich sehe das so. Das neurowissenschaftliche Unbewusste (introspektiv nicht zugängliche neurozerebrale Prozesse) hat mit dem *Freud*schen (verdrängtes Erleben) wenig gemein. Zwar reklamieren PsychoanalytikerInnen fortwährend: „Die Neurobiologie bestätigt die Psychoanalyse", aber renommierte Neurobiologen sehen das anders: „Die Neurobiologie habe Freud bestätigt? Im Gegenteil, sie zeigt auf ihre Weise den Unterschied zwischen einer instinktgeleiteten Ratte und einem Menschen mit seinem riesigen Frontalhirn zum kreativen Denken und vernünftigen Wollen" (*Kornhuber* 2006, 312). *Cottraux* (S. 802) stellt ganz richtig fest, dass „die Psychoanalyse kein Monopol auf das Unbewußte hat"! *Pawlow*, Nobelpreisträger und Zeitgenosse des Neurologen *Freud* (der ihn nur einmal marginal erwähnt!) hat der Sache nach ein Modell neuronalen Unbewussten. *Pierre Janet* kann als der wirkliche Begründer einer klinischen Theorie des Unbewussten und als Vorläufer der modernen, kognitiven Therapie angesehen werden (*Cottraux*, S. 802f; *Petzold* 2007b, dieses Heft). Heute stehen andere, wirksamere Psychotherapien als die Psychoanalyse PatientInnen zur Verfügung meinen *A. Beck, A. Ellis* und andere AutorInnen in diesem Schlussteil und auch *Grawe* und andere Psychotherapieforscher sehen das so, gerade auch für die schweren Persönlichkeitsstörungen. Formen kognitiver Therapie, Verhaltenstherapie, die interpersonelle Therapie, die Gestalttherapie, das Psychodrama, körperorientierte Therapien, die systemische Therapie und schließlich – viele Elemente der genannten Ansätze verbindend - die integrativen Modelle von *Grawe* (1998, 2004) mit seiner „psychologischen Psychotherapie" und mit einem originellen und theoretisch elaborierten Integrationsmodell (*Sieper*, diese Zeitschrift 2006) – der biopsychosoziale Ansatz der „Integrativen Therapie" als „Integrativer Humantherapie" (*Petzold* 1974j, 1988n, 1992a, 2001a, 2003a), die über *Grawe* hinausgehend die Leib- und Bewegungstherapie auf der Grundlage eines neurobiologischen Modells des „Informierten Leibes", eine Methodologie „sozialer Netzwerkarbeit" (*idem* 1979c, *Hass, Petzold* 1999) und eine Praxis „kreativer Medien" (1973c, *Petzold, Orth* 1990, 2007) in das Feld der Psychotherapie eingebracht hat. Sie versteht sich explizit als ethikgeleitete Psychotherapie (*Wittkugel* 2007; *Lachner*, 2007; *Petzold* 1990n, 1992a, 500ff), die ihre Praxis untersucht – auch auf Risiken und Nebenwirkungen (*Steffan* 2002; *Märtens, Petzold* 2002) und ihren Ansatz diskurskritisch, dekonstruktivistisch, mythenkritisch, machttheoretisch zu betrachten versucht (*Orth, Petzold, Sieper* 1995b; *Petzold, Orth* 1999). Viele Impulse dazu hat sie der wertschätzend kritischen Auseinandersetzung mit der Psychoanalyse und mit *Sigmund Freud* zu verdanken, diesem Pionier – mit *Reil, Janet, Moreno*, die hier gleichbedeutend in dieser Reihe genannt werden müssen, aber ihm nicht nachgeordnet werden dürfen – moderner Psychotherapie. Er hat wissenschaftliche und persönliche Fehler gemacht (wer könnte und dürfte sich davon frei sprechen?). Die müssen kritisch diskutiert werden und revidiert bzw. korrigiert werden. Diese

Aufgabe käme in erster Linie seinen Nachfolgern zu, die aber unterstützt werden müssen, wenn sie in filialer Gebundenheit und Befangenheit im eigenen Paradigma die notwendigen Schritte nicht unternehmen oder unternehmen können, bzw. die herausgefordert werden müssen, wenn sie das nicht wollen. Es wäre die Aufgabe der gesamten psychotherapeutischen „community" (die daran zur „community" wachsen könnte) in polylogischer, wechselseitig *wertschätzender Kritik* solche Bemühungen zu unterstützen (siehe hier unsere Theorie „*weiterführender Kritik*" Petzold, Sieper 2006b, *Sieper* 2006, diese Zeitschrift). Mit Verteufelung und Totalabwertung ist hier nichts gewonnen. Sie produziert nur Reaktanz. Es ist sehr zu hoffen, dass *Meyer*s „Livre Noir" in der richtigen Weise gelesen wird, besonders von PsychoanalytikerInnen (die dabei auf Reaktanzphänomene achten müssten), denn dann können sie von diesem Buch großen Gewinn haben. Es würde zu einer klareren Bewertung und Korrektur der Vergangenheitssicht beitragen und den Boden für notwendige Revisionen bereiten, es könnte helfen, gegenwärtige Machtdiskurse und Ideologisierungen aufzudecken und zu revidieren, wie sie in höchst problematischer Weise im Kontext des deutschen Psychotherapiegesetzes sich in der Tradition des „Geheimen Komitees" (*Wittenberger* 1995) reinszenierten und bekanntlich zur ungerechtfertigten Ausgrenzung des größten Teils der psychotherapeutischen Verfahren in Deutschland geführt haben (ungerechtfertigt, weil dabei „wissenschaftliche" Kriterien angelegt wurden, die die Psychoanalyse selbst bei weitem nicht erfüllt, sondern ihre Position allein aufgrund von strukturellen Positionen der Definitionsmacht inne hat). Die einstmals Ausgegrenzten wurden zu Ausgrenzern. Hier machte sich die fehlende diskurskritische Aufarbeitung der eigenen Geschichte bemerkbar. Das Sendungsbewusstsein *Freud*s und seine patriarchalische, unduldsame Machtpolitik, die sich in der Psychoanalyse bis in die Gegenwart finden lässt und die auch in der psychoanalytischen Behandlungsmethodik ihren Niederschlag gefunden hat (exemplarisch an der „Grundregel" und dem „Couchsetting" dekonstruierbar, *Petzold* 2006n) müssen in der Tat in den kritischen Diskurs, um *Freud* und der Psychoanalyse „gerecht" zu werden. *Derrida*s (1992) „Être juste avec *Freud*" ist in differenzierter und sehr fundamentaler Weise zu beherzigen: indem *Freud*s Lebensleistung kritisch gewürdigt wird, seine Fehler in sorgfältiger Weise diskutiert und, wo notwendig, korrigiert werden, ohne unnötige hagiographische Camouflagen, so dass das Bewahrenswerte seiner Arbeit über die historische Bedeutsamkeit hinaus wertgeschätzt werden kann, indem weiterhin sortiert wird, was ihm und was seinen Epigonen zuzurechnen ist. Das „Livre Noir" muss dazu natürlich selbst kritisch gelesen, und – wo es über das Ziel einer angemessenen historischen Neubewertung *Freud*s und der Psychoanalyse hinausgeht – abgegrenzt werden.

Ein schwerwiegender Mangel des Buches ist die fehlende Auseinandersetzung mit den „korrektiven Entwicklungen" in der modernen Psychoanalyse, in der sich ja viel bewegt hat und bewegt (vgl. die drei höchst informativen und fundierten Bände von *Buchholz* und *Gödde* 2005). Allerdings sind die AutorInnen durchweg der Auffassung, dass sich die alten Diskurse nur subtilisiert fortsetzen, solange die Psychoanalyse ihre

Problemgeschichte nicht aufarbeitet, was in bestimmten Bereichen sicher so gesehen werden kann – etwa bei der sogenannten „intersubjektiven Wende" in der Psychoanalyse (*Orange, Atwood, Stolorow* 2001; *Altmeyer, Thomä* 2006), wo man ohne Rezeption der gesamten intersubjektivitätstheoretischen und dialogpraktischen Arbeit und Diskussion in der Philosophie und den anderen Psychotherapieverfahren den psychoanalytischen Diskurs und das für ihn charakteristische Gefälle in der Beziehung Therapeut/Patient fortschreibt (*Petzold* 2006w, diese Zeitschrift 3-4, 261). Weiterhin seien in der Axiomatik der Psychoanalyse und anderer Therapieverfahren so schwerwiegende Fehler, dass man ganz neu beginnen solle, moderne Psychotherapie zu konzeptualisieren – so *Grawe* (2004) in seinem letzten Werk. Ich kann ihm in dieser Rigorosität nicht folgen, zumal man solche Fehler analysieren muss, um sie künftig zu vermeiden, denn sie sind vielleicht struktureller Art und reproduzieren sich in einer Neukonzeptualisierung. Zu beachten ist, dass das Buch von *Meyer* und MitarbeiterInnen ein „Schwarzbuch" ist, und für ein solches ist es charakteristisch, die „schwarze Seite" eines Bereiches aufzuzeigen – mir macht das immer ein gewisses Missbehagen. Dennoch: Als solches ist dieses Buch eine wichtige Fundgrube und nützlicher „Stein des Anstoßes" für jeden Psychotherapeuten und jede Psychotherapeutin (ich schließe hier natürlich die PsychoanalytikerInnen ein, auch wenn einige nur Psychoanalyse und keine Psychotherapie zu betreiben beanspruchen), aber es ist auch für PatientInnen instruktiv. All diese Gruppen müssen sich der Gefahren bewusst werden und *bleiben*, in der die Profession „Psychotherapie", ihre **Schulen** und Bewegungen sowie die PraktikerInnen stehen, die Psychotherapie ausüben. *Freud* schrieb über seine Psychoanalyse, man habe „die Aufmerksamkeit der *Welt* auf die *Gefährlichkeit* dieser therapeutischen Methode zu lenken. Der Therapeut weiß, dass er so mit den explosivsten Kräften arbeitet ..."[2] Natürlich hatte diese Bemerkung eine andere Stoßrichtung, aber so falsch ist sie ja nicht, blickt man auf das Problem der Schäden, Risiken und Nebenwirkungen durch Psychotherapie (*Märtens, Petzold* 2002).

Ich hoffe, die Sprachbarriere behindert nicht die Rezeption dieses Buches, und es findet sich ein Verleger, der die Übersetzungskosten nicht scheut. Für alle Therapieschulen ist das nämlich ein nützliches Buch, um dazu beizutragen, dass „Schwarzbücher" über Psychotherapie nicht mehr notwendig werden und um sich klar zu werden, dass „Schulen" zur Dogmatik und zu In-Group-Out-Group-Phänomenen tendieren. Schulengründer tendieren zur Verewigung ihrer Leistungen, Lehren und zur Machtsicherung für ihre Schulen. Dafür brauchen sie zumeist *Jünger*. Jüngertum aber geht nicht mit Wissenschaft einher, die kritisch auf bisher Erreichtes schauen muss, bereit, es zu überschreiten, die stets neues Wissen schafft und altes revidiert oder ablegt. Schulendogmatik entspricht nicht der Weisheit *Heraklit*s (meines Lieblingsphilosophen, *Petzold, Sieper* 1988b), dass *alles im Fluss ist*. Es entspricht auch

---

[2] *Freud, S.*, Bemerkungen über die Übertragungsliebe, 1915, Studienausgabe, Fischer S. 230, meine Hervorhebungen. Das war natürlich ein Hinweis mit monopolisierender Absicht: Nur wir können ...

nicht meiner eigenen Position. Ich sehe mich nicht als „Schulengründer", sondern zähle mich zu den Pionieren des Integrationsgedankens in der klinischen Psychologie und in der wissenschaftlich fundierten Psychotherapie und (in gebotener Bescheidenheit) als der *spiritus rector* einer „*Richtung*" (approach) innerhalb dieser Disziplinen, in der ich mit Unterstützung meiner MitarbeiterInnen (*Sieper, Orth* u. a.) ein besonderes „**Verfahren**" differentiellen und integrierenden Handelns und Behandelns erarbeiten konnte als eine biopsychosozial ausgerichtete „integrative Humantherapie". Man hat mich als eine der „Leitfiguren" der Psychotherapie bezeichnet (*Zundel* 1987). Das mag für eine bestimmte Zeit und einen bestimmten Rahmen zutreffen, aber Leitung impliziert, dass man sie auf Zeit übernimmt, sie mit anderen teilt und sie dann auch wieder an andere abgibt. Dafür braucht es kenntnisreiche, engagierte, souveräne Menschen, die *konviviale Räume* schaffen (*Orth* 2002), in denen mit Respekt (*Sennett* 2002) und Wertschätzung für andere Menschen und ihre Meinungen (*Petzold, Sieper* 2006b, *Sieper* 2006), aber auch mit dem Mut zur „Parrhesie", zur offenen Rede bei Differenzen der Sicht (etwa in anthropologischen und ethischen Fragen) in ko-respondierenden Polylogen durch Konsens-Dissens-Prozesse miteinander immer wieder neue Erkenntnisse geschaffen werden. Damit können vorhandene Wissensstände und bestehende Erkenntnisse (die von *Freud* oder *Jung*, von *Horney* oder *Perls*, von *Satir* oder *Grawe* und natürlich auch meine eigenen) in transversaler Weise überschritten werden. Deshalb ist es für mich das Wichtigste in der Psychotherapie und in der Arbeit mit Menschen insgesamt, solche *Souveränität*, solche *Kompetenz* zu *Ko-respondenz* und einen *Willen zur Wertschätzung* und zur *Transversalität* (*Petzold, Sieper* 2007) zu fördern und zu bekräftigen.

Hilarion G. Petzold

Literatur

Die zitierten Beiträge von *H. Petzold* und MitarbeiterInnen finden sich in: **Petzold, H. G. (2007):** "Randgänge der Psychotherapie – polyzentrisch vernetzt". Einführung zur Gesamtbibliographie und Updating des Gesamtwerkeverzeichnis 2007. Bei www. FPI-Publikationen.de/materialien.htm - *POLYLOGE: Materialien aus der Europäischen Akademie für Psychosoziale Gesundheit* - 1/2007 und in *Sieper, Orth, Schuch* (2007).

Broch-Jacobsen, M. (1997): Anna O. zum Gedächtnis. Eine hundertjährige Irreführung. München: Fink.
Buchholz, M. B. Gödde, G. (2005): Macht und Dynamik des Unbewußten Bd. 1. Auseinandersetzungen in Philosophie, Medizin und Psychoanalyse. Giessen: Psychosozial Verlag.
Dauk, E. (1989): Denken als Ethos und Methode. Foucault lesen, Berlin: Reimer.
Derrida, J. (1992): „Être juste avec Freud", in: *Roudinesco, E.*, Penser la folie. Essais sur Michel Foucault, Paris, S. 139-195.
Drigalski, D. v. (1980): Blumen auf Granit, , Berlin: Ullstein.
Drigalski, D. v. (2002): Das China-Syndrom der Psychotherapie, in: *Märtens, Petzold* (2002)60-71.
Edinger, D. (1968): Bertha Papenheim. Freud's Anna O.. Highland Park. Ill: Congregation Solel.
Foucault, M. (1982): Der Staub und die Wolke, Bremen: Impuls.

Grawe, K. (1998): Psychologische Therapie, Göttingen: Hogrefe.
Grawe, K. (2005): Alle Psychotherapien haben ihre Grenzen, *Neue Zürcher Zeitung* 23.10. 2005, Nr. 43, 78.
Israëls, H. (1999): Der Fall Freud. Die Geburt der Psychoanalyse aus der Lüge. Hamburg: Europäische Verlagsanstalt/Rotbuch Verlag.
Kornhuber, H. (2006): Psychoanalyse: Kein Vorbild für Ärzte und Forscher. *Deutsches Ärzteblatt* 103, Ausgabe 24 vom 16.06.2006, S. A-1667 / B-1420 / C-1372.
Krämer, H. (1995): Integrative Ethik. Frankfurt a. M.; Suhrkamp.
Lachner, G. (2007): Ethik und Werte in der Integrativen Therapie. In: *Sieper, Orth, Schuch* (2007).
Märtens, M., Petzold; H.G. (2002): Therapieschäden. Risiken und Nebenwirkungen von Psychotherapie. Mainz: Grünewald.
Moscovici, S. (1961): La psychanalyse, son image et son public, Paris: Presses Universitaires de France.
Orth, I. (2002): Weibliche Identität und Leiblichkeit – Prozesse „konvivialer" Veränderung und Entwicklung – Überlegungen für die Praxis, Düsseldorf/Hückeswagen 2002, FPI-Publikationen. www.FPI-Publikationen.de/materialien.htm: POLYLOGE: Materialien aus der Europäischen Akademie für psychosoziale Gesundheit – 15/2002, auch in *Integrative Therapie* 4, 2002, 303-324.
Petzold, H.G., Sieper, J. (2007a): Der Wille, die Neurowissenschaften und die Psychotherapie. Bielefeld: Sirius, Aisthesis (im Druck).
Pohlen, M., Bautz-Holzherr, M. (1994): Psychoanalyse - Das Ende einer Deutungsmacht, Reinbek: Rowohlt.
Pohlen, M., Bautz-Holzherr, M. (2001): Eine andere Psychodynamik: Psychotherapie als Programm zur Selbstbemächtigung des Subjekts, Göttingen: Verlag Hans Huber.
Schiepek, G. (2003): Neurobiologie der Psychotherapie. Stuttgart: Schattauer.
Schlagmann, K. (2005): Ödipus – komplex betrachtet. Männliche Unterdrückung und ihre Vergeltung durch weibliche Intrige als zentraler Menschheitskonflikt. Saarbrücken: Verlag der Stammbaum und die 7 Zweige. Scheidter Strasse 62, 66124 Saarbrücken – 720 Seiten.
Sennettt, R. (2002): Respekt im Zeitalter der Ungleichheit, Berlin: Berlin Verlag.
Sieper, J. (2006): „Transversale Integration": ein Kernkonzept der Integrativen Therapie - Einladung zu ko-respondierendem Diskurs. *Integrative Therapie*, Heft 3/4 (2006) 393-467 und in *Sieper, Orth, Schuch* 2007.
Sieper, J., Orth, I., Schuch, H.W. (Hg. 2007):Neue Wege Integrativer Therapie. Klinische Wissenschaft, Humantherapie, Kulturarbeit – Polyloge – 40 Jahre Integrative Therapie, 25 Jahre EAG - Festschrift für Hilarion G. Petzold. Bielefeld: Edition Sirius, Aisthesis Verlag (im Druck).
Stroebe, W., Hewstone, M., Stevenson, G.M. (2003): Sozialpsychologie. Eine Einführung. Heidelberg: Springer.
Wittenberger, G. (1995): Das „Geheime Komitee" Sigmund Freuds. Institutionalisierungspro-zesse in der Psychoanalytischen Bewegung zwischen 1912 und 1927. edition diskord. Tübingen.
Wittenberger, G., Tögel, C. (2003): Die Rundbriefe des „Geheimen Komitees", Bd. 3: 1922. edition diskord. Tübingen.
Wittkugel, G. (2007): Leben soll gelingen. Elemente der „Integrativen Ethik" von Hans Krämer und die Integrative Therapie. Bei www. FPI-Publikationen.de/materialien.htm - *POLYLOGE: Materialien aus der Europäischen Akademie für psychosoziale Gesundheit* - Jg. 2007.
Zundel, R. (1987): Hilarion Petzold – Integrative Therapie, in: *Zundel, E., Zundel, R.*, Leitfiguren der Psychotherapie, Kösel, München 1987, 191-214.

Eva Weissweiler, Die Freuds. Biographie einer Familie
Kiepenheuer & Witsch, 2006

Bei mindestens drei Gelegenheiten hat *Sigmund Freud* deutlich gemacht, was er von Biographien hielt, seien sie nun selbstverfertigte oder fremde Beschreibungen des eigenen Lebens. Seiner späteren Frau *Martha Bernays* verspricht er, „es den Biographen nicht leicht zu machen". Sehr viel später, 1923, trägt seine Absage einer Anfrage, seine Autobiographie zu verfassen fast *Thomas Bernhard*sche Züge – was alle Autobiographien wertlos mache, sei ja ihre Verlogenheit. Und, es sei eine amerikanische Naivität des anfragenden Verlegers, ihm, einem anständigen Menschen, zuzumuten, eine derartige Gemeinheit zu begehen. Sein Leben sei schließlich ganz ruhig und inhaltslos verlaufen und mit einigen Daten zu erledigen. Wer aber, so schreibt er wiederum Jahre später an *Stefan Zweig*, Biograph werde, verpflichte sich zur Lüge, Heuchelei, Schönfärberei und zur Verhehlung seines Unverständnisses, denn „die biographische Wahrheit ist nicht zu haben, und wenn man sie hätte, wäre sie nicht zu gebrauchen".

Damit ist bereits das Spannungsfeld beschrieben zwischen dem Projekt der Autorin *Eva Weissweiler* und ihrem Gegenstand. Sie nennt es „Biographie einer Familie". Damit will sie markieren, daß sie *Freud* in seinen Bezüglichkeiten beleuchten will, daß *Freud* eine Herkunft, familiäre Nahbeziehungen, freundschaftliche und berufliche Beziehungen hatte und daß es eine Familie *Freud* nach *Freud* gab und gibt. Ob eine Familie eine Biographie (oder doch eher: eine Geschichte) haben kann, sei dahingestellt. Bei allen Versuchen aber, den Fokus über die Person *Freud*s hinaus auf seine größere Familie hin zu erweitern bleibt eines klar: im Mittelpunkt bleibt der Begründer der Psychoanalyse, das Grundinteresse an allen anderen Figuren speist sich aus den Beziehungen zu und mit ihm. Schwer fällt es ihnen in *Weissweiler*s Text, mit Ausnahme der Freudtochter *Anna*, jenseits der Kreuzungspunkte mit *Freud* eigene Kontur und Tiefe zu gewinnen. Auch sie, die Autorin macht sich in ihrem Projekt nicht frei von diesem – wie sie oft genug betont – übermächtig, ja gelegentlich unnahbar und andere verschattenden Mann.

Es geht also um *Freud*. *Siegmund Freud*, über den *Umberto Eco* im „Foucaultschen Pendel" eine seiner Figuren sagen läßt, da habe ein Wiener Spaßvogel aus Jux und Dollerei sich die Geschichte mit dem Es, dem Ich und dem Über-Ich ausgedacht und das mit dem Ödipus und den Träumen und danach seien Millionen von Menschen bereit gewesen, im Ernst neurotisch zu werden. Und Tausende anderer bereit, sie auszubeuten. *Freud*, von den einen überhöht, von den anderen geschmäht. Der „goldene Sigi", wie ihn die Mutter nennt. Sigi good guy (für die Verehrer), Sigi bad guy (für die Kritiker, von *Jung* über *Ferenczi* bis in die Jetztzeit). Ein Pionier des Seelischen oder ein neurasthenischer, nikotinabhängiger Egomane, der von *Nietzsche* und anderen abgeschrieben hat, ohne die Quellen exakt zu benennen? Wie kann man sich dieser Figur nähern, ohne ins eine oder andere Extrem zu verfallen, da ja in den letzten Jahren „Freud-Bashing" zu einer verbreiteten Sportart in der Fachwelt (und darüber hinaus) geworden ist?

Weissweiler tut dies zunächst vermittels eines beeindruckenden Studiums der Quellen zu *Freud*, insbesondere der Briefwechsel; dies belegen zahlreiche, mühelos in den Text eingewobene Zitate mit 1.110 (!) Quellverweisen. Sie spannt einen Zeithorizont auf, der von der Geburt *Freud*s 1856 im mährischen Freiberg bis hinein in die achtziger Jahre des 20. Jahrhunderts reicht (die Tochter *Anna Freud* starb 1982 in London). Und sie gliedert den Text nicht nur chronologisch, sondern gibt ihm thematische Interpunktionen; die Rede ist u.a. vom „glücklichen Freiberger Kind", der „Fernliebe" (*Freud*s zu seiner Verlobten *Martha*), den „Abhandlungen zur Sexualtheorie" über die „Reisejahre" hin zu den „analytischen Hunden" und dem „Exodus". In diesen Rahmungen treten die Figuren auf: *Freud* selbst, der den roten Faden abgibt, die Eltern, seine Frau *Martha*, die insgesamt 6 Kinder, deren Partner und Nachkommen, und nicht zuletzt die zahlreichen Wegbegleiter *Freud*s – Freunde, Kollegen, Konkurrenten, Epigonen.

Die Autorin besticht streckenweise durch die Leichtigkeit, mit der sie den Leser durch dieses gewaltige Terrain führt. Langweilig wird es nie. Doch: kommen wir über die Lektüre dem Menschen *Freud* und denen, die ihn begleitet haben, näher? Erfahren wir etwas über sein „So-Sein", wird er uns verständlicher oder unverständlicher? Verstehen wir, wie er diese oder jene Idee entwickelt, wie er sie diskutiert und mit anderen verhandelt hat? Die erste Antwort ist: ja. Dies immer mit dem Vorbehalt, den *Freud* selbst in annähernd konstruktivistischer Manier formuliert hat: die (biographische) Wahrheit ist nicht zu haben. *Weissweiler* zeigt uns *Freud*s Kinderstube, sie führt uns den jungen Doktor der Medizin vor, der noch in seinem Jugendzimmer wohnt, den Freier um seine Verlobte *Martha*; sie nimmt uns mit auf den Weg *Freud*s zu seinem Scheitern vor dem Wiener „Verein für Neurologie" und auf den Weg zurück nach Hause mit gesenktem Kopf. Sie zeigt uns den Ehemann, den Vater, den Freund, den renommierten und von den „Abtrünnigen" (*Jung, Ferenczi*) kritisierten Kollegen, den schwer Krebskranken. Die Fotos im Mittelteil des Buches, aus allen Lebensphasen *Freud*s stammend, zeigen einen Menschen, den man als attraktiv bezeichnen kann. Leicht läßt sich vorstellen, daß er andere – so oder so – beeindruckt hat. Das Gesicht hat immer etwas Entschlossenes, der Kopf ist aufrecht. Ein gestandener Mann, der bei aller Anteilnahme am Geschehen oder Zuwendung, etwa mit einem Enkel auf dem Arm - bei sich zu sein scheint, verbunden mit sich selbst.

Freud darf als Pionier des Psychischen gelten, er hat wesentlich dazu beigetragen, daß und wie das Psychische Eingang gefunden hat in das Verstehen und die Therapie im Bereich des menschlichen Erlebens, Denkens und Handelns. Der Vorwurf, er habe dabei auf Konzepte anderer zurückgegriffen, ohne die Quellen zu benennen, bleibt bestehen. Sicherlich hat er sich in der psychologischen Philosophie, etwa der von *Nietzsche* bedient. *Freud*sche Begriffe wie „Triebschicksal", der „Wendung gegen das eigene Ich" und der „Projektion" finden sich (dies zeigte z.B. *Burger* 2000) wörtlich bei *Nietzsche*. *Freud* also: ein Plagiator? Auch als Kliniker hatte er seine Wegweiser, *Charcot* etwa, der die „hypnotische Suggestion" im psychiatrischen Kontext anwandte. Für *Freud*s Konzeption dürfen zwei Kernaspekte stehen: zum einen war dies der

Aspekt des Zur-Sprache-Bringens von scheinbar eingeschlossenen, unbewußten Konflikten, die sich z.B. verschlüsselt in Träumen zeigen. Zum anderen die Sexualität. Sie galt ihm als die eigentliche Triebfeder der menschlichen Strebungen und Irrungen. Sexualität als ausschlaggebendes Movens des Menschen zu zeigen und gegen ihre Tabuisierung vorzugehen, weil sich ansonsten neurotische Symptome zeigten, darf als Hauptverdienst Freuds gelten. An dieser Stelle jedoch kann man *Kaplan*s „Law of Instrument" ins Feld führen, das sinngemäß lautet: gib einem kleinen Jungen einen Hammer und er wird herausfinden, daß alles, was ihm über den Weg läuft, mit dem Hammer bearbeitet werden muß. Hier zeigt sich *Freud* sicherlich als kontextgebundene Person. Psychosexuelle Interpretationen klärten in den „Studien über Hysterie" die meiste Varianz der Symptomatik von *Freud*s Patientinnen auf. Zudem mag die Tabuisierung des Sexuellen für den Zeitgenossen *Freud* bei anderen und am eigenen Leib überdeutlich gewesen sein. Man fühlt sich an *Goethe*s Faust erinnert: Du bist dir nur des einen Triebs bewußt, o lerne nie den andern kennen ... *Freud* also stürzt sich auf den Eros als Triebfeder menschlichen Handelns und hält in seinem theoretischen Werk fast durchgängig an ihm fest. *Menis* oder *Thymos*, der Zorn, der Altes überwinden, der Neues schaffen will, diese zweite Triebfeder, in der griechischen Antike beschrieben und „Europas erstes Wort" (d.h. am Beginn der Ilias stehend, s. *Sloterdijk* 2006), läßt er außer Acht. So erscheinen wir im *Freud*schen Licht meist eben nur als sexuelle Wesen; das Prinzip des Eingreifens in die Welt, das Kreative, erscheint lediglich als Sublimierungsleistung des Sexuellen; eine Ansicht, der Jung und andere immer heftiger widersprachen und die zum Bruch mit ihm führten.

Auch *Weissweiler* nimmt auf diese Aspekte Bezug. Allerdings verfällt sie an einigen Stellen der analytischen Unsitte, ihre Deutungen als Gewißheit auszugeben oder sie zumindest in deren Nähe zu rücken. *Freud*, so will uns die Autorin glauben machen (S. 14) habe als Zweieinhalbjähriger sein Schwesterchen nach der Geburt gesehen und bemerkt, daß da etwas fehle, was er selber hat. Der Beginn der Reflexionen über das Sexuelle, die über kindliche Neugier hinaus eine wissenschaftliche Beschäftigung mit dem Gegenstand motiviert? Das Buch entwickelt dort große Qualitäten, wo es im Erzählton Gegebenheiten aneinanderreiht und zu einem Erzählfluß verbindet, wenn es seine Figuren frei läßt von Deutung, Interpretation und Parteinahme. Hier verzeiht man dem Text gerne seinen gelegentlich romanhaft-fiktionalen Stil. Etwa, wenn *Martha* mit den Kindern zur Sommerfrische verreist und *Freud* alleine in der Berggasse vor sich hinwurschtelt (S. 65). Gleichsam zufällig sieht ihn *Eva Weissweiler* in dem Buch eines Onkels von *Martha* berumblättern, das von *Aristoteles*' Dramentheorie handelt. *Freud* begegnet hier dem Begriff der Katharsis und leitet daraus einen Kernbegriff seiner „Seelenbehandlung" ab. Die Szenerie ist mit leichter Feder gezeichnet und vermittelt dem Leser das Gefühl, beiläufig teilzuhaben an der Geburt der Psychoanalyse.

Leider wird an einigen Stellen das Urteil der Autorin über *Freud* überdeutlich. Zu sehr teilt sie die Beteiligten in gut und böse, in Opfer und Täter ein. In konflikthaften

Beziehungskonstellationen – die Ehe der *Freuds*, dem Verhältnis zu den Söhnen, demjenigen zu *Jung* und *Ferenczi* – begeht die Autorin einen entscheidenden Fehler. In übermäßiger Empathie fühlt sie sich in die „anderen" ein, während *Freud* selbst von ihr nur aus der kritischen Außerperspektive betrachtet wird. Sie gibt vor zu wissen, daß *Anna* nach dem Konflikt mit dem Vater, der ihr einen Brief aus Wien nach Meran schreibt, „wahrscheinlich nach der Lektüre dieses Briefes die ganze Nacht [weint] (S.199)". Auch was die Ehe von *Martha* und *Sigmund Freud* anbelangt, gibt *Eva Weissweiler* vor, sich auszukennen. Ohne den für eine Biographin erforderlichen neutralen Blick für die Austauschdynamik einer ehelichen Beziehung wird *Freud* zum Ehebrecher stilisiert. *Weissweiler* greift das von seinen Kritikern häufig gepflegte Gerücht um die sexuelle Beziehung *Freuds* zu seiner Schwägerin *Minna* auf. Ja mehr noch, sie deutet deren Darmbeschwerden als Folge eines fortgesetzten Analverkehrs mit *Freud*, der in Hinsicht auf die Verhütung einer Empfängnis betrieben worden sei (S.108). Hier und an anderen Stellen überschreitet der Text die Grenze zur Denunziation.

Wenn die Autorin sich wieder mehr auf das Faktische besinnt, darf der Mensch *Freud* durchscheinen, mit seinen Widersprüchen und auch mit seinem Leid. Der Vater, der von seinen Söhnen mal enttäuscht ist, mal sie als „Prachtkerle" bezeichnet. Der sich *Ferenczi* gegenüber wehrt gegen die Überhöhung. Er sei „kein psychoanalytischer Übermensch". Der zum Ende des 1. Weltkrieges, als die traumatisierten Soldaten als Simulanten bezeichnet werden, sich nicht einladen läßt zu einer Liaison mit der herrschenden Militärpsychiatrie. Wir begegnen *Freud*, dem lebenslangen eifrigen Briefeschreiber, demjenigen, der im ersten Weltkrieg alles Vermögen verliert, dem besessenen Arbeiter mit 10 Analysestunden pro Tag, wir lernen ihn als reiselustigen Mensch kennen, der Angst vor dem Zugfahren hat, als Vater mit einer engen und ambivalenten Beziehung zur „Vatertochter" *Anna*. Sie ist in den späten Jahren seine Vertraute, sie reinigt in den Zeiten des „Prothesenelends" – *Freud* mußte im Laufe seiner mehr als dreißig Mundkrebsoperationen schließlich eine Gaumenprothese tragen – jeden Abend eben diese für den Vater. Er arbeitet fast bis zuletzt, weil zum Verdienen gezwungen – der Sohn *Martin* liegt ihm mit seinen 50 Jahren immer noch auf der Tasche und die Schwägerin *Minna* braucht zwei Krankenschwestern für ihre Versorgung. *Freud* stirbt 83jährig 1939 im englischen Exil.

Von manchem hätte man sich in diesem Buch mehr gewünscht. Interessant wäre beispielsweise eine ausführlichere Schilderung der analytischen Mittwochsgesellschaften gewesen, sie werden zu randständig behandelt. Wenn die Leserin, der Leser die teils unangemessenen Urteile und Einseitigkeiten des Buches wegzulassen vermag (außer er / sie zieht gerade daraus den Lesegenuß), dann ist es in seinem Faktenreichtum und seinem leichtgängigen Erzählfluß ein Gewinn in Hinblick auf die Frage: wer war eigentlich dieser *Freud*?

Lothar Eder

Manfred Pohlen, Freuds Analyse. Die Sitzungsprotokolle Ernst Blums
Rowohlt, 2006

Ein äußerst bemerkenswertes, in vielerlei Hinsicht wertvolles und anregendes und überhaupt sehr lesenswertes Buch.

Zuerst eine Inhaltsübersicht: „Freuds Analyse" enthält von *Manfred Pohlen* eine Einführung in *Freuds „Blum-Analyse"* sowie *„Freuds Arbeit aus dem Blick von Analysanden"*, desweiteren die Dokumente *Ernst Blum*s über seine Analyse bei *Freud* mit einer Nachschrift aus den Jahren 1972/73, „Rückblick und Ausblick der Analyse". Es enthält ferner ein Kapitel *Manfred Pohlens* „Die Protokolle: Eine authentische Quelle Freudscher Theorie und Praxis" und schließlich einen Essay *Manfred Pohlen*s „Psychoanalyse nach Freud: Die vaterlose Psychoanalytische Gesellschaft" sowie einen „Epilog". Dies ist nicht nur ein Buch über *Blum*s Analyse, sondern auch ein Buch über drei Männer: *Ernst Blum, Sigmund Freud, Manfred Pohlen*.

Worum geht es *Manfred Pohlen*? Was ist sein Anliegen? *Manfred Pohlen* hat sich der Aufgabe verschrieben, zugunsten einer Psychoanalyse als „Selbstbemächtigung des Subjekts" ins Feld zu ziehen - dem Trend entgegen, in dem die Psychoanalyse zunehmend auf ein Heilverfahren für Symptome reduziert, also zum Wurmfortsatz der Psychiatrie geworden ist und wesentliche Grundsätze des *Freud*schen Denkens vernachlässigt oder aufgegeben hat.

*Pohlen*s Ansicht zufolge hätte sich die Psychoanalyse dagegen als „psychologische Aufklärung an die großen philosophischen Aufklärer" anzuschließen „mit der Absicht der Selbstbemündigung des Menschen, seine Selbstverständigung über das Unbewusste zu gewinnen und beiden Seiten des Menschen aufklärerisch Geltung zu verschaffen" (*Pohlen* 2006, 59). Wie in vorausgegangenen Publikationen – in der Regel zusammen mit seiner kongenialen Mitautorin *Margarete Bautz-Holzherr* (*Pohlen/Bautz-Holzherr* 1991; 1995; 2001) - verfolgt *Manfred Pohlen* auch in „Freuds Analyse" das Projekt, über die „besseren Möglichkeiten" der Psychoanalyse nachzudenken, um sich an dem zu orientieren, was sie sein könnte, wenn man das im *Freud*schen Denken liegende Vermächtnis und den darin enthaltenen Auftrag nach Versinnlichung des Lebens ernst nimmt (*Pohlen / Bautz-Holzherr* 2001, 15).

Der Rezensent stellte zwischendurch seine *Freud*-Rezeption in Frage: Hatte *Freud*, wie *Manfred Pohlen* unterstellt, tatsächlich den Auftrag erteilt, das Leben zu „versinnlichen"?

Pohlen hält auch *Freud* für den heutigen Niedergang der Psychoanalyse für mitverantwortlich: Zwar wollte *Freud* die Psychoanalyse im Rahmen einer Kulturwissenschaft halten als Wissenschaft von der Selbstverständigung des Menschen und nicht zu einem medizinischen Appendix der Psychiatrie werden lassen, er habe aber aus falscher Sorge um den Ruf der Analyse in seinen technischen Schriften eine Idealisierung von Praxis produziert, die bis heute die psychoanalytische Wissenschaft wegen des Widerspruchs von Theorie und Praxis lähme. *Freud* sei über die Auseinandersetzung mit seinen rebellischen Anhängern blind geworden gegenüber der Notwendigkeit der klinischen Anwendung von Psychoanalyse und habe indirekt dafür gesorgt, dass sie als Techniktheorie, die eine Praxistheorie hätte werden können, den Medizinern in der Psychoanalyse überlassen wurde, die heute aus der Psychoanalyse eine dynamische Psychiatrie gemacht hätten. Wie auch immer: *Manfred Pohlen* verspürt - aus seiner Warte gut nachvollziehbar - Trauer über den derzeitigen Zustand der Psychoanalyse. Er beklagt nicht zuletzt die „allgemeine Verkleinbürgerlichung der psychoanalytischen Bewegung" (*Pohlen* 2006, 58).

Die Gründe für die von ihm konstatierte Misere hat er klar ausgemacht: Die Daseinsform des aufbegehrenden Menschen sei der allgemeinen Triebbereinigung zum Opfer gefallen. Die Triebbereinigung als Entfernung der grenzüberschreitenden Kräfte des sinnlichen Körpers sei Symptom des allgemeinen Entsinnlichungsprozesses der Moderne (*ibid.*, 22). In der Unterdrückung aller heterogenen Elemente respektive im gesellschaftlichen Homogenisierungsprozess der Konfliktbereinigung spiegele sich die allgemein vor sich gehende Triebbereinigung, die Säuberung von triebtheoretischen Interpretationssystemen der menschlichen Interaktionsdynamik und der gesellschaftlichen Dynamik antagonistischer Kräfte (*ibid.*, 23).

Was bewirken Ausführungen von solcher Klasse beim Leser? Der Rezensent fühlte sich an heroische „alte Zeiten" erinnert, insbesondere an die Emphase, mit der in den sechziger Jahren gerade auch psychoanalytische Argumente in der Gesellschaftskritik vorgetragen wurden. Psychoanalyse konnte damals durch ihren Verweis auf das *„Unbehagen in der Kultur"* sowie ihre konsequente Thematisierung der verdrängten Sexualität als subversiver Ansatz und als Teil einer kritischen Theorie der Gesellschaft noch gut mit durchgehen. Er fühlte sich auch erinnert an *Herbert Marcuse*s (1963) Ausführungen über „das Veralten der Psychoanalyse". *Marcuse* hatte gerade in ihrem Veralten ihre Stärke ausgemacht, da sie durch das Beharren auf ihrer triebtheoretischen Fundierung auf den radikalen Konflikt zwischen „Triebstruktur und Gesellschaft" (*Marcuse* 1969) und insbesondere auf die geknechtete Menschennatur verwies.

Im Kranksein zeigt sich *Pohlen*s Ansicht zufolge nicht zuletzt Protest gegen die Verhältnisse. Insofern ist auch sein Argument gut nachzuvollziehen, dass die klinische Psychodynamik um die gesellschaftliche Perspektive erweitert werden muss, damit sie erkennt, was dem Menschen in der Gesellschaft angetan wird, und was ein Therapeut ihm antun kann, wenn er für die gesellschaftliche Verursachung von Leiden keinen Blick mehr hat. Die Psychotherapie wird dann nicht zu einem Medium der Anpassung an schlechte Verhältnisse, sondern zu einem Raum, in dem das bisher Exkommunizierte zur Sprache kommen kann. Psychotherapeuten wäre regelrecht aufgegeben, ein „gewisses Doppelleben" zu führen zwischen dem delegierten Normalisierungsauftrag und dem Begehren des Patienten, dass er durch die therapeutische Kunst seine verdrängten Wünsche und Möglichkeiten wiederentdecken und leben lernen kann.

Pohlen spricht sich für eine „andere Psychodynamik" aus. Diese andere Psychodynamik versteht er als Programm zur Wiedereinführung der Dialektik der Gegensätze von Individuum und Gesellschaft, der Macht des Triebes und der Gewalt der Untersagung des Krankseins als Revolte, und steht gegen die zeitgemäße Harmonisierung im Ideal einer für alle gleichen Normalität und widerspruchslosen Gewöhnlichkeit des Lebens (*Pohlen/Bautz-Holzherr* 2001, 23). Bei „*Freuds Analyse*" handelt es sich also nicht nur um ein Buch über *Freuds* Art zu Analysieren, wie sie aus *Blums* Aufzeichnungen hervorgeht, sondern es handelt sich auch um ein Buch über das emanzipatorische Anliegen *Manfred Pohlens*, das durch seine Ausführungen und Interpretationen zielvoll durchscheint.

Nun bedeutet sein Plädoyer – wenn ich ihn richtig verstehe – keineswegs ein einfaches „Zurück" zu triebtheoretischen Deutungen. Der vorletzte Abschnitt: *„Die vaterlose Psychoanalytische Gesellschaft"*, in dem er sich auf die französische Philosophie, insbesondere *Derrida* und *Foucault* bezieht, bedarf zweifellos gründlichen Lesens, um Irrtümer zu vermeiden. Wie es dem Rezensenten vorkommt, versucht *Pohlen* ein Bild von *Freud* aufzurichten, das sich dem Blickwinkel der – nach *Freud* entstandenen - französischen Philosophie verdankt. In diesem Sinne will *Pohlen* den Aspekt des Aufbegehrens gegen die bürgerliche Konvention, der in der Thematisierung des vom Subjekt nicht assimilierbaren Unbewussten, der verdrängten Sexualität lag, gegenüber der heutigen harmlosen Praxis der Psychoanalyse wieder einklagen und das „skandalöse Verschweigen" (*ibid*, 370) der von ihm so gesehenen *Freud*schen Praxis beenden.

Kommen wir endlich zu *Sigmund Freud* und seiner Arbeitsweise: Wer im Kollegenkreis interessierte sich nicht dafür, wie *Sigmund Freud* wirklich gearbeitet hat? An Vorurteilen mangelt es bekanntlich nicht: Finden wir aber tatsächlich „einen suggestiven Dogmatiker, statt eines mitfühlenden Arztes", wie *Ludwig* (1946, 210) einst polemisch kolportierte?

Der Psychiater und Psychoanalytiker *Ernst Blum* (1892 - 1981) hat Substantielles zur Beantwortung dieser Frage beigetragen (vgl. auch *Blum* 1956). *Blum* hatte sich 1922 – im Alter von 30 Jahren - einer viermonatigen Analyse bei *Freud* in Wien unterzogen. Er verfügte über die Kunst der Kurzschrift und hatte fast über die gesamte Analyse zeitnah detaillierte, ausführliche Notizen über seine und *Freuds* Einlassungen und beider Zusammenspiel angefertigt. Ein ausgewählter Teil dieser Nachschriften sind in diesem Buch wiedergegeben. In ihrer Unmittelbarkeit und Ausführlichkeit bilden sie zweifellos ein einzigartiges, aufschlussreiches, bedeutendes Dokument zur Erforschung und Klärung von *Freuds* Arbeitsweise.

Die Arbeitsweise *Sigmund Freuds* ist bereits Gegenstand einer Untersuchung von *Cremerius* (1981) gewesen, bei der ebenfalls Aufzeichnungen von Analysanden die Basis bildeten. Der Tenor der von *Cremerius* ausgewerteten Berichte war weithin gleichlautend: Es wurde eine eigentümliche Diskrepanz erkennbar zwischen *Freuds* technischen Vorschriften und seiner eigenen Abeitsweise. Denn im Gegensatz zu seiner

„Grundregel", die als dogmatische Vorgabe über Generationen von Analytikern kam, übte *Freud* selbst offenbar eine gänzlich „unfreudianische" Praxis (*Pohlen*) aus. Die Ausführungen *Pohlens*, insbesondere die Sitzungsprotokolle *Ernst Blum*s sowie dessen „Rückblick und Ausblick" auf seine Analyse bei *Freud* werfen noch einmal Licht auf diese Diskrepanz und eröffnen Zugang zu einem besseren Verständnis von *Freuds* persönlicher therapeutischer Praxis im Verhältnis zu seinen technischen Vorschriften.

Wie ist nun das Verhältnis von *Freuds* technischen Schriften zu seiner Praxis zu verstehen? So wie es sich darstellt, scheint den technischen Schriften eher die Rolle eines allgemeinen Hintergrunds zukommen zu sollen, auf den sich der Analytiker reflexiv bezieht, denn als technologische Verhaltensvorschrift, die akribisch einzuhalten ist, wie es in der nachfreudianischen psychoanalytische Ausbildung vermittelt wurde.

Die Arbeitsweise *Freuds* selbst kommt dann als ein kreativer Schaffensprozess vor, in dem *Freud* - jenseits aller mechanischer Routine höchst ungezwungen, ungewöhnlich spontan und einfallsreich - zu zahlreichen Stilmittel greift, um die relevanten Gehalte entlang der Mitteilungen des Analysanden prägnant zu machen. *Pohlen* bescheinigt *Freud* einen schöpferisch intuitiven Stil. Er sieht in *Freud* einen Künstler am Werk, dessen analytische Tätigkeit als dialogische Kunstfertigkeit. Die Frage nach der Wahrheit der psychoanalytischen Erkenntnis stellt sich dann nicht als die Wahrheit einer Geschichte dar, die in der Differenz zwischen wahrer oder falscher Rekonstruktion bzw. Konstruktion läge. Der Wahrheitsgehalt dieser Schöpfung ist vielmehr identisch mit dem Wahrheitsgehalt künstlerischer Schöpfungen. Das Kunstwerk der *Freud*schen Arbeit eröffnet eine eigene Welt, welche die bisherigen Sehweisen bei *Blum* umstößt. In diesem Umsturz liegt nach *Pohlen* der Wahrheitsgehalt der von *Freud* vermittelten sinnlichen Erkenntnis. Das Wahre ereignet sich in dieser Analyse im Blickwinkel *Blum*s auf sich selbst und seine Welt.

Cremerius (1981) – dem die Aufzeichnungen *Ernst Blum*s wohl nicht bekannt waren, der in seiner Untersuchung *Blum*s Analyse fälschlicherweise nach 1923 verlegt und sie 10 Monate hatte dauern lassen - hatte bereits das gute Klima, in dem die *Freud*schen Analysen überwiegend stattfanden sowie die Methode der Herstellung und Förderung der Übertragung durch Freud hervorgehoben. Dies wird durch die Ausführungen *Pohlens* und die Aufzeichnungen *Ernst Blum*s unterstrichen. *Freuds* Analysen scheinen in der Regel in einer sehr wertschätzenden, menschlichen Atmosphäre stattgefunden haben. *Freud* war freundlich, höflich, zugewandt. Er gab dem Analysanden das Gefühl angenommen zu sein und vermittelte mit „Wiener Charme" eine Atmosphäre liebenswürdiger Anteilnahme. *Freud* verhielt sich in *Blum*s Erinnerung durchweg (auch) „als der tolerante Gewährende", dem es gelang eine verlässliche Basis zu schaffen, der die eigentlichen Übertragungskonflikte nichts anhaben und deshalb gelöst werden konnten. Auch da wo es kritisch wurde, wo *Blum* im Traum *Freud* als Kastrator erlebte, wurde das ganze quasi „freundschaftlichkameradschaftlich" erledigt und entschärft. *Blum* charakterisierte dies als „das herrschaftsfreie Verhalten". *Blum* schildert seine Analyse als einen sich verdichtenden Dialog, in dem er nicht mehr trennen kann zwischen seinen Einfällen und *Freud*s Deutungen. Die Wahrheit, die zu finden ist, wird vom Analysanden vorgegeben. Dabei ist auffällig, wie *Blum*s Einfälle sich auf Freuds Bemerkungen spontan ausrichteten. Es entwickelt sich so ein Verständigungsprozess, bei dem die beiden Akteure zunehmend mit einer Stimme sprechen.

Interessant auch, wie *Freud Blum*s Analyse relativ kurzfristig und kurzangebunden beendete: Er erklärte *Blum*, die Analyse sei jetzt beendet, er hätte keine Neurose gehabt, er solle nun sein Glück als Analytiker versuchen. *Freud* verpflichtete *Blum* regelrecht zur Normalität und schickte ihn als seinen Apostel zurück in die Schweiz.

Kommen wir zum Schluss noch einmal kurz auf Ernst *Blum*s Bild von *Freud*. Für *Blum* scheint seine Analyse bei *Freud* auch noch im Rückblick ein identitätsstiftender Höhepunkt seines Lebens gewesen zu sein. In seinem allerdings deutlich verherrlichenden Aufsatz von 1956 *„Das Menschenbild von Sigmund Freud"* schilderte er *Freud* - offenkundig etwas existentialistisch angehaucht - als Menschen, der für ihn rücksichtslose Aufrichtigkeit und Wahrhaftigkeit verkörperte: „Wir dürfen wohl sagen, daß Aufrichtigkeit und Wahrhaftigkeit in Freud ihr Menschsein gefunden haben" (*ibid.*, 143). *Freud* war in seiner Wahrnehmung „einfach da, dabei, bei und mit uns" (*ibid.*, 145). Der als forschendes, eindringliches Sehen verkannte Blick *Freud*s, war ihm ein ruhendes, tiefes Schauen. *Freud* war für ihn „ein gütiger Mensch" (*ibid.* 145).

Hans Waldemar Schuch

Literatur
Blum, E. (1956): Das Menschenbild von Sigmund Freud. *Schweizer Zeitschrift für Psychologie* 15, 141 – 157.
Cremerius, J. (1981): Freud bei der Arbeit über die Schulter geschaut. Seine Technik im Spiegel von Schülern und Patienten. In: ders. (1984): Vom Handwerkszeug des Psychoanalytikers: Das Werkzeug der psychoanalytischen Technik Bd. 2. Stuttgart-Bad Cannstatt (Frommann-Holzboog).
Ludwig, E. (1946): Der entzauberte Freud. Zürich (Carl Posen).
Marcuse, H. (1963): Das Veralten der Psychoanalyse. in: ders (1965:), Kultur und Gesellschaft 2, Frankfurt (Suhrkamp), 85 – 106.
Marcuse, H. (1969):Triebstruktur und Gesellschaft. Ein philosophischer Beitrag zu Sigmund Freud. Frankfurt (Suhrkamp).
Pohlen, M. / Bautz-Holzherr, M. (1991): Eine andere Aufklärung – Das Freudsche Subjekt in der Analyse. Frankfurt (Suhrkamp).
Pohlen, M. / Bautz-Holzherr, M. (1995): Psychoanalyse – Das Ende einer Deutungsmacht. Reinbek bei Hamburg (Rowohlt).
Pohlen, M. / Bautz-Holzherr, M. (2001): Eine andere Psychodynamik. Psychotherapie als Programm zur Selbstbemächtigung des Subjekts. Bern (Huber)

Kremser Symposion Psychotherapie und Medizin

Integration
Möglichkeiten und Grenzen

Zeit: Donnerstag, 31. 5. bis Samstag, 2. Juni 2007
Ort: Donau-Universität Krems, Dr. Karl Dorrek Straße 30

DONAU-UNIVERSITÄT KREMS
Österreichische Gesellschaft für Psychosomatische
und Psychotherapeutische Medizin

Österreichische Gesellschaft für Integrative Therapie
Österreichische Balintgesellschaft

Programm:

Donnerstag, 31. Mai 2007 (9.00 -13.00, 14.30-18.30 Uhr; 10 Unterrichtseinheiten)

      M.-Th. ROHRHOFER: BALINT-Gruppe
      I. ORTH: IDR - Integrative Differenzielle (Spannungs-, Entspannungs-) Regulati on
      A. REICHEL: IBT - Integrative Bewegungs- und Leibtherapie

19.00   G. S. BAROLIN: Buchpräsentation: „Integrierte Psychotherapie". Anwendung in der Gesamt-medizin und in benachbarten Sozialberufen (Moderation: K. HOFFMANN)

14.00 Uhr: Tagung der Österreichische Balintgesellschaft, ab 19.00 Mitgliederver sammlung

Freitag, 1. Juni 2007

Vormittag: Moderation: G. SCHÜSSLER

09.00   REKTORAT und A. LEITNER (Donau-Universität Krems): Begrüßung / Eröffnung
09.30   J. GÖTSCHL: Wege zur Integration? Dynamische Zusammenhänge zwischen Disziplinarität, Interdisziplinarität und Transdisziplinarität
10.30   P. FILZMAIER: Integration als „Mission impossible?"
11.30   K. OTTOMEYER: Integration traumatisierter Flüchtlinge

12.30 Uhr: Mittagspause

Nachmittag: Moderation: G. MOSER

14.00   C. HÖFNER: Gender Vertigo - (Un)Gleichheit und (In)Differenz. Zur Notwendigkeit der Integration von Frauen- und Männerforschung
15.00   R. RICHTER: Integration wohin? Was heißt Integration in einer globalen Gesellschaft
16.00   K. DÖRNER: Die Funktion der Ethik für die Integration
17.00   R. FRÜHMANN: Die Überwindung des Geschlechterkampfes am Beispiel der Zauberflöte

18.30 Uhr: Mitgliederversammlungen der ÖGPPM und der ÖGIT

19.30 Uhr: Gemeinsamer Heuriger

Samstag, 2. Juni 2007

Vormittag: Moderation: H. P. EDLHAIMB

09.00   G. SCHIEPEK: Neurobiologie in der Psychotherapie – ein Beitrag zur Integration
10.00   A. REMMEL: Integrierende Psychosomatik im stationären Bereich
11.00   I. ORTH: Die Heilkraft der Sprache in einer kreativen Psychotherapie

12.00 Uhr: Mittagspause

Nachmittag: Moderation: A. LEITNER

14.00   M. SPRINGER-KREMSER: Ist die Psychotherapie weiblich?
15.00   W. PIERINGER/T. MEISSEL: Zur Kontroverse zw. Psychotherapie und Psychopharmakotherapie
16.00   H. G. PETZOLD: Integrativer Ansatz in Psychotherapie, Agogik und Kulturarbeit

Zielgruppe:

- ÄrztInnen, PsychotherapeutInnen, PsychologInnen
- Krankenpflegepersonal, SozialarbeiterInnen ...
- und alle am Thema interessierten Personen

Anrechenbarkeit:
ÄrztInnen Diplomfortbildungspunkte: Arbeitsgruppe 31. 5.: 10 DFP-Punkte
       Tagung 1. 6.: 10 DPF-Punkte, 2. 6.: 8 DFP-Punkte
PsychotherapeutInnen: Die Tagung wird als Fortbildung für 31 Lehreinheiten anerkannt.

Seminartag am 31.5. 2007
- Seminargebühr (Arbeitsgruppe) € 150,00
(Bei einer Teilnahme an einer der Arbeitsgruppen gelten auch für Nichtmitglieder von ÖGPPM, ÖGIT, Alumni-Club DUK die ermäßigten Tagungsgebühren!)

Tagungsgebühr 1. und 2. Juni 2007 incl. Mittagessen

- 2-Tagespauschale (Mitglieder der ÖGPPM, ÖGIT, Alumni-Club DUK)   € 140,00
- 1-Tagespauschale (Mitglieder der ÖGPPM, ÖGIT, Alumni-Club DUK)   € 80,00
- 2-Tagespauschale (Nichtmitglieder)   € 180,00
- 1-Tagespauschale (Nichtmitglieder)   € 100,00
- Heuriger (Freitag, 1.6., 19.30 Uhr, Pauschale)   € 10,00

Für die Organisation:
ÖGPPM (Österreichische Gesellschaft für Psychosomatische und Psychotherapeutische Medizin)
Präsident: Univ. Prof. Dr. Walter PIERINGER, Medizinische Universität Graz

Anmeldung Frau Margit Dirnberger, Tel. 0043 (0)2732 / 893 − 2639 (s. Beiblatt),
ab 14.00 bis 18.00 unter 0664 7893136
e-mail: margit.dirnberger@donau-uni.ac.at
Internet: www.donau-uni.ac.at/psymed/kremsertage

Bankverbindung: ÖGPPM, Konto 9.605 / BLZ 32.015 (Raiffeisenkasse Altlengbach)
       IBAN: AT653201500000009605, BIC: RLNWATW1015

Organisationsteam:

- Prof. Dr. Anton LEITNER, Donau-Universität Krems: 0043 (0)27 32 / 893 - 2639
- Dr. Manfred KOLAR, MAS, ÖGPPM: 0043 (0)2742 / 88 11 21
- MR Dr. Alois SCHWEIGHOFER, MAS, ÖGPPM: 0043 (0)2774 / 2352
- Auguste REICHEL, MAS, ÖGIT: 0043 (0)2742 / 36 35 74

Vorankündigung:
Das Kremser Symposion Psychotherapie und Medizin findet 2008 voraussichtlich
von 5. Juni bis 8. Juni statt!

Inhalt

Editorial

Hilarion G. Petzold, Sándor Ferenczi – ein Pionier moderner und integrativer Psychotherapie und Traumabehandlung — 227
Sándor Ferenczi – pioneer of modern and integrative psychotherapy and trauma treatment

Sándor Ferenczi, Der Platz der Psychoanalyse in der Reihe der Wissenschaften — 273
The place of psychoanalysis in the scope of sciences

Sándor Ferenczi, Die Psychoanalyse im Dienste des praktizierenden Arztes — 274
Psychoanalysis in the service of the medical practitioner

Sándor Ferenczi, Beichten eines praktischen Arztes — 275
Confessions of a medical practitioner

Sándor Ferenczi, Die Eiszeit der Gefahren — 276
Ice age of dangers

Sándor Ferenczi, Therapie mit hypnotischer Suggestion — 277
Therapy by hypnotic suggestion

Hans Waldemar Schuch, Aktive und elastische Psychoanalyse - Die technischen Experimente des Sándor Ferenczi — 283
Active and elastic psychoanalysis - the technical experiments of Sándor Ferenczi

Gerhard Wittenberger, Zur Gruppendynamik im „Geheimen Komitee" - einige Aspekte zur Rolle Sándor Ferenczis in der institutionalisierten Psychoanalyse — 299
Group dynamics in the „Secret Committee" - some aspects concerning the role of Sándor Ferenczi in institutionalized psychoanalysis

Emanuel Berman, Ferenczi - Rettung und Utopie — 317
Rescue and utopia

José Jiménez-Avello, Heilung und Trauma - Vom „furor sanandi" zum „animus sanandi" — 331
Healing and trauma - from „furor sanandi" to „animus sanandi"

Rudolf Pfitzner, Ferenczi und die weibliche Sexualität 341
Ferenczi and female sexuality

Rudolf Pfitzner, Sándor Ferenczi, Pionier analytischer Psychosomatik 357
Sàndor Ferenczi, pioneer of psychosomatics

Giorgio Antonelli, Ferenczi und Rank trennen sich 367
The separation of Ferenczi and Rank

André Haynal, Ferenczi-Balint und die ungarische Schule als Quellen
der modernen Tiefenpsychologie 381
Michael Balint and his developement of Ferenczi's works

Johanna Sieper, „Transversale Integration": ein Kernkonzept der Integrativen Therapie - Einladung zu ko-respondierendem Diskurs 393
„Transversal Integration" a core concept of Integrative Therapy" – an invitaion to co-responding discourse

Ferenc Erös, Bibliographisches Material zu Ferenczi 468

Judith Dupont, Bibliographie Ferenczi - En langue française 473

Buchbesprechungen 475

Editorial und Einführung

Hilarion Petzold, Düsseldorf*

Sándor Ferenczi, ein Pionier moderner und integrativer Psychotherapie und Traumabehandlung
75 Jahre „klinisches Tagebuch" und „mutuelle Analyse"

> „... ich bin dabei, in Menschlichkeit und Natürlichkeit, mit Wohlwollen und frei von persönlichen Vorurteilen, an der Erkenntnis und dadurch als Helfer zu arbeiten"
> (*Ferenczi* 1932/1988, 249).

1. Überlegungen zu Sándor Ferenczi, dem Pionier einer neuen Psychoanalyse und Psychotherapie

Sándor Ferenczi (1873-1933) gehört zu den bedeutendsten Pionieren moderner Psychotherapie, zu den Protagonisten der Psychoanalyse, in der er eine eigenständige, von *Freud* in wesentlichen Annahmen abweichende Position entwickelte, ja eine „andere Psychoanalyse" begründete. Sein Leben und Werk und die Art und Weise, wie mit ihm umgegangen wurde und wird, ist in höchstem Masse von Interesse, u. a. auch wie die von *Ferenczi* bearbeiteten Themen in der Psychoanalyse und in der Psychotherapie behandelt bzw. nicht behandelt werden: z. B. „wechselseitige Empathie", d. h. **Mutualität**, die auf Wahrhaftigkeit, Transparenz, Engagement für Menschen/Patienten, auf Takt, Wertschätzung und Bescheidenheit, Verzeihen, Trost, Zugewandtheit, Zärtlichkeit, Liebe, Sinn[1] setzt, statt auf Macht, Intransparenz, Abstinenz, professionellen Überlegenheitsgestus o. ä.. Diese Themen sind für die Psychotherapie zentral oder sie müssten es zumindest sein. Sie werden indes in den Mainstreamverfahren der Psychoanalyse, aber auch der Verhaltenstherapie weitgehend vermieden und auch in humanistischen Verfahren wie der Gestalttherapie kaum thematisiert, wie *Schuch* (1998) in einem Vergleich ferenczianischer Therapie und Gestalttherapie zeigen konnte[2]. Psychotherapien sind – legt man den Ideologie -

---

[1] Es ist beachtenswert, dass diese und andere so wichtige Begriffe *Ferenczis* im Text des klinischen Tagebuches und anderen Ferenczi-Texten von den jeweiligen psychoanalytischen HerausgeberInnen (auch von *Balint*) nicht in die Schlagwortverzeichnisse aufgenommen wurden, woraus man auch schließen kann, dass sie die Bedeutung dieser Begriffe für *Ferenczi* und für die Psychotherapie insgesamt als nicht wesentlich einschätzen.

[2] *Schuch* zeigt zu Recht, dass *Perls* in vielen Positionen Freudisch-reduktionistisch ist und *Ferenczis* weitausgreifendem Ansatz nicht entspricht. Das Editorial des Heftes 1/1998 von *Gestalttherapie* mit dem *Schuch*-Artikel moniert

Begriff von *Karl Mannheim* zugrunde – weltanschauliche Systeme. Sie haben unterschiedliche Erklärungsansprüche und Geltungsbehauptungen. Zuweilen greifen sie sehr weit und haben die Qualität von „Metaerzählungen" (*Lyotard* 1979), wie die Psychoanalyse *Freud*s, der einen umfassenden Geltungsanspruch für sein System der Menschen- und Welterklärung vortrug. Solche Metasysteme haben die Tendenz zu polarisieren und rufen damit häufig starke „Gegendiskurse" auf den Plan, etwa „die" Wissenschaft, die dann reduktionistisch-nomothetisch auftritt und dann wiederum „Widerstreit" und z. T. Gegenpolemik auslöst, die *„Differenzen"* aufzeigt. Das führt in der Regel zu Binnendifferenzierungen oder zu Differenz- oder Dissidenzbewegungen, wie sich das gerade im Felde der Psychotherapie gut beobachten läßt. Insofern kann man heute eigentlich nicht mehr von „der" Psychoanalyse und sogar auch von „der" Gestalttherapie – ein ja viel jüngeres Verfahren – sprechen, weil es erhebliche Differenzen gibt, die Berücksichtigung finden könnten oder müssten, weil sie Positionen der Main-Streams spezifizieren. Die Geschichte des *Sándor Ferenczi* gehört in diese dynamischen und strittigen Entwicklungsprozesse in der Geschichte der Psychoanalyse und der Psychotherapie. Er hat – nahe an der Realität der von ihm behandelten PatientInnen – eine experimentierende Entwicklungsarbeit „in der" Psychoanalyse geleistet, wohingegen es *Freud* und den Anhängern seines Diskurses um die Entwicklung „der" Psychoanalyse, „seiner" Psychoanalyse, als universales Erklärungssystem des menschlichen Seelenlebens zu tun war. „Die psychoanalytische Methode entwickelte sich bekanntlich im Laufe von etwa dreißig Jahren aus einem schlichten ärztlich-therapeutischen Verfahren zur Behandlung gewisser neurotischer Störungen zu einem umfangreichen wissenschaftlichen Lehrgebäude, das sich allmählich aber stetig vergrößerte und zu einer neuen Weltauffassung zu führen scheint" (*Rank, Ferenczi*, 1824, Entwicklungsziele, *Ferenczi* 1964 III, 220). „Weltauffassungen" führen regelhaft zu *Dissens*, der nur durch eine ausgewogene „Diskurskultur" ko-respondierender „Konsens-Dissens-Prozesse" (*Petzold* 1991e) und eine Praxis „weiterführender Kritik" (*Sieper*, dieses Heft) einigermassen befriedigend geklärt werden kann – *good enough* (*Winnicott*). Für alle psychotherapeutischen Richtungen und deren VertreterInnen, die offen oder verdeckt einen universalisierenden Erklärungs- und Geltungsanspruch haben, führt das in Schwierigkeiten – bis in die Arbeit mit PatientInnen hinein, die „im Widerstand" sind oder einfach „in berechtigter Reaktanz" (*Petzold, Müller* 2005) - weil damit die Aufgaben einer Bearbeitung von Identitätsängsten und narzisstischer Allmacht auf Seiten der Analytiker verbunden sind, wie *Ferenczi* das in seinem „klinischen Tagebuch" immer wieder herausgearbeitet hat (*Ferenczi* 1932/1988, 99, 246f etc.). Diese Aufgabe stellt sich auf der individuellen und auf der kollektiven Ebene. Wie es für ein Individuum notwendig ist, die persönliche Lebensgeschichte zu durchforschen, um seine Gegenwart zu verstehen und seine Zukunft sinnvoll zu gestalten, so ist es für

---

zwar: „die Gestalttherapie kommt merkwürdig reduziert und formalisiert daher, aber vielleicht kann dies der Anstoß zu einer weiterführenden Debatte sein" (S. 1). Sie hat leider nie stattgefunden.

Kollektive und ihre Mitglieder wichtig, eine kulturgeschichtliche Archäologie ihres Kollektivs zu betreiben (*Foucault* 1966), um die eigene Kultur zu begreifen (also für Psychoanalytiker, die Kultur ihrer Bewegung, eine Aufgabe, die *Rank* und *Ferenczi* 1924 als eine „heute noch unlösbare Aufgabe" erschien, *Ferenczi* 1964 III, 221). Es ist für uns Menschen sogar unumgänglich, in die Menschheitsgeschichte auszugreifen, um durch Evolutionswissenschaften und Paläoanthropologie das Wesen des Menschseins immer besser zu erfassen, was uns im Integrativen Ansatz zu einer *evolutionspsychologischen* Orientierung motiviert hat (vgl. diese Zeitschrift Heft 1-2/2006; *Petzold* 1986h, 2005t, *Petzold, Orth* 2004b). Die geschichtliche Perspektive ist prinzipiell für jedes Selbstverstehen und jede Selbst- und Welterklärung unverzichtbar: auch für eine Profession wie die Psychotherapie und für deren Angehörige, die PsychotherapeutInnen. Sie müssen ihre Geschichte bearbeiten, um die sie bestimmenden **Motive**, **Diskurse** und **Machtdispositive** (*Foucault* 1978a, b) sowie deren Auswirkungen in der Praxis mit Menschen, PatientInnen transparent zu machen – der Community of Therapists wie auch der Community of Patients. Die Psychotherapie hat in diesem Bereich massive Defizite oder besser: Widerstände (*Petzold* 2006n). Die Geschichte einer Disziplin ist natürlich eingebunden in übergeordnete Kulturgeschichte, die z. B. „das Phänomen *Freud*" und die „Bewegung der Psychoanalyse" ermöglichte, weil Menschen in Kulturen „Erklärungen" verlangen, diese aber nicht unbedingt mit wissenschaftlichen Wahrheiten gleich zu setzen sind. Wenn *Ferenczi* in seinem Spätwerk von „*der* Psychoanalyse" spricht, so geschieht das als Versuch, auf eine Bewegung, die auch sein Lebenswerk ist, mit einer gewissen „Exzentrizität", einer kritischen Distanz zu blicken. Wenn hier – in seinen Diskurs eintretend – von der machtvollen Mainstream-Psychoanalyse als ekklesialem „System der Pastoralmacht" (*Foucault* 1982) mit dem Anspruch einer „Metaerzählung" (*Lyotard* 1979) gesprochen wird, so geschieht das in dem Wissen darum, dass es noch viele andere Wege und Formen der Psychoanalyse gibt – die ferenczianische zum Beispiel – und bei *Freud* noch andere Positionen als die des universalistischen Geltungsanspruchs zu finden sind. Das gilt es wohl zu berücksichtigen, darf aber nicht dazu führen, dieses nicht auszublendende Faktum als Argument gegen eine kritische Auseinandersetzung zu verwenden, wie das immer wieder geschieht. Es geht stets darum, mit besonderer Aufmerksamkeit die neuralgischen Punkte „dysfunktionaler Ideologie" (*Orth, Petzold, Sieper* 1995) zu betrachten, um problematische Entwicklungen aufzudecken und ihnen gegenzusteuern. Dies waren schon die Motive von *Rank* und von *Ferenczi*. Dies sind auch unsere Motive, wenn wir kultur- und professionsgeschichtlichen Fragen aus einer integrativen Perspektive im Felde der Psychotherapie nachgegangen sind (vgl. *Petzold, Orth* 1999 „Die Mythen der Psychotherapie" oder meine Arbeiten zu *Freud, Goodman, Moreno, Lewin, Perls, Reich* z. B. 1980j,k, 1996j, 2001d usw.). Hier liegt auch eine meiner Motivationen – neben anderen - mich mit *Ferenczi* zu beschäftigen. Bei ihm sieht man das Entstehen einer neuen Form der Psychoanalyse oder vielleicht genauer: einer neuen Psychotherapie, ja

Humantherapie. Ich habe diesen Term für die **Integrative Therapie** inauguriert und hatte dabei in *Sándor Ferenczi* (1964), *Vladimir N. Iljine* (1942, 1972) *Pierre Janet* (1919), *A. R. Lurija* (1992), *J. L. Moreno* (1959) u.a. gute klinische Referenzen. *Ferenczi* war Arzt und Psychoanalytiker, der stets naturwissenschaftlich-medizinische und psychologische sowie soziale Interessen verband im übergeordneten Rahmen einer zutiefst **humanen Praxis**. Ähnliches ist von dem russischen Universalgelehrten *Vladimir N. Iljine* zu sagen, der Naturwissenschaften und Philosophie, Theater und Psychotherapie verband (*Iljine* 1972; *Petzold* 1973b).

Noch in den achtziger Jahren hätte ich Arbeiten über *Ferenczi* im Duktus einer ferenczianisch verstandenen Psychoanalyse geschrieben (*Petzold* 1969b), hätte mich z. B. auf *Michael Balint*, auf *Nicolas Abraham* und seine Gefährtin *Maria Török* bezogen. *Abraham* [1919 – 1977], ein in Ungarn geborener Jude, der 1939 nach Frankreich kam, wurde von *Belà Grunberger* analysiert, durchaus orthodox, denn *Grunberger* (1958) favorisierte *Ferenczi*s späte Ideen nicht. Dennoch hat *Abraham* (1999; *Abraham, Török* 1992) auf Gedanken *Ferenczi*s zurückgegriffen und sich zwischen *Lacan*, freudianischer Orthodoxie und selegierten Ferenczi-Theoremen positioniert. Seine Orientierung an *Husserl*s Phänomenologie und seine Freundschaft zu *Jacques Derrida* (*Ebner* 2005) haben seinen Arbeiten eine sehr spezifische und höchst spekulative Charakteristik gegeben – etwa in der Differenzierung von Introjizierung und Einverleibung und mit der Erarbeitung der Konzepte „*écorce, noyau, anasémie, crypte* und *transphénoménologie*". Aber *Ferenczi*s Weg der behandlungstechnischen Experimente und seine beziehungstheoretische späte Praxis hat er weder aufgegriffen noch weitergeführt – er hatte sie ja nie „leibhaftig" erfahren, sondern sich an *Imre Hermann,* dem Nachfolger *Ferenczi*s in Buda(pest), orientiert, der eher kognitiv und ethologisch ausgerichtet, von der „Mutualität" wenig hielt. Genau in diesem Konzept aber liegt m. E. die innovative „*intersubjektive Wende*" in *Ferenczi*s Arbeit, die wir im Integrativen Ansatz auch aufgenommen und entwickelt haben unter Bezug auf neuere entwicklungs- und sozialpsychologische Forschung mit den Konzepten der „wechselseitigen Empathie", der „Affiliation", der „Konvivialität" (*Petzold, Müller* 2005; *Orth* 2002) und der „*selektiven Offenheit*", also einem reflektierten „selfdisclosure", das von der Erkenntnis ausgeht, dass *Menschen Geheimnisse brauchen*, das Recht auf Geheimnisse haben. Deshalb ist eine erzwungene Offenbarungspflicht (*Freud*s Grundregel) ebenso dysfunktional wie ein übertriebener Bekenntnisdrang (*Ferenczi* stand in dieser Gefahr). *Offenheit* muss eine Sache gewachsenen Vertrauens sein, wie *Ferenczi* für die Mutualität zeigte. Sie muss von der verantworteten Willensentscheidung getragen sein, diese Offenheit zu gewähren und von der reflektierten Bereitschaft und Möglichkeit, diese Parrhesie auch tragen zu können. *Ferenczi* hatte in seinem Spätwerk mit einem zunehmend phänomenologisch-hermeneutischen Vorgehen, einer auf Phänomenbeobachtung ohne voreilige psychodynamische Deutung setzende Arbeitsweise gänzlich neue Wege beschritten. Er ist aus den Bobachtungen in seiner Praxis, gemäß den schon mit *Rank* 1924 grundgelegten Konzepten zum Gewinn

„wissenschaftlicher Erkenntnisse" zu einer neuen *klinischen Hermeneutik* vorgestoßen. Diese setzt nicht mehr auf eine prioritäre „Erkenntnisphase", sondern „im Gegensatz zur vorherigen" auf eine „Erlebnisphase" (*Ferenczi, Rank* 1924/1964, III, 243). In ihr werden von den Therapeuten die „entsprechenden Erlebnisse in direkter Weise provoziert", um dann dem Patienten dieses „ihm natürlich auch unmittelbar evidente Erlebnis erklären" zu können (ibid.). Kenner der Integrativen Therapie sehen hier deutliche Parallelen zur „Hermeneutischen Spirale" (*Petzold* 1988a; vgl. *Sieper*, dieses Heft, S. 466), die vom leibhaftig erlebten *Wahrnehmen*, zum *Erfassen* und dann zum *Verstehen* und *Erklären* voranschreitet und zum Erleben *„vitaler Evidenz"*[3] führt. Wegen dieser neuen praxeologischen Zugehensweise und des innovativen theoretischen Gehalts seiner Ideen haben *Norbert Nagler* und ich uns entschieden, *Ferenczi* in einem *humanwissenschaftlichen* Diskurs weiterzudenken und nicht nur in einer psychoanalytischen Linie, die er in seinem Spätwerk zu überschreiten begonnen hatte. Die späten Schriften bieten bis heute wesentliche Impulse für eine **„allgemeine Psychotherapie"** – sie lässt sich nicht nur mit *Grawe* begründen (*Petzold*, diese Zeitschrift 2005q), sondern sollte weit ausgreifen, wie *Grawe* (1998, 2004) das auch intendierte. Man würde beiden, *Ferenczi* und *Grawe*, sonst nicht „gerecht".

Mit seiner methodischen Wende, durch die *Ferenczi* gegenüber der *Freud*schen Form der Psychoanalyse eine dem Patienten/der Patientin zugewandte, *intersubjektive Qualität* einführte und den traumapathogenetischen Hintergrund vieler seelischer Erkrankungen erkannte sowie ihn auch interventionspraktisch ernst nahm, hat er ein neues Paradigma vorbereitet, das *Psycho*-therapie zu einer ganzheitlichen, integrativen Behandlungspraxis überschreitet, in der Leiblichkeit, Zwischenleiblichkeit, Mitmenschlichkeit, Mutualität zentral stehen, wenn er affirmierte:

> „Die unliebsamen Erinnerungen bleiben irgendwo im Körper nachvibrierend (Emotionen)" (*Ferenczi* 1964, IV) und „Ohne Sympathie keine Heilung" (ibid. 265).

Er entwickelte auf der Basis dieser Erkenntnis körperorientierte Praktiken und die **„mutuelle Analyse"** mit Interventionen der „zwischenleiblichen Berührung" und des „liebevollen Zuspruchs" (1931/1964, IV, 505), wie sie die *natürlichen* Verhältnisse zwischen Menschen in der **Zärtlichkeit** oder im **Trost** im Rahmen der zwischenmenschlichen Beziehungsgestaltung (*Bauer* 2006) von guten Freundschaften und Familien kennzeichnen, die dysfunktionale oder toxische Familienklimata oder desolate soziale Netzwerke kontrastieren (idem 1931/1964, IV, 498).

---

[3] Die „integrative Hermeneutik" versucht, kognitive, emotionale, volitive, somatomotorische und soziale Lernprozesse und -ziele im lebensweltlichen Kontext/Kontinuum zu verbinden, integriert also multisensorisches Wahrnehmen, rationale Einsicht, emotionale Berührtheit, volitives Streben, d. h. leiblich konkretes Erleben *in sozial-kommunikativer Bezogenheit* zu „persönlich bedeutsamem Lernen" als Erfahrungen von *„vitaler Evidenz"* (*Petzold* 2003a).

2. Die „mutuelle Analyse" und Wege „intersubjektiver, partnerschaftlicher Therapie" aus „erfahrener Wertschätzung" im Integrativen Ansatz

Vor 75 Jahren schreibt *Ferenczi* – selbst schon schwer krank – sein „klinisches Tagebuch". Es konnte erst 1985 in einer französischen Ausgabe erscheinen, mehr als 50 Jahre nach seiner Abfassung. 1989 erschien schließlich die deutsche Ausgabe. Die Hintergründe dieser wissenschaftsgeschichtlich – außerhalb kirchlicher Inquisitions-Praxis des „Heiligen Offiziums" mit dem „Index librorum prohibitorum" – höchst ungewöhnlichen Unterdrückung eines herausragenden, wenngleich unliebsamen Werkes durch die psychoanalytische Orthodoxie sind von *Norbert Nagler* (diese Zeitschrift 2003) u.a. dargestellt worden. *Cremerius* (1979) sprach von einem „Maffiosostück". Das zeigt, und daran sei hier erinnert: es handelte sich um „Glaubenskämpfe" in der Psychoanalyse als Weltanschauung bzw. Ideologie mit einer kryptoekklesialen Struktur. Es geht überdies dabei um die vielleicht bedeutendsten Themen der Psychotherapie: die „therapeutischen Beziehung" und die „Leiblichkeit". Diese Themen sind bedeutend, weil die **MACHT** über den Menschen in der Macht über die *zwischenmenschlichen Beziehungen* und über den *Leib* – beides zusammen beinhaltet nämlich Liebe, Sexualität, Bindung, Treue – ihre ultimative Möglichkeit und ihren letztendlichen Ausdruck findet (*Foucault* 1978a, b; vgl. *Orwell* 1949/2005). Das Machtthema ist ja in der Psychoanalyse und Psychotherapie weitgehend vernachlässigt, besonders was machttheoretische Analysen *auf sie selbst gewendet* anbetrifft (vgl. aber aus integrativer Sicht *Orth, Petzold Sieper* 1995; *Petzold, Orth* 1999, 2004b; *Haessig* 2007 oder von analytischer Seite *Parin, Parin-Matthey* 1985).

Die „therapeutische Beziehung" wird von praktisch allen Schulen und Richtungen als der wichtigste Faktor psychotherapeutischer Arbeit bezeichnet, aber die Meinungen darüber, was denn eine gute „therapeutische Beziehung" sei, gehen weit auseinander, wie mein schulenübergreifender Sammelband „Die Rolle des Therapeuten und die therapeutische Beziehung" (*Petzold* 1980g) dokumentierte: von der *Freud*schen Abstinenz bis zur rigorosen Selbstoffenbarung reicht das Spektrum: „Der Arzt soll undurchsichtig für den Analysierten sein und wie eine Spiegelplatte nichts anderes zeigen, als was ihm gezeigt wird" (*Freud*)[4]. *Ferenczi* stellt dem eine Offenheit gegenüber, wie sie zwischen Menschen herrscht, die einander in tiefer und ehrlicher Weise vertrauen und liebevoll verbunden sind, wie dies für gute mitmenschliche *Nahraumbeziehungen* charakteristisch ist. „Liebe ist ... Mutualismus, Austausch von Gefühlen" (*Ferenczi* 4. VIII. 1931/1964 IV, 255), beispielhaft im „mutuellen Mutter-Kind-Verhältnis", in dem keiner „herrschen will" (ibid. 26. IX. 1932/1964 IV, 266). Das sind frühe Äußerungen *Ferenczis* mit dem Term „Mutualität". Aus Sicht moderner Psychotherapieforschung vertreten wir, dass gute psychotherapeutische Beziehungen im wesentlichen *guten Alltagsbeziehungen* ähnlich sind (*Märtens, Petzold*

---

[4] *Freud, S.*, Ratschläge für den Arzt bei der psychoanalytischen Behandlung, 1912, Studienausgabe, Fischer, Frankfurt 1975, Ergänzungsband, S. 178.

1998; *Bauer* 2006). Aber in diesen gibt es natürlich auch besondere Intensitäten, wie sie mit den Begriffen „*Intimität*" und „*Innigkeit*" gekennzeichnet sind, die eine positive „*Konfluenz*" (um diesen gestalttherapeutischen Term zu verwenden, *Perls* 1969, *Petzold* 1973a) ermöglichen, ein inniges Verschmelzen, das – anders als in Kollusion, maligner Bindung, Abhängigkeit, Hörigkeit – jederzeit Rückzug erlaubt. Innige Mutualität unterfängt über bloßen *Kontakt* hinausgehende, zwischenmenschliche *Begegnung, Beziehung, Bindung* – so die integrative Phänomenologie der „**Relationalität**" (*Petzold* 1991b). Im Blick einer solchen, das Ferenczianische Beziehungskonzept diffenzierenden „Beziehungstheorie" eignet der „mutuellen Analyse" eine besondere Qualität:

„Die Technik der mutuellen Analyse ist getragen von der Vorstellung, dass der Analytiker, wenn er dem Patienten keine verlässliche Stütze sein kann, ihm zumindest Anhaltspunkte bieten soll. Wenn der Analytiker die eigenen Schwächen und Gefühle so aufrichtig wie möglich zu erkennen gibt, vermittelt er dem Patienten besser, woran er sich zu halten hat" – so *Judith Dupont* in der Einleitung zum „Klinischen Tagebuch" (1988, 22).

*Dupont*s Betrachtung zentriert auf Problematisches. *Ferenczi* greift da breiter, als er mit der Forderung der Patientin R. N. konfrontiert wird, „dass der Patient auch das Recht haben sollte, seinen Analytiker zu analysieren" (1932/1988, 42). Auch der Analytiker hat natürlich ein eigenes Unbewusstes, das im analytischen Prozess wirksam wird. Das räumt er ein, erzählt „sogar Stücke der eigenen Vergangenheit", woraus sich die „Mitteilung von eigenen Seeleninhalten wirklich zu einer mutuellen Analyse [entwickelt] aus der auch ich, der Analytiker, viel Nutzen zog" (ibid. 42). *Ferenczi* sieht *Mutualität auch als Ressource bzw. Potential* – das möchte ich unterstreichen.

Das Material von PatientInnen, ist es intensiv (Sexualität, Gewalt, Verlust, Ekel etc.), löst natürlich im Therapeuten mnestische Resonanzen, emotionale Berührtheit aus, Materialien, die keineswegs immer schon bewusst waren. *Ferenczi* bringt das, wo notwendig und bearbeitbar, in die *mutuelle Analyse* ein (ibid. 54f). Heute haben wir für die Bearbeitung solcher „schwieriger Resonanzen" Kontrollanalyse und Supervision, die im Integrativen Ansatz besonders elaboriert worden sind (*Petzold* 1993m, 1998a) und rechtlich mit Einverständnis des Patienten erfolgen müssen (*Petzold, Rodriguez-Petzold* 1997), wobei - und hier liegt ein Spezifikum -, der Therapeut die Arbeitsergebnisse aus der Kontrollanalyse wieder mit in den therapeutischen Prozess bringt. Das sichert die Mutualitätsprozesse natürlich erheblich, weil in der Kontollanalyse auch *Ferenczi*s Frage thematisiert werden kann, „wie weit solche 'mutuelle Analyse' gehen darf und soll" (1932/1988, 67), denn es soll ja nichts geschehen, „was dem Patienten und mir selbst schaden kann" (ibid. 79). In der mutuellen Analyse antwortet der Therapeut auf die Fragen nach seiner „seelischen Resonanz", auch wenn sie negativ ist. „Das Eingehen auf diesen Wunsch ist natürlich der denkbar stärkste Gegensatz zur rigid undurchsichtigen Geheimnistuerei der Eltern" (ibid. 85). Arbeit im Modus der Mutualität bedarf einer Indikation, in der Regel auch einer zeitlichen Befristung und vereinbarter Regeln. *Ferenczi* thematisiert diese Fragen in seinen wichtigen Eintragungen vom 3. und 8. März 1932, die auch Grenzen dieser Arbeitsform aufzeigen (ibid. 89f, 98) und deutlich machen, wie sehr die mutuellen Analysen damals noch im „experimentellen Stadium" waren. Ein besonderes Problem stellte das Faktum dar, dass *Ferenczi* immer wieder an Defizite seiner eigenen Analyse bei *Freud* stieß, die unvollständig, zu kurz, zu wenig tiefreifend war, von schwierigen Übertragungen gekennzeichnet, insbesondere für die traumatischen Erfahrungen, die *Ferenczi* selbst im Hintergrund hatte (vgl. *Ferenczi, Groddeck* 1982), durch die in den Analysen Situationen entstanden, für die die „mutuellen Analysen" in der Tat ein „Notbehelf" (ibid. 167) waren. Diese Situation muss heute nicht mehr eintreten. Nicht etwa, weil durch die langen/überlangen Lehranalysen heutzutage TherapeutInnen entsprechend „durchanalysiert" sind – eine unsympathische Idee, dazu eine nicht realisierbare mit bezweifelbarer Effizienz, blickt man in die moderne Ausbildungsforschung (vgl. *Orlinsky, Rønnestad* 2005) –, sondern weil sich gegenüber der Zeit *Ferenczi*s bessere Methodiken der professionellen Unterstützung finden: sein Schüler *Michael Balint* entwickelte die Balintgruppen, es finden sich Methoden klinischer Supervision und es wurden moderne Formen der *Kontrollanalyse* erarbeitet wie im Integrativen Ansatz (vgl. *Petzold* 1993m). Kontrollierte Analysen beschränkten sich früher auf „Mängel und Fehler der Technik" sowie auf Aneignung „theoretischer Kenntnisse" (*Ferenczi* „Über den Lehrgang des Psychoanalytikers" 1928/1964, III, 427). Sie berührten die Persönlichkeit des Analytikers nicht, so dass *Ferenczi* zu einer „Infragestellung der *Kontrollanalysen*: [als] Notbehelfe" kommt (1932/1988, 167), nicht anders als er die durch Unzulänglichkeiten bedingten mutuellen Analysen (ibid.) zu Recht nur als „Notbehelf" sah. Hier musste die „mutuelle Analyse" weiterentwickelt und durch Kontrollanalyse unterstützt werden, die auch Tiefendimensionen aufnimmt, welche durch Resonanzphänomene auf das Material des Patienten oder aus eigenem noch offenem Problemhintergrund des Therapeuten aufkamen. Dadurch kann auch in der Mutualität das Maß an Exzentrizität gewährleistet werden, das die klinische Verantwortung heute vom Therapeuten – menschlich, klinisch und rechtlich – verlangt. Beide, „Analytiker und Analysand, relaxieren abwechselnd" (ibid. 132). – Relaxation ist „Trance" bzw. mit Trance verbunden (ibid. 109). *Ferenczi* setzte „mitbewusste" Trancezustände (ähnlich wie *Milton Erikson* sie versteht) ein. „In der mutuellen Analyse gibt der Arzt, wenn auch nur vorübergehend, die Stelle des 'Wachhabenden' auf" und in dieser Zwischenzeit „übernimmt der Analysierte die Rolle des Analytikers" (ibid.). Diese Auffassung *Ferenczi*s muss heute nicht mehr aufrecht erhalten werden, denn die Handhabung *bewusster* und *mitbewusster* Zustände (*Petzold* 1988a, b), der inzwischen erlernte Umgang mit Eigentrance ermöglicht, dass der Therapeut das erforderliche Maß an exzentrischem Bewusstsein zu gewährleisten vermag und – kommt er an die Notwendigkeit tieferer Bearbeitung –, so muss er im Extremfall eine fokalisierte Eigentherapie aufnehmen (idem 1993p). In der Regel kann er aber auf seine Kontrollanalyse, die im integrativen Modell auch fokalisierte Problembearbeitungen zulässt (idem 1993m), zurückgreifen, deren Ergebnisse er – soweit er das für den Prozess der Therapie erforderlich hält - auch seinem Patienten eröffnen kann und sollte. Dadurch werden **Mündigkeit, Partnerschaftlichkeit, Souveränität** gefördert, geschieht **Empowerment** (*Petzold, Rodriguez-Petzold* 1997; *Petzold, Gröbelbauer, Gschwendt* 1999; *Petzold, Regner* 2006). Das erfordert ein „Zutrauen zur eigenen Fähigkeit, schließlich nur von der Wahrheit beeindruckt zu sein" – so *Ferenczi* (1932/1988, 144), und genau diese Fähigkeit sollte in Lehranalysen entwickelt werden. Wir sollen „mit Hilfe der eigenen Analyse so stark werden" (ibid. 175), dass wir Fehler, die PatientInnen verletzen, vermeiden. Dann nämlich erst können „Kranke Vertrauen zu uns gewinnen" (ibid.) und es wird das möglich, was wir im Integrativen Ansatz als **„erfahrene Wertschätzung"** bezeichnen, die ein hohes heilendes Potential hat (*Petzold, Hass* et al. 2000; *Petzold, Rainals* et al. 2005). Letztlich sollten auch in therapeutischen Analysen bzw. in Psychotherapien bei PatientInnen neben der Symptombeseitigung solche Wahrheitsbereitschaft, Vertrauenswürdigkeit und wertschätzende Grundhaltung, sollten *seelische Elastizität* und *Souveränität* als wichtige Therapieziele gefördert werden (*Petzold, Leuenberger, Steffan* 1998), da Therapie ja auch immer eine Dimension der „Persönlichkeitsentwicklung" umfasst (*Petzold* 2003a, 40, 520f). „Das ideale Resultat einer beendigten Analyse ist also gerade jene Elastizität, die die Technik auch vom Seelenarzte fordert" (*Ferenczi* 1927/28, 1964, III, 395). Das Erfahren des analytischen Prozesses ist immer ein Lernprozess, in dem auch der Patient Sinnerfassungskompetenz, empathische Kompetenz und Interpretationskompetenz erwirbt, soll er doch auch lernen, sein Leben selbst zu interpretieren, um es steuern und gestalten zu können. Nur deshalb konnten *Ferenczis* Patienten auch für ihn fruchtbare Beiträge in der mutuellen Analyse liefern. Der Erwerb dieser Kompetenzen *auf der PatientInnenseite* ist in der Psychoanalyse stets vernachlässigt und damit kaum genutzt worden, ungeachtet des Faktums, dass viele bedeutende Analytiker als Patienten begonnen haben.

Das „klinische Tagebuch" *Ferenczis* ist das Dokument eines aufrichtigen Ringens des Analytikers um „Wege der Hilfe" für seine PatientInnen, um Aufrichtigkeit in diesem intimen, zwischenmenschlichen Auseinandersetzungsprozess, den eine Analyse nach *Ferenczis* Auffassung darstellt: Hier teilen wir in der Integrativen Therapie seine Position vollauf. Das Tagebuch dokumentiert aber in gleicher Weise das Ringen der PatientInnen um ihre Entwicklung, ihr Heilwerden, um die „Wahrheit und Wahrhaftigkeit des analytischen Prozesses", denn viele von ihnen sind durch Unwahrhaftigkeit, Lüge, Verrat, durch Unrecht, Ungerechtigkeit, Verletzung , Untrdückung, Gewalt in ihren Nahraumbeziehungen geschädigt worden (*Orth* 1994)und wollen nicht nur Symptomfreiheit, sondern auch wieder an Menschen glauben können, um sich auf sie einzulassen – sonst bleiben sie einsam, in Misstrauen und Verbitterung, dafür müssen TherapeutInnen zur Verfügung stehen mit der Bereitschaft zu Auseinandersetzung in Nahraumintensität, mit einer „emotionalen Adoption *auf Zeit*," von PatientInnen, wo dies indiziert ist, um ihnen *„der Segnungen einer normalen Kinderstube teilhaftig werden zu lassen"* (*Ferenczi* 1929/1964, III, 489, Hervorheb. im Original). Ein solches „parenting/reparenting" sollte immer nur eine „Similequalität" haben: ich werde dem Patienten ein väterlicher Freund, eine mütterliche Begleiterin – nie „Analyse-Vater" oder „Analyse-Mutter" –, um nicht der Gefahr entgleisender Bindung Vorschub zu leisten, wie *Ferenczi* (1964, IV, 294) das als Problem sah. Wir haben deshalb *Ferenczi*s Reparenting-Modell, das wir durchaus bei Indikation praktizieren („Zweiter Weg der Heilung und Förderung"), kritisch beleuchtet und für die Praxis seine „Similequalität" (= *ähnlich wie*) ausgewiesen (*Petzold, Orth* 1999, 198ff; *Petzold, Orth, Sieper* 2005). Besonders früh- und schwertraumatisierte Menschen brauchen solche „nährenden und schützenden Qualitäten" für ihren „Neuanfang", brauchen diese fundamental wertschätzende, Zersplittertes zusammenfügende, liebevolle Umfassung (*Ferenczi* 1932/1988, 265 spricht metaphorisch von *„glue"*, Leim) für diesen neuen „Zugang zum Leben" und zu den Mitmenschen. Trauma-Therapien müssen deshalb mehr leisten, als nur Trauma-Intrusionen und andere ICD-10-Symptomatik zu beseitigen. Sie müssen ein Ort sein, an dem Misstrauen besiegt und Wieder-Vertrauen-Können erkämpft werden kann. Dazu sind *mutuelle Analysen* ein hervorragender Weg.

Im Integrativen Ansatz haben wir auf der Grundlage der Erfahrung von **Mutualität** bei *V. Iljine*, der diese Praxis mutueller Analyse weiterentwickelt hatte, und aufgrund unserer eigenen, frühen ferenczianisch-analytischen Arbeit mit Alterspatienten, die – z. T. 50, 60 Jahre älter waren als wir selbst - einen solchen Stil geradezu herausforderten, folgende Definition gegeben:

> „In der *mutuellen Analyse* öffnen sich der Patient und der Therapeut im therapeutischen Prozess wechselseitig und konstituieren so Mutualität als Intersubjektivität (*Marcel*). Beide Partner der Analyse stellen eigenes Material für die analytische Arbeit zur Verfügung, die auch von Seiten des Patienten geleistet wird, denn er ist zumeist durchaus empathisch und urteilsfähig. Analyse ist immer gemeinsame Arbeit in Respekt und Wechselseitigkeit: auf der Ebene des Patienten, der Ebene des Therapeuten, der Ebene der Therapeut-Patient-Beziehung. Es ist eine mutuelle Arbeit des Intuierens, Empathierens, Klärens, Verstehens, Verzeihens, der liebevollen und wertschätzenden Beziehungsgestaltung, ein Raum erlebbarer Wertschätzung. Mutuelle Analyse ist Beziehungsarbeit in der Intensität leib-seelischen Nahraums" (*Petzold* 1969b).

Auf diesem Boden und weiteren Entwicklungen der Integrativen Therapie (*Petzold* 1988n, 1992a) wurde von uns auch die „**Grundregel der Integrativen Therapie**" formuliert (*Petzold* 2000a, 2003a, 1150), in welcher eine „Qualität der **Partnerschaftlichkeit**" erforderlich ist, in der beide miteinander die *gemeinsame Aufgabe* der Therapie in Angriff nehmen unter Bedingungen eines 'geregelten Miteinanders'" (ibid. 1150; vgl. jetzt 2006n). Die „**erlebbare Wertschätzung**" – beziehungsphilosophisch mit *Marcel* und *Levinas* begründet (idem 1996k) – ist kein abstraktes ethisches Postulat, sondern ein gelebter Behandlungsstil, der in empirischen Untersuchungen zur Integrativen Therapie objektiviert werden konnte, denn in unseren Therapiestudien bewerten die integrativ behandelten Patienten die „**erfahrene Wertschätzung**" durch ihre TherapeutInnen am höchsten. In Ausbildungsevaluationen wurde von diesen intergrativ ausgebildeten TherapeutInnen die „**erfahrene Wertschätzung**" durch ihre

LehrtherapeutInnen am höchsten bewertet und diese wiederum stellten das gleiche für ihre LehrtherapeutInnenausbildung fest (*Petzold, Rainals* et al. 2005; *Steffan* 2002).

Das Entstehen der **"mutuellen Analyse"** muss im Blick auf das Gesamtwerk von *Ferenczi*, insbesondere aber seine Spätschriften gesehen werden. In der Psychoanalyse wurde von *Freud* der "Anna O." die Entdeckung der "Talking Cure", d. h. der psychoanalytischen Methode legendenhaft zugeschrieben (*Broch-Jacobson* 1995). Bei *Ferenczi* ist es eine Patientin, eine junge Frau R. N., die nach zweijähriger Analyse mit stockendem Verlauf seinen Deutungen Gegendeutungen entgegenstellte, die Hand und Fuß hatten und denen er Raum gab. Die Analyse entwickelte sich daraufhin fruchtbar. Er führte alternierende Sitzungen durch, bei der er seine Reaktionen und eigene Materialien R. N. analysieren ließ und bemerkte, dass er dadurch "nicht nur für die Patientin sondern überhaupt allen gegenüber ein besserer Analytiker" wurde (*Ferenczi* 1932/1988, 149). Er begann auch bei anderen PatientInnen mit Formen der Mutualität zu experimentieren. "Wem gebührt die Anerkennung für diesen Erfolg? Sicherlich vor allem der Patientin, die in ihrer prekären Situation als Patientin nicht müde wurde, für ihr gutes Recht zu kämpfen; dies hätte aber nichts genützt, hätte *ich* mich nicht dem ungewöhnlichen Opfer unterzogen, das Experiment zu wagen, mich als Arzt in die Hände einer nicht ungefährlichen Kranken zu geben" (ibid. 149f) – und nichts genutzt, möchte ich hinzufügen, wenn die berechtigte "Reaktanz" (*Petzold, Müller* 2005) von R. N. im Habitus der meisten Psychoanalytiker, ja Psychotherapeuten als "Widerstand" im Sinne der Auflehnung, des Ungehorsams, der "Abwehr" gedeutet worden wäre (vgl. meinen schulenübergreifenden Sammelband zum Widerstandsthema, *Petzold* 1981b).

Ein Motiv für *Ferenczi*s Wagnis liegt in seiner selbstkritischen Ehrlichkeit, die ihn als Wissenschaftler, Mediziner und Mensch kennzeichnet und schon in seiner Rezension von 1902: "Beichten eines practischen Arztes" (dieses Heft) deutlich wird. Weiterhin liegt sie in der Wertschätzung seiner PatientInnen, deren Klugheit, Menschlichkeit, empathische Kompetenz – trotz aller Belastungen in ihrer Krankheit und mit ihren Störungen – er wahrnimmt und *wertschätzt*. In den "Entwicklungszielen" (mit *Rank* 1924) betont *Ferenczi* schon die "subjektiven Momente beim Arzt ... Der *Narzissmus des Analytikers* scheint geeignet, eine besonders ausgiebige Fehlerquelle zu schaffen, indem er mitunter eine Art narzisstischer *Gegenübertragung* zustande bringt" (ibid. 1924/1964, III, 238), die den Patienten motiviert, negative Affekte zu unterdrücken, dem Arzt zu schmeicheln etc. In der mutuellen Analyse macht das später *Ferenczi* zum Thema und zieht das Wissen und Fühlen des Patienten bei, um dem Analytiker diesen, seinen unerkannten Narzissmus, aufzuzeigen. In der so wesentlichen Schrift "Die Elastizität der psychoanalytischen Technik" (1927/28) verweist er auf den Schlüssel mutueller Analysen, auf das "Einfühlungsvermögen": Jede Intervention ist "eine Frage des psychologischen *Taktes .... Takt ist Einfühlungsvermögen*" (ibid. 238, Hervorhebung im Original).

*Ferenczi*s Reflexion seiner in **Mutualität** durchgeführten Analysen (*Ferenczi* 1932/1988, 279f) legt die Idee eines „*Spektrums von mutualer Intensität*" nahe, dessen Umfang und Tiefe in unterschiedlicher Weise ausgeschöpft werden kann, ja muss, wie er schon in der Abhandlung zur Elastizität (idem 1927/28, 1964, III, 380ff) ausführt. Unsere integrative Praxeologie mit dem Prinzip der „selektiven Offenheit und partiellen Teilhabe" (*Petzold* 1980g) gründet auf diesen Ausführungen. „Ich kam zur Überzeugung, dass es vor allem eine Frage des psychologischen *Taktes* ist, wann und wie man einem Analysierten etwas mitzuteilen" hat (*Ferenczi* 1927/28, 1964, III, 383). Im Integrativen Ansatz vertreten wir dezidiert, dass das Prozedere dem Patienten/der Patientin transparent gemacht werden muss, wobei ihnen auch vermittelt wird: „Sie haben ein Recht auf Geheimnisse". Das puffert eventuelle Risiken von *Ferenczi*s Mutualität und macht sie klinisch gut handhabbar.

Seit der Abfassung des klinischen Tagebuchs und dem darin begründeten Ansatz einer **„mutuellen Analyse"**, die heute *intersubjektivitätstheoretisch* unterfangen werden kann (mit *G. Marcel, E.Levinas* und – darauf aufbauend – mit meinen eigenen Arbeiten) sind **75 Jahre** vergangen und haben Weiterentwicklungen in vielfältigen Bereichen stattgefunden, die **Mutualität** begründbar machen: von den Arbeiten der philosophischen und klinischen Intersubjektivitätstheoretiker, der Affiliationsforschung bis zur Entdeckung der Spiegelneuronen (*Gallese* et al. 1996; *Stamenov, Gallese* 2002; *Petzold* 2002j, 2004h), die eine biologische Basis für unsere empathische Kompetenz und Performanz aufzeigen, welche Menschen allerdings miteinander *interpersonal zu kultivieren* haben - von Babyzeiten an über die Lebensspanne hin (*Petzold, van Beek, van der Hoek* 1994).

In der Integrativen Therapie haben wir die Gedanken *Ferenczi*s aufgrund unserer Beobachtungen, Forschungen und Behandlungen von Säuglingen und Kleinkindern zu einem Konzept **mutueller Empathie** mit entwicklungspsychologischer Argumentation ausarbeiten können (ibid.). Es wurde uns nämlich deutlich, dass es nicht nur unverzichtbar ist, dass Eltern (nicht nur Mütter) ihre Kinder stimmig, d. h. in guter „Passung" empathieren und ihnen damit die Möglichkeit der **Selbstempathie** erschließen, sondern es muss auch die Zeit kommen (zwischen 3 und 4 Jahren), dass das Kind seine Eltern empathieren darf, ohne zurückgewiesen oder belogen zu werden („Mammi, bist du traurig?" - barsch „Lass mich in Ruh!" oder unter Tränen „Nein, mir geht's gut!"). So werden Kinder für ihre Empathie in verletzender Weise bestraft, fühlen sich zu Recht *ungerecht* behandelt oder in ihrer empathischen Wahrnehmung *irre gemacht,* ein durchaus pathogenes Geschehen, wenn es die Regel in der emotionalen Kommunikation ist. Therapie sollte das nicht reproduzieren. „Kinder wollen nicht mehr, als freundlich, zärtlich und milde behandelt sein" (1932/1988, 127) – und auch wahrhaftig und gerecht, das möchte ich gerade für Kinder von vier Jahren und älter hinzufügen.

Die zurückweisende oder undurchsichtige Abstinenz und die damit verbundene

Unoffenheit in Formen der Psychoanalyse wiederholt diese Verletzung, und viele Patienten spüren das. „Die Patienten lehnen es [dann] ab, weiter mitzutun [...] verheimlichen nicht ihre Verachtung vor unserer Aktionsunfähigkeit, unserem Mangel an menschlichem Gefühl überhaupt" (*Ferenczi* 1932/1988, 99). *Ferenczi* hat das klar erkannt und sich deshalb so intensiv mit der Unaufrichtigkeit der Psychoanalytiker und den dadurch entstehenden pathologischen Effekten befasst (ibid. 99ff, 143f). Ihr stellt er besonders bei schwergestörten und traumatisierten Patientinnen *aufrichtige Zugewandtheit* entgegen:

„Die Liebe und die Kraft des Analytikers, vorausgesetzt, dass das Vertrauen zu diesem tief genug reicht, oder groß genug ist, wirkt ungefähr wie die Umarmung einer liebenden Mutter und eines schützenden Vaters" (1932/1988, 174) – nämlich tröstend, versichernd, heilend. (*Ferenczi* spricht von einer *Similequalität*: „ungefähr wie"!).

Von dieser Erkenntnis und von dieser Haltung darf nichts abgestrichen werden und wird im Integrativen Ansatz nichts abgestrichen, auch wenn wir Formen der „mutuellen Analyse" durch unsere Forschungen, klinischen, theoretischen und metatheoretischen Arbeiten weiterentwickelt haben, denn hinter dieser Haltung liegt der tiefe „Respekt" (*Sennett*) vor der „Andersheit des Anderen" (*Levinas* 1983; *Petzold* 1996k), dessen letztendliche Verschiedenheit jeder der beiden **Partner** in der Analyse bereit sein muss, zu respektieren, auszuhalten, ja wertschätzen zu lernen. *Nicht die Radikalität der Offenheit, sondern die Bereitschaft, Alterität anzuerkennen, sich ihrer „Heimsuchung" (Levinas 1983) auszusetzen und die unabdingbare letztendliche Fremdheit jedes anderen Menschen, selbst des nächsten, wie Adorno sagte, anzunehmen und liebevoll in der Qualität einer fundamentalen* **Mitmenschlichkeit** *wertzuschätzen, ist das Heilsame* – so die Integrative Position (*Petzold* 1996k, 2006n). *Ferenczi*s „Kinderanalysen mit Erwachsenen" (1931/1964, IV, 390f) haben dieses neue „Paradigma der Mutualität", das letztlich auf **„erfahrene Wertschätzung"** des Patienten und wechselseitig erlebbare Wertschätzung in therapeutischer Arbeit zentriert, vorbereitet.

Die empathiegegründeten Qualitäten von Takt, Wohlwollen, Zu-wendung (die Wurzel von „klinisch" ist gr. *klinein*, sich liebevoll hinwenden), von Verstehen und Verständnis, ohne Überlegenheitsgestus oder oberlehrerhaftes Besserwissen (ibid. 389) in „konvivialer Zwischenmenschlichkeit" (*Orth* 2002) hatte schon *Ferenczi* (1927/28) als Eigenschaften einer empathischen therapeutischen Haltung gefordert und in seinen mutuellen Analysen selbst praktiziert. Heute untermauern wir diese Haltung mit einer intersubjektivitätstheoretisch begründeten Anthropologie und Ethik einerseits (*Petzold* 2003a) und durch entwicklungspsychologische und neurobiologische Erkenntnisse (infant-caregiver interaction, mirror neurons, *Petzold, van Beek, van der Hoek* 1994, *Petzold* 2002j; 2004h) andererseits und definieren:

> »**Empathie** gründet nach Auffassung des Integrativen Ansatzes in genetisch disponierten, u.a. durch die Funktion von Spiegelneuronen gestützten, cerebralen Fähigkeiten des Menschen zu intuitiven Leistungen und mitfühlenden Regungen, die in ihrer Performanz ein breites und komplexes, supraliminales und subliminales Wahrnehmen „mit allen Sinnen" erfordern, verbunden mit den ebenso komplexen bewussten und unbewussten mnestischen Resonanzen aus den Gedächtnisarchiven. Diese ermöglichen auch „wechselseitige Empathie" (Mutualität) als reziproke Einfühlungen in pluridirektionalen Beziehungen im Sinne des Erfassens von anderen „minds" vor dem Hintergrund und im Bezug auf ein Bewussthaben des eigenen „minds". Das wiederum ermöglicht in einer „Synergie" ein höchst differenziertes und umfassendes Erkennen und Erfassen eines anderen Menschen (personengerichtete Empathie) oder von Menschengruppen in affiliativer Performanz mit ihrer sozialen Situation (*soziale Empathie*) nebst ihren subjektiven und kollektiven sozialen Repräsentationen« (*Petzold* 2002b).

Diese „*empathische Grundfunktion ko-respondierender Mutualität in affiliativer Performanz*" (*Petzold, Müller* 2005) kann als der „*therapeutische Megafaktor*" – schulenübergreifend – für jede Form klinischer Praxis angesehen werden. Letztlich sind es diese Qualitäten empathischer Mitmenschlichkeit, die im Alltagsleben durch Therapie gefördert werden müssen, nicht aber als ein überhöhtes Spezifikum des „therapeutischen Raumes" von TherapeutInnen reklamiert werden sollten (vgl. *Petzold, Orth* 1999). Bestärkt wird das durch Studien, die „social network interventions" (z. B. Hausbesuche von Sozialarbeitern) als so effektiv erweisen wie professionelle Psychotherapie (*Röhrle* 1994; *Hass, Petzold* 1999). Dieser **Megafaktor** kommt als stimmige, mutuell-empathische Beziehung und **erlebbare Wertschätzung** (evolutionsbiologisch durch eine „empathische Grundfunktion" und eine „Affiliationstendenz" disponiert) ubiquitär in helfenden Beziehungen und Netzwerken/Konvois zum Tragen (*Petzold, Müller* 2005). Das zeigt, wie bedeutsam sozialinteraktive Faktoren und ressourcenreiche Netzwerke für die Psychotherapie sind, die nicht „dyadisch verkürzt" werden darf, sondern immer die **Polyade** „sozialer Netzwerke bzw. Konvois" auch im dyadischen Setting einbeziehen und sie beeinflussen muss. So bildet sich in mutuellen Entwicklungsprozessen der „**Mentalisierungen**"[5] bei

---

[5] Unter „*Mentalisierung* verstehe ich aus der Sicht der Integrativen Therapie die *informationale Transformierung* (*Petzold, van Beek, van der Hoek* 1994) von konkreten, aus extero- und propriozeptiven Sinnen vermittelten Erlebnisinformationen der in Entwicklungsprozessen – nicht nur frühen - erfahrenen Welt-, Lebens- und Leibverhältnisse, die Menschen aufgenommen haben, in *mentale Information*. Die Transformierung geschieht durch *kognitive*, *reflexive* und *ko-reflexive* Prozesse und die mit ihnen verbundenen Emotionen und Volitionen auf *komplexe symbolische Ebenen* [...]. Prozesse der *Mentalisierung* wurzeln grundsätzlich in (mikro)gesellschaftlichen Ko-respondenzprozessen zwischen Menschen, wodurch sich individuelle, *intramentale* und kollektive, *intermentale* „Repräsentationen" unlösbar verschränken. Je komplexer die Gesellschaften sind, desto differenzierter werden auch die *Mentalisierungen* mit Blick auf die Ausbildung komplexer Persönlichkeiten und ihrer Theorien über sich selbst, ihrer „theories of mind" (the mind of the other and of my mind)." (Vgl. *Petzold* 2005t). Dieser von mir Mitte der siebziger Jahre auf *Vygotskij* und *Moscovici* aufbauende Ansatz von **Mentalisierung** unterscheidet sich deutlich von

Menschen eine beständig wachsende „**Sinnerfassungskapazität, Sinnverarbeitungs-** und **Sinnschöpfungskapazität**" aus (*Petzold* 1975h, 2003a). Für die Therapie hat das immense Konsequenzen: stets muss man, diese Kapazitäten (= Kompetenzen und Performanzen) fördern, und zwar **altersebenenspezifisch**. Dafür braucht man eine „**klinische Entwicklungspsychologie in der Lebensspanne**" (*Petzold* 1992d, 1999b). In allen Modalitäten der „Relationalität" (Begegnungen, Beziehungen, Bindungen, idem 1991b) kommen *mutuelle, empathische Prozesse* zum Tragen. Sie ermöglichen, wie gesagt, in einer „Synergie" ein „höchst differenziertes und umfassendes Erkennen und Erfassen eines anderen Menschen". (vgl. *Petzold* 1993a/2003a, 275, 872; auch seiner konflikthaften Seiten, vgl. 2003b).

Im integrativen Verständnis wird die *Mutualität der Empathie* (1988), wird ihre Wechselseitigkeit in multiplen Beziehungsmöglichkeiten und Affiliationsverhältnissen betont. Der Patient muss adäquate Einfühlung erfahren, wie *Kohut* (1979) herausstellte. Er muss aber auch die Möglichkeit haben, den Therapeuten/die Therapeutin in den unterschiedlichen Momenten und damit Formen und Realitäten der therapeutischen Beziehung einfühlen zu dürfen (wie das Kind die Mutter im obigen Beispiel). Die Empathie der Mutter und anderer „relevant caregiver" fördert nicht nur die Möglichkeit zur *Selbstempathie* bei ihrem Säugling und Kleinkind, sondern sie schafft auch die Voraussetzungen dafür, dass das Kind sich in die caregiver und in andere Menschen einfühlen kann und *multiple Beziehungen* – später etwa in der eigenen Familie, in Freundeskreisen, Gruppen, Teams usw. – zu gestalten vermag.

> Wird wechselseitige Einfühlung einem Kind in seinem primären Netz (und hier ist nicht nur die Mutter zu sehen) nicht ermöglicht, so ist dies ein potentieller Hintergrund für schwere Persönlichkeitsstörungen und Einschränkungen im sozialen Leben, denn das Moment der erwachenden und praktizierten Einfühlungsfähigkeit und das der differentiellen Beziehungsgestaltung von Seiten des Kindes ist im Rahmen gelingender Entwicklungs- und Sozialisationsprozesse von zentraler Bedeutung (Petzold 1982c, 1986e, 1991b).

Für empathische Prozesse in sozialen Beziehungen sind Menschen durch biologische Programme, die im Entwicklungsgeschehen in „sensiblen Phasen" (Genexpressionen) zum Tragen kommen, gut ausgestattet.

- Im Frühbereich finden sich Formen des „*intuitive parenting*" (*Papoušek*), bei denen die Wechselseitigkeit des Mimik- und Blickdialogs, prosodische Sprachspiele, Körperspiele – Interaktionsformen des ersten Lebensjahres – im Vordergrund stehen (therapeutisch einzusetzen bei Defiziten, Störungen und Traumata als pathogenem Hintergrund bei der neuerlich von *Fonagy* et al. (2004) vorgetragenen Mentalisierungskonzeption (*Petzold* 2006v)

Kindern und in regressionsorientierter Arbeit mit Erwachsenen, vgl. *Petzold, Goffin, Oudhof* 1991; *Petzold, van Beek, van der Hoek* 1994),

- Formen des *"sensitive caregiving"* (*Petzold,* ibid. 587ff, 1982c), bei denen das gemeinsame kreative Gestalten, sprachliche Benennungen, differenzierender emotionaler Zugang, ausgehandelte Grenzen – Kommunikationsformen also, die für das zweite, dritte und vierte Lebensjahr besonders bedeutsam sind – vorherrschend sind (therapeutisch einzusetzen bei Störungen, Konflikten, z. T. bei Defiziten und Traumata und bei polyvalentem pathogenem Hintergrund),.

- Formen der *"co-responding mutuality"* (*Petzold* 1982c), der ko-respondierend in Akten wechselseitiger Empathie, „Begegnung und Auseinandersetzung" ausgehandelten Bewertungen von Situationen und Ereignissen (idem 1994e), aufgrund derer „shared meaning" (idem 1995b) und konstruktive Kooperation möglich wird - Kommunikations-/Interaktionsformen, die für Kinder vom fünften Lebensjahr an, für Jugendliche und Erwachsene (sofern keine massiven Regressionen vorliegen) charakteristisch sind (therapeutisch einzusetzen vor allem bei Konflikten und Störungen, aber auch bei Defiziten und Traumata sowie bei allen Mischformen von Pathogenese).

Die **„empathischen Grundfunktionen"** haben in jeder Form des Beziehungsgeschehens eine wesentliche Bedeutung und müssen stets „angespürt", „überdacht" und in therapeutischer, kontrollanalytischer bzw. supervisorischer Arbeit überprüft werden – jeweils von Therapeuten und Patienten und von ihnen in mutueller Arbeit gemeinsam. Das ermöglicht eine Verfeinerung der „wechselseitigen Empathie" als *reziproke Einfühlungen in pluridirektionalen Beziehungen* im Sinne des Erfassens von anderen „minds" vor dem Hintergrund und im Bezug auf ein Bewussthaben des eigenen „minds" – das sind Prozesse komplexer **Mentalisierungen**. Sie ermöglichen *personengerichte Empathie* und *soziale Empathie* verbunden mit den dazugehörigen subjektiven und kollektiven sozialen Repräsentationen (*Petzold* 2003b).

Es dürfte deutlich geworden sein, wie *Ferenczi*s Intuitionen, Beobachtungen und Experimente zur „Mutualität" vor 75 Jahren in der Integrativen Therapie in den vergangenen 40 Jahren – nämlich seit 1965 auf Grund unserer (*Petzold* und *Sieper*) ersten Eigenerfahrungen mit dieser ferenczianischen Analyse- und Erlebensform – sich weiterentwickelt haben durch Beziehungsphilosophie (*Petzold* 1991b), Entwicklungspsychologie (idem 1994j), Neurobiologie (idem 2004h). Dennoch können wir in der Grundintuition immer noch der Linie des großen Ungarn folgen.

3. Ferenczianische Traumatherapie – Orpha, liebevolle Zuwendung und Healing

Neben *Pierre Janet* ist *Ferenczi* ein früher Verfechter der pathogenen Wirkung von Traumatisierungen, insbesondere von Kindheitstraumata durch sexuelle Gewalt. *Freud* hatte Zweifel an den Realtraumen, die übrigens von *Perls* (1969) geteilt wurden[6].

---

6 „Frühkindliche Traumatisierungen" bezeichnete *Perls* (1969, 43) glatt und platt als „Fälschung": „All the so called *traumata,* which are supposed to be the root of neurosis, are an invention of the patient to save his self-esteem. None

Ferenczi teilte eine solche Auffassung aufgrund seiner klinischen Bobachtungen und Erfahrungen nicht, und wir stimmen ihm hier vollauf aufgrund unserer Beobachtung von mißhandlungstraumatisierten Säuglingen zu (*Petzold, van Beek, van der Hoek* 1994). Er sah, dass frühe Traumata „Erschütterungen" waren, die z. T. gravierende Folgen haben konnten, sofern nicht baldige Hilfe kam (die kommt denn auch glücklicher Weise oft genug, so dass auch Überdramatisierung und generelle Annahme von Traumafolgen durch TherapeutInnen als ein Risiko gesehen werden muss). Traumata können zum „Schock" führen, der „Vernichtung des Selbstgefühls – der Fähigkeit, Widerstand zu leisten und zur Verteidigung des eigenen Selbst zu handeln und zu denken" (19. IX. 1932/1964, IV, 261). Säuglinge haben nur „Ausdrucksbewegungen" der Abwehr (*Petzold* 1992a/2003a, 582ff), bei Kleinkindern bleiben Gedächtnisspuren an „Empfindungen", die „im Körper stecken bleiben" – „objektlose Sensationen" (*Ferenczi* 26. X. 1932/1964, IV, 271). Solche frühen Traumata verbleiben vielleicht in einer „unserem Bw unverständlichen Gebärdensprache (körperlich)", wo sie „ihre Erinnerungsspuren hinterlassen haben, als organisch-physische Mneme [...] emotive (Lust-Unlust) Reaktionen im Körper [...]. Wenn so, dann sind Erinnerungen der Kindheit bw. nicht zu haben und in körperlichen Symptomen" (ibid. 30. X. 1932, IV, 275), zumeist vermengt mit späteren Materialien präsent. Hier findet sich bei *Ferenczi* eine frühe Theorie des „Leibgedächtnisses", die er mit wesentlichen Einsichten verbinden kann. Frühe Überlastungen können zu dysfunktionalen, frühen Kompensationen durch akzelerierte kognitive Entwicklung führen, verbunden mit einer „Vulnerabilität der traumatisch-progressiven Fähigkeiten" (ibid. 273). „Lebensnot zwingt zur Frühreife" (ibid. 285), zu dem was *Ferenczi* (1923/1964, III, 218f) im Traum vom „Gelehrten Säugling" schon intuitiv als wesentlich erfasst hatte. Das „wise baby" überlebt durch beschleunigte Intelligenzentwicklung, die ihm helfen kann, auch weitere Traumatisierungen zu überstehen – oft, wenn keine mitmenschliche Hilfe kommt, zu einem hohen Preis: den einer zerspaltenen, instabilen Persönlichkeit, wie man sie bei polytraumatisierten Borderline-Patienten findet (solche hatte *Ferenczi* vielfach behandelt, ohne natürlich diese diagnostische Kategorie zur Verfügung zu haben). Diese Menschen haben keine protektiven Hilfen erfahren, die retten können (*Petzold, Goffin, Oudhof* 1993), denn nicht jedes Trauma hinterlässt Schäden, erhält man angemessene Unterstützung für die „Bewältigung" (*Ferenczi* 26. XII. 1932/1964, IV, 291): 1. Wirkliche Abwehr der Schädlichkeit im Sinne der Beseitigung der Ursache der Störung (alloplastische Reaktion). 2. Produktion von Vorstellungen über künftige Veränderungen der Realität im günstigen Sinne [...]. Diese Vorstellungen wirken als Antidot gegen Unlust (Anesthetikum) ..." (ibid.) – eine frühe „ferenczianische" Coping-Theorie. *Ferenczi* erkannte bei solchen schwerbelasteten PatientInnen: „Analyse führt zu frühzeitigen

---

of these traumata has ever been proved to exist. I haven't seen a single case of infantile trauma that wasn't a falsification. They are all lies to be hung on to to justify one's unwillingness to grow ... Psychoanalysis fosters the infantile state by considering that the past is responsible for the illness" (ibid.).

Überbürdungen mit noch unerwünschter Verantwortung ..." (ibid.). Das „zu früh zu viel" kann sich wiederholen, wie in den Verantwortungsforderungen von *Perls* „Take responsibility!". *Perls* ironisierte: „The patient isn't responsible – no, the trauma is respionsible" (*Perls* 1969, 43). Solche Gestalttherapie ist für TraumapatientInnen kontraindiziert! *Ferenczi* hingegen entwickelte seine Methode der „Kinderanalysen mit Erwachsenen". „Das Verfahren, das ich meinen Analysanden gegenüber anwende, kann man mit Recht eine Verzärtelung nennen" (idem 1931/1964, III, 503). Sein eigener biographisch-traumatischer Hintergrund (*Ferenczi, Groddeck* 1982) mag hier mit hineinspielen, wie seine Bemerkung andeutet: „Die Idee des 'wise baby' konnte nur von einem wise baby gefunden werden" (idem 31. XI. 1932/1964, IV, 289). Aus all diesen Mosaiksteinen seiner späten, zum Teil nur in Notizen auf uns gekommenen Ideen und Praktiken zur Traumatherapie lässt sich eine konsistente Behandlungspraxis ersehen, die offenbar ein hohes heilsames Potential hatte. Ich selbst habe dieses Potenzial in der mutuellen Analyse mit der elastischen Technik erfahren in der Bearbeitung früher *Erfahrungen* aus meiner Kleinkindzeit: die Bombardierung der Siegbrücke bei Opsen, neben der unmittelbar unser Haus in der Siegau stand, das Abschießen unserer Milchschafe auf der Wiese durch Tiefflieger etc. Ich bekam in der folgenden Analysestunde ein Schaffell von *V. Iljine,* auf dem ich liegen durfte und eine Tasse warmer Milch. Ich erhielt Trost und beruhigende Berührung. Erzählungen von eigenen „Überwindungserfahrungen" *Iljine*s (Mutualität) – eine heilsame Erfahrung im Geiste *Ferenczi*s. Es ist gut, zu seinen Enkeln zu gehören. *Ferenczi*s Traumatherapie zentrierte auf Beruhigung, Akzeptanz der Wahrheit des Ereignisses, liebevolle Tröstung, Mutualität, zwischenmenschliches Wiedergutmachen, Vermitteln von S i n n. Für diesen Ansatz spricht sehr viel, stellt man in Rechnung, dass über die gesamte Menschheitsgeschichte hin Menschen mit diesen Hilfen das „Trauma überwinden" mussten und konnten (*Petzold, Wolff* et al. 2002), zahllose Menschen Verwundeten und Sterbenden aus Menschenliebe beistanden wie *Henry Dunant* am 24. 6. 1859 in Solferino – eine Schlacht mit 22 000 Toten. *Dunant* widmete ihnen sein Lebenswerk (*Petzold-Heinz* 1957; *Petzold, Sieper* 2007). Auch heute müssen 99.9% der Schwersttraumatisierten in den afghanischen und somalischen Kampfgebieten, von den Tsunamiopfern in Asien und den Erdbebenbetroffenen in Pakistan und allüberall in der Welt ohne psychotherapeutische Traumatherapie auskommen und können nur auf den Einsatz, die Unterstützung und die Liebe ihrer Mitmenschen zählen. Klinische Traumatherapie kann und muss von diesen Praxen naturwüchsiger Hilfeleistung und Heilung lernen für die professionell *und* menschlich eingesetzte Beruhigung und liebevolle Zuwendung, wie sie *Ferenczi* praktizierte und wir sie in seiner Folge, angereichert durch neueres traumapsychologisches und neurobiologisches Wissen in der Integrativen Traumatherapie und Trostarbeit zur Förderung von „Überwindungserfahrungen" praktizieren (*Petzold, Wolff* 2000, 2002; *Petzold* 2001m, 2004l). *Ferenczi* betont in „Trauma-Analyse und Sympathie": „Tiefgreifende (traumatogenetische) Analyse ist nicht möglich, wenn nicht (als

Kontrast zur Situation beim Urtrauma[7]) gelingende Bedingungen geboten werden können a) vom Leben und der Umwelt, b) – hauptsächlich – vom Analytiker" (ibid. IV,293). *Ferenczi* macht hier klar, dass sozialtherapeutische Interventionen zur Veränderung pathogener Umweltbedingungen und Lebenslagen notwendig sind und weiterhin psychotherapeutische Interventionen als *„korrigierende emotionale Erfahrungen"*, wie sein Schüler *F. Alexander* das nennen sollte (*Alexander, French* 1958), aber auch als *„alternative Erfahrungen"* (*Petzold* 1992a/2003a, 695f), wie ich das in der Integrativen Therapie erprobt habe, nämlich dass durch bloße Vermittlung einer anderen Selbst-, Mitmensch- und Welterfahrung sich ein Lebensgefühl und Lebensstil verändern kann (*Petzold, Orth, Sieper* 2005). „ ... man kann keine Lösung erwarten, wenn die Lösung diesmal nicht *anders* erfolgt als ursprünglich. Hier ist Eingriff erforderlich (Regression und Neubeginn)" mit „gütigem Verständnis", „beruhigender Zusicherung". Dann nur können tiefgreifende Auf- und Abspaltungen *integriert* werden, wie er in „Integration und Splitting" am 11. Nov. 1932 notiert (ibid. IV, 284). Dafür ist aber notwendig, dass der Analytiker etwaige negative Gefühle dem Patienten gegenüber bearbeitet, ja sie ggf. offen legt. *Ferenczi* fand heraus, dass PatientInnen solche Negativregungen durchaus unbewusst aufnahmen, womit alte traumatische Erfahrungen aufgerufen wurden und dadurch der analytische Prozess behindert werden konnte, denn „nicht selten vermischen sie [die Patienten] diese Reaktionen mit analogen Erfahrungen aus dem Vorleben, besonders bezüglich Familienmitglieder" (idem 1932/1988, 99). Nach Offenlegung solcher Affekte lösten sich oft die hindernden Dynamiken auf und die Therapien gingen weiter – zum Vorteil der PatientInnen aber auch des Analytikers. Denn Patienten sind durchaus „im Stande zu *verzeihen*" (*Ferenczi* 1932/1988, 266). Es kann damit vielleicht paradigmatisch ein „erster Schritt zum Verzeihen des Trauma-veranlassens gemacht werden", der zeigt „dass es überhaupt *möglich* war, Einsicht und Einkehr zu erreichen", und das „beendet allgemeinen *Menschenhass*", macht es „schließlich auch möglich, das Trauma mit verzeihenden und daher verständlichen Gefühlen zu sehen – *erinnern"* (ibid. 266). Es kann für die Heilkraft der „Sympathie" öffnen, einer „alles bezwingenden Liebe ... die das Leben erst lebenswert erscheinen lässt und einen Gegensatz zur traumatischen Situation statuiert" (ibid.183f).

Welch tiefe Einsicht in die Dynamik schwerer Traumatisierung, die das Leben, die Persönlichkeit, die Seele in Scherben schlug! Welch Wissen um die Möglichkeiten der Heilung: „Die vom Trauma fragmentierte oder atomisierte Seele fühlt sich durch die zuströmende, von jeder Ambivalenz gereinigten Liebe wie von einem Klebstoff umhüllt; Fragmente ballen sich zu größeren Einheiten zusammen, ja die ganze Persönlichkeit mag wieder zur Vereinigung (Einheitlichkeit) gelangen" (ibid. 52). Welche *„clinical wisdom"* und gleichzeitig welche Konfrontation für die Verfechter von *technischen Zugängen einer expositionsorientierten Taumatherapie* im behavioralen

---

7 Hier in der Bedeutung von „ursprüngliches Trauma" zu lesen.

(z. B. *Meichenbaum*), wie im humanistischen Bereich (z. B. *Butollo*), wie auch in dem psychoanalytischen Lager, das glaubt, mit EMDR-Technik als ergänzendem Methodeninstrument zur Psychoanalyse in der Traumabehandlung auskommen zu können (*Petzold, Wolff* et al. 2000). *Ferenczi* hatte mit Traumawiederholungen gearbeitet, wieder und wieder Abreaktionen ausgelöst, „an der Theorie festhaltend, dass die Quantität der Abreaktionen sich schließlich erschöpfen wird" (*Ferenczi* 1932/1988, 157). Vergebens! Mit heutigem Wissensstand muss man sagen: er hat die Reaktionen noch vertiefend gebahnt (*Grawe* 2004). Er kommt dann zu der Einsicht: „*Traumareproduktion allein ist therapeutisch unwirksam*" (ibid. 257). Wir haben in *Ferenczi*anischem Sinn in Kontext von Traumabehandlungen stets auf engagiertes Eintreten und „Dazwischengehen" (*Leitner, Petzold* 2005; *Petzold, Regner* 2006) gesetzt, auf Beruhigung, Zuwendung und liebevolle „*Trostarbeit*". Ich habe diesen Begriff eingeführt (*Petzold* 1988t, 2004l), um eine andere Art traumatherapeutischer Arbeit zu ermöglichen bzw. einen anderen therapeutischen Umgang mit Verlusten, als der, der gemeinhin nur auf „Trauerarbeit" zentriert.

Levinas hat gesagt, man könne schuldig sein, ehe man etwas getan habe. *Leibowitz* war der Meinung, dass jeder in die Situation kommen könne, unmenschlich zu handeln. Jeder von uns tut Unrecht, hat ungerecht gehandelt, aber viele verfügen für solche Situationen nicht über „Schuldfähigkeit" oder einen „Willen zur Wiedergutmachung" (*Petzold* 2003b). Genau darum jedoch hat sich *Ferenczi* aktiv bemüht. Kein Therapeut könne je so „perfekt" sein, meinte er, dass er nicht in negative Gefühle den Patienten gegenüber kommen könne, die sich sogar unter einer „Übergüte" zu verstecken vermögen. „Patienten *fühlen* das Hypokritische in dem Benehmen des Analytikers", so *Ferenczi* (1932/1988, 264), und er sieht darin eine „Grundursache der *Endlosigkeit* traumatischer Wiederholungen" in Analysen von 6 – 8 Jahren, in denen nur verbal assoziierend „*Vergangenheitsunglück*" wiederholt wird, ohne dass in der therapeutischen Beziehung ein „Kontrast mit der Vergangenheit" gesetzt wird, nämlich ein *liebevolles Verständnis*. „Nur Sympathie heilt (Healing)" (ibid. 265) oder anders gewendet: „Ohne Sympathie keine Heilung! (Höchstens Einsicht in die Genese des Leidens)" (ibid.). „Es kann keine Analyse gelingen, in der es uns nicht gelingt, den Patienten wirklich zu lieben. Jeder Patient hat das Recht, als ein schlecht behandeltes unglückliches Kind behandelt und gepflegt zu werden" (ibid. 184). Sowohl die zurückgenommene Abstinenz der klassischen psychoanalytischen Technik, als auch die heute verbreiteten Expositionstechniken lassen belastete oder traumatisierte Patienten wiederum allein. „Wohlwollende Neutralität", so die Grundhaltung auch moderner Analytiker (*Kernberg* u. a.), ist für Schwergestörte und traumatisierte PatientInnen zu wenig, wie *Ferenczi* schon wusste. „ALLEINSEIN führt zur Spaltung. Dasein von Jemand, mit dem man Freud und Leid teilen und mitteilen kann (Liebe und Verständnis) *heilt* das Trauma" (ibid.), „leimt" das zersplitterte Selbst, die zerbrochene Persönlichkeit wieder zusammen. Im Angesicht schwerer Traumatisierungen kann man nicht „wohlwollend neutral" bleiben. Das ist Hypokrisie, Unrecht! Man kann und darf der Mitbetroffenheit als Mensch in der Traumatherapie nicht ausweichen und sie manualisiert technizistisch applizieren. Das führt nach *Ferenczi* in weitere Fragmentierung, Spaltungsphänomene. „Das prinzipiell Wichtige ist, dass es nicht genügt, traumatische Qualitäten abzureagieren, die Situation muss vom eigentlich Traumatischen verschieden werden, um einen anderen günstigen Ausgang zu ermöglichen" (ibid. 159). – *Ferenczi* merkt in diesem Kontext an: „Das Geburtstrauma ist darum ungefährlich, weil die Umwelt unmittelbar nachher für die Reparation sorgt" (ibid. 115). Liebevolle Zuwendung nach Traumatischem wirkt als **„*protektiver Faktor*"**. Als ich dieses Konzept aus der klinischen Entwicklungspsychologie in die Psychotherapie einführte (*Petzold, Goffin, Oudhof* 1991; *Petzold, Müller* 2004c) – ich war, soweit ich sehe, der erste, der das unternommen hatte -, war mir sehr wohl bewusst, dass *Ferenczi* schon in dieser Weise gearbeitet hatte, denn ich hatte das in meiner Ferenczianischen Analyse bei *Vladimir Iljine* in konkreten, *protektiven Interventionen* erlebt. Die Forschung bestätigt dieses Vorgehen heute vollauf. Es ist höchst verwunderlich, vielleicht aber auch typisch, dass in der neueren psychoanalytischen Literatur zur Traumatherapie – die überwiegend die „Exposition" als Therapie der Wahl favorisiert – keinerlei Bezug auf *Ferenczi* genommen wird, auf seine Forderung, sich berühren zu lassen und die Patienten in liebevollem Verständnis zu berühren, denn das könne „Wandlung schaffen", nämlich: „Einzig und allein das Vertrauen zur Güte und zum Verständnis des Analytikers. Dieser muss imstande sein, alle seine negativen Gefühlsregungen zu bekennen" (und im Traumakontext wird Neutralität, auch sogenannt „wohlwollende", von Betroffenen oft negativ erlebt) und „dadurch den Patienten vom Gefühl seiner [des Analytikers, sc.] Hypokrisie zu befreien. Nebst dem muss aber der Patient auch die *wirkliche Güte* des Analytikers zu fühlen bekommen. Diese *Sympathie* ermöglicht es, dass Patienten ihre Leiden mit uns teilen und dadurch sich davon zu einem großen Teile befreit fühlen" (ibid. 268f, meine Hervorhebung). Um zu solcher **„Güte"** fähig zu werden - Güte, ein Unwort in der klinischen, psychotherapeutischen Literatur, es kommt praktisch nicht vor! – ist das Durcharbeiten der eigenen Übertragung, der eigenen Ängste, des eigenen Hasses, der eigenen intellektualisierenden Abwehr notwendig. Dann kann man *neu anfangen* – der Patient und der Analytiker.

In *Ferenczi*s Texten finden wir den zentralen Gedanken des „Neubeginns" (11. Nov. 1932/19964, IV, 284), der für traumatisierte Menschen notwendig wird und durch „gütiges Verständnis" und „Beruhigung" gefördert und ermöglicht wird. *Michael Balint* hat dieses Konzept des *Neubeginns* später in seinem Ansatz – nicht nur im Traumakontext – weitergeführt. Es wurde auch im Integrativen Ansatz aufgenommen (*Petzold* 1969b, c): in der Traumatherapie und in der Trauerarbeit mit der Entscheidung, in „Überwindungsarbeit" sich dem Leben wieder zuzuwenden (*Petzold*, 2004l), und dann erweitert bei jeder Therapie, in der lebensverändernde Entscheidung getroffen werden, die unter der Maxime stehen: **„Mache Dich selbst zum Projekt!"**, „Verändere Dein Leben!", „Wolle Veränderung!" (*Petzold, Sieper* 2006).

Ferenczi entwickelte ein breites Spektrum an behandlungsmethodischen Ansätzen, womit er die psychoanalytische Standardtechnik weit überschritt und sie auf diese Weise für die Behandlung schwerer und früher Störungen erweiterte – theoriefundiert, das ist zu betonen. Er antizipiert die Fragen seiner KollegInnen: „Ist denn das eigentlich noch Psychoanalyse zu nennen, was in den Kinderanalysen mit Erwachsenen vorgeht?" (*Ferenczi* 1931/1964, III, 507). Er beantwortet das nicht explizit, implizit aber sehr wohl: es ist *eine andere Psychoanalyse* und das passt zu seinem Credo: „Die analytische Technik war nie und ist auch jetzt nichts endgültig Festgelegtes" (idem 13. März 1931/1964, IV, 239). Dadurch entstanden aber nicht nur „zwei psychoanalytische Techniken", wie dies schon *Cremerius* (1979) sah, sondern zwei Formen der Psychoanalyse. *Ferenczi*s Vorgehen war dramatistisch-aktional, nämlich:

> „durch aktives Eingreifen im Sinne der Förderung der Wiederholung ... so kamen wir schließlich dazu, anstatt dem Erinnern dem Wiederholen die Hauptrolle in der analytischen Technik zuzuteilen [...] Von der technischen Seite handelt es sich unverkennbar um einen Vorstoß der 'Aktivität' im Sinne einer direkten Förderung der bisher vernachlässigten [...] Reproduktionstendenz in der Kur" (*Ferenczi, Rank* 1924, 1964 III, 224).

Damit wurde die Therapie, wie wir heute im Integrativen Ansatz sagen, *„perfomanzzentriert"* (*Petzold* 1988n, 2003a). Schon *J. L. Moreno* (Psychodrama) und *V. N. Iljine* (Therapeutisches Theater) hatten dieses Prinzip jeweils eigenständig und vor *Ferenczi* entwickelt, wobei *V. N. Iljine* nach der Emigration aus Russland [1921], wo er schon mit „therapeutischem Theater" gearbeitet hatte, in Kontakt zu *Ferenczi* getreten war (*Petzold* 1973b). Der vertrat: *Durcharbeiten* müsse nicht nur kognitiv erfolgen, sondern „spielerisch" leibhaftig vollzogen, emotional und aktional/interaktional durchgespielt werden (*Moreno* sprach von „acting through"). „Kenntnisse *spielerisch* erwerben wollen wir eigentlich alle", deshalb müsse man „sozusagen alles 'erleben' lassen – wie ein Märchen, dann erst geht einem der Sinn des Ganzen auf. ('Aha'-Erlebnis)", so notiert am 10. November 1932 (*Ferenczi* 1964, IV, 282). Dazu muss „Vertrauen" als Grundbedingung jeder Therapie geschaffen werden durch Offenheit und Ehrlichkeit (ibid.). In seiner „elastischen Technik" verbindet *Ferenczi* Gewährung und Versagung. In der „aktiven Analyse" hatte er Dysfunktionales in der *Perfomanz* gehemmt, aber er erkannte, dass dies nicht genüge, sondern dass es durch alternative *Performanzen* ersetzt werden müsse, damit es – so würde man es heute sagen – zu „neuen Bahnungen" kommt. Er wählte u. a. ein körperorientiertes Vorgehen, denn „Die *'Erinnerung'* bleibt im Körper stecken und ist nur dort zu erwecken" (26. Oktober 1932, ibid. IV, 271), auch und gerade wenn sie verdrängt wurde:

„Verdrängung. Bw-(Ich-)Funktionen werden aus dem cerebrospinalen System ins endokrine geschoben (verschoben). Der Körper beginnt zu denken, zu sprechen, zu wollen, zu 'agieren', anstatt nur Ich-Funktionen (cerebrosp.) auszuführen" (*Ferenczi* 26. IX 1932, IV, 264).

In der Integrativen Therapie wurden diese Konzepte neben *Lurijas* Inspirationen (*Sieper*, dieses Heft) als Anregungen genommen, eine differenzierte neurobiologische Theorie des „**Leibgedächtnisses**" zu entwickeln – ich inaugurierte diesen Term (*Petzold* 1970c, 2003a, 1076). Er besagt: im Gedächtnis des Leibes werden Eindrücke (*impressa*) als Informationen „deponiert". Die aktivierten und nicht-aktivierten Inhalte des „impressiven und depositiven Gedächtnisses" habe ich „**informierter Leib**" genannt (*Petzold* 1968a,b, 1988n. 2002j, 2003a; *Sieper*, dieses Heft), den ich durch körper- und bewegungsorientierte Arbeit praktisch für therapeutische Arbeit mit einer Kombination von „*konfliktzentriert-aufdeckenden*", „*erlebnisaktivierend-stimulierenden*" und „*übungszentriert-funktionalen*" Modalitäten genutzt habe (idem 1970c, 1974j, 1988n, 1993a). Nur so ist nämlich ein *differentielles* und *ganzheitliches* „Heilen und Fördern" möglich, in dem die „Heilende Berührung" – Gesten der Beruhigung und des Trostes (idem 2004 h, j, l) – nicht ausgespart werden. *Ferenczi* (10. Nov. 1932, 1964 IV) hat von solchem ganzheitlichen „*healing*" gesprochen: „Healing ist die beruhigende Wirkung des Zuspruchs und der Zärtlichkeit (eventuell zärtliches Streicheln des schmerzenden Körperteils)" (ibid. IV, 283). Diese späten behandlungsmethodischen Etwicklungen *Ferenczis* sind nur selten verstanden und vorurteilsfrei dargestellt worden (vgl. aber *Jiménez-Avello*, dieses Heft). Sie greifen auf Untersuchungen *Ferenczis* von Heilungsprozessen in vielfältigen Bereichen zurück. Ähnlich wie *Janet* (1919) setzte er sich mit dem Heilungskonzept von *Mary Baker-Eddy* [1821 – 1910] auseinander. Er schaute zur indischen Yoghi-Disziplin (*Ferenczi* 22.XII. 1932, IV, 290f), in die griechische Mythologie, lässt sich von der „Orphik" zu einem Konzept inspirieren, das er „*Orpha*", „Lebenskräfte", nannte, die in Menschen bei größter Bedrängnis, Hilflosigkeit, Hoffnungslosigkeit, und Verlassenheit (gr. *orphanos*, Waise), ja im Angesicht von Todesbedrohungen eintreten. Diese „orphischen Kräfte" (*Ferenczi* 1932/1988, 47ff) retten als „organisierende Lebenstriebe" (ibid.) vor dem völligen Zusammenbruch. Die „Orpha", der „es auf den Erhalt des Lebens 'coute que coute' ankommt" (ibid. 48), nutzt sogar noch Fragmente der angegriffenen, schon zersplitterten Persönlichkeit. „Dieses Fragment spielt die Rolle des Schutzengels, es produziert wunscherfüllende Halluzinationen, Trostphantasien, narkotisiert das Bewusstsein und die Empfindlichkeit gegen unerträglich werdende Sensationen" (ibid.). Es entsteht „in der höchsten Not ein innerer Schutzengel in uns [...]. Dieser 'Schutzengel' wird aus Teilen der eigenen psychischen Persönlichkeit, wahrscheinlich aus Teilen der Selbsterhaltungsaffekte geformt" (ibid. 155f). Der in Gefahr und Not völlig verlassene Mensch – mutterseelenallein, *orphanos* – findet in seiner eigenen Natur (Mutter Natur) Hilfe[8]. *Ferenczi* ist hier ein feiner Beobachter von Traumaprozessen,

---

[8] Heute wird der Begriff – eine passende Koinzidenz - für **Orphan-Arzneimittel** oder **Orphan drug** (von englisch *orphan*, 'die Waise', aus griechisch ορφανος) ... seit 1983 erstmals für Arzneimittel verwendet, die für die Behandlung seltener Krankheiten eingesetzt werden. Rechtlich korrekt spricht man besser entweder von 'Orphan Medicinal Product' oder 'Arzneimittel für seltene Leiden'." (*Wikipedia*). *Ferenczi* sah seine Arbeit in der Therapie besonders im Dienste von Menschen, die von den übrigen Analytikern aufgegeben waren.

wo wir derartige Phänomene der „lebensrettenden Selbstanästhesierung" (Numbing-Phänomen), der beruhigenden Endorphinwirkung finden und auch therapeutisch zu Nutzen suchen (*Petzold, Wolff* et al. 2000). Aber auch die *Orpha,* der „Lebenswille", kann erliegen. Sie kann dann bei Überlastung „todesfreundlich" (*Ferenczi* 1932/1988, 49) werden – der Tod ist besser als soviel Leid! Dann braucht sie die Unterstützung engagierter und liebevoller Menschen, z. B. eines Therapeuten/einer Therapeutin, die sich ganzheitlich, mit Engagement und Liebe als „heilsame Menschen" („healer", ibid. 51) einsetzen. Von PatientInnen können sie als Vertreter lebensfreundlicher Kräfte – *Orpha* als Symbol einer „allvermögenden Intelligenz" (ibid. 174) – phantasiert werden, als VertreterInnen eines „höheren, ethischen Wissens des Menschen" nämlich als „Begütigungs-*Prinzip*, das allüberall existiert" (ibid. 211) und das „Nur-Realitäts-Prinzip" und „Nur-Lust-Prinzip" (ibid.) übersteigt. In diesem Orpha-Prinzip klingt indisches oder spinozistisches Gedankengut an. Es tritt auf in der „Ruhe ... wenn von Außen nichts stört. ... Intellekt selbst ist zeit- und raumlos, daher überindividuell. 'Orpha'" (ibid, 53)[9]. Es schafft Hoffnung, welche durch TherapeutInnen erfüllt werden kann, die ihre eigenen Probleme der Herzlosigkeit oder der „Übergüte" (als Abwehrvorgang) durchgearbeitet haben und die sich in richtiger Weise einlassen und Hilfe bringen (ibid. 175) - „Bester Analytiker ist ein geheilter Patient" (ibid. 167). *Ferenczi* erlebte solche Wirkung seiner Hilfeleistung „wirklich menschlicher Teilnahme in Momenten realer Erschütterung, also ein Stück 'Heilen' [...] Ich wurde sozusagen zu einem *lebendigen Symbol* von Güte und Weisheit, dessen pure Gegenwart heilend und ordnend wirkte" (ibid. 100, meine Hervorhebung).

Selbst todkrank, suchte *Ferenczi* offenbar auch Kontakt zu seiner eigenen „Orpha" (ibid. 141)[10], zu seinen Selbstheilungskräften. Er sah, dass in der „mutuellen Analyse", die dem Patienten einräumte, ihn, den Analytiker zu empathieren, ja zu analysieren, eine *Heilungschance* liegt, zumal TherapeutInnen ja auch in Krisen geraten können. Und dann kann eine kritische Frage nicht immer eindeutig beantwortet werden: „*Wer ist verrückt, wir oder die Patienten?* (Die Kinder oder die Erwachsenen?)" (ibid. 141). Die Therapie schwerwiegender Störungen kann in Therapeuten eigene, belastende Materialien aufrufen und aktivieren, was von PatientInnen zuweilen auch bemerkt wird, worauf Therapeuten oft mit pathologisierenden Deutungen oder gar Therapieabbruch als Abwehr reagieren, wie *Ferenczi* berichtet, bis hin zu „Theorienbildungen im Dienste der Abwehr" – so von ihm zu Recht bei *Freud* vermutet – etwa als „*Projektion der Erwachsenenpsychologie auf die Kinder*" (ibid. 203), was der Ungar zutreffend als „Falsum", als Fehler sieht. Er erkennt vielmehr die „empathische Kompetenz" vieler Patienten und sieht hier ein Prinzip als Heilungsfaktor, das ich als **„wechselseitigen**

---

[9] „Möglicher Weise steht uns da eine vierte 'narzisstische Kränkung' [nach *Galilei, Darwin, Freud* sc. H.P.] bevor, die nämlich, dass sogar unsere Intelligenz, auf die wir auch noch als Analytiker so stolz sind, nicht unser Eigentum ist, sondern durch rhythmisches Ausströmen des Ichs ins Universum, das allein allwissend daher intelligent ist, neu geholt oder regeneriert werden weden muss. Doch darüber ein anderesmal". 12. Februar 1932/1988, 75).

[10] Von *Dupont* in der Fußnote 1988, 141 als Bezeichnung für Patientin m. E. fehlinterpretiert.

Empathie" bezeichnet habe, in „mutuellen Analysen" am Werk. Diese müssen indes indiziert und notwendig sein - manchmal als „Notbehelf" (ibid. 167), aber auch als fruchtbare Erweiterung der analytischen Erfahrung. Psychoanalytiker die sich mit *Ferenczi*s später Technik befassen, haben die Tendenz, nur den „Notbehelf" herauszustreichen, affirmativ das Scheitern der mutuellen Analyse zu behaupten. Das bewahrt sie m. E. davor, sich selbst mit dieser Erfahrung auseinander zu setzen, sich einzulassen. Sie übergehen dabei *Ferenczi*s Feststellung: Beide, Therapeut und Patient, erhalten „gegenseitige Hilfe: auch der 'Healer' empfängt Beruhigendes vom Geheilten und umgekehrt" (ibid. 51f).

Mit Verweis auf das „Orphische", auf die universelle Lebenskraft, die evolutionäre Generativität (*Iljine, Petzold, Sieper* 1967/1990), auf die Liebe des Orpheus, der sich gegen alle Angst in den Hades vorwagt, sucht *Ferenczi* Anschluss an ein „universelles Prinzip". *Orpheus*, der mythische thrakische Sänger, dessen Gesanges unwiderstehlicher Zauber ihm Macht über die Geschöpfe der Natur verlieh und dem auch Hades sich nicht entziehen konnte, war er der Referent für *Ferenczi*s Idee der „Orpha"? Die Orphiker suchten das Geheimnis des Lebens (*Bremmer* 1995). Auch *Goethe*s Spätdichtung „**Urworte, orphisch**" lassen eine „Orpha" erstehen:

„Ein Wesen regt sich leicht und ungezügelt:
Aus Wolkendecke, Nebel, Regenschauer
Erhebt sie uns, mit ihr, durch sie beflügelt,
Ihr kennt sie wohl, sie schwärmt durch alle Zonen -
Ein Flügelschlag – und hinter uns Äonen!"

*Ferenczi*s Ausführungen zu einer Therapie des „zugewandten Engagements", die aus einer „*Liebe zum Lebendigen*" erwächst und – ich unterstreiche das immer wieder für meine Arbeit – von einer „*Freude am Lebendigen*" (*Petzold* 1988t) getragen wird, stellen für die Integrative Therapie mit ihren „Wegen der Heilung und Förderung" (*Petzold* 1969b/1988n, 484), ihrem Gebrauch „sanfter Gefühle" (Freundlichkeit, Trost, Heiterkeit, Zärtlichkeit, idem 2004l, 2005r), ihrem Prinzip der „Berührung aus Berührtheit" (*Petzold* 1970c, *Eisler* 1991) eine wichtige Quelle integrativen Arbeitens dar (vgl. *Schuch* und *Sieper*, dieses Heft), neben anderen Quellen, die hier nur erwähnt werden können: die Ethik von *Levinas, Marcel* und *Ricœur*, die Kosmologie von *Pawel Florenskij*.

4. Ent-zweiung und Ausgrenzung – Wege in eine prekäre Eigenständigkeit

In seinen letzten Lebensjahren setzte sich *Ferenczi* deutlich von *Freud* ab und spricht selbst auch abgrenzend von „der Psychoanalyse", deren *Freud*schen Mainstreamkonzepten er seine eigenen Entwicklungen entgegenstellt. Weil er bei *Freud* und seinen Vasallen keine Resonanz erhält, kehrt er ihr innerlich mehr und mehr den Rücken. In seinem Brief an *Freud* von 17. Januar 1930 wirft er ihm (in durchaus moderater, ausgewogener Weise) seine missglückte Analyse vor und weist den „Professor" auf einen sehr grundsätzlichen Dissens hin: „Ich teile z. B. nicht Ihre Ansicht, dass der Heilungsprozess ein zu vernachlässigender oder unwichtiger Vorgang ist, den man, nur weil er uns nicht so interessant erscheint, vernachlässigen dürfe." Es wird im Briefwechsel *Ferenczi-Freud* durchgängig deutlich: *Ferenczi* war Heiler, Therapeut, dem Gesundheit und Heil der PatientInnen an erster Stelle standen, *Freud* war Forscher und Theorienbildner, bei dem seine psychoanalytische Theorie den höchsten Rang hatte (*Jiménez-Avello*, dieses Heft). Das *„Sündenregister der Psychoanalyse"*, das *Ferenczi* im klinischen Tagebuch unter dem 13. August 1932 als „Vorwürfe einer Patientin" (1932/1988, 263) auflistet[11] und das in der Tat massive Probleme der psychoanalytischen Behandlungspraxis aufzeigt, wie wir sie aus der psychoanalytischen Literatur selbst und aus PatientInnenberichten bis heute kennen, pointierte Positionen, die natürlich von *Freud* und seinen Anhängern nicht hingenommen werden konnten, und so kam es, dass *Ferenczi* in den Kreis der Forscher und Therapeuten geriet, die von der Mainstreamrichtung der *Freud*schen Psychoanalyse totgeschwiegen, marginalisiert, diskriminiert, ja pathologisiert wurden (*Reich*, *Rank*, *Adler* usw.). Er wurde in die Position eines „Dissidenten" gestellt[12]. Er selbst sah sich zeitlebens als Psychoanalytiker, allerdings in einer Psychoanalyse, die er zunehmend *„dissident"* interpretierte.

---

11 »**Sündenregister der Psychoanalyse** (Vorwürfe einer Patientin):
1)Die P.A. [Psychoanalyse] lockt die Patienten in die „Übertragung". Das tiefreichende Verständnis, das große Interesse für die feinste Einzelheiten der Lebensgeschichte und der Seelenregungen wird vom Patienten naturgemäß als Zeichen tiefreichender persönlicher Freundlichkeit, ja Zärtlichkeit, ausgelegt. 2) Da die meisten Patienten seelische Schiffbrüchige sind, die sich an jeden Strohhalm klammern, werden sie blind und taub gegenüber den Tatsachen, die ihnen zeigen könnten, wie wenig persönliches Interesse die Analytiker für ihre Patienten haben. 3) Inzwischen percipiert das Unbewußte der Patienten all die negativen Gefühle im Analytiker (Langeweile, Ärger, Haßgefühle, wenn der Patient Unangenehmes, oder die Komplexe des Arztes Reizendes sagt). 4) Die Analyse ist eine leichte Gelegenheit, unbewußte, rein selbstsüchtige, rücksichtslose, unmoralisch, ja kriminell zu nennende Handlungen und ebensolches Betragen schuldlos (ohne Schuldgefühle) auszuführen, z.B. Machtgefühl über die Serie von hilflosen andächtigen Patienten, die ihn rückhaltlos bewundern. Sadistisches Vergnügen an ihren Leiden und ihrer Hilflosigkeit. Unbekümmertsein um die Länge der Analyse, ja Tendenz, sie zu verlängern, aus rein finanziellen Gründen: man macht Patienten, wenn man will, zu lebenslänglichen Steuerzahlern. Infolge infantiler Erlebnisse derselben Art, wird es unmöglich (und der Analytiker, weil er die analytische Situation und sein eigenes Benehmen nicht beleuchtet, hilft nicht, die Lage zu klären und vom Gegenwärtigen auf Vergangenes zu schließen) auch nach noch so langer erfolgloser Arbeit, sich von ihm loszusagen, ebenso wenig wie ein Kind nicht vom Hause fortlaufen kann, (weil es sich, sich selbst überlassen, hilflos fühlt.).Die *Übertragung*, die man in der Analyse im Zustandekommen viel zu sehr findet, und die die Unkenntnis der Analytiker zu lösen nicht versteht (er mußte sich selber und sein Benehmen besser kennen um das tun zu können) spielt schließlich die selbe Rolle in der Analyse, wie die Selbstigkeit (Egoismus) der Eltern in der Erziehung. (Unausgesprochener Haß fixiert mehr als Verziehung. Die Reaktion dagegen ist Übergüte aus Schuldgefühl, die ohne äußere Hilfe nicht beseitigt werden kann.). Patienten *fühlen* das Hypokritische in dem Benehmen des Analytikers, sie sehen das aus hunderten von kleinen Anzeichen. (Manche meinen sogar, die Gefühle und Gedanken des Analytikers zu lesen). Diese werden viel zu selten Gegenstand der Analyse (und des Bekenntnisses seitens des Analytikers.)
Abhilfe dagegen, auch wenn es so weit „gediehen", ist wirkliche „Contrition" [Reue, sc.] des Analytikers. Gewöhnlich reagiert man im Gegenteil mit Lustlosigkeit, Verstummen, Ärger, dem Gefühl, das Beste gewollt und dafür noch gescholten zu werden, Lust die Analyse abzubrechen, es vielleicht auch zu tun« (*Ferenczi* 1932/1988, 263f).
[12] Wie *Alfred Adler, Eric Berne, Ludwig Binswanger, Eugene Bleuler, Georg Groddeck, Otto Gross, Félix Guattari, Carl G. Jung, Fritz Perls, Ronald D. Laing, Otto Rank, Wilhelm Reich, Wilhelm Stekel*, um nur die wichtigsten zu nennen.

Dis|si|dent, der; -en, -en [1: zu lat. dissidens (Gen.: dissidentis), 1. Part. von: dissidere, eigtl. = voneinander entfernt sitzen, aus: dis- = auseinander u. sedere = sitzen; 2: russ. dissident]: **1.** (bildungsspr.) *jmd., der sich außerhalb einer Religionsgemeinschaft stellt, der aus einer Kirche ausgetreten ist.* - **2.** *jmd., der von einer offiziellen Meinung abweicht; Abweichler; Andersdenkender:* -en der Oppositionspartei.© Duden - Deutsches Universalwörterbuch, 5. Aufl. Mannheim 2003.

Person und Werk *Ferenczis* sind in einer zweifachen Weise für das gesamte Feld der Psychotherapie interessant:

1. Durch seine große klinische Innovationskraft als ein Therapeut und klinischer Forscher, der mutig und mit großem Einsatz für seine Patienten versucht, immer bessere Methoden der Behandlung gerade für besonders schwere Störungen zu finden (vgl. die Beiträge von *Schuch, Pfitzner* und *Jiménez-Avello,* dieses Heft) und in dessen Arbeiten sich noch viele ungehobene Schätze an Methodik und klinischen Grundkonzepten finden.
2. Durch seine exponierte Position in der „Felddynamik" (*Petzold, Ebert, Sieper* 1999) des psychoanalytischen Feldes (*Wittenberger,* dieses Heft) mit seinen Konformitätszwängen, seiner Vaterorientierung, seiner Vernutzung von Theorie als Machtinstrument und mit den Mechanismen der Dogmatisierung, was Ausgrenzungs- oder Marginalisierungsstrategien gegenüber Andersdenkenden zur Folge hatte und bis zur Gegenwart hat, wie der Umgang mit Kritikern aus den eigenen Reihen wie *Manfred Pohlen* zeigt (2006, *Pohlen, Bauz-Holzherr* 1994, 1998; vgl. *Petzold* 2002i). *Ferenczi* steht paradigmatisch für Probleme, die in der „community of psychotherapists" (nicht nur in der der Psychoanalytiker) bislang nicht hinreichend aufgearbeitet wurden. Geschichtsbewusste Bemühungen um „Feldentwicklungen" könnten zu einer Kultur ko-respondierenden Wissensgewinns und aktiver Kooperation unter den Psychotherapieverfahren führen, und die ist dringend erforderlich.

Ein sorgfältiges Studium der Geschichte um *Ferenczi* und der in diesem Konflikt aufgetauchten Phänomene (vgl. *Nagler,* diese Zeitschrift 3-4, 2003) von Abgrenzung, Ausgrenzung – bei *Reich* und *Rank* sogar Verfolgung – sollte in die Ausbildungsprogramme von PsychotherapeutInnen gehören, bei denen die Psychotherapiegeschichte ohnehin zu kurz kommt oder die hagiographische Legendenbildungen fortschreiben (die Legenden um *Freud,* um *Goodman* und *Perls,* um *Jung* usw.), damit die angehenden PsychotherapeutInnen geschichtsbewusst - wie unangenehm und beschämend diese Geschichte auch ist (cf. *Meyer* 2005) - die Fallstricke ihrer Profession vermeiden.

Aus den genannten Gründen befassen wir uns in dieser Zeitschrift systematisch mit *Ferenczi* und seinem Werk und Nachlass, zumal in der Mainstreampsychoanalyse keine nennenswerten Initiativen unternommen wurden, dieses Erbe anzutreten. Ein weiterer

3. Grund liegt in der Verbundenheit des Integrativen Ansatzes seit seinen Anfangszeiten mit der *Ferenczi*anischen elastischen Psychoanalyse (*Ferenczi* 1927/1928, vgl. *Petzold* 1969 c; *Iljine, Petzold, Sieper* 1967). *Ferenczi* ist einer der Referenten und praxeologischen Quellen der „Integrativen Therapie", die von manchen als neoferenczianischer Ansatz eingestuft wurde (*Meyer, Liénard* 1993), was beim heutigen Stand ihrer Weiterentwicklung sicher nicht mehr so ausgesagt werden kann, genauso wie man nicht mehr sagen kann, sie sei eine Form der Gestalttherapie (vgl. *Sieper*, dieses Heft). Dennoch sind *Ferenczi*s Einflüsse deutlich spürbar, besonders in der Traumatherapie und in der Gestaltung der PatientInnenbeziehung (*Petzold* 2000a und jetzt 2006n), und diese Einflüsse werden auch wichtig bleiben.

Durch seinen frühen Tod an einer perniziösen Anämie, die damals noch nicht gut zu behandeln war, ihm aber seine geistige Klarheit bis in die letzten Lebenstage beließ – so das Zeugnis *Michael Balint*s gegen die Pathologisierungen von *Ernest Jones, Belà Grunberger* u. a. – blieb *Ferenczi* von einem offiziellen Ausschluss aus der psychoanalytischen Gesellschaft bewahrt. Von sich aus wäre er nicht aus der psychoanalytischen Bewegung gegangen, sah er sich doch mit seinen klinischen und konzeptuellen Innovationen als einen Garanten für eine *klinisch wirksame* Psychoanalyse, ein Anspruch, den *Freud* aufgegeben hatte, denn er sah sie in seinem späteren Werk wesentlich als Forschungsinstrument, um Erkenntnisse über das Wesen des Menschen zu erhalten.

Ferenczi berichtet über Äußerungen *Freud*s: „Die Patienten sind ein Gesindel ..., nur gut um uns leben zu lassen und sie sind Stoff zum lernen. Helfen können wir ihnen ja nicht", und er fährt empört fort: „Das ist therapeutischer Nihilismus, und trotzdem werden durch Verheimlichung dieser Zweifel und durch Erweckung von Hoffnungen Patienten gefangen" (*Ferenczi* 1932/1988, 142). Zu diesen Positionen *Freud*s hatte *Ferenczi* einen tiefen *Dissens*. „Hier war der Punkt, wo ich das Mitgehen verweigerte. Ich begann, gegen seinen [*Freud*s, sc.] Willen, Fragen der Technik öffentlich zu behandeln. Ich verweigerte es, das Vertrauen der Patienten in dieser Weise zu missbrauchen [...] und begann nach unseren Fehlern zu forschen" (ibid. 249). „Ich versuchte die Freudsche Technik der Versagung ehrlich und offen zuende zu führen (aktive Therapie). Nach dem Fehlschlag derselben versuchte ich es mit Nachgiebigkeit und Relaxation. Neuerlich eine Übertreibung. Nach diesen beiden Fehlschlägen bin ich dabei, in Menschlichkeit und Natürlichkeit, mit Wohlwollen und frei von persönlichen Vorurteilen, an der Erkenntnis und dadurch als Helfer zu arbeiten" (ibid. 249).

Freud war von seinen PatientInnen enttäuscht worden, als er in ihren Geschichten Lügen entdeckte. „Seit dieser Entdeckung liebt Freud die Kranken nicht. Er ist zur Liebe zu seinem ordentlichen, kultivierten Über-Ich zurückgekehrt (ein weiterer Beweis dafür: seine Antipathie, seine scheltenden Ausdrücke gegen Psychotiker, Perverse, gegen 'allzu Abnormes' ...." *Ferenczi* 1932/1988, 142). Allerdings gilt es hier, *Derridas* (1992) „Être juste avec Freud" zu beherzigen: *Freud,* der an seiner Krebserkrankung litt und dennoch nicht von seiner Nikotinsucht lassen konnte, der von Angststörungen geplagt war (*Schur* 1982), der sein Lebenswerk durch den heraufziehenden Nationalsozialismus bedroht sah.

Freud war „nach der psychologischen Welle .... beim Materialismus des Naturforschers gelandet; er sieht am Subjektiven fast nur den Überbau des Physikalischen, er bleibt intellektuell noch an der Psychoanalyse hängen, nicht aber gefühlsmäßig" – so *Ferenczi* (1932/1988, 142). Hier konnte der Ungar nicht folgen. Er sah sich weiterhin als Herold einer den Menschen respektvoll und liebevoll zugewandten Psychoanalyse bzw. Psychotherapie (*Jiménez-Avello,* dieses Heft), deren Praxis er vom Mainstream seiner an *Freud* orientierten KollegInnen nicht mehr gewährleistet sah – er wurde deshalb von *Freud* mit der Zuschreibung eines „furor sanandi", einer „Heilungswütigkeit" abqualifiziert (*Berman,* dieses Heft). *Ferenczi* versuchte, bis in sein letztes Lebensjahr *Freud* von der Richtigkeit seiner Entwicklungen zu überzeugen und davon, dass sie im Dienste und zum Wohle der PatientInnen und damit im Dienste der Psychoanalyse seien. Er sah es sogar als notwendig an, Patienten gegenüber offen zu sein und auch negative Gefühle, die in Analysen auftauchen – die Belastungsfähigkeit des Patienten vorausgesetzt – zu offenbaren und um Verzeihung zu bitten. Traditionellen Psychoanalytikern erschienen solche Ideen als Ungeheuerlichkeit, als krank (*E. Jones*). *Ferenczi* sah *Freuds* Probleme u.a. darin, dass er eine offensichtlich unzureichende Selbstanalyse betrieben hatte, wie das auch aus den Forschungen zu *Freuds* Selbstanalyse deutlich wird, welche Ausblendungen erkennen lässt, die die psychoanalytische Theorienbildung in problematischer Weise beeinflusst haben (*Anzieu* 1975; *Masson* 1986; *Müller* 1975). *Freud* hatte sich – so *Ferenczi* - nie an einen anderen Menschen ausgeliefert und konnte deshalb keine Verzeihung erhalten. Auch in seinem Briefwechsel mit *Groddek* hatte *Ferenczi* deutlich gemacht, dass eine wirkliche Selbstanalyse nicht möglich sei, sondern analytische Arbeit immer den Anderen erfordere (Brief 11. Oktober 1921, *Ferenczi, Groddeck* 1982).

Ferenczi bringt in diesem Kontext das in Psychoanalyse und Psychotherapie völlig vernachlässigte Thema des „Verzeihens und Vergebens" zur Sprache, das auch heute - trotz beachtlicher Forschung zu diesem Thema (*McCulloch* et al. 2000) - in der psychotherapeutischen Praxis bislang kaum berücksichtigt wurde (*Petzold* 2001m). Schaut man in die Geschichte der Psychotherapie, so wurde mit herzlosen und falschen Theorien und Praktiken vielen PatientInnen *in allen Schulen* „Unrecht getan" (idem 2006n), durchaus mit Schäden und Nebenwirkungen (*Märtens, Petzold* 2002, *Petzold, Orth* 1999). *Ferenczi* benennt das. Er sieht das „Sündenregister der Psychoanalyse" (*Ferenczi* 1932/1988, 263) auch bedingt durch „Persönliche Ursachen und Fehlentwicklungen der Psychoanalyse" (ibid. 246f), d. h. in der Persönlichkeit *Freuds* und in seiner eigenen und in der Beziehung von diesen beiden Protagonisten zueinander, die nie wirklich geklärt werden konnte. *Freud* verweigerte sich, blieb bei einer antitraumatischen Haltung, die *Ferenczi* als „Schutzmaßnahme gegen die eigenen Schwächen" (ibid. 250) interpretiert und vielleicht, das möchte ich hinzufügen, als Abwehr gegen die Auseinandersetzung mit eigenem traumatischen Material zu sehen ist – etwa dem Tod seines Bruders *Julius,* dessen Beschneidung *Freud* als kleines Kind miterlebte und der kurz darauf an einer Sepsis verstarb, ein für *Freud* höchst belastendes Ereignis (z.B. Brief an *Fließ* vom 3.10.1897, *Masson* 1986). Er war offenbar „significantly traumatized", so *Coleman* (1994), die hieraus Einflüsse für dysfunktionale Theoriebildung mit Blick auf Kastrationskomplex und psychosexuelle Entwicklung ableitet (ibid. 622ff, vgl. auch *Petzold, Orth* 1999, 97f). *Freud* hatte sich solchen Problemen nicht gestellt und entsprach damit nicht mehr dem Ideal des späten *Ferenczi* und seiner Frau *Gizella,* für die es bei einem Analytiker „vor allem um die Wahrheit zu tun ist, der aber nicht nur wissenschaftlich wahr, sondern auch den Menschen gegenüber wahrhaftig sein" soll (*Ferenczi* 1932/1988, 230). Das Wahrheits-/Wahrhaftigkeitsproblem bei *Freud* war für *Ferenczi* gravierend. „Freud ist einer, der Lügen erzählt. Die Geschichte der Psychoanalyse ist eine Geschichte fortwährender Lügen" - so *Antonelli* (2006, diese Zeitschrift, 348f) in seiner Untersuchung der *Freud-Ferenczi*-Dynamik[13]. In diesem ganzen Kontext gewinnt *Ferenczi*s Idee, dass der Analytiker den Patienten um „Verzeihung" bitten muss, *Sinn,* und vielleicht muss man das etwas entpersonalisieren, blickt man auf die „Geschichte der Irrtümer" in allen Psychotherapierichtungen (*Märtens, Petzold* 2002; *Petzold, Orth* 1999). Muss nicht die „community of psychotherapists" die PatientInnen um „Verzeihung" bitten? Keiner kann sich da ausnehmen und jeder, jede „Schule" muss daraus die Konsequenz ziehen, wachsamer zu sein, fehlerbewusster und müsste bessere Massnahmen der Qualitätssicherung und der Nebenwirkungsreduzierung auf den Weg zu bringen! Wir haben da viel investiert (*Petzold, Hass* et al. 1995, 1998; *Petzold* 1987g, 2005s, diese Zeitschrift, 294ff, *Petzold, Märtens* 1999, 2002b). *Ferenczi* ist in dieser Sache ein leuchtendes Vorbild für die gesamte Profession, das gilt es zu würdigen. Er hat selbst die Offenlegung von Fehlern praktiziert und seine Praxis revidiert, und er hat gesehen, *PatientInnen können verzeihen* (ibid. 266). Er hat sich in *mutuelle Analysen* begeben, um Patienten „gerecht zu werden", das zu praktizieren, was wir im Integrativen Ansatz als „thérapie juste/just therapy" nennen und an der Maxime des „patient dignity" orientieren (*Petzold* 1985d, 2000a, 2003h; jetzt 2006n). Letztlich müssten die großen Psychotherapierichtungen in ihren Darstellungen sich auch mit ihren Risiken und Nebenwirkungen ihres Ansatzes befassen (vgl. für den Integrativen Ansatz *Otte* 2002; *Petzold* 1999h; *Wirbel* 1987), aber das geschieht in der Regel nicht, sondern es wird mit einer kaum mehr verständlichen Unbekümmertheit die „Erfolgsseite" des jeweiligen Ansatzes dargestellt (*Hartmann-Kottek* 2004). *Ferenczi* hat gezeigt, dass man in dieser Weise nicht mehr vorgehen kann. Er hat *Freud*

---

[13] Vgl. auch *Borch-Jacobsen* (1995) in seiner Arbeit über Anna O. oder *Israel*s (1999) Auswertung von *Freud*s Briefen an seine Verlobte *Martha Bernays* bezüglich der verschleierten Fehlbehandlung von *Fleischl*, dieser ganze Komplex, der heute unter dem Schlagwort „Les fausses guérisons" (*Meyer* 2005, 66ff) in der Freud-Forschung läuft.

herausgefordert, gegen dessen Gebot angefangen, die problematische Technik-Frage öffentlich zu diskutieren. Er hat dabei, und das ist ihm besonders hoch anzurechnen, die von ihm in der Entwicklung befindlichen alternativen Behandlungsversuche, die „Kinderanalysen mit Erwachsenen", die „mutuellen Analysen" in einen öffentlichen Diskurs gestellt, hat sich transparent und kritisierbar gemacht. Er legte offen, dass ihm die „mutuellen Analysen" teilweise gelungen sind, teilweise er damit in Probleme geraten ist. Wer tut das schon? Und er ist natürlich auch belächelt, abgewertet, angegriffen und pathologisiert worden. Dennoch kann nicht gesagt werden, wie man das oft liest, sein Projekt der „mutuellen Analyse" sei gescheitert. Das sind voreilige Aussagen, die oft eher in der Angst ihrer Urheber zu liegen scheinen, von AnalytikerInnen, die sich auf *Ferenczi*s „Wagnis der Begegnung" einzulassen nicht bereit sind, um diesen Ansatz zu einer neuen Methodologie weiter auszuarbeiten, für die „Unbedenklichkeit" beansprucht werden kann (vgl. für die IT *Steffan* 2002).

Ferenczi ist durch seinen Tod aus der Arbeit gerissen worden und hätte bei seiner ingeniösen Arbeitsweise sicher eine Lösung gefunden, die „mutuelle Analyse" zu einem sicheren Instrument zu machen. Wege dazu hat er gewiesen etwa mit der Überlegung, dass „keine Analyse gelingen kann, solange die falschen, vermeintlichen Unterschiede zwischen der 'analytischen Situation' und dem gewöhnlichen Leben nicht ebenso überwunden sind, wie die immer auch noch von Analytikern gepflegte Eitelkeit und Überlegenheitsgefühle den Patienten gegenüber" (*Ferenczi* 1932/1988, 183). Die Forschungsergebnisse zur hohen Wirksamkeit von Laientherapeuten und Selbsthilfegruppen, die in ihren Effizienzstärken professionellen Therapien nicht nachstehen (*Gunzelmann* et al. 1987; *Grawe, Donati, Bernauer* 1994) unterstreichen *Ferenczi*s Annahmen. Wir haben überdies heute bessere Möglichkeiten als sie *Ferenczi* hatte, denn wir haben „VertrauenstherapeutInnen", zu denen PatientInnen und TherapeutInnen, sind sie in Schwierigkeiten und Verstrickungen geraten, gehen können, um Hilfe zu erhalten. Das Österreichische Psychotherapiegesetz stellt diese Möglichkeit verpflichtend bereit. Wir vertreten das Recht von PatientInnen, mit ihren TherapeutInnen Supervision zu nehmen, wenn Schwierigkeiten auftreten (*Petzold* 1987g; *Petzold, Gröbelbauer, Gschwendt* 1999). *Ferenczi* erfuhr: „*Der Analytiker, dem verziehen wird*, genießt in der Analyse, was im Leben versagt wurde und sein Herz verhärtete: *Gegenseitige Verzeihung!!*" (idem 13. August 1932/1988, 266).

Bei *Freud* fand er mit diesen Ideen kein Gehör. Wo hätte er *Ferenczi* etwas zu verzeihen gehabt, wo ein Verzeihen *Ferenczi*s notwendig gehabt und annehmen können? Wo hat es in der Psychoanalyse jener Zeit eine „Kultur des Verzeihens und der Versöhnung" gegeben? Wo gibt es sie heute, in der Psychotherapie der Gegenwart? Diese Fragen sind mit Ernst zu stellen. Die Tendenzen gehen eher in die Richtung einer Fortschreibung von Zwist, statt einer Klärung von entstandenem Dissens oder einer versöhnlichen Haltung, die heilsam ist und neue Entwicklungen möglich macht[14]. *Ferenczi* hatte sich nach

---

14 Ich habe das in der Wiederannäherung mit meinem ehemaligen Ausbildungskandidaten, späteren Kollegen

einer solchen Annäherung gesehnt, aber nicht mehr um den Preis der Unterordnung in „blinder Gefolgschaft" (*Ferenczi* 1932/1988, 249), den er über viele Jahre gezahlt hatte. In seinem letzten Treffen mit *Freud* in Wien vor dem Wiesbadener Kongress [eröffnet am 4. Sept. 1932], wo er *Freud* sein Vortragsmanuskript „Sprachverwirrungen zwischen den Erwachsenen und dem Kind", d. h. seine neue Sicht von Psychoanalyse vorlegt, verlangt dieser in seiner patriarchalischen Manier, mit der er schon immer als Zensor der Arbeiten seiner Schüler agiert hatte, von *Ferenczi,* er solle nichts mehr veröffentlichen, ehe er nicht von den Positionen dieses Textes abgerückt sei. *Ferenczi* lehnt sich auf, das erste Mal nachhaltig, obwohl, wie der Ferenczi-Freud-Briefwechsel als unverzichtbare Quelle für das Verständnis der gesamten Dynamik zeigt, er sich in den vorausliegenden Jahren immer wieder mit dissenten Positionen *Freud* gegenüber geäußert hatte, letztlich aber unterwürfig blieb. Jetzt hält er den Vortrag gegen den Willen *Freud*s in Wiesbaden, protestiert im Brief vom 27. September 1932 an *Freud* gegen dessen Ansinnen, von Publikationen Abstand zu nehmen. *Freud* antwortet am 2. Oktober mit dem bekannten Brief, der den Bruch der Beziehung markiert. „Ich glaube nicht mehr, dass Sie sich berichtigen werden ... Seit zwei Jahren haben Sie sich planmäßig von mir abgewendet." *Freud* schreibt, er könne *Ferenczi* auf der sachlichen Ebene seine gedanklichen Fehler aufzeigen, „aber wozu? Ich bin überzeugt, Sie wären den Bedenken doch nicht zugänglich" (ibid.). Natürlich nicht, denn es ging *Ferenczi* um die *Beziehungsebene*, die zu erfassen und anzunehmen *Freud* nicht in der Lage war. *Ferenczi* sah die Probleme *Freuds*, seines Analytikers. Er bot ihm an, *ihn zu analysieren*, nicht aus Hybris, sondern als ein Dienst der Liebe zu *Freud* (*Antonelli* 2003, diese Zeitschrift) und in konsequenter Konsistenz mit seiner Idee der „mutuellen Analyse". *Freud*s Brief vom 2. Oktober findet Niederschlag in *Ferenczi*s letzter Tagebucheintragung vom gleichen Tag, ein tragischer und hellsichtiger Text, der die ganze Dimension maligner Übertragungsbindungen aufzeigt. *Ferenczi* fühlt sich von engen „Kollegen (*Radó* etc.) verlassen, die alle zu große Angst vor Freud haben, um sich auch im Falle eines Disputs zwischen Freud und mir objektiv oder gar mir sympathisch verhalten zu können. Ein engerer Rundbriefverkehr zwischen *Freud, Jones, Eitington* ist sicher längst schon im Zuge" (*Ferenczi* 2. Oktober 1932/1988, 278). *Wittenberger* (dieses Heft) hat die Dynamik dieses Kreises dargestellt. *Ferenczi* wusste um das Remedium solcher Verstrickungen: „*Mutalität – sine qua non*" (ibid. 279) und das heißt, wie er im Eintrag vom 13. August schrieb: „*Wechselseitige Verzeihung*!! – Enderfolg" (ibid. 266). Das würde nämlich auch wechselseitiges Verstehen und Verständnis bedeuten als Resultat einer *Ko-respondenz*, die absolute Gleichrangigkeit als anthropologische Grundlage hat (*Petzold* 1978c, 1991e) und so in Konsens-Dissensprozessen zu „Positionen" (*Derrida* 1986), d. h. veränderbare

---

Hans-Jürgen Walter (1977) erlebt, durch die wir, nach einer Trennung im Dissens (*Petzold* 1978g), Jahre später respektvoll füreinander mit durchaus verschiedenen Theoriepositionen gemeinsam Theorieseminare für die AusbildungskanditatInnen beider Ausbildungsinstitute durchzuführen begannen, bei denen die TeilnehmerInnen von konstruktiven Diskursen in ihrer Verschiedenheit und Gemeinsamkeiten profitieren konnten.

Festlegungen „auf Zeit", finden kann, die „Andersheit des Anderen" (*Levinas* 1983, 1989; *Petzold* 1996k) wertschätzen und so zu Konsens oder zu *Konsens über einen „respektvollen Dissens"* zu kommen vermag, in dem jedem Gerechtigkeit widerfährt (*Petzold* 2006n; *Sennett* 2002). Mit *Freud,* der ultimativen Machtinstanz in der Psychoanalyse, seinem totalen Anspruch auf Deutungsmacht, war das nicht möglich. Das wirft beunruhigende Fragen auf, blickt man auf die Macht- und Flügelkämpfe in der Geschichte der psychoanalytischen Bewegung und auf ihre Opfer. Das kann zu verschiedenen Konklusionen führen. *Victor Tausk* (1879 – 1919) beging nach seiner missglückten Analyse bei *Freud* und rivalisierendem Zerwürfnis mit ihm Selbstmord (*Roazen* 2006). *Lacan* trat aus der etablierten Fachgesellschaft aus, gründete eine neue, die sich spaltete, schloss seine Schule (*Pagel* 2002, *Roudinesco* 1996). *Iljine* (1965) kam zu der Konklusion: „Psychoanalytische Arbeit kann man am ehrlichsten und besten betreiben, wenn man sich nicht an die institutionalisierte Psychoanalyse ausliefert oder in ihr verstrickt wird, wie *Ferenczi, Rank, Reich.* Es ist gut, sich von ihren Gesellschaften fern zu halten". Der Machtanspruch der Psychoanalyse, den sie im psychotherapeutischen Feld vertreten hat und bis heute vertritt, ohne den *Tausk-Freud-, Reich-Freud-* und den *Freud-Ferenczi*-Bruch – um die belastendsten, vielleicht traumatischsten (*Berman,* dieses Heft) in ihrer Geschichte zu nennen, die gleichsam paradigmatisch für den Umgang mit Macht in der Psychotherapie dastehen können –, aufzuarbeiten, hat sie in Probleme geführt und hält sie in diesen. So ist ihr Verhältnis zur Macht ungeklärt und theoretisch wie behandlungsmethodisch unaufgearbeitet, wie *Parin, Parin-Matthey* (1985) feststellen. *Ferenczi* hatte mit seiner *„mutuellen Analyse"* der machtvollen Einseitigkeit der *Freud*schen „Grundregel", nach der allein der Patient *„ohne Kritik alles mitteilen soll, was einem in den Sinn kommt"*[15] und deren Annahme ohne Begründung verlangt wird[16], ein radikales Gegenmodell *geteilter Macht* entgegen gestellt – in der Integrativen Therapie sprechen wir heute von einem *„geteilten locus of control".* Für solche Mutualität muss der Patient/die Patientin genderbewußt ein „normatives Empowerment"[17] erhalten, wie es die

---

[15] *Freud, S.* Zur Dynamik der Übertragung, 1912, StA. S. 167.

[16] *Freud, S.,* Zur Einleitung der Behandlung, 1913, a.a.O., S.194: „Sie werden versucht sein, sich zu sagen: Dies oder jenes gehört nicht hierher ... Geben sie dieser Kritik niemals nach und sagen sie es trotzdem ... Den Grund für diese Vorschrift - eigentlich die Einzige, die sie befolgen sollen - werden sie später erfahren ..."

[17] Der Begriff ist von *Regner* (2005) in seiner Arbeit mit politisch Traumatisierten ausgearbeitet worden und wird von mir für die PatientInnen- und Selbsthilfearbeit wie folgt generalisiert: »**Normatives Empowerment (NE)** ist die von professionellen Helfern oder von Selbsthelfern erfolgende Förderung der Fähigkeit zu normativen Entscheidungen durch Menschen, die von Problem- und Belastungssituationen betroffen sind, auf einer möglichst umfassend informationsgestützten Basis, ausgerichtet an generalisierbaren, rechtlichen und ethischen Positionen (Grundrechte, Menschenrechte, Konventionen zu Natur- und Artenschutz etc.). **NE** vermittelt ein Bewusstsein für das „Recht, Rechte zu haben" (*H. Arendt*), sensibilisiert für die „Integrität von Menschen, Gruppen, Lebensräumen" (*H. Petzold*), baut Solidarität, Assertivität, Zivilcourage auf, erschließt Möglichkeiten der Informations- und Ressourcenbeschaffung, so dass die Betroffenen als Einzelne und als Kollektive die Kompetenz und Kraft gewinnen, normativ-ethische Entscheidungen für sich, andere Betroffene, das Gemeinwesen zu fällen, ihre Umsetzung zu *wollen* und für ihre Durchsetzung einzutreten. « (*Petzold* 2006n)

"Integrative Grundregel" (*Petzold* 2000a, 2006n; *Petzold, Regner* 2005) fordert, denn einseitig unter der Macht und Verfügungsgewalt eines Anderen zu stehen, ist riskant, ja potentiell destruktiv. *Ferenczi* hatte sich über Jahrzehnte unter die Vatermacht *Freuds* gestellt, blieb in unabgelöster Übertragung auf das „Vater-Surrogat" und gebunden durch *Freuds* eigene, unerkannte Übertragungsbindung an *Ferenczi*, den „Kronprinz" als „Sohn-Surrogat", den er nicht freigab. *Ferenczi* (1932/1988, 277) hatte diese Gefahr, die ihn nicht individuieren, nicht wirklich „geboren werden" ließ und zu einer „Regression ins Totsein" tendierte (ibid.) seit längerem gesehen und ihre höchst bedrohliche Qualität erkannt. Am 2. Oktober 1932, unter dem Eindruck des Hammerschlages des eingegangenen *Freud*-Briefes, kann er schreiben:

„In meinem Falle kam es zu einer Blutkrise [seine perniziöse Biermer-Anämie, sc.] im selben Moment, als ich einsah, dass ich auf die Protektion einer 'höheren Macht' [symbolisiert durch *Freud*, sc.] nicht nur nicht rechnen kann, *im Gegenteil*, von dieser indifferenten Macht zertreten werde, sobald ich meinen eigenen Weg – und nicht seinen – gehe. Die Einsicht, zu der mir diese Erfahrung verhalf, ist, dass ich nur mutig (und leistungsfähig) war, solange ich (ubw.) mich an eine andere Macht anlehnte, eigentlich also nie 'erwachsen' war" (ibid. 277). Er musste „*unter allen Umständen* auf das Vater-Surrogat rechnen" können (ibid.), war also maligne an *Freud* gebunden und erkennt durch dessen Verstoßung: „Und gleichwie ich mir nun neue rote Zellen bauen muss, so muss (wenn ich kann) ich mir eine neue Persönlichkeitsbasis schaffen, wenn ich die bisherige als falsch, unverlässlich, aufgeben muss? Habe ich hier die Wahl zwischen Sterben und mich 'neu einzurichten', – und das im Alter von 59 Jahren? Andererseits: hat es einen Wert, immer nur das Leben (Willen) einer anderen Person zu leben, – ist solches Leben nicht schon beinahe Tod" (ibid.278).

Diese berührende und bedrückende Passage, die die ganze Problematik des malignen Bindungspotentials aufzeigt, das die klassische, *einseitig-machtvolle* psychoanalytische Technik auslösen kann – *Ferenczi* fühlt sich von der „Indifferenz" *Freuds* „zertreten"– ist in vielen Berichten von AnalysandInnen seitdem dokumentiert worden (*Drigalski* 1980; *Faber* 2006) und in Fachpublikationen zu Therapieschäden (*Märtens, Petzold* 2002; *Meyer* 2005). Aber auch in zahlreichen Presseberichten wurde thematisiert, dass Therapien und TherapeutInnen „krank machen" können (letztlich noch der *Stern* Nr. 51, 14. 12. 2006). Das darf nicht ohne Konsequenzen bleiben. *Ferenczi* versuchte, durch die „mutuelle Analyse" diesem Gefahrenpotential gegenzusteuern. Das ist ihm nur teilweise gelungen. In der Integrativen Therapie haben wir deshalb für die Lehranalysen die Verpflichtung verankert, sie bei zwei Lehrtherapeuten, einem Mann und einer Frau, zu absolvieren und setzen dabei zugleich ein Modell für Therapien mit PatientInnen, denen man bei mittelfristigen und langfristigen Behandlungen empfehlen kann, eine Anschlussbehandlung (möglichst in einer anderen Genderkonstellation) durchzuführen. Bei schweren Störungen kann schon in der Anfangsphase der Behandlung auf diese Möglichkeit einer „umfassenden Therapie" bei einem Mann und einer Frau hingewiesen werden zusammen mit der rechtlich verpflichtenden Aufklärung über „Risiken und Nebenwirkungen von

Psychotherapie", um einen „informed consent" zu erhalten und die Information über Möglichkeiten von Vertrauenstherapeuten, Supervision berufsverbandliche Beschwerdemöglichkeiten zu geben (*Petzold* 1999h, *Petzold, Orth* 1999).

Freud war nicht in der Lage, auf *Ferenczi* zuzugehen – trotz dessen lebensbedrohlichen Gesundheitszustandes. Im Gerangel um die Gunst des „Professors" (*Wittenberger*, dieses Heft) bei seinen konkurrenzierenden Analytikerkollegen fand *Ferenczi* keine Mitstreiter für seine Anliegen, die – so sehe ich das heute – in ihrer *intersubjektiven Radikalität* für die Mainstream-Community der Psychoanalytiker zu fremdartig waren und noch sind, indes ganz in der Linie der Beziehungsphilosophie von *Levinas* liegen (*Petzold* 1996k). Dieses sich fortschreibende, grundsätzliche Unverständnis von „Intersubjektivität" in der Tradition *Freuds* zeigen z. B. heute die zaghaften Versuche zu einer intersubjektivitätstheoretisch orientierten Psychoanalyse (*Orange, Atwood, Stolorow* 2001), die weder den Fundus der großen Dialogiker und Intersubjektivitätstheoretiker beiziehen (*Buber, Habermas, Levinas, Marcel, Mead, Merleau-Ponty, Ricœur, Rosenzweig*), nicht zu reden von feministischen Autorinnen wie *Judith Butler* oder *Jessica Benjamin,* oder sie diskutieren, noch die intersubjektivitätstheoretischen Ansätze der großen Begegnungstherapeuten *(Moreno, Perls, Rogers, Trüb, Yalom).* – Da man hier nicht souveräne Ignoranz unterstellen kann, was soll man da denken? Muss man einen basalen „lack of respect", eine „disrespectfullness" gar, eine Hypokrisie gegenüber der geistigen Arbeit Anderer in diesem Feld annehmen? *Ferenczi* wird marginal als Vorläufer erwähnt, seine so fundamentale Mutualitätskonzeption aber nicht aufgegriffen oder doch zumindest diskutiert. Das Ergebnis des „neuen Intersubjektivismus" ist letztlich eine Reproduktion des alten Paradigmas der Dominanz der Psychotherapeuten: „Der analytische Prozess wird [....] gemeinsam, aber auf asymmetrische Weise entwickelt. Einer der Beteiligten stellt sich in erster Linie als Helfer, Heiler und Forscher zur Verfügung" (so *Orange* et al. 2001, 19) – nicht etwa als Mensch/Mitmensch. „Dem anderen geht es vorrangig darum, Erleichterung für sein emotionales Leiden zu finden" (ibid.) - nicht etwa um schnöde Symptombeseitigung, Heilung, aber nach Meinung der Autoren auch nicht um Selbsterkennen und -verstehen oder um den Wunsch, zu Anderen zu finden.

Ferenczi, von seiner Seite ein „Fast-Dissident", ging es um *dissedere,* ein Auseinandersetzen, damit man sich wieder zusammen-setzen könne und zwar – gegen Ende seines Lebens schließlich und mühsam erkämpft – Auseinandersetzung „auf Augenhöhe" mit *Freud.* Das wurde ein Begehren, das scheitern musste, denn der historische Befund zeigt: *Freud war kaum auseinandersetzungsfähig, immun gegen Kritik und hegemonialistisch.* Das ist eine harte Feststellung, und wenn sie zutrifft, dann müssten etwaige Aus- und Nachwirkungen auch in der Psychoanalyse der Gegenwart untersucht werden. *Ferenczi* als sein ehemaliger Paladin in der psychoanalytischen Bewegung (*Sabourin* 1985) und Mitglied des „geheimen Komitees", der *Freuds* Gefolgschaftsforderungen, seinen theoretischen und methodischen Hegemonialanspruch, seine Politik der

Ausgrenzung gegenüber Dissidenten, Abweichlern, kannte (*Ferenczi* 1932/1988, 249), ja z. T. an ihr mitgewirkt hatte, hätte wissen können, dass er *Freud* nicht erreichen kann. (*Ferenczi* entzog sich mit seinem Brief vom 21. August 1932 schließlich einem erneuten Ansinnen *Freud*s[18], die Präsidentschaft der Internationalen Gesellschaft zu übernehmen, weil er sich in Loyalitätskonflikten sah). Aber er sah sich nicht als *Dissidenten,* und so musste er erleiden, dass ihn die Anderen – die „Brüder" mit Duldung (wenn nicht mit Förderung des „Vaters") zum Dissidenten machten. *Wittenberger* und *Berman* (dieses Heft) zeigen in ihren therapiehistorischen Untersuchungen und in der psychoanalytischen Interpretation dieses Materials die Dynamiken von Bindungen zu *Freud,* von *Freud* selbst und die Verstrickungen um den Begründer der Psychoanalyse, Bindungen mit durchaus maligne zu nennender Qualität (zu *Tausk* siehe *Roazen* 2006). *Antonelli* (dieses Heft) zeigt Zwist und Entzweiung zwischen einst kongenialen Freunden, *Rank* und *Ferenczi. Haynal* (dieses Heft) lässt die Wirkungen des Zerwürfnisses bis in die „Enkelgeneration" zur Situation und Arbeit *Michael Balint*s erkennen – und die Geschichte setzt sich fort bis in die Gegenwart. Die Streitigkeiten um Werk und Bedeutung *Ferenczi*s zeigen das und die immer noch zwiespältige und magere internationale Würdigung des großen Ungarn sowie die Marginalisierung neoferenczianischer Bewegungen. Man will offenbar in der Main-Stream-Psychoanalyse *Ferenczi* vergessen, zentriert bei ihm auf das Problematische, Kranke, Abseitige statt auf das Ungewöhnliche, Innovative, Geniale, um dann oft genug alles *pars pro toto* abzuwerten, oder man misst ihm noch eine gewisse historische Bedeutung zu. Mit all dem versucht man, sich mit Grundproblematiken *Freud*s und der psychoanalytischen Bewegung auch heute nicht wirklich auseinander zu setzen. Die von *Ferenczi* für die Psychoanalyse aufgeworfenen Themen: Angst, Macht, Abhängigkeit, Dominanz und die „Mühen der Freiheit des Subjekts" (*Nagler,* diese Zeitschrift 2003) lassen natürlich nicht nur die Unzulänglichkeit der damaligen Psychoanalyse deutlich werden, mit diesen Themen adäquat umzugehen. Denn sie lassen die Fragen aufkommen: Gelingt ihr das heute besser? Ist es nur ein Problem der Psychoanalyse oder nicht der Psychotherapie schlechthin? – zu dieser Auffassung bin ich gekommen.

Blickt man auf den Ausschluss von *Wilhelm Reich,* der bis heute nicht revidiert wurde (*Petzold* 1996j, q, diese Zeitschrift), oder den von *Otto Rank* (*Heekerens, Oling* 2005, diese Zeitschrift) – und das sind zwei weitere skandalöse Beispiele der Ausgrenzung unter vielen anderen –, so kann man hier vielleicht ein *allgemeines Strukturproblem* im Felde der Psychotherapie sehen. Es geht ja offenbar keineswegs um „historische Probleme", schaut man auf die unlängst erfolgte Spaltung der Jungianer in der Schweiz, die Auseinandersetzungen in der Österreichischen „Integrativen Gestalttherapie" mit

---

18 *Freud* hoffte, dass *Ferenczi,* dem er eine „dritte Pubertät" (sic!) attribuierte, den „Weg zur Umkehr" finde (Brief vom 18. September 1931). Wie er sich das vorstellte, zeigt *Freud*s Brief vom 12. Mai 1932: „Sie sind unzweifelhaft in den letzten Jahren in die Isolierung zurückgegangen ... Sie aber sollen die Trauminsel, auf der Sie mit ihren Phantasiekindern hausen, verlassen und sich wieder in den Kampf der Männer mengen".

dem Hegemonialstreben der Gruppe um *Amendt-Lyon* und *Hoell* (*Petzold* 2006s), auf das Ringen der Fachverbände am Vorabend einer Schweizer Gesetzesregelung für die Psychotherapie und auf die schlimmen Folgen des ausgrenzenden bundesdeutschen Psychotherapiegesetzes. Es hat die Vielfalt einer kreativen und innovativen Therapielandschaft weitgehend zerstört, nachdem es über zwanzig Jahre gedauert hatte, bis es zu einem solchen Gesetz kommen konnte – wesentlich auch wegen der Uneinigkeit der Berufsgruppen und Therapieschulen. Auch die Demarchen zur Verhinderung der Zulassung weiterer Therapieverfahren, z. B. der Rogerianer und der Systemiker spricht eine deutliche Sprache (vgl. die Dokumentationen von *R. Sponsel* http://tinyurl.com/y8tx2g und http://www.sgipt.org/berpol/gesptvg0.htm). PsychotherapeutInnen als „ExpertInnen" für Verständigungen und Klärung, für ein Aufdecken von Konflikten und für die Förderung von Entwicklungen können und wollen offenbar nicht miteinander reden, Probleme klären, in wechselseitigem Bemühen mit „weiterführender Kritik" (*Sieper*, dieses Heft), miteinander weiterkommen. Aber *Bleckwedel* (2006) hat vollauf Recht: „Jenseits von Richtungen und Schulen wartet die Vernunft". Nur muss man zu ihr vorstoßen wollen. Der „Fall Ferenczi" ist durchaus auch für diese Situation paradigmatisch, denn der große Ungar legte den Finger auf eine offene Wunde der damaligen Psychoanalyse: ihre geringen Erfolge bei wirklich schwerwiegenden Störungen. *Deshalb* suchte er beständig nach neuen Behandlungsmodalitäten und -techniken. Er setzte in den „Kinderanalysen mit Erwachsenen" (1931/1964) symbolisches Rollenspiel ein (ibid. IV, 494), verwendete kreative Medien wie Zeichnungen (ibid. IV, 499) und Gedichte (ibid. II, 71), Entspannungsverfahren, Alltagsaktivitäten, übendes (behaviorales) Rollenspiel, wie beim Fall der kroatischen Sängerin (1964 II, 69f) usw. usw. – all das findet sich in der Integrativen Therapie seit ihren Anfängen und wird in ihrem Rahmen gepflegt und entwickelt (*Petzold, Orth* 1990; *Petzold, Sieper* 1993). *Ferenczi* betrieb kein polypragmatistisches Agieren, sondern handelte aus einer theoriegeleiteten, engagierten Suche, um „Wege der Heilung" (*Petzold* 1969b/1988n, 484ff) für seine schwerkranken PatientInnen zu finden, die oft zu ihm gereist kamen, weil sie bei anderen AnalytikerInnen keine Hilfe gefunden hatten. Das kränkte die „community", zumal er offenbar, wie die *Ferenczi*-Forschung zeigt, Erfolge hatte, die andere nicht hatten, und die deshalb nicht sein konnten, weil sie nicht sein durften. Ist die Situation heute anders geworden? Sicher in der Hinsicht, das etliche methodische Ansätze von *Ferenczi* über *Balint, Winnicott, Kohut* u. a. Eingang in moderne Vorgehensweisen der Psychoanalyse gefunden haben – zumeist ohne dass *Ferenczi* als Quelle genannt wurde (*Cremerius* 1979, 1983). In der Integrativen Therapie haben wir viele seiner behandlungsmethodischen und konzeptuellen Anregungen aufgenommen und weitergeführt (*Schuch*, dieses Heft; *Petzold* 1988n; *Eisler* 1991):

in der Traumatherapie (*Petzold* 2001m), den „Kinderanalysen mit Erwachsenen" als kritisch reflektiertes „*reparenting model*", das *Ferenczi* inaugurierte (*Petzold, Orth* 1999; *Otte* 2002) und das als „Zweiter Weg der Heilung und Förderung" praktiziert wird (idem 1969b,

2003a), in der *mutuellen* Beziehungsgestaltung (idem 1991b), der dramatisch-aktionalen und leiborientierten Arbeit, der Idee eines „kreativen Impetus" (*Petzold* 1990b) als lebendiger Grundkraft des Menschen, der Teil der Natur ist, eine Idee, die *Ferenczi* (1932/1988, 47ff) in seiner späten Arbeit mit dem Begriff „Orpha", d. h. der „organisierenden Lebenstriebe" (ibid.) bezeichnete (*Iljine, Petzold, Sieper* 1967) u. a. m.

Wir halten seinen Weg der sorgsam experimentierenden Entwicklung neuer Behandlungswege nach wie vor für unverzichtbar, denn die Situation hat sich, was die Effektivität von Psychotherapie bei schweren Störungen anbelangt, ja nicht wirklich gebessert, wie *Klaus Grawe* in jüngster Zeit festgestellt hat. Die internationale Forschungslage zeige: „Der Anteil der unwirksamen Therapien liegt bei den komplexen Störungen bei weit über 50 Prozent" (*Grawe* 2005a, 78) – und er nimmt hier kein Verfahren aus (auch die VT nicht, idem 2005b, 6)! Er, Psychotherapieforscher aus Passion, verdeutlicht in seinem letzten Interview, das Viele als „versöhnlich" ansehen, seine Positionen gegenüber der gesamten Psychotherapieszene *verschärfend* und glasklar: „Die Psychotherapieforschung vermittelt uns geschönte Bilder", Psychotherapie wirke bislang oft nur mäßig, deshalb sei es „eine dringende Notwendigkeit, dass Psychotherapie besser wird" (idem 2005a, 78) – *um der PatientInnen willen*. Auch *Klaus Grawe* wurde angegriffen, abgewertet, bestritten, in seinen wirklichen Anliegen oft ignoriert. Wer hört solche parrhesiastischen Worte gerne, Parrhesie, die offene, freie, um Wahrheit bemühte Rede, wie sie die antiken Freiheitsdiskurse priesen? *Ferenczi* war Parrhesiast, ein „Wahrsprecher", *Grawe* verstand sich als ein solcher, wenn er fragt: „Wer hat den Mut und die Kraft, den beharrenden Kräften zu trotzen ... ?"(*Grawe* 2005b, 10; *Petzold* 2005q). Auch *Grawe* stellte herkömmliche Konzepte und Techniken und auch die traditionelle Verhaltenstherapie in Frage. Es mag deshalb nur auf den ersten Blick verwunderlich erscheinen, dass diese beiden so verschiedenen Protagonisten moderner Psychotherapie hier nebeneinander gestellt werden.

Ferenczi brauchte einen langen Emanzipationsprozess von *Freud*, bevor er uneingeschränkt die Frage stellen konnte: „Liegt *Freud* mit seinen Annahmen richtig?", ja, um schließlich wesentliche Positionen *Freud*s in Frage stellen zu können. *Klaus Grawe* war bei seiner *Freud*lektüre von der Frage geleitet: „Woher weiß der das?" (*Grawe* 2005a, 78). Dahinter stehen dann andere Fragen: „Was muss bewiesen werden? Wie kann man das zuverlässig beweisen? Wie kann man es forschungsethisch unbedenklich beweisen?" (*Petzold* 2005q). Auch *Ferenczi* und *Rank* (1924) haben in ihrer bedeutenden Schrift „Entwicklungsziele der Psychoanalyse. Zur Wechselwirkung von Theorie und Praxis" diese Frage gestellt, ein Text, der auch heute noch zur Pflichtlektüre von PsychotherapeutInnen zählen sollte (es existiert seit seiner Erstveröffentlichung kein vollständiger Nachdruck!), weil er das Problem des Praxisbezuges und der Forschungsmethodik stellt, ja darauf hingewiesen hat, dass bei einer wissenschaftlichen Aufarbeitung der Geschichte der Psychoanalyse „es aber auch unvermeidlich [sei sc.], auch Probleme zu berühren, die weit über das Thema der Psychoanalyse als solches hinausgehen und das Verhältnis zwischen den von einer Wissenschaft verarbeiteten Tatsachen und dieser selbst zum Gegenstand hätten" (*Ferenczi, Rank* 1924/1964, III, 221). Die beiden Autoren verweisen auf *Freud*s „junctim-These", der Verbindung von Heilen und Forschen, der „ärztlich-therapeutischen sowohl als der wissenschaftlich-theoretischen" Tätigkeit, die „sehr schwer zu einer objektiven Erfassung des Tatbestandes dieser wechselseitigen Beziehung gelangen" kann (ibid. III, 221). *Ferenczi* und *Rank* betonen deshalb die Untersuchung der Praxis gegenüber alleiniger oder überwiegender theoretischer Spekulation, deren Zunahme sie genauso beklagen, wie die fehlende Flexibilität der Behandlungstechnik durch Analytiker, die „allzu starr an ... technischen Regeln fixiert blieben", die in der Literatur – etwa den behandlungstechnischen Schriften von *Freud* - tradiert wurden. Es sei vielmehr notwendig, sich zu einem „*Verständnis das ganzen Textes*" (ibid. 226) vorzuarbeiten, und das bedeutet nicht, das verbalisierte „*Erinnern*" zu beachten, sondern auch die Nonverbalität des Ausdrucks in der „Wiederholung", der „Gebärdensprache" (*Ferenczi* ibid. 223) zu untersuchen, die „*Perfomanz*", wie wir heute in unserer integrativen Terminologie sagen (*Petzold* 1988n, 499f; *Petzold, Orth, Sieper* 2005). „Es kommt in der Analyse so viel auf feine Details, scheinbare Nebensächlichkeiten, wie Tonfall, Gebärde, Miene an" ... um den „Sinn in den Äußerungen des Patienten" (*Ferenczi, Rank* 1924, 1964, III, 226) zu erfassen. Deshalb entwickelten wir im Integrativen Ansatz eine „Hermeneutik des sprachlichen und nicht-sprachlichen Ausdrucks" (*Petzold* 1988a,b), eine Methodologie der „nonverbalen Kommunikation" (idem 2004h) und verwenden dabei Methoden der Videoaufzeichnung und der Analyse dieses Materials, wie wir sie in der Säuglingsforschung und PatientInnenbehandlungen einsetzen (*Petzold, van Beek, van der Hoek* 1994) und wie sie *Grawe* (1998) umfänglich in seinen Therapieforschungsprojekten eingesetzt hat. Den beiden Pionieren, *Ferenczi* und *Rank,* ging es letztlich um eine „Analyse der ganzen Persönlichkeit" (1924/1964, III, 227), um ein Bearbeiten der „bis jetzt vernachlässigten *wissenschaftlichen Bedeutsamkeit der richtig gehandhabten Technik*" ... und um die „stetige *Korrektur der Theorie durch* die in der *Praxis* gewonnenen neuen Einsichten" (ibid. 243) sowie um ein Behandlungsklima, in dem es nicht „zu einer unnatürlichen Ausschaltung alles Menschlichen" (ibid. 238) kommt -eine unmissverständliche *Freud*-Kritik.

Hier sind schon Ideen vorhanden, die in der späteren, bedeutenden Arbeit zur „Elastizität der psychoanalytischen Technik" (idem 1927/1928, 1964, III, 280ff) weiter ausgearbeitet wurden und nochmals im „Klinischen Tagebuch" eine Erweiterung fanden. Ein grundsätzlich „wissenschaftlicher" Ansatz bleibt bei *Ferenczi* dabei immer Leitlinie: „die Wissenschaft ist ja eine fortschreitende Desillusionierung, sie setzt an die Stelle des Mystischen und Sonderbaren Erklärungen" (ibid. 381). Das Wissenschaftsverständnis und die Forschungspraxis, die *Ferenczi* vertritt, sind natürlich zeitgebunden und noch weit von einer modernen psychologischen Forschungsmethodik (*Steffan, Petzold* 2001) entfernt, wobei sich doch deutlich eine Doppelstrategie erkennen lässt, in der nomothetisch-quantitatives Vorgehen mit idiographisch qualitativem Vorgehen verbunden wird, wie es heute die Position der Integrativen Therapie mit ihrer Idee von „*sophisticated designs*" (*Steffan, Petzold* 2001) vertritt und wie es zeitgleich mit *Ferenczi* auch der russische Arzt und Psychologe *Alexander Lurija* unternommen hat (*Lurija* 1993; vgl. *Sieper* dieses Heft) oder *Pierre Janet* (1919), gleichfalls ein Pionier experimentierender therapeutischer Methodenentwicklung, von dem *Freud* ohne adäquate Nennung „borgte" und der seit dem Eklat *Janet/Freud* 1913 (Kongress in London, vgl. auch *Janet* 1919, Bd. III) im psychoanalytischen Feld nicht mehr zitiert wird – auch von *Ferenczi* nicht (1937 empfängt *Freud Janet* in Wien nicht, *Petzold* 2007a). Und noch etwas gilt es zu beachten: *Ferenczis* hohe **Wertschätzung** für seine PatientInnen in seiner Behandlungsmethodik und seiner Forschungsethik, die von „Takt und Einfühlungsvermögen" (*Ferenczi* 1927/28, 1964, III, 383) bestimmt ist. Sie generiert in der analytischen Situation Qualitäten der „*Güte*" (ibid. 384) und der „*Sympathie*" (ibid. 391), oft eine schwierige Aufgabe. „Bringen wir sie aber zustande, so mag uns die Korrektur auch in verzweifelten Fällen gelingen" (ibid.). In einem solchen *konvivialen* Klima der „Gastlichkeit", wie wir das heute im Integrativen Ansatz nennen (*Orth*, diese Zeitschrift 2002), gelingt es, die Analyse „eher als einen Entwicklungsprozess, der sich vor unseren Augen abspielt, denn als das Werk eines Baumeisters aufzufassen, der einen vorgefertigten Plan zu verwirklichen sucht" (*Ferenczi* 1928/1964, 384).

4. Ferenczi – weiterhin wegweisend für die Psychotherapie
Ferenczi bleibt weiterhin wegweisend für die Psychotherapie aller Orientierungen, weil er – wie wenige andere Autoren – ihre humanitäre Essenz repräsentiert. 1993 konnte ich mit Waldemar Schuch die erste schulenübergreifende „Ferenczi-Tagung" in Deutschland organisieren und zusammen mit einigen KollegInnen aus verschiedenen Ländern an der „Europäischen Akademie für psychosoziale Gesundheit" durchführen. In dieser Zeitschrift wurde der große Ungar schon vielfach von mir, *Schuch, Nagler* u.a ins Gespräch gebracht. *Norbert Nagler* († 26.1. 2003) und ich haben gemeinsam diese beiden Doppelhefte, das vorliegende und das Heft 3-4 (2003), geplant und in langjähriger Suche und Netzwerkarbeit international verstreute Experten der *Ferenczi-*Forschung zusammengebracht, um eine Übersicht über die aktuellen Wissensstände zu geben. Dabei waren wir bemüht, auch bislang noch nicht in deutscher Sprache erschienene, ungarische Texte von *Ferenczi* in Übersetzungen zugänglich zu machen. *Ferenczi* liebte es ja, kurze prägnante und gedankenreiche Miszellen zu schreiben. Auch in diesem Heft konnten – Dank dem Kollegen *Rudolf Pfitzner* – wieder fünf solcher Texte veröffentlicht werden. Ziel unserer Bemühungen ist, zu einer vertieften Rezeption Ferenczianischen Gedankengutes in der Psychotherapie beizutragen und der unverdienten Marginalisierung seines Werkes durch die „offizielle" Psychoanalyse entgegenzuwirken.

Ferenczi ist und bleibt wichtig – auch für die Integrative Therapie, die zweifelsohne im Geist seiner späten Erkenntnisse arbeitet (vlg. *Schuch* und seine Arbeiten, dieses Heft S. 298), besonders was die den Menschen zugewandte Haltung und ein kritisch reflektiertes „Rettungsmotiv" (*Berman*, dieses Heft) anbetrifft. Die „Altruismusorientierung" (*Petzold* 2001m) von *Ferenczi* ist klarsichtig: „Egoismus ist 'irreal' und *Altruismus* – gegenseitige Rücksichtsnahmen, Identifizierung ist berechtigt, Frieden, Harmonie, Selbstentäußerung wünschenswert, weil wirklichkeitsgerecht" (14. 10. 1932, IV, 260). Altruismus muss allerdings ethiktheoretisch fundiert und kritisch metareflektiert werden (*Petzold, Orth* 2005b). Es gilt, von *Ferenczi*, seinem Leben und seiner Geschichte zu lernen: emotionale Investitionen, Engagement für Menschen, Warmherzigkeit, Takt, Bescheidenheit, Wertschätzung, parrhesiastische Offenheit, alles „Tugenden", die *Ferenczi* vorgelebt hat und die u. E. für gute Psychotherapie unerlässlich sind. *„Die Bescheidenheit des Analytikers sei also nicht eine eingelernte Pose, sondern der Ausdruck der Einsicht in die Begrenztheit unseres Wissens"* (*Ferenczi* 1927/28, 1964, III, 389, Hervorheb. im Original). Auch „Tugend" ist ein Unwort in der psychotherapeutischen Literatur. Tugenden bedürfen der metakritischen Reflexion und einer soliden theoretischen Begründung, die sie auf ein von „Vernunft" (im *Kant*schen Sinne) bestimmtes, anthropologisches und ethiktheoretisches Fundament stellen und die Motivation *zu mitmenschlicher, altruistischer Hilfeleistung* („Rettungsbedürfnis") besonnen unterfangen – und wo kämen wir ohne diese in der Welt hin? Das ist umso notwendiger, weil die der *Freud*schen Psychoanalyse innewohnende Tendenz zum „Verdacht" – so *Ricœur* (1965) – das Rettungs- und Altruismusmotiv immer wieder als Agieren eigener Bedürftigkeit stigmatisiert hat. *Ferenczi* zeigte: besser einen „furor sanandi" (heute spricht man mit einem schlecht reflektierten Schlagwort vom „Helfersyndrom") praktizieren, als zurückgenommene „Abstinenz", denn die wird oft „herzlos" (neudeutsch „cool"). „Minimal Intervention" (*Senf, Broda* 2002, 295), das war *Freuds* und nicht *Ferenczis* Sache. Er gab persönliches „Engagement", brachte einen hohen Einsatz für seine PatientInnen – keine „wohlwollende Neutralität" - und sah Persönlichkeitsentwicklung als ein über die symptomgerichtete Therapie hinausgehendes Ziel. Auch deshalb experimentierte *Ferenczi* sein Leben lang mit einem breiten Spektrum an Methoden (ähnlich wie *Rank* oder *Janet*), denn er wollte den Menschen „als Ganzen" erreichen (*Schuch*, dieses Heft).

„Methodenintegrierende Psychotherapie heißt, dass unter dem Grundsatz einer möglichst minimalen Intervention Patienten nur das an Therapie und therapeutischer Dosis erhalten, was zur Behandlung der Erkrankung indiziert, medizinisch notwendig und ausreichend ist" (*Senf, Broda* 2000, 295). Einer solchen minimalistischen Konzeption von methodenintegrativer Therapie können wir aus einer Ferenczianischen Perspektive überhaupt nicht zustimmen und machen stattdessen für einen *„rich approach* to therapy" (*Petzold, Sieper* 2006; *Sieper*, dieses Heft) gute anthropologische, epistemologische, forschungsgestützte klinische, salutogenetisch-präventive und entwicklungsorientiere Gründe (aus der Position einer life *span developmental psychology and therapy, Petzold* 1999c) geltend, wie der Beitrag von *Sieper* (dieses Heft) zeigt. Er verdeutlicht zugleich, wie Entwicklungen seit *Ferenczi u*nd der traditionellen Tiefenpsychologie hin zu einer

Psychotherapie für das 21. Jahrhundert verlaufen können (*Petzold* 1999p), die das Paradigma schulengebundener Psychotherapie überschreitet (idem 2003a, 25-85; *Eckert* 2006).

Es ist zu hoffen, dass die mit meinem so unzeitig verstorbenen Freund und Kollegen, *Norbert Nagler,* geplanten und vorbereiteten „Ferenczi-Hefte" in dieser Zeitschrift (von denen ich dieses Heft leider alleine zu Ende führen musste) das Feld der Psychotherapie bereichern können. Die in ihnen zusammengetragenen Materialien machen einen breiten Fundus an Wissen zugänglich. Es ist beabsichtigt, diese Materialien mit noch weiteren, vorliegenden Beiträgen auch als Sammelband herauszubringen. Es war die Hoffnung von *Norbert Nagler* und mir, dass besonders die Herzenswärme, die das Leben und Tun des Begründers der „elastischen Technik" kennzeichnet, in das sich zunehmend rationalisierende und ökonomisierende Feld der Psychotherapie abstrahlt und Kolleginnen und Kollegen in der Praxis ermutigt, immer wieder auch Wege im Geiste *Ferenczi*s zu gehen.

Zusammenfassung: Sándor Ferenczi – ein Pionier moderner und integrativer Psychotherapie und Traumabehandlung
*Ferenczi*s Bedeutung als innovativer Pionier moderner Psychotherapie, seine Entwicklung von Theorien (Orpha-Theorie, Reparenting-Theory) und behandlungsmethodischen Ansätzen für die Therapie schwerer Störungen und in der Traumatherapie (durch mutuelle Analyse, elastische Technik) wird dargestellt mit Verbindungslinien der Integrativen Therapie zur seinem Ansatz, ihrer Praxis der Partnerschaftlichkeit und erfahrbarer Wertschätzung von PatientInnen. Seine Kritik an wichtigen Positionen *Freud*s wird als Ursache für die Marginalisierung seines Werkes und die Ausgrenzung seiner Person als paradigmatisch für den Umgang mit Dissidenten im Felde der Psychoanalyse und Psychotherapie ausgewiesen.

Summary: Sándor Ferenczi – pioneer of modern and integrative psychotherapy and trauma treatment
The importance of *Ferenczi* as an innovative pioneer of modern psychotherapy, his developments of theories (Orpha theory, reparenting theory) and treatment methodology for severe disorders through mutual analysis and in trauma therapy (mutuality, elastic technique) is presented together with connecting lines of Integrative Therapy with his approach: its practice of partnership and experienced esteem. His criticism of central positions of *Freud* is shown to be the cause for the marginalisation of his work and the exclusion of him as a person and to be paradigmatic for the dealing with dissidents in the field of psychoanalysis and psychotherapy.

Keywords: Sándor Ferenczi, Active and Elastic Analysis, Mutuality, Orpha, Integrative Therapy, Trauma Therapy, History of Psychotherapy

Literatur

Abraham, N. (1992): Jonas. Anasémies III. Paris: Flammarion.
Abraham, N., Török, M. (1999): L'écorce et noyau. Paris: Flammarion.
Abraham, N., Török, M. (2001): Die Topik der Realität: Bemerkungen zu einer Metapsychologie des Geheimnisses. Psyche 6, 539 – 544.
Adorno, T.W. (1951): Minima Moralia. Reflexionen aus dem beschädigten Leben. Suhrkamp: Frankfurt 1973.
Anzieu, D. (1975): L'autoanalyse de Freud, Paris: P.U.F.; dtsch. (1990): Freuds Selbstanalyse: München: Verlag Internationale Psychoanalyse.
Bauer, J. (2006): Prinzip Menschlichkeit. Hamburg: Hoffmann und Campe.
Bleckwedel, J. (2006). Zur Diskussion: Jenseits von Richtungen und Schulen wartet die Vernunft. Ein Beitrag zur Debatte um die Zulassung von psychotherapeutischen Verfahren und Methoden. Psychotherapeutenjournal 5. Jahrgang, 4, 377-379.
Bremmer, J. (1996): Götter, Mythen und Heiligtümer im antiken Griechenland. Darmstadt.
Borch-Jacobson, M. (1995): Anna O. zum Gedächtnis. Eine hundertjährige Irreführung. München: Fink.
Butollo, W., Hagl, M., Krüsmann, M. (1999): Kreativität und Destruktion posttraumatischer Bewältigung. Forschungsergebnisse und Thesen zum Leben nach dem Trauma. Stuttgart: Pfeiffer bei Clett-Cotta.
Coleman, W.(1994): The scenes themselves which are at the bottom of the story: Julius, circumcisions, and the castration complex. Psychoanalytic Review 5, 603-625.
Cremerius, J. (1979): Gibt es zwei psychoanalytische Techniken? Psyche 33, 577-599.
Cremerius, J. (1983): Die Sprache der Zärtlichkeiten und der Leidenschaft, Psyche 11, 988-1015.
Derrida, J. (1986): Positionen. Graz: Böhlau.
Derrida, J. (1992): "Être juste avec Freud", in: Roudinesco, E., Penser la folie. Essais sur Michel Foucault, Paris S. 139-195.
Derrida, J. (2000): Politik der Freundschaft, Frankfurt: Suhrkamp.
Drigalski, D. v. (1980); Blumen auf Granit, Berlin: Ullstein.
Ebner, K. (2006): Übersetzungsaufgaben. Der Begriff der »Anasemie« im Werk von Nicolas Abraham und Maria Torok - Ein Dialog zwischen Psychoanalyse und Dekonstruktion, in: Zeillinger, P., Portune, D.: Nach Derrida. Dekonstruktion in zeitgenössischen Diskursen. Wien: Turia + Kant.
Eckert, J. (2006): Erwartungen an eine zukünftige Psychotherapie. Psychotherapieforum 3, 125-130
Eisler, P. (1991): Berührung aus Berührtheit, Integrative Therapie 1, 85-116.
Erickson, M.H.; Rossi. E.L. (2004): Hypnose erleben: veränderte Bewusstseinszustände therapeutisch nutzen. Stuttgart: Pfeiffer bei Klett-Cotta.
Faber, M. (2006): Seelenrisse auf Rezept. Mammendorf: pro literatur Verlag.
Ferenczi, S. (1932): Journal clinique, hrsg. von J. Dupont. Payot, Paris 1985; dtsch. Ohne Sympathie keine Heilung. Das klinische Tagebuch von 1932, S. Fischer, Frankfurt 1988.
Ferenczi, S. (1964): Bausteine zur Psychoanalyse, 4 Bde. Bern: Huber. (Alle Texte sind nach dieser Ausgabe zitiert).
Ferenczi, S., Groddeck, G. (1982): Ferenczi, Groddeck. Correspondance. Paris: Payot-Rivages; dtsch. (1986): Briefwechsel. 2006 Erw. Neuausgabe. Frankfurt: Stroemfeld.
Ferenczi, S. Rank, O. (1924/1964) siehe Rank, Ferenczi
Florenskij, P. (1994[2]): An den Wasserscheiden des Denkens. Berlin: editionKONTEXT.
Florenskij, P. (1997): Raum und Zeit. Berlin: editionKONTEXT.
Fonagy, F. Gergely, Jurist, E. L., Target, M. (2004): Affektregulierung, Mentalisierung und die Entwicklung des Selbst. Stuttgart: Klett-Cotta Verlag.
Foucault, M. (1966): L'archéologie du savoir, Paris : Gallimard; dtsch. Die Archäologie des Wissens, Suhrkamp, Frankfurt 1973; Ullstein, Berlin 1978.
Foucault, M. (1978a): Dispositive der Macht, Berlin: Merve.

Foucault, M. (1978b): Die Subversion des Wissens, Frankfurt: Ullstein.
Freud, S., Ferenczi, S. (1993f): Briefwechsel. 4 Bd. Wien: Böhlau.
Grawe, K. (1998): Psychologische Therapie, Göttingen: Hogrefe.
Grawe, K. (2004): Neuropsychotherapie. Göttingen: Hogrefe.
Grawe, K. (2005a): Alle Psychotherapien haben ihre Grenzen, *Neue Zürcher Zeitung* 23.10. 2005, Nr. 43, 78.
Grawe, K. (2005b): (Wie) kann Psychotherapie durch empirische Validierung wirksamer werden? *Psychotherapeutenjournal* 1, 4-11.
Grawe, K., Donati, R., Bernauer, P. (1994): Psychotherapie im Wandel. Von der Konfession zur Profession, Göttingen: Hogrefe.
Grunberger, B. (1958/59): Über-Ich und Narzißmus in der analytischen Situation, *Psyche* 5, 270-290.
Gunzelmann, T., Schiepek, G., Reinecker, H. (1987): Laienhelfer in der psychosozialen Versorgung: Meta-Analysen zur differentiellen Effektivität von Laien und professionellen Helfern, *Gruppendynamik* 18, 361-384.
Haessig, H. (2007): Transversale Macht in der Supervision, in: Bei www. FPI-Publikationen.de/materialien.htm - *SUPERVISION: Theorie - Praxis – Forschung. Eine interdisziplinäre Internet-Zeitschrift* Jg. 2007.
Hartmann-Kottek, L. (2004): Gestalttherapie. Berlin: Springer.
Israel, H. (1999): Der Fall Freud. Die Geburt der Psychoanalyse aus der Lüge. Hamburg: Europäische Verlagsanstalt.
Janet, P. (1919): Les médications psychologiques, 3 Bde. Paris: Alcan.
Leibowitz, Y. (1994): Gespräche über Gott und die Welt. Frankfurt/M.: Insel.
Lyotard, J.-F. (1979): La condition postmoderne. Rapport sur le savoir, Paris; dtsch. (1982): Das postmoderne Wissen. Ein Bericht, Bremen 1982, 2. Aufl., Graz-Wien: Passagen Verlag 1986.
Lyotard, J.-F. (1987): Der Widerstreit, München: Fink.
Lurija, A. R. (1992): Das Gehirn in Aktion. Einführung in die Neuropsychologie, Reinbek: Rowohlt.
Mannheim, C. (1969): Ideologie und Utopie. Frankfurt: Schulte und Blumke.
Marcel, G. (1967): Die Menschwürde und ihr existentieller Grund, Frankfurt: Knecht.
Marcel, G. (1969): Dialog und Erfahrung, Frankfurt: Knecht.
Masson, J.M. (1986): Was hat man dir, du armes Kind, getan? Sigmund Freuds Unterdrückung der Verführungstheorie, Reinbek: Rowohlt.
Meichenbaum, D. (1997): Treating post-traumatic stress disorder. A handbook and practice manual for therapy. Chichester: Wiley.
Müller, M. (1979): Freud und sein Vater, München: Beck.
Meyer, C. (2005): Le livre noir de la psychanalyse. Paris: Les arènes.
Meyer, R., Liénard, G. (1993): Les somatothérapies. Historique - Classification - Présentation. Paris: Simep
McCullough, M.E., Pargament, K.I., Thoresen, C. (2000): Forgiveness. Theory, Research and Practice. New York: Guilford Press.
Moreno, J.L. (1959): Gruppenpsychotherapie und Psychodrama, Stuttgart: Thieme.
Moscovici, S. (2001): Social Representations. Explorations in Social Psychology, New York: New York University Press.
Orange, D.M. Atwood, G.E., Stolorow, R.D. (2001): Intersubjektivität in der Psychoanalyse: Kontextualismus in der psychoanalytischen Praxis. Frankfurt a. M.: Brandes & Apsel.
Orlinsky, D. E., Rønnestad, M. H. (2005): How psychotherapists develop. A study of therapeutic work and professional growth. Washington: American Psychological Association.
Orth, I. (1994): Der „domestizierte Körper". Die Behandlung beschädigter Leiblichkeit in der Integrativen Therapie, *Gestalt* (Schweiz) 21, 22-36.
Orth, I. (2002): Weibliche Identität und Leiblichkeit – Prozesse „konvivialer" Veränderung und Entwicklung – Überlegungen für die Praxis, *Integrative Therapie* 4, 303-324.

Orwell, G. (1949): 1984. Dtsch. Berlin : Ullstein, 2005; 27. Aufl.
Otte, H. (2002): Mögliche Risiken und Nebenwirkungen der Integrativen Therapie – Überlegungen zu „risikosensiblen" Arbeitsformen. In: *Märtens, Petzold* (2002).
Pagel, G. (2002): Jacques Lacan zur Einführung, Hamburg: Junius
Parin, P., Parin-Matthey, G. (1985): Das obligat unmögliche Verhältnis der Psychoanalytiker zur Macht, in: *Lohmann, H.M.* (Hrsg.), Das Unbehagen in der Psychoanalyse, Frankfurt: Fischer.
Perls, F.S. (1969): Gestalt Therapy Verbatim, Lafayette: Real People Press; dtsch. Gestalttherapie in Aktion, Stuttgart: Klett 1974.
Petzold, H. G. (2006): Alle zitierten Arbeiten von *Petzold* und MitarbeiterInnen finden sich in: „Gesamtbibliographie Hilarion G.Petzold 1958 – 2006. Bei www. FPI-Publikationen.de/materialien. htm - *POLYLOGE: Materialien aus der Europäischen Akademie für psychosoziale Gesundheit* - 1/2006
Petzold-Heinz, I. (1957): Der Helfer der Verwundeten. Aus Kindheit und Leben von Henry Dunant. Aue Verlag.
Pohlen, M. (2006): Freuds Analyse. Die Sitzungsprotokolle Ernst Blums. Reinbek: Rowohlt.
Pohlen, M., Bautz-Holzherr, M. (1991): Eine andere Aufklärung – Das Freudsche Subjekt in der Analyse, Frankfurt: Suhrkamp.
Pohlen, M., Bautz-Holzherr, M. (1994): Psychoanalyse - Das Ende einer Deutungsmacht, Reinbek: Rowohlt.
Pohlen, M., Bautz-Holzherr, M. (2001): Eine andere Psychodynamik: Psychotherapie als Programm zur Selbstbemächtigung des Subjekts, Göttingen: Verlag Hans Huber.
Rank, O., Ferenczi, S. (1924): Entwicklungsziele der Psychoanalyse. Zur Wechselbeziehung von Therapie und Praxis, Wien: Internationaler Psychoanalytischer Verlag. Gekürzt auch in Ferenczi (1964, Bd. III)
Regner, F. (2005): Normatives Empowerment. Das Unrechtserleben bei politisch Traumatisierten aus der Sicht von Unterstützern im Therapieumfeld. Diss. Freie Universität Berlin. Berlin. Link Bei www. FPI-Publikationen.de/materialien.htm.
Ricœur, P. (1965): De l'interprétation. Essai sur Freud. Paris: Seuil; dt.: (1969) Die Interpretation. Ein Versuch über Freud. Frankfurt/M.: Suhrkamp.
Ricœur, P. (2000): La mémoire, l'histoire, l'oubli. Paris: Seuil; dt. (2004) Gedächtnis, Geschichte, Vergessen München: Fink.
Rizzolatti, G., Fadiga, L., Gallese, V., Fogassi, L. (1996): Premotor cortex and the recognition of motor actions. *Cognitive Brain Research* 3, 131-141.
Roazen, P. (2006): «Animal mon frère toi», Paris: Payot; dtsch. (2002): Brudertier. Sigmund Freud und Victor Tausk: Die Geschichte eines tragischen Konflikts. Giessen: Psychosozial.
Röhrle, B. (1994). Soziale Netzwerke und soziale Unterstützung. Psychologische Bedeutungsvarianten und Perspektiven. Habilitationsschrift an der Fakultät für Sozial- und Verhaltenswissenschaften der Universität Heidelberg. Weinheim: Psychologie-Verlags-Union.
Sabourin, P. (1988): Nachwort, zu *Ferenczi* (1932/1988) 281-290.
Schuch, W. (1994): Aktive Psychoanalyse. Sándor Ferenczis Beitrag zur Technik der Psychotherapie. *Integrative Therapie* 1/2, 68-100.
Schuch H. W. (1998): Sándor Ferenczi. Pionier der modernen tiefenpsychologischen Psychotherapie, *Gestalttherapie* 1, 3-21.
Schur, M. (1982): Sigmund Freud. Leben und Sterben, Frankfurt: Suhrkamp.
Sennett, R. (2002): Respekt im Zeitalter der Ungleichheit, Berlin: Berlin Verlag.
Stamenov, M.I., Gallese, V. (2002): Mirror Neurons and the Evolution of Brain and Language, Amsterdam: John Benjamins Publishing Co..
Steffan, A. (2002): Integrative Therapie in der Praxis. Ergebnisse einer Psychotherapie-Evaluation im ambulanten Setting, Berlin: Logos.
Walter, H.-J. (1978): Gestalttheorie und Psychotherapie, Diss. TH Darmstadt 1977, Darmstadt:

Steinkopff, 1978, 2. erw. Aufl. Wiesbaden: Westdeutscher Verlag, 1985.
Wirbel, U. (1987): Verletzungen in der Therapie, *Integrative Therapie* 4, 407-423.

Anschrift:
Univ.-Prof. Dr. **Hilarion G. Petzold**
Achenbachstr. 40
D- 40237 Düsseldorf

Sándor Ferenczi (1934)
Der Platz der Psychoanalyse in der Reihe der Wissenschaften[1]

Die Psychoanalyse basiert einerseits auf der tieferen Erkenntnis der Triebe, also auf rein naturwissenschaftlichen Grundlagen, andererseits lässt sie einen Einblick in die geistige Werkstatt des Menschen zu, und so ist sie eher geeignet als alle andere Disziplinen, das Vakuum auszufüllen, das die exakten Naturwissenschaften und die sogenannten Humanwissenschaften sei langem trennt. Durch die Psychoanalyse wurde die Psychiatrie zur Zeit zu einer Quelle, aus dem die Vertreter aller Geisteswissenschaften schöpfen können. Der Ethnologe, der Soziologe, der Kriminologe und der Pädagoge erwartet die Lösung vieler seiner Probleme von der Psychoanalyse; jedoch auch der Ästhet, der Historiker und der Philosoph ist gezwungen, die Methode und Erfahrungen der Psychoanalyse zur Kenntnis zu nehmen. Das ist auch verständlich, denn die tiefschürfende Prüfung des in seinem Gleichgewicht gestörten Geistes, wenn auch in karikierten Übertreibungen, deckt die sonst verborgenen Schichten und Funktionsmodi der Seele auf, deren Kenntnis dann die seltsamen Äußerungen des Seelenlebens des Einzelmenschen und der Massen erhellt, denen wir bis jetzt verständnislos gegenüberstanden.

Hingegen hat die Psychoanalyse als erste das Beispiel dazu geliefert, dass es möglich ist, naturwissenschaftliche Tatsachen mit der bloßen Kombination von psychologischen Fakten, beispielsweise manche Details der Entwicklungsgeschichte des Trieblebens, zu rekonstruieren.

Sie ist ein solcher Bereich der Wissenschaft, in dem wir die ersten Zeichen der Bestrebung nach Integration feststellen können, welche das durch Hunderte von Spezialitäten geteilte, in Erforschung von Details versunkene Wissen generell so sehr bedurfte.

Übersetzt von Rudolf Pfitzner, Ottobrunn

---

[1] A lélekelemzés helye a tudományok sorában. Aus: Ferenczi Sándor: A pszichoanalízis rövid ismertetése. (Kurze Darledung der Psychoanalyse). Animula, Budapest, 1996, S. 57. Ursprüglich Verlag Pantheon, Budapest, 1934. (Posthume Herausgabe auf Grund eines beinahe fertigen Manuskripts von Ferenczi)

Sándor Ferenczi (1934)
Die Psychoanalyse im Dienste des praktizierenden Arztes

Wie wir bereits angedeutet haben, erfordert das fachgerechte Praktizieren der Psychoanalyse eine ziemlich lange und auch nicht leichte, spezifische Ausbildung. Das bedeutet aber nicht, dass es für den praktizierenden Arzt nicht vom großen Nutzen wäre, sich theoretisch und soweit möglich auch praktisch mit der Methode und dem Stoff der Psychoanalyse bekannt zu machen. Er kann damit viele Mängel abhelfen, für deren Ersatz das Universitätsstudium bis jetzt nicht genügend Sorge getragen hat. Während der medizinischen Studien erhält der Student fast ausschließlich über die gesunden und kranken körperlichen Funktionen Auskunft; es ist noch gut, wenn er in einem einzigen Semester manche Vorkenntnisse über die Psychiatrie erwirbt. Wir können aber nicht sagen, dass das Seelenleben des gesunden und des kranken Menschen im Unterricht den Gegenstand gebührender Aufmerksamkeit gebildet hätte, so dass die Menschenkenntnis von jedem erst nach langer Praxis, zum Preis von vielen Irrtümern, „draußen" im Leben erworben werden konnte. Dies konnte auch nicht anders sein, solange die Psychologie nur künstlerische Intuition, spezifische Begabung Einzelner war. Die Psychoanalyse ist vielleicht das erste Verfahren, welche Probleme, deren Wahrnehmung und sogar Lösung bisher das Privileg nur dieser hervorragenden Talenten war, mehr oder weniger für alle zugänglich macht.

Theoretisch wird es seit langem verkündet: „mens sana in corpore sano", dass die Besserung des Seelenzustandes und -gleichgewichts mit welch` großem Maße den günstigen Ablauf auch der körperlichen Erkrankungen beeinflusst; man hat auch gewusst, dass der Arzt oft viel mehr und tiefer mit seiner Persönlichkeit auf den Patienten einwirkt, als mit den von ihm verordneten Medikamenten. Die Psychoanalyse aber stellt an die Stelle dieser allgemeinen und deswegen nur wenig sagenden Wahrheiten präzises Wissen und genaue Verfahren. Sie zeigt auf die verräterischen Merkmale hin, mit deren Hilfe die geheimen oder sogar unbewussten Gefühle, eventuell auch Gedanken des Kranken erkennbar werden, sie zeigt die Gesetzmäßigkeiten im Phänomen der Übertragung auf, d.h. in den gefühlsmäßigen Kontakten zwischen Arzt und Patient, etc. Der Arzt also, der diese Schule der Selbsterkenntnis absolviert, hat viel mehr Aussicht darauf, auf seine Patienten auch seelisch einzuwirken als diejenigen, die sich – in Ermangelung dieser Erkenntnisse – ihre ganze Aufmerksamkeit auf das körperliche Funktionieren des Patienten beschränken.

Das ist auch die Stelle, an der wir auf neuere, aussichtsreiche Bestrebungen hinweisen können, welche nicht weniger versprechen, als dass es den Ablauf mancher Fälle organischer Erkrankungen günstiger zu gestalten gelingt, dadurch, dass wir neben der bloßen körperlichen Behandlung systematische psychoanalytische Beobachtungen und auf deren Grundlage, wenn nötig auch psychotherapeutische Interventionen vornehmen. Als Beispiel berufe ich mich auf solche Versuche auf dem Gebiet der

Lungentuberkulose und der Herzerkrankungen. Welch` große Bedeutung seelische Faktoren bei Lungenkrankheiten haben, haben wir auch bis jetzt vermutet, jedoch nicht, welche therapeutische Bedeutung die systematische Beachtung seelischer Momente haben kann. Auch bei der Entstehung von Dekompensationszuständen, die bei Herzerkrankungen auftreten können, können Störungen der Herzinnervation und des Kreislaufs eine große Rolle spielen, die in letzter Analyse vielleicht auf bewusste oder unbewusste seelische Erregungen zurückgeführt werden können.

Auch wenn wir aber von diesen aussichtsreichen, jedoch noch nicht gebührend fundierten Versuchen absehen, begründet alleine schon der oben erwähnte Vorteil, die gesteigerte Menschenkenntnis, der Einblick in die geheime Triebfeder der Seele des Kranken, dass der praktizierende Arzt, soweit seine mühevolle Beschäftigung es ermöglicht, sich die wesentlichen Erfahrungen der Psychoanalyse aneignet.

Übersetzt von Rudolf Pfitzner, *Ottobrunn*

Sándor Ferenczi (1902)
Beichten eines praktischen Arztes

(Besprechung des Buches von Vikentyij Veressajev)

Endlich ein Buch, das den gegenwärtigen Zustand der Ärzteschaft und der medizinischen Wissenschaft mit schonungsloser Wahrheitsliebe enthüllt. Dies tut es nicht aus Böswilligkeit.

Er [der Autor sc.] ist selber Arzt. Auch er wurde durch seine Berufung an einen Beruf gekettet, dessen Akteure dazu verdammt sind, ihre eigenen Schwächen immerzu zu verschleiern, Wissen vorzutäuschen dort, wo in ihrem Inneren Unsicherheit und Zweifel hausen, in ihren Seelen die Botschaft des Verantwortungsgefühls und des Gewissens allmählich einschlafen und abstumpfen. Und weil er sich trotzdem entschließt, derartige Gewissensskrupel zu veröffentlichen, die jeder anständige Arzt empfinden müsste, wird er wegen seines Mutes unserer aufrichtigen Anerkennung würdig. Es ist nicht wahr, was viele Fachzeitschriften, die sich all zu oft auf „ die Autorität der Ärzteschaft" berufen, über dieses Buch sagen, dass er [der Autor sc.] diese Autorität zerstören will. Im Gegenteil: er schildert mit Sympathie den aussichtslosen Kampf des Arztes mit den Tausenden von Krankheiten und den Vorurteilen des Volkes; jedoch kann er, mit seiner großen und edelmütigen Seele die Interessen der Ärzteschaft nicht über die Interessen der Menschheit stellen.

Sein Vortragsstil ist einfach, quasi volkstümlich; er sagt selber, dass er sein Buch der Öffentlichkeit zugedacht hat, und alle, die – wie er – die immerwährende augur'sche Eindeutigkeit, mit der die Wahrheit vor dem Publikum - wenn auch aus berechtigtem Eigeninteresse - verschleiert wird, verabscheuen, werden die Verbreitung des Buches mit Zufriedenheit sehen, weil dies auch die Verbreitung der Wahrheit und des Lichts bedeuten wird. „Im gegebenen Augenblick kann es nötig sein – schreibt der Autor in seinem Vorwort – vor dem Schwerkranken seine Krankheit zu verschweigen. Die Gesellschaft ist jedoch kein Schwerkranker und die aus Not erlaubte situationsbedingte Lüge darf nicht als allgemeine Regel anerkannt werden. Wenn die Wahrheit so ist, dass sie das Vertrauen in die Ärzte und in die ärztliche Wissenschaft erschüttern kann, ist dennoch die Aufklärung nützlich, weil nichts mehr Schaden und Enttäuschung anrichten kann, als der unbegründete, blinde Glaube."

Erst wenn das Publikum auch die Schattenseiten der medizinischen Wissenschaft und ihres Handwerks erkennt, erst dann kann der Arzt stolz sein auf das ihm gegenüber sichtbar gewordenen Vertrauen. Heute wird der Arzt unverdient gelobt und unverdient angegriffen.

Wir empfehlen dieses Buch aufs Wärmste der Aufmerksamkeit unserer Leser. Sie sollen es lesen und weiter verbreiten im Kreis des gebildeten Publikums...

Die Schönheit seines Stils, die hohe Bildung und Belesenheit seines Autors wird mit vielen Beispielen und Beweisen an jeder Seite belegt, was auch die vielen Unverständlichkeiten nicht entwerten können, mit denen der laienhafte Übersetzer das russische Original verschlechtert hat.

Übersetzt von *Rudolf Pfitzner*, Ottobrunn

Anmerkung des Übersetzers: *Vikentyij Veressajew* (1867-1945) war ein russischer Arzt und Schriftsteller.

Sándor Ferenczi (1914)
Die Eiszeit der Gefahren

Es ist ein Gesichtspunkt vorstellbar, von dem her betrachtet auch die furchtbarsten und aufregendsten Ereignisse nur als großangelegte Versuche der Experimentalpsychologie erscheinen. Als solche sind „Naturexperimente" zu sehen, [...] die der Wissenschaftler in seinem Arbeitszimmer nicht durchführen kann, höchstens in der Werkstatt seines Denkens. Der Krieg ist solch ein kosmischer Laboratoriumsversuch. In friedlichen Zeiten kann man nur auf dem Weg von Untersuchungen mit komplizierten Methoden von Träumen des Einzelnen, seiner nervösen Symptome, künstlerischen Schöpfungen Religion, nachweisen (und auch so findet man kaum Glauben) dass die menschliche Seele geschichtet und dass die Kultur nur ein schön dekoriertes Schaufenster ist, während in der Tiefe des Ladens primitivere Ware gelagert wird. Der Krieg hat diese Maske mit einem Ruck heruntergerissen und hat uns den Menschen in seinem inneren, wahren Wesen vorgestellt. Er hat uns das Kind im Menschen, den Wilden und den Urmenschen gezeigt. Wie ein ängstliches Kind zu seinem Vater, schaut der sich vor kurzem noch so selbstbewußter und kritischer Zeitgenosse mit unterwürfiger Begeisterung zu denjenigen auf, bei denen er Macht oder sogar

Gewaltsamkeit erblickt, von denen er aber Schutz erhofft. Die Natürlichkeit, mit der wir zum Töten gehen, vielleicht uns töten lassen, unterscheidet sich nicht von den Trieb-Äußerungen der primitiven Völker. Die Menschen stecken die Köpfe zusammen, um sich mit vereinter Kraft nach außen besser schützen zu können, aus der Not wird die Tugend geboren: alle sind gut, opferbereit, demütig und gottesfürchtig. Auch das Elend der Eiszeit hat einst die erste, familiäre und religiöse Gesellschaft, das Fundamentum jeder späteren Entwicklung zusammengedrängt. Der Krieg hat uns lediglich in die Eiszeit zurückgeworfen, besser gesagt: die tiefen Spuren bloßgelegt, welche dieses Zeitalter in dem Seelenleben der Menschheit zurückgelassen hat.

Daraus könnte die Lehre sein: Wir sollen uns in Friedenszeiten nicht schämen, wenn wir in uns den primitiven Menschen, oder sogar das Tier entdecken. Es ist keine Schande, mit der Natur in so naher Verwandtschaft zu sein. Im Krieg aber sollen wir die höheren Kulturwerte des Lebens nicht feige verleugnen und von ihnen nicht mehr opfern, als unbedingt notwendig ist.

Übersetzt von *Rudolf Pfitzner*, Ottobrunn

Sándor Ferenczi (1906)
Therapie mit hypnotischer Suggestion[1]

Meine im Jahrgang 1904 in Gyógyászat veröffentlichte Arbeit: Über den therapeutischen Wert der Hypnose wies unter anderem auf die gegenwärtige Vernachlässigung dieses Zweiges der Therapie hin. In dieser Hinsicht ist auch seitdem keine Änderung zu erfahren und so ist es nicht überflüssig, auf diesen Gegenstand erneut zurückzukommen.

Die Vernachlässigung dieses Verfahrens findet ihre Erklärung zum Teil darin, dass die unter den Laien verbreiteten Ansichten über die Tauglichkeit der Hypnose häufig auch unter den Ärzten Gläubige finden, ohne dass sie diesen Glauben irgendwie begründen könnten. Es gibt – das ist wahr – Begleitumstände der Tiefenhypnose, die für das hypnotisierte Individuum nur dann unschädlich sind, wenn der Arzt ein anständiger Mensch ist. Jedoch daraus, dass es im ärztlichen Bereich Menschen (vor)gab, die den zum Widerstand unfähigen Zustand des hypnotisierten Individuums zu sexuellen Verbrechen missbrauchten – was die einzige tatsächliche Gefahr ist – eine Reglementierung der gesamten Methode abzuleiten, ist zumindest ein unbegründetes

---

[1] Gyógyítás hipnotikus szuggesztióval. Bericht aus dem Ambulatorium für Nervenkranke der Budapester Bezirks-Arbeiterkrankenkasse vom ordiinierenden Arzt und gerichtsmedizinischen Sachverständigen. Aus: *Sándor Ferenczi: A pszichoanalízis felé (Der Psychoanalyse entgegen)*. Redigiert, mit Vor- und Nachwort versehen von *Judit Mészáros*. Verlag Osiris, Budapest, 1999, S. 264-267. Ursprünglich in: Gyógyászat, 46 (23. Dezember 1906), 51: S. 847-848.

Vorgehen. Auf dieser Grundlage müsste man dem Arzt ja unzählige andere, in dieser Hinsicht fast noch mehr Diskretion voraussetzende Tätigkeiten ohne Anwesenheit von Zeugen verbieten; insbesondere gynäkologische Prozeduren und Behandlung Geisteskranker sowie bewusstloser Individuen, oder diese gleicherweise mit Bollwerken von Paragraphen umgeben, wie eine ungarische ministerielle Verordnung die Hypnose reglementiert. (Verordnung des Innenministers 1894/103816).

Nach dieser Verordnung darf nur der Arzt hypnotisieren. Das ist richtig. Ich gestehe jedoch, dass ich bei einer an Zwangsvorstellungen leidenden Frau, die weder von mir noch von anderen Fachärzten in hypnotischen Schlaf versetzt werden konnte, versuchsweise einverstanden war, einen von seinen Hypnosen her berühmten Kurpfuscher herbeizuholen.

Er konnte zwar in diesem Fall auch nicht vorankommen, doch glaube ich, dass mein Bemühen um die Heilung der Kranken mein „Vergehen" gegen das „Gesundheitswesen" und die Interessen der Fakultät entschuldigt.

Ein anderer Beschluss dieser Verordnung ist, dass zur Hypnose die Einwilligung des Kranken notwendig ist. Dies kann vom Arzt in der überwiegenden Mehrzahl der Fälle eingehalten werden. Es gibt jedoch Kranke, die – vielleicht gerade wegen ihres nervösen Zustandes – sich vor dem Wort „Hypnose" grauen. Diese frage ich gewöhnlich nicht, ob sie einverstanden sind mit dem Hypnotisieren sondern - ohne dieses ominöse Wort auszusprechen – sage ich ihnen während des Gesprächs, dass ich sie seelisch heilen könnte, wenn sie ein wenig einschlummern würden. Damit habe ich ihnen eigentlich das Wesentliche des Verfahrens mitgeteilt, und dagegen protestieren sie nachher kaum. Ich hatte einen Patienten, der mehrere Tage zu einer solchen „Heilbehandlung während des Schlafes" kam, ohne zu wissen, dass dieser Schlaf Hypnose war.

Richtig und begründet ist auch jener Befehl der Verordnung, dass man nur in Anwesenheit einer dritten Person hypnotisieren darf. Derjenige jedoch, der viel hypnotisiert, wird mich verstehen, wenn ich behaupte, dass man dies nicht immer einhalten kann. Ganz zu schweigen davon, dass es manchmal schwierig ist eine „dritte Person" aufzutreiben, deren Anwesenheit – die Aufmerksamkeit des Patienten ablenkend – geradezu schädlich sein kann für den Erfolg der Behandlung, insbesondere beim ersten Versuch. Später, wenn das „Medium" bereits auf ein Befehlswort leicht einschläft, ist die Anwesenheit einer, sogar mehrerer Personen kein Hindernis mehr.

Ich nehme aber oft die Anwesenheit einer dritten Person in Anspruch gerade im Interesse des Erfolges der Hypnose. Wetterstein folgend gelang es mir mehrmals sehr diffizile Patienten auf die Art und Weise zum Schlaf zu bringen, dass ich vorher in ihrer Anwesenheit eine dritte Person, bei der die Wirkung immer prompt eintritt, in hypnotischen Schlaf versetzt habe. Der Anblick des Erfolges beim Hypnotisierten erleichtert das Einschlafen sehr, auf Grund des in den Menschen verborgenen starken Nachahmungstriebes.

Ich bemerke jedoch, dass die Ministerialverordung nicht nur von mir, sondern von fast jedem Facharzt, der (sich) mit Hypnose therapiert, außer Acht gelassen werden muss. Daraus folgt, dass der Fehler nicht bei uns, sondern in der Verordnung liegt.

Wenn die Rechte der Diskretion beim Chirurgen, Internisten in der Heilbehandlung nicht geschmälert werden, ist es nicht sinnvoll, dass gerade der Nervenarzt in der Anwendung eines psychotherapeutischen Verfahrens eingeschränkt wird. So entsteht nämlich die Anomalie, dass der Arzt auch alleine den Kranken mit Chloroform betäuben, also in totale Bewusstlosigkeit befördern darf, es jedoch verboten ist zu hypnotisieren, d.h. das Bewusstsein in einem gewissen Grade einzuschränken.

Die privat- und strafrechtliche Konsequenzen der ärztlichen Kunstfehler und andere Paragraphen des Strafgesetzbuches schützen den Patienten genügend gegen eventuellen Missbrauch durch den Arzt. Wenn das nicht der Fall ist, dann muss man die Zustände auf der ganzen Linie verändern. Speziell gegen die Hypnose erlassene Verfügungen jedoch sind unberechtigt.

Ich möchte über einige erfolgreiche neuere Fälle der Therapie mit hypnotischer Suggestion im Zusammenhang mit dem Geschilderten berichten.

1. Es wurde ein vierzehnjähriger Lehrling zu mir gebracht. Sein Kopf war seit drei Tagen stets steif nach rechts gedreht und war aus dieser Stellung weder aktiv noch passiv zu bewegen, obwohl bei ihm weder Zeichen von Muskel-, Knochen- oder Gelenkerkrankung, noch Schmerzen, die das rheumatische caput obstipum charakterisieren, bemerkbar waren. Nachdem beim Kranken schwerere erbliche Belastung und hysterische Stigmata festgestellt werden konnten, machte ich einen Versuch mit hypnotischer Suggestion, die den Krampf bereits bei der ersten Sitzung auf einmal und endgültig behob.

2. Ebenfalls an caput obstipum litt ein sich in den dreißiger Jahren befindender Tapezierer, der jedoch seinen Kopf aus der verdrehten Lage mit beiden Händen wegrücken konnte. Wenn er ihn jedoch losließ, schnellte dieser, wie von Federn gesteuert, in die pathologische Haltung zurück. Die Instruktion während der Hypnose hatte das Leiden behoben. Das Symptom rezidivierte zweimal, jedoch nach wiederholten Suggestionen heilte es immer ab. Bei diesem Patienten entdeckte ich auch eine Dextrocardie als angeborene Abnormität, was auch die Durchleuchtung mit Röntgenstrahlen bewies. Die Lage der anderen Organe war regelmäßig.

3. Ein zwanzigjähriges, intelligentes Mädchen kam mit der Diagnose Epilepsie zu mir. Das Leiden bestand angeblich seit vier Jahren. Die Anfälle liefen mit voller Bewusst-losigkeit, tonischen Krämpfen, Zungenbiss, conjunctivalen Blutergüssen, ohne Enuresis mit einer Häufigkeit von 1-2 Mal im Monat ab. Das Mädchen biss einmal ihre Zunge wirklich fast durch. Die Spur der Wunde zeigt eine gewaltige Narbe. Bei der Untersuchung stellte ich Hemihypalgesie fest, was mir die Mög-

lichkeit vorschweben ließ, dass es sich bei ihr nur um hysterische Attacken handelt. Der Zungenbiss ist nicht unbedingt ein Beweis gegen die Hysterie. Sie erwies sich beim Hypnotisieren als eines meiner besten Medien und die damals gehäuften Anfälle hörten aufgrund der Suggestion vorläufig auf. Es kamen Heiratspläne des Mädchens zur Sprache und die Angehörigen der Kranken fragten mich danach. Im Falle der Epilepsie musste ich natürlich gegen eine Ehe sprechen, im Falle der Hysterie jedoch nicht unbedingt.

Um die Frage zu entscheiden, führte ich folgenden Versuch durch: Während der Hypnose teilte ich der Patientin mit, dass sie auf ein gegebenes Signal einen Anfall haben wird, jedoch ohne Zungenbiss; auf ein anderes, vereinbartes Zeichen wird der Anfall jedoch aufhören. So geschah es auch. Das Mädchen fiel auf das gegebene Signal hin. In allen ihren Muskeln traten tonische Kontrakturen auf, ihr Gesicht wurde im höchsten Grad zianotisch[2]. Sie hatte keine clonischen Zuckungen; die Pupillen waren erweitert, auf Lichtreize starr. Die Patientin wachte auf das vereinbarte Signal auf. Auf ihre Zunge hatte sie nicht gebissen. Sie hatte eine frische conjunctivale Blutung. In den nächsten zwei Tagen hatte sie je einen spontanen Anfall, jedoch ohne Zungenbiss. Auf Grund dessen habe ich die Anfälle als mit großer Wahrscheinlichkeit hysterische eingestuft. Mit Hilfe der weiter fortgesetzten hypnotische Suggestionen blieben dann die Anfälle gänzlich weg. Es ist zu hoffen, dass der Erfolg von Dauer sein wird und wenn sie ein Jahr lang keinen Anfall mehr hat, werde ich gegen die Heirat keine Einwände vorbringen. In diesem Fall habe ich also auch diagnostischen Nutzen aus der hypnotischen Suggestion gewonnen.

4. Ein fünfzehnjähriger, körperlich zurückgebliebener, imbeziller Lehrling litt seit frühester Kindheit, immer an incontinentia urinae et alvi, weswegen man ihn weder zu Hause noch in der Werkstatt dulden wollte. Es half weder Bitten noch Schläge oder nächtliches Aufwecken. Zuletzt musste er auf dem blanken Boden schlafen. Ich habe mit großer Skepsis mit dem Hypnotisieren begonnen, jedoch widerlegte der Erfolg meine Zweifel. Nach einigen Wochen der Behandlung, nachdem ich während der Hypnose sehr streng und in Befehlston mit ihm sprach, hörte diese Abnormität völlig auf. Bei einem späteren Rückfall brachte eine einmalige Séance die Sache in Ordnung. Zweifellos handelte es sich hier um keine Inkontinenz (Sphinkterschwäche) organischer Natur, sondern um Trägheit und Willensschwäche im Zusammenhang mit dem Schwachsinn, die suggestiv beeinflusst werden konnten.

5. Guter Erfolg wurde auch bei einem zehnjährigen Gymnasiasten erzielt, der an einem Nachmittag im Stadtpark zum Spaß nacheinender dreißig Kopfstände machte und

---

[2] Mit Hilfe der Angehörigen der Kranken stellte ich später fest, dass die Anfälle in der Regel auf diese Art ablaufen, nur länger dauern und die Kranke nachher gewöhnlich schläft.

ihm vom entstandenen Blutstau schwindelig wurde. Seitdem hatte er im Gesicht einen konvulsiven Tic und haschte mit der rechten Hand nach seinem Auge. Die Suggestion hat das Leiden beseitigt.

Wenn es auch nicht immer gelingt, den hier beschriebenen ähnliche Ergebnisse mit der Psychotherapie zu erreichen, illustrieren an sich bereits diese wenige Fälle die Brauchbarkeit dieses Verfahrens und erklären das Vorgehen derer, die im Interesse des Erfolges die eine oder andere Bestimmung des zitierten Ministerialerlasses eventuell negligieren.

Aber als vorige Woche der Ehemann meiner hypnotisierten Patientin mich attackierte, warum ich seine Frau so „dämonisch" angeschaut habe (dessen hatte mich die hysterische Frau beschuldigt) fiel mir ein, dass sie mich auch viel schwerwiegenderer Taten hätte anklagen können und ich muss gestehen: die Einhaltung des Ministerialerlasses mag zwar die Hypnose erschweren, jedoch verteidigt er den Arzt gegen die nicht seltenen, grundlosen Anklagen von solchen Patienten.

Übersetzt von *Rudolf Pfitzner, Ottobrunn*

Zusammenfassung: 5 Texte Sándor Ferenczis

Es werden fünf, bisher in deutscher Sprache noch nicht veröffentlichte Texte Ferenczis vorgelegt. Ferenczi ist - neben seinen voluminösen Abhandlungen - bekannt für seine kleinen, höchst kondensierten Texte, die Gemmen gleich, Themen präzise herausarbeiten. „Der Platz der Psychoanalyse in der Reihe der Wissenschaften" (1934) kennzeichnet sie als Disziplin der Integration, die Natur- und Geisteswissenschaften verbindet. „Die Psychoanalyse im Dienste des praktizierenden Arztes" (1934) stellt die Bedeutung der Psychoanalye für die Kompensation von vernachlässigten Seiten des Medizinstudiums heraus: die Schulung der Intuition, der Selbsterkenntnis, des Erkennens und Behandelns seelischer Prozesse im Krankheitsgeschehen. „Beichten eines praktischen Arztes" (1902). Diese Rezension nimmt ein Lebensthema Ferenczis auf, die Liebe zur Wahrheit, es war der Parrhesie verpflichtet. Das Buch des russischen Arztes ist für ihn ein Beispiel für die Offenlegung von Wahrheiten über den Ärztestand, die gesagt werden müssen, um seine Integrität zu bewahren. Der kleine Text ist für das Verständnis von *Ferenczi*s Leben und Verhalten zentral. „Die Eiszeit der Gefahren" (1914), ist eine tiefsinnige Miszelle, über steinzeitlichen Atavismen in der Natur des heutigen Menschen, wie sie jeder Krieg offen legt, und an denen man in Friedenszeiten aufrichtig und ohne Verleugnungen arbeiten muss: an der Bestie in uns. „Therapie mit hypnotischer Suggestion" (1906) ist ein historisch interessanter Text über den klinischen Einsatz von Hypnose, der auch Licht auf die späteren technischen Experimente Ferenczis und einen frühen Versuch gesetzlicher Reglementierung in der Psychotherapie (in Ungarn) dokumentiert.

Summary: 5 Texts of Sándor Ferenczi

Five texts by Ferenczi so far not yet published in German language are presented. Besides his voluminous treatises Ferenczi is famous for his small, highly condensed texts that are like a cameo elaborating topics with high precision. „The place of psychoanalysis in the scope of sciences" (1934) is emphasizing its character as a discipline of integration connecting science and humanities. „Psychoanalysis in the service of the medical practitioner" (1934) is pointing to the importace of psychoanalysis to compensate for neglected topics in the academic study of medicine: training of intuition, selfknowledge, identifying and treating psychological processes in the dynamics of disease. „Confessions of a medical practitioner" (1902) is the review of a book that takes up a central theme in Ferenczi's life, the love for truth, because he was bound to parrhesie.Written by a Russian doctor the book seems to Ferenczi an eminent example for openly telling the truth about the medical profession, truth that has to be told to save its integrity. The small text is of paramount importance to understand Ferenczis life and work. „Ice age of dangers" (1914) is a thoughtful micellania about ice age atavisms in the nature of man, even today, as they come to the open in every war. They have to be honestly approached and worked through in times of peace without denial: work on the brute in us. „Therapy by hpnotic suggestion" is a text of historical interest on the clinical use of hynosis, which also is shedding light on the technical experiments of *Ferenczi* in his later periods. It is also a document for an early attempt of legal regulation of psychotherapy (in Hungary).

Key words: *Sándor Ferenczi* unpublished texts, hypnosis, medical authority

Schlüsselwörter: *Sándor Ferenczi* unveröffentlichte Texte, Hypnose, medizinische Autorität

Hans Waldemar Schuch, Dortmund*

Aktive und elastische Psychoanalyse -
Die technischen Experimente des Sándor Ferenczi (1873 - 1933)

Die späten Arbeitsweisen *Sándor Ferenczis* sind - neben Psychodrama, Gestalttherapie, behavioralen Elementen sowie leibtherapeutischen Praktiken - als Initialerfahrungen in den therapiepraktischen Entwurf der INTEGRATIVEN THERAPIE eingegangen. In diesem Aufsatz gebe ich skizzenhaft einen Überblick über *Ferenczis* therapietheoretische Ansichten sowie insbesondere seine späten „technischen Experimente".

1. Einleitung

Es gibt wohl kein Werk eines Psychoanalytikers, dessen Schicksal sich im Rückblick gleichermaßen so faszinierend, wegweisend und tragisch darstellt wie das des ungarischen Arztes und Begründers des Budapester psychoanalytischen Instituts, *Sándor Ferenczi*. Die Erforschung seines Werkes fördert nicht nur seine erstaunliche psychotherapeutische Kreativität und Weitsicht zutage, so dass man ohne Einschränkung von einem zukunftsweisenden, „methodenintegrativen" Ansatz sprechen kann, sondern ermöglicht auch tiefe Einblicke in die organisationskulturellen Abgründe der institutionalisierten Psychoanalyse, insbesondere ihr sektenhaftes Ringen um die Reinheit der Lehre, respektive die Diskriminierung von Dissidenten und Häretikern. Um mit dem tragischen Ende zu beginnen: *Ferenczis* Werk wurde von den Mächtigen der institutionalisierten Psychoanalyse posthum zum Tabu erklärt, *Ferenczi* als Abtrünniger von der *Freud*schen Lehre angesehen und für geisteskrank erklärt. Ein Absturz ohnegleichen: vom „Geheimen Großwesir" zum Prügelknaben („vizir secret et tête de turc") (*Sabourin* 1982, 1985). Das über *Ferenczis* Werk verhängte Tabu wirkte mächtig. Es lassen sich erst seit den frühen 60-er Jahre wieder vermehrt Veröffentlichungen über *Ferenczi* finden. Insbesondere um das „*Ferenczi*-Jahr" 1993 herum konnte man eine regelrechte Renaissance von *Ferenczis* Werk konstatieren.

Nach seiner „Wiederentdeckung" durch die psychoanalytische Öffentlichkeit, wurde seine Aktualität euphemistisch als die „eines lang vergessenen Pioniers" apostrophiert und wird die Tatsache, dass seine Arbeiten innerhalb der organisierten Psychoanalyse mehr als 30 Jahre lang kein Thema darstellen durften, u. a. harmloserweise darauf zurückgeführt, dass er keine Methode und keine Schule hinterlassen hätte (*Fortune* 1994, 702). Inzwischen ist die kurzlebige Renaissance wieder abgeklungen.

In der Tat hatte *Ferenczi* zu Lebzeiten zwar zahlreiche, wegen seines brillanten, provokanten Vortragsstils interessierte, sogar begeisterte Zuhörer, aber nur wenige „rich-

---

* Aus der Europäischen Akademie für psychosoziale Gesundheit, Hückeswagen und dem Department für psychosoziale Medizin, Donau Universität, Krems

tige" Anhänger. Offenkundig ging es ihm nicht um Schulenbildung, um die Anwerbung eigener Anhängerschaft, schon gar nicht um eine organisatorische Spaltung der Psychoanalyse und eine offene Gegnerschaft zu *Freud*. Dazu fühlte er sich *Freud* zu verbunden, wenn denn nicht sogar von ihm innerlich abhängig - aller Individuationsversuche zum Trotz. Ich sehe *Ferenczi*s technische Experimente sowie die Entwicklung seiner theoretischen Ansichten im Zusammenhang mit der Entwicklung seiner Beziehung zu *Sigmund Freud*, insbesondere unter dem Gesichtspunkt der Ambivalenz seines Strebens nach Anerkennung und Individuation.

Judith Dupont (1999), Herausgeberin von Ferenczis nachgelassenem klinischem Tagebuch von 1932 (*Ferenczi* 1988), zeichnete ein aufschlußreiches Bild: Die „analytische Welt" habe die Uneinigkeit zwischen *Freud* und *Ferenczi* als echtes Trauma erlebt und darauf reagiert, indem sie das Werk *Ferenczi*s und seinen Verfasser dem Vergessen anheim fallen ließ (*Dupont* 1999, 425). Der deutsche Psychoanalytiker *Johannes Cremerius* (1989), theoretisch einer der offensten und kreativsten, war schon deutlicher: Ihm zufolge wurde die Auseinandersetzung mit *Ferenczi* bösartig, taktlos, indiskret, gleichsam als „Mafioso-Stück" geführt, als „Lehrstück von Unterdrückung, Diffamierung und Intrige" (*Cremerius* 1989, 462 f.). Sie artete zur „widerwärtigsten Diskussion in der Geschichte der Psychoanalyse" aus (*Harmat* 1988, 140), die die gesamte Technik-Debatte in der Psychoanalyse lange Zeit traumatisch überschatten sollte (*Haynal* 1989). Insbesondere *Ernest Jones*, der sich einst gerühmt hatte, *Ferenczi*s erster Lehranalysand gewesen zu sein (*Jones* 1916), von der *Freud*-Familie beauftragt, mit einer offiziellen Biographie das Freud-Denkmal zu errichten, schrieb *Ferenczi*s psychotherapeutische Experimente und die darüber geführten, z. T. heftigen brieflichen Auseinandersetzungen mit *Freud* (*Freud/Ferenczi* 1993) Störungen in Ferenczis Persönlichkeit zu (*Jones* 1957, 214; *Covello* 1984). *Jones* hatte mit seiner Diagnose eine offizielle Sprachregelung auf den Weg gebracht, die viele Autoren unkritisch übernahmen (z.B. *Robert* 1986) oder der sie noch eigene Übertreibungen hinzufügten, so z.B. *Glaser* (1979), der *Ferenczi* in völliger Verzeichnung als von „feindseligen Wahnvorstellungen heimgesucht" (*Glaser* 1979, 365) darstellte. *Bela Grunberger* (1979), sowohl Bewunderer als auch scharfer Kritiker *Ferenczi*s, nahm Ferenczis Publikationsrückgang als Indiz für dessen Erkrankung und führte sie auf die Auswirkung einer unaufgelösten negativen Übertragung aus der teilweise wohl missglückten Analyse durch *Freud* zurück (*Grunberger* 1979). Leute aus *Ferenczi*s Umgebung, die ihn bis zu seinem Tod regelmäßig besucht hatten, waren indessen über die Pathologisierung von offizieller Seite von Anfang an erstaunt. Sie hatten nichts von *Ferenczi*s Geisteskrankheit bemerkt (*Hermann* 1974, 1975; *Harmat* 1988, 141; *Fromm* 1958). Michael Balint hat der Diagnose von *Jones* noch 1958 in einem Leserbrief an das International Journal of Psychoanalysis, dessen Herausgeber *Jones* war, ausdrücklich widersprochen (*Balint* 1958; *Lorand* 1966). Cremerius (1989) hat in seiner Rezension von *Ferenczi*s nachgelassenem klinischen Tagebuch (*Ferenczi* 1988) noch einmal unterstrichen, dass *Ferenczi* gerade nicht in seiner zweifellos vorhandenen privaten Problematik steckengeblieben, sondern dass ihm aus der Auseinandersetzung mit sich in kühnen Experimenten, wirklich Neues erwachsen war; dass *Ferenczi* Erfahrungen machte, die den Bereich des Privaten hinter sich ließen; schließlich, dass er seine Thesen und Praxis kritisch reflektierte (*Cremerius* 1989, 463). Nur wenige Psychoanalytiker, zum Teil unkritisch verherrlichend (*de Forest* 1954), nicht selten dadurch selbst im Verdacht der Dissidenz, hatten den Mut, nach *Ferenczi*s Tod ausdrücklich Bezug auf *Ferenczi* zu nehmen, seine Anregungen weiterzuführen oder auch nur seine Arbeiten zu zitieren. Statt dessen wurde seine Werksammlung, die „Bausteine", von vielen als „Steinbruch" gebraucht, aus dem sie ihre „Neubauten" errichteten - meist jedoch ohne die Herkunft ihres Materials auszuweisen (*Gedo* 1966, 302).

Ferenczi gilt einigen indessen immer noch als gescheitert (*Ermann* 1994). *Thomä* und *Kächele* (1985) vertreten gar die Ansicht, dass die Wirkung *Ferenczi*s gering gewesen sei. Jedenfalls hätte *Ferenczi*s Beschreibung der Gegenübertragung deren Handhabung kaum positiv beeinflusst. Psychoanalytiker seien den behandlungstechnischen Empfehlungen *Freud*s gefolgt, deren Wortlaut sehr genau genommen wurde (*Thomä/Kächele* 1989, 88).

Ich zeichne demgegenüber ein gänzlich anderes Bild: *Sándor Ferenczi* hat mit seinen technischen Experimenten der modernen Psychotherapie den Weg gewiesen. Auch wenn sein Name für lange Jahre bis auf wenige Ausnahmen aus der psychoanalytischen Öffentlichkeit gleichsam verbannt war, beeinflussten seine Arbeiten z.B., um nur einige „große" Namen zu nennen, *Franz Gabriel Alexander, Michael Balint, Melanie Klein, Donald W. Winnicott, Erik H. Erikson, Heinz Kohut, René Spitz*. Diese Liste ließe sich weiter fortsetzen (s. *Harmat* 1988). Nicht alle, die an *Ferenczi* anknüpften, gaben dies auch offen zu. *Ferenczi*s Experimente eröffneten nicht nur der modernen Psychoanalyse Möglichkeiten, mit sogenannten „frühen Störungen", „ich-strukturellen Störungen", „narzißtischen Neurosen", „Borderline-Störungen" etc. zu arbeiten, sondern im Anschluß an seine Anregungen wurden insbesondere auch psychoanalytische Kurz- und Fokaltherapien konzipiert, bis hin zu Handreichungen für den Arzt in der Sprechstunde. Auch die INTEGRATIVE THERAPIE (*Petzold* 1969; 1988; 1991 - 93; *Schuch* 2001) hat von *Ferenczi* wichtige Anregungen für ihre Praxis erhalten.

2. Ferenczis technische Experimente

Michael Balint hatte *Ferenczi*s Schaffen in zwei große Abschnitte eingeteilt (*Balint* 1966). Dem ersten Abschnitt rechnete er Beiträge zur Psychoanalyse zu, die sich im wesentlichen an den Rahmen dessen hielten, was *Freud* in seinen technischen Aufsätzen vorgegeben hatte und heute u. a. als „klassische Technik" oder „Standard-Technik" bezeichnet wird. Viele Beiträge dieser Epoche waren häufig Ergebnis der gegenseitigen Inspiration und Kooperation von *Freud* und *Ferenczi*. Diese Kooperation war teilweise so eng, dass man in vielen Fällen beider Beiträge kaum wirklich trennen kann (vgl. *Simmel* 1933). In einigen bahnbrechenden Arbeiten *Ferenczi*s z.B. zu

Übertragung und Gegenübertragung lassen sich allerdings bereits „diskrete aber bestimmte Akzentverschiebungen" feststellen (*Harmat/Hebenstreit* 1984, 50). Insgesamt ist zu dieser Phase anzumerken, dass *Ferenczi*s Beiträge dermaßen selbstverständlich in die Alltagspraxis der Psychoanalyse eingegangen waren, dass sie kaum sonderlich notiert wurden. Seine Arbeit stand also zunächst ganz im Einfluß, aber keineswegs im Schatten *Freud*s. Der zweite Abschnitt von *Ferenczi*s Schaffen umfasst vor allem eigenständig vorkommende Beiträge zur psychoanalytischen Technik. *Balint* hatte in einer früheren Arbeit (*Balint* 1933) diesen zweiten Abschnitt nochmals unterteilt. Seine Unterteilung setzt da an, wo *Ferenczi* offenkundig das von *Freud* festgelegte Verhalten des Psychoanalytikers aufgibt. Ich greife im folgenden *Balint*s Unterscheidung des zweiten Abschnitts auf und unterscheide die Phasen der „Aktiven Technik" und der „Elastischen Psychoanalyse".

3. Die aktive Technik

3.1 Aktivierung: *Ferenczi* war nicht nur von gänzlich anderer Persönlichkeit als *Freud*, nämlich von durchlässigem, freundlichem, gewinnendem Wesen, sondern er verstand sich im Gegensatz zu diesem in erster Linie als Arzt - wie *Balint* hervorhob, „Arzt im feinsten und reichesten Sinne" (*Balint* 1933, 235), der nichts unversucht lassen wollte, seinen Patienten zu helfen. Er suchte im Zweifel den Grund für die Unergiebigkeit einer Analyse beim Analytiker und dessen Verfahren und nicht in der fehlenden Anpassungsfähigkeit oder Eignung des Patienten. Er konnte und wollte sich wohl nicht mit dem *Freud*schem Diktum bescheiden, das beste Mittel, die Analyse kurz zu halten, sei, sie konsequent durchzuführen. Er fühlte sich vielmehr „gezwungen, die passive Rolle, die der Psychoanalytiker bei der Kur zu spielen pflegt und die sich auf das Anhören und Deuten der Einfälle des Patienten beschränkt aufzugeben und durch aktives Eingreifen in das psychische Getriebe des Patienten über tote Punkte der analytischen Arbeit hinwegzuhelfen" (*Ferenczi* 1919, 127). *Ferenczi* setzte also in Phasen der Stagnation der Analyse bei sich und seinem Verhalten an und kam auf diesem Weg zu der Idee, die psychoanalytische Technik zu aktivieren. Er begann (1919) sich mit einer „aktiven Technik" zu versuchen. Diese aktive Technik handhabte er, wie er sagte, als eine „Art Experimentalpsychologie" (*Ferenczi* 1919, 218). Mit aktiver Technik meinte *Ferenczi* keineswegs nur, daß der Analytiker aktiver werden solle als bisher - auch das bisherige Verhalten des Analytikers sah *Ferenczi* bereits als Form von Aktivität, denn die *Freud*sche Passivität kam ja erst in einem aktiv gestalteten Setting zur Geltung: Z.B. nur bestimmte Zusammenhänge zu erforschen, auf dem Hintergrund lediglich bestimmter Voraussetzungen zu interpretieren, ja insbesondere auch zu schweigen, passiv zu sein, sich abstinent zu verhalten, war psychoanalytische Aktivität (*A. Balint* 1936, 57). *Ferenczi* wollte vielmehr auch durch seine Maßnahmen erreichen, dass der Patient aktiviert werde (*Ferenczi* 1925, 286).

3.2 Einzelheiten: *Ferenczi* erprobte mit wechselndem Erfolg eine ganze Reihe von Aktivitäten. Er experimentierte z.B. u. a.

- mit der Terminierung der Psychoanalyse - einer alten Idee von Freud, die dieser wieder verworfen hatte; auch *Ferenczi* kam wieder von der Terminierung ab;
- *Ferenczi* versuchte sich mit der Führung der freien Assoziation, sogenannter „forcierter Phantasien", in denen die Patienten z.b. Unangenehmes zu Ende denken mussten.

- Eine große Rolle spielten Ge- und Verbote, z.B. dass zwanghafte Patienten ihre Rituale unterlassen oder phobische Patienten sich den gefürchteten Erlebnissen aussetzen sollten;
- er verbot bestimmte sexuelle Praktiken;
- er erließ zeitweise das Verbot sexueller Beziehung;
- er gebot vorübergehende Stuhl- und Harnzurückhaltung
  (*Ferenczi* 1919; 1920; 1924; 1925; 1926).

3.3 Hintergründe: *Ferenczi* bemühte sich in unergiebigen Analysesituationen, in denen, wie er meinte, Widerstände die Oberhand behielten, durch seine Anweisungen einer „Ersatzbefriedigung" unterdrückter Triebenergien den Riegel vorzuschieben. Er versuchte mit seinen Aktivitäten die Spannung um diese Widerstände zu erhöhen und dadurch die im Widerstand gebundenen, verborgenen bzw. unbewussten Triebkonflikte offen zu legen und so der Analyse zugänglich zu machen. Es ist sicherlich nicht falsch, zu sagen, dass diese Form der psychoanalytischen Aktivität eine Fortsetzung, wenn denn nicht eine Verschärfung des *Freud*schen Abstinenzgebots darstellten. Und es sollte daher nicht erstaunen, dass sie zunächst *Freud*s (1918) Zustimmung fanden. Z.B. in seinem Abschlussvortrag auf dem Budapester Kongress 1918 führte *Freud* auf *Ferenczi*s Experimente bezugnehmend aus, „wir müssen, so grausam es klingt, dafür sorgen, daß das Leiden des Kranken in irgendeinem wirksamen Maße kein vorzeitiges Ende findet. Wenn es durch die Zersetzung und Entwertung der Symptome ermäßigt worden ist, müssen wir es irgendwo anders als eine empfindliche Entbehrung wieder aufrichten." (*Freud* 1918, 188)

Mir erscheint an dieser Stelle noch der Hinweis bemerkenswert, dass *Ferenczi* dieses Ziel nur dadurch verfolgen konnte, in dem er seine Perspektive auf den Leib und das Gebaren des Patienten ausdehnte. Er hörte so nicht nur auf das gesprochene Wort und dessen Konnotationen, sondern beachtete auch die leiblichen Regungen des Patienten. Z.B. beobachtete *Ferenczi* während unergiebiger Analysestunden, wie er das aus triebtheoretischem Blickwinkel nannte, „larviertes Onanieren" bzw. „Onanie-Äquivalente", mit denen sich die Patienten in unangenehmen Situationen sozusagen über die Runden retteten. *Ferenczi* konfrontierte die Patienten mit dieser Verhaltensweise und untersagte sie (1919).

Mit der aktiven Technik verblieb *Ferenczi* zum einen innerhalb der *Freud*schen Vorgaben, insbesondere dessen Trieblehre und dem Abstinenzgebot. Zum anderen jedoch überschritt er mit ihr auch eine Grenze, die für *Freud* durchaus als wünschenswert galt, nämlich den Ich-Widerstand des Patienten: *Freud* wollte es letztlich der bewussten Entscheidung des Patienten überlassen, was dieser von in der Analyse gewonnenen Erkenntnissen annehmen wollte. *Paul Federn* (1933) hatte in seinem Nachruf auf *Ferenczi* darauf hingewiesen, dass *Ferenczi* mit Patienten arbeitete, die zum Teil schon weit mit anderen Analytikern gearbeitet hatten und an der Grenze ihres Ich-Widerstandes angekommen und ab da in der Analyse nicht weitergekommen waren. *Ferenczi* versuchte mit seiner aktiven Technik diese Ich-Widerstände der Patienten zu überwinden. *Federn* vertrat dazu die Ansicht: "In doing so he was consciously departing from the attitude of resignation adopted by *Freud*" (*Federn* 1933, 476). An dieser Stelle möchte ich einfügen, dass *Ferenczi* aufgrund seiner Bemühungen den Ruf hatte, Spezialist für „aussichtslose Fälle" zu sein.

3.4 Kontraindikationen der aktiven Technik: *Ferenczi* hatte mit der aktiven Technik zunächst Erfolg und machte sich an ihren weiteren Ausbau (1920). Denn die aktive Technik, in geeigneten Situationen bei geeigneten Patienten angewandt, führte in der Regel schnell zu einer starken emotionalen Intensivierung der Analyse. Als es für ihn dann an der Zeit war, sich zu überlegen, „was wir eigentlich bei diesen Angriffen anstellten und zu versuchen, uns eine Vorstellung davon zu machen, welchem psychischen Kräftespiel hier die unleugbare Förderung der Analyse zu verdanken war " (1920, 71), kam *Ferenczi* darauf, dass die Aktivität einerseits in die systematische Erteilung respektive Befolgung von Geboten und Verboten zerfiel und andererseits in die stete „Einhaltung der *Freud*schen Situation der Versagung" (1920, 82).

Doch trotz anfänglicher Erfolge musste *Ferenczi* die Erfahrung machen, dass die aktive Technik keineswegs bereits Heilung förderte. Die Spannungserhöhung während der Analyse durch aktive Technik schien zwar in der Lage, verborgene Konflikte aufzudecken, sie produzierte aber in dem selben Maße neue Probleme. Z.B. forcierten die Gebote bzw. Verbote unter den Bedingungen der Abstinenz maligne Regressionen und erwiesen sich so eher als nachteilig, denn als hilfreich, sowohl für das Wohl des Patienten, als auch für den gedeihlichen Fortgang der Analyse. *Ferenczi*s Analysandin und Schülerin *Clara Thompson* berichtete, dass *Ferenczi* zum Schluss zu der Überzeugung gelangt war, dass die Emotionen, die er so beobachtete, wenig oder gar nichts mit den verdrängten Affekten zu schaffen hätten, die er freizusetzen beabsichtigt hatte: „Die Reaktionen waren Ärger und Gereiztheit, die zu einem großen Teil durch die ungemütliche Lebensweise, wie sie durch die Verbote erzwungen wurde, gerechtfertigt schienen" (*Thompson* 1952, 189 f.). *Ferenczi* selbst entdeckte im Rückblick (*Ferenczi* 1988) auf diese Schaffensperiode bei sich väterlich-sadistische Züge. Aufgrund seiner Erfahrungen musste *Ferenczi* „Kontraindikationen der aktiven Technik" formulieren (1926). Schließlich kam er von dieser Art aktiver Technik gänzlich ab. Er sah sich mit ihr als gescheitert an (*Gedo* 1966, 312) bzw. bekannte, diese Experimente seien mißlungen (*Ferenczi* 1926; *Balint/Ornstein/Balint* 1973, 17).

3.5 Die „mütterliche" Wende: In seinem rastlosen Bemühen, die Psychoanalyse als effiziente Therapiemethode weiterzuentwickeln, begann *Ferenczi* gleichsam mit dem Gegenteil zu experimentieren. Er versuchte sich alsbald mit einer neuen Einstellung zum Patienten sowie neuen Arbeitsweisen, die er „elastische Technik" nannte. *Ferenczi* meinte, im Gegensatz zur ehemaligen „väterlichen" Technik, sich der Entwicklung einer, wie er meinte, „mütterlichen" Technik zugewandt zu haben. Warum und wie *Ferenczi* diese Umorientierung im Einzelnen vollzog, blieb vielen unbekannt. Hierin liegt vielleicht auch ein Teil der Skepsis begründet, auf die *Ferenczi* bei vielen Analytikern mit seinen letzten Experimenten stieß. *Clara Thompson, Ferenczis* Analysandin jener Zeit, gab an, daß nicht einmal sie klären konnte, wie *Ferenczi* zu „dieser revolutionären Kehrtwendung" kam (1952, 190). Sie äußerte allerdings die Vermutung, dass sie aus der praktischen Arbeit mit den Patienten erwuchs.

Sigmund Freud indessen, den *Ferenczi* stets in vielen Briefen auf dem Laufenden gehalten hatte (*Freud/Ferenczi* 1993), nahm heftigen Anstoß an *Ferenczis* mütterlicher Wende. Er sah sich, wie er sagte, zu sehr als Mann und Vater um *Ferenczi* verstehen zu wollen oder zu können. Er verwarnte und verhöhnte in heftigen brieflichen Kritiken *Ferenczi* ob dieses Mutter-Kind-Gespieles; er bezichtigte ihn z.B. einer neuen Pubertät und des „Johannistriebs", befürchtete gar „petting parties", und versuchte ihn durch strengen, väterlichen Rat davon abzubringen (vgl. *Jones* 1962b, 196 f.; *Masson* 1986). *Christine Anzieu - Premmereur* (1983), die das Frauenbild untersucht hatte, das *Ferenczis* Werk durchzieht, analysierte diese Wende als Ausdruck einer immensen Sehnsucht nach einer warmherzigen Mutter, in deren Armen man sich aufbauen kann, nach einer Glückseligkeit, in der es weder einen Vater noch einen Rivalen gibt. *Ferenczi* habe die Macht dieser Mutter an sich gerissen, um seinerseits eine Schutzhaltung zu haben. *Ferenczi* sei mit seiner Art Analytiker zu sein zur guten Mutter geworden, mit der er sich identifizieren könne (178).

4. Zur Entwicklung von Ferenczis theoretischen Annahmen

4.1 Akzentverschiebungen: In der Entwicklung von *Ferenczis* theoretischen Annahmen läßt sich entlang des Fortschreitens seiner technischen Experimente ein allmählicher Paradigmenwechsel feststellen: Z.B. ausgehend von *Freuds* Trieblehre, die noch seinen „Versuch einer Genitaltheorie" (*Ferenczi* 1924) motiviert und geprägt hatte, zu eigenen, insbesondere erlebnistheoretischen Perspektiven, die ansatzweise bereits in seinen „Entwicklungsstufen des Wirklichkeitssinnes" (*Ferenczi* 1913) durchscheinen, um schließlich sein Spätwerk zu prägen (*Schuch* 2000).

4.2 Erlebnistheoretische Perspektiven: In dem „Versuch einer Genitaltheorie" (*Ferenczi* 1924) unternahm *Ferenczi* den wissenschaftstheoretisch überaus waghalsigen Versuch, Biologie und Psychoanalyse direkt miteinander zu verknüpfen. Er wollte auf den Entwurf einer „Bioanalyse" hinaus, indem er versuchte, ontogenetische und phylogenetische Aspekte mit psychoanalytischen Theoremen in Beziehung zu bringen. Im

Kern vertrat er die Ansicht, dass jede Körperfunktion wie auch der ganze anatomische Aufbau des Körpers einen psychologischen Sinn habe und das Resultat ehemaliger psychischer Tendenzen sei (*Alexander* 1925, 445). In *Ferenczi*s Ausführungen spielten zwei Hypothesen eine zentrale Rolle: Zum einen die Annahme, dass in der individuellen Entwicklung sich der Prozeß der Entstehung des Lebens zeige. Zum andern die Annahme einer thalassalischen Tendenz, nämlich, daß das libidinöse Hauptstreben des Menschen von dem Motiv der Rückkehr in den Mutterleib geleitet sei. Mit der Behauptung der thalassalischen Tendenz stellte er meines Erachtens bereits die Weichen in Richtung auf einen Primat des Mütterlichen. Im Vergleich zur „Genitaltheorie" kommt mir die früher (1913) publizierte Arbeit „Entwicklungsstufen des Wirklichkeitssinnes" weit weniger phantastisch vor. Analog zur libidinösen Entwicklung entwickelte sich durch das Erleben der unangenehmen Außenwelt notgedrungen auch die Erlebensfähigkeit des Kindes: Es erwirbt Wirklichkeitssinn. *Ferenczi* unterscheidet sechs Stufen der Entwicklung des Wirklichkeitssinnes, die sich überlagern können:

1. bedingungslose Allmacht, in der das Kind nur den Wunsch hat, in den schützenden Mutterleib zurückzukehren,
2. magisch-halluzinatorische Allmacht, in der das Kind seine Wunscherfüllung in Phantasien sucht,
3. Allmacht durch die Hilfe magischer Gesten, in der das Kind mit Hilfe einer Kombination von Gesten spezifische Bedürfnisse ausdrückt,
4. eine animistische Periode, in der ihm jedes Ding beseelt vorkommt und es in jedem Ding seine eigenen Organe und deren Tätigkeiten wiederzufinden sucht,
5. Magische Gedanken und magische Worte, in denen das Kind sich im Besitz zauberhafter Fähigkeiten dünkt,
6. gegenstandsgerechtes Denken.

In seiner Arbeit „das Problem der Unlustbejahung" (1926), mit dem Untertitel „Fortschritte in der Erkenntnis des Wirklichkeitssinnes", sieht *Ferenczi* die Entwicklung des Wirklichkeitssinnes von einer Introjektionsphase als „allerursprünglichste Phase" über eine Projektionsphase zur kompensierenden Verwendung beider psychischer Mechanismen verlaufen. Der entwickelte Wirklichkeitssinn oszilliert nach *Ferenczi* sozusagen zwischen Projektion und Introjektion. Die Anwendung seiner Theorie über den Wirklichkeitssinn führt *Ferenczi* u. a. zu einem strukturellen Verständnis von Neurose, das sowohl die Triebdynamik einschließt als auch das spezifische Erleben und Verhalten des Patienten. So nimmt er zwar gut freudianisch die in der Neurose symptomatisch realisierten Triebwünsche in den Blick. Darüber hinaus vertritt er aber auch seine erlebnistheoretische Auffassung, daß bei der neurotischen Regression der Libido auf frühere Entwicklungsstufen in den Mechanismen der neurotischen Symptombildung auch die Stufe des Wirklichkeitssinnes wieder auflebt, die zu jener Zeit vorherrschte, als die Neurose angelegt wurde. Z.B. ist Hysterie für *Ferenczi* nicht nur eine Regression auf die triebtheoretische Stufe des Autoerotismus, sondern auch eine Regression des Wirklichkeitssinnes auf die Stufe magischer Gebärden, z.B. Zwangsneurose entsprechend eine Regression auf die Entwicklungsstufe magischer Gedanken. *Ferenczi* erklärt das gespaltene Erleben des Patienten und dessen Unfähigkeit sich zu verstehen damit, daß die frühere Art seines Wirklichkeitssinnes seinem aktuellen Ich unverständlich ist.

4.3 Traumatheorie: Eine weitere bedeutsame Akzentverschiebung in Richtung auf das Erleben nimmt *Ferenczi* in seiner Traumatheorie vor. In dem Vortrag „Aktuelle Probleme der Psychoanalyse" (1926) spricht er u. a. davon, daß der Vater die phallisch inzestuösen Regungen des Sohnes „mit mehr oder minder deutlichen Kastrationsdrohungen beantwortet" (1926, 338). In dem Vortrag „Die Anpassung der Familie an das Kind" (1927) betont *Ferenczi* den Einfluss der Familie auf die Kindesentwicklung und spricht sich für eine kind-gerechte Erziehung aus, wobei er allerdings einschränkt, dass er eher in der Lage sei, zu sagen, wie man Kinder nicht erziehen soll, als wie man sie erziehen soll. *Ferenczi* bezeichnet „den Eintritt des Kindes in die Gesellschaft seiner Mitmenschen" als traumatisch: „Ich erwähne die Traumen der Entwöhnung, der Reinlichkeit, des Ausmerzens „schlechter Gewohnheiten", und schließlich das wichtigste von allen, den Übergang von der Kindheit zum Leben der Erwachsenen. Das sind die schwersten Traumen der Kindheit und weder die Eltern im besonderen noch die Zivilisation im Allgemeinen haben bis jetzt hier genügende Vorsorge getroffen" (1927, 352 f.).

Ferenczi macht die Beziehung der Eltern zur Bedingung und zum Rahmen für das gedeihliche Aufwachsen des Kindes: Die Anpassung der Familie an das Kind kann nicht stattfinden, bis die Eltern sich verstehen. Ohne das Wort zu erwähnen, es war damals noch kein gängiger Fachbegriff, heißt *Ferenczi*s Devise „Sozialisation": Die Art, wie Individuen ihre primitiven Regungen an die Forderungen der Zivilisation während der ersten fünf Lebensjahre anpassen, wird die Art bestimmen, in der sie mit Schwierigkeiten im Leben umgehen. Noch klarer spricht sich *Ferenczi* in dem berühmten „Wiesbadener Vortrag" von 1932 über „Sprachverwirrung zwischen den Erwachsenen und dem Kind (Die Sprache der Zärtlichkeit und der Leidenschaft)", seinem letzten öffentlichen Auftritt, über die Bedeutung des Einflusses der Eltern auf die Krankheitsentstehung aus. Er betont die äußere Wirklichkeit als das für ihn bedeutsame traumatische Moment in der Pathogenese der Neurosen und weist auf die Gefahr seiner Vernachlässigung hin (1932, 512). Dabei nahm *Ferenczi* eine weitere bemerkenswerte Differenzierung vor. Nicht so sehr das aktuelle Ereignis und die damit hervorgerufenen inneren Konflikte des Kindes stellten das Hauptproblem bei der Traumatisierung dar, sondern die Reaktion der Eltern. Erst zusätzlicher Streß, verursacht durch das fehlende Verständnis und die unangemessene Reaktion der Eltern, transformierten diese ohnehin schwierigen inneren Problemstellungen zu pathologischen Traumen. Zur Neurose führt demnach nicht ein Trauma als solches, sondern die Unmöglichkeit, dass das Kind mit den Erwachsenen, auf die es lebensnotwendig angewiesen ist, zu einer Verständigung zu kommt. (*Falzeder* 1984, 75).

Der Begriff des Traumas bildete einen der Krisenpunkte, um nicht zu sagen „Gefechtslinien" der damaligen psychoanalytischen Theoriebildung (*Sylwan* 1984) und eine Hauptdifferenz zwischen *Freud*s und *Ferenczi*s Ansichten (*Masson* 1984). Zwischen *Freud* und *Ferenczi* hatte sich ein theoretischer Graben aufgetan, „dessen Demarkationslinie die Konzeption des infantilen Traumas" war (*Bokanowski* 1999, 434).

5. Die elastische Technik

5.1 Wie bereits gesagt, war *Ferenczi* zunehmend der Ansicht, dass Probleme in der Analyse zunächst beim Analytiker zu suchen seien und nicht auf die fehlende Anpassungsfähigkeit oder Kompetenz des Patienten zurück gingen. Bei der Suche nach Wegen, stockende Analysen wieder in Gang zu bringen, war *Ferenczi* mittlerweile bereit, sehr weit zu gehen. Er nahm nicht nur in Kauf, dass „größere Elastizität eventuell auch auf Kosten unserer Theorien (die ja doch nicht unwandelbare, wenn auch vorläufig brauchbare Instrumente sind)" gehen könnte (1929, 474), sondern er schreckte auch vor keinem persönlichen Opfer zurück, wenn nach Ansicht eines Patienten die Analyse wegen besonderer Eigenheiten des Therapeuten misslang: *Ferenczi* begann seine Worte zu überprüfen, seine üblichen Formen sich auszudrücken, seine Gesten, sogar die Tonlage seiner Stimme, falls Patienten ihn deswegen kritisierten. Er war immer darauf eingestellt, ungeachtet seiner Kosten, die Grenzen seiner Aufrichtigkeit zu untersuchen. *Ferenczi* war insgesamt wohl sehr streng mit sich. Es wird berichtet, dass er sich keinen einzigen falschen oder nichtssagenden Ton in der Gegenwart des Patienten erlaubte (vgl. *Balint* 1933, 230 f.). Wenn er einen Patienten nach dessen Ansicht falsch verstanden und behandelt hatte, hörte er sich dessen Strafpredigt an, gestand seinen Fehler ein, bekannte seine Schuld und nahm schließlich vom Patienten Rat an, wie er am besten mit dessen „getöteten, unbewußten, sozusagen zerschmetterten" Anteilen in Kontakt treten und bleiben konnte (*Ferenczi* 1988, 108). *Bela Grunberger* (1979) nannte *Ferenczi*s Arbeitsstil dieser Phase masochistisch. *Ferenczi*s Freund bis über den Tod, *Georg Groddeck* (1934), war der Ansicht, daß diese Art mit sich umzugehen *Ferenczi* letzten Endes nicht gut bekommen sei, sondern ihn regelrecht zersetzt habe - *Ferenczi* war an perniziöser Anämie verstorben. *Alice Balint* (1936) sah aber gerade in jener Bereitschaft *Ferenczi*s, „die Kritik des Patienten frei walten zu lassen", den eigentlichen Sinn der von *Ferenczi* geforderten Elastizität des Analytikers (1936, 56).

Elastizität hieß für *Ferenczi* in erster Linie, dass er unbedingt bereit zu sein und kein Mittel zu scheuen hatte, sich auf die Situation des Patienten einzustellen - ohne jedoch seinen eigenen Standpunkt aufzugeben. Er führte, nach eigenen Aussagen, den Patienten gleichsam an einem elastischen Band.

5.2 Im folgenden benenne ich eine **Auswahl maßgeblicher Änderungen** in der psychoanalytischen Technik. Dies kann hier nur in gebotener Kürze geschehen. Ich verzichte zudem auf eine kritische Diskussion, die gleichwohl angebracht wäre.

5.2.1 Therapeutisches Basisverhalten: *Ferenczi* praktizierte ein therapeutisches Basisverhalten, das zunächst durch die aufmerksame, freundliche, wohlwollende, aber auch zurückhaltende Haltung des Therapeuten geprägt war. Da seine Neuerungen heftig umstritten waren, betonte er „zur Beruhigung der Gemüter", daß die objektiv zurückhaltende Beobachtungsstellung des Arztes, wie sie *Freud* in seinen „Ratschlägen" empfohlen hatte, „nach wie vor die verlässlichste und am Beginne einer Analyse die einzig berechtigte ist, und daß in letzter Linie niemals Gefühlsmomente, sondern nur kluge Überlegung die Entscheidung über eine zu treffende Maßnahme fällen darf" (*Ferenczi* 1929, 478). Eingebettet in diese Klarstellung veränderte *Ferenczi* die „psychologische Atmosphäre" in der Analyse grundlegend: Er begann sich gegenüber dem Patienten sehr freundlich und zugewandt zu verhalten. Damit gab er die von *Freud* verordnete Versagungshaltung auf und ergänzte das Abstinenzgebot durch das Prinzip der Gewährung.

5.2.2 Therapietechnische Elemente: Auf der Grundlage nutzte er, je nach Indikation, vielfältige Gestaltungsmöglichkeiten und Variationen beim Setting und bei den Interventionen. Z.B. gestattete er dem Patienten mit ihm „Auge in Auge" zu sprechen oder während der Behandlung herumzulaufen (*Ferenczi* 1929, 475). *Ferenczi* kam wieder darauf, Entspannungstechniken anzuwenden und leichte Trancen einzuleiten. Mit Hilfe des „geistreichen technischen Kunstgriffes der Entspannung" (*Alexander* 1937, 83) bewirkte er „halbhypnotische" Zustände (1919), in denen die Ich-Widerstände so weit herabgesetzt waren, daß die Patienten die Ebene konventionell-erwachsenen Verhaltens verlassen und sich auf ihre inneren Prozesse und Erlebnisweisen konzentrieren und rollenspielähnlich kreativ zur äußeren Entfaltung bringen konnten. Er ließ sie mit seiner Hilfe und Beteiligung ihr Empfinden szenisch darstellen und gestattete es ihnen, Gefühle auszuleben und Bedürfnisse so auszudrücken, wie sie sie empfanden. Dabei ließ er ein gewisses Maß an Bedürfnisbefriedigung zu: Z.B. berührte er seine Patienten und ließ sich von ihnen berühren, er nahm Patienten auf den Schoß und hielt sie im Arm, um sie zu trösten, sie in Sicherheit zu wiegen und ihnen seine Zuneigung zu zeigen. Er arbeitete mit aktivierenden Vorschlägen, z.B. ließ er eine Patientin, eine Sängerin, in der Therapiestunde singen. Er arbeitete mit „Übergangsobjekten": *Clara Thompson* schenkte er zur Abreise eine Puppe.

5.2.3 Kinderanalysen mit Erwachsenen: *Ferenczi* versuchte eine Atmosphäre zu schaffen, in der das Gefühl des Vertrauens und der vollkommenen Freiheit aufkommen konnte, sozusagen die Atmosphäre einer Kinderstube. Das kindliche „Unbewußte" sollte sich bei ihm „zuhause" fühlen und sich frei entfalten können (*Alexander* 1933, 190). Im Stil einer „Kinderanalyse mit Erwachsenen" versuchte er zu dem kindlichen Unbewußten des Patienten hinabzusteigen. Er wollte seiner Vorstellung von kindlichem Wirklichkeitssinn entsprechend kindgemäß auf den regredierten Patienten eingehen, anstelle ihn mit einer distanzierten, anspruchs- und kritikvollen Erwachsenenhaltung zu konfrontieren. Er beabsichtigte damit jedoch keineswegs, das analytische Anliegen aufzugeben: Vielmehr suchte er „Mittel und Wege", den Patienten „unsere freundlich wohlwollende Haltung während der Analyse dem Patienten begreiflich zu machen, ohne die Analyse des Übertragungsmaterials fallen zu lassen oder gar in die Fehler jener zu verfallen, die die Neurotiker mit geheuchelter Strenge oder mit geheuchelter Liebe und nicht analytisch, d.h. in voller Aufrichtigkeit behandeln." (*Ferenczi* 1929, 479).

Zum einen hielt er es für richtiger, bestimmten Patienten Erleichterungen zu gewähren und sich ihnen emotional zuzuwenden, anstelle sie mit einer kühlen, objektiven Haltung zu frustrieren und die Entbehrungen der Kindheit zu wiederholen. Insbesondere wollte er durch sein wohlwollendes, gewährendes Verhalten verhindern, daß der Kampf des Kindes gegen die ihm streng, kühl und abgeschlossen vorkommende Erwachsenenwelt neu entfacht wird. Zum andern wollte er bestimmten nachteiligen Auswirkungen der Abstinenz entgegenzusteuern. Z.B. entschloß er sich dazu, bestimmten zwangsneurotischen Patienten, die Abstinenz als „Fundgrube von Widerstandsituationen" nutzten, diese Waffe durch Nachgiebigkeit aus der Hand zu schlagen.

5.2.4 Gegenwart: Die Patienten gerieten durch *Ferenczi*s Arbeitsweise in Befindlichkeiten und innere Szenarien hinein, in denen sie - um mit den Worten eines Psychoanalytikers zu sprechen - „ihre infantilen Triebkonflikte in dramatischer Weise wiederholten" (*Alexander* 1937, 83). Auch wenn *Ferenczi* auf diese Weise „Stücke der Vergangenheit" wiederbelebte, führte er die Aufmerksamkeit des Patienten immer wieder in das Erleben seiner gegenwärtigen Beziehung zum Analytiker, um, auf diese Weise „in der Übertragung" arbeitend, emotionale Intensität zu erzeugen, dem Patienten indikationsspezifische Zuwendung zu geben und ihm alternative Erfahrungen zu verschaffen. Bereits 1924 hatte *Ferenczi* in der zusammen mit *Otto Rank* verfassten Arbeit „Entwicklungsziele der Psychoanalyse" die vergangenheitsorientierte Arbeitsweise damaliger Psychoanalytiker grundsätzlich kritisiert.

5.2.5 Nachsozialisation: *Ferenczi* war zu der Ansicht gekommen, dass er als Analytiker die Verpflichtung habe, den Patienten für seine früheren Entbehrungen zu entschädigen und dass er ihnen mehr Fürsorge, Zuneigung, Liebe und Verständnis geben sollte, als deren Eltern ihnen ursprünglich gegeben hatten (vgl. kritisch *Balint* 1973, 218). Er sah den Patienten programmatisch als bedürftiges, misshandeltes und vernachlässigtes Kind. *Ferenczi* versuchte sich als wohlmeinenden, mütterlichen, zärtlichen, verstehenden Begleiter anzubieten, mit dem der Patient die schmerzlichen Ereignisse der frühen Kindheit durchleben kann, auf dem Weg zu neuen, bekömmlicheren Lösungen für die seelischen Konflikte, die ihn einst krank gemacht hatten (*Balint* 1933, 240).

5.2.6 Gegenübertragungsanalyse: *Ferenczi*s experimentelles Verfahren war keineswegs unproblematisch. *Ferenczi* wusste um die Gefahren, ihm war klar, daß er risikoreich arbeitete. Diesen Risiken versuchte er vor allem durch die „Bewältigung der Gegenübertragung" (1919) zu begegnen. Denn erst sie sollte den Analytiker zu Maßnahmen befähigen und berechtigen, die sich als eine „artifizielle Aktivierung des

Verdrängungs- bzw. Wiederverdrängungsprozesses" im Ablauf der Analyse auswirken (*Simmel* 1933, 304). *Ferenczi* war der erste Psychoanalytiker, der den Mut hatte, sich offen und ausführlich mit dem für Psychoanalytiker jener Zeit heiklen Thema der Gegenübertragung zu befassen. Auf gewisse Weise blieb sie sein großes Thema bis zum Schluss. Mit ihrer „Bewältigung" verband er jedoch keineswegs die Vorstellung, man könne die Gegenübertragung lediglich unterdrücken, wie dies *Freud* empfohlen hatte, um dann wieder sozusagen „objektiv" den Patienten zu analysieren. *Ferenczi* wollte mit Hilfe der Analyse seiner Gegenübertragung den Patienten besser verstehen - *Ferenczi* vertrat im Gegensatz zu *Freud*s „defensiven" einen „instrumentellen" Gegenübertragungsbegriff (*Körner* 1990).

6. Schluss

Ferenczi war zweifellos ein kühner Pionier (*Lorand* 1966) der modernen, methodenintegrativen Psychotherapie. Er war aufgrund seiner Experimente zu der Ansicht gekommen, dass Analyse und Sympathie sich sinnvoll zu ergänzen hätten: „Nebst der Fähigkeit, die Fragmente intellektuell zu vereinigen, muß auch Güte da sein, denn nur diese macht die Vereinigung dauerhaft" (1988, 272). Damit meinte er allerdings keine professionell-äußerliche, „begütigende" Verhaltensattitüde, sondern ihm ging es nur um „wirkliche Sympathie" (*Ferenczi* 1932, 517). Aber auch bloße Sympathie, als naives Mitempfinden und emotionales Entgegenkommen, war für ihn noch nicht das Therapeutikum, um das er sich zeitlebens so sehr bemüht hatte. Er war vielmehr der Ansicht, dass ausschließlich die akribischste Prüfung der Gegenübertragung, d.h. die Differenzierung des Gefühls, die Sympathie klärt und erst heilsam macht (*Ferenczi* 1988, 270 f.). *Ferenczi* blieb insofern gerade da, wo er den festgelegten Verhaltenskodex der Psychoanalyse offenkundig verlassen hatte, mit Haut und Haar einer selbstreflektorischen, exzentrisch-kritischen Perspektive verpflichtet. *Ferenczi* war der erste Psychoanalytiker, der systematisch daran arbeitete, regressiven Erlebens- und Verhaltensweisen, bei denen Abstinenz eher schädlich und der therapeutische Nutzen von Worten nur sehr begrenzt und unsicher war, so zu begegnen, dass sie „gutartig" blieben. Aktive Technik und Elastische Technik, insbesondere die „Kinderanalysen mit Erwachsenen" waren Versuche, in der Psychotherapie Beziehungsformen herzustellen, die für viele Patienten geeigneter waren, als die von *Freud* empfohlene klassische analytische Situation (*Balint* 1973, 211). Ferenczi gilt als der „Vater" des empathischen, zwischenmenschlichen Ansatzes in der Psychoanalyse (*Lum* 1988.) *Franz Alexander* erkannte an: „Ferenczi unquestionably deserves first credit for developing this new technical possibility" (*Alexander* 1933, 184).

Ferenczi starb bereits 60-jährig an perniziöser Anämie. Seine technischen Experimente blieben unvollendet. Ihm ging es auch ab, Endgültiges zu schaffen, denn er sah sich in einem fortwährenden Prozess der Weiterentwicklung und Veränderung. Dementsprechend hinterließ er kein fertiges, einheitliches, anwendungsbereites, ohne weiteres durch jeden anderen praktikables Therapieverfahren, zumal er seine technischen Innovationen überwiegend mit schwer gestörten Patienten entwickelt hatte. Einer Schulengründung stand er eher skeptisch gegenüber. Er meinte, keine je begründet zu haben und fürchtete unkritische Nachahmer (*A. Balint* 1936, 47). So sehr er sich mit seinen Experimenten auf dem richtigen Weg wähnte und diese mit Hilfe seines klinischen Tagebuches von 1932 (*Ferenczi* 1988) bis kurz vor seinem Tod begründen wollte, um eventuell doch noch *Freud*s Anerkennung und Zustimmung zu erhalten, blieb er sich und seinen Ergebnissen gegenüber unbedingt kritisch eingestellt. *Balint* hatte deshalb die Vermutung geäußert, dass *Ferenczi*, wenn er denn länger gelebt, später auch noch „Kontraindikationen der elastischen Technik" beschrieben hätte.

Zusammenfassung

Sándor Ferenczi gilt als einer der bedeutendsten Innovatoren der modernen Psychotherapie. Der Vortrag gibt eine Übersicht über seinen Beitrag zur Technik der Psychotherapie mit dem Fokus auf dem Spätwerk. Das Spätwerk zählt zu den Quellen der Integrativen Therapie.

Summary

Sándor Ferenczi is considered one of the most important innovators of modern psychotherapy. The paper surveys his contribution to the technique of psychotherapy focussing his late work. The late work is one of the pillars of the concept of Integrative Therapy.

Key words: Sándor Ferenczi, Psychoanalysis, Technique of Psychotherapy, History of Psychotherapy, Active Psychoanalysis

Literatur

Alexander, F. (1933): On Ferenczi's Relaxation Principle. *International Journal of Psycho-analysis* 14, 183-192.
Alexander, F. (1937): Das Problem der psychoanalytischen Technik. *Internationale Zeitschrift für Psychoanalyse* 23, 75-95.
Balint, A. (1936): Handhabung der Übertragung auf Grund der Ferenczischen Versuche. *Internationale Zeitschrift für Psychoanalyse* 22, 47-58.
Balint, M. (1933): Dr. Sándor Ferenczi as Psychoanalyst. In: ders.(1957): Problems of Human Pleasure and Behaviour. New York: Liveright Publ. 235-242.
Balint, M. (1949): Sándor Ferenczi, Obiit 1933. *International Journal of Psycho-analysis* 30, 215-219.
Balint, M. (1958): Letter to the Editor: Sándor Ferenczi's Last Years. *International Journal of Psychoanalysis* 39, 68.
Balint, M. (1966): Die technischen Experimente Sándor Ferenczis. *Psyche* 12, 904-925.
Bokanowski, T. (1990): Sándor Ferenczi, la technique psychanalytique et les patients difficiles. *Revue Francaise Psychanalyse* 54, 521-531.
Covello, A. (1984): Lettres de Freud: Du scenario de Jones au dignostic sur Ferenczi. *Cahiers Confrontation* 12, 63-78.
Cremerius, J. (1983): Die Sprache der Zärtlichkeit und der Leidenschaft. Reflexionen zu Sándor Ferenczis Wiesbadener Vortrag von 1932. *Psyche* 37, 988-1015.
Cremerius, J. (1989): Ferenczi, Sándor: Ohne Sympathie keine Heilung. Das klinische Tagebuch von 1932. Hg. v. J. Dupont (Rezension). *Psyche* 43, 459-465.

Dupont, J. (1972): Einleitung. Ferenczi, S.: Schriften zur Psychoanalyse. Auswahl in zwei Bänden. Hrsg. v. Michael Balint, Frankfurt: S. Fischer. IX-XXII.

Dupont, J. (1988): Vorwort zu Sándor Ferenczi: Ohne Sympathie keine Heilung. Das Klinische Tagebuch von 1932. Frankfurt: S. Fischer. 11-31.

Ermann, M. (1994): Sándor Ferenczis Aufbruch und Scheitern. Sein Umgang mit der Regression aus heutiger Sicht. Psyche 48, 706-719.

Falzeder, E. (1985): Die „Sprachverwirrung" und die „Grundstörung" - Die Untersuchungen Sándor Ferenczis und Michael Balints über Entstehung und Auswirkung früher Objektbeziehungen. Nat. Wiss.Diss., Salzburg.

Federn, P. (1933): Obituary, Sándor Ferenczi 1873-1933, *International Journal of Psycho-analysis* 14, 467-485.

Ferenczi, S. (1913): Entwicklungsstufen des Wirklichkeitssinnes. Bausteine I, 62-83.

Ferenczi, S. (1919): Technische Schwierigkeiten einer Hysterieanalyse (Zugleich Beobachtungen über larvierte Onanie und „Onanie-Äquivalente"). Bausteine III, 119-128.

Ferenczi, S. (1921): Weiterer Ausbau der „aktiven Technik" in der Psychoanalyse. Bausteine II, 62-86.

Ferenczi, S. (1924): Entwicklungsziele der Psychoanalyse. Zur Wechselbeziehung von Theorie und Praxis. Bausteine III, 220-244.

Ferenczi, S. (1924): Versuch einer Genitaltheorie. Schriften zur Psychoanalyse Bd. II, 317-400.

Ferenczi, S. (1925): Zur Analyse der Sexualgewohnheiten (mit Beiträgen zur analytischen Technik). Bausteine III, 245-293.

Ferenczi, S. (1926): Kontraindikationen der aktiven therapeutischen Technik. Bausteine II, 99-115.

Ferenczi, S. (1926): Gulliverphantasien. Bausteine III, 307-331.

Ferenczi, S. (1927): Die Anpassung der Familie an das Kind. Bausteine III, 347-366.

Ferenczi, S. (1927/28): Die Elastizität der Therapeutischen Technik. Bausteine III, 380-398.

Ferenczi, S. (1970): Schriften zur Psychoanalyse. Auswahl in zwei Bänden. Herausgegeben und eingeleitet von Michael Balint. Frankfurt: S. Fischer

Ferenczi, S. (1984): Bausteine zur Psychoanalyse, I-IV. Berlin: Ullstein.

Ferenczi, S. (1988): Ohne Sympathie keine Heilung. Das klinische Tagebuch von 1932. Frankfurt: S. Fischer.

Forest, I. (1954): The Leaven of Love. New York: Harper & Bros.

Fortune, Chr. (1994): Der Fall "R.N.". Sándor Ferenczis radikales psychoanalytisches Experiment. Psyche 48, 683-705.

Freud, S., Ferenczi, S. (1993): Briefwechsel. Bd. I, 1 u. 2 Hrsg. v. *Brabant, E., Falzeder, E., Giampieri-Deutsch, P.,* Wien, Köln, Weimar: Böhlau.

Fromm, E. (1958): Scientism or Fanaticism? Saturday Review v. 14. Juni 1958, 11-13, 55-56.

Gedo, J. (1966): Noch einmal der „gelehrte Säugling". Psyche 20, 301-319.

Glaser, H. (1979): Sigmund Freuds Zwanzigstes Jahrhundert. Seelenbilder einer Epoche. Frankfurt: Fischer.

Groddeck, G. (1934): Brief an Gisella Ferenczi v. 19. Februar 1934. In: Ferenczi, Sándor/Groddeck, Georg, Briefwechsel 1921-1933. Frankfurt: Fischer. 88-89.

Grunberger, B. (1979): Von der „aktiven Technik" zur „Sprachverwirrung". Studie zu Ferenczis Abweichung. Jahrbuch der Psychoanalyse. Tübingen: edition diskord. 9-14.

Harmat, P. (1988): Freud, Ferenczi und die ungarische Psychoanalyse. Tübingen: edition diskord.

Harmat, P., Hebenstreit, G. (1984): Sandor Ferenczi theoretisches Werk. *Wiener Medizinische Wochenschrift* 134, 2, 49-53.

Haynal, A. (1989): Die Technik-Debatte in der Psychoanalyse. Freud, Ferenczi, Balint. Frankfurt: Fischer.

Körner, J. (1990): Übertragung und Gegenübertragung, eine Einheit im Widerspruch. Forum der Psychoanalyse 6, 277-104.

Lorand, S. (1966): Sandor Ferenczi 1873-1933. Pioneer of Pioneers. In: *Alexander, F., Eisenstein, S., Grotjahn, M.* (ed.): Psychoanalytic Pioneers. New York, London: Basic. 14-35

Lum, W. B. (1988): Sandor Ferenczi (1983-1933) - The Father of the Empathic Interpersonal Approach. *Journal of the American Academy of Psychoanalysis* 16, Part 1: 131-153: Part 2: 317-347.
Petzold, H.G. (1969): Progredierende Analyse - Kinderanalysen mit psychodramatischen und bewegungstherapeutischen Mitteln. In.: *ders.* (1988): 455-491.
Petzold, H.G. (1988): Integrative Bewegungs- und Leibtherapie. Ein ganzheitlicher Weg leibbezogener Psychotherapie. Paderborn: Junfermann.
Petzold, H.G. (1991-1993): Integrative Therapie. Modelle, Theorien und Methoden. (3 Bde.) Paderborn: Junfermann, 2. Aufl. 2003a
Robert, M. (1967): Die Revolution der Psychoanalyse. Frankfurt: Fischer.
Sabourin, P. (1982): Vizir Secret et tete de turc. In: *Ferenczi, Sándor*: Psychanalyse. Oevres completes, 4. Paris : Payot. 9-17.
Sabourin, P. (1985): Ferenczi. Paladin et Grand Vizir Secret. Paris : editions universitaires.
Schröter, M. (1994): Freud und Ferenczi. Zum ersten Band ihres Briefwechsels. *Psyche* 48, 746-774.
Schuch, H.W. (1989): Ohne Sympathie keine Heilung. Einige Aspekte des Beitrags von Sandor Ferenczi (1873-1933) zur Psychotherapie. In: *Kielmann. B., Kollak, B.* (Hrsg.): Lebensgestalt und Zeitgeschichte. Kongreßdokumentation der Hamburger Gestalttage 1989. 126-149.
Schuch, H.W. (1989/1990): Apropos Technik-Debatte in der Psychotherapie. *Gestalt und Integration* 115-122.
Schuch, H.W. (1990): Über Persönliches im Werk. Einige ideologiekritische Vorbemerkungen zur Art, der Person und des Werkes eines großen Psychotherapeuten zu gedenken. *Integrative Therapie* 16 (1/2) 134-152.
Schuch, H.W. (1993): Sandor Ferenczi - Begründer eines postanalytischen Verfahrens? Perspektiven seines Spätwerks. Vortrag beim Sandor Ferenczi Symposium in der Europäischen Akademie für Psychosoziale Gesundheit 11.-13. Juni 1993.
Schuch, H.W. (1994): Aktive Psychoanalyse. Sándor Ferenczis Beitrag zur Technik der Psychotherapie. *Integrative Therapie* 20 (1/2) 68-100.
Schuch, H.W. (1998): Sándor Ferenczi. Pionier der modernen tiefenpsychologischen Psychotherapie. - Einige Aspekte des theoretischen Werkes von Sándor Ferenczi (1873-1933). *Gestalt* 12 (1) 3-21.
Schuch, H.W. (2000): Bedeutsame Akzentverschiebungen - Von der Genitaltheorie zur Elastischen Psychoanalyse. Einige Aspekte der Entwicklung des theoretischen und therapietechnischen Werkes von Sándor Ferenczi (1873-1933). *Gestalt* (Schweiz) 39, 36-51.
Schuch, H.W. (2001): Integrative Therapie - eine kurze Übersicht. In: *Leitner, A.* (2001) (Hrsg): Strukturen der Psychotherapie. Wien : Krammer. 129-194.
Sylwan, B. (1984): An untoward event, ou la guerre du trauma, de Breuer à Freud, de Jones à Ferenczi. *Cahiers Confrontation* 12, 101-122.
Thomä, H., Kächele, H. (1989) Lehrbuch der psychoanalytischen Therapie. Bd. 1. Grundlagen. Berlin, Heidelberg, New York: Springer.
Thompson, C. (1952): Die Psychoanalyse. Ihre Entstehung und Entwicklung. Zürich: Pan.
Zeul, M. (1999): Ferenczis Theorie über Weiblichkeit - Einige Anmerkungen. *Psyche* 53, 477-493.

Korrespondenzadresse:
Prof. Dr. **Hans Waldemar Schuch** M.A.
Kronprinzenstr. 105
D-44135 Dortmund

eMail: dr.schuch@t-online.de
www.dr.hans-waldemar-schuch.de

Gerhard Wittenberger, Kassel

Zur Gruppendynamik im „Geheimen Komitee" – einige Aspekte zur Rolle Sándor Ferenczis in der institutionalisierten Psychoanalyse

1910, auf dem II. Internationalen Psychoanalytischen Kongress in Nürnberg wurde die „Internationale Psychoanalytische Vereinigung" gegründet, und *Ferenczi* spielte dabei eine herausragende Rolle. Sein Gründungsreferat „Über die Notwendigkeit eines engeren Zusammenschlusses der Anhänger der *Freud*schen Lehre und Vorschläge zur Gründung einer ständigen internationalen Organisation" (*Ferenczi*, 1910/1970) markiert den Beginn eines internationalen Organisationsentwicklungs-Prozesses. In der Folge dieser Gründung entstand das, was als „soziologischer ‚Konstruktionsfehler'" der Psychoanalyse definiert wurde (*Schröter*, 1996a). Statt sich als Grundlagenwissenschaft mit einem breiten Anwendungsspektrum im Rahmen der etablierten Institutionen für Forschung aufstellen zu können, muß sie sich außerhalb der Universität eine professionelle Basis schaffen, die als Broterwerb ihre(n) „Frau/Mann" ernähren konnte. Das konnte sie allein nur als Therapie.

*Ferenczi*s Gründungs-Hymnus mit Statutenentwurf – der in enger Abstimmung mit *Freud* entstand (*Freud/Ferenczi*, 1993, S. 230) – ist lesenswert, weil er deutlich zum Ausdruck bringt, mit wie viel Ambivalenz dieser Schritt erfolgte: Es war „der vollständige Mangel an Führung (der es mit sich brachte), daß bei einzelnen das spezielle wissenschaftliche und persönliche Interesse zum Schaden der Gesamtinteressen ... (an den) ‚zentralen Ideen' überhand nahm" (*Ferenczi*, 1970, S. 51). Probleme der Macht und des individuellen Narzißmus scheinen es in der psychoanalytischen Bewegung erforderlich gemacht zu haben, Ordnung und Disziplin einzuführen.[1] Obzwar ihm die Auswüchse des Vereinslebens in den meisten politischen, geselligen und wissenschaftlichen Vereinen bekannt waren, plädiert er doch für die Gründung eines solchen Vereins, da er sich davon verspricht, daß „infantiler Größenwahn, Eitelkeit, Anbetung leerer Formalitäten, blinder Gehorsam oder persönlicher Egoismus" weniger eine Rolle spielen werde, als „ruhige, ehrliche Arbeit für das Gesamtinteresse". Diese Utopie mag seinem Naturell entsprechen. Aber die Analogisierung der neu zu gründenden Organisation mit einer Familie ist dem Gegenstand nicht angemessen, wenn er gleichwohl von dieser Ebene nicht zu trennen ist.[2]

---

[1] Diese Fragen und Probleme wirken heute wie eine sich selbst erfüllende Prophezeiung, denn sie sollten eines Tages sogar im engsten Mitarbeiterkreis um *Freud* - dem „Geheimen Komitee" – insofern in Erfüllung gehen, als Rank zum „nicht ungefährliche(n) Gegner ...(wurde), der rücksichtslos seine eigenen Interessen verfolgt und die gemeinsamen Interessen der Psychoanalyse nicht (mehr) gelten" lassen wollte (*Freud/Ferenczi*, 2003, S. 255).

[2] Auch *Freud* hat noch viele Jahre später eine ähnliche Sicht der Organisation gegenüber geteilt. Er hielt es für das beste, wenn der Konflikt mit *Rank*, der sowohl wissenschaftliche, als auch institutionelle Auswirkungen haben sollte, „als eine Entgleisung in der Familie behandelt werden könnte, welche(r) Fremde nichts angeht" (*Freud/Ferenczi*, 2003, S. 243).

Er schreibt: „Der Verband wäre eine Familie, in der dem Vater keine dogmatische Autorität zukommt, sondern gerade so viel, als er durch seine Fähigkeiten und Arbeiten wirklich verdient; seine Aussprüche würden nicht blind wie göttliche Offenbarungen befolgt, sondern wie alles andere Gegenstand einer eingehenden Kritik (sein) (ebd., S. 53). Das Modell von „Totem und Tabu" (*Freud*, 1912-1913a) vorwegnehmend meint er, daß es hieße „der menschlichen Natur Gewalt antun, wollten wir das Prinzip der Freiheit auf die Spitze (treiben) und die ‚Familienorganisation' umgehen" (ebd.).

Inwieweit die neue Organisation den Konflikt zwischen Freiheit und Abhängigkeit in Sachen Psychoanalyse regeln konnte, ist bis heute ein ungeklärtes institutionelles Problem. Damals begann es mit den Reaktionen der Wiener auf den Vorschlag, *Jung* lebenslang zum Präsidenten zu ernennen und die Zentrale nach Zürich zu legen. *Freud* reduzierte seine Ambivalenz auf seine Abneigung „gegen den Wiener Kreis" und bei *Ferenczi* sah er den „Bruderkomplex" am Werke. Gleichzeitig analogisiert er den Organisationsentwicklungsprozess mit der psychologischen Entwicklung des Menschen: „Mit dem Nürnberger Reichstag schließt die Kindheit unserer Bewegung ab; das ist mein Eindruck. Ich hoffe, jetzt kommt eine reiche und schöne Jugendzeit" (*Freud/Ferenczi*, 1993a, Bd. I/1, S. 234 f). Zweifelsfrei hat *Freud* dieses Problem gesehen, als er *Ferenczi* schrieb: „Ihr Vortrag von Nürnberg anzuhören, ist das größere Publikum wohl nicht reif. Er war durchaus intern" (ebd. S. 319 f). Ein Jahr später scheint er die erwähnte Arbeit (Totem und Tabu) aufgenommen zu haben (Vgl. ebd. S. 385, Anm. 13). Was aber meint *Freud* mit „intern"? Der Kongress fand für Analytiker statt. War also für Interne gedacht, die hier gleichsam zu Externen werden. Der interne Kreis um *Freud* war keine feste und auch keine organisierte Gruppe. Er war bisher jener private Kreis, der sich aus der „Psychologischen Mittwochsgesellschaft" rekrutierte und mit der Zeit zu einer ansehnlichen Anhängerschaft wuchs. Dieses „wilde Heer" sollte in einem Verein eine Organisation und damit eine Struktur erhalten, die die Psychoanalyse vor dem, was als „wilde Analyse" bezeichnet wurde, schützen sollte. Daß mit der formalen Organisationsstruktur ganz offensichtlich auch eine informelle Struktur etabliert wurde, die 1912 im „Geheimen Komitee"[3] sogar eine bedeutende Institution bekam, blieb unbeachtet.[4]

---

3 Die zentralen Figuren der institutionalisierten Psychoanalyse waren die Mitglieder des „Geheimen Komitees". Zu ihm gehörten: *S. Freud, S. Ferenczi, O. Rank, K. Abraham, M. Eitingon, E. Jones* und *H. Sachs*. Die Geschichte dieses inoffiziellen Organs der Psychoanalytischen Bewegung ist wiederholt beschrieben worden (*Grotjahn*, 1973/74, *Grosskurth*, 1991, *Schröter*, 1995, *Wittenberger*, 1995a). Die Briefwechsel zwischen *Freud* und den verschiedenen Mitgliedern einerseits und den „Rundbriefen" des „Geheimen Komitees"(*Wittenberger/Tögel*, 1999 ff.) anderseits, stellen eine noch nicht vollkommen erschlossene Quelle zur Geschichte der Psychoanalyse dar. Von zweien der Mitglieder des Komitees sind nur wenige Briefe aus der Privatkorrespondenz bekannt: *Hanns Sachs* und *Otto Rank*. Von den 10 Briefen von *Freud* an *Sachs* und den 4 Briefen von *Sachs* an *Freud* werden nur einige von *Sachs* selbst zitiert (*Sachs*, 1944/1982). Vom Briefwechsel zwischen *Freud* und *Rank* sind nur 55 Briefe von *Freud* an *Rank* und 11 Briefe von *Rank* an *Freud* erhalten. Es ist anzunehmen, daß beide Briefwechsel nur unvollständig sind. Eine Edition der *Freud-Rank*-Briefe ist in Arbeit (Vgl. *Dupont*, 2003, S. 16, Anm. 3). Über *Rank*s Rolle in der Psychoanalytischen Bewegung liegt umfangreiches Material vor (Vgl. *Lieberman*, 1997, *Janus*, 1997, *Leitner*, 1998).

4 Insofern unterscheiden sich die psychoanalytischen Institutionen und ihre Organisation nicht von anderen, ver-

Damit bekam die Psychoanalyse als Organisation eine Gruppierung, die jene „Kriterien" aufwies, die größere Gemeinschaft ausmacht: Entstehungsmythos, gemeinsamen Geschichte, kollektives Gefühl der Zugehörigkeit, thematischer Fokus.
1. Das „Geheime Komitee" ist Teil eines „Entstehungsmythos" wie er vor allem von *Freud* (1914d), *Jones* (1978, Bd. 3) und *Sachs* (1982) dargestellt wurde.
2. Es war Teil einer „gemeinsame Geschichte" zwischen 1912 und 1927.
3. Es war und repräsentierte ein „kollektives Gefühl der Zugehörigkeit" und
4. Es hatte einen immer aktuellen „thematischen Fokus", wie ihn vor allem *Freud*[5] und *Ferenczi*[6] beschreiben.

Ein Protagonist dieser Organisationskultur war *Sándor Ferenczi* (vgl. *Brabant-Gerö*, 2002, S. 602 ff.). Seine Beziehung zu *Freud* ist in so vielen Varianten beschrieben worden, so daß hier auf einen weiteren Versuch verzichtet werden kann, weil die Fülle des vorliegenden Materials nach den bisherigen Mustern nicht zu bearbeiten ist und den Rahmen eines kurzen Aufsatzes sprengen würde.[7] Nur ein Phänomen dieser Beziehung scheint besonders herauszuragen: *Ferenczi*s „kindliche" Abhängigkeit von *Freud*. Dieser Aspekt ist aber nur eine Seite der Medaille. Vergleiche mit Briefen von *Eitingon* oder *A. Zweig* - die ebenfalls von großem Respekt, ja von Ehrfurcht vor *Freud* zeugen - zeigen, daß *Ferenczi*s Briefe eine anderer „Qualität" haben. Man gewinnt „den Eindruck von zwei Menschen, die einander suchen, aber nicht zueinander gelangen können. Sie reden auf zwei verschiedenen Ebenen aneinander vorbei. *Ferenczi* erlebt, daß in der Gegenwart (ihrer Beziehung, Zusatz von mir) etwas Intensives geschieht, während *Freud* versucht, dies mit Bezug auf die Vergangenheit zu analysieren, wobei der das Gewicht dieser Gegenwart verkennt" (*Dupont*, 1996, S. 26). Diese „Verkennung" zeigt, wie schwer es für Analytiker sein kann, die realen Konflikte zunächst als reale zu akzeptieren, bevor sie als Übertragungsphänomen gedeutet werden können. Im institutionellem Zusammenhang ist diese Haltung zunächst inadäquat und führt zu Missverständnissen. Es scheint, als habe *Ferenczi*

---

gleichbaren Vereinen.

[5] »Ein Gespräch, das Sie mit Jones über die Bildung eines *geheimen* Komitees zur Überwachung der Entwicklung der Psychoanalyse geführt haben, wird vielleicht in London seine Wirkung äußern« (*Freud/Ferenczi*, 1993b, Bd.I/2, S.122, Hervorhebung im Orig.).

[6] Im Brief an *Eitingon*: „Der Zweck des Komitees ist kein geringer. Es gilt, die großen Ideen und Erkenntnisse *Freud*s über alle Fährlichkeiten, die ihr von externer wie von interner Seite drohen, zu bewahren, und der folgenden Generation zu überliefern" (*Wittenberger/Tögel*, 1999, RB Bd. 1, S. 45). Am Beginn einer Art „institutioneller Spaltung" erinnert *Ferenczi* noch einmal: Daß „die Idee einer zentralen Leitung aller wissenschaftlichen und geschäftlichen Angelegenheiten, die der Zweck des Komitees ist, sollte doch jedes Mitglied des Komitees in seinem Wirkungskreise, also vor allem in der eigenen Gruppe zu verwirklichen trachten (*Freud/Ferenczi*, 2003, Bd. III/1, S. 149).

[7] In einer späteren Arbeit soll versucht werden, die Gruppendynamik des „Geheimen Komitees" auf ihre „historische Gruppenfantasien" hin zu untersuchen. Dabei werden im Besonderen jene Krisen zu beachten sein, die einen „Zusammenbruch der Gruppenfantasie" und den Versuch ihrer Wiederherstellung durch Bildung einer neuen „Institution" bewirkten (Vgl. *deMause*, 2000).

ab 1929 seinen eigenen Weg gehend, der als „Weg in das Scheitern" beschrieben wurde (*Ermann*, 1994), geahnt, daß seine Idee vom „Pater familias" in der psychoanalytischen Bewegung eine nicht zu erfüllende Utopie war. Die Kluft zwischen ihm und *Freud* wurde ihm schmerzlich bewusst, und er konnte nicht länger in der gefühlsmäßigen Abgängigkeit leben, die er gleichzeitig brauchte. Eine Ambivalenz, die bereits im Vortrag von 1910 zum Ausdruck kam. Dazwischen liegen unter anderem die Erfahrungen in der Organisation, die Konflikte im „Geheimen Komitee" um die psychoanalytische Institutionspolitik.

Ähnlich beurteilt *Karl Abraham* nach langer Vereinserfahrung und Mitgliedschaft im „Geheimen Komitee" die Situation als er schrieb: „Es ist eigentümlich, daß es unserem Kreis umgekehrt geht wie es in neurotischen Familien zu sein pflegt. Dort streitet man sich, sobald man beieinander ist, und ist voller Liebe, sobald man getrennt ist. Bei uns gibt es keine Differenzen, wenn wir zusammen sind, während die Korrespondenz manchmal ganz anders aussieht" (*Wittenberger/Tögel*, 2003, S. 217).

Wenn dieses Phänomen einen Teil der Organisationskultur der psychoanalytischen Bewegung ist, dann verwundert es nicht, dass noch in den 80er Jahren von einem Analytiker öffentlich unwidersprochen auf einer Tagung über „Literatur und Psychoanalyse" gesagt werden konnte: „*Ferenczi* war doch kein Analytiker". Auch wenn man wohlwollend in dieser Formulierung ein leises Fragezeichen mithören kann, so blieb mir damals - selbst befangen in einem institutionellen Abhängigkeitskonflikt - die Luft weg, so dass ich nicht wagte, diese kühne Behauptung infrage zu stellen, oder zumindest nach einer Begründung zu fragen. Viele der folgenden Fakten, konnten auch schon in den 80er Jahren als bekannt gelten. Daß sie sich nicht durchsetzen konnten, hängt nicht nur mit dem großen historischen Bruch durch die Naziherrschaft in Deutschland zusammen, sondern auch mit der spezifischen Geschichtsschreibung der Psychoanalytiker selbst. *Ernest Jones'* große *Freud*-Biografie (1960/62) hat den Verdienst, daß sie bei ihrem Erscheinen eine bis dahin unbekannte und unerreichte Fülle von Material bearbeitet hatte. Insofern ist dieses Werk eine historische Leistung. Der „Schaden", den es verursachte, hängt mit *Jones'* Polemik gegenüber den alten Mitstreitern zusammen, die er – trotz der Mahnung *Freuds* an seine Analytikerkollegen, daß die Analyse sich nicht zur Polemik eigne (*Wittenberger/Tögel*, 2003, S. 252) – nicht zu vermeiden wusste. Allerdings – so muß man ihm zugestehen – ist es eine Mahnung gewesen, an die sich *Freud* selbst nicht hielt. Insofern ist dem „Schüler *Jones*" nur schwer vorzuhalten, ein Ideal nicht erreicht zuhaben, was der „Meister *Freud*" selbst nicht zu erfüllen vermochte (Vgl. *Gay*, 1989, S. 274). Alle waren im Umgangston nicht zimperlich. Selbst *Balint*, der sich stets um Loyalität gegenüber *Ferenczi* bemüht, kommt nicht umhin zu bemerken, daß das „Klinische Tagebuch" „ein sehr interessantes und gleichzeitig sehr trauriges Dokument, voller ausgezeichneter Gedanken und grober Fehler, die auf seine psychischen Störungen zurückgehen", sei (Brief an *Jones* vom 2.11.1954, *Steiner*, 2000, S. 115, Anm. 10). Es bleibt zu hoffen, daß dieses Erbe eines Tages in der Zunft überflüssig wird. Auch und gerade im Briefwechsel zwischen *Freud* und *Jones* (*Paskauskas*, 1993) wird dieser Aspekt deutlich. In den 671 Briefen, von denen *Freud* zwischen 1908 und 1939 an *Jones* 300 und *Jones* an *Freud* 371 Briefe schrieb, sind eine Reihe solcher Stellen zu finden.

Weitaus ergiebiger ist das Material zu *Sándor Ferenczi*. Von keinem der Schüler und Mitarbeiter *Sigmund Freud*s ist so viel biografisches und wissenschaftliches Material überliefert wie von ihm. Über Einfluß und Beziehungen *Ferenczi*s in der Psychoanalytischen Bewegung ist viel spekuliert und geschrieben worden (z. B. *Jones*, 1978, *Junker*, 1997, *Falzeder*, 1998). Man kann von ihm sagen, daß er einer der engagiertesten Mitstreiter *Freud*s war. Sein Einfluß auf die Betonung der „frühen Mutter-Kind-Beziehung" und *Melanie Klein* ist viele Jahre in der Psychoanalytischen Bewegung unterschätzt worden. Vielleicht macht dieses Engagement insofern „Probleme", als jede Interpretation seiner Rolle in der Psychoanalytischen Bewegung dazuführt, als ob man zu ihm auf Distanz gehen müsse, um eine „quasi-wissenschaftliche" Beobachterposition einnehmen zu können. Und dort wo diese Beobachtungen in Interpretationen und in Deutungen münden, mutieren sie zu phänomenologischen Betrachtungen und diagnostischen Etikettierungen, die wesentlich psychologische Spekulationen sind. Wollte man im Gegensatz dazu das vollständige Material zu *Ferenczi* „analytisch bearbeiten", käme man nicht umhin, die eigenen Idiosynkrasien als Gegenübertragungsreaktionen zur Grundlage der Arbeit zu machen. Damit haben wir jenes Problem des veränderten Settings, das bei biografiegeschichtlicher Arbeit so häufig auftritt. Das wäre eine Mammutaufgabe. Allein der vollständig bekannte Briefwechsel aus den Jahren 1908 bis 1932 umfasst 1408 Briefe. Davon wurden 640 von *Freud* an *Ferenczi* und 768 von *Ferenczi* an *Freud* geschrieben. Es ist erstaunlich, daß bei der Herausgabe dieses Briefwechsels auf einen Teil des Materials verzichtet wurde. Es werden dort lediglich „ca. 1200 Briefe" angegeben, die der Briefwechsel umfasse (Bd. I/1, S. 21, Anm. 2).

Von den wissenschaftlichen Arbeiten *Ferenczi*s werden in der von *Michael Bálint* 1938 zusammengestellten und im Band 4 der „Bausteine zur Psychoanalyse" veröffentlichten Bibliografie 313 Titel aufgezählt. Unter ihnen befindet sich noch nicht das - zwar schon damals bekannte, aber nicht veröffentlichte - „Klinische Tagebuch von 1932". Dieses „Tagebuch" enthält wichtiges biografisches und institutionell interessantes Material und ist erst 1985 auf französisch und 1988 im Deutschen.

Ein Vergleich mit anderen Briefpartnern *Freud*s, die den Institutionalisierungsprozess der „Psychoanalytischen Bewegung" wesentlich mitgestaltet haben, soll die hier aufgestellte These belegen.

Da ist zunächst der für die Geschichte der Psychoanalytischen Bewegung bedeutsame Briefwechsel zwischen *Freud* und *C. G. Jung* aus den Jahren 1906 bis 1913 zu nennen (*Freud*, 1974a). Das 359 Briefe umfassende Konvolut stellt so etwas wie ein Paradigma dar. Seine Wirkung kann so tief sein, daß - wie *Eissler* schrieb - man ihn mit wachsender Spannung lesen und von der Intensität der gegenseitigen Zuneigung der Briefschreiber, der Atmosphäre, in der sich die Beziehung jahrelang abspielte, so stark beeindruckt ist, daß man die Möglichkeit eines unglücklichen Ausgangs dieser Beziehung für ausgeschlossen halten kann (*Eissler*, 1982. S. 7). Dieser Aspekt ist es, der sich in *Freud*s Korrespondenzen mit Schülern und Kollegen oft wiederholt. *Freud* setzte immer wieder große Hoffnungen in seine Schüler und Mitarbeiter, bis er feststellen musste, daß sie ihn fast „regelhaft" enttäuschten. Die Legende kommentierte dies mit der Bemerkung: „Wir scheitern alle an *Freud*".

Nur zwei aus dem engsten Mitarbeiterkreis – dem „Geheimen Komitee" – sind, soweit wir wissen können, diesem Schicksal nicht anheim gefallen: *Karl Abraham* und *Max Eitingon*.

Abraham hat, trotzt mancher unterschiedlicher Meinung, einen Bruch mit *Freud* vermieden. Mindestens zwei – zugegebenermaßen spekulative – Möglichkeiten können als Gründe dafür genannt werden: einmal hat er nicht lange genug gelebt – er starb 1925 im Alter von 48 Jahren –, um die im Zusammenhang mit *Freud*s Autorität und Führungsanspruch anstehende (Trennungs-)Thematik aktualisieren zu müssen. Andererseits waren „beide in ihrer Persönlichkeit reifer als die Gruppen denen sie vorstanden" (*H. Abraham*, S. 106). *Abraham*s Beziehungsgestaltung hatte etwas von einer selbstbewussten Unabhängigkeit, die er auch gegenüber *Freud* vertrat. Trotz, oder gerade weil er als ein „guter Diener der Sache" galt, musste er sich *Freud* gegenüber nie unterwürfig zeigen. Als Beispiel kann seine Beziehung zu *W. Fließ* genannt werden, die, wenn auch etwas unterkühlt, von ihm nie geheim gehalten, oder zu polemischen Zwecke gegen *Freud* ausgespielt wurde. Obgleich *Freud* glaubte, ihn vor dessen „schlechten Einfluß" warnen zu müssen (*Gay*, 1989, S. 207 f.). Der vollständige Briefwechsel zwischen *Freud* und *Abraham* aus den Jahren 1907 bis 1925 umfasst 570 Schriftstücke. Davon sind 276 Briefe von *Freud* an *Abraham* und 294 Briefe von *Abraham* an *Freud*. Bisher sind 361 Briefe veröffentlicht.[8] *Abraham*s wissenschaftliche Arbeiten werden in der 1927 im Verlag The Hogarth Press, London, erschienenen Ausgabe der „Selected Papers of *Karl Abraham*, M.D." mit ca. 120 Arbeiten angegeben. Darunter befinden sich Übersetzungen und Mehrfachveröffentlichungen. Aber auch etwa 40 Angaben von bisher unveröffentlichten, nur in handschriftlicher Fassung vorliegenden Notizen von Vorträgen. Einige Schriftstücke aus dem Nachlass, etwa medizinische Gutachten, Notizen oder Literaturreferate sind auch dort nicht aufgenommen worden (Vgl. *Cremerius*, 1982, Bd. 1, S. XVI).

Der wohl - neben *Ernest Jones* - international aktivste und einflussreichste, sich stets im Hintergrund haltende Analytiker und Mitarbeiter *Freud*s war *Max Eitingon*, die „graue Eminenz" der Psychoanalytischen Bewegung. Der kürzlich erschienene, von

---

[8] Eine vollständige Ausgabe in englischer Fassung hat *E. Falzeder* besorgt (*Karnac* 2000).

M. Schröter ediert und herausgegebene Briefwechsel mit *Freud* aus den Jahren 1910 bis 1933 umfasst 630 Stücke. Davon sind 367 Briefe von *Freud* an *Eitingon* und 263 Briefe von *Eitingon* an *Freud* geschrieben worden. Es ist der einzige, mir bekannte Briefwechsel *Freud*s, in dem *Freud*s Anteil der erhaltenen Briefstücke größer ist als der des Partners.

Eitingon, ein in Russland geborener, in Leipzig aufgewachsener und im Burghölzli ausgebildeter Psychiater, spielte eine Schlüsselrolle in der Geschichte der Institutionalisierung der Psychoanalyse. Er war „der erste der Schweizer", der 1906 nach Wien kam, um von *Freud* selbst zu lernen. Diese Einstellung zu *Freud* – ‚vom Meister lernen' – hat seine ganze Lebens- und Berufsbiografie bestimmt. Seine überragende Bedeutung für den Prozess der Institutionalisierung der Psychoanalyse hat zwei Aspekte: Er spielte eine besondere Rolle als Mäzen bei der Gründung, dem Aufbau und dem Erhalt des Internationalen Psychoanalytischen Verlages – nach dem Tod *Anton von Freund*s 1920 wurde er in das „Geheime Komitee" aufgenommen (*Wittenberger*, 1995a, S. 213) – und zum andern bei der Entwicklung und Organisierung der psychoanalytischen Ausbildung. Nicht zuletzt unter seinem Einfluß entwickelte die Berliner Gruppe ein Curriculum zur Ausbildung in Psychoanalyse. Damals gab es neben der Frage, wie werden Interessierte an der Psychoanalyse in einem geregelten Verfahren zu Mitgliedern in einer Ortsgruppe? u.a. eine wachsende Zahl von Kandidatinnen und Kandidaten, die einen individuell organisierten, aber dennoch institutionell geplanten und durchgeführten Ausbildungsweg nötig machte. Das rege Leben am Berliner Institut wurde z.B. bei den Mitgliedern des „Geheimen Komitee" einerseits mit Freude, aber auch – im Blick auf die eigene „Ortsgruppe" – mit Wehmut kommentiert.(Vgl. *Wittenberger/Tögel*, 2001). Noch heute entscheidet die Zahl der Kandidaten und die Lebendigkeit der Ausbildung an einem psychoanalytischen Institut über die professionelle Identität seiner Mitglieder. 1920 hat *Eitingon* mit der Gründung des ersten Psychoanalytischen Instituts in Berlin ein Organisationsmodell generiert, das „Berliner Modell", nach dem, in Abgrenzung zum „Budapester Modell" (vgl. *Szönyi*,1999), noch heute weltweit Psychoanalytiker ausgebildet werden. Die Unterschiede der beiden Ausbildungsmodelle liegen sowohl in der Rollendifferenzierung zwischen Lehr- und Kontrollanalytiker, als auch in der Einführung einer „psychoanalytischen Werkstatt", dem „Technischen Seminar" (vgl. *Eitingon*, 1925). Die Unvereinbarkeit der beiden Ausbildungsmodelle scheint noch heute so selbstverständlich, daß mögliche Alternativen zu der auf dem „IX. Psychoanalytischen Kongress" 1925 in Bad Homburg vorgeschlagenen institutionell reglementierten Ausbildungsstruktur kaum Chancen haben, sich durchzusetzen (vgl. Psychoanalytisches Seminar Zürich, 1987). Daß daraus eines Tages eine Welle der Kritik entstehende könnte, die kaum radikaler und dennoch konsequenzloser nicht sein kann, war nicht vorauszusehen (vgl. *Bohleber*, 2000).

In der Rolle als Vorsitzender der Internationalen Unterrichtskommission, bemühte sich *Eitingon* um die Etablierung internationaler einheitlicher „Richtlinien" der psychoanalytischen Ausbildung, die auch die Probleme mit der Laienanalyse zu berücksichtigen suchten. Am Ende waren seine Bemühungen vor allem am Widerstand der Amerikaner gescheitert. Dennoch gewann er an institutionellem Einfluß und internationaler Bedeutung für die psychoanalytischen Organisationen durch seine Aktivitäten bei der Gründung einer psychoanalytischen Gruppe in Frankreich, die er bereits als Mitglied des „Geheimen Komitees" unterstützte. Darüber hinaus sind die Bildungen von „Ortsgruppen" in Polen, Russland (Moskau) und nicht zu vergessen die Gründung der „Chawra Psychoanalytith b'Erez Israel", die erste psychoanalytische Institution in Palästina nach seiner Emigration 1934 (*Kahr*, 2002, S. 172 f.) von großer Bedeutung. Ebenso wichtig ist seine Präsidentschaft der Internationalen Psychoanalytischen Vereinigung zwischen 1926 und 1932. In diese Periode fiel die Gründung der Amerikanischen Psychoanalytischen Vereinigung und die damit für die IPV so entscheidende Auseinandersetzung um die Frage der Laienanalyse, an der die gesamte Organisation, die den Ersten Weltkrieg überstanden hatte, beinahe zerbrochen wäre (Vgl. *Schröter*, 1996b).

1932 war für die Psychoanalyse ein in vielfältiger Weise schicksalhaftes Jahr. In Deutschland begann die braune Dämmerung. Mit ihr setzte eine zweite Emigrationswelle der Analytiker ein – einige hatten bereits 1930 Deutschland verlassen (*Peters*, 1992, S. 100 ff.). Im September 1933 emigrierte auch *Max Eitingon* nach Palästina. Zu den „Unruhen" in den eigenen Reihen, die besonders dadurch gekennzeichnet waren, dass die Analytiker sich um die Etablierung ihrer beruflichen Tätigkeit als Profession bemühten, wobei die einen dies unabhängig vom Grundberuf verstanden wissen wollten, während andere diese Frage strikt an den Arztberuf knüpfen wollten, kamen nun weitere, politische und existentielle Bedrohungen hinzu. In diesem Gesamtkontext ist *Ferenczi*s Rolle in der psychoanalytischen Bewegung zu sehen. Um sie etwas spezifizieren zu können, will ich versuchen einige Hypothesen zur Gruppendynamik des „Geheimen Komitees" aufzustellen.

Die Hintergründe, die zur Gründung dieses informellen Kreises führten, sind bekannt (Vgl. *Wittenberger*, 1995, S. 190 ff.). Dieses Komitee wurde zu einer „wichtigen Institution" (*Freud/Abraham*, a.a.O., S.333), vielleicht zur wichtigsten der Bewegung in den Jahren nach dem Ersten Weltkrieg bis zur großen Strukturreform der IPV 1927, weil es eine Art selbsternanntes Führungskollektiv war und damit etwas von der Essenz der Psychoanalyse auf organisatorischer Ebene widerspiegelte. Ob dies funktional und sinnvoll für die Organisation war oder nicht, ließ sich zu dieser Zeit nicht entscheiden. Mit seiner Gründung begann eine inoffizielle, „geheime" Organisationsebene zu wirken, so daß das »Geheime Komitee« eine *inoffizielle Institution* der Psychoanalyse wurde, die die Politik der Bewegung in bestimmter Weise zu prägen suchte.

Aus dem bisher Dargestellten werden drei „Elementardifferenzen" des „Geheimen Komitees" deutlich, die seine Konfliktdynamik charakterisieren. Zunächst ist das

Thema der Zugehörigkeit als Differenz zu nennen, das von seiner Konstituierung bis zu seiner Auflösung 1927 von Bedeutung war. Dann sind die Themen von Macht und Einfluß als Differenz innerhalb der Gruppe, aber auch nach außen in Blick auf die IPV zu nennen, die sowohl für das Bestehen als auch für den Zerfall des Komitees von entscheidender Bedeutung waren. Und schließlich ist die Differenz der Intimität innerhalb der Gruppe zu nennen, die besonders die Beziehungsfragen der Mitglieder untereinander betrifft, insbesondere die Beziehungen zu *Freud*. Wenn diese drei Differenzthemen als Focussierungspunkte innerhalb eines Spannungsfeldes der Gruppe verstanden werden, dann findet jedes Ereignis, zu dem auch der Empfang eines Rundbriefes gerechnet werden kann, um diese drei Themen statt und jedes ist zugleich involviert und synchron mit den anderen verbunden. Dieses dreidimensionale Modell ermöglicht eine Art dialektischen Blick, mit dem diese drei Momente in ihrer synchronen Verschränkung und Dynamik in eins gedacht und interpretierend ins Spiel gebracht werden können. Jeder Versuch greift zu kurz, die Gruppenkonflikte des „Geheimen Komitees" einer einzigen Dimension oder Person zuordnen zu wollen. Dennoch legt das gruppendynamische Szenarium[9] mit den drei basalen sozialen Dimensionen und den dazugehörigen Polaritäten es nahe, nach denen die Besonderheiten der unverwechselbaren Gestalten seiner Mitglieder (z. B. *Ferenczi*s) zu suchen, wie es im oben skizzierten Material und den daraus deutlich werdenden Konflikten thematisiert und erschlossen werden könnte. Unschwer erkennbar sind in diesem Modell die Polaritäten „Drinnen – Draußen", „Oben – Unten", „Nähe – Distanz" auszumachen, wie wir sie aus der Gruppenanalyse kennen. Auf dem Hintergrund der „Gruppeneigenschaften des psychischen Apparates" können wir fünf charakteristische Merkmale des „Geheimen Komitees" beschreiben, wie sie in allen Gruppen vorkommen: *erstens* ist der Einzelne von seinen mitmenschlichen Beziehungen abhängig, *zweitens* sind diese Beziehungen rückführbar auf internalisierte Objektbeziehungen, wie sie aus der Primärgruppe „Familie" stammen, *drittens* handelt es sich bei einem Gruppenbildungsprozess immer auch um einen regressiven Prozess, wie ihn *Freud* (1921c) beschrieben hat, *viertens* lassen sich diese regressiven Prozesse insofern von der individuellen Regression unterscheiden, als die Gruppe eine Anzahl von Individuen darstellt, „die ein und dasselbe Objekt an die Stelle ihres Ichideals gesetzt und sich infolgedessen in ihrem Ich miteinander identifiziert haben" (*Freud*, 1921c, S. 108), *fünftens* stehen der psychischen Struktur des ICH nur jene Funktionsweisen zur Verfügung, durch die es durch die frühen Objektbeziehungen geprägt wurde (*Ohlmeier*, 1976, S. 1141 f). Was nichts anderes heißt, als dass das soziale Verhalten in Gruppen Ausdruck auf einen durch den „Wiederholungszwang" (*Freud*, 1920g) vielfach determinierten

---

[9] Die folgenden Ausführungen beziehen sich auf gruppendynamische Modellvorstellungen von *Amann* (2003), die hier insofern eine Erweiterung erfahren, als davon ausgegangen werden kann, daß gruppendynamische Phänomene nicht nur in sogenannten T-Gruppen beobachtet werden können, sondern unabhängig vom Setting in allen Gruppen und deshalb auch in „Arbeitsgruppen" auftreten.

Aspekt aufweist. Der Zwang zur Wiederholung bezieht sich demnach nicht nur auf die Suche nach Lustgewinn, sondern auf alle vergangenen Erlebnisse, also auch solche, die Unlust bereiteten.[10]

Zur Illustration der fünf Merkmale sei in bezug auf *Ferenczi* je ein Punkt benannt:

Zu 1.: Auf seine kindliche Abhängigkeitsbeziehung von *Freud* wurde bereits hingewiesen.

Zu 2.: Die Rückführbarkeit dieser Abhängigkeitsbeziehung auf innerpsychische Objektbeziehungen kann z.T. aus dem Briefwechsel *Freud-Ferenczi* erschlossen werden und ist in biografische Skizzen bereits mehr oder weniger plausibel versucht worden (Vgl. auch *Schröter*, 1994).

Zu 3.: Ein regressives Moment erhält die Gruppenbildung durch die Tatsache der Geheimhaltung seiner Existenz einerseits und durch die Beschreibung *Freud*s, „daß in diesem Projekt ein knabenhaftes, vielleicht romantisches Element lieg(e)" (*Freud/Jones*, 1993, S. 147 f) andererseits.

Zu 4.: Die Identifikation der Mitglieder mit *Freud* einerseits und untereinander mit der „Sache" - wie *Freud* die Psychoanalyse zu bezeichnen pflegte - andererseits stellen die Möglichkeiten für jene Grundlage dar, die als „Ich-Ideal" verstanden werden können.

Zu 5.: Die Konflikte im „Geheimen Komitee", die letztlich zur Auflösung der Gruppe beitrugen (*Wittenberger*, 1995, S. 226 ff), sind nicht nur auf die psychischen Strukturen und deren Funktionsweisen der einzelnen Mitglieder zurückzuführen, sondern auch auf ein grundlegendes Missverständnis realer institutioneller Organisationsprozesse, in denen diese fünf Merkmale ihren realen Niederschlag fanden. Die Organisation diente gleichsam als „Projektionsfläche".

Damit stellt das „Geheime Komitee" ein komplexes und affektiv bedeutsames Phänomen dar, in dem Probleme der Zugehörigkeit, der Macht und der Intimität auszubalancieren waren. Anders ausgedrückt heißt das: Bei jeder Differenzierung um die Rollen seiner Mitglieder, geht es im Komitee auch um Zugehörigkeit, Macht und Intimität.

Wir wissen nicht wirklich, nach welchen Kriterien die Mitglieder des „Geheimen Komitees" ausgewählt wurden. *Freud*s spontaner Vorschlag vom 1. August 1912 im Brief an Jones (*Freud/Jones*, 1993, S. 147 f), wurde realisiert und in der Folgezeit nicht mehr reflektiert. Als Kristallisationspunkt für die Zugehörigkeit ist dieser Vorschlag zur Gruppenbildung bindend gewesen. Die Uneindeutigkeit darüber, vom

---

10 *Freud* beobachtete das Garnrollenspiel seines Enkels und brachte dieses mit der als schmerzhaft erlebten Abwesenheit der Mutter in Verbindung (*Freud*, 1920g, S. 225). Seine Erkenntnisse über den Wiederholungszwang und dessen Ausdehnung auch auf schmerzhafte Erfahrungen hatten weitreichende Konsequenzen. Er sah den Menschen nun als Sklaven seines primären erogenen Masochismus (1924c), dessen Wurzeln in den multiplen Determinanten der „Urphantasien" des Menschengeschlechts lagen, wie sie schließlich in seiner phylogenetischen Theorie (1939a) ihren Ausdruck fanden. *Freud*s theoretische Spannweite schließt demzufolge das „Leiden" an und in Organisationen ein.

wem die Idee einer Gruppenbildung ausging (*Jones*, Bd. 3, S. 62, Falzeder, 1995, S. 43, *Wittenberger*, 1995, 208 f), sagt etwas über den dynamischen Katalysator in der Auseinandersetzung mit den Themen der Macht und des Einflusses in der Gruppe aus. Es gab keine Regeln und Verfahrensnormen, so daß der situativ „Mächtigste" über die Qualität der Einzelnen und deren Zugehörigkeiten entschied. Fragen von Nähe und Distanz lösten sich nicht einfach durch räumliche d.h. äußere Bedingungen, sondern und vor allem durch rege Korrespondenz und Besuchsaktivität und die darin vermittelten persönlichen Beziehungen. Daß es daneben die spezifische Form der „Geschäftskorrespondenz" des „Geheimen Komitees" gab – die Rundbriefe –, weist möglicherweise darauf hin, daß die unterschiedlichsten Beziehungsmuster innerhalb der Gruppe realisiert wurden, ohne daß die Probleme von Nähe und Distanz explizit besprochen werden konnten. Auf diese Unüberschaubarkeit und Unkontrollierbarkeit ging *Abraham* ein, als er dieses Phänomen im Komitee „umgekehrt wie in einer neurotischen Familie" am Werke sah.

Gesteigert wird dieser Komplexität noch durch die Tatsache, dass ein Teil der Mitglieder des Komitees untereinander in einem spezifischen Beziehungsverhältnis stand, das besonders durch Übertragungs- und Gegenübertragungsprozesse gekennzeichnet war. Auch wenn diese „Lehranalysen" aus heutiger Sicht nicht den professionellen Standards entsprechen mögen, und einige der damit zusammenhängende Probleme noch nicht erkannt werden konnten, so sagt das nichts gegen die Tatsache ihrer realen Wirksamkeit aus. So waren *Ferenczi* und *Eitingon* bei *Freud*, *Jones* bei *Ferenczi* in Lehranalyse und *Sachs* und *Rank*, als die „Laienanalytiker" im Komitee, waren ohne Analyse! Das hierin liegende Konfliktpotenzial war ein Grund, warum das Komitee scheiterte. Denn es gab in der Gruppe letztlich keine erkennbaren Grenzen des Thematisierbaren. Keinen sicheren Bannkreis des aus der Kommunikation Herauszuhaltenden. Alle Aspekte der beteiligten Personen konnten potenziell in die Kommunikation einbezogen werden. Selbst die Möglichkeit, sich *Freud* als Analytiker anzubieten, war für *Ferenczi* kein Tabuthema.[11] Aufgrund dieser potenziell grenzenlosen Kommunikation kann man die über viele Jahre hin wirkende gruppendynamische Situation als ein „diffuses" Problem bezeichnen, das sich nur durch die Herstellung diffuser Sozialbeziehungen bewältigen ließ. Diffuse Sozialbeziehungen zeichnen sich in ihrer Reinform durch folgende sechs Strukturmerkmale aus: *Erstens*, weil in ihnen kein Thema ausgeschlossen ist. Und

---

[11] Er schrieb: „jetzt, wo Sie mit Herzbeschwerden zu tun haben, ... bin ich fest überzeugt, daß - selbst wenn Nikotin bei der Sache mitspielt - Psychisches bei den sogenannten Myocarditiden und Stenokardien entscheidend sein kann. Sosehr ich bei der Lösung Ihres Kieferleidens energisch für den Eingriff plädierte, so entschieden glaube ich, daß das Herz nicht nur medizinal, sondern auch psychisch gestützt werden kann und soll. Vielleicht ist das der Anlaß, bei dem ich Ihnen sagen kann, daß ich es eigentlich tragisch finde, daß Sie, der Sie die Welt mit der Psychoanalyse beschenkten, so schwer – ja gar nicht – in der Lage sind, sich jemandem anzuvertrauen. Wenn Ihre Herzbeschwerden andauern und wenn die Medikamente und die Diät nicht helfen, so komme ich auf einige Monate zu Ihnen und stelle mich Ihnen als Analytiker zur Verfügung – natürlich: wenn Sie mich nicht hinauswerfen"(*Ferenczi* an *Freud* am 21.2.1926).

derjenige, der ein Thema aus dieser Beziehung ausschließen will, steht in der Begründungspflicht. Diffuse Sozialbeziehungen werden *zweitens* zwischen den direkt Beteiligten eingegangen, die Personen sind also nicht einfach ersetzbar. Und wenn dies geschieht, wie im Falle *Anton v. Freund*s durch *Eitingon* und *Rank*s durch *Anna Freud*, sind die Existenzbedingungen dieser Beziehungen erheblich gefährdet. Für diffuse Sozialbeziehungen ist *drittens* der Einbezug von Intimität bestimmend. Sie werden *viertens* als unkündbare Beziehungen gestiftet. Eine Trennung ist immer ein Scheitern. *Fünftens* gilt in ihnen Vertrauen bedingungslos und wird durch bedingungslosen Vollzug hergestellt. Vertrauensbildung durch formalisierte, abstrakte Kriterien wie in Vertragsbeziehungen wäre schon eine Perversion dieser Beziehungen. Und *sechstens* sind sie geprägt durch eine bedingungslose affektive Bindung (*Oevermann*,1996 zit. bei *Amann*, 2003, S. 206). Die Prototypen diffuser Sozialbeziehungen sind die Eltern- und Gattenbeziehung. Dieses affektive Urmodell, aller späteren diffusen Sozialbeziehungen, das Ensemble aller „Gruppeneigenschaften der psychischen Apparate", hat den Mitgliedern bei der Gründung gleichsam unbewußt „Pate" gestanden. Für sie bedeutet das, dass sie bei der Bewältigung ihrer Gruppen- und Organisationsprobleme auf dem Wege der Herstellung diffuser Beziehungen in die Nähe jener frühen Muster der Gestaltung von Intimität, Macht und Zugehörigkeit kamen, die in ihren primären Sozialbeziehungen geprägt wurden. Diese Nähe ist gemeint, wenn die Organisation als „Projektionsfläche" dient und wenn wir von Übertragung in institutionellen Zusammenhängen sprechen. Übertragung meint nichts anderes als die unangemessene Steigerung von Beziehungsansprüchen in eigentlich nicht-diffusem, also idealtypischen, rollenkonformen Handlungszusammenhängen. Das gilt auch dann, wenn wir in Betracht ziehen, daß die „Ideologie der Rolle" (Parin) diesem Ideal immer in den Rücken fallen wird. Der Begriff der Rolle ist nur in jenen sozialen Kontexten prägnant und hilfreich, wo man von der prinzipiellen Ersetzbarkeit des Rollenträgers ausgehen kann, wie z. B. im beruflichen Handeln. In diffusen Sozialbeziehungen ist indes im Unterschied zu rollenförmigen Sozialbeziehungen die individuelle, personalisierte Praxis beendet, wenn die Person ausgetauscht wird. Deshalb waren *Freud*s Krebserkrankung 1923, der Tod *Abraham*s 1925, die Krise um *Rank* und sein Ausscheiden zunächst aus dem Komitee 1925 und dann aus der Psychoanalytischen Bewegung 1926, jene Anlässe, die das spezifische Charakteristikum des Scheiterns des „Geheimen Komitees" hervorbrachten. Es war die Vermischung zweier, soziologisch zu unterscheidende Typen sozialer Beziehungen: die Vergemeinschaftung und die Vergesellschaftung. Mit „Vergemeinschaftung" ist gemeint, „wenn und soweit die Einstellung des sozialen Handelns (...) auf subjektiv gefühlter (...) Zusammengehörigkeit der Beteiligten beruht. Während ‚Vergesellschaftung' eine soziale Beziehung heißen soll, wenn und soweit die Einstellung des sozialen Handelns auf rational (wert- oder zweckrational) motiviertem Interessensausgleich, oder auf ebenso motivierter Interessensverbindung beruht" (*Weber* zit. nach *Amann*, a.a.O., S. 207).

Der „Vergesellschaftungsaspekt" der Psychoanalytischen Bewegung ist bereits hervorgehaben worden. Die folgenden Überlegungen beziehen sich auf Aspekte der Zugehörigkeit, der Macht und der Intimität. An dieser „Trias" wird die individuelle und kollektive Dynamik des Komitees deutlich. Die Mitglieder befanden sich in einem Konfliktfeld, das in seiner Thematik der zentralen Übergangsphase von der ödipalen Krise zur prä-adoleszenten gleicht. Und genau aus dieser Homologie rührt das enorme Konfliktpotenzial des „Geheimen Komitees".

Unter Berücksichtigung der individuellen Bedingungen, die die Mitglieder des Komitees „mitbringen", kann man davon ausgehen, daß sie je ihre ödipale Krise „gemeistert" haben und das Eifersuchtsdrama ihnen sowohl aus ihrer eigenen Kernfamilie, als auch aus ihrer persönlichen Analyse bekannt ist. Nichtsdestotrotz bleiben die prä-ödipalen Grundthemen um Generation und Geschlecht als ubiquitäre Themen bestehen. Die Differenz um Geschlecht und generative Macht und die nichtstillbare Eifersucht der ödipalen Krise sind die Kennzeichen prä-ödipaler, diffuser Beziehungen, wie sie die Gattenbeziehung, die Mutter-Kind-Beziehung und die Vater-Kind-Beziehung kennzeichnen. Diese „Reste" der Triade stellen die Beteiligten vor die widersprüchliche Aufgabe, affektive Ausschließlichkeit mit einem Dritten zu teilen. Die widersprüchliche Einheit in der Triade, die weder für das Kind noch für die Eltern aufgespalten werden kann, sonder immer wieder neu ausbalanciert werden muß, ist das Grundmodell für alle späteren diffusen Sozialbeziehungen und damit das individuelle Grundmuster, das der Einzelne in die Gruppendynamik einbringt – z.B. als Mitglied des „Geheimen Komitees". Aber: Auch wenn dieses Ausbalancieren den einzelnen Mitgliedern im Familienverbund gelungen ist, kann die Frage der Zugehörigkeit zum „Geheimen Komitee" nicht vom Modell der Familie abgeleitet werden. In der Familie ist Zugehörigkeit insofern kein Thema, als das „Dass" der Zugehörigkeit gleichsam gegeben ist und sein Infragestellen bereits die Katastrophe bedeuten würde. Selbstverständlich kann dort das „Wie" der Zugehörigkeit immer wieder zum Problem werden. Anders ist es, wenn die familiäre Matrix verlassen und der Frage nachgegangen wird, in welchem Zusammenhang der Einzelne den Umgang mit dem Anderen, dem „Gleichen" lernt. Die Themen der Zugehörigkeit und der Solidarität stellen sich erst nach der ödipalen Phase in der Latenz. Die ersten Erfahrungen in nicht familiären Gruppen, in denen Geschlecht und generative Autorität suspendiert sind, ist die Gruppe der Gleichaltrigen und Gleichgeschlechtlichen des Präadoleszenten. In der Regel ein erster überschaubarer Zusammenschluss außerhalb der Familie. In diesen Gruppen erfährt das Individuum Konkurrenz und Kooperation, Wechselseitige Anerkennung und Abwertung. In dieser Gemeinschaft erfährt das Kind sich als Handelndes Subjekt in einer Struktur, die es selbst nicht aufheben, aber die es mitbestimmen kann. Möglicherweise ist das, was wir als soziale Kompetenz bezeichnen, nicht an die Familie, sondern eher an die Erfahrungen in der Peergroup gebunden. Erst in der außerfamilialen Gruppe der Gleichen können Kinder mit den Regeln der Kooperation, der Solidarität und der

Zugehörigkeit zu einer Gruppe experimentieren und lernen, was sie tun müssen und können, um zu einer Peergroup dazuzugehören.

Nehmen wir die beiden Sozialisationsorte der ödipalen Krise und der Präadoleszenten Peergroup nun zusammen, lässt sich eine instruktive Gegenläufigkeit erkennen. Die ödipale Triade stellt die Aufgabe, Macht und Geschlecht zu gestalten, in ihr ist die Frage der Zugehörigkeit zunächst suspendiert. In der präadoleszenten Peergroup dagegen geht es um die Gestaltung von Zugehörigkeit. In ihr sind die Aspekte Macht und Geschlecht in dem Sinne suspendiert, dass es dort bis zur Pubertät keine qua Generation vorgegebene Macht gibt und Geschlecht keine sexuell relevante Größe darstellt. Nur so können die jeweiligen Sozialisationsaufgaben als umgrenztes Handlungsproblem in den Vordergrund treten und gelöst werden. Wie sollte das Kind zum Beispiel die Frage von Macht und Geschlecht in seiner ganzen Heftigkeit bewältigen können, wenn die Zugehörigkeit zur Familienmatrix gleichzeitig in Frage stünde? Sozialpsychologisch stellen ödipale Krise und präadoleszente Peergroup-Dynamik also komplementäre Imperative dar, die in der Sozialisation nacheinander zu bewältigen sind.

Gruppen, wie das „Geheime Komitee" können unter dem Aspekt eines solchen gruppendynamischen Konfliktmodells untersucht werden, weil die beiden Imperative „ödipale Krise" und „präadoleszente Peergroup" zu einem einzigen Handlungsproblem vereinigt werden können. Wie in jeder Gruppe herrscht auch hier die widersprüchliche Einheit von Individualisierungs- und Vergemeinschaftungstendenz, von Differenzierungs- und Entdifferenzierungsauftrag vor. Denn die in der ödipalen Krise angeeigneten Muster zur Gestaltung von Macht und Sexualität sind nach der Latenzphase die zentralen Momente, durch die sich Menschen individualisieren und differenzieren. Hinzu kommt nun der Strukturaspekt der präadoleszenten Peergroup, der eine der ödipalen Herausforderung entgegenlaufende Aufgabe stellt: Zugehörigkeit zu einer Gruppe von Gleichen und deren Anerkennung nicht auf Basis von Geburt, sondern auf der Basis von Leistung, Konkurrenz und Kooperation zu erreichen. Idealtypisch ist die Peergroup als Gruppe ein Ergebnis von Vergemeinschaftung, sie resultiert aus einem Prozess der Entdifferenzierung der Peers, die hier zum ersten Mal die elementare Erfahrung erwirkter und nicht geschenkter, kollektiver Identität machen können. Im „Geheimen Komitee" aber ist die Zugehörigkeit nicht nur durch Leistung, Kooperation etc. erwirkt, sondern auch durch *Freud*s Vorschlag „geschenkt" worden. Dieser Aspekt erweitert die bisherigen Überlegungen zur Gruppendynamik des Komitees und macht die Gruppenbeziehungen zu „diffusen" sozialen Beziehungen.

Damit erhöht sich die Komplexität und Dynamik der gruppendynamischen Situation im Komitee erheblich. Seine Peergroup-Dynamik hat eine zentripetale Tendenz, wie das indirekt bereits bei *Ferenczi*s Vortrag von 1910 angekündigt wurde, seine ödipale Dynamik ist dagegen eine zentrifugale Kraft, die das Komitee zur Auflösung bringen kann.

Weil ein Teilnehmer – *Freud* – selbstverständlich jenes Machtzentrum darstelle, das die ödipale Thematik nicht nur wirklich tendenziell, sondern faktisch repräsentierte und damit seine Zugehörigkeit zur Peergroup auflöste, war die Folge, daß es zu ungebremster Steigerung und Verlangen nach Intimität kam, was den unvermeidlichen Wusch nach einer Paarbildung nach sich zog. Im Komitee bildenden sich „homoerotische" Paare, die aber keine festen Orientierungspunkte waren, sondern zu Koalitionen wurden, die je nach Konfliktthemen wechseln konnten. Das verhinderte, dass eines der Paare aus der Gruppe der Peers hinausgedrängt wurde. Was im Blick auf *Rank* und *Ferenczi* nicht unbedingt zu erwarten gewesen wäre.

In „Massenpsychologie und Ich-Analyse" hat *Freud* (1921c, S. 130) dieses Problem erkannt, wenn er davon spricht, „daß die direkten Sexualstrebungen der Massenbildung ungünstig sind". Die Unverträglichkeit von ödipaler Sexualthematik und Vergemeinschaftung nötigt zu psychosozialen Kompromissen zwischen Zugehörigkeitssicherung und Selbstdarstellungswunsch, zwischen der „zentrifugalen" Tendenz, sich als Person zu exponieren und der „zentripetalen" Tendenz, dies im Schutz der Kollektivität einer Untergruppe zu tun. Gelänge es eine Art „Gruppenmatrix des Geheimen Komitees" zu erstellen, gäbe es Aufschluss, wie in dieser Gruppe die prekäre Balance von Individualität und Zugehörigkeit zur Gruppe insgesamt und zu einer ihrer Peergroups austariert wurde. Die psychosozialen Kompromisse trugen jedoch nicht auf Dauer. Denn der ödipale Aspekt des gruppendynamischen Problems, der auf Individualisierung drängt, lässt sich nicht als Teil einer Untergruppe bewältigen. Dieser Individualisierungsversuch ist *Rank*s Schicksal gewesen. Als er jedoch sah, daß sein Versuch, dem gruppendynamischen Problem des Kollektivs gerecht zu werden, auf Kosten seiner Individualisierungsversuche gehen sollten, war sein Weg zum Scheitern verurteilt (*Wittenberger*, 1995b). Damit war er als Teilnehmer aus einem einmal gefundenen Vergemeinschaftungsmuster herausgedrängt. Das Komitee bildete sich mit dem Hinzukommen *Anna Freud*s 1925 neu und bisher ausgeblendete Facetten und Konflikte, wie die Zugehörigkeit anderer „Ortsgruppen-Vertreter" wie *Brill*, oder *Obhuijsen* standen erneut im Raum. Durch einen solchen, individuell orientierten, aber sich sukzessive kollektiv entwickelnden Suchprozess wurde ein qualitativ neues Vergemeinschaftungsmuster geschaffen. Es galt nun für die Komitee-Gruppe, einen neuen Kompromiss zu finden, der das Problem zwischen Individualisierung und Zugehörigkeit, das bei der Bildung des „Geheimen Komitee" eine tragende Komponente war, aber als Subgruppen seine stabilisierende Funktion verloren hatte, zu lösen im Stande war. Dieser neue „Kompromiss" hieß „Zentralleitung". Dass *Ferenczi* die Funktion des Präsidenten dieser Organisation nie übernehmen konnte, hatte nicht so sehr mit seinem frühen Tod 1933 zu tun, als vielmehr mit dem hier beschriebenen Institutionalisierungsprozess der Psychoanalytischen Bewegung, der seine eigene Ambivalenz zwischen Freiheit und Zugehörigkeit widerspiegelte.

Zusammenfassung: Zur Gruppendynamik im „Geheimen Komitee" – einige Aspekte zur Rolle Sándor Ferenczis in der institutionalisierten Psychoanalyse

Auf dem Hintergrund des Kontextes der institutionalisierten Psychoanalyse wird die Rolle *Sandor Ferenczi*s als Pionier der Psychoanalytischen Bewegung beschrieben. Der Gruppen- und Organisationsbildungsprozeß beruhte auf diffusen sozialen Beziehungsmustern, die durch Themen der Intimität, Macht und Zugehörigkeit geprägt wurden. Anders als die ödipalen Themen aus der familiären Matrix werden Zugehörigkeit und Solidarität in der Latenz außerhalb der Familie im Umgang mit dem Anderen, dem „Gleichen" gelernt. In der Peergroup erfährt das Individuum was Konkurrenz, Kooperation, Anerkennung und Abwertung bedeutet. Die Zugehörigkeit zum Geheimen Komitee war aber für die Mitglieder keine auf Leistung und Kooperation beruhende, sondern eine von *Freud* „geschenkte". Die daraus entsthenden Konflikte haben eine fortdauernde Wirkung in den psychoanalytischen Institutionen.

Summary: Group Dynamics in the „Secret Committee" – Some Aspects Concerning the Role of Sándor Ferenczi in Institutionalized Psychoanalysis

On the background of institutionalized psychoanalysis the role of *Sándor Ferenczi*, pioneer of the psychoanalytic movement, is described. The processes in the formation of the group and the organisation is based on patterns of social relations characterised by diffusity, impregnated by topics as intimacy, power, affiliation. Different from the oedipal topics in the matrix of a family affiliation and solidarity are learned as in the period of latency: outside of the family in dealing with the others, with the peers. Within this peergroup the individual experiences the meaning of competition, cooperation, appreciation, depreciation. The affiliation with the secret committee was however not based on cooperation and performance but was a „grace" bestowed by *Freud* upon the members. The conflicts resulting from this dynamics are still affecting psychoanalytic institutions.

Keywords: Community, Socializing, Peergroup, Secret Committee, Group Dynamics, Group Membership, Power, Intimicy, Institution, Screen of Projektions.

Literatur

Abraham, H. (1976): Karl Abraham. Sein Leben für die Psychoanalyse. Eine Biographie. München: Kindler.

Abraham, K. (1982): Gesammelte Schriften Bd. I, hersg. von J. Cremerius: Das Leben Karl Abrahams. Einleitung. Fischer Wissenschaft. Frankfurt: Fischer Tb.

Amann, A. (2003): Vergemeinschaftungsmuster – Zugehörigkeit und Individualisierung im gruppendynamsichen Raum. In: *Gruppenpsychotherapie und Gruppendynamik* 39 (3) 201-219.

Bohleber, W. (2000): Gewalt in psychoanalytischen Institutionen. In: *LUZIFER-AMOR. Zeitschrift zur Geschichte der Psychoanalyse* 13 (26) 7-15.

Brabant-Gerö, É. (2002): Ferenczi, Sándor. In: *Mijolla, A., de* (dir.): Dictionnaire international de la Psychoanalyse. Concepts, Notions, Biographies, Œuvres, Événments, Institutions. Paris: Calmann-Lévy.

Cremerius, J. (1982): Einleitung des Herausgebers. In: *Abraham, K.*: Gesammelte Schriften. Band I. Frankfurt: Fischer Wissenschaft.

deMause, L. (2000): Was ist Psychohistorie? Eine Grundlegung. Psychosozial-Verlag. Giessen.

Dupont, J. (1996): Ein frühes Trauma der psychoanalytischen Bewegung. In: *Freud, S.* (1996b).

Eissler, K.R. (1982): Psychologische Aspekte des Briefwechsels zwischen Freud und Jung. Jahrbuch der Psychoanalyse Beiheft 7. Stuttgart-Bad Cannstatt: Frommann-Holzboog.

Eitingon, M. (1925): Einführung über psychoanalytische Ausbildungsfragen, Kongressbericht. In: *IZP* 11 (1925) 515-520.

Ermann, M. (1994): Sándor Ferenczis Aufbruch und Scheitern. Sein Umgang mit der Regression aus heutiger Sicht. In: *Psyche* 48 (8) 706-719.

Falzeder, E. (1995): Die Fäden psychoanalytischer Filiationen, oder wie Psychoanalyse wirksam wird. In: *Werkblatt. Zeitschrift für Psychoanalyse und Gesellschaftskritik* 35, 37-67.

Falzeder, E. (1998): Freud, Ferenczi, Rank und der Stammbaum der Psychoanalyse. In: *psychosozial* 21 (73) 39-51.

Ferenczi, S. (1910/1970): Zur Organisation der Psychoanalytischen Bewegung. In: Ders.: Schriften zur Psychoanalyse. Bd. I. 48-58.

Ferenczi, S. (1985): Bausteine der Psychoanalyse. Bd. IV: Gedenkartikel, Kritiken und Referate, Fragmente. Frankfurt, Berlin, Wien: Ullstein Materialien.

Ferenczi, S. (1988): Ohne Sympathie keine Heilung. Das klinische Tagebuch von 1932. Herausgegeben von Judith Dupont. Frankfurt: S. Fischer.

Freud, S. (1912-1913a): Totem und Tabu. Studienausgabe. Bd. 9. 288-444.

Freud, S. (1914d): Zur Geschichte der psychoanalytischen Bewegung. Gesammelte Werke. Bd. 10. 43-113.

Freud, S. (1920g): Jenseits des Lustprinzips. S. A. Bd. 3. 217-272.

Freud, S. (1921c): Massenpsychologie und Ich-Analyse. S. A. Bd. 9. 65-134.

Freud, S. (1924c): Das ökonomische Problem des Masochismus. S.A. Bd. 3. 343-354.

Freud, S. (1939a): Der Mann Moses und die monotheistische Religion. Drei Abhandlungen. S. A. Bd. 9. 459-581.

Freud, S. Abraham, K. (1965a): Sigmund Freud / Karl Abraham, Briefe 1907–1926. Herausgegeben von Hilda C. Abraham und Ernst L. Freud. Frankfurt: S. Fischer.

Freud, S. Jung, C.G. (1974a): Sigmund Freud / C. G. Jung, Briefwechsel, hrsg. von William McGurie und Wolfgang Sauerländer. Frankfurt: S. Fischer.

Freud, S. Jones, E. (1993): The Complete Correspondence of Sigmund Freud and Ernst Jones, 1908–1939. ed. by Paskauskas, R.A. Der Originalwortlaut der in Deutsch verfassten Briefe Freuds findet sich in einer Transkription und editorischen Bearbeitung von Ingeborg Meyer-Palmedo. Frankfurt: S. Fischer.

Freud, S., Ferenczi, S. (1993a): Briefwechsel. Bd. I/1 1908-1911. Herausgegeben von Eva Brabant, Ernst Falzeder und Patrizia Giamperi; Deutsch unter wiss. Leitung von André Haynal. Transkription: Ingeborg Meyer-Palmedo. Wien, Köln, Weimar: Böhlau-Verlag.

Freud, S., Ferenczi, S. (1993b): Briefwechsel, Bd. I/2 1912-1914. Herausgegeben von Ernst Falzeder, Eva Brabant unter Mitarbeit von Patrizia Giamperi; Deutsch unter wiss. Leitung von André Haynal. Transkription: Ingeborg Meyer-Palmedo. Wien, Köln, Weimar: Böhlau-Verlag.

Freud, S., Ferenczi, S. (1996a): Briefwechsel. Bd. II/1 1914-1916. Herausgegeben von Eva Brabant, Ernst Falzeder und Patrizia Giamperi-Deutsch unter wiss. Leitung von André Haynal. Transkription: Ingeborg Meyer-Palmedo. Wien, Köln, Weimar: Böhlau-Verlag.

Freud, S., Ferenczi, S. (2003): Briefwechsel. Bd. III/1 1920-1924. Herausgegeben von Eva Brabant, Ernst Falzeder und Patrizia Giamperi; Deutsch unter wiss. Leitung von André Haynal. Transkription: Ingeborg Meyer-Palmedo. Wien, Köln, Weimar: Böhlau-Verlag.

Freud, S., Eitingon, M. (2004): Sigmund Freud – Max Eitingon. Briefwechsel (1906–1939). Herausgegeben von Michael Schröter. 2 Bände. Tübingen: edition dikord.

Gay, P. (1989): Freud: Eine Biographie für unsere Zeit. Frankfurt: S. Fischer.

Grosskurth, P. (1991): Secret Ring: Freud's Inner Circle & the Politics of Psychoanalysis. Addison-Wesley Publishing Company.

Grotjahn, M. (1973/74): Notes on Reading the »Rundbriefe«. In: *Journal of the Otto Rank Association*, Bd. 8. 35-88.

Janus, L. (1997): Die Stellung Otto Ranks im Prozess der psychoanalytischen Forschung. In: *Werkblatt* 38, 83-101.
Jones, E. (1960/62)[1978]: Das Leben und Werk von Sigmund Freud. 3 Bände. Bern, Stuttgart, Wien: Huber.
Junker, H. (1997): Unter Übermenschen: Freud & Ferenczi. Die Geschichte einer Beziehung in Briefen. Tübingen: edition diskord.
Kahr, B. (2002): Eitingon, Max (1881–1943). In: *Erwin, E.* (Ed.): "The Freud Encyclopedia. Theory, Therapy, and Culture. New York & London: Routledge.
Leitner, M. (1998): Freud, Rank und die Folgen. Wien: Turia und Kant.
Lieberman, E.J. (1997): Otto Rank. Leben und Werk. Gießen: Psychosozial-Verlag.
Ohlmeier, D. (1976): Gruppeneigenschaften des psychischen Apparates. In: *Eicke, D.* (Hg.): Die Psychologie des 20. Jahrhunderts II. Freud und die Folgen (1). 11133-1144.
Paskauskas, R.A. (1988): Freud's break with Jung. The crucial role of Ernest Jones. In: Free Associations. Psychoanalysis, Groups, Politics, Culture. Bd. 11. London (Free Association Books).
Peters, U.H. (1992): Psychiatrie im Exil. Die Emigration der dynamischen Psychiatrie aus Deutschland 1933-1939. Düsseldorf: Kupka.
Psychoanalytisches Seminar Zürich (1987): Between. The devil and the blue sea. Psychoanalyse im Netz. Freiburg: Kore.
Sachs, H. (1944/1982): Freud - Meister und Freund. Frankfurt, Berlin, Wien: Ullstein.
Schröter, M. (1994): Freud und Ferenczi. Zum ersten Band ihres Briefwechsels. In: *Psyche* 48 (8) 746-774.
Schröter, M. (1995): Freuds Komitee 1912-1914. Ein Beitrag zum Verständnis psychoanalytischer Gruppenbildung. In: *Psyche* 49 (6) 513-563.
Schröter, M. (1996a): Forschen oder Heilen? Über einen „Geburtsfehler" der Psychoanalyse. In: *Merkur* 50 (568) 531-636.
Schröter, M. (1996b): Zur Frühgeschichte der Laienanalyse. Struktur eines Kernkonflikts der Freud-Schule. In: *Psyche* 50 (12) 1127-1175.
Steiner, R. (2000): Die Zukunft als Nostalgie: Biographien vom Mythen und Helden...? Bemerkungen über Jones' Freud-Biographie (Teil I). In: *Psyche* 54 (2) 99-142.
Szönyi, G. (1999): Das Budapester Modell der Supervision – Fragen von heute. In: *LUZIFER–AMOR. Zeitschrift zur Geschichte der Psychoanalyse* 12 (23) 135-142.
Wittenberger, G. (1995a): Das „Geheime Komitee" Sigmund Freuds. Institutionalisierungspro-zesse in der Psychoanalytischen Bewegung zwischen 1912 und 1927. edition diskord. Tübingen.
Wittenberger, G. (1995b): Gruppendynamik und Spaltungsprozesse im „Geheimen Komitee". Versuch einer Analyse zur Rolle Otto Ranks. In: *Hermanns, L.M.* (Hg.): Spaltungen in der Geschichte der Psychoanalyse. edition diskord. Tübingen.
Wittenberger, G., Tögel, C. (1999): Die Rundbriefe des „Geheimen Komitees". Bd. 1: 1913–1920. edition diskord. Tübingen.
Wittenberger, G., Tögel, C. (2001): Die Rundbriefe des „Geheimen Komitees". Bd. 2: 1921. edition diskord. Tübingen.
Wittenberger, Gerhard, Tögel, C. (2003): Die Rundbriefe des „Geheimen Komitees". Bd. 3: 1922. edition diskord. Tübingen.

Korrespondenzadresse:
Dr. Gerhard Wittenberger
Friedrich-Naumann-Straße 18
34131 Kassel
drwittenberger@t-online.de

Emanuel Berman, Haifa[1]
Ferenczi - Rettung und Utopie

Mein Interesse am paradoxen Charakter von Rettungsfantasien in der beruflichen Motivation und der Gegenübertragung von Analytikern und Therapeuten (*Berman*, 1997), und der Art wie diese Phantasien zum Impuls für utopische Wünsche werden könnten, die Menschheit zu retten, hat mich dazu geführt, über die Relevanz dieses Themas für das Verständnis von *Ferenczis* Werk und seine heutige Bedeutung nachzudenken (*Berman* 1996, 1999).

Die Beschäftigung mit Rettungsfantasien lehrt uns etwas über das Potential professioneller und intellektueller Traditionen, sich immun zu fühlen gegenüber blinden Flecken, die man bei anderen beobachtet. Als *Freud* (1910a) als erster das Phänomen von Rettungsfantasien zur Diskussion stellte, bezog er es auf bestimmte männlichen Patienten, deren emotionales Leben sich um die Rettung ‚gefallener Frauen' drehte. Seine Interpretation orientierte sich an ödipalen Gedankengängen, in denen die Frau als Mutter betrachtet wird. Ihre Rettung vor sexueller Ausbeutung zeigt an, dass man sie für sich selbst besitzen möchte, um den ödipalen Vater abzuwehren.

Reik, Stekel und andere frühe Analytiker folgten diesem Gedankengang und lieferten beeindruckende klinische und literarische Beispiele. *Abraham* ergänzte sie durch Fantasien zur Rettung des Vaters. Er interpretierte sie als Reaktionsform auf mörderische ödipale Wünsche. Aber keiner dieser prominenten Autoren realisierte, dass diese Rettungsfantasien für unsere eigene Berufsgruppe relevant sein könnten.

Die Quellen dieser Einsicht wie die für das Verständnis vieler anderer Aspekte der Gegenübertragung werden in *Ferenczis* Werk sichtbar, obwohl er den Terminus in diesem Zusammenhang nicht direkt benutzte. In seinem Aufsatz „Zur psychoanalytischen Technik" beschrieb *Ferenczi* Situationen, in denen sich der Arzt „unbewusst zum Herr oder Diener seines Patienten machte" (*Ferenczi* 1919, S. 188).

Der Kontext dieser Erkenntnis ist ebenfalls bedeutsam. *Ferenczi* setzte sich mit Anschuldigungen, ja selbst juristischen Anklagen von Therapeuten oder ‚wilden' Analytikern auseinander, in denen Patienten ganz einfach das Unbewusste des Arztes entlarven. Der ambitionierte Arzt, der den Patienten mitreißen möchte in seinem Eifer, zu heilen und den Fall zu lösen – nimmt nicht die kleinen oder großen Anzeichen einer Fixierung auf den Patienten, ob männlich oder weiblich, wahr, aber sie [die Patienten] sind sich dessen nur zu bewusst und interpretieren die zugrunde liegende Tendenz ziemlich treffend, ohne zu ahnen, dass der Arzt sich selbst dessen nicht bewusst ist."

---

[1] Eine frühere Version dieses Aufsatzes wurde auf der internationalen Konferenz „Der klinische Sandor Ferenczi" in Turin im Juni 2002 vorgetragen.

Das ist ein zentrales Beispiel für *Ferenczi*s Erkenntnis, dass Gegenübertragung die Übertragung formt, dass es sich dabei eigentlich um keine Gegenübertragung handelt. Ein weiteres Beispiel von *Ferenczi* und *Rank* (1924) in einem ursprünglich von *Ferenczi* geschriebenen Kapitel, war „die Entwicklung einer Art narzisstischer Gegenübertragung, die den Analysanden verführt, Dinge in den Vordergrund zu schieben, die dem Analytiker schmeicheln und, im Gegenzug, Bemerkungen und Assoziationen von unangenehmer Natur in Bezug auf ihn zu unterdrücken" (*Ferenczi* & *Rank* 1924, 41- 42). *Racker*, auch wenn er *Ferenczi*s Thesen nicht vollständig würdigte, entwickelte diesen Ansatz weiter, indem er beispielsweise hervorhob, dass, „so lange wir unseren Wunsch unterdrücken, ... den Analysanden neurotisch zu dominieren ... wir ihn nicht von seiner neurotischen Abhängigkeit befreien können (*Racker* 1968, 132).

Kehren wir zur Diskussion von 1919 zurück: Obwohl *Ferenczi* vorsichtig darauf hinwies, dass Nicht-Analytiker und ‚wilde' Therapeuten für unbewusste Rettungsfantasien empfänglich seien, ist leicht verständlich, dass gut ausgebildete Analytiker ebenfalls gefährdet sind. Hier sah er gleichfalls den professionellen Diskurs voraus. Beinahe ein halbes Jahrhundert verging, ehe dies geschah. *Phyllis Greenacre* wandte im Jahr 1966 als erste das Konzept der Rettungsfantasien auf Analytiker an (*Greenacre* 1971) ohne von *Ferenczi*s Thesen zu wissen – noch ein Anzeichen dafür, wie Ferenczis Arbeit über Jahrzehnte verschwiegen wurde. Ein weiteres erstaunliches Beispiel ist Polands umfassende Abhandlung über Takt in der Psychoanalyse, bei der alle Zitate zeitlich später liegen als *Ferenczi* Bahn brechende Diskussion des Themas; er nannte ihn überhaupt nicht. *Greenacre* portraitierte die Rettungsfantasien des übereifrigen Analytikers als Ausdruck seines Selbstbildes als Ersatzelternteil. „Bei solchen Rettungsoperationen kann sich die Aggression des Analytikers auf Verwandte oder Therapeuten beziehen, die zuvor mit dem Patienten in Kontakt standen, und so - tatsächlich oder in der Phantasie - zu den Störungen des Patienten beigetragen haben. Der Analytiker wird zum Retter, durch den der Analysand Auftrieb erhält (*Greenacre* 1971, 760). In den vergangenen Jahren wurden den Rettungsfantasien von Analytikern und Therapeuten viel Aufmerksamkeit geschenkt, vor allem denen der Kindertherapeuten (*Esman* 1987), zusammen mit der wachsenden *Ferenczi*anischen Tendenz in der zeitgenössischen Literatur, auf die emotionale Welt des Analytiker und seine Gegenübertragung zu fokussieren. Der Fokus der Erklärung verschob sich von der ödipalen Triade, wie sie von *Freud* und *Abraham* betont wurde, zu den frühesten Mutterbindungen, zur Verlusterfahrung und der Wiederherstellung zur Heilung der Verletzung, die durch Aggression verursacht wurde, zur Notwendigkeit, den depressiven oder hilflosen Elternteil zu erhalten wie auch die eigene Projektion auf den Anderen.

Natürlich kann man sich fragen: Kann es Psychoanalyse, kann es überhaupt ‚helfende Berufe' geben - ohne Rettungsfantasien? Meine Antwort fällt ambivalent aus. Ja, eine Rettungsfantasie mag notwendig sein, oder wenigstens eine sehr weit verbreitete, motivierende Kraft sein, und doch kann sie zu einem Hindernis werden, weil sie manchmal mit effektiver professioneller Hilfe kollidiert. Wir könnten einige größere Unterschiede auflisten zwischen dem Bewusstseinszustand, der von einer nicht gemilderten Rettungsfantasie dominiert wird und einer Haltung, in der diese Fantasie in einen realistischen therapeutischen Bezugsrahmen gestellt wird:

1. Omnipotenz. Innerhalb einer Rettungsfantasie können wir das Leben eines Patienten mit Leichtigkeit von Trübsal in Wonne verwandeln und dem Patienten eine Wiedergeburt ermöglichen. Realistische Hilfe dürfte gemäßigtere Ziele erfordern.

2. Selbstidealisierung und Verklärung. Die Rettungsfantasie stellt den Therapeuten als altruistischen, galanten Edelmann reinen Herzens dar und könnte das Bewusstsein der eigenen Begrenzungen blockieren, sowohl unsere mehr selbst-bezogenen Motive bei der Durchführung der Therapie, wie auch unsere Konflikte hinsichtlich dieser belastenden und schwierigen Tätigkeit.

3. Dämonisierung einer schuldigen Partei. Die Eltern des Patienten können beispielsweise als hoch destruktiv dargestellt werden, ohne den eigenen Beitrag des Patienten zu den gestörten Mustern der Eltern-Kind Beziehung zu berücksichtigen: zu trennen zwischen gut und schlecht, zwischen schuldig und unschuldig. Dieser blinde Fleck kann das Bewusstsein des Therapeuten für die gewöhnlichen Fallgruben blockieren, die ihn oder sie in die gleichen verworrenen Muster mit dem Patienten hineinlocken.

Wegen dieser und verwandter Faktoren kann uns die unabgemilderte Rettungsfantasie blind machen für die große Komplexität des Behandlungsprozesses, für die Ambivalenz beider Parteien und für das Potential paradoxer Resultate der Begegnung. Gerettet zu werden kann beispielsweise als erniedrigend erlebt werden und könnte bei der geretteten Person den Wunsch auslösen, zu verschwinden, was *John Fowles* in „Die Frau des französischen Leutnants" zeigte.

Die Paradoxie der Rettung wird anschaulich gezeigt im Mythos von Orpheus und Euridike. Orpheus rettet seine Liebe aus der Hölle durch seinen Mut und seine rhetorische Kraft, aber es endet damit, dass er sie durch seinen verbotenen Blick in die Hölle zurückschickt (Wunsch nach Wissen, Mangel an Vertrauen, Furcht?) Was an einem bestimmten Punkt als omnipotenter Sieg erschien, führte schließlich zu einem viel zerbrechlicheren, d.h. menschlichen Ergebnis.

Dieses Thema bestimmt auch Hitchcocks Vertigo[2] (*Berman* 1997). Der Hauptdarsteller Scottie ist ein Detektiv, sein Gefühlsleben jedoch zeigt unverkennbar Ähnlichkeiten mit der eines Analytikers, der von einer Rettungsfantasie beherrscht wird. Im ersten Teil des Films glaubt er, seine geheimnisvolle Heldin Madeline vor einem un-

---

[2] Das Wort "Vertigo" ist im Originaltext unterstrichen

klaren, metaphysischen, psychologischen, vielleicht auch kriminellen Schicksal mutig zu retten. Seine Hingabe und sein Wille, sich selbst zu opfern sind eindrucksvoll, genauso wie seine Identifikation mit ihr. Erst viel später im Film erkennen wir, dass Scotties naive, romantische Ansicht von Liebe und Rettung zu einem Desaster geführt hat. Tatsächlich war er die ganze Zeit genauso einsam und hilflos wie die Frau, der er zu helfen versuchte. Das von ihm erlangte Verständnis war so lückenhaft, dass es ihn blind machte für die größere, tiefere Wahrheit hinter dem Geheimnis. Tatsächlich wurde er von einem Schurken an der Nase herumgeführt, jedoch in seinem verzweifelten Versuch, sich aus der Täuschung zu befreien, wird er genauso grausam und rücksichtslos wie der Schurke. Schließlich zerstören Scotties Versuch einer Rettung und seine Suche nach der Wahrheit die Frau, die er liebte und die ihn liebte. Der [rettende] Ritter wird zum Drachen.

Diese scharfe Unterscheidung zwischen dem mutigen Ritter, der hilflosen gequälten Schönen und dem schrecklichen brutalen Drachen ist das Kennzeichen der Rettungsfantasie. Wenn wir wieder zu Sinnen kommen, entdecken wir, dass alle Teilhaber an dem Drama menschlich sind, und daher einander ähnlicher, als es zuerst erscheint. Der „Retter" mag genauso hilflos sein wie seine „Schöne" und genauso aggressiv und aufdringlich wie das „Biest". Identitäten verschieben sich hier leicht und alle Figuren kann man als ein nach Außen gewendetes Drama verstehen.

Aber lassen sie mich zu *Ferenczi* zurückkehren. War sein tiefes Bewusstsein, dieses Risikos ein Ergebnis persönlicher Einsicht gemäß eigener tieferer Bedürfnisse? In gewissem Maße war es so, nehme ich an. In einer längeren Entgegnung auf *Ferenczi*s „furor sanandi" bot *Freud* diesbezüglich zwei verschiedene Interpretationen an. In einem Brief an *Ferenczi* vom 10.1.1910 schrieb er: „Dieses Bedürfnis zu helfen fehlt mir, und ich erkenne nun, warum das so ist, denn ich habe in meinen frühen Jahren niemanden verloren, den ich liebte" (*Brabant* et al., 1993, S. 122). Jahre später sagte *Freud* in einem Nachwort zur „Frage der Laienanalyse": „Ich weiß nichts von einem heftigen Verlangen in meiner frühen Kindheit, der leidenden menschlichen Natur zu helfen. Meine angeborene sadistische Veranlagung war nicht besonders stark, so dass ich kein Bedürfnis hatte, eine dieser abgeleiteten Formen zu entwickeln" (*Freud* 1927, S. 253). Mit anderen Worten: *Freud* stellte *Ferenczi*s Bedürfnis zu helfen in eine direkte Beziehung zum frühen Tod des geliebten Vaters, und indirekt, implizit setzte er es in Beziehung zu einer angeborenen sadistischen Veranlagung. (Nebenbei bemerkt haben *Freud* und *Ferenczi* jüngere Geschwister verloren, aber *Freud* hielt das offenbar nicht für relevant; *Ferenczi* [1932, 12.6.1932, S. 121] jedoch schon). Die zweite Interpretationsspur wurde von *Sterba* (1940) in seinem Artikel „Aggression in der Rettungsfantasie", entwickelt, der in einer Horrorgeschichte aus einer Tageszeitung gipfelte. Sie handelte von einem schlafwandelnden Vater, der seine kleine Tochter unabsichtlich tötete, während er träumte, er würde sie vor einem gefährlichen Hund retten.

Ferenczi dachte über diese Themen bei seiner Arbeit mit O.S. nach, die „unter dem Zwang litt, hilflos und unfähig zu sein, Leiden zu sehen ohne es irgendwie zu lindern … O.S. war jahrelang in Analyse, Grundlage war das Prinzip des unterdrückten Sadismus, ohne den geringsten Erfolg … Ich musste entscheiden … es als wahrscheinlich anzunehmen, dass in ihrem Fall die ursprüngliche Reaktion nicht eine Abwehr, sondern ein Bedürfnis zu helfen ist (*Ferenczi*, 1932, 30.6.1932, S. 148). Er führte weiter aus: „Sie fährt fort, den Zwang zu verspüren, sich für andere aufzuopfern, genauso wie sie ihre gesamte Kindheit und ihre Jugend" ihrer gestörten Familie „opfern musste" (S. 149).

Wenn wir *Ferenczi*s Leben und Werk untersuchen, so sind Zeugnisse für Rettungsfantasien nicht schwer zu finden. Es ist anzunehmen, dass einige seiner Erfolge mit „unheilbaren Patienten" aus seiner starken Beteiligung und Hingabe herrührten, und durch seine Rettungsfantasien genährt wurden. Aber es gibt auch Anzeichen dafür, dass Rettungsversuche zu unglücklichen Resultaten führten. Lassen sie mich jedoch hinzufügen, dass ich – im Gegensatz zu *Freud* und *Sterba* – nicht der Meinung bin, dass destruktive Ergebnisse einer Rettungsfantasie notwendigerweise ihr innewohnende aggressive Motive beweisen. Schäden können auch andere Ursachen haben: Allmachtsgefühle, Hybris, Blindheit und Verleugnung. Das kann an Hand mehrerer Filme gezeigt werden, wie *Penn's* Night Moves[3] (*Berman* 1998) oder *Polanski's* China Town[4], ein Film, der zu dieser Frage nachhaltig einlädt (*Berman* 2003). In beiden Filmen, wie auch in Vertigo[5], stirbt die gerettete Heldin schließlich als tragisches Ergebnis eines Rettungsversuchs. Der Weg zur Hölle kann mit aufrichtigen, guten Absichten gepflastert sein.

*Ferenczi*s Behandlung von *Elma Palos*, der Tochter von *Gizelle*, die später seine Frau wurde, ist ein treffendes Beispiel; damit setze ich mich an anderer Stelle auseinander (*Berman* 2004) und werde hier nicht näher darauf eingehen. Es war eine Verwicklung, zuerst beherrscht durch *Ferenczi*s Rettungsfantasien, die bald darauf eine romantisch-erotische Färbung erhielten und dann einen destruktiven Verlauf nahmen. Trotz *Freud*s Betonung ihrer Unterschiede, erschienen sadistische Elemente schließlich sowohl in seiner wie auch in *Ferenczi*s Haltung zu *Elma*, und *Freud* spielte eine führende Rolle, weil er *Ferenczi*s unbarmherziges Verhalten in bestimmten Stadien unterstützte.

Lassen sie mich in diesem Kontext einen anderen Fall diskutieren, den *Ferenczi* in seiner Korrespondenz mit *Freud* nannte und ihn als „die Wiederholung des Falles *Elma*" (19/20.12.1917) beschrieb. Die Patientin war „ein sehr armes, sehr schönes, sehr intelligentes Mädchen", die ihn so sehr anrührte, als sie zur ersten Konsultation

---

[3] "Night Moves" ist im Originaltext unterstrichen
[4] "China Town" ist im Originaltext unterstrichen
[5] "Vertigo" ist im Originaltext unterstrichen

zu ihm kam, dass er es „zu einem Kuss kommen ließ". Jedoch machten „materielle Umstände eine Behandlung unmöglich" und er ermutigte sie stattdessen, die Erinnerungen ihrer Kindheit niederzuschreiben (die er zehn Jahre später veröffentlichte). In der Folge forderte sie „heftig eine Analyse ein" und er sah sie zweimal die Woche zu einem reduzierten Honorar, aber sie „schien länger in der Übertragung bleiben zu wollen" und die Analyse „zog sich in die Länge" und wurde unterbrochen. Dann schrieb sie Ferenczi einen verzweifelten Brief, nachdem ihr Schwager Selbstmord begangen hatte, *Ferenczi* jedoch „mied sie ... und vertröstete sie auf einen späteren Zeitpunkt" (*Falzeder* & *Brabant* 1996)

Bei ihrem letzten Treffen „sagte sie mir, dass sie sich erschießen wolle und bereits einen alten Revolver gekauft habe"; er bat sie, zu warten, bis er Zeit für sie habe. Sie erschoss sich am folgenden Tag und durch ihre Schwester erfuhr *Ferenczi*, dass sie starb „ weil sie in mich[6] verliebt war ... sie wollte in mir den Mann[7] und nicht nur den Arzt[8] lieben" (S. 253). Der Suizid deprimierte ihn „außerordentlich", aber nach einem anschließenden Gespräch mit *Gizella* empfand er nicht mehr „die leiseste Spur von Schuld", nur ein „tiefes Mitleid mit dem Mädchen" (S. 255).

Wie sollten wir diese tragische Geschichte verstehen? Obwohl sich *Ferenczi* seiner Aggressionen in Bezug auf Frauen bewusst war, die einen Bezug zu seinen konfliktreichen Beziehungen zu seiner Mutter hatten, und das ein zentrales Thema in der mutuellen Analyse mit *Elizabeth Severn* wurde, so bin ich mir nicht sicher, ob dieser Suizid *Ferenczi*s innewohnender Aggression zugeschrieben werden sollte. Mein eigenes intuitives Verständnis sieht so aus, dass *Ferenczi* am Anfang wirklich in diese verzweifelte, ansprechende junge Frau investierte, er jedoch kalte Füße bekam, als sich ihr Zustand verschlechterte und sie so stark abhängig von ihm wurde. Seine anfängliche Begeisterung für sie, gefärbt durch erotische Nuancen, trug zu dieser Panik bei. Er begann, sich zu stark involviert zu fühlen und versuchte, sich zurückzuziehen, indem er die weitere Arbeit mit der Patientin verschob, sich ihrem Leiden und den deutlichen Zeichen, dass sie tatsächlich Selbstmord begehen würde, gegenüber taub stellte.

Trotz seiner enormen klinischen Erfahrung hat er wahrscheinlich deswegen nicht erkannt, dass eine Krisenintervention erforderlich war. Er sagte sich selbst, dass „meine streitbare Haltung ... den Fall unvorteilhaft beeinflusste – der sicherlich auch sonst zum Tode verdammt war (`sicherlich´ klingt recht defensiv). Mein Bedauern ist eine Wiederholung von früher (verdienten) Gefühlen des Bedauerns" (*Falzeder* & *Brabant*, 1996, S. 254).

Ferenczi bezog sich hier wieder auf *Elma*. Ein weiterer treffender Aspekt dieses Falles liegt darin, dass *Ferenczi* unbewusst eine Situation schuf, die für ihn ein großes Trau-

---

[6] "mich" ist im Originaltext unterstrichen
[7] "den Mann" ist im Originaltext unterstrichen
[8] "den Arzt" ist im Originaltext unterstrichen

ma wiederholte, das *Elma* erlitt, als sie bei ihm in Analyse war: der Suizid eines abgewiesenen Liebhabers. „In seinem letzten Brief - so *Elma* an *Balint* über den jungen Mann am 7.5.1966 – schrieb er, dass er arm sei und meiner nicht wert, aber nicht leben könne mit dem Gedanken, dass ich jemand anderen heiraten könnte" (*Berman* 2004). *Ferenczis* Identifikation könnte diesem Kommentar nach dem Suizid der Patientin eine weitere Bedeutung hinzufügen: „ meine Schlaflosigkeit zeigt mir, dass ich unbewusst schuldig sein möchte an diesem Tod" (*Falzeder* & *Brabant*, 1996, S. 254).

Ich nannte an früherer Stelle drei Kriterien zur Unterscheidung einer ungemilderten Rettungsfantasie - die meiner Ansicht nach immer gefährlich ist – von ihrer Sublimation in einer realistischen hilfreichen Behandlung. Von diesen drei kann eine sicherlich nicht *Ferenczi* zugeschrieben werden, nämlich die Verleugnung der konfliktbehafteten Rolle des Analytikers. Im Gegenteil, *Ferenczis* Schriften und sein klinisches Tagebuch sind eine bedeutende Quelle für eine offene und reiche Erforschung dieser Konfliktträchtigkeit.

Auf der anderen Seite denke ich, dass *Ferenczis* Begeisterung ihn zu manchen Zeiten zu omnipotenten Phantasien im Namen der Psychoanalyse führte, so in seiner Diskussion, in seinem Artikel über die Beendigung (der Therapie, d.Ü.). (Er sprach) von einer beinahe grenzenlosen inneren Freiheit und gleichzeitig einem viel sichereren Griff beim Handeln und bei der Entscheidungsfindung in Bezug auf die, die gründlich analysiert werden (*Ferenczi*, 1927, S. 248f). Später schlug er vor, dass man vom „Analytiker verlangt, dass er ganz und vollständig analysiert wurde" (S. 251). *Dupont* kommentiert: „ein Analytiker, der vollständig analysiert wurde, würde wahrscheinlich aufhören, Analytiker zu sein" (in *Ferenczi* , 1932, S. xxxvii)

Elemente einer Idealisierung der psychoanalytischen Behandlung erscheinen ebenfalls in *Ferenczis* Überzeugung – eine Überzeugung, die seiner eigenen persönlichen Entwicklung widersprach – dass das persönliche Element in der psychoanalytischen Behandlung allmählich schwindet, so dass alle Analytiker schließlich „zu den gleichen objektiven Schlüssen kommen … und konsequenterweise die gleichen taktischen und technischen Methoden anwenden werden" (*Ferenczi*, 1928, S. 257); oder dass die psychoanalytische Technik „bald vereinfacht werden wird" (*Ferenczi* & *Rank*, 1924, S. 63). Man könnte sagen, dass der Wunsch nach „objektiven Schlüssen" zu *Ferenczis* großem Schmerz beitrug, die Differenzen zwischen *Freud* und ihm zu ertragen. Diese Gedanken kann man in Beziehung setzen zu *Ferenczis* „Wunsch, Recht zu haben", wie er es in seinem klinischen Tagebuch ausdrückte (*Ferenczi*, 1932, 19.7.1932, S. 160), obwohl er im Tagebuch davon sprach, alle Technik aufzugeben (1.5.1932, S. 94).

Was ich hier omnipotente Fantasien im Namen der Psychoanalyse oder ihre Idealisierung nenne, findet sich in *Balints* Beschreibung wieder: „*Ferenczi*, dessen unaufhörlicher Optimismus und allgegenwärtiger Enthusiasmus für jedwede neue Idee ich an anderer Stelle diskutiert habe …, machte seinen üblichen Fehler, all die warnenden Signale seiner Misserfolge zu missachten und seine Erfolge überzubewerten" (*Balint*,

1968, S. 151). An anderer Stelle beschreibt *Balint* das analytische „große Experiment", ein Charakteristikum von *Ferenczi* und *Winnicott*: „Große Ausblicke bieten sich; man bekommt die Erlaubnis, in unerwartete Tiefen des menschlichen Geistes einzudringen wie in unerwartete Möglichkeiten menschlicher Beziehungen; und doch, am Ende rinnt uns etwas durch die Finger und wir bleiben erstaunt, jedoch unbefriedigt zurück" (S. 114).

Dies trifft auch auf die Verteufelung einer schuldigen Partei zu. Das drückt sich in *Ferenczi*s wachsender Überzeugung aus, dass alle Missbrauchsgeschichten, die von seinen Patienten erzählt wurden, aktuelle Begebenheiten repräsentieren. Während sein Vertrauen zu dieser Zeit als ein wertvoller Gegenpol zu *Freud*s wachsender Überzeugung diente, dass solche Geschichten reine Fantasien darstellten, schien *Ferenczi* keine Unterschiede zu machen, zuweilen Berichte vollständig zu akzeptieren (von *Elizabeth Severn*, zum Beispiel), die für skeptischere Ohren wie psychotische Halluzinationen klingen mochten.

In seinem Artikel „Kinder-Analyse in der Analyse von Erwachsenen" legte *Ferenczi* nahe, dass alle Störungen und Ungezogenheiten von Kindern von einem taktlosen Erziehungsstil herrühren (*Ferenczi*, 1931, S. 132). Diese Überzeugung wurde weitergeführt in „Sprachverwirrungen zwischen den Erwachsenen und dem Kind" bis zu einer scharfen Unterscheidung zwischen der Zärtlichkeit von Kindern und der Leidenschaft von Erwachsenen (*Ferenczi*, 1933). Während ich die „Sprachverwirrungen" als ein geniales Werk betrachte, voller beeindruckender, glänzender Einsichten[9], schien mir diese Dichotomie sein schwächster Gesichtspunkt, der Trennung und Auslagerung (externalisation) ausdrückte.

Unsere Rettungsfantasie trägt oft zu der Annahme bei, dass wir für den Analysanden zum guten Objekt werden können, und damit das genaue Gegenteil des angenommenen bösen Objekts, nämlich der Eltern. Diese Fantasie, ein idealer Ersatzelternteil zu sein (*Esman* 1987) steht im Widerspruch zum zeitgenössischen psychoanalytischen Verständnis über die Art und Weise, wie Analytiker und Therapeuten unweigerlich angezogen werden, die problematischen Elternrollen und andere Personen aus der Vergangenheit des Patienten zu übernehmen. Diesen Vorgang kann man mit *Racker*s (1968) komplementärer Identifikation, mit projektiver Identifikation (*Ogden* 1982) und durch andere unbewusste Mechanismen erklären. Nur die vollständige Aufmerksamkeit für solche Kräfte – eher als ihre Verleugnung durch romantisierende Selbst-Idealisierung – können uns gegebenenfalls gestatten, sie analytisch zu nutzen. Tatsächlich erscheinen die Quellen dieser Erkenntnis auch in *Ferenczi*s Gedanken, so in seinem Kommentar, auch wenn der Analytiker „vielleicht Freundlichkeit und Gelassenheit entgegen nimmt, soweit wie er überhaupt kann, so wird die Zeit kommen, da er mit seinen eigenen Händen die Mordtat wiederholen muss, die zuvor am

---

[9] Dieses Papier habe ich fast jedes Jahr vorgetragen, seit ich 1975 begann, an der Universität zu lehren

Patienten verübt wurde. Im Gegensatz zum ursprünglichen Mord jedoch ist es ihm nicht erlaubt, seine Schuld zu verleugnen (*Ferenczi*, 1932, 8.3.1932, S. 52). Inwieweit entwickelten sich die Rettungsmotive in *Ferenczi*s Welt zu einem utopischen Glauben zur Rettung der Menschheit?

Um diese Frage zu beantworten, muss ich ein paar Worte über meine Sicht auf die Verortung der Utopie in der Psychoanalyse verlieren. *Chasseguet-Smirgel* und *Grunberger* (1986, S. 14) machten eine erstaunlich scharfsinnige Beobachtung: „Es ist ein Paradox *Freud*ianischer Analyse, dass, während sie beständig gegen Illusionen bekämpft, sie diese irgendwie aktiviert." Wo ist dieses Paradox erstmals erschienen? *Chasseguet-Smirgel* und *Grunberger* führten es auf die Arbeit von *Wilhelm Reich* zurück; sie betonten den Gegensatz zwischen ihm und *Freud*, der ihrer Ansicht nach utopische Illusionen vermissen ließ. Ich befürchte, dass sie diesen Gegensatz übertreiben.

Auch *Freud* war, mit all seinem konservativen Skeptizismus, nicht immun für utopische Trends, besonders in den frühen Jahren seines Schaffens. Man denke zum Beispiel an seine Voraussage hinsichtlich der Bedeutung der Psychoanalyse auf die allgegenwärtige Repression. „Der Erfolg, den die Behandlung beim Einzelnen hervorrufen kann, muss in der Gemeinschaft gleichermaßen stattfinden", sagte *Freud* (1910b, S. 148). Später gab er der Hoffnung Ausdruck, dass „all die Energie, die heutzutage für die Erzeugung neurotischer Symptome aufgebracht wird und die nur einer von der Realität isolierten Phantasiewelt dient, auch wenn sie nicht sofort im Lebensalltag benötigt wird, aber helfen kann, den Aufschrei in unserer Zivilisation nach Änderungen zu unterstützen durch die allein wir für das Wohlergehen zukünftiger Generationen sorgen können." (S. 150) Einiges aus *Freud*s späterem Schaffen – ganz herausragend „Das Unbehagen in der Kultur" (*Freud* 1930) – hallte wider vom Klang nach diesen utopischen Gefühlsregungen, obwohl *Freud*s Stimmung vorsichtiger, ja zu Zeiten offen pessimistisch wurde.

Reich, Fromm, Marcuse und andere (*Berman* 1993) entwickelten diese Richtung viel weiter. Ich aber möchte betonen, dass die Rettungsfantasie als unbewusste Motivation der Psychoanalyse inhärent ist und ihr beim Wunsch, Analytiker oder Therapeut zu werden, eine zentrale Rolle zukommt. Utopismus baut auf einer verallgemeinerten Version der Rettungsfantasie auf, in der der Mensch die Rolle des Opfers (Frau, Kind, Patient) spielt, das gerettet werden soll.

Wie drückten sich diese utopischen Tendenzen in *Ferenczi*s Denken aus? In einem seiner ersten psychoanalytischen Artikel schrieb *Ferenczi*: „Eine rationale Erziehung, die auf diesen [psychoanalytischen] Ideen begründet ist, könnte einen großen Teil ihrer bedrückenden Last ablegen … [und] der Gewinn [der Menschen] wird eine ruhige, heitere Lebensform sein, tagsüber, nicht mehr durch unnötige Ängste gequält, noch nachts durch Alpträume" (*Ferenczi* 1908, S. 287). Ähnliches schrieb er in seinem Brief an *Freud* am 5.2.1910: „Sobald die Gesellschaft das Infantile hinter sich gelassen hat, stehen bislang vollständig unvorstellbare Möglichkeiten für das soziale und politische Leben offen. Man denke nur, was es bedeutete, wenn man jedermann die Wahrheit sagen könnte, dem eigenen Vater, dem Lehrer, dem Nachbarn und auch dem König. Alle fabrizierte, aufgesetzte Autorität ginge zum Teufel ..." (*Brabant* et al. 1993, S. 130).

Später prophezeiten *Ferenczi* und *Rank*: „ Diese Seelenärzte würden natürlicherweise durch die Familie einen mengenmäßig noch nicht erfassten Einfluss auf die Gesellschaft ausüben, auf ihre Moral und ihre Gebräuche, und dadurch indirekt eine Verbesserung der Erziehung bewirken, und dadurch wiederum zu einer Prophylaxe der Neurose beitragen" (S. 65). Gegen Schluss ihres Buches fügten sie hinzu: „Der wichtigste Fortschritt der Psychoanalyse besteht schließlich in einer starken Zunahme an Bewusstsein ... indem die instinktiven, unbewussten mentalen Inhalte auf die Ebene des vorbewussten Denkens gehoben werden. Das ... bedeutet einen so wichtigen Schritt in der Menschheitsentwicklung, dass man es tatsächlich als einen biologischen Fortschritt betrachten könnte ..."(S. 67-68)

Eine noch spezifischere Äußerung war *Ferenczi*s Auffassung, dass die Analyse „jedenfalls zeitweise, jedes Über-Ich beseitigen kann" (Ferenczi 1928, S. 265). Diese Auffassung – die sich später zu seinem Wunsch nach „Repression des Selbst, Auslöschung des Selbst" (*Ferenczi* 1932, 29.5.1932, S. 111) entwickelte – klingt wider in der Fantasie vom Neuen Menschen, einem zentralen Bestandteil vieler utopischer Visionen (*Berman*, 2000a, 2000b), in denen das Individuum von unnötigen Überbleibseln seiner vergangenen Persönlichkeit mittels religiöser oder politischer Erziehung geläutert werden muss. Indem *Ferenczi* Freuds Kritik folgte, bot er gegen Ende des Artikels über Elastizität eine gemäßigtere Version, die zum Ziel hat, „nur den Teil des Über-Ich zu zerstören, der unbewusst geworden war und der daher nicht zu beeinflussen war" (*Ferenczi* 1928, S. 268).

*Ferenczi*s gewagteste Formulierung erschien im Klinischen Tagebuch unter dem Titel: „Utopia: Unterdrückung von Hassimpulsen, um die Kette von grausamen Handlungen (wie Blutrache) zu beenden; fortschreitende Zähmung der ganzen Natur durch Wissenskontrolle" (*Ferenczi*, 1932, S. 146). Er sagte: „Wenn es überhaupt möglich ist, Impulse und Reflexe durch Einsicht zu unterdrücken, dann ist es nur eine Frage der Zeit ... bis alle eigennützigen Impulse in der Welt gezähmt sein werden ...". Die etwas gewagten Hypothesen betreffen den Kontakt des Individuums mit dem ganzen Universum. Man muss sie von dem Standpunkt aus betrachten, dass diese Allmachtsfantasie das Individuum befähigt, Außergewöhnliches zu vollbringen, aber auch dass ... ein solcher Kontakt dem ganzen Universum eine menschliche Eigenart verleiht" (28.6.1932, S. 146-147). „Vielleicht wird eines Tages – fügte er später hinzu – der Charakter der Menschheit besser werden" (13.8.1932, S. 200)

Anders als einige utopische Denker versuchte *Ferenczi* nie, eine andere Gesellschaft direkt vorzuschlagen oder zu erschaffen. Außerhalb der individuellen analytischen Arbeit war sein einziger praktischer Gedanke diesbezüglich: „Neugeborene sollten aus einer verrückten Umgebung entfernt werden". (*Ferenczi* 1932, 7.4.1932, S. 82). Er nannte dies einen Eugenischen Hinweis. Man kann nur Erleichterung empfinden, dass er niemals versuchte, diesen Gedanken umzusetzen. Die Torheit der Eugenik ist unserer Generation viel offensichtlicher.

Wir mussten auch den Schaden erkennen, der durch sowjetische Versuche verursacht wurde, Kinder außerhalb ihrer 'destruktiven' Familien zu erziehen, Versuche, die einmal Reichs Begeisterung weckten, als eine Möglichkeit, ödipale Konflikte und Neurosen zu vermeiden. Freud reagierte auf diesen Enthusiasmus spöttisch und sagte: „Das kann man damit vergleichen, dass man die Verdauungsstörungen eines Menschen dadurch behandelt, dass man ihm verbietet, zu essen und gleichzeitig steckt man einen Korken in seinen Anus." (*Sterba* 1982, S. 111). Ganz ähnliche Themen wurden behandelt, als es um die gemeinschaftliche Erziehung in israelischen Kibbuzim ging, die auch einmal psychoanalytisches Gedankengut verfolgte in der Hoffnung, den verbesserten Neuen Menschen hervorzubringen; aber auf lange Sicht zeigte sich, dass dieses System einen hohen emotionalen Preis hatte: sie reduzierte die emotionale Ausdrucksfähigkeit und die Intimität der Kinder (*Bettelheim*, 1969; *Berman*, 1988).

Die Hoffnung auf soziale und erzieherische Veränderungen, geleitet durch psychoanalytische Einsichten, Neurosen und emotionales Leiden auszulöschen, wurde von zahlreichen Analytikern und Erziehern geteilt. Erst spät in ihrer langen Karriere kam eine von ihnen, *Anna Freud*, zu der sachlichen Einsicht, dass „psychoanalytische Erziehung nicht den Erfolg hatte und zu einer Präventivmaßnahme wurde, wie sie es sich vorgenommen hatte. Tatsächlich waren die Kinder, die unter ihrem Einfluss aufwuchsen in einiger Hinsicht anders als andere Generationen; aber sie waren nicht freier von Ängsten oder von Konflikten und daher neurotischen und anderen Geisteskrankheiten nicht weniger ausgesetzt ... Es gibt keine pauschale 'Verhinderung von Neurosen' ... (*Anna Freud*, 1965, S. 8).

Verallgemeinert gesagt können soziale Rettungsfantasien fehlschlagen und genauso paradox wirken wie persönliche Rettungsversuche. Das zu verstehen, kann uns zu einer viel sachlicheren Bewertung der Versuche führen, unser emotionales Leben durch unterschiedliche Arten 'vorbeugender geistiger Gesundheit' zu verbessern. Radikale psychologische Experimente scheinen etwas mit den enthusiastischen wissenschaftlichen Projekten gemeinsam zu haben, das Leben durch Dammbauten, Flussbegradigungen oder Pestizidbehandlungen zu verbessern – sie alle waren erwiesenermaßen naiv angesichts der Missachtung ihrer eigenen subtilen destruktiven Auswirkungen auf die natürliche Ökologie. Der Historiker *Talmon* (1953, S. 253) sprach in diesem Zusammenhang von „einem Heilsarmee-Glaubenskurs: geschaffen aus den vornehmsten menschlichen Impulsen verwandeln sie sich in Waffen der Tyrannei".

Utopisches Denken könnte die motivierende Kraft hinter jedem Versuch sein, menschliches Leben zu verbessern, bei seinem Fehlen könnten sich jedoch pessimistischer Konservatismus und Stagnation durchsetzen. Wie *Mannheim* vorschlug, „ohne

Utopie würde die Menschheit ihren Wunsch verlieren, Geschichte zu schaffen und entweder in Selbstmitleid oder Selbstzufriedenheit verfallen" (*Turner* 1991, S. xlvi-ii). *Ferenczi*s Utopie war auf gewisse Weise eine Reaktion auf *Freud*s zunehmenden Konservationismus.* Aber Utopismus unterscheidet sich von realistischer sozialer Erneuerung (trotz gemeinsamer emotionaler Wurzeln) innerhalb der zuvor erwähnten Dimensionen, indem man die ungemilderte und die realistische therapeutische Hilfe differenziert: Allmachtsgefühle, Selbstidealisierung, Romantisierung, Verteufelung eines schuldigen Feindes (Projektion des Bösen), Blindheit für die Komplexität sozialer und psychologischer Prozesse und für die Paradoxien und unvorhersehbaren Resultate grundlegender Änderungen.

Talmon bemerkte am Ende seines Buches „Die Ursprünge der totalen Demokratie": „Wie ein Analytiker den Patienten heilt, indem er sein Unbewussten bewusst macht, könnte der Sozialanalytiker das menschliche Bestreben angreifen, das totale Demokratien hervorruft, namentlich den Wunsch nach endgültiger Lösung aller Widersprüche und Konflikte in einem Zustand umfassender Harmonie. Es ist eine harte, nichts desto trotz notwendige Aufgabe zu erkennen, dass menschliche Gesellschaft und menschliches Leben niemals einen Zustand der Ruhe erreichen werden" (S. 254-255).

Die Schlussfolgerung des Historikers findet ihren Widerhall in der psychoanalytischen Äußerung von *Chasseguet-Smirgel* & *Grunberger* (1986, S. 213): Sobald das Ego vom Bösen gereinigt ist, verkörpert in der Gestalt von Juden, Privateigentum, Kapitalismus, patriarchalischer Gesellschaft, Charakter oder Muskelpanzer oder einem anderen projizierten Objekt [man könnte hier die Primärszene oder den Kindesmissbrauch einfügen – E.B.], kann es ohne Konflikt existieren, der Mensch kann mit Gott vereinigt werden. In Aden, Arabia[10] sagt *Paul Nizan*, sobald der Mensch ganz und frei sein wird, wird er des Nachts nicht mehr träumen. Mit anderen Worten: er glaubt, dass alles Verlangen seine Erfüllung finden wird. Psychoanalyse jedoch behauptet, dass menschliche Unvollkommenheit, wie auch menschliches Verlangen, niemals verschwinden werden. Die Menschheit ist dazu bestimmt zu träumen, von hier bis in alle Ewigkeit.

Übersetzung aus dem Englischen: *Konrad Neuberger*

---

*„... auf einer persönlicheren Stufe könnten wir über Pollocks (1975) Beobachtung nachdenken, dass utopisches Denken die Suche nach Unsterblichkeit verkörpert und sich auf den Verlust der Kindheit und den nachfolgenden Trauerprozess bezieht. Der von *Ferenczi* geliebte Vater starb als er fünfzehn Jahre alt war.

[10]"Aden, Arabia" ist im Originaltext unterstrichen

Zusammenfassung: Ferenczi – Rettung und Utopie
Die Arbeit befasst sich mit dem für die Psychotherapie (aller Schulen) zentralen „Rettungsphantasie": Psychotherapeuten als Retter ihrer Patienten, ja der ganzen Menschheit. Der Autor zeigt dieses Motiv in seiner unterschiedlichen Ausprägung bei *Freud* und *Ferenczi* und befasst sich mit den dahinterstehenden Idealisierungen, Allmachtsphantasien und dem utopischen Denken, Utopien als Movens menschlichen Handelns wie auch heilenden Tuns, aber auch mit ihren illusionären und totalisierenen Gefahren. *Berman*s Text zeigt, wie solche Phantasien bis in die klinische Konzeptbildung und Praxis durchschlagen.

Summary: Ferenczi – Rescue and Utopia
This text is dealing with the topic of „recue phantasies" central for psychotherapy (of all schools): Psychotherapists as rescuers/saviours of their patients and even of the whole of mankind. The author expounds on this topic in the work of *Freud* and *Ferenczi* and is dealing with the idealizations, phantasies of omnipotence and utopic thinking behind them. Utopias are moving impulses for human activities and also for the practice of healing and they are not free from illusions and dangers. The text of *Berman* shows how these phantasies are even impregnating clinical concepts and practice.
Key words: Ferenczi, Freud, rescue phantasies, utopian thinking

Literatur

Abraham, K. (1922): The rescue and murder of the father in neurotic phantasy formations. In: *Abraham, K.* (1955): Clinical Papers and Essays in Psychoanalysis. New York: Basic Books. 68-75.
Berman, E. (1988): Communal upbringing in the kibbutz: The allure and risks of psychoanalytic utopianism. *Psychoanal. Study Child* 43, 319-335.
Berman, E. (1993): Psychoanalysis, rescue and utopia. *Utopian Studies* 4, 44-56.
Berman, E. (1996): The Ferenczi renaissance. *Psychoanal. Dialogues* 6, 391-411.
Berman, E. (1997): Hitchcock's "Vertigo": The collapse of a rescue fantasy. *Internat. J. Psychoanal.* 78, 975-996. Also in: *Gabbard, G.O.* (ed.): Psychoanalysis and Films. London: Karnac, 2001. 29-62.
Berman, E. (1998): Arthur Penn's "Night Moves": A film that interprets us. *Internat. J. Psychoanal.* 79, 175-178. Also in Gabbard, op. cit. 83-91.
Berman, E. (1999): Sandor Ferenczi today: Reviving the broken dialectic. *Amer. J. Psychoanal.* 59, 303-313.
Berman, E. (2000a): The utopian fantasy of a New Person and the danger of an analytic false self. *Psychoanal. Psychol.* 17, 38-60.
Berman, E. (2000b): The Scarlet Letter, revised: Vicissitudes of the utopian fantasy of the New Sexual Person. *Psychoanal. Dialogues* 10, 319-326.
Berman, E. (2003): Reader and story, viewer and film: On transference and interpretation. *Internat. J. Psychoanal.* 84, 119-129.
Berman, E. (2004): Sandor, Gizella, Elma: A biographical journey. *Internat. J. Psychoanal.* 85, in press.
Bettelheim, B. (1969): Children of the Dream. New York: Avon.
Brabant, E. et al. (1993) (eds.): The Correspondence of Sigmund Freud and Sandor Ferenczi, v. I. Cambridge, MA: Harvard.
Chasseguet-Smirgel, J., Grunberger, B. (1986): Freud or Reich? New Haven: Yale.
Esman, A.H. (1987): Rescue fantasies. *Psychoanal. Quart.* 56, 263-270.
Falzeder, E., Brabant, E., eds. (1996): The Correspondence of Sigmund Freud and Sandor Ferenczi, v. II. Cambridge, MA: Harvard.

Ferenczi, S. (1908): Psycho-analysis and education. In: Final Contributions to the Problems and Methods of Psycho-Analysis. London: Hogarth, 1955. 280-290.
Ferenczi, S. (1919): On the technique of psycho-analysis. In: Further Contributions to the theory and technique of psycho-analysis. NYC: Brunner/Mazel, 1980. 177-188.
Ferenczi, S. (1927): The problem of the termination of the analysis. In: Selected Writings (ed. *Borossa, J.*), London: Penguin, 1999. 245-254.
Ferenczi, S. (1928): The elasticity of psychoanalytic technique. In: Selected Writings (ed. *Borossa, J.*), London: Penguin, 1999. 255-268.
Ferenczi, S. (1931): Child analysis in the analysis of adults. In: Final Contributions to the Problems and Methods of Psycho-Analysis. London: Hogarth, 1955. 126-142.
Ferenczi, S. (1932): The Clinical Diary of Sandor Ferenczi (ed. J. Dupont). Cambridge, MA: Harvard, 1988.
Ferenczi, S. (1933): Confusion of tongues between adults and the child. In: Selected Writings (ed. *Borossa, J.*), London: Penguin, 1999. 293-303.
Ferenczi, S., Rank, O. (1924): The Development of Psycho-Analysis. NYC: Dover.
Freud, A. (1965): Normality and pathology in childhood. New York: Int. Univ. Press.
Freud, S. (1910a): The future prospects of psycho-analytic therapy. Standard Edition, 11, 139-151.
Freud, S. (1910b): A special type of choice of object made by men. Standard Edition, 11, 165-175.
Freud, S. (1927): The question of lay analysis: Postscript. Standard Edition, 20, 251-258.
Freud, S. (1930): Civilization and its discontents. Standard Edition, 21, 64-145.
Greenacre, P. (1971): Emotional Growth. New York: Int. Univ. Press.
Ogden, T. (1982): Projective Identification and Psychotherapeutic Technique. N.Y.: Aronson.
Poland, W. (1975): Tact as a psychoanalytic function. *Internat. J. Psychoanal.* 56, 155-162.
Pollock, G.H. (1975): On mourning, immortality and utopia. *J. Amer. Psychoanal. Assn.* 23, 334-362.
Racker, H. (1968): Transference and Countertransference. London: Maresfield, 1982.
Sterba, R.F. (1940): Aggression in the rescue fantasy. *Psychoanal. Quart.* 9, 505-508.
Sterba, R.F. (1982): Reminiscences of a Viennese Psychoanalyst. Detroit: Wayne: State Univ. Press.
Talmon, J.L. (1952): The Origins of Totalitarian Democracy. London: Mercury, 1961.
Turner, B.S. (1991): Preface to the new edition of Karl Mannheim's Ideology and Utopia. London: Routeledge.

Korrespondenzadresse:
Emanuel Berman, Ph.D.
Department of Psychology
University of Haifa
Haifa 31905, Israel
emanuel@psy.haifa.ac.il

José Jiménez-Avello, Madrid
Healing und Trauma - Vom „furor sanandi" zum „animus sanandi"

1. „Negative" Anweisungen und „positive Indikationen"

Ferenczi hat immer danach gestrebt, daß die technischen Innovationen, die er im Laufe seines Werkes einführte, beginnend im Jahr 1917 mit der sogenannten „aktiven Technik", als eine Weiterentwicklung der Ideen *Freud*s wahrgenommen wurden. Und ebenso schien es zu geschehen, als er im Jahre 1928 „Die Elastizität der psychoanalytischen Technik" (*Ferenczi* 1928 III) veröffentlichte.

Deutlich ist dies der Fall bei der aktiven Technik, die sich unter der mündlichen und schriftlichen Zustimmung *Freud*s in „Neue Wege der psychoanalytischen Therapie" (Budapester Kongress von 1918 und Freud 1919a) entwickelte, denn diese Technik entstand aus einem Versuch, das Abstinenzprinzip durch die von dem Ungarn *Ferenczi* erteilten „Gebote und Verbote" zu vertiefen.

Denselben freudianischen Anspruch hat *Ferenczi* in dem zitierten Text von 1928, in welchem er die Begriffe „Elastizität", „Takt" und „Empathie" einführt. In der endgültigen Fassung dieser Arbeit fügt er Kommentare zu einem von einem ‚Kollegen' erhaltenen Entwurf bei, selbstverständlich *Freud*, der mehr oder weniger sein Einverständnis mit dieser Neuerung zeige. Der Brief (1114 F, 4.1.28) lautet: Meine seinerzeit gegebenen Vorschläge über die Technik waren *im wesentlichen negativ*: Es schien mir wichtiger, das hervorzuheben, was man nicht tun sollte, und auf die Gefahren hinzuweisen, die der Analyse zuwiderlaufen. Beinah alles, was *an Positivem zu tun sei*, habe ich auf Kosten des Taktes, den Sie erwähnen, vernachlässigt. Aber das so erzielte Resultat war, daß die gehorsamen Subjekte die Elastizität der Konventionen nicht annahmen, sondern sich diesen unterwarfen, als wären sie Gesetze mit den Wert eines Tabus. Es war notwendig, dies eines Tages nachzuprüfen, selbstverständlich *ohne die Verpflichtungen zu annullieren*.[1]

Hier zeigt *Freud* also kein völliges Einverständnis, da er in demselben Brief hinzufügt, daß er zwar den Begriff „Elastizität" *„exzellent"* finde, aber nicht so sehr den Begriff „Takt", welchen er als *„besorgniserregend"*[2] bezeichnet, weil dieser sich in eine „*Rechtfertigung des Willkürlichen"* wandeln könne. Das heißt, das „Positive", welches *Ferenczi* einführt, der technische Begriff „Takt", bereitet *Freud* Bedenken. Er verbindet das *„Positive"* mit dem *„Willkürlichen"*.

---

[1] Alle kursiven Hervorhebungen stammen vom Autor (J-A, J).

[2] Die Unsicherheit bezüglich des Begriffs „Takt" ist in Wirklichkeit sehr viel älter als dieser Briefwechsel von 1928. In *Ferenczi* 1908 II schreibt der Schüler: *Diese Analyse erfordert (...) viel psychologischen Sinn und viel Takt.* In Freud 1910k ‚antwortet' der Meister: *Mit diesen präzisen, technischen Begriffen ersetzt die Psychoanalyse die Forderung nach jenem unbegreiflichen „medizinischen Takt", in dem sie eine besondere Fähigkeit sucht.*

Die „Prinzipien von Relaxation und Neokatharsis" (*Ferenczi* 1930 VI), vorgestellt im Jahr 1929, verweisen wiederholt auf das Einverständnis von „*Autoritätspersonen*" (*Freud* in dem erwähnten Brief), um die „Indikationen positiver Natur" zu vertiefen, da die technischen Schriften Freuds *„faktisch nicht mehr als Empfehlungen für Anfänger waren, die vor Mißerfolgen und den offensichtlichsten Fehlern schützen sollten.*"

Um es kurz zu sagen: Der damalige Anspruch *Ferenczi*s, die Prinzipien, welche wir „negative Prinzipien" nennen könnten, im Gegensatz zu den positiven Indikationen zu beachten, ist schon schwer haltbar, wenn *Ferenczi* das Prinzip der „*Gewährung*" in diesen Text einführt.

Noch weniger haltbar scheint dieser Anspruch, wenn *Ferenczi* die mutuelle Analyse erprobt (*Ferenczi* posth. 1985 [1932]), welche *Freud* als „Therapie des Küssens" (1207 F, 13.12.31) schmähte. Aber in dieser Arbeit strebte der Autor ja nicht nach Autorisierung. Die Diskrepanzen mit *Freud* im theoretischen, fachlichen und persönlichen Bereich finden sich in reichlichem Maße in *Ferenczi*s posthum veröffentlichte Notizen. In der Tat hielt *Ferenczi* diese Methode halb verborgen, jedoch nur für kurze Zeit. Denn *Balint* (*Balint* 1969) unterstützte *Ferenczi* in seiner Absicht, diese Methode auszuarbeiten, zu vollenden und bekanntzumachen.

Alles in allem enstehen die fachlichen Diskrepanzen zwischen *Freud* und *Ferenczi* in dem Augenblick, da *Ferenczi* Ideen einzuführen beginnt, die in die von *Freud* gelassene Lücke bezüglich „des Positiven" („Takt", „Mitfühlen", „Elastizität") stoßen. Diese Auseinandersetzung steigert sich bis zur Konfrontation durch das Hinzufügen neuer Begriffe („*Gewährung*" [statt Errichten von Barrieren]; „*Mitfühlen*", „*Mutualität*", statt Abstinenz.

Was hat die Entwicklung der „Indikationen positiver Natur" an sich, dass sie zu einer solch radikalen Kontroverse zwischen beiden führen konnte? Was das Technische betrifft, besteht das Problem darin, daß, um dem Positiven Platz zu schaffen, wenigstens zu einem gewissen Grad einige der „*Verpflichtungen*" „*annulliert*" werden müssen, um in der Terminologie von *Freud*s Brief vom Januar 1928 zu bleiben. Das betrifft vor allem die mutmaßliche Parteilosigkeit des Analytikers, welche als fachliches Prinzip seit 1910 allgemein vorherrschte. **Es ist nicht möglich in Richtung des Positiven voranzuschreiten und dabei das Negative intakt zu lassen. Wenn man etwas Positives macht, bleibt kein Platz für Neutralität.**

Selbstverständlich muß an erster Stelle gesagt werden, daß das, was *Freud* unter dem Begriff „*Neutralität*" versteht, in verschiedener Weise verstanden werden kann; sowohl im Hinblick auf die Entwicklung seiner Texte, als auch was die recht bekannten Anekdoten über deren praktische Umsetzung betrifft. Es muß gesagt werden, daß ein beträchtlicher Teil der postfreudianischen „Richtlinien", deren Befolger sich als „*gehorsame Subjekte*" verhalten, dieses Konzept der Neutralität überdehnte. In jedem Fall wird es schwierig, eine neutrale Einstellung als Gemütszustand eines „Chirurgen" (will meinen: wie *Freud* sich einen Chirurgen vorstellte) einzunehmen, wenn etwas Positives getan werden kann und muß.

Für *Ferenczi* mußte auf jeden Fall irgendetwas getan werden, er konnte, wollte nicht neutral bleiben. Um zu sehen, ob er dazu imstande sei und wie dies zu schaffen sei, erprobt er seine technischen Neuerungen und die damit verbundenen Begriffe. Für *Freud* hingegen ist dies nicht so offensichtlich. Einerseits ist er derjenige, welcher für ein positives Handeln plädiert, andererseits ruft das, was *Ferenczi* tut, in *Freud* zunächst starke Vorbehalte („elastische Technik") und letztendlich offene Ablehnung („mutuelle Analyse") hervor.

In diesem kurzen Abriß der Neuerungen *Ferenczis* ist eine Entwicklungsstufe des Ungarn ausgelassen worden, die ans Ende des Zeitraums zu rücken ist, in welchem er die „aktive Technik" erprobte, und die noch vor der offiziellen Vorstellung der elastischen Technik anzusiedeln ist. Ich beziehe mich dabei auf die neuen Fragestellungen, die sich aus dem kleinen gemeinsam mit *Rank* im Jahr 1924 verfaßten Buch „Entwicklungsperspektiven der Psychoanalyse" (*Ferenczi, Rank* 1924) ergeben.

Dieser Text und dieses Datum wird gemeinhin nicht als eine differenzierte Phase in der technischen Weiterentwicklung *Ferenczis* wahrgenommen. Die Aufwertung des „Erlebnisses" in der analytischen Praxis ist die theoretische Grundlage, von der sich, basierend auf der *Freud*schen Schrift „Erinnern, Wiederholen, Aufarbeiten" (*Freud* 1914g), das besondere Interesse *Ferenczis* für die „Indikationen positiver Natur" ableitet. Die „Wiederholung" in der Analyse, die später den Weg des Erinnerns" und den Prozeß des „Durcharbeitens" eröffnet, soll erleichtert werden. Ja sie soll sogar ermutigt werden, sofern diese nicht „spontan" erfolge, wenn man unter spontan das versteht, was in dem von der klassischen Technik entworfenen *setting* geschieht. Die „Wiederholung" zu begünstigen oder die Komponente des „Erlebens" zu potenzieren oder die Tolerierung bzw. Abstufung der Regression (verschiedene Ausdrucksweisen für die selbe Sache), bedeuten in bezug auf die klassische Technik, in welcher die „Einsicht" und intellektuelle Erhellung die erste und wichtigste Stelle einnehmen, bereits; etwas „von positiver Natur" zu tun.

Obwohl *Freud* seinen Brief über das Positive und das Negative noch nicht geschrieben hatte, beginnt hier der grundsätzliche, technische Unterschied zwischen beiden Autoren, der als der Beginn des Streites um den Neutralitätsbegriff und letztendlich auch um das Abstinenzprinzip verstanden werden kann; ausgehend vom Akt, selbst zu denken, so wie im Fall *Ferenczis* beginnend mit dem kommentierten Text von 1924, dass nämlich in der analytischen Sitzung der Analytiker „etwas Positives tun" solle.

Diese Idee äußert sich bei *Ferenczi* nur durch die Ausarbeitung der „elastischen Technik" (1928), welche sogar dem Zeitpunkt vorangeht, den die „Entwicklungsperspektiven" (1924) bezeichnen, da es keine dermaßen positiven Interventionen des Analytikers gibt wie die, welche zur davor liegenden „aktiven Technik" gehören, wenn man es als positive Indikation erachtet, Gebote und Verbote zu erteilen. Obwohl, wenn man es richtig durchdenkt, das Positive der „aktiven Technik" darin besteht, das Negative zu verdoppeln, indem das Abstinenzprinzip durch Maßnahmen gegen das Lustprinzip verstärkt wird (*Ferenczi* 1919). Die Gebote und Verbote sind positiv nach Art des ‚minus mal minus gibt plus', da sie sowohl den Patienten als auch den Analytiker aktiv werden lassen - letzteren wenigstens im Sinne eines Aktivators.

Zusammenfassend kann man sagen: mit der Verstärkung des Abstinenzprinzips in der aktiven Technik verläßt *Ferenczi* die vorgebliche analytische Neutralität. Aber „das Negative noch negativer zu machen" in der aktiven Technik entpuppt sich als eine Sackgasse, in der er paradoxerweise bei dem Streben nach größerer Neutralität der Analytiker für den Patienten doch zu jemandem wird, der „etwas" tun sollte und unweigerlich auch tut. Deshalb probiert *Ferenczi*, mittels aufeinanderfolgender, unmittelbar „positiver" Versuche Fortschritte zu erzielen: zunächst durch die Aufwertung des „Erlebnisses" (1924), später durch die bekannten Phasen der „elastischen Technik" (1928), der „Technik der Relaxation und Neokatharsis" (1930) und der „mutuellen Analyse" (1932).

2. Unbestimmtheit des „Positiven" und „healing"

Wenn man betrachtet, was laut *Ferenczi* (und *Freud*) an Positivem zu tun ist, dann weist dies seit 1928 eine gewisse Mehrdeutigkeit auf. So stellt *Ferenczi* über den Begriff „Takt" in Verbindung mit der elastischen Technik fest: *„Mit dem Begriff Takt kann ich nur die Unbestimmtheit durch eine einfache und angenehme Formel ausdrücken."* (*Ferenczi* 1928 III). Es handelt sich folglich um eine unbestimmte Formulierung, die ihn zudem nicht vollends befriedigt, da sie später noch ergänzt wird durch das damit verbundene Prinzip der *„Gewährung"* und noch später durch die mit der „mutuellen Analyse" verbundenen Prinzipien der *„Mutualität"* und des *„Mitfühlens"*, um schließlich - wenigstens im Falle der letzteren – vom Autor selbst aufgegeben zu werden: *„Keine speziell didaktische Analyse! [...] Die mutuelle Analyse macht alles noch schlimmer!"* So mit Entschiedenheit benannt und kommentiert in der Notiz vom 3. Juni 1932 (*Ferenczi* posthum 1985 [1932]).

Unbestimmtheit (*„Takt"*), die Einführung von relativ verwandten aber dennoch verschiedenen Konzepten (*„Mitfühlen"* / *„Sympathiesieren mit"*), mißlungene Versuche (*„mutuelle Analyse"*): *Ferenczi* schafft es nicht, das „Positive" zu finden, das konkret zu tun ist. Weder scheint er es zu finden, noch scheint er aber auch – bis er durch Krankheit und Tod von der weiteren Suche abgehalten wurde – auf die *Auffassung verzichtet zu haben, daß der Analytiker „etwas Positives tun müsse"*.

Es ist offensichtlich, daß er im Juni 1932 die mutuelle Analyse für rundweg gescheitert ansieht. Aber die Eintragungen im „Klinischen Journal" (*Ferenczi* posthum 1985 [1932]), die meiner Meinung nach mit den „Notizen und Fragmenten" (*Ferenczi* postum XXI) und den nicht von *Balint*, sondern erst von J. *Dupont* in Madrid 1997

(*Dupont* 2000) veröffentlichten Notizen zusammen gelesen werden müssen, setzen sich bis Dezember desselben Jahres 1932 in verhältnismäßig großer Häufigkeit fort und vermitteln nicht das Bild eines *Ferenczi*s, der zur klassischen Technik zurückkehren möchte. Die auffälligen Eigenarten der mutuellen Analyse verschwinden als solche, aber überleben als „analytische Mutualität".(„*Eine neue Phase in der Mutualität*" 18.6.32). Im August schreibt er „*ohne Sympathie gibt es keine Heilung*" (13.8.32) und wenig später sinniert er über eine mögliche Technik, die er als „*psychognostisch*" (30.10.32) bezeichnet. Vor allen Dingen aber treffen wir an verschiedenen Stellen auf den Begriff „*healing*" (17.1.32, 10.3.32, 13.8.32, 24.8.32, 24.8.32 im „Klinischen Journal" und 10.11.32 in „Notizen und Fragmente"), von dem ich erweisen möchte, dass er den ausdrucksstärksten Begriff von *Ferenczi*s letztem Versuch über die „Positivität" darstellt.

Zum Teil in Klammern, zum Teil als Titel einiger Notizen oder an mehreren Stellen in Englisch und unter Anführungszeichen bei der Verwendung im Deutschen, **kann der Begriff „*healing*" als Bezeichnung der letzten technischen Abhandlung *Ferenczi*s verstanden und verwendet werden, seines letzten Versuchs, das Unbestimmte zu benennen, das bei der Analyse „positiv zu tun" sei.**

Wie bei so vielen in den posthumen Notizen festgehaltenen Ideen ist nicht ganz eindeutig, worauf *Ferenczi* mit diesem Terminus anspielt. Die Tatsache, daß er einen englischen Begriff benutzt, und daß er mehrere Male in den Notizen (14.2.32 und 17.3.32) den Namen *Mary Baker Eddy* erwähnt, legen nahe, daß *Ferenczi* diesen Begriff in Anspielung auf die von dieser Frau – der Gründerin der „Christian Science" und der Praxis des „healing cult", einer der der Ideen dieser Sekte – praktizierte Methode verwendet. Allerdings wird beim Lesen der Abschnitte, in denen *Ferenczi* direkt auf *Eddy*s Ideen anspielt, deutlich, daß deren Gebrauch in jedem Falle nicht wörtlich, sondern als Leihbegriff zu verstehen ist.

Es kann nur durch Lesen zwischen den Zeilen darüber spekuliert werden, was *Ferenczi* unter diesem Begriff versteht. Aber die Vermutungen dürfen nicht die „Unbestimmtheit" in seinen technischen Begriffen aus den Augen verlieren. Ja noch mehr, es scheint, daß das Bewußtsein über die Irrtümer seiner früheren Abhandlungen diese Tendenz zur Ungenauigkeit bei *Ferenczi* verstärkt hat. Dies geht so weit, dass man mit Bestimmtheit nur sagen kann, dass *Ferenczi* denkt, man solle „etwas Positives tun". Und dieses Positive nennt er „healing" und versteht in erster Linie darunter, was die Wörterbücher wiedergeben: heilend, gesund machend.

Das heißt, **das Positive in der analytischen Praxis ist das Einnehmen einer „heilenden Haltung".** Der Tadel *Freud*s hinsichtlich *Ferenczi*s letzter technischer Abhandlungen, sie seien Ausdruck eines „*furor sanandi*" (*Fortune* 1993), kann geteilt werden oder nicht, auf jeden Fall aber scheint es deutlich zu sein, daß **nach *Ferenczi* in der Analyse ein „*animus sanandi*" beibehalten werden soll.**

3. Die theoretischen Grundlagen des *„animus sanandi"*

Bis zu diesem Zeitpunkt versuchte diese Arbeit zu zeigen, wie *Ferenczis* technische Entwicklungen die „Indikationen positiver Natur" benötigen, wie diese dazu führen, daß das Positive sich als *„healing"* darstellt, und wie dies alles unweigerlich zur *„Annulierung der Verpflichtungen"* führt, welche die klassische Technik auferlegt. Aber woher stammt die Notwendigkeit, das Positive heilender Art in die analytische Praxis einzubeziehen? Welche theoretische Konzeptualisierung liegt diesen technischen Erfordernissen zugrunde? Dafür lassen sich wenigstens zwei logisch und chronologisch miteinander verknüpfte Anworten geben.

Die erste hat mit der konsequenten Berücksichtigung der Gegenübertragung zu tun. Im Jahre 1919, mitten in der Epoche der Anwendungs- und Erprobungsphase der „aktiven Technik", veröffentlichte *Ferenczi* „Die psychoanalytische Technik" (*Ferenczi* 1919 LXXXII). In den ersten drei Kapiteln zeigt er, wie der Analytiker unvermeidlich aktiv wird, wenn er von dem Analysanden verlangt, frei assoziierend zu sprechen, wenn eine Form der Antwort autorisiert wird, die den konventionellen Dialog nicht befolgt, wenn eine Grenze gezogen wird zwischen verbaler Aggression (erlaubt) und tätlicher Aggression (verboten), wenn nicht erlaubt wird, Rat zu erteilen oder wenn dies im Gegensatz dazu als angemessen erachtet wird etc., etc. All dies führt ihn demzufolge dazu, in dem vierten und letzten Kapitel die notwendige „Beherrschung der Gegenübertragung" (so der Titel) zu vertiefen.

Die Gegenübertragung, die *„Metapsychologie der psychischen Prozesse des Analytikers im Laufe des Heilungsprozesses"* (*Ferenczi* 1928 III), um die nach ihrer Konzeptualisierung seitens *Freuds* wenig Aufhebens gemacht wurde, nimmt seit diesem Zeitpunkt die erste Stelle in *Ferenczis* Arbeit ein. Diese wird von ihm weder als etwas Mögliches noch als etwas, das es auszuschließen gilt, begriffen und behandelt, was eigentlich *Freuds* Haltung gewesen war, sondern als etwas Unvermeidliches und darüberhinaus als ein wichtiges und betrachtenswertes Element im analytischen Prozeß, obwohl es sich anfänglich als ein bei der Entdeckung der Übertragung auftretendes Hindernis dargestellt hatte.

Und **wenn der Analytiker der Gegenübertragung unterworfen ist, offenbart sich die „negative Anweisung" der analytischen Neutralität als etwas, dass unmöglich zu befolgen ist.** Das ist das, was in direkter Verwandschaft zu *Ferenczi Alice* und *Michael Balint* (*Balint, Balint* 1939) zeigen werden, wenn sie von der „angeblichen" analytischen Neutralität sprechen, als von etwas, das in den Bereich einer illusorischen Idealisierung gehöre. Entweder suchen wir eine neuartige Bedeutung des Begriffs „Neutralität", ohne uns streng ans Wörterbuch zu halten, oder die angebliche „Neutralität" ist offen gesagt ein Schwindel, eine *„professionelle Heuchlerei"* (7.1.32), da sie praktisch nicht anwendbar ist.

Mit dieser Ansicht, daß es unmöglich einen neutralen Analytiker geben könne, und mit der Notwendigkeit, daraufhin die Phänomene der Gegenübertragung als operativen Faktor im Heilungsprozeß anzunehmen, waren zunächst nur wenige Analytiker einverstanden (*Balint, Winnicott*), später jedoch mehrere (ausgehend von *Paula Heimann*), die mehr oder weniger offen und ausdrücklich die Notwendigkeit, „etwas Positives zu tun", oder genauer gesagt, die Unmöglichkeit, es nicht zu tun, annahmen.

Die zweite theoretische Stütze, die *Ferenczi* zum „*animus sanandi*" verpflichtet, hat mit seiner letzten Phase zu tun, welche wir mit dem Briefwechsel mit *Freud* im Jahr 1929 (1165 *Ferenczi*, 25.12.29) verbinden können. Seiner Ansicht nach besteht eine „*Unterschätzung der traumatischen Realität in der Pathogenese*", da er seiner Erfahrung nach zu beobachten glaubt, daß „*in* **allen** *Fällen*" „*traumatische Ursachen*" für die Krankheiten bestehen.

Die Bedeutung, etwas Positives zu tun, also des „*healings*", wie es *Ferenczi* zuletzt bezeichnete, ist nicht nur unvermeidbar, da auch die Verbindung von Übertragung und Gegenübertragung unvermeidbar ist, sondern auch unerläßlich, wenn man den „traumatischen Faktor" angehen möchte.

Für *Ferenczi* hat jede psychische Krankheit mehr oder weniger eine traumatische Komponente, obwohl er es nie schafft, dies in seinen Texten offen zum Ausdruck zu bringen, außer in den posthumen Notizen und in dem bereits erwähnten, an *Freud* gerichteten Brief. Dies wird für den Leser offensichtlich ab dem ersten der von *Balint* als „Final Contributions" (1928-1933) zusammengestellten Artikel: „Die Anpassung der Familie an das Kind" (*Ferenczi* 1928 I).

Hier erinnert der Autor an die unvermeidlichen Traumata bei der Entwicklung des Individuums: Entwöhnung von der mütterlichen Brust, Beherrschung des Schließmuskels usw. Das ist zwar grob gesagt nichts Neues im Vergleich zu dem, was schon *Freud* aufgeworfen hatte, aber er betont dies besonders und unterstreicht vor allem, dass es praktisch unvermeidbar sei, dass solche Traumata über das hinausgehen, was strikt unerläßlich ist, um die symbolische Kastration zu vollziehen. Es ist unvermeidbar dem Unvermeidbaren eine verletzende Ebene hinzuzufügen, streng genommen eine traumatogene, scheinbar unnötig, aber nötig für den Prozeß des Aufbaus der psychischen Persönlichkeit, wenn mir dieses Wortspiel erlaubt sei. Für *Ferenczi* existiert die „ausreichend gute Mutter" (*Winnicott*), aber nicht die „perfekt gute Mutter". Es wird deshalb immer einen Rest des Abnabelns, des Fehlens an Empathie und von Verleugnung geben, die das Individuum traumatisieren.

Zu dieser Zeit (1928) hatte *Ferenczi* sein Konzept von der Abfolge des psychischen Traumas in drei Phasen noch nicht ausgearbeitet. Dies wird auch nicht bis zu den posthumem Notizen und bis zur „Sprachverwirrung zwischen den Erwachsenen und dem Kind" im Jahr 1932 (*Ferenczi* 1933 IX) geschehen. Aber in der rückblickenden Lektüre können wir es schon erahnen, seitdem er in dem Artikel von 1928 auf der Wichtigkeit der Minimierung der Entwicklungstraumata besteht.

Erinnern wir uns kurz daran, daß in „Sprachverwirrung ..." das prototypische Trauma geschieht, wenn ein begehrendes Kind den Erwachsenen sucht, um mit ihm seinen libidinösen Impuls zu teilen (*erste Phase*). Am Anfang erwidert der Erwachsene dieses Verlangen, partizipiert daran und potenziert sogar die Begegnung (*zweite Phase*), um sich danach aber zurückzuziehen, selber bewegt durch seine eigene libidinöse Überschreitung, welche Schuld generiert, indem er vor dem Kind die gesamte vorhergehende Phase negiert (Verleugnung) (*dritte Phase*).[3]

Es ist diese Berücksichtigung des Traumatischen als etwas Universales – eine Folge des Mechanismus' der „Verleugnung" in den frühkindlichen Bindungen – , die *Ferenczi* zu dem Schluß führt, daß es zu den Aufgaben des Analytikers zähle, den Prozeß des „healing" zu begünstigen, und die analytischen Funktionen eines „healers" zu übernehmen. Dies drückt er in „Sprachverwirrung ..." aus und nuanciert bzw. vertieft es an zahlreichen Stellen in den posthumen Notizen, wie z.B. in der ersten Notiz, welche im „Klinischen Journal" zusammengestellt ist: Wenn der Grund für die Krankheit oder ein Teil derselben in einer kindlichen Bindung besteht, an der eine wichtige Person ihre Partizipation verweigert hat, und wenn der Analytiker vor dem Patienten erneut seine Partizipation im Prozeß der Gegenübertragung wegen der vorgeblichen „Neutralität" verleugnet, erreicht man nichts anderes, als das kindliche Trauma zu verdoppeln, von dem der Patient sich zu befreien sucht (7.I.32). **Ein neutraler Analytiker, der den Anschein erweckt, in die Phänomene der Gegenübertragung nicht verwickelt zu sein, ist ein „professioneller Heuchler" (*Ferenczi* 1933 IX), ein Krankmacher. Etwas Neues zu tun („healing"), das die analytische Gegenwart von der Vergangenheit unterscheidet, ist wesentlicher Bestandteil der Heilung.**

Und was ist „healing" und wie wird man „healer"? Man weiß es nicht, oder wenigstens weiß man es nicht besonders gut. Die aufmerksame Lektüre der Notizen, in denen diese Begriffe auftauchen, könnten Hinweise zu deren begrifflichen Inhalten liefern, mit denen ich mich in dieser Arbeit aber nicht näher beschäftigen möchte (Aufwertung der Suggestion, *„authentische menschliche Sympathie"* [10.3.32], professionelle Aufrichtigkeit, *„mutuelles Fließen"* [17.1.32] etc.). Jedoch davon abgesehen, wenn wir den Begriff ein wenig von der ganzen Palette der Begriffe abgrenzen möchten, die der Autor seit mindestens 1924 eingeführt hat, „Potenzierung des Erlebnisses" (1924); „Takt", „Elastizität", „Mitfühlen" (1928), „Gewährung" (1930), „Sympathisieren mit/Mitleid haben", „Mutualität" (1932), ... „Healing" ..., dann kommen wir zu dem paradoxen Schluß, daß *Ferenczis* ganze Suche nach einer

---

3 Ich stimme *M. Balint* nicht zu, wenn er in „Die technischen Erfahrungen des *Sándor Ferenczi*" (*Ferenczi* 1928-33), davon spricht, daß das Konzept seines Meisters über Traumata in zwei Phasen geschehe, und die Konzeptualisierung in drei Phasen für sich selbst vorbehält (*Balint* 1969). Die drei Momente waren bereits in „Sprachverwirrung..." vorhanden, auch wenn *Ferenczi* sie nicht aufzählt.

gültigen Methode für den Verlauf des analytischen Prozesses[4] widersprüchlicherweise im Jahr 1932 darin gipfelt, daß man wenig über diese Methode sagen könne, da sie unbestimmt sei und immer sein wird, weil sie immer und notwendigerweise von der *„persönlichen Gleichung"* abhängig sei, von der schon *Freud* sprach. Mit dem grundlegenden Unterschied, daß, während *Freud* seine Überzeugung oder seinen Wunsch äußert, diese Gleichung möge im Verlauf der analytischen Erkenntnis irgendwann minimiert oder aufgehoben werden, im Gegensatz dazu *Ferenczi* – obwohl beide im Prinzip dasselbe wollen – durch seine Ideen und sein Handeln dazu geführt wird, die „persönliche Gleichung" ins Zentrum der analytischen Erfahrung selbst zu stellen.

Die persönliche Gleichung, in welcher der Analytiker verpflichtet ist durch irgendeine Methode etwas Positives in heilender Absicht zu tun und seine Funktion als Heiler wahrzunehmen, ermöglicht es diesem, seine Partizipation an einer „korrigierenden emotionalen Erfahrung" (*Alexander*) anzubieten, bzw. an einem „new beginning" (*Balint*), oder wie man es auch nennen mag, was erlauben soll, das Trauma der Vergangenheit zu identifizieren und aufzuarbeiten.

Übersetzt von *Alejo Hofmann*, Neuss

Zusammenfassung: Healing und Trauma – Vom „furor sanandi" zum „animus sanani"

Während seiner letzten Phase (1928-1933) versuchte *Ferenczi* die technischen „negativen" Prinzipien, welche von *Freud* seit 1910 eingeführt worden waren, um verschiedene und aufeinanderfolgende „positiven Indikationen" zu ergänzen, die sich in den bekannten Versuchen wie der „elastischen Technik", der „Relaxation und Neokatharsis" und in dem wohl mißlungenen Versuch der „mutuellen Analyse" konkretisierten, und welche er mittels einer Reihe von neuen technischen Begriffen: „Takt", „Mitfühlen", „Gewährung", „intensives Mitfühlen", „Mutualität" umsetzte. All diese Prinzipien und „positiven" technischen Innovationen zeigen, welche Bedeutung für den Autor die Berücksichtigung einer Dimension des „healings" (Heilens) in der gesamten analytischen Praxis sowie die Funktion des „healers" (Heiler) im Analytikerdasein hat. In Übereinstimmung damit steht die Wichtigkeit, welche er der Gegenübertragung und der Aufwertung des „traumatischen Faktors" in der Psychopathogenese zuweist.

Summary: Healing and Trauma – from „furor sanandi" to „animus sanani"

In his last phase (1928 – 1933) *Ferenczi* tried to complement the „negative" technical principles, introduced by *Freud* since 1910 with several „positive indications" concretized by the well known technical experiments as the „elastic technique", „relaxation and neocatharsis" and „mutual analysis", apparently a failure, and by a number of technical concepts as „tactfulness", „compassion", „granting", „intensive empathy", „mutality". All this principles and „positive"

---

[4] Im Jahr 1928 erliegt er einer Selbsttäuschung, als er äußert: *„Ich habe das Gefühl, daß (...) die Unterschiede in der analytischen Technik gerade dabei sind zu verschwinden"* (Ferenczi 1928 III). Und teilweise spannt er sogar den Karren vor das Pferd, wenn er der Methode den Vorrang vor dem analytischen Prozeß zuweist (*Bokanowski* 1992).

trechnical innovations are showing, which importance the dimension of „healing" had for this author in psychoanalytic practice and for the function of the „healer" in the profession of an analyst. This is corresponding to the importance of countertransference and to the emphasis given by Ferenczi to the „traumatic factor" in psychopathogenesis.

Key words: Ferenczi, positive indication, technical innovation, healing, psychological trauma, countertransference

Literatur

Balint, M. (1967): Les expériences techniques de Sándor Ferenczi. In: *Ferenczi, S.* (1968-82): Oeuvres complètes. Paris: Payot.
Balint, M. (1969): Trauma and object relationship. *Int. J. Psycho-Anal.*, 50.
Balint, M. (1969): Introduction au Journal clinique. In: *Ferenczi, S.* (1932/1985): *Journal Clinique.* Paris: Payot.
Balint, A., Balint M. (1939): On transference and countertransference. *Int. J. Psycho-Anal.*, 20
Bokanowski, T. (1992): Sándor Ferenczi: la passion, l'analyse et les limites. *Rev. franç Psychanal.* 3, 1992
Dupont, J. (2000): Las notas breves inéditas de Sándor Ferenczi. *Rev. Intersubjetivo.* 2.
Ferenczi, S. (1968-1982): Oeuvres complètes. Paris: Payot.
Ferenczi, S. (1908 II): Les névrosses al lumière de l'enseignement de Freud et la psychanalyse.
Ferenczi, S. (1919 I): Difficultés techniques d'une analyse d'hystérie.
Ferenczi, S. (1919 LXXXII): La technique psychanalytique.
Ferenczi, S. (1924 XXXVIII): Perspectives de la psychanalyse.
Ferenczi, S. (1928 I): L'adaptation de la famille à l'enfant.
Ferenczi, S. (1928 III): Elasticité de la technique psychanalaytique.
Ferenczi, S. (1930 VI): Principe de relaxation et néochatarsis.
Ferenczi, S. (1933 IX): Confusion de langue entre les adultes et l'enfant.
Ferenczi, S. (Posth. 1920 et 1930-33): Notes et fragments.
Journal Clinique (1932) Paris: Payot, 1985
Diario clínico (1932). Buenos Aires: Conjetural, 1988
Fortune, C. (1933): The Case of "RN": Sándor Ferenczi Radical Experiment in Psychoanalysis. In: *Aron and Harris* (ed.): The Legacy of Sándor Ferenczi. The Analyic Press. London.
Freud, S., Ferenczi, S. (2000): Correspondance. Tome III. 1920-1933. Paris: Calmann-Lévy.
Freud, S. (1976): Obras completas. Buenos Aires: Amorrotu.
Freud, S. (1910 d): Las perspectivas futuras de la terapia psicoanalítica.
Freud, S. (1910k): Sobre el psicoanálisis silvestre.
Freud, S. (1914g): Recordar, repetir y reelaborar.
Freud, S. (1919a [1918]): Nuevos caminos de la terapia psicoanalítica.

Korrespondenzadresse:

José Jiménez Avello

C. Sagasta, 12 / 28004 Madrid / España

E-Mail: jjimeneza@mi.madritel.es

Rudolf Pfitzner, Ottobrunn
Ferenczi und die weibliche Sexualität

> „MEPHISTOPHELES:
> Merkst du nun bald, was man an ihm besitzt?
> Der Schlüssel wird die rechte Stelle wittern,
> Folg ihm hinab, er führt dich zu den Müttern.
> FAUST *schaudernd*:
> Den Müttern! Trifft's mich immer wie ein Schlag!
> Was ist das Wort, das ich nicht hören mag?"
> (*Goethe*: Faust, Zweiter Teil, Erster Akt).

Um zu großen Erwartungen gleich vorzubeugen, möchte ich vorausschicken, daß *Ferenczi* keine eigene Theorie der weiblichen Sexualität entwickelt, sondern sich fast bis Ende seines Lebens im wesentlichen an die *Freud*schen Ansichten gehalten hat, wenn er auch manche andere Akzente als sein Meister gesetzt hat. Erst in seinem letzten Lebensjahr, in seinem *„Tagebuch"* und in den *„Fragmente und Notizen"*, enttäuscht vom idealisierten väterlichen Meister – kritisiert er heftig die Ansichten *Freuds* über die weibliche Sexualität, fordert die Revision des Ödipuskomplexes und betont die Eigenständigkeit der weiblichen Sexualität.

Um dies besser zu begreifen, müssen wir etwas ausholen, um die Einstellung der beiden Männer dem Weiblichen und Frauen gegenüber aufgrund ihrer lebensgeschichtlichen Hintergründe zu verstehen.

Freuds Idealisierung der Mutter – Der Kampf zwischen Ödipus und Laios

Freud scheint zu seiner Mutter Amalie eine quasi naive idealisierte Beziehung bewahrt zu haben. *Peter Gay* (1991) schreibt:
> „Tatsächlich gibt es keine Beweise dafür, daß Freuds systematische Selbsterforschung diese gewichtigste Bindung berührte oder daß er je die Macht seiner Mutter über ihn erforschte und zu bannen versuchte." (S. 567).

Er hebt „*die summarische Reduzierung der Rolle der Mutter*" in *Freuds* Krankengeschichten hervor. Weiter *Peter Gay*:
> „… Es ist bezeichnend, daß die einzige Gefühlsbindung, die Freud je mit Sentimentalität umgab, die Liebe der Mutter zu ihrem Sohn war. Während jede dauerhafte intime Beziehung, schrieb er 1921, ob Ehe, Freundschaft oder Familie, einen Bodensatz von feindseligen Gefühlen verberge, gäbe es vielleicht „eine einzige Ausnahme", „die Beziehung der Mutter zum Sohn, die, auf Narzißmus gegründet, durch spätere Rivalität nicht gestört wird" (Freud, 1921). Er charakterisierte diese mütterliche Zuneigung zum Sohn als

„überhaupt die vollkommenste, am ehesten ambivalenzfreie aller menschlichen Beziehungen" (*Freud,* 1933). Das klingt weit mehr wie ein Wunsch denn wie eine nüchterne Folgerung aufgrund klinischen Materials" (*Gay* 1991, S. 567).

In der Selbstanalyse *Freuds* nimmt die Auseinandersetzung mit seinem Vater den größten Platz ein, soweit wir darüber aus der *Korrespondenz* mit *Fließ* und der *Traumdeutung* (1900) informiert sind. Die ambivalenten Gefühle *Freuds* seinem Vater gegenüber werden von verschiedenen Autoren erwähnt (*Gay* 1989, *Krüll* 1992, *Masson* 1984, *Roazen* 1976 u. a. m.). In seiner „Verführungstheorie" beschuldigt er die Väter des sexuellen Mißbrauchs ihrer Kinder (insbesondere der Töchter):

> „Dann die Überraschung, daß in sämtlichen Fällen der *Vater* als pervers beschuldigt werden mußte, mein eigener nicht ausgeschlossen." (Brief an *Fließ* vom 21. Sept. 1897; hier zitiert nach *Masson* 1984, S. 114, Hervorhebung durch *Freud*).

Krüll (1992) meint, dass der in seinem Brief an *Fließ* vom 2. November 1896 berichtete – von *Freud* als „nett" bezeichnete Traum von der Nacht nach dem Begräbnis seines Vaters *Jakob*, in dem er in einem Lokal eine Tafel liest mit dem Text: *„Es wird gebeten, die zuzudrücken"* – schicksalhaft für die weitere Entwicklung des Träumers und für die Entwicklung der Psychoanalyse wurde. *Krüll* interpretiert,

> „...daß Freud sich von seinem Vater aufgerufen fühlte, nicht nur ihm einen letzten Dienst zu erweisen, sondern selbst beide Augen zu verschließen vor gewissen Erkenntnissen. Ich meine, daß dieser Traum ihn an ein unausgesprochenes Verbot des Vaters erinnerte, das aus Freuds frühester Kindheit stammte und das ihm, dem Sohn, untersagte, über die Vergangenheit des Vaters Nachforschungen anzustellen. Freuds Lebenskrise, die dem Tod des Vaters folgte und fast ein Jahr währte, bestand, so scheint mir, in seinem Kampf gegen diesen Auftrag des ‚Alten', nicht in seiner Vergangenheit zu forschen, ihn nicht zu kompromittieren. Es war dies das große Tabu Jakobs, das *Freud* wenige Monate später zwang, die Verführungstheorie aufzugeben..." (*Krüll* 1992, S. 76).

Trotz dieses Tabus, das sich auch auf die Nachfolger *Freuds* ausgewirkt und die Entwicklung einer patriarchial geprägten Psychoanalyse entscheidend beeinflußt hat, ist das *Hauptthema der Freudschen Theorie der Konflikt zwischen Vater und Sohn, zwischen Alios und Ödipus* geworden, während, - wie schon erwähnt, - die Beziehung zwischen Mutter und Sohn zunächst als viel weniger problematisch angesehen wurde.

Ferenczis Idealisierung des Vaters – in Iokastes Reich

Ganz anders verhält es sich bei *Ferenczi*. Es fällt auf, daß wir in seinem gesamten Werk keine Erwähnung seines Vaters finden. (Möglicherweise gibt uns das Erscheinen der *Freud-Ferenczi-Korrespondenz* mehr Auskunft über seinen Vater und die Vater-

Sohn-Beziehung.). In den *Ferenczi*-Biographien wird Vater *Bernát Ferenczi* als aufgeschlossener, liberaler Mann geschildert, der im kulturellen Leben der Stadt eine hervorragende Rolle gespielt hat.

„Nach dem Zeugnis Zsófias, der jüngeren Schwester, war Sándor der Liebling des Vaters" (*Judith Dupont in Sándor Ferenczi – Georg Groddeck: Briefwechsel 1921-1933*, S. 22).

Sándor verlor ihn im Alter von 15 Jahren. Es scheint, daß er sein idealisiertes Vaterbild auf *Freud* übertrug und bis zuletzt nicht davon weichen wollte, bzw. daß der schließliche Zusammenbruch des idealisierten Vaterbildes in seinem letzten Lebensjahr ihn das Leben kostete. In seiner letzten Aufzeichnung im *Tagebuch* schreibt er am 2. Oktober 1932:

„In meinem Falle kam es zu einer Blutkrise im selben Moment, als ich einsah, daß ich auf die Protektion einer ‚höheren Macht' nicht nur nicht rechnen kann, *im Gegenteil*, von dieser indifferenten Macht zertreten werde, sobald ich meinen eigenen Weg – und nicht seinen – gehe. Die Einsicht, ‚erwachsen' war. Wissenschaftliche Leistungen, Ehe, Kampf mit recht starken Kollegen – all dies war nur möglich unter der Protektion der Idee, daß *ich unter allen Umständen* auf das Vater-Surrogat rechnen kann. Ist die ‚Identifizierung' mit der Höheren Macht, die urplötzlich ‚Überichbildung die Stütze, die mich einst vor endgültigem Zerfall' bewahrt hat?" (*Ferenczi* 1988, S. 277, Hervorhebung durch *Ferenczi*).

Im Gegensatz zu *Freud* spürt *Ferenczi* seine große Ambivalenz seiner Mutter und den Frauen gegenüber. In seinem Brief an *Groddeck* am Weihnachtstage 1921 schreibt er über seine Mutter:

„... nach meiner Erinnerung ist es gewiß, daß ich als Kind zu wenig Liebe und zu viel Strenge von ihr erfuhr. Sentimentalität, Liebkosungen waren in unsrer Familie etwas unbekanntes." (*Ferenczi-Groddeck*, 1986, S. 36).

Im gleichen Brief schildert er seine hypochondrischen Symptome:
„Nach einer der vielen, vielen bösen Nächte, in denen ich fast ohne Atem, mit ganz abgekühlter Haut, mit Herzschmerzen, fast pulslos, (manchmal aber herzklopfend) erwachte und ... dem Ende entgegensah" (a. a. O., S. 37).

Diese Symptome erinnern sehr stark an solche, die *Ferenczi* in „*Das unwillkommene Kind und sein Todestrieb*" (1929) schildert! In seinem Tagebuch, in der Zeit der *mutuellen Analyse*, kommt er öfter auf die schlechte Behandlung durch seine Mutter in seiner Kindheit zurück, z. B.:

„Daher traf mich Mutters Anklage: ‚Du bist ein Mörder' mitten im Herz..." (S. 106).

Er erwähnt aber auch die
„... furchtbar rohe Behandlung durch eine Nurce..." (S. 78).

die sexuelle Traumatisierung durch ein Stubenmädchen, das

> „...mich mit ihren Brüsten spielen ließ, dann aber meinen Kopf zwischen ihre Beine preßte, sodaß ich Angst und Erstickungszustände bekam" (S. 106).

Er fühlt sich von Frauen traumatisiert, zu

> „...Überleistungen und Überforderungen in der Kindheit puncto Sexualität..." (S. 117)

gezwungen. In seiner letzten Tagebuch-Aufzeichnung beklagt er sich:

> „Durch Härte und Unverstand wurde ich in die Rolle des ‚bösen Jungen' gedrängt. Die Verachtung mir gegenüber, besonders empfindlich seitens der ältesten Schwester, in die ich hoffnungslos verliebt gewesen sein scheine." (S. 278).

Ferenczi wird infolge der Traumatisierungen zum *„gelehrten Säugling"* (1923), der die *„verrückten Erwachsenen"* heilen will. Er versteht seinen *„furor sanandi"*, sein grenzenloses therapeutisches Engagement als Reaktionsbildung gegen seinen Haß auf seine Mutter und auf Frauen:

> „Bei mir handelt es sich um Verschiebung infantiler Aggressivität und Liebesabsage an die Mutter auf die Patienten. Doch ähnlich, wie bei der Mutter, gelang es mir mit kolossaler Anstrengung rein intellektuell eine zwanghafte Übergüte zu entwickeln..." (S. 134).

Oder an einer anderen Stelle, wo er über seine Reaktion auf Schuldgefühle beim Tod einer um zwei Jahre jüngeren Schwester spricht:

> „Die Reaktion dagegen macht mir Leidende unsympathisch; dies überwinde ich mit Übergüte, ärztlichem Interesse und Takt (wohl übertrieben)." (S. 174f).

Aber auch in seinem privaten Leben wirbt *Ferenczi* um die Liebe seiner Mutter und der Frauen. Er schreibt als Medizinstudent liebevolle Gedichte an seine Mutter und wird von den Biographen als ausgesprochen liebenswürdig und liebesbedürftig, wohl besonders Frauen gegenüber geschildert.

Die Ambivalenz *Ferenczi*s Frauen gegenüber stört auch seine – i. a. als gut geschilderte – Ehe mit *Gizella*, die acht Jahre älter ist als *Sándor*, und die als

> „... treue und hingebungsvolle Partnerin" (*Dupont*, 1988, S. 20)

geschildert wird. Über die Belastungen dieser Ehe gibt uns der bereits erwähnte Brief *Ferenczi*s an *Groddeck* am Weihnachtstage 1921 einige Auskünfte:

> „Ihr Brief ... half mir, mich auch vor meiner Frau, wenn auch nur teilweise zu demaskieren. Ich erzählte ihr wieder von Unbefriedigung, von unterdrückter Liebe zu ihrer Tochter, (die meine Braut hätte sein sollen. Sie war es auch, bis eine etwas abfällige Äußerung *Freud*s mich dazu bewog, diese Liebe krampfhaft zu bekämpfen, das Mädchen förmlich von mir zu stoßen.) (S. 37).

Im gleichen Brief schreibt *Ferenczi*:
> „Das Böse dabei ist, daß meine Erotik sich mit diesen Aufklärungen anscheinend nicht begnügen will, ich will, das ‚Es' will keine analytische Deutung, sondern etwas Reales: eine junge Frau, ein Kind!" (S. 39).

Ich hoffe, daß es mir einigermaßen gelungen ist, meine Hypothese zu belegen, daß nämlich für *Ferenczi* – im Gegensatz zu *Freud* – die Auseinandersetzung mit der von ihm als mächtig erlebten Mutter, mit der ihn faszinierenden und gleichzeitig beängstigenden Macht des Weiblichen das Hauptthema seiner Psychoanalyse ist. So wird *Ferenczi* zum Begründer der „*Technik der emotionalen Erfahrung*", die *Freuds König Ödipus* entthront.

> „Auf den freiwerdenden Thron wird die Mutter gesetzt – eine Mutter, die nicht die Frau des Vaters ist. Sie fungiert in der nährenden, schützenden Rolle, mit der das Kind symbiotisch verbunden ist. Die Mutter wird zum Schicksal ..." (*Cremerius*, 1979, S. 585f).

Nach *Ferenczi* sollte der Analytiker dem Patienten
> „... ein vollständiges Versinken zu den Müttern'"

durch seine Haltung, wie „ein offenes Buch" ermöglichen. (*Ferenczi* 1988, S. 120).

Ferenczis Ansätze zur Theorie der weiblichen Sexualität

In seinen Schriften bleibt *Ferenczi* fast bis zuletzt den Auffassungen seines Meisters über die weibliche Sexualität treu. Nach *Freud* erlebt das kleine Mädchen ihre Klitoris als einen Penis und weiß noch gar nichts über die Vagina. Der anatomische Unterschied zum Knaben wird erst später entdeckt; die Folge ist die Vorstellung, ein kastriertes Wesen und dem Mann unterlegen zu sein, was die Quelle des Penisneides der Frau ist. Die Vagina wird erst später entdeckt und im glücklichen Fall wird die klitorale Sexualität durch die vaginale abgelöst. Diese Auffassung und ihre vielen bekannten Implikationen herrschten in der Psychoanalyse lange Zeit vor. Erst am Ende der 20er, Anfang der 30er Jahre werden von einigen AutorInnen, wie *Josine Müller* (1925 bzw. 1932), *Karen Horney* (1932), *Melanie Klein* (1932) und *Ernest Jones* (1927) abweichende Ansichten vertreten (hier nach *Chasseguet-Smirgel* 1974). *Ferenczi* akzeptiert die der *Freud*schen Theorie immanente Auffassung von der schicksalhaften Unterlegenheit des weiblichen Geschlechts eigentlich nie. In einer seiner ersten psychoanalytischen Schriften: „*Wirkung der Potenzverkürzung des Mannes auf das Weib*" (1908, in *Bausteine* II) führt er die Symptome der angsthysterischen Frauen
> „fast ausnahmslos auf sexuelles Unbefriedigtsein oder unvollkommene Befriedigung" (a. a. O., S. 287)

zurück, wofür der häufigste Grund die Ejaculatio präcox des Mannes sei. Das männliche Geschlecht leide, im Vergleich mit dem weiblichen
> „zumeist an relativer Ejakulation präcox" (a. a. O., S. 287, Hervorhebung durch *Ferenczi*),

was dazu führt, daß die Frau oft nicht zum Orgasmus kommt und unbefriedigt bleibt. *Ferenczi* tritt für eine sexuelle Emanzipation der Frauen ein und kritisiert den
> „... Egoismus der Männer und der meist männlichen Ärzte"

Er schreibt:
> „Wir haben uns seit langem daran gewöhnt, das Recht zu sexueller Libido und zum Orgasmus nur dem Manne zuzugestehen. Wir haben uns ein Frauenideal gebildet und es auch von den Frauen annehmen lassen, bei dem vom auf richtigen Eingestehen und der Offenbarung sexueller Begierde nie, höchstens vom passiven Dulden die Rede sein kann, das also libidinöse Strebungen, wenn sie sich bei der Frau offenbaren, einfach zu krankhaften oder sündhaften Dingen stempelt" (a. a. O., S. 288).

Ferenczi fordert:
> „Es muß einen Weg geben, der es gestattet, dem sexuellen Interesse der Frau mehr als bisher gerecht zu werden, ohne die auf die Familie gegründete soziale Ordnung zu zerstören" (a. a. O., S. 290).

Er hält die sexuelle Emanzipation der Frau für wichtiger, als die politische:
> „Ich denke, die Frauen sind in Unrecht, wenn sie das politische Wahlrecht für die Arznei aller ihrer Leiden ansehen. Es wäre natürlicher, wenn sie das sexuelle Wahlrecht forderten" (a. a. O., S. 290, Hervorhebung durch *Ferenczi*).

Während *Ferenczi* hier die sexuelle Not der Frauen zum großen Teil auf gesellschaftliche Zusammenhänge zurückführt, sucht er später die Ursachen dafür mehr in phylogenetisch determinierten biologischen Faktoren.

Ausgehend von *Freud*s Theorie der weiblichen Genitalität und des weiblichen Masochismus schreibt *Ferenczi* 1917 in seiner Arbeit „Über Pathoneurosen":
> „Vorbedingung des ersten vollweiblichen Sexualgenusses scheint aber gerade eine Körperverletzung: die Zerreissung des Hymen und die gewaltsame Dehnung und Streckung der Vagina durch den Penis zu sein. Ich vermute, daß diese Verletzung, die ursprünglich keinen Sexualgenuss, nur Schmerzen bereitet, nach Art der Pathoneurosen die Verlegung der Libido auf die verletzte Vagina sekundär mit sich bringt, gleichwie die Kirsche, an der ein Vogel genagt hat, eher Süße und Reife erlangt." (*Bausteine III*, S. 93, Hervorhebung durch *Ferenczi*).

Ferenczi meint,
> „daß diese Verlegung der Libido von der Klitoris (Aktivität) auf die Vagina (Passivität) sich im Laufe der Phylogenese bereits organisiert hat und mehrminder auch ohne jenes Trauma zustande kommt" (a. a. O., S. 93).

Die nach seiner Ansicht passiv-masochistische Rolle der Frau sei also biologisch vorgeprägt. In seinem Hauptwerk: *„Versuch einer Genitaltheorie"* (1924) schildert *Ferenczi* seine – im wesentlichen an der *Freud*schen Theorie orientierte – Auffassung über die weibliche Sexualentwicklung. In seinen „*biolanalytischen*" Vorstellungen wird die menschliche Sexualität allerdings von einer viel allgemeineren biologischen Tendenz als der Ödipuswunsch beherrscht, nämlich der Tendenz zur Rückkehr in den Mutterleib, in die vor der Geburt genossene Ruhelage. Dieser „*maternale*" oder „*thalassale*" Regressionszug entstammt der traumatischen Erfahrung der phylogenetischen Katastrophe beim Eintrocknen der Meere.

> „die so viele Tiere und ganz sicher auch unsere tierischen Vorfahren ... zwang, sich dem Landleben anzupassen..." (a. a. O., S. 358).

Die ursprüngliche Existenz der Lebewesen im Meer würde nach *Ferenczi* in der Ontogenese wiederholt und die Geburt wäre eine

> „individuelle Rekapitulation der großen Katastrophe..." (a. a. O., S. 358).

(Im *Ferenczi*schen Urmeer: Thalassa, als Stätte der Urgeborgenheit waren wohl keine Haifische vorgesehen!). Die Entwicklungsphasen der Sexualität seien

> „... als unsichere und tappende, doch immer deutlicher werdende Versuche zur Wiederkehr in den Mutterleib zu beschreiben..." (a. a. O., S. 335).

Auf der genitalen Stufe, beim Begattungsakt erreicht der Mann dieses Ziel in einer

> „... zeitweiligen Regression auf dreierlei Weise: der ganze Organismus ... nur *halluzinatorisch*, ... dem Penis, mit dem sich der ganze Organismus identifizierte, gelingt dies bereits partiell oder *symbolisch* und nur das Genitalsekret hat das Vorrecht, ... auch real die Mutterleibsituation zu erreichen" (a. a. O., S. 333, Hervorhebungen durch *Ferenczi*).

Die Frau, die nach der phylogenetischen Katastrophe im Kampf der Geschlechter um das Privileg des aktiven Eindringen-Könnens dem Mann unterlag, erlebt die Verlegung der Erogenität von der Klitoris auf den Hohlraum Vagina. Auch andere Körperteile der Frau werden genitalisiert, z. B. die Brustwarze und ihre Umgebung. Nach *Ferenczi*

> „... regrediert die beim Mann deutlich urethral betonte Leitzone der Genitalität beim Weibe wieder wesentlich ins Anale, indem beim Geschlechtsakt der Hauptakzent auf das Beherbergen des Penis, seines Sekretes, und der sich daraus entwickelnden Frucht verlegt wird (Parentalerotik)."

Ferenczi weiter:

> „vom Übergang der Frau von der (männlichen) Aktivität zur Passivität kann man sich im allgemeinen folgende Vorstellung machen: die Genitalität des weiblichen Penis zieht sich regressiv auf den ganzen Körper und das Ich des Weibes zurück, ... so daß die Frau einem sekundären Narzißmus anheimfällt, in erotischer Hinsicht also wieder mehr einem Kind ähnlich wird, das geliebt werden will, also einem Wesen, das noch an der Fiktion der *Mutterleibsexistenz in toto* festhält. Als solches kann sie sich dann leicht mir dem Kind im eigenen Leib (bzw. mit dem Penis, als dessen Symbol) identifizieren und vom transitiven Eindringen auf das Intransitive (Passive) übergehen. Die sekundäre

Genitalisierung des weiblichen Körpers erklärt auch die größere Neigung desselben zur Konversionshysterie" (a. a. O., S. 339, Hervorhebung durch *Ferenczi*).

Ferenczi beschreibt hier die weibliche Sexualentwicklung analog zur Entstehung einer Pathoneurose.

In seinem vor der *American Psychoanalytic Association* am 26. Dez. 1926 gehaltenen Vortrag: „*Aktuelle Probleme der Psychoanalyse*" schildert er u. a. die Wirkung des Geschlechtsunterschiedes auf den Charakter:

„Während das männliche Kind von der Furcht, den Penis zu verlieren, dazu getrieben wird, sich der Zivilisation anzupassen, wird sich das Weib viel früher seiner tatsächlichen genitalen Benachteiligung dem Manne gegenüber bewußt. Der glückliche Ausgang dieses Traumas ist das Aufgeben der phallischen (männlichen) Befriedigung und die Anpassung an die Trostmechanismen der vaginalen Befriedigung und der Mutterschaft. Größere Nachgiebigkeit, Zärtlichkeit, eine gleichsam organische Güte, Verständnis und Takt sind die Charakterzüge, welche sich im Weibe diesem Trauma zufolge entwickeln". (*Bausteine III*, S. 339).

Wie auch in seinem Madrider Vortrag: „*Die psychoanalytische Therapie des Charakters*" (1928, Bausteine III, S. 432-445), äußert er in seiner Schrift: „*Männlich und Weiblich*" (1929) ähnliche Ansichten. Er meint, daß das Geschlecht des Menschen maßgebend ist für seine Charaktermerkmale:

„Diese Aggressivität, allerdings gemildert durch die *Demütigung beim Ödipuskonflikt mit dem Vater* (Kastrationsangst), kennzeichnet aber die männliche Seele überhaupt, während der Frau nur die *Schönheit* als Kampfmittel verbleibt, sie aber ansonsten durch *Güte* und *Schamhaftigkeit* gekennzeichnet ist. Diese und ähnliche seelische Charakterzüge könnte man als tertiäre Geschlechtsmerkmale den sekundären, das heißt organischen Geschlechts-Charakterzügen an die Seite stellen. Von den letzteren möchte ich beim Manne außer dem Besitz aggressiver Sexualwerkzeuge die größere Körperkraft und die relativ stärkere Entwicklung des Gehirns nennen." (In: *Zur Erkenntnis des Unbewußten* 1978, S. 236, Hervorhebung durch *Ferenczi*).

Wie wir sehen, macht die von *Ferenczi* angenommene phylogenetisch bedingte biologische Unterlegenheit der Frau ihm zu schaffen. Er ist bestrebt, diese auszugleichen:

„Selbstverständlich erhebt sich hier bei vielen die alte Frage, *welches der beiden Geschlechter höher -, beziehungsweise minderwertig ist*. Ich glaube, daß dieses Problem von einem Psychoanalytiker nicht eindeutig gelöst werden kann. Ich sagte bereits, daß ich den weiblichen Organismus für feiner differenziert, man könnte also sagen, für höher entwickelt halte. Das Weib ist angeborenerweise klüger und besser als der Mann, dafür muß der Mann seine Brutalität durch stärkere Entwicklung der Intelligenz und des moralischen Über-Ichs im Zaum halten. Das Weib ist feinfühliger (moralischer) und feinsinniger (ästhetischer) und hat mehr ‚gesunden Menschenverstand' – aber der Mann schuf, vielleicht als Schutzmaßregel gegen die eigene größere Primitivität, die strengen Regeln der Logik, Ethik und Ästhetik, über die sich das Weib im Gefühle der inneren Verläßlichkeit leichter hinwegsetzt. Ich meine aber, daß die organische Anpassung des Weibes nicht minder bewundernswert ist als die psychologische des Mannes" (a. a. O., S. 236, Hervorhebung durch *Ferenczi*).

Nach *Ferenczi* ist das Hauptcharakteristikum der Weiblichkeit die *Passivität*. In seinen letzten Lebensjahren beschäftigen ihn die Fragen der *„Lust an Passivität", der Unlustbejahung, des weiblichen Masochismus*. Sowohl die *Lebens- (egoistische) Triebe* als auch die *Todes- (altruistische) Triebe* seinen dem Hauptinstinkt des *Ruhetriebs* untergeordnet. Die Frau sei durch ihre Anpassungsleistung überwiegend von den altruistischen Trieben gesteuert:

„Die Anerkennung und das Geltenlassen der naiven Brutalität eines anderen Ichs (oder Kraft) hat entschieden etwas Überlegen-Mütterliches. Hier hätten wir einen ersten Einblick in die Natur der überlegenen Weiblichkeit und Mütterlichkeit überhaupt. Kind und Mann äußern rücksichtslos Selbstsucht. ... Weiblichkeit und Mütterlichkeit bezeugen die intuitive Einsicht in die wirkliche Sachlage und Kräfteverteilung; sie ziehen auch aus dieser Berechnung die richtigen Konsequenzen." (*Fragmente und Notizen II: „Gedanken über ‚Lust an Passivität'", v. 24.VIII. 1930, Bausteine IV*, S. 225).

In seiner Notiz vom 2. April 1931: *„Aphoristisches zum Thema Totsein-Weibsein"* führt er diese Gedanken weiter und will die weibliche Sexual- und Charakterentwicklung auf traumatische Genese zurückführen.:

„In Fortsetzung des Gedankenganges über Anpassung (jede Anpassung ist partieller Tod, Aufgeben eines Teiles der Individualität: Voraussetzung: traumatische Auflösungssubstanz, in der äußere Macht Stücke wegnehmen, Fremdes einfügen kann) muß die Frage aufgeworfen werden, ob das genitaltheoretische Problem über Genese der Geschlechtsunterschiede nicht auch als Adaptations-, respektive partielle Todeserscheinung zu erklären ist? Dies angenommen, ist es vielleicht nicht unmöglich, die von mir vermuteten, höheren geistigen Tätigkeiten des Weibes aus dem Erleiden des Traumas herzuleiten. Eigentlich also nur Paraphrase der alten Weisheit: der (die) Klügere gibt nach. Besser gesagt: der Nachgebende wird klüger. Noch besser: die vom Trauma betroffene Person kommt mit dem Tode in Berührung ... Eine Art Allwissenheit über die Welt, mit richtiger Abschätzung völliger Ausschaltung jeder Fälschung durch Emotivität (also reine Objektivität, reine Intelligenz) im Momente des Traumas, macht die betreffende Person, auch nach der darauffolgenden Konsolidierung, mehr oder minder hellseherisch. Das wäre die Quelle der weiblichen Intuition." (*Bausteine IV*, S. 248f).

Auch in seinem *„Tagebuch"* beschäftigt ihn dieses Thema weiter. In seiner Notiz vom 23. Februar 1932: *„Über das Männliche und weibliche Prinzip in der Natur"* hebt er diese Problematik in metapsychologische wenn nicht metaphysische Dimensionen:

„Mit Recht erstaunte ich und staune fortwährend über die psychologisch nie voll erklärbare Tatsache der Bejahung der Unlust. Ausgehend von Erfahrungen bei einer Patientin, ... kam ich eigentlich einer bewußten Weisung der Patientin folgend, zur Idee, daß im weiblichen Organismus, resp. Psyche ein eigenes Prinzip der Natur verkörpert ist, das ... entgegen der Selbstsüchtigkeit und Selbstbehauptung beim Manne, als mütterliches Leiden-wollen und –können der Frau aufgefaßt werden kann. Das Leiden-können wäre demnach eine Äußerung der Feminität ..." (*Tagebuch*, S. 83).

Ferenczi schlägt eine Umbenennung der Freudschen Lebens- und Todestriebe in Geltungs- und Schlichtungstriebe vor, wobei der Schlichtungstrieb das Feminine repräsentierten würde:

„Die sonderbare Folge der Annahme des Triebhaften im Schlichtenwollen führt folgerichtig zur Behauptung, daß für die Substanz oder das Wesen, in dem dieser Trieb stark oder gar alleinherrschend ist oder wird, das Leiden nicht nur etwas Erduldbares, sondern etwas Erwünschtes, oder Befriedigung Bietendes ist. Hauptbeispiel: die Lust an der Mutterschaft eigentlich eines Duldens parasitischer Lebewesen, die auf Kosten des eigenen Leibes der Mutter sich in vollkommen selbstsüchtiger Weise entwickeln. Analogie dazu ist das Leiden des liebeshungrigen Menschen, dessen Anblick das weibliche Prinzip des Schlichtenwollens erweckt. Ohne über Wertunterschiede dieser zwei Naturkräfte auszusagen, soviel scheint sicher, daß das weibliche, d.h. das Leidensprinzip intelligenter ist. ‚Der Klügere gibt nach.' Das einseitige Geltenwerden des selbstischen Prinzips ist Sadismus, das des Leidenwollens Masochismus" (a. a. O., S. 84f).

Wie wir sehen, macht *Ferenczi* zahlreiche Versuche, den weiblichen Masochismus zu „verklären", so z.B. auch in der Notiz vom 26. April 1932: *„Beitrag zum Phalluskult"*: „Oder ist der Todestrieb als Gütetrieb, Selbstaufopferungstrieb, als etwas mütterlich-Feminines dem Maskulinen entgegenzustellen?" (a. a. O., S. 140).

Ferenczi nimmt auch zur *weiblichen Homosexualität* Stellung:

„Jede Analyse einer Frau muß mit Homosexualität enden, jene des Mannes mit Heterosexualität. Das tiefste Herabsinken heißt: Mutter oder Mutterleibsituation; diese ist selbstredend bei der Frau gleichgeschlechtlich. ‚On revient toujours.' Man möchte sagen: Homosexualität ist das vorletzte Wort in der Analyse des Weibes. Der ... Analytiker muß alle Qualitäten der Mutter walten lassen und alle aggressiven männlichen Instinkte hemmen (auch die unbewußten). Daraufhin manifestieren sich im weiblichen Analysierten spontane, d. h. nicht gewaltsam aufgedrängte Tendenzen zur Passivität, zum Geliebtwerden ... Die allerletzte

Phase einer Frauenanalyse wäre also ausnahmslos die spontane Entwicklung zum Passiv- und Mutter-sein-wollen" (a. a. O., S. 121f).

Ferenczis Auflehnung gegen die Freudsche Theorie

Ferenczi, der sich - in seinen letzten Lebensjahren, vom idealisierten „Vater" *Freud* verlassen - mit dem eigenen Todestrieb und mit seinen eigenen weiblichen Anteilen intensiv auseinandersetzt, lehnt sich relativ spät gegen die dogmatische Vorherrschaft der *Freud*schen Sexualtheorie der Weiblichkeit auf. Am 26. Juli 1932 notiert er unter dem Titel:

Klitoris und Vagina:
„Möglicherweise war es voreilig, die weibliche Sexualität als mit der Klitoris beginnend vorzustellen, mit einer viel späteren Verlegung der Zone auf die Vagina. Es ist zweifelhaft, ob es überhaupt ein Organ gibt, das von der Psyche ‚unentdeckt', gleichsam psychisch neutral, d.h. nicht existierend, gedacht werden kann. Im Gegenteil, man fühlt sich zur Vermutung berechtigt, dass das anscheinende Nichtentdecken der Vagina bereits ein Frigiditätszeichen ist, die gesteigerte Klitoriserogenität aber schon ein hysterisches Symptom … Die Motive der frühinfantilen Vaginalverdrängung könnten sein: die methodische Abhaltung der Hand von der Vaginalöffnung beinahe vom Momente der Geburt an, während die Klitorisregion durch Waschen, Pudern von Anfang an gereizt wird.

In den frühtraumatischen Fällen kommt man analytisch zur Überzeugung, dass die infantile Vagina sensorisch und motorisch lebhaft und normal auf Intrusionsreize reagiert; das eigentliche Traumatische beginnt, wenn das Kind das Erlebnis etwa wiederholen will und von dem gewöhnlichen mit Schuldgefühlen belasteten Partner abgewiesen, bedroht und bestraft wird" (a.a.O., S. 234f).

Aufgrund dieser Befunde fordert *Ferenczi* eine *Revision des Ödipuskomplexes*. Er nimmt an, dass der Ödipuskomplex
„… auch Folge der Aktivität von Erwachsenen – Leidenschaftlichkeit" (a.a.O., S. 234).

d.h. der Verführung und vorzeitiger Stimulierung durch Erwachsene ist und nicht nur durch die allgemeine seelische Entwicklung entsteht. Er meint, dass
„… vieles von dem, was an der infantilen Sexualität leidenschaftlich erscheint, mag sekundäre Folge solcher, den Kindern gegen ihren Willen aufgedrungene(n), Leidenschaftlichkeit der erwachsenen sein, die soz. in die Kinder künstlich implantiert wird."

Und:
„Man muß sich die Frage vorlegen: wie viel von dem, was die unsterbliche

Liebe des Kindes zur Mutter betrifft; und wie viel von den Mordgelüsten des Knaben gegen den konkurrierenden Vater auch ohne frühzeitige Einpflanz- und Erwachsenenerotik und Genitalität auch rein spontan zur Entwicklung käme, d.h. wie viel von Ödipuskomplex wirklich ererbt und wie viel traditionell von einer Generation auf die andere überliefert wird" (a.a.O. S. 126f).

Wir sehen hier, wie *Ferenczi* die Rolle der *traumatischen Genese* der Neurosen neben der interpsychischen betonen will.

Schließlich lehnt sich *Ferenczi* in seiner Notiz vom 4. Juli 1932 gegen die *Freud*schen Sexualtheorien ganz auf und nimmt eine *„spontane, feminin gerichtete Sexualität des Weibes"* (a.a.O. S. 251) an:

„Auffällig bei Fr. ist die Leichtigkeit, mit der er die Interessen der Frauen den männlichen Patienten zum Opfer bringt. Dem entspricht die einseitig androphile Richtung seiner Sexualtheorie. Hierin folgten ihm fast alle Schüler, mich nicht ausgenommen. Meine Genitaltheorie mag viele gute Punkte haben, doch in der Art der Darstellung, in der historischen Rekonstruktion hängt sie an den Worten des Meisters; eine Neuauflage würde ein Neuschreiben bedeuten.

Als Beispiel, die Kastrationstheorie der Weiblichkeit. Fr. meint, das die Klitoris früher entwickelt ist und funktioniert als die Vagina, d.h. das Mädchen wird mit dem Gefühl geboren, einen Penis zu haben, erst später lernt es darauf und auf die Mutter zu verzichten und mit dem vaginalen und uterinen Weibsein vorlieb zu nehmen. Er vernachlässigt dabei die andere Möglichkeit, dass die heterogene Triebrichtung (vielleicht nur in der Phantasie) frühzeitig stark entwickelt ist, und die Maskulinität aus traumatischen Gründen (Urszene) als hysterisches Symptom an ihre Stelle tritt.

Der Autor mag persönlichen Widerwillen haben gegen spontane, feminin gerichtete Sexualität des Weibes Idealisierung der Mutter. Er schrickt vor der Aufgabe zurück, eine sexuell anspruchsvolle Mutter zu haben und zu befriedigen. Er mag irgendwann durch die Leidenschaft der Mutter vor solche Aufgabe gestellt gewesen sein. (Urszene mag ihn relativ impotent gemacht haben.)

Die Kastration des Vaters, des Potenten, als Reaktion auf die erfahrene Erniedrigung, führte zum Konstruieren einer Theorie, in der der Vater den Sohn kastriert, und dann noch vom Sohne als Gott angebetet wird. In seinem Betragen spielt Fr. nur die Rolle des kastrierten Gottes, er will nichts vom traumatischen Momente der eigenen Kastration in der Kindheit wissen; er ist der einzige , der nicht analysiert werden muß" (a.a.O. S. 250f, Hervorhebung durch *Ferenczi*).

Wie wir sehen, rechnen *Ferenczi* hier mit dem Meister ab, er fühlt sich durch ihn kastriert und identifiziert sich mit den, - nach seiner Ansicht von *Freud* schlecht behandelten Frauen.

Ferenczi kam nicht mehr dazu, eine eigene Theorie der weiblichen Sexualität zu entwickeln. Trotzdem ist er durch *seine Art der Behandlung des Themas, seine Bemühung um Gleichwertigkeit und Gleichberechtigung der Frau, sein Suchen nach dem femininen Prinzip und durch das schließliche Infragestellen der patriarchal-dogmatischen, entwertenden Thesen der Freudschen Sexualtheorie der Weiblichkeit* zu einem – allerdings für lange Zeit vergessenen – Bahnbrecher und Vorbereiter der heutigen psychoanalytischen Auffassung zur weiblichen Sexualität geworden.

Zusammenfassung: Ferenczi und die weibliche Sexualität

Zunächst vergleicht der Autor die verschiedenen Einstellungen *Freud*s und *Ferenczi*s zum weiblichen Geschlecht, resultierend aus ihrer Lebensgeschichte und Charakteren: Freud idealisiert die Beziehung zwischen Mutter und Sohn und meint, diese sei fast ohne Ambivalenz, während seine Beziehung zu seinem Vater von großer Ambivalenz gekennzeichnet ist, was den Kampf zwischen Ödipus und Laios zu seinem Hauptthema werden lässt. Dem gegenüber wird *Freud* von *Ferenczi*, wie sein Vater idealisiert, während seine Beziehung zu seiner Mutter und zu den Frauen ambivalent ist: Er irrt im Reich Jokastes herum.

Ferenczi hat keine eigen Theorie der weiblichen Sexualität entworfen und orientiert sich im Wesentlichen an den *Freud*schen Thesen, jedoch gibt seine Einstellung seinen einschlägigen Schriften besondere, individuelle Akzente. So hebt er an mehreren Stellen die Überlegenheit des weiblichen Geschlechts dem männlichen gegenüber hervor und bewundert die Anpassungsleistungen der Frauen. Erst in seinen letzten Schriften, so vor allen in seinem Klinischen Tagebuch lehnt er sich gegen den Meister auf, betont die Eigenständigkeit der weiblichen Sexualität und verlangt eine Revision des Ödipuskomplexes. Mit diesen Gedanken wird er zum Bahnbrecher der heutigen Auffassung über die weibliche Sexualtät.

Summary: Ferenczi and Female Sexuality

First of all the author compares the different attitudes of *Freud* and *Ferenczi* towards the female sex as a result of their biography and nature. *Freud* idealizes the relationship of mother and son and considers it as one without almost any ambivalence. The relationship to his father however is characterized by a high ambivalence, which makes the fight between Oedipus and Laios a main subject. *Ferenczi* idealizes *Freud* and is to female sex ambivalent: he admires the feminine but it also frightens him. He strays through the world of Jokaste.

Ferenczi didn't establish his own theory about female sexuality and orientates himself in *Freud*'s line, but anyhow his attitude gives his work a special note and individual significance. In different parts of his work he emphasizes the superiority of the female compared to the masculine sex and admires their adaptability. Only in his late works especially in his Clinical Diary he opposes not just to the dogmatic theory of *Freud* about the female sexuality, but even the master himself. He emphasizes the independence of female sexuality and asks for revision of the Oedipus complex. Because of ideas like these he becomes a pioneer in the field concerning todays attitude towards the female sexuality.

Keywords: Ferenczi, Freud, female sexuality

Literatur

Chasseguet-Smirgel, J. (1974): Psychoanalyse der weiblichen Sexualität. Frankfurt a.M.: Suhrkamp Verlag. Im Kapitel: „Freud widersprechende psychoanalytische Ansichten über die weibliche Sexualität" (S. 46-67) referiert sie kurz folgende Arbeiten, ohne nähere biographischen Angaben:
Horney, K.: „Die Angst vor der Frau"(1932) und „Die Verleugnung der Vagina" (1933)
Jones, E.: "Die erste Entwicklung der weiblichen Sexualität" (1927), „Die phallische Phase" (1932) und „Über Frühstadien der weiblichen Sexualentwicklung" (1935)
Klein, M.: „Die Psychoanalyse des Kindes" (1932)
Müller, J.: Ein Beitrag zur Frage der Libidoentwicklung des Mädchens in der genitalen Phase (1925; veröffentlicht 1932)
Cremerius, J. (1979): Gibt es zwei psychonalytische Techniken? Psyche 33, 577-599.
Dupont, J. (1986): Die Quellen der Erfindungen. Vorwort zu: *Ferenczi, S., Groddeck, G.*: Briefwechsel 1921-1933. Frankfurt a. M.: Fischer Taschenbuch Verlag. 8-24.
Dupont, J. (1988) Miskolc ès a Ferenczi csalàd. (Mikolc und die Familie Ferenczi). Vortrag, gehalten anlässlich der Einweihung einer Ferenczi- Gedenktafel und einer Gedenksitzung in Mikolc am 2. November 1987, abgedruckt in Borsodi Orvosi Szemle (Borsod's Medical Journal) als Supplementum zum 4. Jg. 1988.
Ferenczi, S. (1964): Bausteine zur Psychoanalyse. Band I-IV. Bern, Stuttgart: Verlag Hans Huber.
Ferenczi, S. (1970): Schriften zur Psychoanalyse. Band I. Frankfurt a. M.: Fischer Verlag.
Ferenczi, S. (1972): Schriften zur Psychoanalyse, Band II. Frankfurt a. M.: Fischer Verlag.
Ferenczi, S. (1978): Zur Erkenntnis des Unbewussten und andere Schriften zur Psychoanalyse. Herausgegeben und eingeleitet von *Dahmer, H.* München: Kindler Verlag.
Ferenczi, S. (1986): Sàndor Ferenczi/ Gregor Groddeck, Briefwechsel 1921-1933. Frankfurt a. M.: Fischer Taschenbuch Verlag.
Ferenczi, S. (1988): Ohne Sympathie keine Heilung. Das klinische Tagebuch von 1932. Frankfurt a. M.: Fischer Verlag.
Ferenczi, S. (1908): Wirkung der Potenzverkürzung des Mannes auf das Weib. In Bausteine II. 287-291.
Ferenczi, S. (1917): Von Krankheits- und Pathoneurosen. In: Schriften I. 242-252.
Ferenczi, S. (1923): „Der Traum vom gelehrten Säugling". In: Schriften II. S. 137.
Ferenczi, S. (1924): Versuch einer Genitaltheorie. In. Schriften II. 317-400
Ferenczi, S. (1926): Aktuelle Probleme der Psychoanalyse In. Bausteine III. 332- 346
Ferenczi, S. (1928): Die psychoanalytische Therapie des Charakters. In. Bausteine III. 432-445.
Ferenczi, S. (1929): Das unwillkommene Kind und sein Todestrieb. In: Bausteine III. 446-452.
Ferenczi, S. (1929): Männlich und Weiblich. In: Zur Erkenntnis des Unbewussten. 227- 238.
Ferenczi, S. (1930): Gedanken an „Lust an Passivität". Fragmente und Notizen II. v. 24.VIII. 1930. in: Bausteine IV. 225-228.
Ferenczi, S. (1931): Aphoristisches zum Thema Todsein – Weibsein. Fragmente und Notizen III, v. 2. April 1931. In: Bausteine IV. 248-249.
Freud, S. (1921): Massenpsychologie und Ich-Analyse. Gesammelte Werke. Band XIII. Frankfurt a.M.: Fischer Verlag, 1961. 71-161
Freud, S. (1933): Die Weiblichkeit. XXXIII. Vorlesung aus „Neue Folge der Vorlesung zur Einführung in die Psychoanalyse". GW, Band XV. 119-145.
Freud, S. (1986): Briefe an Wilhelm Fließ 1887- 1904. Hrsg. von *Masson, J.M.* Frankfurt a.M.: Fischer Verlag.
Gay, P. (1991): Freud – Eine Biographie für unsere Zeit. Frankfurt a.M.: Fischer Verlag.
Groddeck, G. (1986): Sándor Ferenczi/Georg Groddeck, Briefwechsel 1921-1933. Frankfurt a. M.: Fischer Taschenbuch Verlag.
Krüll, M. (1992): Freud und sein Vater. Frankfurt a.M.: Fischer Taschenbuch Verlag (Die Originalausgabe erschien 1979 im Verlag C.H. Beck, München)

Masson, J.M. (1986): Was hat man dir, du armes Kind, getan? Reinbeck bei Hamburg: Rowohlt Taschenbuch Verlag.
Masson, J.M. (1986): Hrsg. Von Freuds „Brief an Wilhelm Fließ 1887-1904". Frankfurt a. M.: Fischer Verlag.
Roazen, P. (1976): Sigmund Freud und sein Kreis. Herrsching: Manfred Pawlak Verlagsgesellschaft.

Korrespondenzadresse:
Dipl. –Psych. **Rudolf Pfitzner**
Nussbaumweg 7
D-85521 Ottobrunn

Rudolf Pfitzner, Ottobrunn
Sándor Ferenczi - Pionier analytischer Psychosomatik

1. Frühe Wege psychoanalytischer Psychosomatik

S. *Ferenczi* gilt nach Meinung verschiedener Autoren (*Balint*, 1964; *Meng*, 1934; *Dahmer*, 1978; u.a.) neben und im Verein mit *Georg Groddeck* als Begründer der psychoanalytischen Psychosomatik. Er wird bei seiner Beschäftigung mit psychosomatischen Problemen – die in dieser Zeit noch psycho-physisch oder psycho-organisch genannt werden – in erster Linie von seinem nahen Freund *Georg Groddeck* inspiriert, dessen Experimente, organisches Leiden psychotherapeutisch und auch psychoanalytisch zu behandeln er immer bewundert und bejaht, während viele psychoanalytische Kollegen diesen skeptisch gegenüberstehen. Seit 1921 bis zu seinem Tode im Jahre 1933 ist er auch Patient von *Georg Groddeck*, in diesem Zeitraum verbringt er fast jedes Jahr mehrere Wochen in der Grodeck'schen Klinik in Baden-Baden. Sein anderer großer Inspirator ist sein väterlicher Freund *Sigmund Freud*, der viele seiner wissenschaftlichen Phantasien auf *Ferenczi* „delegiert". Dazu gehört auch die Beschäftigung mit Psychosomatik und der wissenschaftliche Kontakt mit *Groddeck*. In einem Brief *Freuds* an *Groddeck* vom 5.5.1917 weist er auf zwei Arbeiten *Ferenczis* hin: „Von Krankheits- und Pathoneurosen" und „Versuch einer Genitaltheorie" und schreibt, dass *Ferenczi* „für mich" mit der Behauptung beschäftige, „Dass der unbewusste Akt eine intensive plastische Einwirkung auf die somatischen Vorgänge hat, wie sie dem bewussten Akt niemals zukommt". (zitiert nach *Will*, 1987, s.48)

Neben der Freundschaft und den Anregungen von *Freud* und *Groddeck* können wir noch einige subjektive Faktoren erwähnen, die uns *Ferenczis* Interesse an der Psychosomatik verstehen helfen. Hier ist an erster Stelle *Ferenczis* „psychoanalytischer Imperialismus" (*Dupont*, 1972; *Dahmer*, 1978; *Harmat*, 1985) zu nennen, d. h. seine wissenschaftliche Neugier, sein starkes Bedürfnis, allen zu helfen (*Dupont*, 1972) und seine enthusiastischer Drang, die Entdeckungen der Psychoanalyse auf möglichst viele Gebiete, auch auf das Gebiet der Organmedizin anzuwenden.

Zweitens ist meines Erachtens im gesamten Werk *Ferenczis* ein implizites monistisches Denken zu beobachten. Körper und Seele sind für ihn keine voneinander trennbaren Substanzen, sondern eine Einheit, körperliche und seelische Vorgänge gehen ineinander über. Für *Ferenczi* ist „der rätselhafte Sprung von Psychischen ins Körperliche" (wie *Freud* die hysterische Konversion nennt) gar nicht so rätselhaft: „Wenn man sich … den Reflexvorgang nicht nur als Vorbild, sondern als Vorstufe des Psychischen vorstellt, zu der auch die höchste psychische Komplikation zu regredieren geneigt bleibt, so kommt einem der so rätselhafte Sprung vom Psychischen ins Körperliche im Konversionssymptom … minder wunderbar vor. Es ist einfach die Regression zu ‚Protopsyche'". (*Ferenczi* 1919, S.18)

Hier wird auch die zentrale Bedeutung der Regression in den theoretischen Konzepten, aber auch in der therapeutischen Arbeit *Ferenczi*s deutlich. Er sieht in jedem neurotischen oder psychosomatischen Symptom eine Regression auf frühere Entwicklungsstufen der Libido aber auch des „Wirklichkeitssinnes". Seine Arbeit über die „ Entwicklungsstufen des Wirklichkeitssinnes" (1913), die vielleicht die erste Ich- bzw. Selbst-psychologische Arbeit in der Geschichte der Psychoanalyse ist, bleibt eine wichtiges Bezugssystem für seine späteren Arbeiten. Die Regression ist im Wortgebrauch *Ferenczi*s immer auch eine Ich-Regression; die auf eine frühere Stufe des Wirklichkeitssinnes, auf frühe Formen der Ich-Funktionen erfolgt. *Ferenczi* dehnt die Reichweite der Regression nicht nur auf die individuelle Entwicklung (Ontogenese), sondern auch auf die Artentwicklung (Phylogenese) aus und erklärt manche psychopathologische Reaktionen als Rückgriff auf aufgegebene atavistische Reaktionsmuster (z. B. Totstell-Reflex). Er ist mit *Freud* fasziniert vom biogenetischen Grundgesetz, d. h. von der Vorstellung, dass die individuelle Entwicklung die Entwicklung der Art wiederholt. Die Evolutionstheorie *Lamarck*scher Prägung bildet die Grundlage vieler gemeinsamer wissenschaftlicher Phantasien der beiden Freunde.

Ich meine, dass die intensive Beschäftigung *Ferenczi*s mit regressiven Vorgängen ihn zunehmend befähigt, psychosomatische Zusammenhänge zu entdecken. Diese intensive Beschäftigung ist zugleich eine der wichtigsten Quellen der sich ab 1919 vertiefenden Meinungsverschiedenheiten zwischen *Freud* und *Ferenczi*, nicht nur auf dem Gebiet seiner technischen Experimente, sondern auch in Bezug auf die Psychosomatik. Bekanntlich distanziert sich *Freud* von der im Entstehen begriffenen psychoanalytischen Psychosomatik, wie das in seinem Brief an *Viktor von Weizsäcker* (1932), der ihm seine Arbeit über „Körpergeschehen und Neurose" präsentiert hat, ausgedrückt wird: „Von solchen Untersuchungen musste ich die Analytiker aus erzieherischen Gründen fernhalten, denn Innervationen, Gefäßerweiterungen, Nervenbahnen wären zu gefährliche Versuchungen für sie gewesen, sie hatten zu lernen, sich auf psychologische Denkweisen zu beschränken. Dem Internisten können wir für die Erweiterung unserer Einsicht dankbar sein." (zitiert nach *Will*, 1987, S. 14)

Zum Schluss dieser etwas überdimensionalen Einleitung möchte ich noch einen subjektiven Grund nennen, was *Ferenczi* möglicherweise motiviert und befähigt hat, sich der Psychosomatik zuzuwenden. Bei seiner Offenheit, alle seine Einssichten und Erfahrungen mitzuteilen, was bei seinen Kollegen oft auch Befremden auslöste, würde er wohl nichts dagegen haben, wenn ich meine Hypothese mitteile, dass nämlich auch seine Anfälligkeit gegen psychosomatisches Leiden, seine Neugierde auf die psychosomatischen Symptome richtete. In seinem Brief an *Groddeck* am Weihnachtstage 1921 beklagt er sich über „viele böse Nächte … in denen ich fast ohne Atem, mit ganz abgekühlter Haut, mit Herzschmerzen, fast pulslos (manchmal aber herzklopfend) erwachte …". Im gleichen Brief schreibt er über seine Mutter:

„… Nach meiner Erinnerung ist es gewiss, dass ich als Kind zuwenig Liebe und zuviel Strenge von ihr erfuhr". *(Ferenczi/Groddeck*, 1986, S. 96 f.). Mit dieser, von ihm so empfundenen, Lieblosigkeit seiner Mutter wird er sein Leben lang nicht fertig. In „Das unwillkommene Kind und sein Todestrieb" (1929) beschreibt er psychosomatische Symptome, wie Neigung zu Erkältungskrankheiten, nervöse Kreislauf- und Atemstörungen, Asthma bronchiale, Anorexie, Glottiskrampf, aber auch Epilepsie, - die Äußerungen des Todertriebes, Folgen von unbewussten Selbstzerstörungstendenzen seien. Diese Patienten kommen nach *Ferenczi* „als unwillkommene Gäste der Familie zur Welt … alle Anzeichen sprechen dafür, dass diese Kinder die bewussten und unbewussten Merkmale der Abneigung oder Ungeduld der Mutter wohl bemerkt und durch sie in ihrem Leben-Wollen geknickt wurden. Im späteren Leben genügten dann verhältnismäßig geringe Anlässen zum Sterben-Wollen … Moralischer und philosophischer Pessimismus, Skeptizismus und Misstrauen werden hervorstechende Charakterzüge bei ihnen. Man konnte auch von schlecht verhehlter Sehnsucht nach ‚passiver' Zärtlichkeit, von Arbeitsunlust, von Unfähigkeit zu längerer Kraftanspannung … sprechen … Die so frühzeitig lebensunlustig Werdenden machen den Eindruck von Lebewesen mit mangelhafter Anpassungsfähigkeit …". Bei der Therapie dieser Patienten lässt *Ferenczi* sie „eine Weile, gleichsam wie ein Kind, gewähren …", wodurch diese „eigentlich erstmalig die Unverantwortlichkeit des Kindesalters genießen, was gleichbedeutend ist mit der Einführung positiver Lebensimpulse und Motive für die spätere Existenz." (*Ferenczi*, 1929, S. 255) Wer die Lebensgeschichte *Ferenczis* kennt, dem fällt es nicht schwer, zu erkennen, dass er hier auch sich selbst meint.

Sicher fällt Ihnen bei diesem späten psychosomatischen Ansatz des Autors auf, wie „objektbeziehungstheoretisch" das Gesagte gemeint ist. Die Ähnlichkeit mit manchem modernen objektbeziehungstheoretischen Erklärungsmodell für psychosomatische Phänomene, etwa der Theorie vom „Basis-Konflikt" von *Kutter* (*Kutter*, 1984) springt hier ins Auge.

Ferenczi erkennt sehr früh die Bedeutung der Objektbeziehungen, in der Entwicklung und Psychopathologie des Menschen. In seinem Werk ist von primärem Narzissmus keine Rede, der sekundäre Narzissmus erscheint als regressiver Vorgang. Die Entwicklung des Kindes erfolgt von Anfang an in enger Objektbeziehung zur Mutter, wie *Ferenczi* dies auch in den „Entwicklungsstufen des Wirklichkeitssinnes" (1913) schildert. *Ferenczi* spricht von einer „primären passiven Objektliebe" im „Versuch einer Genitaltheorie" (1924, S. 336). Sein Schüler *Balint* stellt die „primäre Liebe" dem „primären Narzissmus" entgegen. Dementsprechend ist die Bedeutung der Beziehung zwischen Patienten und Therapeuten, d. h. der Übertragung und Gegenübertragung, in der Theorie und auch in der therapeutischen Praxis von *Ferenczi* eminent, wohl viel größer als bei vielen analytischen Therapeuten und Autoren der damaligen Zeit (s. a. die „Zweipersonen-Psychologie" von *Balint*).

2. Konzepte zur Psychosomatik bei Ferenczi

Im Werk von *Ferenczi* ist die Psychosomatik hauptsächlich mit drei Konzepten vertreten (s. *Harmat*, 1985):

2.1 Seine Konversionsmodelle,
2.2 die Genitaltheorie und Bioanalyse, und
2.3 sein Konzept von den Pathoneurosen (Krankheitsneurosen).

2.1 Das Konversionsmodell

In seine „Psychoanalyse der Kriegsneurosen" (1918) und in „Hysterische Materialisationsphänomene" (1919) stellt *Ferenczi* sein Konversionsmodell dar. Konversion sei „Darstellung unbewusster Phantasien mit körperlichen Mitteln" (1919, S. 43 f.), er setzt die Konversion mit „Denken mit dem Körper" gleich: „In Mitmenschen, in denen das psychische System versagt, beginnt der Organismus zu denken." Nach einer Genitalisierung (libidinöser Besetzung) der Körperstellen, an denen die Symptome sich äußern, erfolgt in der Konversion auch eine Ich-Regression auf „eine bestimmte Entwicklungsstufe des Wirklichkeitssinnes ... in der sich der Organismus noch nicht mit der Veränderung der Außenwelt, sondern mit denen des eigenen Körpers – mit magischen Gesten – der Realität anzupassen versucht; und einen Rückfall auf diese Stufe mag die hysterische Gebärdensprache bedeuten." (*Ferenczi*, 1919, S. 12). Beispiel: „Die angsthysterische Gehstörung ist zugleich ein Rückfall auf ein infantiles Stadium des Nicht-Gehen-Könnens oder des Gehen-Lernens." (1918, S. 116). Die Regression greift nicht nur auf die individuelle Lebensgeschichte zurück, sondern auch auf „atavistische Vorbilder", auf „bereits aufgelassene aber virtuell vorhandene Reaktionsmechanismen der Artgeschichte, wie das ‚Sich-Tot-Stellen' der Tiere, Gangarten und Säuglingsschutzarten von Tieren in der Ahnenreihe." (*Janus*, 1987, S. 362). Im Symptom des Globus hystericus, der neurotischen Eß-Unlust, verschiedener Magen- und Darmstörungen materialisieren sich unbewusste, meist infantile sexuelle Phantasien, sie werden plastisch symbolisch dargestellt. In Anlehnung an *Freuds* Anschauung, dass die Hysterie „das Zerrbild der Kunst" sei, meint *Ferenczi*: „Die hysterischen ‚Materialisierungen' zeigen uns den Organismus mit seiner ganzen Plastizität, ja, in seiner Kunstfertigkeit. Es dürfte sich zeigen, dass die rein ‚autoplastischen' Kunststücke des Hysterischen vorbildlich sind, nicht nur für die körperlichen Produktionen der Artisten und Schauspieler, sondern auch für die Arbeit jener bildenden Künstler, die nicht mehr ihren Leib, sondern Material der Außenwelt bearbeiten." (*Ferenczi*, 1919, S. 24).

Wie *Janus* in seiner Arbeit: „Die vergessene Revision der Konversiontheorie durch Ferenczi, Rank und Deutsch" (*Janus*, 1987) hervorhebt, ist das zweite Charakteristikum des revidierten Modells der Konversion bei *Ferenczi*, neben der Betonung der Rolle der Regression die Ausweitung des psychoanalytischen Symbolbegriffs. Während *Jones* (1919) den Symbolbegriff extrem einengt: "Nur, was verdrängt ist, bedarf der symbolischen Darstellung. Diese Schlussfolgerung ist der Prüfstein der psychoanalytischen Theorie der Symbolik" (zitiert nach *Janus*, 1987) und sein reduzierter Symbolbegriff über weite Strecken die offizielle Lehrmeinung bleibt (vgl. die dogmatische Formulierung!), erweitert *Ferenczi* den Symbolbegriff ganz wesentlich. Er vergleicht die Konversionssymbolik mit der Traumsymbolik und betont die Bedeutung archaischer phylogenetischer Quellen für beide.

Zusammenfassend sei hier eine Definition *Ferenczi*s für den Konversionsvorgang wiedergegeben: "Eine starke genitale Triebanwandlung will zum Bewusstsein vordringen. Das Ich empfindet die Art und Stärke dieser Regung als eine Gefahr und verdrängt sie ins Unbewusste. Nachdem dieser Lösungsvorgang misslang, kommt es zum noch weiteren Zurückdrängen dieser störenden Energiemengen aufs psychische Sinnesorgan (Halluzination) oder in die unwillkürliche Motilität im weitesten Sinne (Materialisation). Auf diesem Weg kam aber jene Triebenergie in innigste Berührung mit höheren psychischen Schichten und unterlag deren auswählender Bearbeitung. Sie hört auf, eine einfaches Quantum zu sein, wurde qualitativ abgestuft und so zum symbolischen Ausdrucksmittel komplizierter psychischer Inhalte". Und etwas weiter: „Es handelt sich hier eben um Produktion eines hysterischen Idioms, einer aus Halluzinationen und Materialisationen zusammengesetzten symbolischen Sondersprache." (*Ferenczi*, 1919, S. 20). Hier sei noch erwähnt, dass *Ferenczi* in seiner frühen Arbeit „Über passagère Symptombildungen während der Analyse" (1912) quasi die Entstehung von Konversions- und anderen neurotischen Symptomen in statu nascendi während der psychoanalytischen Behandlung als Phänomene des Widerstandes beschreibt, die „symbolischer Ausdruck einer durch die Analyse angeregten unbewussten Gedanken- und Gemütserregung" (a.a.O., S. 104) seien, d,h, in der Übertragungsbeziehung des Patienten zum Therapeuten entstehen.

2.2 Versuch einer Genitaltheorie

Die Bedeutung des Symboles im Seelenleben wird von *Ferenczi* in seinem Hauptwerk: „Versuch einer Genitaltheorie" (1924) fast ins Unbegrenzte erweitert. An dieser Arbeit, deren Grundgedanken aus einer wissenschaftlichen Diskussion mit *Freud* entstanden, brütet er zehn Jahre. Auch diese Arbeit, die in den damaligen psychoanalytischen Kreisen den Ruf *Ferenczi*s als „enfant terrible" der Psychoanalyse sicher weiter verstärkt (*Ferenczi*, 1931, S 491), in der seine „fessellose Freiheit der Phantasie" (*Balint*, Vorwort zu *Ferenczi*, 1964, Bd.1, S.8) zur vollen Entfaltung kommt, können wir hier nicht näher eingehen. Sicherlich sind darin viele gewagte, aber geniale Spekulationen, die *Ferenczi* den Vorwurf der Unwissenschaftlichkeit einbrachten (s.a. *Harmat*, 1985). Ausgehend von Beobachtungen bei der Psychoanalyse der Impotenz des Mannes kommt er zum Schluss, das es beim Begattungsakt sich um eine partielle und symbolische Rückkehr in den Mutterleib handelt. Das kollektive Symbol des im Wasser schwimmenden Fisches würde „Sowohl den Begattungsakt als die Mutterleibssituation" (*Ferenczi*, 1924, S. 357) ausdrücken. Die Mutterleibsexistenz der höheren Säugetiere wäre „nur eine Wiederholung der Existenzform jener Fischzeit ... und die Geburt nichts anderes, als die individuelle Rekapitulation der großen Katastrophe, die so viele Tiere und ganz sicher auch unsere tierischen Vorfahren beim Eintrocknen der Meere zwang, sich dem Landleben anzupassen..." (a.a.O., S. 358). Dieser „thalassale Regressionszug" würde sich auch im Schlaf zeigen mit dem Unterschied, „das der Schlaf sich autoplastischer, die Begattung alloplastischer Mittel bedient, das der Schlaf mit Projektions-, der Koitus mit Introjektionsmechanismen arbeitet." (a.a.O., S. 382). „Der Hauptunterschied zwischen Schlaf und Koitus dürfte aber der sein, dass im Schlaf nur die glückliche Mutterleibsexistenz, in Koitus dagegen auch die Kämpfe dargestellt sind, die sich bei der ‚Vertreibung aus dem Paradies' (kosmische Katastrophen, Geburt, Entwöhnungs- und Angewöhnungskämpfe) abspielten." (a.a.O., S. 387).

Der „psychoanalytische Imperialismus" *Ferenczi*s kommt in seiner Idee, eine „bioanalytische Wissenschaft" zu entwickeln, die die „psychoanalytischen Kenntnisse und Arbeitsweisen methodisch auf die Naturwissenschaften überträgt (a.a.O., S. 389) deutlich zum Vorschein. Er schlägt eine „Tiefenbiologie" vor, die das „biologische Unbewusste" aufdecken könnte. *Ferenczi* untersucht organische Erkrankungen bioanalytisch und führt die Symptome auf eine neuartige Verteilung der „Organlibido" zurück: „Die Organe leisten ihre Nützlichkeitsfunktion nur, solange der Gesamtorganismus auch für ihre Libidobefriedigung sorgt ... Hört das auf, so mag die Neigung zur Selbstbefriedigung in den Organen wieder aufleben, zum Schaden der Gesamtfunktion ... aber auch lokale Schädigungen dürften zur Einstellung der altruistischen Leistung und zur Entfachung ‚autoerotischer' Vorgänge in den Geweben führen" (a.a.O., S. 392).

Neben gewagten Spekulationen enthält diese Arbeit *Ferenczi*s sehr viele originelle Ideen, die in enger Beziehung zu klinischen Beobachtungen stehen. Dem Vorgang der Regression und der Symbolik wird hier eine fast unbegrenzte Reichweite beigemessen.

2.3 Das Konzept der Pathoneurosen

Das vielleicht „modernste", heute noch aktuelle psychosomatische Konzept von *Ferenczi* ist das von „Krankheits- oder Pathoneurosen" (1917). Ausgehend von dem Fall eines jungen Mannes, dem wegen Tuberkulose beide Hoden entfernt werden mussten und der dabei eine paranoide Psychose entwickelte, formuliert *Ferenczi* seine Theorie der Pathneurosen und hebt dabei, meines Wissens erstmalig in der Geschichte der Psychosomatik hervor. Zugleich ist er wohl der erste, der hier psychopathologische Entwicklungen als Folge körperlicher Erkrankungen oder Verletzungen beschreibt, die wir heute somato-psychische oder psychosomatische Entwicklungen(*Engel* und *Schmale*, 1969; *Misterlich*, 1961/62) nennen würden. „Eine körperliche Erkrankung oder Verletzung kann ... eine traumatische zu nennende Regression zum Narzissmus, eventuell deren neurotischeé Variante zur Folge haben". (*Ferenczi*, 1917, S.245).

(*Ferenczi* orientiert sich hier an der Narzissmustheorie *Freuds*, an der Lehre vom sekundären Narzissmus). Diese Krankheits- oder Pathoneurosen entstehen durch Rückzug der Libido von der Außenwelt auf das erkrankte oder beschädigte Organ. Eine weitgehende Regression in den Narzissmus kann eine echte narzisstische Neurose erzeugen:

1. „Wenn der konstitutionelle Narzissmus ... schon vor der Schädigung allzu stark war, so dass die kleinste Verletzung eines Körperteils das ganze Ich betrifft;
2. wenn das Trauma lebensgefährlich ist oder dafür gehalten wird, d.h. die Existenz (des Ich) überhaupt bedroht;
3. kann man sich das Zustandekommen einer solchen narzisstischen Regression oder Neurose als Folge der Beschädigung eines besonders stark libidobesetzten Körperteils denken ... (a.a.O., S. 247).

Nervöse Hustenanfälle von jahrelanger Dauer nach einem Keuchhusten, das Wiederaufleben der Analerotik nach einem Darmleiden, auch Psychosen nach Augenoperationen etc. würden hierher gehören. Da die Genitalien stark libidinösnarzisstisch besetzt sind, sind Verletzungen oder Krankheiten dieser Organe besonders geeignet, „die Regression in den Krankheitsnarzissmus hervorzurufen." (a.a.O., S. 249). Im Unterschied zur Hysterie, wo die Libidosteigerung mittels Verdrängung abgewehrt wird, identifiziert sich das Ich damit vollkommen, was zur Entstehung einer narzisstischen Pathoneurose als Folge der Verletzung oder Erkrankung führt.

Diese Konzept der Pathoneurosen verwendet *Ferenczi* mit wenig Modifikationen auch für gewisse Formen der Kriegsneurosen (1916) sowie zur Erklärung der Phänomene des Tic (1921), wobei er Parallelen zwischen dem Tic und der Katatonie zieht. Zusammen mit *Istvan Hollòs* versucht er, in der „Studie über die paralytischen Geistesströmungen" (1922) auch psychotische Phänomene mit Hilfe des Pathoneurosenkonzepts zu erklären.

3. Das Thema der Organneurosen

Schließlich möchte ich noch eine Arbeit *Ferenczis* erwähnen: "Organneurosen und ihre Behandlung" (1926). Hier meint er unter anderem, dass seelische Entwicklungen den Verlauf jeder organischen Krankheit beeinflussen. Er hebt dabei die therapeutische Bedeutung der Übertragung in der Arzt-Patient-Beziehung hervor: „Ihr Haupterfolg weist die Übertragung auf den Arzt bei den seelisch verursachten Neurosen auf, doch wurden auch schon erfolgreiche Ergebnisse in der Behandlung oder psychischen Beeinflussung organischer Störungen erzielt". (a.a.O., S. 200). Hier meint er sicherlich die Erfolge seines Freundes *Groddeck*. Ich vermute, dass diese Gedanken seines Lehrers für *Michael Balint* ausschlaggebend waren, als er mit der *Balint*-Gruppen-Arbeit anfing.

Zusammenfassend hier einige Schwerpunkte der Psychosomatik *Ferenczi*s:
1. Die Bedeutung der Regression (auch der narzisstischen) bei der Entstehung der Neurosen aber auch bei organischen Erkrankungen.
2. Das symbolische Verständnis psycho-pathologischer, aber auch organpathologischer Phänomene.
3. Die Entdeckung somato-psychischer Zusammenhänge.
4. Die Bedeutung des Narzissmus in der Psychopathologie und Psychosomatik ; und
5. Perspektiven für einen psychologischen Zugang zur Behandlung psychosomatischer und organischer Krankheiten.

Am Ende meiner Ausführungen möchte ich eine vage, aber der Denkweise *Ferenczi*s vielleicht entsprechende Spekulation anstellen: Man weiß, dass Übertragung für *Freud* fast ausschließlich Vater-Übertragung bedeutet (s. u.a. *Cremerius*, 1983, S. 990). Während die Arbeit mit der Vater-Übertragung bei dem Verständnis und der Therapie der klassischen Übertragungsneurosen (Hysterie, Zwangsneurose) behilflich ist, ist zum Verständnis schwerer Störungen die Arbeit mit der (frühen) Mutter-Übertragung nötig. Für *Ferenczi* war es die Arbeit vor allem mit der Mutter-Übertragung, was ihn vielleicht besonders befähigt hat, sich mit psychosomatischen Problemen zu beschäftigen.

Zusammenfassung: Sándor Ferenczi – ein Pionier analytischer Psychosomatik

Ferenczi kann – zusammen mit seinem Freund *Georg Groddeck* – als Pionier psychoanalytischer Psychosomatik betrachtet werden. *Freud* hatte das Engagement an der psychosomatischen Frage mit ihren verschiedenen Ansätzen an *Ferenczi* und *Groddeck* „deligiert". Die wichtigen Punkte von *Ferenczi*s Psychosomatik sind folgende: 1. sein Modell der Konversion mit einer Ausdehnung zu den Konzepten des Symbols und der Regression. 2. Seine Genitaltheorie und Bioanalyse, die die psychischen Ursachen organischer Erkrankungen zu erklären versuchen. 3. Sein Konzept der Pathoneurose, das zum ersten Mal die pathologische Rolle des Narzissmus bei physischen Verletzungen und Erkrankungen beschreibt (somatopsychische Pathogenese). Der Autor diskutiert die persönlichen Gründe für *Ferenczi*s starkem Interesse an der Psychosomatik.

Summary: Sàndor Ferenczi, pioneer of psychosomatics

Ferenczi can be regarded – together with his friend *Georg Groddeck* – as pioneer of psychoanalytic psychosomatics. *Freud* has "delegated" the engagement with psychosomatics to *Ferenczi* and *Groddeck*. The crucial points of *Ferenczi*'s psychosomatics are the following: 1. His model of conversion with an extension of the concepts of symbol and regression; 2. Genital theory and bioanalysis which try to explain psychic sources of organic diseases; 3. The concept of pathoneurosis, which for the first time describes the pathological role of narcissism in physical injurics and diseases (somatopsychical pathogenesis). The author discusses the subjective reasons of *Ferenczi*'s strong interest in psychosomatics.

Key words: Sándor Ferenczi, Psychosomatik, Pathogenese, Psychoanalyse

Literatur

Balint, M. (1964): Vorwort zum 1. Bd. von Sàndor Ferenczi: Bausteine zur Psychoanalyse. Bern und Stuttgart: Verlag Hans Huber.
Balint, M. (1966): Die technischen Experimente Sàndor Ferenczis. *Psyche* 20, 904-925
Balint, M. (1969): Einleitung zum Tagebuch. In: Sàndor Ferenczi: Ohne Sympathie keine Heilung. Das klinische Tagebuch von 1932. Frankfurt: S. Fischer, 1988. 32-36
Balint, M. (1970): Einleitung zu Sàndor Ferenczi: Schriften zur Psychoanalyse. Bd. 3. Frankfurt: S. Fischer. S. IX – XXII.
Cremerius, J. (1983): „Die Sprache der Zärtlichkeit und der Leidenschaft". Reflexionen zu Sàndor Ferenczis Wiesbadener Vortrag von 1932. *Psyche* 37, 988-1015
Dahmer, H. (1978): Sàndor Ferenczi: Leben und Schriften. Einleitung zu Sàndor Ferenczi: Zur Erkenntnis des Unbewussten. München: Kindler, Geist und Psyche. 7-60.
Dupont, J. (1972): Einleitung zu Sàndor Ferenczi: Schriften zur Psychoanalyse. Bd. 2. Frankfurt: S. Fischer. S. IX - XXII.
Dupont, J. (1986): Die Quellen der Erfindungen. In: *Ferenczi, S., Groddeck, G.*: Briefwechsel 1921-1933. Fischer Taschenbuch. 8-24.
Engel, G.L., Schmale, A.H. jun. (1969): Eine psychoanalytische Theorie der somatischen Störung. *Psyche* 23, 241-261
Ferenczi, S. (1970) Schriften zur Psychoanalyse Bd. 1. Frankfurt: S. Fischer.
Ferenczi, S. (1978): Zur Erkenntnis des Unbewussten und andere Schriften zur Psychoanalyse. Hrsg. Von *Dahmer, H.* München: Kindler, Geist und Psyche.
Ferenczi, S. (1912): Über passagère Symptombildungen während der Analyse. In: Schriften, Bd. 1 (1970) 103-114
Ferenczi, S. (1913): Entwicklungsstufen des Wirklichkeitssinnes. In: Schriften. Bd. 1. 148-163.
Ferenczi, S. (1916): Über zwei Typen der Kriegshysterie. In: Schriften 1. 58-79
Ferenczi, S. (1917): Von Krankheits- und Pathoneurosen. In: Schriften 1. 242-252.
Ferenczi, S. (1918): Psychoanalyse der Kriegsneurosen. In: Bausteine 3. 95-118.
Ferenczi, S. (1919): Hysterische Materialisationsphänomene. In: Schriften 2. 11-24.
Ferenczi, S. (1921): Psychoanalytische Betrachtungen über den Tic. In: Schriften 1. 39-69.
Ferenczi, S. (1924): Versuch einer Genitaltheorie. In: Schriften 2. 317-400.
Ferenczi, S. (1926): Organneurosen und ihre Behandlung. In: Bausteine 3. 294-301.
Ferenczi, S. (1929): Das unwillkommene Kind und sein Todestrieb. In: Schriften 2. 251-256.
Ferenczi, S. (1931): Kinderanalysen mit Erwachsenen. In: Bausteine 3. 490-510.
Ferenczi, S. (1988): Ohne Sympathie keine Heilung. Das Klinische Tagebuch von 1932. Frankfurt: S. Fischer.
Ferenczi, S., Groddeck, G. (1986): Briefwechsel 1921-1933. Frankfurt: S. Fischer.
Harmat, P. (1985): Sàndor Ferenczis Beitrag zur psychoanalytischen Krankheitslehre. In: *Praxis der Psychotherapie und Psychosomatik* 30, 219-224.
Harmat, P. (1986): Freud-Ferenczi `s a magyarorszàgi pszichoanalizis. Bern (az Euròpai Protestàns Magyar Szabadegyeten kiadàsa).
Hooliòs, I., Ferenczi, S. (1922): Zur Psychoanalyse der paralytischen Geistesstörung. Leibzig, Wien, Zürich: Internationaler Psychoanalytischer Verlag.
Janus, L. (1987): Die vergessene Revision der Konversationstheorie durch Ferenczi, Rank und Deutsch. In: *Lamprecht, F.* (Hrsg.): Spezialisierung und Integration in Psychosomatik und Psychotherapie. Berlin, Heidelberg, New York, London, Paris, Tokyo: Springer. 361-371.
Jones, E. (1916): Die Theorie der Symbolik. In: *Psyche* 24, 342-359; 581- 621.
Kutter, P. (1984): Die Dynamik psychosomatischer Erkrankungen – damals und heute. *Psyche* 38, 544- 562.

Mitscherlich, A. (1987): Anmerkung über die Chronifizierung psychsomatischen Geschehens. In: Oberbeck, G., Oberbeck, A. (Hrsg): Seelischer Konflikt – körperliches Leiden. Reinbek b. Hamburg: Rowohlt.
Weizsäcker, V. von (1947): Körpergeschehen und Neurosen. Stuttgart: Enke.
Will, H. (1987): Georg Goddeck und die Geburt der Psychosomatik. München: Dtv.

Korrespondenzadresse:
Dipl.-Psych. **Rudolf Pfitzner**
Nußbaumweg 7
85521 Ottobrunn

Gorgio Antonelli, Rom
Ferenczi und Rank trennen sich

Die Forscher der Geschichte der Psychoanalyse tendieren legitimerweise dazu, in der Verbindung *Rank-Ferenczi* eine alternative Linie zur Verbindung *Abraham-Jones* zu sehen. Dies deckt sich mit den Positionen der letzteren im Vergleich zu den „häretischen" Schriften der ersteren – Positionen, welche Anklagen von wissenschaftlicher Regression und geistiger Krankheit beinhalten. Auch da wo *Ferenczi* beginnt, *Rank* strenger Kritik zu unterziehen, anerkennt er doch seine Schuld gegenüber dem Kollegen und zögert nicht anzuerkennen, dass er *Rank* die bewusste Kenntnis der tiefen analytischen Bedeutung von Übertragung und Widerstand verdankt. Bevor wir uns allerdings mit der zu Ende gehenden Beziehung zwischen *Rank* und *Ferenczi* auseinandersetzen, lohnt es sich, die Aufmerksamkeit auf deren Höhepunkt zu richten, welcher zweifellos in der kontroversen Schrift „Entwicklungsziele der Psychochoanalyse" besteht.

Der Kern des Vorschlags der beiden Psychoanalytiker scheint die Forderung des Anfangs einer neuen Phase der psychoanalytischen Methodik, der Phase der *emotionalen Erfahrung* zu sein, welche der *kognitiven Erfahrung* vorausgehe. In der Phase der emotionalen Erfahrung geht es nicht nur darum, die Tendenzen des Patienten zur Wiederholung zu unterstützen, sondern auch darum, ihn dazu zu ermutigen sowie sie zu provozieren. Diese technische Neuerung deckt sich nicht nur mit *Ferenczis* aktiven Versuchen, welche *Rank* ausdrücklich *Ferenczi* zuerkennt, aber auch mit einem Wissen, welches *Rank* schon lange gewonnen hatte und welches ihm *Ferenczi* wiederum zuerkennt.

Wir wissen, dass in den Debatten der psychologischen Mittwochsgesellschaft – später Psychoanalytische Gesellschaft Wien – die klinischen Probleme eine zentrale Rolle spielten. Nun macht *Rank* anlässlich eines Treffens am 8.Januar 1908 eine Feststellung von beträchtlicher Wichtigkeit, die jedoch von den Anwesenden scheinbar nicht aufgenommen wird. In dem Treffen geht es um zwei von *Stekel* präsentierte Fälle von Psychose, deren Analyse sofort von *Hitschmann* als nicht fundiert und als eher einer suggestiven Behandlung nahe angeprangert wird. Eine Kritik, die durch eine vorangehende Bemerkung *Stekels* gerechtfertigt scheint. Dieser hatte am Treffen des 30.Oktobers 1907 bestätigt, dass er in seinen Analysen die Aufdeckung der tiefsten Zusammenhänge solange aufschiebe, bis der Patient gänzlich unter seinem Einfluss stehe. Es geht auch für *Rank* darum, wie man dazu kommt, auf den Patienten eine tiefe Wirkung zu haben. Seine Antwort fällt jedoch, in bestem *freud*ianischen Stil (v.a. wenn Fragen psychoanalytischer Technik im Spiel sind), negativ aus. „Die Dinge dem Patienten direkt zu sagen" so stellt *Rank* fest „kann keine tiefe Wirkung haben".

Ferenczi war schon zu ähnlichen Schlüssen gekommen, beispielsweise in einer 1912 publizierten Schrift „Symptome von Übertragung im Verlauf der Analyse". Die Annäherung an die Auffassung des affektiven Vorteils in der Analyse geschieht mit der – typisch ferenczianischen - Frage, wie der Patient zu Überzeugung, zu Gewissheit und damit zum effektiven Wissen gelange. Das heißt also, dass nach *Ferenczi* der Patient seine Überzeugung nicht nur durch die logische Kognition erreicht. Damit er die Gewissheit erlangt, muss der Patient die Dinge affektiv durchlebt haben. Auf der Ebene der praktischen Klinik impliziert dies alles, dass die orthodoxe Behandlung in der Übertragung die analytische Dialektik unterbrechen kann oder auch, dass sie einen Widerstand auf Seiten des Psychoanalytikers offenbaren kann.

Wir sehen, wie weit dies der Kritik an der psychoanalytischen Praxis von beispielsweise *Berlin* oder *Abraham* oder auch von *Jones* vorausgeht. Wenn *Rank* und *Ferenczi* von einer emotionalen Phase sprechen, welche einer kognitiven Phase folge, wenn sie die gängige orthodoxe Praxis der Übertragung kritisieren, wenn sie den interpretativen Fanatismus ihrer Kollegen anprangern – versuchen sie dann nicht vielleicht auch, zusammen mit Berlinern und Angelsachsen, an die Vergangenheit anzuknüpfen, an Vater *Freud*? Stellen sie nicht eine Art Jenseits der Psychoanalyse dar? Ist es nicht von hier aus, von ihrem Versuch, die gängigen Positionen zu überholen, dass die Ächtung und auch die „pathologisierenden" Anklagen des psychoanalytischen *Establishments* verstanden werden müssen?

Es gibt noch eine andere Verwicklung in Zusammenhang mit der zitierten Feststellung von *Rank* im Jahr 1908, die bezüglich der theoretischen und technischen Entwicklungen unterstrichen werden muss: Das langsame aber fortschreitende sich Durchsetzen der Bedeutung des Mütterlichen im psychoanalytischen Diskurs. Es wird gesagt, dass *Ferenczi* in der amerikanischen Konferenz über die „Gulliver-Fantasien" betont, dass nach ihm der Sexualakt den Wunsch nach der Rückkehr in den mütterlichen Bauch repräsentiere. Laut *Ferenczi* hat *Rank* erst später auf der Wichtigkeit der Fantasien der Rückkehr in die Mutter oder der Fantasie, von ihr wiedergeboren zu werden, insistiert. *Rank* sei so weit gegangen, diese Fantasien zum zentralen Problem der Neurosenlehre zu machen. Diese Priorität wird übrigens von *Rank* im Wesentlichen anerkannt. Dennoch scheint mir, dass *Rank* da, wo es um die Übersetzung der theoretischen Annahme in die klinische psychoanalytische Sprache und in die therapeutische Praxis geht, noch weiter geht als *Ferenczi*. Dies wird in der *Rank*'schen These offensichtlich, nach der die Übertragungslibido eine Libido gegenüber der Mutter ist. Von da kommt die Rückdatierung der Kastrationsangst, welche demnach an die Trennung des Kindes von der Mutter gebunden ist. Es ist diese Trennung, die es verdient, *ursprüngliche Kastration* genannt zu werden. Nur so kann man das, was *Rank* als *das Mysterium der Allgegenwart* des Kastrationskomplexes bezeichnet, erklären, d.h. dass er beide Geschlechter betrifft. Nicht zufällig schreibt *Ferenczi* am 21.September 1924 in seinem Brief an *Freud*, dass *Rank* Recht habe, wenn er der von den anderen Psychoanalytikern vernachlässigten Mutterbeziehung größte Bedeutung verleihe.

Letztlich entwickelt *Rank* für den Psychoanalytiker eine bisexuelle Rolle. Auch *Ferenczi* sprach vom zugleich mütterlichen und väterlichen Analytiker, oszillierend zwischen Nachsicht und Strenge. Für *Rank* ist der Analytiker der Vertreter der libidinösen Objekte (Mutter und Vater) der Kindheit. In dieser Rolle ist es seine Aufgabe, die ursprüngliche Fixierung auf die Mutter zu lösen und Bedingungen für die Übertragung zu schaffen, indem er, je nach Geschlecht des Patienten, das *imago* der Mutter oder des Vaters einsetzt. In seinem „Klinischen Tagebuch" schreibt *Ferenczi* analog dazu, dass der Analytiker in der Lage sein sollte, sowohl die mütterliche als auch die väterliche Rolle einzunehmen. Letztlich scheint mir wichtiger, *Rank*s und *Ferenczi*s Übereinstimmung zur Rolle der Mutter festzustellen, als die Frage zu klären, welcher der beiden das Thema zuerst aufbrachte.

Wie wir schon gesehen haben, war für *Rank* schon 1908 klar, dass das direkte Benennen der Dinge keine tiefe Wirkung auf den Patienten haben könne. Im fünften Teil der Schrift von 1924 „Resultate" findet diese Feststellung ihre ideale Fortsetzung. Dort hatte *Rank* angefangen, ein basales Moment der analytischen Technik umzustoßen: Mit der Kommunikation bzw. Interpretation des Analytikers die Provokation des Patienten zu bewirken und dadurch eine therapeutischen Wirkung hervorzurufen. Genau darum geht es in jener kritisierten *kognitiven Phase*, welche die erste Psychoanalyse charakterisiert. „Wenn man sich früher", so heißt es in dem Text von 1924, „anstrengte, eine therapeutische Wirkung aus der Reaktion zu erzielen, welche unsere Informationen im Patienten hervorrufen, so tendieren wir heute vielmehr dazu, unser bis dahin angesammeltes analytisches Wissen zur Verfügung zu stellen und auf dieser Basis die erlebten Entsprechungen zu *provozieren*".[1]

Nachdem nun klar ist, was in der Analyse wiederholt wird (die emotionalen Erfahrungen des Patienten, seine frühen Traumata, sein Ödipus), geht es nun darum zu bestimmen, wie mit der Wiederholung umgegangen wird. Es ist eine Tatsache, dass weder *Ferenczi* noch *Rank* Halt machen bei der Wiederholung (und bei der Emotionalität), wie allgemein suggeriert wurde. Für sie geht es immer über das Erproben hinaus um das Wissen (in ferenczianischen Termini), um das affektive Akzeptieren (in rankschen Termini). Wenn es wahr ist, dass der Patient den ödipalen Bezug innerhalb der Beziehung zum Arzt *bis auf den Grund* leben muss, dann ist es auch wahr, dass dies nicht reicht. Es wird darum gehen, diese Beziehung auf einen neuen Ausgang hinzulenken, einen vorteilhafteren Ausgang, basierend auf dem Wissen. Der allgemeine Sinn der Argumentation wir klarer, wenn man ihn auf die im Text zentrale Thematik des Erinnerns zurückführt. Man muss sie wie eine Wiedergewinnung des Freudschen Diktates aber gleichzeitig auch als Beweis seines Nichtwahrseins in diesem neuen, von *Rank* und *Ferenczi* offerierten psychoanalytischen Referenzrahmen, sehen. Für die beiden „Häretiker" wird die Erinnerung der Mediator der Wiederholung einesteils und des Wissens andernteils, der Mediator also der emotionalen und der kognitiven Instanzen.

---

1 *Ferenczi, S., Rank, O.,* (1924): Entwicklungsziele der Psychoanalyse, in: Bausteine zur Psychoanalyse, III. Band. Bern-Stuttgart-Wien: Hans Huber, 1984, S.243

Die Transformation der Wiederholung in der Erinnerung präsentiert jedoch ein weiteres Problem. Tatsächlich geht es im Text von *Ferenczi* und *Rank* nicht allein um „Erinnerung", sondern auch um „plausible Rekonstruktion". Es fragt sich, um welche Erinnerung es geht und in welchem Maße die Rekonstruktion „plausibel" sein muss. Für *Ferenczi* besteht kein Zweifel, dass die Erinnerung, da sie aus der Wiederholung und aus dem Unbewussten als letzter Instanz kommt, mit den realen traumatischen Ereignissen korrespondiert. Diese traumatischen Ereignisse, welche durch die nachfolgende Verdrängung unterdrückt wurden, vermögen - auf Grund dieser Unterdrückung – den Patienten in Schach zu halten.

Zur Frage der Entsprechung zwischen analytischer Rekonstruktion und Realität nimmt *Rank* eine gänzlich andere Position ein als *Ferenczi*. Ein interessanter Beitrag zu dieser Frage findet sich in „Technik und Psychoanalyse", in drei Bänden publiziert 1926, 1929 und 1931. Es ist zu bezweifeln, dass *Ferenczi* Ranks Schriften nach 1926 gelesen hatte. *Ferenczi* stellt nämlich fest, dass er mit *Rank* gebrochen habe und zitiert ihn dann auch nicht mehr ab einem gewissen Zeitpunkt. Im Übrigen bezeichnet *Rank* sich in jener Zeit nicht mehr als *Freud*ianer und betrachtet die Psychoanalyse mit Strenge, sie als zu spekulativ verurteilend. Er brandmarkt ihren therapeutischen Pessimismus, ihre Tendenz, jede Reaktion des Patienten als Widerstand zu werten und die Betonung des „negativen Ichs". Der von den *Freud*ianern vertretenen kausalen Therapie stellt *Rank* seine „konstruktive" Therapie gegenüber. Er legt den Akzent auf die positiven, kreativen Aspekte des Patienten, auf dessen eigene Psychologie des Willens.

Die Ablehnung der Legitimation der Wahrheit durch *Rank* findet ihre Voraussetzung bei *Nietzsche*, dessen Gedankengut die psychoanalytische Periode inspiriert und sie in einer Art unterstützt, welche *Ferenczi* meines Erachtens zu entgehen scheint. Für *Nietzsche* scheint der *Wille zur Wahrheit* ein Zeichen von Degeneration. In psychoanalytischer Terminologie könnten wir ihn als einen Widerstand gegen den freien Fluss der Analyse betrachten. Im dritten Band, in dem der Rolle des Therapeuten gewidmeten Teil, bezeichnet *Rank* die Suche nach der historischen Wahrheit der Vergangenheit, aber auch die Suche nach der Wahrheit der Gegenwart als nicht notwendig. Für *Rank* sind Therapie und Wahrheit unterschiedliche Größen. Die Suche nach der Wahrheit dient den Zielen der Therapie nicht. *Rank* thematisiert die grundlegende Unerreichbarkeit der historischen Wahrheit bzw. der Vergangenheit des Patienten. Wenn man das Leben des Patienten und den Text als Gleichung sieht, dann müsste man mit *Rank* annehmen, dass kein wahrer Sinn des Textes existiert. Wir müssten dann annehmen, dass es *Rank* darauf ankommt, aus dem Text, in welchem das Leben des Patienten eingetragen ist, jene Interpretation zu entnehmen, deren Wirkung glücklich ist.

Wenn nicht Wahrheit, was brauchen dann die Menschen letztlich nach *Rank*? Sie brauchen Realität, *wie wenn*, oder Illusionen, sagen wir sogar Lügen, und d.h. Kunst, Religion, Philosophie, Wissenschaft. Sie müssen in der Realität leben als wäre es die Wahrheit und mit dem Schein als wäre es das Wesentliche.

Mit der Dekonstruktion des Begriffes der Wahrheit ist die Tiefenpsychologie gute Zeitgenossin (oder müssten wir, besser, sagen Vorreiterin?) postmoderner Philosophie. Diese Mittäterschaft, wenn nicht gar Allianz, welche wenn nicht geheim so doch nicht gebührend anerkannt ist, erklärt sich auf der Basis der Determinanten der dynamischen Psychologie – Determinanten, die außer auf *Nietzsche* auch auf *Schopenhauer* und, noch früher, auf *Hume* zurückgehen.

Ich habe *Hume* immer als Vorkämpfer des psychoanalytischen Denkens betrachtet. Und unter diesem Aspekt muss jenes Treffen der Psychoanalytischen Gesellschaft des 24. Novembers 1909 in Wien gesehen werden, währenddessen *Tausk* die Frage nach der Beziehung zwischen der Erkenntnistheorie und der Psychoanalyse diskutiert. Dabei verwies *Tausk* auf die Anfänge der Erkenntnistheorie in eben der Philosophie von *Hume*. Mit *Hume*, so argumentiert *Tausk*, kann die Funktion der Ursache nicht auf psychologischer Ebene erklärt werden. Ich würde dem anfügen, dass die Vorstellung das Schlüsselmoment der Epistemologie von *Hume* ist – es ist die Vorstellung, welche die Löcher im Realen füllt. Und auf dieser Basis können sich die Verbindungen zwischen der Psychoanalyse und *Hume* intensivieren, ausgehend vom Ich-Konzept, welches der schottische Philosoph im berühmten Abschnitt über die „persönliche Identität" darlegt, der am Schluss des ersten Buches seiner „A Treatise of Human Nature" erscheint.

Im Übrigen hat *Ferenczi* das Konzept, nach dem die Vorstellung die Löcher des Realen füllt - uns die Illusion zugestehend, wie *Rank* sagen würde, die Folgen von Ursache-Wirkung zu verstehen - in der analytischen Praxis realisiert, wie er in seinem Vortrag über die *induzierten Fantasien* gezeigt hat. Wenn der Patient nicht assoziiert, d.h. wenn er nicht frei ist, und darauf beharrt, dass ihm nichts einfällt, dann schlägt *Ferenczi* ihm vor, dieses Loch mit erfundenen Fantasien zu füllen, die induziert oder herausgelockt zu nennen, er vorzieht. Und nicht nur das, der ungarische Psychoanalytiker erfindet sogar die Fantasien des Patienten, lässt ihn fühlen oder denken, was er unter bestimmten Gegebenheiten hätte fühlen oder denken müssen.

Dies unterstützt meine Hypothese, dass es in *Ferenczi*s Werk eine gewisse Diskrepanz zwischen Theorie und Praxis im Dienste einer sozusagen „künstlerischen" Praxis gibt, die schlecht mit einer Theorie korrespondiert, welche die Argumente der Kunst negiert. *Ferenczi* hätte nicht die grundlegende Zweideutigkeit, Unbestimmtheit und Unvollkommenheit der psychischen Realität aufrechterhalten können (wie *Freud* und - wie ich anfüge - auch *Rank* in der Lage war). Schon in voranalytischen Zeiten Anhänger der *Wirklichkeit*, spürte er mit der Zeit immer stärker die Verführung der Bindung an die *Realität*. Gerade in dieser Unfähigkeit, dieser fehlenden Akzeptanz könnte man die technischen Metamorphosen des „Chamäleons" *Ferenczi* erklären, in seinem Versuch, Zweideutigkeit in Gewissheit umzudeuten. Anders gesagt konnte *Ferenczi* in seinem Wunsch, als Psychoanalytiker zu verstehen *und* zu heilen, nicht akzeptieren, darin frustriert zu werden. Der *furor sanandi* sowie *Ferenczi*s Suche nach

Realität verschleiern eine narzisstische Suche nach Reinheit, die Suche nach einer makellosen Welt, der Welt des Kindes, der Welt des Kindes *Ferenczi*.

In gewissem Sinne könnte man auch sagen, bezugnehmend auf die von *Ferenczi* begonnene Polemik gegenüber *Freud* - welcher nicht mehr an seine Patienten glaubt und enttäuscht ist, weil sie lügen - dass es ein grundlegender Zug von *Ferenczi*s Narzissmus und jedes Narzissmus ist, sich nicht enttäuschen lassen zu wollen von der Lüge des Anderen. Die Lüge des Anderen ist traumatisch, und es ist das Trauma, die Enttäuschung, die *Ferenczi* durch *Freud* erleidet. Auf einer anderen Ebene bedeutet die Unfähigkeit *Ferenczi*s ein sich nicht Abfinden wollen mit einer Psychoanalyse, die nicht einen wissenschaftlichen Status hat bzw. mit einer Psychoanalyse, die nur Kunst ist.

Der von *Ferenczi* bezüglich der „Wahrheit" eingeschlagene Zugang scheint in keiner Weise übereinzustimmen mit *Rank*s „Realität". Es ist nicht zufällig, dass die beiden sich auf der Ebene einer Psychoanalyse, die als *Kunst* gesehen wird, nicht treffen konnten. Die Wege der beiden Tiefenpsychologen mussten unweigerlich auseinander gehen.

Im Weiteren muss man sich fragen, welche denn *Ferenczi*s wirkliche Motive für seine Trennung von *Rank* gewesen waren und warum auch ihre Freundschaft in die Ereignisse und das Unverständnis verwickelt wurde. Der Wendepunkt in der Beziehung zwischen den beiden kann mit ziemlicher Sicherheit in der zweiten Hälfte des Jahres 1926 angesiedelt werden, d.h. eigentlich könnte man ihn schon in dem Brief sehen, den *Ferenczi Freud* am 30.Juni schickt und in welchem er diesem von seiner durch *Rank* verursachten Enttäuschung schreibt. Untrügliche Zeichen für die Wendung können in *Ferenczi*s wichtiger Arbeit „Psychoanalyse der sexuellen Gewohnheiten (und Beiträge zur therapeutischen Technik)" nachgelesen werden, welche im Jahre 1925 erschien. Im letzten Teil dieser Schrift, die der *Entwöhnung von der Analyse* gewidmet ist, nimmt *Ferenczi* die Frage der Festlegung des Endes der Analyse als Mittel, um die Loslösung des Patienten vom Analytiker zu beschleunigen, wieder auf. Nachdem er erfahren hat, dass das Mittel nicht immer funktioniert, spricht *Ferenczi* sich gegen dessen systematische Anwendung aus. Im Weiteren kritisiert er das Konzept von *Rank*, nach welchem sich in der Übertragung die Erfahrung der Geburt wiederholt in Form von Geburtstrugbildern (fantasmi di nascita) bzw. als *transitorische Träume und Symptome von Fragmentierung*. *Ferenczi* beklagt die Mängel von *Rank*s Mitteilungen im Verdienste der Übersetzung dieser These, d.h. bezüglich der Fortschritte, welche dieser bereit sei der psychoanalytischen Technik zuzuschreiben. *Ferenczi* bezweifelt auch, dass es sich – wie *Rank* möchte - um Reminiszenzen des *Geburtstraumas* handelt. Der Punkt ist jedoch ein anderer: Die Infragestellung von *Rank*s analytischer Technik.

Die Frage der Übersetzung von *Rank*s Thesen in die analytische Praxis wird von *Ferenczi* wieder aufgenommen in einer Arbeit, welche ein zentrales Moment auf seinem analytischen Weg darstellt, „Kontraindikationen der Technik der aktiven

Psychoanalyse". Das Referat wurde auf dem 9. IPA-Kongress in Bad Homburg 1925 gehalten und im darauf folgenden Jahr veröffentlicht. Was *Ferenczi* die *Anregegung des Freundes Rank* über das Aufzwingen des Zeitpunktes der Beendigung der Analyse - um die analytische Behandlung zu verkürzen - nennt, wird hier weiter relativiert. *Ferenczi* findet es übertrieben, dass die Trennung über den traumatischen Weg der Vorankündigung geschehen müsse. Diesen Weg schätzt er als traumatisch ein und möchte ihn dem Patienten ersparen. In der Kritik des *Rank*schen Kunstgriffes jedenfalls scheint die *Praxis der Nachsicht* schon eine entscheidende Rolle zu spielen. Dies könnte vermuten lassen, dass das „neokathartische" Experiment von *Ferenczi* schon in die Tat umgesetzt wird. Während er dem (provisorischen) Ende die Phase der aktiven Technik widmet, beginnt die andere Phase, die Phase der Neokatharsis. In diesem entscheidenden Übergang zeigt sich die Distanzierung von *Rank*.

In den Jahren 1926-27 wird die Kritik an *Rank* endgültiger. Dies geschieht anlässlich der amerikanischen Vorträge am 9.November 1926 („Gulliver-Fantasien") und am 26.Dezembe 1926 („Aktuelle Probleme der Psychoanalyse"), im Vortrag in London am 13.Juni 1927 („Die Anpassung der Familie an das Kind") sowie – in systematischerer Art – in der Rezension von *Rank*s 1926 erschienener Arbeit *Technik der Psychoanalyse I. Die analytische Situation*. In den amerikanischen Vorträgen scheint *Ferenczi* einen speziell orthodoxen Eindruck vermitteln zu wollen und sich von *Rank* zu distanzieren. *Rank* würde, so moniert *Ferenczi* in voller Übereinstimmung mit *Freud*, den sexuellen Faktor und den Kastrationskomplex minimieren. *Ferenczi* prangert auch das *Rank*sche Konzept des Geburtstraumas als reduktionistisch und nicht erwiesen an und wirft *Rank* vor, jede Assoziation oder Fantasie des Patienten wörtlich zu nehmen.

Auf die gleiche Frage kommt *Ferenczi*, ohne *Rank* zu zitieren, im – nachträglich veröffentlichten - Madrider Vortrag des Oktobers 1928 mit dem Titel „Die analytische Therapie des Charakters" zurück. *Ferenczi* stimmt mit der Tatsache überein, dass das allererste Trauma, dem sich Lebewesen ausgesetzt sehen, das Trauma der Geburt ist. Jedoch mindert er die Schwere der *Rank*schen Annahme, indem er Mittel aufzeigt, mit denen dieses Trauma schnell überwunden werden kann. Die Mittel sind im Wesentlichen die *Zuwendung der Mutter* und eine gute Vorbereitung auf das extrauterine Leben. Man sagt jedenfalls, dass *Ferenczi* in *Thalassa* an *Rank* schrieb, dass er zu weit gehe, auch wenn er, *Ferenczi*, in der Arbeit über das Geburtstrauma eine Affinität zur eigenen Theorie der Genialität erkenne.

Mit der Bekräftigung der *Freud*schen Orthodoxie der aktiven Technik und ihrer Abgrenzung gegenüber der *Rank*schen Technik der Beschleunigung des Endes der Analyse mittels der Festlegung ihres Zeitpunktes berührt *Ferenczi* meines Erachtens einen zentralen Aspekt seiner Differenzen mit *Rank*, nämlich da wo er von der Opferung des *historischen Materials* spricht. Die Beschleunigung, welche *Rank* dem Verlauf der Analyse aufdrücken will, respektiert das historische Material, das die Analyse evozieren sollte, nicht. *Rank* arbeitet, sowohl in der Gestaltung der Analyse selbst als auch in derjenigen ihres Endes, „auf Kosten des Materials", wie *Géza Dukes* schreibt, die/der (Mann oder Frau?) *Ferenczis* Text aus dem Englischen ins Deutsche übersetzt hat (*Ferenczi* 1984, 243). Es handelt sich um eine Versuchung, so erklärt *Ferenczi*, der *Rank* nicht hatte widerstehen können.

Die Frage der entscheidenden Bedeutung des historischen Materials in der Analyse steht in *Ferenczis* Rezension von *Ranks* Arbeit über die psychoanalytische Technik an erster Stelle. Das Bild von *Rank*, welches diese Rezension prägt, ist ein zweifaches: Einesteils wird sein technisches Experiment als *Fiasko* definiert, andernteils wird *Ranks* Beitrag zur den Geisteswissenschaften zugewandten Psychoanalyse positiv gewertet. Hier, in der angewandten Psychoanalyse, liege *Ranks* Genialität. *Ferenczi* schätzt *Rank* also als großen Theoretiker, aber als einen mittelmäßigen Kliniker ein, als einen, der den „historischen Gesichtspunkt" fast ganz außer Acht lässt.

Reicht dies alles, um die Trennung von *Ferenczi* und *Rank* zu erklären? Und kann man diese Trennung nur unter den Aspekten von psychoanalytischer Technik und Theorie betrachten? Ich glaube nicht. Ein großer Teil der Antwort liegt meiner Ansicht nach im Dreieck zwischen *Ferenczi* und *Rank* mit *Freud*. Die These von *Lieberman*, *Ranks* Biografen, ist die, dass *Ferenczi* mit *Rank* gebrochen hat, um an *Freuds* Seite und letztlich innerhalb der psychoanalytischen Orthodoxie bleiben zu können. *Rank* hätte analog dazu gesagt, dass ein Bruderkomplex häufig einen Vaterkomplex verbirgt. Wir könnten anfügen, dass *Ferenczi* mit dem Bruder gebrochen hat, um beim Vater bleiben zu können. Im Versuch, sich den Kummer, die Verletzung, das eigene Trauma der Geburt fernzuhalten, brach er mit dem Bruder. Ein erster tiefer Bruch zwischen den beiden fand sicher zur Zeit der ersten Amerikareisen *Ranks* und der von Seiten *Ferenczis* ähnlichen Erwartungen statt. Wie *Rank* hatte nämlich auch *Ferenczi* vor, nach Amerika zu gehen. Und *Freud* hatte ihm vehement davon abgeraten, so blieb er dann nur kurze Zeit dort.

Wir wissen, wie stark *Freud Ferenczis* Entscheidungen beeinflusste. Im Gegenzug muss man festhalten, dass *Ferenczi* nicht nur enttäuscht war von *Rank* bezüglich dessen nicht gehaltenen amerikanischen Versprechen, sondern zusätzlich seine Enttäuschung über die eigene Unfähigkeit, sich von *Freud* zu trennen, auf *Rank* projizierte. Diese Unfähigkeit könnte auch auf dem Hintergrund einer Kollusion mit *Freuds* Schwierigkeit, zu reisen, gelesen werden und als eine masochistische Identifikation *Ferenczis* mit *Freud*. *Ferenczi* hatte sich durch *Rank* davor bewahren können und zahlte dafür den Preis, sich nicht von ihm befreien zu können.

Im Gegensatz zu *Ferenczi* konnte *Rank* reisen, konnte sich von *Freud* emanzipieren. Dass der Anspruch einer emanzipatorischen Bedeutung der Reise als polemisches Ziel *Freud* hatte, schon zu Zeiten der Debatten in der Wiener Gesellschaft, scheint mir außer Frage, und dies unabhängig von der bewussten Kenntnis der Position des damals jungen *Rank*. Die Begegnung des 6. März 1912 scheint diese Annahme gänzlich zu stützen. An diesem Treffen hielt *Alfred Freiherr von Winterstein*, ein Philosoph, welcher nach *Aichhorns* Tod zum Präsidenten der Wiener Gesellschaft gewählt worden war, einen Vortrag. Das Thema seines Vortrages war die Psychologie des Reisens. Indem er den pathologischen Drang zum Reisen einer Prüfung unterzieht, spricht Von *Winterstein* von kriminellen Todeswünschen, welche er diesem Drang unterstellt. An der Diskussion, übrigens meiner Meinung nach eine der interessantesten in der Wiener Psychoanalytischen Gesellschaft abgehaltenen, beteiligen sich unter anderen *Stekel*, Autor eines Beitrags „Warum man reist", *Reik, Sadger, Hitschmann, Tausk, Sabina Spielrein, Freud* und natürlich *Rank*.

Ein im Hinblick auf die künftigen *Rank*schen Verwicklungen interessanter Aspekt ist die vom Vortragenden vertretene und von *Stekel* kritisierte These, welche Reisen nach Amerika als Fantasien einer Rückkehr in der mütterlichen Uterus interpretiert. So könnte man *Rank*s spätere Reise nach Amerika nicht als primäre oder zumindest nicht nur als Flucht vor dem Vater, als ein Verlassen des Vaters, eine Abrechnung mit ihm, sondern auch als Rückkehr zur Mutter, als *Rank*sche Form der Wiedergeburt sehen.

Diesbezüglich hatte sich *Rank* am Treffen des 30.November 1910 auf *Stendhal* berufen, dessen Antrieb, seine Geburtsstadt zu verlassen, der Hass auf den Vater gewesen war, wie der Autor selbst bekannt hatte. Dass er dann nach verschiedenen Reisen und Streifzügen quer durch Europa Mailand als seinen bevorzugten Wohnsitz gewählt hatte, war der Tatsache geschuldet, dass seine Mutter Italienerin war. Andererseits spiegelt sich die Verbindung, welche zwischen Reise/Flucht und Familienroman entsteht, in einer weiteren Verbindung, auf welcher *Rank* beharrt, der Verbindung zwischen Familienroman und der Figur des Mörders[2].

Im Laufe des Treffens des 6.März 1912 berührt auch *Sadger* Inhalte, welche *Rank* sehr nahe liegen. Nicht nur, weil er im Anlass zum Reisen die Geheimschrift eines sozusagen vererblichen Schicksals sieht, sondern vor allem, weil er in der hauptsächlichen Motivation zur Reise die Flucht vor dem Schmerz ausmacht, welchen das eigene Ich auferlegt. *Rank* kann nicht anders als einverstanden sein. Der primäre Grund, der zum Reisen treibt, ist der Wunsch, sich zu befreien, sich zu emanzipieren - ausgehend von einer Loslösung, die gegenüber der Ursprungsfamilie vollzogen wird. *Tausk* wiederum umreißt eine zweiteilige Typologie des Reisenden. Man reist, um einem entscheidenden Diskurs, welche seine Wurzeln in der väterlichen Figur hat, zu entfliehen. Man reist aus dem Wunsch heraus, über die schlechten Bedingungen zu triumphieren, in denen sich die Ursprungsfamilie befindet. Man könnte dies auch in anderen Worten sagen. Man reist, um zu sterben, oder auch weil man getötet hat, weil man einen Tod zugefügt hat, weil man die Gründe eines mitwissenden Hasses bis zuletzt ausgehalten hat.

---

[2] Vgl. dazu die Debatten, die in der Psychoanalytischen Gesellschaft in Wien an folgenden Treffen stattfanden: 7.Dezember 1910, 12.März und 19.März 1913

Die bedeutsamste Betrachtung ist vielleicht diejenige von *Freud*, aus welcher wir eine Art Bekenntnis lesen können, eine Selbstanalyse in Gegenwart anderer. Dies ist für *Freud* eine seltene Begebenheit, bedenkt man die verschiedenen gescheiterten Versuche, ihn zu analysieren – außer von *Rank* auch von *Jung* und *Ferenczi*. Jedenfalls geht *Freud* die Thematik des Reisens auch von der Seite der pathologischen Unmöglichkeit zu reisen an, d.h. von der Agoraphobie, d.h. auch von sich selbst aus. Seine These besagt, dass die räumliche Beschränktheit/Begrenztheit der Agoraphobiker ihre Entsprechung in ihrer allgemeinen Beschränkung findet und mit ihrer sexuellen Restriktion koinzidiert.

Wenn er von sexueller Einschränkung spricht, dann spricht *Freud* auch von sich selbst. Hat *Rank* dies wohl gemerkt? Wir wissen, wie *Freud* früh seiner eigenen sexuellen Aktivität ein Ende setzte. Letztlich ist *Freud* der Agoraphobiker und der sexuell Begrenzte. Wenn nun der Vater stark ist, wenn *Freud* stark ist, dann will er alle Frauen für sich und verbietet sie den Söhnen. Es gibt kein Dreieck, aus welchem der Vater der Psychoanalyse nicht als Sieger hervorgegangen wäre. Ich denke an *Sabina Spielrein*, in gewisser Weise *Jung entrissen*. Ich denke an *Elma Pálos*, *Ferenczi entrissen*. Ich denke an *Loe Kann*, *Jones entrissen*. Und in gewissem Sinne auch *Lou Salomé*, wenn wir uns den Zeitsprung erlauben, *Nietzsche entrissen*.

Wenn der Vater Agoraphobiker ist, dann will er nicht, dass die Söhne reisen. Wenn der Agoraphobiker, wie es in der Logik der Sache liegt, projiziert, dann wird der Raum des anderen ein weiterer Stimulus für seine Phobie. Reisen bedeutet hier in gewisser Weise die Möglichkeit, sich sexuell zu emanzipieren. *Freud* will, dass die Seinen mit ihren Ehefrauen zusammen sind. Vielleicht will er sie sexuell begrenzt. Begrenzt auf einen zweiten Ödipus, verirrt in einem akzeptierbaren Inzest. Wenn *Rank* dann von den „Dingen" spricht, von denen er sich befreit hat, dann nennt er bezeichnenderweise *Freud* und Ehefrau gemeinsam.

Bezogen auf das eben Gesagte kann man verstehen, dass *Rank*s Gewinn gegenüber *Ferenczi* – welches ein Mehr an Genuss ist – mit dem Reisen zusammenfällt, zusammenfällt mit dem Akzeptieren dieses Todes, welcher Nichtzurückkehren heißt. Sicher, *Ferenczi* reist, er kehrt aber zurück. Und er ist während der Reise, vermutlich, besetzt von der Rückkehr. Überall sehe ich Zeichen meines Alters, hatte der Stoiker *Seneca* geschrieben. Überall sehe ich Zeichen meiner Rückkehr, hätte *Ferenczi* schreiben können. Auch *Rank* kehrt zurück. Aber es ist die Rückkehr, welche mit unlösbarer Unerbittlichkeit wieder seine zeitweilige Unterwerfung unter *Freud* und unter jenes damals von *Jones* gewollte Geheime Komitee verlangt. Die Rückkehr bedeutet für *Rank* wirklich die Unterwerfung. Zurückkehren bedeutet für ihn wieder Sohn sein. *Rank* lernt auch das Nichtzurückkehren. Er begegnet also dem Hass sozusagen auf seinem Feld. Und weil er letztlich lernt zu hassen, kann er sich trennen, kann er reisen, kann er nicht zurückkehren.

Dank seines Reisens hatte *Rank* die großartige Begegnung mit der großartigen *Anaís*

Nin, die ihn am 7.November 1933 an seiner Pariser Adresse besuchte, nachdem sie ihn gelesen, diskutiert und verschiedentlich fantasiert hatte. Im Schutze dessen, was *Anaïs Nin* in voller Legitimation die *psychoanalytischen Verzauberung* nannte, werden zum Thema der Befreiung die Worte, die er ihr einmal sagte, verzeichnet: "Früher habe ich mir das Leben versagt, oder es ist mir versagt worden – zuerst von meinen Eltern, dann von *Freud*, dann von meiner Frau" (*Nin* 1992, 345). Dann von *Ferenczi*, könnten wir anfügen. Wenn *Rank* schließlich seine *Anaïs Nin* hat haben können, dann war *Ferenczi* nicht in der Lage, seinen Wunsch gegenüber *Elma Pálos* zu vertreten und heiratete deren Mutter auf *Freuds* Befehl hin, dessen Wunsch gehorchend und hinter seinem eigenen zurückstehend, auch diesbezüglich Sohn bleibend. Sohn seiner Frau und Sohn von *Freud*, welcher ihm vorgeschrieben hatte, diese Frau zu heiraten. Sohn eines Dreiecks, aus dessen Windungen er sich, im Unterschied zu *Rank*, nicht mehr hatte befreien können.

Freud der Vater, der sexuell Begrenzte, der Agoraphobiker erträgt es nicht, dass die Söhne Europa verlassen. Er akzeptiert allerdings, dass sie sich bewegen, wenn auch er sich bewegt, wie bei der Gelegenheit der *ekelhaften* Reise mit *Jung* und *Ferenczi* in die USA. Er erträgt es allerdings nicht, dass *Rank* allein in die USA fährt und zögert nicht, diese seine amerikanische Neigung verschiedentlich anzuprangern. *Rank* kommt ihm vor wie ein Handlungsreisender, einer der, die Zeiten der Analyse verkürzend, schnell Geld machen will. *Freud* lässt letztlich nicht zu, dass *Rank* mächtig wird. *Freud* erträgt die Trennungen nicht, während *Rank* das Leben als eine Kette von Trennungen sieht.

Warum erträgt *Freud* nicht, dass *Rank* Wien verlässt? Weil Wien die Mutter ist. Von *Rank*, der sich im Ausland etabliert hat, wird *Freud* – auf seine Weise konsequent - sagen, dass man ihn begraben muss. Man verlässt nicht ungestraft die Mutter. Oder, besser, man kann sie verlassen, wenn sie stirbt. In der Tat ist *Freud* bei der Beerdigung seiner Mutter, die 1930 starb, nicht anwesend. In einem Brief, den er am 15.September jenes Jahres an *Jones* schreibt, beschreibt er bezüglich seiner Reaktionen auf den Tod der Mutter „eine Steigerung der persönlichen Freiheit" (*Freud, Jones* 1993, 667). Die Bemerkung kann im Lichte dessen gelesen werden, was *Rank* in einem seiner amerikanischen Vorträge im Herbst 1926 über *Freud* gesagt hatte. *Freud*, so behauptet *Rank* (1996, 101), habe nie die schlechte Mutter gesehen. Für *Rank* kommt aber von jener schlechten Mutter das Über-Ich. Und sie ist entsprechend auch der vorödipale Ursprung des Kastrationskomplexes. Nicht ohne Grund hat er sich im Weiteren beklagt, dass *Melanie Klein* ihn nie gebührend erwähnt hatte.

Analog dazu hat keiner von *Freuds* Kollegen die Beziehung *Freuds* zu seiner Mutter beleuchtet. Niemand außer *Ferenczi* und *Rank*. Im *Klinischen Tagebuch* versucht *Ferenczi* eine traumatische Antwort zu finden, warum *Freud* seine anfängliche Theorie der kindlichen Verführung durch den Ödipuskomplex ersetzt hat. Warum, anders ausgedrückt, ist *Freud* so androph geneigt, seine Patientinnen zu Gunsten seiner

Patienten zu opfern? *Ferenczis* Hypothese ist die, dass *Freud* gegenüber der spontanen Sexualität der Frau immer einen persönlichen Ekel empfunden und entsprechend die Mutter idealisiert habe. Nach dem ungarischen Psychoanalytiker *Ferenczi* weicht er „vor der Verpflichtung, eine sexuell fordernde Mutter zu haben und diese befriedigen zu müssen" zurück (*Ferenczi 1932/1988, 251*, Notiz vom 4.8.1932). Man könnte aber trotzdem denken, dass *Freud*, eben in seinem Sich-sexuellen-Beschränken, in seinem widerstrebenden Verhältnis zum Reisen, sie befriedigt habe.

In Übereinstimmung mit *Ferenczi* vertritt auch *Rank* die Hypothese, dass die Angst des Vaters als Maske der ursprünglichen Kastration fungiert, jener von der Mutter zugefügten Kastration, der Trennung. Der Sohn projiziert eine Macht auf die Figur des Vaters - mit dem Ergebnis, dass er Angst hat vor ihm - eine Macht, die andere Ursprünge hat, eine Macht, die Ursprung ist. *Ferenczi* erscheint in diesem Punkt vielleicht ausweichender. In seinem *Tagebuch* notiert er, dass *Freud*, als er die Kastrationstheorie formulierte, nichts wissen wollte vom Trauma der eigenen kindlichen Kastration. Dies heißt für *Ferenczi*, dass *Freud* der kastrierende Gott ist, und damit der Einzige, der nicht analysiert werden darf. Für *Rank* bedeutet es noch etwas anderes: *Freud* wollte nicht die Mutter sehen, die kastriert, die eigene Mutter, die ihn kastriert.

Wenn *Freud* nicht die Mutter gesehen hat, die ihn kastriert, so hat er zumindest, in zartem Alter, die nackte Mutter gesehen. Gegenüber *Fliess* gibt er zu verstehen, dass dieser Anblick im Alter von zwei bis zweieinhalb Jahren stattgefunden habe. Wir wissen, dass in Wirklichkeit *Freud* bei jener Begebenheit vier Jahre alt gewesen sein musste. *Freud* schreibt nun, dass in jenem Alter zwischen zwei und zweieinhalb Jahren in ihm „die Libido gegenüber der *matrem*" erwacht sei und fügt hinzu: „Die Gelegenheit muss sich während einer Reise ergeben haben, welche ich mit ihr machte von Lipsia nach Wien, während derer wir zusammen schliefen und bei der ich sicher die Gelegenheit hatte, sie *nudam* zu sehen" (*Freud* an *Fliess* 1986, 302, Brief vom 3.10.1897). Neben möglichen interessanten Betrachtungen, welche sich durch die Rückdatierung sowie die lateinische Abschwächung der zentralen Termini des Ereignisses (*matrem nudam*) aufdrängen, muss man hervorheben, dass der künftige Vater der Psychoanalyse die *matrem nudam* anlässlich einer Reise gesehen hat.

Nach dem eben Gesagten muss man sich fragen, zu welcher Hypothese, zu welcher möglichen Erzählung die Assoziation Reise-Nacktheit führen kann. In einem Aufsatz des Jahres 1910, *Die psychogenen visuellen Störungen in der psychoanalytischen Interpretation,* stellt *Freud* die These auf, dass eine Erotisierung der visuellen Funktion beim hysterischen Subjekt eine Funktionsstörung der visuellen Organe, als Selbstbestrafung, herbeiführt. Es handelt sich hier um eine Art Gesetz der Talion („Weil du dein Organ für ein schlechtes sinnliches Vergnügen missbrauchen wolltest, recht geschieht dir, dass du jetzt gar nichts mehr siehst"), ein Gesetz, welches häufig in Fabeln, Mythen und Legenden vorkommt. Und *Freud* zieht auch eine Legende heran, um diesen Sachverhalt zu erklären, die Legende der Lady Godiva. Von allen Bewohnern, die, um die Aufgabe zu erleichtern, am helllichten Tag nackt zu reiten, ihre Fenster verriegeln, damit sie sie nicht sehen, schaut sie nur einer an. Er wird mit Blindheit bestraft.

Rank nimmt die *Freud*sche Position der Beseitigung der Scopofilie in einem Schreiben im Jahre 1911 wieder auf; *„Die Nacktheit in der Legende und in der Poesie"*. Die These ist die, dass die Erblindung für die Kastration steht. *Rank* präzisiert, dass es sich um eine Verknüpfung handelt, die im Unbewussten noch lebendig ist. Die Assoziation Reise-Nacktheit führt, über die Verknüpfung Nacktheit-Erblindung-Kastration, zu jener Verknüpfung, die uns am meisten interessiert: die Verknüpfung Reise-Kastration. Diese Verknüpfung betrifft sowohl die Haltung *Freud*s gegenüber dem eigenen Reisen als auch seine Art, das Reisen des anderen zu leben. Anders gesagt muss *Freud* die Reisen des anderen gelebt haben, d.h. auch die Trennungen des anderen wie Kastrationen von sich selber erlebt haben.

Auch *Freud* ereilte jedoch, acht Jahre nach dem Tod seiner Mutter, das Schicksal, sich im Ausland niederlassen zu müssen, in England, nicht in den USA. Wenn es auch wahr ist, dass der Vater der Psychoanalyse in London seinen Wohnsitz nahm, nachdem er die schwere Entscheidung getroffen hatte, die Stadt Wien - mittlerweile ganz in den Händen der Nazis - zu verlassen, ist es nicht weniger wahr, dass *Freud* in einem gewissen Sinne, sagen wir ruhig in einem symbolischen Sinn, diese Reise nie gemacht hat. Wir wissen, dass die Abreise an einem Samstag, dem 4.Juni 1938, stattfand. Trotzdem notiert *Freud* in der *Chronik*, seinem privaten Tagebuch, als Tag der Abreise Samstag den 3.Juni. Wenn der Tag Samstag der 3.Juni tatsächlich nicht existiert, dann ist es *Freud* – jedenfalls jenem *Freud*, welcher durch den *Freud*schen Lapsus beschrieben wird - im Unterschied zu *Rank* nie gelungen, die Mutter Wien zu verlassen. So wie es *Ferenczi*, im Unterschied zu *Rank*, nie gelungen ist, den Vater *Freud* zu verlassen.

Übersetzt von *Elena Ossola*, Berlin

Zusammenfassung: Ferenczi und Rank trennen sich

1924, das Jahr, in welchem die Zusammenarbeit von *Ferenczi* und *Rank* ihren Höhepunkt erreicht, bezeichnet auch den beginnenden Bruch in ihrer Beziehung. Auf der einen Seite zieht *Ferenczi Rank*s theoretische und technische Thesen immer mehr in Zweifel und auf der anderen Seite entfernt sich *Rank* immer mehr von der Psychoanalyse und verlässt sie schließlich ganz. Die Wurzeln des Endes einer Beziehung, die einmal intensiv und fruchtbar gewesen war, liegen jedoch nicht nur in theoretischen und technischen Fragen der Psychoanalyse, sondern mindestens so stark in persönlichen und „komplexhaften" Gleichungen, welche im Feuer des Dreiecks mit *Freud* verbrannten.

Summary: The separation of Ferenczi and Rank

1924, the year in which the cooperation of *Ferenczi* and *Rank* reached its summit, is also the beginning of the of the break up in their relation. On one side *Ferenczi* is beginnig more and more to call *Rank's* theoretical and technical positions into doubt, on the other side *Rank* is more and more withdrawing from psychoanalysis and finally is leaving it at all. The cause for the end of a relation that once has been intensive and fruitful lies not only in theoretical and technical differences concerning psychoanalysis but at least with the same weight in personal and complex structures that have been burned into ashes in the flame of the triangle with *Freud*.

Key Words: Ferenczi, Rank, Freud, History of Psychoanalysis

Literatur

Antonelli, G. (1990): *La profonda misura dell'anima. Relazioni di Jung con lo Gnosticismo*. Napoli: Liguori.
-, (1993): *Psicologia della profezia*. Roma: Di Renzo.
-, (1993): *Forme del sapere in psicologia* (a cura di). Milano: Bompiani.
-, (1994): *Sapere il deserto. Sulla concezione psicoanalitica del mondo*. Roma: Di Renzo.
-, (1997): *Il mare di Ferenczi. La storia, il pensiero, la tecnica di un maestro della psicoanalisi*. Roma: Di Renzo.
-, (1997): *L'altro Jung*. Pescara: Samizdat.
-, (2001): *Mistica psiche. Jung, i cristiani e l'esperienza senza immagine*. Pescara: Samizdat.
-, (2003): *Origini del fare analisi*. Napoli: Liguori.
Ferenczi, S. (1926): Aktuelle Probleme der Psychoanalyse. In: (1984): Bausteine zur Psychoanalyse, III. Band. Bern-Stuttgart-Wien: Hans Huber.
Ferenczi, S. (1932): Ohne Sympathie keine Heilung. Das klinische Tagebuch von 1932, Frankfurt/M.: S. Fischer:, 1988.
Ferenczi, S. – Rank, O. (1924): Entwicklungsziele der Psychoanalyse. In: (1984): Bausteine zur Psychoanalyse. III. Band. Bern-Stuttgart-Wien: Hans Huber.
Freud, S. (1986): Lettere a Wilhelm Fliess 1887-1904. Torino: Boringhieri.
Freud, S., Jones, E. (1993): The Complete Correspondence of Sigmund Freud and Ernest Jones 1908-1939, edited by R. Andrew Paskauskas. Cambridge (Mass.)-London: The Belknap Press of Harvard University Press.
Nin, A. (1992): Incesto. Diario inedito senza censure 1932-34. Milano: Bompiani.
Rank, O. (1996): The American Lectures, selected, edited and introduced by *Robert Kramer*, with a Foreword by *Rollo May*. Princeton: Princeton University Press.

Korrespondenzadresse:
Giorgio Antonelli, Psychotherapeut, Rom,
Via del Foscari, 12
I – 00162 Roma
e-mail: helena4@tiscalinat.it

André Haynal, Genf[1]
Michael Balint als Weiterführer von Ferenczis Werk

Schon sehr früh, noch vor seiner Begegnung mit *Freud*, hatte sich *Ferenczi* für die psychologischen Aspekte der medizinischen Praxis interessiert und darüber auch einige Arbeiten veröffentlicht (vgl. *Lorin* 1983). Dieses Interesse sollte ihn nicht verlassen. 1923 publizierte er auf ungarisch eine Arbeit über „Die Psychoanalyse im Dienste des praktizierenden Arztes" (*Ferenczi* 1923[259]).[2] Dort heißt es zum Beispiel: „Wir können hier einige interessante Versuche anführen, die uns bei bestimmten organischen Krankheiten auf einen günstigeren Verlauf aufgrund systematischer psychoanalytischer Beobachtung hoffen lassen" (ibid., S. 193).[3] Darüber hinaus bemerkte *Ferenczi*, daß „die Persönlichkeit des Arztes oft einen größeren Effekt auf den Kranken ausübt als das verschriebene Medikament" (ibid.).[4] Dies ist genau der Ausgangspunkt von *Balint*s Ideen über die Ausbildung von Medizinern und die „Droge Arzt" („the drug doctor") (*Balint* 1955, 1957, 1966).

Noch in einer seiner allerletzten Arbeiten, „*Freud*s Einfluß auf die Medizin" (*Ferenczi* 1933[293]), beschäftigte sich *Ferenczi* mit den Konsequenzen und Schwierigkeiten, die eine solche Sichtweise für die künftige Ausbildung von Ärzten mit sich bringt: „Die Psychoanalyse fordert vom Arzt unermüdliche Empfänglichkeit für alle Ideenverbindungen, Gefühle und unbewußten Vorgänge im Innern des Patienten. Um dieser Forderung zu genügen, muß er selbst eine biegsame, plastische Seele besitzen, was nur erreicht werden kann, wenn er selbst analysiert ist. Wie der künftige Mediziner diese vertiefte Selbsterkenntnis erlangen soll, ist eine schwer zu beantwortende Frage" (*Ferenczi* 1933[293], S. 300).

Wie als Antwort auf diese Frage begann *Balint* Gruppen von praktischen Ärzten zu organisieren, die sowohl der Forschung als auch der Ausbildung dienen sollten („training-cum-research"), angelehnt an die Ausbildungsmethoden für Psychoanalytiker in Ungarn. Die Ungarn hatten, noch vor Entwicklung des dreigliedrigen Ausbildungsganges durch das Berliner Institut (Eigenanalyse, theoretische Seminare

---

[1] In Zusammenarbeit mit Herrn Dr. *Ernst Falzeder* (Salzburg) und aufrichtig dankbar dafür.

[2] Diese Arbeit erschien in französischer Übersetzung in den *Oeuvres complètes* (*Psychanalyse 4*, Paris: Payot, 1982, S. 192-194), aber nicht auf deutsch oder englisch.

[3] Unsere Übersetzung aus dem Französischen.

[4] Genau dieselbe Haltung nahm *Ferenczi* auch in der analytischen Behandlung ein. Er führte die Haltung des *Analytikers als Variable* in die therapeutische Gleichung ein und rückte sie zunehmend in den Mittelpunkt seines Interesses. Dies führte ihn schließlich zu seinen technischen Experimenten, zur aktiven Therapie und Relaxationsmethode bis hin zur mutuellen Analyse, zu seinen Auffassungen über die „Sprachverwirrung zwischen den Erwachsenen und dem Kind", über die Rolle der *Gegenübertragung* in der Therapie, über die Rolle der Erwachsenen und der psychischen Atmosphäre in der Entwicklung, sowie über die Folgen des Traumas.

und Supervision oder Kontrollanalyse), ein eigenes System entwickelt, das weniger streng zwischen diesen drei Aspekten, vor allem zwischen Lehranalyse und Supervision, unterschied. So assoziierten die Kandidaten während ihrer eigenen Analyse frei zu den Fällen, die sie selbst in Behandlung hatten. Durch diese Erfahrungen angeregt, kam *Balint* zu der Überzeugung, daß es möglich wäre, künftigen praktischen Ärzten eine geeignete Ausbildung anzubieten. Ziel sei, zu einer „Erkenntnis der eigenen Grenzen" zu kommen und damit zu einem „gewissen Abstand vom eigenen apostolischen Glauben; aber jede Abstandsgewinnung führt zu größerer Elastizität, und dies ist die Vorbedingung einer neuen Anpassung. Zusammen bildet dies alles die ‚begrenzte, aber wesentliche Wandlung der Persönlichkeit'" des Arztes (*Balint* 1958a, S. 77). Eine solche Persönlichkeitswandlung aber sei Vorbedingung für ein besseres Verständnis der Arzt-Patient-Beziehung. Nach *Balint*s Ansicht sind Gefühle des Arztes während der Behandlung eines Patienten als Symptome von dessen Krankheit anzusehen. Er hat Methoden in die Allgemeinmedizin eingeführt, die es erlauben, das Unbewußte sowohl des Arztes als auch des Patienten als Mittel zu verwenden, um die wahre Bedeutung der Kommunikation zwischen ihnen zu verstehen.

Abgesehen von einigen frühen Arbeiten (vgl. *Balint* 1926a, 1926b), hat *Balint* seine Ansichten 1955 im Artikel „The doctor, his patient, and the illness [Der Arzt, sein Patient und die Krankheit]" zusammengefaßt (*Balint* 1955) und zwei Jahre später in einem Buch desselben Titels (*Balint* 1957) näher ausgeführt. Darin beschäftigte sich *Balint* mit der Persönlichkeit und Rolle des Arztes, seiner „apostolischen Funktion", wie er sie nannte, und mit dem Effekt seiner Interventionen – was er sagt, wann er es sagt, und wie er es sagt – für die „Organisation" der Krankheit.

Es ist wahrscheinlich noch zu früh, zu einer endgültigen Bewertung der sogenannten *Balint*-Gruppen zu kommen, aber es scheint immerhin, als ob sich *Balint*s Traum, der medizinischen Ausbildung eine zusätzliche psychologische Dimension zu verleihen, nur teilweise verwirklichen lassen konnte.[5] Die von *Balint* vorgeschlagene Ausbildung mag es einigen praktischen Ärzten ermöglicht haben, zu einem besseren Verständnis ihrer eigenen Motivationen und der Dynamik in der Arzt-Patient-Beziehung zu gelangen, doch sollte man sich dessen bewußt bleiben, daß eine sehr reale Gefahr besteht, daß die Gruppe von den ursprünglichen Zielen der Methode abweicht und zu einer Selbsterfahrungsgruppe, einer Art psychodynamischer Gruppen-Kurztherapie wird.

So wie *Freud* die psychoanalytische Situation für die Begegnung zwischen Analytiker und Analysand geschaffen hat, so hat *Balint* einen Ort, einen Raum geschaffen, an dem sich der Analytiker und der Arzt begegnen können. Seiner Ansicht nach würden Gruppen, die nicht von einem Analytiker geleitet werden, nicht dieselben Resultate erzielen. Als wissenschaftlich geschultem Denker, mit der Fähigkeit, jede

---

[5] Übrigens hat wohl auch *Freud*s Traum kein viel besseres Schicksal gehabt. Man kann sich fragen, ob die Analytiker wirklich den größtmöglichen Nutzen aus *Freud*s Ideen gezogen haben, besonders was den therapeutischen Wert der Psychoanalyse betrifft.

Art von Dogmatismus zu vermeiden, war es *Balint* möglich, das psychoanalytische Gedankengut in die wissenschaftliche und medizinische Tradition einzuführen.

Woher aber stammt überhaupt die Idee, die psychoanalytische Sichtweise in die ärztlichen Überlegungen mit einzubeziehen? Unzweifelhaft hat die Psychoanalyse zu einer Belebung der ärztlichen Praxis mit beigetragen. Man hat auch gemeint, daß *Balint* damit – ob bewußt oder unbewußt – seinem Vater demonstrieren wollte, wie gute Medizin zu praktizieren sei. Wesentlicher aber scheint uns, daß diese Idee die Frage des Arbeitsrahmens aufwirft, eine Frage, die *Ferenczi*, zumindest auf den ersten Blick, fast völlig vernachlässigte. So behandelte er zum Beispiel seine Patientin „R. N." (*Elisabeth Severn*) mehrmals am Tag in ihrem Hotel, wenn sie sich unfähig fühlte, in seine Praxis zu kommen (vgl. *Ferenczi* 1985), so wie es übrigens auch *Freud* in den Anfängen seiner Praxis mit *Anna von Lieben* (vgl. *Swales* 1986) und anderen gehalten hatte.

Aber selbst bei *Ferenczi* würde man zu weit gehen, wenn man von einem völligen Fehlen eines solchen Rahmens sprechen würde. Es handelt sich wohl eher um eine Frage größerer Flexibilität, um das Schaffen mehrerer Orte der Begegnung und verschiedener Rahmenbedingungen, die sich nicht unbedingt einem einzigen rigiden Gesichtspunkt unterordnen lassen; all dies im Verein mit je unterschiedlich akzentuierten Arbeitsweisen. Auch *Balint* hat beispielsweise mit der Fokaltherapie und den Ärztegruppen Rahmenbedingungen geschaffen, die sich deutlich von der sogenannten klassischen Psychoanalyse unterscheiden.

Freud hat die Regeln dieses Settings in seinen bekannten technischen Schriften 1911 bis 1914 (1911e, 1912b, 1912e, 1913c, 1914g, 1915a[1914]) niedergelegt. Diese Arbeiten sind die Frucht einer langen Reihe von Experimenten mit verschiedenen Techniken, und die darin enthaltenen Ratschläge wurden lange Zeit als Maßstab einer „korrekten" Technik angesehen. Wir wissen allerdings, daß *Freud* in seiner eigenen Praxis mit einem viel flexibleren Rahmen arbeitete und im Briefwechsel mit seinen Schülern Verletzungen dieser Regeln bei anderen durchaus tolerierte bzw. teilweise sogar empfahl.[6] Man kann sich daher fragen, was ihn veranlaßte, diesen Rahmen schriftlich zu formulieren und gleichsam festzuschreiben. Mit ein Grund waren sicher Probleme mit der Gegenübertragung, die ihn vor bestimmten Gefahren warnten: Probleme seiner Schüler (*Ferenczi, Jung, Jones, Stekel …*), aber auch eigene Erfahrungen, z.B. mit seiner „Großpatientin" *Elfriede Hirschfeld* (vgl. *Falzeder* 1995). Mit anderen Worten, der Rahmen diente als Schutzmaßnahme gegen die Gegenübertragung.

Wenn man jedoch, wie *Ferenczi* in seinem *Klinischen Tagebuch* (1985), die Haltung des Analytikers tendenziell nicht mehr als Hindernis, sondern als Werkzeug der

---

[6] *Richard Sterba* berichtet, daß, während *Freud* selbst „keine Bedenken [hatte], die Grenzen dessen zu überschreiten, was man heute klassische oder orthodoxe Analyse nennt", „für Jahrzehnte an allen psychoanalytischen Instituten das ‚blanc-screen'-Modell als das ideale Verhalten des Analytikers gelehrt" wurde und überall „eine ‚Parameter'-Phobie [herrschte] aus Angst, von der strikten ‚blanc-screen'-Haltung abzuweichen" (1982, S. 126; unsere Herv.).

Behandlung sieht, wird auch die Rigidität des Rahmens in Frage gestellt bzw. ist sie gar nicht mehr nötig. Was jedoch unverzichtbar bleibt, ist die Reflexion dessen, was auf diesem Gebiet geschieht. Auch bei dieser Frage existiert eine Kontinuität zwischen *Ferenczi*s Einstellung seinen Patienten gegenüber und *Balint*s Arbeit mit Gruppen und seinen Versuchen mit Fokaltherapie. Bei der Schöpfung dieser Arbeitsweise mit Ärzten oder in der Kurztherapie hat die ungarische Tradition der Psychoanalyse-Ausbildung eine große Rolle gespielt, und man kann im Hintergrund die Persönlichkeit *Ferenczi*s und die Supervisionen auf der Couch des Analytikers erkennen. Es ist, mit anderen Worten, eine Analyse, die sich in einem anderen Rahmen abspielt als in der sogenannten klassischen psychoanalytischen Behandlung.

Zusammenfassend könnte man sagen, daß sich die Kontroverse zwischen *Freud* und *Ferenczi* um zwei Punkte gedreht hat. Der erste ist die Bedeutung der Übertragung. Nach *Ferenczi*s Ansicht waren *alle* klinischen Phänomene, das gesamte Erleben der analytischen Situation, potentielle Übertragungsphänomene, und entsprachen damit einer Wiederholung der Vergangenheit. Der zweite Punkt betrifft jenes Phänomen, das *Ferenczi* 1909 in der Übertragung beobachtete, nämlich daß „der Neurotiker ... einen möglichst großen Teil der Außenwelt in das Ich aufnimmt" (*Ferenczi* 1909[67], S. 19). Dieser übermäßige Wunsch, diese Abhängigkeit und diese „Erweiterung ... des Ichs" (ibid.) stehen in direktem Zusammenhang mit dem Einfluß und den Traumen, welche die elterlichen Defizite im Kinde bewirkt hatten. Dies war der Stand der Diskussion, als *Ferenczi* starb.

Anfangs war der Konflikt zwischen *Freud* und *Ferenczi* eine Frage persönlicher Meinungsverschiedenheiten und blieb auf diese beiden beschränkt. Nach und nach weitete er sich jedoch aus und griff auf die Mitglieder des Komitees über, jene Personen, welche die Geschicke der psychoanalytischen Bewegung lenkten und kontrollierten und großen Einfluß ausübten. *Balint* war zweifellos diplomatischer als sein Mentor *Ferenczi*, wohl auch deswegen, weil er selbst nicht mehr direkt in diese Konflikte verwickelt war. Obwohl *Ferenczi* klar die institutionellen Konflikte und die „Auswüchse des Vereinslebens" sah, in dem „infantiler Größenwahn, Eitelkeit, Anbetung leerer Formalitäten, blinder Gehorsam oder persönlicher Egoismus herrschen" (*Ferenczi* 1911[79]), S. 52), war er doch relativ naiv und idealistisch. Auch hoffte er, daß man gerade unter Psychoanalytikern diese Auswüchse vermeiden könne (ibid., S. 54). Diese Hoffnung wurde enttäuscht. Innerhalb des Komitees tauchten vermehrt persönliche Konflikte und Rivalitäten auf, in die sich auch *Freud* hineinmischte. Es verminderte sicher nicht die Spannungen, wenn er einerseits, zumindest am Anfang, *Rank* und *Ferenczi* unterstützte, aber gleichzeitig an *Abraham* schrieb: „[W]enn auch geographische Einflüsse meine persönliche Intimität mit *Rank* und *Ferenczi* erhöht haben, so dürfen Sie doch sicher sein, daß Sie in meiner Freundschaft und Wertschätzung nicht niedriger stehen" (4.3.1924, *Freud* & *Abraham* 1965, S. 327). *Abraham* solle die Auswirkungen divergierender Meinungen auf die Bewegung als Ganzes nicht überschätzen: „Man könnte mit größter Gemütsruhe unter demselben Dach zusammen bleiben ..." (ibid.).

Die Spannungen zwischen London und Berlin (mit seinem ersten offiziellen psychoanalytischen Ausbildungszentrum) einerseits und Wien und Budapest andererseits verschärften sich. *Freud* war nicht unbedingt glücklich über die Verschulung der Ausbildung in Berlin, unterstützte sie aber schließlich. Die Ausbildung in Budapest war weniger strukturiert, vielleicht auch ein Spiegelbild des individualistischeren Temperaments und Charakters der Protagonisten. Sowohl *Ferenczi* als auch später *Balint* (auch noch nach seiner Niederlassung in London) setzten sich dafür ein, Eigenanalyse und Supervision nicht von Anfang an zu trennen. Die Budapester Regel, daß der Analytiker eines Kandidaten auch selbst dessen ersten Fall supervidiere, ist nur eines, wenn auch ein bezeichnendes Beispiel für die Unterschiede in der Ausbildung.

Während der 1920er Jahre entwickelten sich verschiedene Traditionen in den einzelnen Städten: London stand unter dem Einfluß von *Ernest Jones* und dann immer stärker unter jenem von *Melanie Klein*; Berlin entwickelte das später „klassisch" genannte Modell, das sich auch in den Vereinigten Staaten durchsetzte; Budapest praktizierte ein offensichtlich flexibleres Modell einer weniger restriktiven Ausbildung.

Zum Zeitpunkt von *Ferenczi*s Tod im Jahre 1933 war *Balint* bereits in der analytischen Szene engagiert und verankert. Sein „Takt" erlaubte es ihm, sich lebhaft an den Diskussionen und am Ideenaustausch zu beteiligen, auch wenn er erkannte, einer Randgruppe anzugehören.[7] Einer der Anlässe, der diesen unterschwelligen Konflikt ans Tageslicht brachte, war *Balint*s Kontroverse mit *Ernest Jones* über die Umstände von *Ferenczi*s Krankheit und Tod (*Balint* 1958b, *Jones* 1958; vgl. Bonomi 1999).

Balint und *Ferenczi* waren wahrscheinlich beide davon überzeugt, im Sinne und in der Tradition der grundlegenden Entdeckungen *Freud*s zu arbeiten. Gleichzeitig waren sich aber beide auch der Schwierigkeit bewußt, Alternativen zur vorherrschenden psychoanalytischen Theorie vorzubringen und zur Akzeptanz zu verhelfen. *Ferenczi* reagierte sensibler auf Zweifel oder Ablehnung und hatte ein größeres Bedürfnis, geliebt zu werden. *Balint* verteidigte seine Ansichten mit größerem diplomatischem Geschick und zollte den älteren Analytikern und Autoritätsfiguren jene Ehrerbietung, wie sie in Mitteleuropa für seine Generation zum guten Ton gehörte. Dabei half ihm sicher seine unerschütterliche Überzeugung, in wesentlichen Punkten etwas Richtiges und Wichtiges beitragen zu können, und jedenfalls das Recht zu besitzen, seine Ideen zu verteidigen.

*Balint*s Einstellung zu *Ferenczi* war immer von großer Loyalität gekennzeichnet, und er hat nie verschwiegen, wie sehr er ihm verpflichtet war. Nach *Balint*s Ansicht wurde *Ferenczi* Opfer einer schreienden Ungerechtigkeit. Noch bei einem Vortrag 1961

---

[7] *Balint* zählte sich mit *Searles, Winnicott, Little, Khan* und anderen „nicht zum ‚klassischen' Zentralmassiv, sondern zum Randgebiet" der Psychoanalytiker. Und er setzte hinzu: „Man kennt uns, duldet uns, liest uns vielleicht sogar, aber man zitiert uns nicht" (*Balint* 1968, S. 189).

sprach er, wohl etwas augenzwinkernd, von seiner „noch ungelösten Übertragung" auf *Ferenczi* (*Balint* 1962, S. 159), und wiederholte kurz darauf noch einmal: „ein weiterer Beweis meiner ungelösten Übertragung!" (ibid., S. 161). Aber abgesehen von dieser ‚mitteleuropäischen' Selbstironie blieb er immer davon überzeugt, daß die Ideen *Ferenczi*s auf wesentlichen und tiefgehenden Beobachtungen ruhten und ein großer Gewinn für die psychoanalytische Gemeinschaft wären. Sein Werk trug seinen Teil dazu bei.[8]

Der wissenschaftliche und epistemologische Rahmen der Metapsychologie hat sich während der historischen Entwicklung der Psychoanalyse ständig verändert. Es ist daher wichtig, die Stellung jedes Theoretikers innerhalb der metapsychologischen Tradition zu bestimmen. *Balint* behandelte diese Frage, indem er die Metapsychologie in einem neuen kulturellen Kontext *neu überdachte*, und zwar im Lichte seiner eigenen Erfahrungen und jener *Ferenczi*s. Er wollte zur Entwicklung der Psychoanalyse, die er immer als Wissenschaft verstand, beitragen, und sie nicht zugunsten einer rein empiristischen Position aufgeben oder sich mit einer verstümmelten Version zufrieden geben. Es war ihm wichtig, in der *Freudschen Tradition* und innerhalb des konzeptuellen Rahmen *Freud*s zu bleiben. Das unterscheidet ihn zum Beispiel von *Fairbairn*, der, in den Fußstapfen *Melanie Klein*s, einen neuen konzeptuellen Rahmen für die Psychoanalyse schaffen wollte. *Balint*s Werk ist wesentlich das eines psychoanalytischen Denkers. Seine Loyalität zu *Freud* verband sich mit einer Unabhängigkeit des Denkens, wie sie ihm von *Ferenczi* vorgelebt worden war.

Balint war weniger *Ferenczi*s ‚Schüler', als vielmehr dessen Weiterführer. "*Balint* greift die Dinge dort auf, wo ich stecken geblieben bin", schrieb *Ferenczi* in einer Notiz vom 26. September 1932 (*Dupont* 1993, S. 212) – zu einem Zeitpunkt also, als er schon wußte, wie krank er war. *Balint* folgte *Ferenczi* als Leiter des Budapester psychoanalytischen Instituts nach, er wurde sein literarischer Nachlaßverwalter und übernahm sogar nach dessen Tod einige seiner Patienten. In technischen Fragen scheute er nicht davor zurück, sensible Fragen aufzugreifen, wie z.B. jene der Auswirkungen der psychoanalytischen Situation auf den Analytiker selbst. Wenn er auch der Tradition verbunden blieb, so weist doch sein Werk – wie z.B. in seinen Diskussionsgruppen mit Ärzten – über das Gebiet der eigentlichen Psychoanalyse hinaus; auch darin blieb er ein Erbe *Ferenczi*s. Er versuchte herauszufinden, wieweit sich die psychoanalytische Sicht auf andere Gebiete anwenden ließe, wie bei der Behandlung von Kindern oder Menschen mit somatischen Krankheiten. *Balint* war ein Pionier für alle, für die die

---

[8] Während *Balint* immer seine Verpflichtung gegenüber *Ferenczi* für bestimmte Ideen betonte (z.B. das Konzept der primären Liebe oder die Ablehnung des primären Narzißmus), verabsäumte er es interessanterweise aber herauszuarbeiten, wie sehr auch andere seiner zentralen Konzepte auf ihn zurückgingen. Vielleicht ein weiterer Beweis seiner "ungelösten Übertragung"? So können z.B. *Balint*s Konzepte von der Grundstörung (*Balint* 1968) und den drei Phasen des Traumas (*Balint* 1969) auf *Ferenczi*s Ansichten über die „Sprachverwirrung" zwischen den Erwachsenen und dem Kind und die Psychodynamik sexuellen Missbrauchs (*Ferenczi* 1933[294]) zurückgeführt werden (vgl. *Falzeder* 1986).

tiefgehenden Einsichten *Freud*s nicht auf den engen Kreis einer ‚Elite' beschränkt bleiben, sondern die Kultur und die menschlichen Beziehungen unserer Zeit bereichern sollten. Sein Interesse galt auch immer den Grundlagen der psychoanalytischen Theorie, den Beiträgen der Biologie wie der Sozialwissenschaften zur Psychoanalyse. Der Briefwechsel zwischen *Balint* und *Fenichel* (Auszüge in *Jacoby* 1983, S. 130f.) zeigt, daß *Balint* eine Zeitlang der „*Freud*ianischen Linken" nahe stand.

Wie alle anderen großen psychoanalytischen Forscher zeichnete auch *Balint* aus, daß er bereit und fähig war, sich nicht von Tabus beirren und abhalten zu lassen. Die großen Entdeckungen der Psychoanalyse wurden gegen die Überwindung von Widerständen, manchmal auch von kollektiven Widerständen, gemacht. *Balint*s Wißbegierde ließ ihn die Grenzen unseres Wissens weiter stecken, so wie es für jede wissenschaftliche Entdeckung und jedes intellektuelle Abenteuer charakteristisch ist.

Er hat, wenn auch immer in vorsichtigen und nie verletzenden Worten, und immer erst nach eingehender Prüfung, einflußreiche und wesentliche Konzepte in Frage gestellt. Mit seiner Kritik am Narzißmus hat er sowohl für *Kohut*s Theorien als auch für *Lacan*s „Spiegelstadium" den Weg gewiesen. Er scheute nicht davor zurück (und das bei einem Vortrag vor der Wiener Psychoanalytischen Vereinigung), *Abraham*s Trieb- und Entwicklungsschema als zu rigid zu bezeichnen und sich für flexiblere theoretische Modelle der prägenitalen Libidoorganisation auszusprechen (*Balint* 1935, S. 48). Er kritisierte die „mehr als fraglichen Gleichungen aktiv = maskulin, passiv = feminin" (*Balint* 1936, S. 72) oder zeigte anhand einer einfachen Beobachtung an zwei Mädchen, „daß das, was bei Frauen allgemein als Männlichkeitskomplex, Penisneid usw. bezeichnet wird, mit an Sicherheit grenzender Wahrscheinlichkeit ein sekundäres Phänomen ist"[9] (*Balint* 1963, S. 226). Er beanstandete die Verdinglichung psychoanalytischer Konzepte (vgl. *Balint* 1959, S. 58). Er hat sich mit dem Problem der Sprache in der Psychoanalyse auseinandergesetzt (*Balint* 1959, 1968). Er zeigte auf, welche impliziten Fragen Rekonstruktion und Deutung aufwerfen (vgl. *Balint* 1954, S. 297). Er hat neue Perspektiven in Fragen der Ausbildung eröffnet (*Balint* 1948a, 1954), usw. Insgesamt zählte *Main* (1972) mehr als sechzig originelle und interessante Hypothesen, die *Balint* zur Psychoanalyse beigetragen hat.

Bei seinen Untersuchungen über die ‚menschliche Natur' hat *Balint* immer der Erfahrung vor theoretischen Abstraktionen den Vorrang gegeben. So bezieht sich zum Beispiel seine Arbeit über die menschliche Sexualität vor allem auf das reale Leben und wie darin der Eros erfahren wird. Er hat zu einer Revision des Perversionskonzeptes beigetragen und auf die Allgegenwärtigkeit sexueller Phantasien und das Ausagieren tiefliegender Wünsche und Ängste hingewiesen. Er hat ebenfalls gezeigt, daß der Ausdruck „Partialtriebe" versteckte Werturteile enhält, und daß es nur sehr selten zu Zuständen vollständiger Integration kommt. Seine Kritik am Konzept der „genitalen

---

[9] Unsere Übersetzung aus dem Englischen.

Liebe" (*Balint* 1948b) und dessen überich-haften Konnotationen ist ein weiteres Beispiel seiner klaren und unvoreingenommenen Sichtweise. Seine innovative Rolle in all diesen Bereichen ist nicht genügend gewürdigt worden, vielleicht aufgrund seiner unaufdringlichen und diskreten Art, seiner Abneigung dagegen, eine eigene Schule zu begründen und der Tatsache, daß er eine Randposition innerhalb der Psychoanalyse einnahm – wessen er sich sehr wohl bewußt war, wie wir gesehen haben.

In einer wichtigen Arbeit hat sich *Balint* (1956)[10] eingehend mit *Fairbairn*s These auseinandergesetzt, wonach die Libido in erster Linie nicht auf Lustgewinn („Pleasure seeking") ausgerichtet sei, sondern darauf, ein Objekt zu suchen („object seeking"). Er zeigte, daß diese neue Formulierung zu einem großen Teil auf die künstliche Natur des Wortes „Libido" zurückzuführen ist, eines Begriffes, dessen ursprüngliche Bedeutung sich genau mit dem englischen „lust" decken würde (S.E. 7, editor's note S. 135). „*Fairbairn* hätte nie sagen können, [das englische] 'lust' sei nicht lustsuchend, weil dies ganz offensichtlich ein Widerspruch in sich gewesen wäre" (ibid., S. 283). Seine Arbeiten zeichnen sich überhaupt durch eine sorgfältige Untersuchung der Geschichte und Etymologie verschiedener Begriffe aus, die deren Nuancen und Bedeutungsspektren offenlegt. Oft führt er wie nebenbei äußerst wichtige Punkte an, wie in seiner Bemerkung, daß die analytische Situation keinesfalls mit der infantilen Situation gleichgesetzt werden dürfe, weil die Mutter viel mehr Bedürfnisse als der Analytiker befriedige (ibid., S. 288). An anderer Stelle hält er fest, daß es bei jeglicher psychoanalytischer Beobachtung nötig sei, auch das emotionale Klima, die „Gefühlstemperatur" und die „Gefühlsspannung" anzugeben, die im Augenblick der Beobachtung herrschen (ibid., S. 290f.). *Winnicott*'s Bonmot „Es gibt den Säugling gar nicht" ("There is no such thing as a baby, there is a baby and someone"; *Winnicott* 1987, S. 88[11]) aufgreifend, unterstreicht *Balint*: "wir stimmen heute alle darin überein, daß es den Säugling für sich allein nicht gibt" (*Balint* 1956, S. 287). Oder er beschreibt die prägenitalen Befriedigungen, welche die analytische Situation bietet: sie „gewährt dem Patienten völlige Redefreiheit, gibt ihm ein Gefühl angenehmer, warmer und freundlicher Sicherheit, indem der Analytiker eine komfortable Couch, einen angenehm temperierten Raum usw. bereitstellt, und vor allem schafft sie das allerbefriedigendste und im wahrsten Sinn des Wortes einzigartige Gefühl im Patienten, daß der Analytiker verläßlich da sein und mit wohlwollender Sympathie den Enthüllungen über die gesamte Persönlichkeit des Patienten zuhören werde" (ibid., S. 286).

In einem derart sensiblen Feld, das vor allem menschliche Wärme und nicht, wenn auch brilliante, theoretische Abstraktionen erfordert, haben *Balint*s neue und tiefgreifenden Ideen auch negative und feindselige Reaktionen hervorgerufen.

---

[10] Nicht ins Deutsche übertragen. Die folgenden Zitate sind unsere Übersetzungen aus dem Englischen.

[11] *Winnicott* schreibt, er habe diese Formulierung das erste Mal etwa 1940 in einer Diskussion in der Britischen Psychoanalytischen Vereinigung gebraucht (*Winnicott* 1960, S. 50).

Trotz allem jedoch besteht heute Übereinstimmung darin, daß „*Balint* zweifellos ein Vorläufer [...] auf einem Weg ist, der heute vom Großteil der Psychoanalytiker eingeschlagen wird. Dieser Weg führt zunächst zur Anerkennung der Rolle, welche der Analytiker in der analytischen Situation spielt, und, in der Folge, zu einer Sicht des analytischen Prozesses, die ihn weniger als eine *Wiederholung* der Vergangenheit definiert – für welche die Deutung genügen würde –, sondern als eine *Neuschöpfung*, die eine Anerkennung dessen, was nicht war, erfordert" (*Pontalis* 1978, S. 115).[12]

Man kann auch zusammenfassend sagen:

1. *Balint*s Theorie der Grundstörung ergibt sich zwanglos aus *Ferenczi*s Auffassung von der „Sprachverwirrung" (*Falzeder*, 1986). Die Sprachverwirrung zwischen zwei unvereinbaren Welten ist nicht anderes als *Balint*s Beschreibung der Grundstörung, vereinfacht ausgedrückt: wenn dem Kind zuwenig Liebe oder Liebe falscher Art gegeben wird.

2. *Balint*s Mehrphasentheorie des Traumas ist eine Paraphrase von *Ferenczi*s Ansichten.

3. Es erscheint eine wichtige Ähnlichkeit beider beim Patientenmaterial und in der Technik. Ausgehend von *Ferenczi*s Experimenten (und deren teilweise Scheitern) schloß *Balint*, daß es entscheidend sei, daß nicht der Analytiker mit „primärer Liebe" besetzt werde (wie bei *Ferenczi*), sondern die analytische Situation.

4. Die Arbeit mit praktischen Ärzten hat *Balint* offenbar von *Ferenczi* übernommen.

5. In Ausbildungsfragen waren beide eher „flexibel" im Sinne von Eigenheiten der ungarischen Schule: Lehranalytiker wird der erste Kontrollanalytiker in der Ausbildung des Kandidaten.

5. Insgesamt spielt die Betonung der Intersubjektivität sowohl in der Entwicklungspsychologie als in der Technik eine große Rolle. Daher ergibt sich die Wichtigkeit der Gegenübertragung und Beziehungsanalyse und der Körpersprache.

6. Schließlich: *Balint* als Nachlaßverwalter *Ferenczi*s und dessen Verteidiger gegen den (damaligen) Mainstream: mit Betonung, dass er nicht verrückt war sondern, im Gegenteil, dass seine Theorien wichtig und zukunftsweisend sind.

Man kann sich immer fragen, in welchem Ausmaß die Nachfolger und Weiterführer großer Denker – *Platon, Aristoteles, Marx*, oder eben auch *Freud* – sich den grundlegenden Prämissen des ursprünglichen Systems verpflichtet fühlen müßten. Immer wird es einen Moment geben, wo es zu einer epistemologischen Nichtübereinstimmung kommen kann, woraus eine neue Idee erwächst, die wenig oder gar nicht mit der Vorgängertheorie verknüpft ist. Dies ist der Punkt, an dem

---

[12] Unsere Übersetzung aus dem Französischen.

sich eine ‚neue' Denkschule von einer ‚alten' abtrennen kann. Der ‚Revisionismus' beginnt dort, wo die alten Prinzipien stehenbleiben. Wir haben zu zeigen versucht, in welchem Maße *Balint* innerhalb des *Freud*schen konzeptuellen Rahmens arbeitete, wie er *Freud*s grundlegende Ideen und dessen Arbeitsinstrumente aufgriff, und wie er dazu seine eigenen Neuerungen hinzufügte. Wir haben auch gezeigt, daß viele dieser Neuerungen von Anregungen und Gedanken *Ferenczi*s stimuliert worden sind. Es bleibt jedem überlassen zu entscheiden, in *Balint*s Werk den Ausdruck von Revisionismus eine fruchtbringende Entwicklung zu sehen. Für *Balint* selbst jedoch bestand nie ein Zweifel, daß der Geist seines Werkes beiden, sowohl *Freud* als auch *Ferenczi*, treu blieb. Sein innovativer Zugang hat dazu beigetragen, das psychoanalytische Denken zu erneuern.

Zusammenfassung: Michael Balint als Weiterführer von Ferenczis Werk

Ferenczi war zeitlebens an dem Bezug von Psychologie und Medizin interessiert und sah die Psychoanalyse als Instrument der Unterstützung der heilenden Tätigkeit des Arztes. Sein Schüler *Michael Balint* nahm diese Idee seines Lehrers auf und das *Freud*sche junctim von Heilen und Forschen und entwickelte die nach ihm benannten *Balint*-Gruppen. Wie sein Lehrer bemühte er sich um eine reflektierte Flexibilisierung der psychoanalytischen Behandlungstechnik und eine Vertiefung der Theorienbildung, weniger als Schüler, denn als Weiterführer von *Ferenczi*s Grundideen. *Balint*s intersubjektive Praxis, seine Theorie der Grundstörung, seine flexiblen Konzepte der Ausbildung erweisen sich als Weiterentwicklung der *Ferenczi*anischen Innovationen in seiner eigenen, spezifischen Weise.

Summary: Michael Balint and his developement of Ferenczi's works

All his life *Ferenczi* was interested in the relation between psychology and medicine and saw psychoanalysis as an instrument to support the healing activity of medical doctors. His pupil *Michael Balint* continued with this ideas of his teacher and *Freud*'s junctim of research and healing. He developed the *Balint* Groups bearing his name. As his teacher he was engaged in a reflected flexibilisation of the psychoanalyic treatment technique and a deepening of theory building, not so much as a pupil bus as a developer of *Ferenczi*'s fundamental ideas. *Balint*s intersubjective practice, his theory of basic fault, his flexible concept of training can be seen as further development of the *Ferenczi*an innovations in his own specific way.

Key Words: Ferenczi, Balint, psychoanalysis, technical innovations

Literatur

Balint, M. (1926a): Psychoanalyse und klinische Medizin. *Zeitschrift für klinische Medizin* 103 (5-6) 628-645.

Balint, M. (1926b): A pszicho-terápiákról a gyakorló orvos számára [Psychotherapie für den praktischen Arzt]. *Terapia* 5, 148-153.

Balint, M. (1935): Zur Kritik der Lehre von den prägenitalen Libidoorganisationen. In: (1969): Die Urformen der Liebe und die Technik der Psychoanalyse. Frankfurt/M.: Fischer Bücherei. 47-68.

Balint, M. (1936): Eros und Aphrodite. In: (1969): Die Urformen der Liebe und die Technik der Psychoanalyse. Frankfurt/M.: Fischer Bücherei. 69-82.

Balint, M. (1948a): Über das psychoanalytische Ausbildungssystem. In: (1969): Die Urformen der Liebe und die Technik der Psychoanalyse. Frankfurt/M.: Fischer Bücherei. 265-286.

Balint, M. (1948b): Über genitale Liebe. In: (1969): Die Urformen der Liebe und die Technik der Psychoanalyse. Frankfurt/M.: Fischer Bücherei. 120-132.

Balint, M. (1954): Analytische Ausbildung und Lehranalyse. In: (1969): Die Urformen der Liebe und die Technik der Psychoanalyse. Frankfurt/M.: Fischer Bücherei. 287-298.

Balint, M. (1955): The doctor, his patient, and the illness. *The Lancet*, 2. April 1955: S. 683-688.

Balint, M. (1956): Pleasure, object and libido. Some reflexions on Fairbairn's modifications of psychoanalytic theory. *British Journal of Medical Psychology* 29, 162-167. In: (1973): Problems of Human Pleasure and Behavior. New York: Liveright. Erw. Auflage. 281-291.

Balint, M. (1957): The Doctor, His Patient, and the Illness. London: Pitman Medical Publishing Co. Dtsch.: (1957): Der Arzt, sein Patient und die Krankheit. Stuttgart: Klett. 4. Aufl. 1976, Klett-Cotta. 5. Aufl. 1980.

Balint, M. (1958a): Die psychotherapeutische Ausbildung des Medizinstudenten. *Psyche, Zeitschrift für Psychoanalyse und ihre Anwendungen* 12, 72-80.

Balint, M. (1958b): Letter to the editor ("Sándor Ferenczi's last years"). *International Journal of Psycho-Analysis* 39, 68.

Balint, M. (1959): Angstlust und Regression. Beitrag zur psychologischen Typenlehre. Reinbek b. H.: Rowohlt. 1972.

Balint, M. (1962): Beitrag zum Symposium über die Theorie der Eltern-Kind-Beziehung. In *Die Urformen der Liebe und die Technik der Psychoanalyse*. Frankfurt/M.: Fischer Bücherei. 1969. 159-161.

Balint, M. (1963): The younger sister and prince charming. *International Journal of Psycho-Analysis* 44, 226f.

Balint, M. (1966): The drug doctor. In: Scott, W.R.., Volkart, E.H. (Hg.): Medical Care. Readings in the Sociology of Medical Institutions. New York: Jon Wiley & Sons. 281-291.

Balint, M. (1968): Therapeutische Aspekte der Regression. Die Theorie der Grundstörung. Reinbek b. H.: Rowohlt. 1973.

Balint, M. (1969): Trauma und Objektbeziehung. *Psyche, Zeitschrift für Psychoanalyse und ihre Anwendungen* 1970, 24, 346-358.

Bonomi, C. (1999): Flight into sanity. Jones's allegation of Ferenczi's mental deterioration reconsidered. *International Journal of Psycho-Analysis* 80, 507-542.

Dupont, J. (1993): The notion of trauma according to Ferenczi: Progress or regression in psychoanalytic theory? In: Haynal, A., Falzeder, E. (1993) (Hg.): 100 Years of Psychoanalysis, Contributions to the History of Psychoanalysis. Genf: Cahiers Psychiatriques Genevois, Special Issue. 205-215.

Falzeder, E. (1986): Die „Sprachverwirrung" und die „Grundstörung". Die Untersuchungen Sándor Ferenczis und Michael Balints über Entstehung und Auswirkungen früher Objektbeziehungen. Salzburg: Salzburger Sozialisationsstudien.

Falzeder, E. (1995): Meine Großpatientin, meine Hauptplage. Ein bisher unbekannter Fall Freuds und die Folgen. *Jahrbuch der Psychoanalyse* 34, 67-100.

Ferenczi, S. (1911[1910][79]): Zur Organisation der psychoanalytischen Bewegung. Schriften zur Psychoanalyse I. Frankfurt/M.: S. Fischer. 1970. 48-58.
Ferenczi, S. (1923[259]): A psychoanalysis a gyakorló orvos szolgátában [Die Psychoanalyse im Dienste des praktischen Arztes]. *Gyógyászat,* Nr. 23-24. La psychanalyse au service de l'omnipraticien. *Oeuvres complètes, Tome IV: 1927-1933.* Paris: Payot. 1982. 192-194.
Ferenczi, S. (1933[293]): Freuds Einfluß auf die Medizin. Schriften zur Psychoanalyse II. Frankfurt/M.: S. Fischer. 1972. 290-302.
Ferenczi, S. (1933[294]): Sprachverwirrung zsichen den Erwachsenen und dem Kind. Die Sprache der Zärtlichkeit und der Leidenschaft. Schriften zur Psychoanalyse II. Frankfurt/M.: S. Fischer. 1972. 303-313.
Ferenczi, S. (1985[1932]): Ohne Sympathie keine Heilung. Das klinische Tagebuch von 1932. Frankfurt/M.: S. Fischer. 1988.
Freud, S. (1911e): Die Handhabung der Traumdeutung in der Psychoanalyse. GW VIII. 350-357.
Freud, S. (1912b): Zur Dynamik der Übertragung. GW VIII. 364-374.
Freud, S. (1912e): Ratschläge für den Arzt bei der psychoanalytischen Behandlung. GW VIII. 376-387.
Freud, S. (1913c): Zur Einleitung der Behandlung. GW VIII. 454-478.
Freud, S. (1914g): Erinnern, Wiederholen und Durcharbeiten. GW X. 126-136.
Freud, S. (1915a[1914]): Bemerkungen über die Übertragungsliebe. GW X. 306-321.
Freud, S., Abraham, K. (1965): *Briefe 1907-1926.* Frankfurt/M.: S. Fischer. 2. Aufl. 1980.
Jones, E. (1958): Letter to the editor ("Dr. Ernest Jones comments"). *International Journal of Psycho-Analysis* 39, 68.
Jacoby, R. (1983): Die Verdrängung der Psychoanalyse oder Der Triumph des Konformismus. Frankfurt/M.: S. Fischer. 1985.
Lorin, C. (1983): Le jeune Ferenczi. Paris: Aubier.
Main, T.F. (1972): Michael Balint and his contributions. *Psychiatry in Medicine* 3, 403-406.
Pontalis, J.B. (1978): Introduction à Khan, M. M. R.: Frustrer, reconnaître et faire défaut dans la situation analytique. *Nouvelle Revue de Psychanalyse* 17, 115.
Sterba, R. (1982): *Erinnerungen eines Wiener Psychoanalytikers.* Frankfurt/M.: Fischer Taschenbuch Verlag. 1985.
Swales, P. (1986): Freud, his teacher, and the birth of psychoanalysis. In: *Stepansky, P.E.* (Hg.): Freud, Appraisals and Reappraisals, Contributions to Freud Studies. Volume 1. New York: The Analytic Press. 3-82.
Winnicott, D.W. (1960): Die Theorie von der Beziehung zwischen Mutter und Kind. In: Reifungsprozesse und fördernde Umwelt. Frankfurt/M.: Fischer Taschenbuch Verlag. 1984. 47-71.
Winnicott, D.W. (1987): The Child, the Family, and the Outside World. Reading, MA: Addison-Wesley Publishing.

Korrespondenzadresse:
Dr. med André Haynal
spéc. FMH
Boulevard des Philosophes 5
CH-1205 Geneve

Johanna Sieper*, Neuss**

„Transversale Integration": ein Kernkonzept der Integrativen Therapie - Einladung zu ko-respondierendem Diskurs

> „Therapieformen sind Teilansichten der gemeinsamen Sache Psychotherapie, die einander ergänzen. Das bedeutet Verzicht auf Monopolansprüche".
> Ludwig Pongratz 1982***

> *„Jede bedeutsame neue Einsicht erfordert die Revision des ganzen bisherigen Materials* und mag wesentliche Stücke des vielleicht schon fertig geglaubten Baues umstürzen."
> Sandor Ferenczi (1927/28, 1964, 239)

> „Die komplexe menschliche Wirklichkeit erfordert über die Lebensspanne hin beständiges Differenzieren, Vernetzen, Verbinden von Vielfalt, damit kreative Entwicklungen zu Neuem möglich werden. Im Integrieren sich selbst zu überschreiten, das macht das Wesen *transversaler Integrationsarbeit* aus."
> Hilarion G. Petzold 1982c

1. Vorbemerkungen zu Kontext und Kontinuum

Es ist immer wieder interessant zu bemerken, wie zentrale Begriffe in Psychotherapieverfahren Gegenstand unterschiedlicher Interpretationen werden, wobei jeweils ihr Ideologiegehalt – Glaubensstreitereien, die die Psychotherapie, Nachfolgerin der Seelsorge (*Freud*), seit jeher kennzeichnen – deutlich wird. Der Ideologiecharakter von Theorien ist nach *Karl Mannheim* unabweisbar, und mit *Ludwig Josef Johann Wittgenstein* und der auf ihn folgenden Diskussion sollte es klar sein: Psychotherapietheorien sind *Sprachspiele* und keine ewigen Wahrheiten, als welche sie häufig in den Diskursen aufscheinen, hinter denen oft genug berufspolitische Interessenlagen, Konkurrenzspiele und -ängste, Territorialansprüche usw. stehen. Selten geht es um wissenschaftlichen Gehalt oder philosophische Klarheit, ein Bemühen um Klärung, Wahrheit gar. Dafür müssten *Polyloge, Diskurse, Ko-respondenzen* geführt werden zwischen den „Schulen" bzw. „Orientierungen" und ihren Protagonisten. Das aber geschieht bislang wenig und selten in fruchtbarer Weise. Ein Grund für diese Situation

---

**Vorabdruck aus *Sieper, J., Orth, I., Schuch, W.* (Hg.): Neue Wege Integrativer Therapie: Klinische Wissenschaft, Humantherapie, Kulturarbeit - Polyloge -. Bd. I. 25 Jahre EAG – Festschrift Hilarion G. Petzold. Edition Sirius im Aisthesis Verlag, Bielefeld, erscheint 2007. - Ich danke *Ilse Orth* für die kritische Durchsicht und die Anregungen.
*** Vorwort zu *Petzold* 1982, 8.

ist das weitgehende Fehlen einer fundierten Diskurstradition in den meisten psychosozialen Disziplinen und Feldern, besonders in der Psychotherapie. Hier müsste eine „Kultur wertschätzender Diskurse" entwickelt und gepflegt werden, in der und durch die strittige oder klärungsbedürftige Fragen angegangen, bearbeitet und soweit klarifiziert werden, dass „Transgressionen" möglich werden (*Petzold, Orth, Sieper* 2000a), Überschreitungen des Bestehenden, damit wirklicher Fortschritt in Theorie und Praxis eines Feldes (der Psychologie, Psychotherapie, Sozialarbeit, Agogik) Eingang findet. Im Wissen darum haben wir schon früh auf der Basis unserer integrativen *biopsychosozialen* Anthropologie, die den Menschen als „Körper-Seele-Geist Wesen im Kontext/Kontinuum der sozialen und ökologischen Lebenswelt" sieht (*Petzold* 1965, 1974j) und unserer *phänomenologisch-hermeneutischen* Epistemologie (idem 1988a, b, n) für agogische und therapeutische Arbeit eine integrative Theorie der „**Ko-respondenz**" und des „**Polyloges**" erarbeitet, die zu den ausgereiftesten unter den Diskurstheorien gehört (*Petzold* 1978c, 2002c; *Petzold, Sieper* 1977, *Sieper* 2001), und wir haben sie mit bildungspolitischen Positionen verbunden (*Sieper* 1985). Weiterhin fehlt es auch allenthalben an einer Theorie der „Kritik", ohne die Diskurse in weiterführender Form nicht fruchtbar geführt werden können.

Begriffe wie „Trieb", „Energie", „Beziehung", „Übertragung", „Wille" (*Petzold, Sieper* 2006) aber auch „Gestalt" oder „Integration", sind immer wieder umstritten – aus inhaltlich-wissenschaftlichen Gründen, oft aber auch aus berufspolitischen Motiven in den Machtspielen der verschiedenen Gruppen im Feld. Derartige Kernbegriffe können letztlich aber nicht nur objektivierend „geklärt" werden, weil mit ihnen persönliche Erfahrungen verbunden sind, die in den verschiedenen Formen der Selbsterfahrung gemacht wurden, und natürlich auch persönliche Identität, die ein Anhänger einer „Schule" mit der von ihr vertretenen „Lehre" erhält. Zuweilen finden sich auch alte Kontroversen, die immer wieder aufflammen, weil sie nie befriedigend gelöst wurden, und sei es durch einen Konsens darüber, dass sie nicht eindeutig und abschließend zu lösen sind, wie vielleicht das „Körper-Seele-Problem" (*Petzold* 1988i; *Petzold, Sieper* 2006).

Die „Integrative Therapie" als solche ist in der „strittigen Diskussion": „Braucht man so etwas wie eine Integrative Therapie?" – „Wir integrieren doch alle!" – „Integrativ, das zeigt doch, da ist keine klare Position vorhanden, bloßer Eklektizismus!" - „Welche Integrative Therapie denn, die von *Grawe*, die von *Norcross*, die von *Sponsel*, die von *Petzold*?" – „Gestalttherapie ist doch letztlich eine integrative Therapie. Gestalt und Integration – ein Pleonasmus!" usw. usw. Viele Probleme in der Praxis, die komplexen Situationen der PatientInnen scheinen nach einer Kombination oder Integration von Verfahren oder Methoden nach einer „*methodenintegrativen Psychotherapie*" zu verlangen.

„So weit ist die Psychotherapie jedoch noch nicht, und Aussagen, die jetzt schon von einer integrativen oder methodenübergreifenden Psychotherapie sprechen, sind verfrüht", meinten *Senf* und *Broda* (2000, 294) in „Praxis der Psychotherapie: Ein integratives Lehrbuch: Psychoanalyse, Verhaltenstherapie, Systemische Therapie", so der additive Titel. Wir sind als integrative TherapeutInnen da natürlich anderer Meinung. Zumindest im integrativen Ansatz von *Hilarion G. Petzold*, in der „Integrativen Therapie", wie wir sie seit Mitte der sechziger Jahre in Ansätzen angedacht und seit Anfang der siebziger Jahre systematisch entwickelt haben (*Petzold* 1974j), liegt ein Grad von Elaboration vor, der der Position der Autoren klar widerspricht.

Senf und *Borda* kommen dann zu einer Definition, die sie offenbar als eine Zukunftsperspektive betrachten:

„*Methodenintegration in der Psychotherapie* bedeutet, die Gemeinsamkeiten wie Unterschiede verschiedener Systeme aufeinander zu beziehen und in einen *neuen Zusammenhang* einzuordnen. Es handelt sich dabei um einen *dialektischen Prozess*, der aus verschiedenen, bisher auch als unvereinbar geltenden Systemen *Neues* entstehen lässt. Dabei bleibt das Alte nicht unverändert oder wird verzichtbar" (ibid. 295).

Die Definition, zunächst ganz eingängig und auf den ersten Blick in der Linie der Integrativen Therapie, ist m. E. aus mehreren Gründen problematisch: *Wie* wird der „neue Zusammenhang" hergestellt, wer gibt ihn vor? Liegt nicht gerade in seiner Erstellung die Integrationsleistung („starke Integration I" nach unserer Integrationstheorie, siehe unten Abb. 3 u. 8)? Oder „emergiert" der neue Zusammenhang im Prozess des Ordnens („starke Integration II", Abb. 3 u. 8)? Nach welchen Kriterien werden Gemeinsamkeiten und Unterschiede differenziert und gewertet? Wird hier nicht „Dialektik" zur Wundermaschine der Verbindung von Unverbindbarem? Auf welche Dialektikkonzeption (*Fichte, Hegel, Engels*) rekurriert man?

Dieser Beitrag stellt den **biopsychosozialökologisch** ausgerichteten Integrativen Ansatz von *Hilarion G. Petzold* und sein Integrationsverständnis vor, an dem ich seit den Anfängen des Verfahrens mitarbeiten konnte. Seine Ursprünge liegen in den Herausforderungen von Praxisfeldern, in die wir durch Praktika während unseres Studiums in Paris [1963-1971] „hineingeraten" sind – anders kann man es nicht sagen: In die Arbeit mit AlterspatientInnen in der Heimsituation, die Arbeit mit verhaltensauffälligen Kindern in sozialen Brennpunkten der Pariser Faubourgs und in die Betreuung und Behandlung drogenabhängiger KommilitonInnen im jungen Erwachsenenalter – Themen, die zum Arbeitsprogramm für eine „Entwicklungstherapie in der Lebensspanne" wurden und von *Hilarion Petzold* in seinem Therapeuten- und Forscherleben bis heute verfolgt und bearbeitet werden (*Petzold* 1969b, c, 1971c, 1972e,f, 1993c, 1994j, 2004a, 2006a, *Petzold, Schay, Ebert* 2004, *Petzold, Schay, Scheiblich* 2006; *Sieper* 2006). Für all diese Bereiche war charakteristisch, dass man in ihnen mit einem monomethodischen Ansatz der Hilfeleistung keine Chance hatte, etwas zu erreichen, und dass man mit einem monodisziplinären theoretischen Zugang keine Möglichkeit hatte, die komplexen Situationen auch nur annähernd zu verstehen. Interdisziplinarität und Methodenpluralität erschienen uns – schon nach nur kurzem Kontakt mit diesen Problemfeldern, für die es kaum Literatur und praktisch keine Experten, geschweige denn handfeste Praxeologien gab – unverzichtbar.

Der Heimbereich mit einem Spektrum von gesunden hochbetagten BewohnerInnen bis zu multimorbiden PatientInnen mit psychiatrischen und psychosomatischen Beschwerden und insgesamt mit einer sehr schlechten Betreuungs- und Pflegequalität – folglich *Lebensqualität* für die alten Menschen – war eine Herausforderung, über die wir viel diskutierten, nachdachten, um zu einer experimentierenden Praxis zu finden. Hier entstanden die ersten integrativen Modelle, von denen eines dargestellt sei:

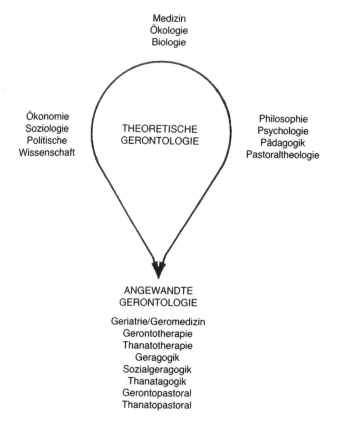

Abb. 1: „Theoretische und angewandte Gerontologie (Geriatrie, Gerontotherapie etc.) als integrierende biologisch-psychologisch-soziale Modellbildung und Praxis" - „La gérontologie théorique et appliquée (gériatrie, gérontothérapie etc.) - un modèle intégré biologique, psychologique et sociale" (aus *Petzold* 1965, 6/1985a, 13).

Dieses integrative Modell versuchte, all die Wissensstände und all die Praxeologien, die für dieses Feld erforderlich waren, die abgestimmt eingesetzt und entwickelt werden müssten, konzeptuell zusammenzubringen. Es wurde Programm, dessen Realisierung wir in Angriff nahmen (durch Ansprache der Heimleitung, der Ärzte, der

Schwestern, der Seelsorger, unserer Dozenten u.a. *Gabriel Marcel* und *Vladimir Iljine*) – durchaus mit kleinen Erfolgen – es wurden Bewegungs- und Kreativgruppen eingerichtet, Angehörigenarbeit begonnen, Angstzustände und Depressionen erstmalig von einem Therapeuten behandelt – und daraus wurde über die Jahre und in anderen Kontexten eine systematische Entwicklung einer *biopsychosozialökologischen* Praxis der Arbeit mit alten Menschen, die in zahlreichen Publikationen Niederschlag (*Petzold, Bubolz* 1976, 1979; *Petzold* 1977g, 1979k, 1985a, 2005a, *Petzold, Petzold* 1991a, b; *Petzold, Müller* 2005, vgl. die Übersicht bei *Müller* 2007).

Die Auseinandersetzung mit anthropologischen Fragestellungen im Rahmen des Philosophiestudiums legte es für uns zwingend nahe, die Situation des Alters, die *condition humaine* im Alter und die eingesetzten Interventionsmethoden anthropologisch zu reflektieren (*Petzold, Marcel* 1976). *Petzold* formulierte eine „anthropologische Grundformel", nach der der Mensch als ein „körperliches, seelisches und geistiges Wesen in einer je gegebenen *Lebenswelt*" (idem 1965) beschrieben wurde. Das verlangte nach einer Praxis, die „den Menschen in seiner *leiblichen Realität* ernst nimmt und seine medizinische und pflegerische Versorgung gewährleistet durch Somatotherapie, die seine *emotionale Realität* ernst nimmt durch Psychotherapie, und die den Menschen in seiner *geistigen Realität* ernst nimmt und Nootherapie oder seine seelsorgerliche Begleitung" möglich macht (ibid. 1965, 15/1985a, 29f). Das Lebensweltkonzept wurde 1970 mit einer sozialen Dimension (Netzwerkaspekt, idem 1979c) und einer ökologischen Dimension (idem 1974j; 2006p, *Petzold, Petzold* 1991a) differenziert und damit war die Grundlage für ein integratives Modell der Anthropologie geschaffen, dass wiederum biologisch-somatotherapeutische Perspektiven, psychologisch-psychotherapeutische Dimensionen sowie soziale und ökologische Aspekte einbezog, ein Vorgehen, das bis heute für den Integrativen Ansatz charakteristisch ist (*Petzold* 2003e).

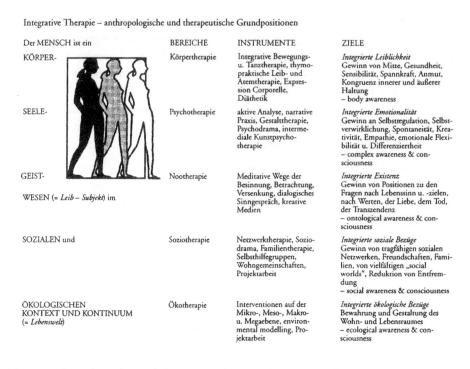

Abb. 2: Anthropologische und therapeutische Grundpositionen der Integrativen Therapie nach *Petzold* 1970c, aus 1974j, 293.

Es folgt aus einer derart breiten Sicht, dass man mit dem herkömmlichen Methodenspektrum der Psychotherapie nicht auskommen kann, ja dass *Psycho*-therapie als solche zu schmal ansetzt. Deshalb hatte *Petzold* (1965, 15/1985a, 29) schon programmatisch eine „integrative Therapie, Sozialarbeit und Bildungsarbeit" gefordert. Später sprach er dann von einer **„Integrativen Humantherapie"** (1988n, 1992a).

Diese frühen Integrationsmodelle legten die Grundlage für einen Arbeitsstil fortlaufender Differenzierungs- und Integrationsarbeit im Sinne des einleitenden Ferenczi-Zitats. In ihnen geht nach einer *transversalen* Durchquerung breiter Wissensstände eine sorgfältige Differenzierungsarbeit und theoriegeleitete Auswahl jedem Integrationsbemühen voraus, denn *nicht alles ist integrierbar*. Es wird also eine Integrationstheorie notwendig, und die legen *Senf* und *Broda* (2000) nicht vor. Sie formulieren der Sache nach Prinzipien des von *Petzold* (1971f, 1992a, 2003a) inaugurierten *„common and divergent concept approach"*, ohne darzulegen, *welche* der verschiedenen Systeme in der Psychotherapie *wie* aufeinander bezogen werden. In dieser Weise hatte die Integrative Therapie vor bald 40 Jahren begonnen, indem *Petzold* bei dem Versuch, die großen Verfahren zu vergleichen, in einem der frühesten Ansätze „vergleichender Psychotherapie" in den Verfahren **Homologes** (a – schwarzes Zentrum), **Similäres** (b – hellgraue Überschneidungsflächen) und **Differentes** (c – weiße Flächen, das auch

Divergentes, nicht Integrierbares enthalten kann) fand und feststellte, dass aus den entstehenden Verbindungen/Konnektivierungen **Synergetisches** (d – dunkelgraue Fläche) emergieren kann.

„In der systematischen Verbindung von Konzepten und Praxen der verschiedenen Verfahren kann man dann zu *Synopsen* finden – man sieht mehr, etwas Neues, Anderes als in der Perspektive nur eines Ansatzes. In der Verbindung von unterschiedlichen methodischen Wegen kann es zu *Synergien* kommen, in denen die Gesamtwirkung mehr und anderes hervorbringt als es in der Wirkung des Einzelverfahrens möglich ist. Psychodramatische Problembearbeitung macht Situationen anschaulich und emotional erlebbar, psychodynamische Erklärung macht sie verstehbar, einsichtig, nondirektive Gruppenprozesse lassen bei den Beteiligten Motivationen und Willensentschlüsse wachsen, etwas zu verändern, hypnotherapeutische Bekräftigung dieser Motivation, verhaltenstherapeutisches Üben neuen Verhaltens und aversive Medikation unterstützen die Bemühungen des Alkoholikers, seinen *süchtigen Lebensstil* zu verändern. So kommt die Verbindung oder Integration von Einzelmaßnahmen zu einer neuen Qualität der Behandlung, zu einem integrativen Verfahren, das mehr und anderes ist als die Summe der Einzelverfahren. Deshalb muss eine systematische Auswertung von Therapieverfahren auf übereinstimmende und divergente Konzepte (*common and divergent concepts*) und natürlich auch Wirkungen (*common and divergent effects*) geschehen, Divergentes oder Differentes könnte Materialien zur Ergänzung bestehender Defizienzen bei einzelnen Verfahren liefern." (*Petzold* 1971f, 2)

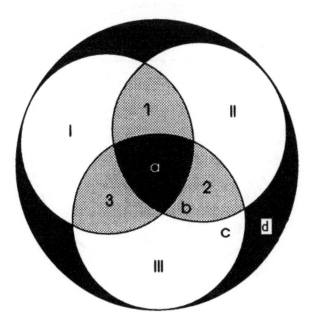

Abb. 3: Homologien und Differenzen – „common and divergent concepts" in den Orientierungen der Psychotherapie (Schnittmengendiagramm nach *Petzold* 1971f, 3, aus 1980q)

Legende:
I Psychoanalyse/Tiefenpsychologie (*Freud, Jung, Adler, Lacan*)
II Humanistische Psychotherapie (*Moreno, Perls, Rogers*)
III Verhaltenstherapie (*Eysenck, Kanfer, Meichenbaum*)
a Homologes/Konvergentes (dunkelgraues Feld)
b Similäres (hellgraue Felder)
c Divergentes und Differentes (weiße Felder)
d Synergetisches (mittelgraue Felder)
1 Verfahren, die zu Psychoanalyse/Tiefenpsychologie und Humanistischer Psychotherapie Ähnlichkeiten haben
2 Verfahren, die zu Humanistischer Psychotherapie und Verhaltenstherapie Ähnlichkeiten haben
3 Verfahren, die zu Verhaltenstherapie und Psychoanalyse Ähnlichkeiten haben (ibid.).

Die Arbeit mit dem Synopse- und Synergieprinzip als Grundlage der **Integration**, als **Konnektivierung** von Wissensgebieten und Therapieansätzen wurde von *Petzold* über die Jahre systematisch in der Arbeit mit Patienten (Suchtkranken, erwachsenen psychiatrischen und geriatrischen Patienten und in der Kindertherapie) entwickelt und seit 1972 im Verfahren der „Integrativen Leib- und Bewegungstherapie" gelehrt, mit dem sich das Modell einer „Integrativen Therapie" ausgeformt hat, wie es 1974j in der nachstehenden Graphik dargestellt wurde.

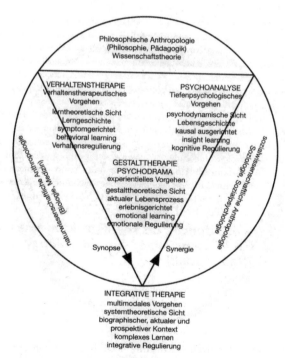

Abb. 4: „Systemverbund durch Synopse und Synergie" (aus *Petzold* 1974j, 302, Diagramm III).

In diesem Schaubild sind alle Charakteristika der heutigen Integrativen Therapie als **biopsychosozialem Modell** (*Petzold* 1965, 2001a) vollauf enthalten, die die Besonderheit dieses Verfahrens ausmachen und die über die Jahre in zahlreichen Studien ausgearbeitet wurden: das „multimodale Vorgehen" (*Petzold* 1974j, 1988n, 1993a, *Petzold, Sieper* 1993a), die systemtheoretische Sicht (1974j, 1998a), die integrative Zeittheorie als Vergangenheits-, Gegenwarts- und Zukunftsaspekte einbeziehendes „Kontext/Kontinuumsprinzip" (1974j, 1981e, 1991o), das Konzept des „komplexen Lernens" (1974j, *Sieper, Petzold* 1993, 2002) und die an *Anokhin, Bernstein, Lurija* anschließende Idee einer „integrativen Regulierung" des menschlichen Systems (idem 1974j, 1988n, 2002j), das im Konzept der „dynamischen Regulation" des Leibsubjekts als „informiertem Leib" abschließend ausgearbeitet wurde (idem 2002j, 2004h; *Petzold, Orth, Sieper* 2005).

Als Orientierungsraster für die Integrationsarbeit diente ein wissensstrukturelles Raster, das *Petzold* Ende der sechziger Jahre entworfen hatte und später als „Tree of Science" (1975h) bezeichnete. Es gliederte die Struktur der Psychotherapie als Wissenssystem wie folgt:

I. Metatheorie,
II. realexplikative, klinische Theorien,
III. Praxeologie,
IV. Praxis

Es wurde zum Raster für das erste schulenübergreifende Projekt „vergleichender Psychotherapieforschung" in den deutschsprachigen Ländern im Auftrage des Bundeswissenschaftsministeriums, Bonn, durchgeführt unter dem Titel: *„Wege zum Menschen. Ein Projekt vergleichender Psychotherapie. Dokumentation über führende Psychotherapeuten und ihre Arbeit"* (*Petzold, Pongratz* 1984). Leitfiguren aller bedeutenden Verfahren – so weit sie noch lebten die Begründer und Mitbegründer (*Alexandra Adler, Karlfried Graf Dürckheim-Montmartin, Frederik Kanfer, Alexander Lowen, Zerka Moreno, Lore Perls, Carl Rogers, Virginia Satir* usw.) – wurden in ihrer Arbeit und bei einem Interview gefilmt, und in zwei wissenschaftlichen Begleitbänden (*Petzold* 1984a) wurde das jeweilige Verfahren monographisch von einem Experten der jeweiligen Schule dargestellt anhand des Rasters von *Petzolds* Metamodells von Psychotherapie, des *„Tree of Science"* (*Petzold* 1971f, 1975h, 1988n, 1992a/2003a), das später auch als Strukturraster für die ersten europäischen *schulenübergreifenden psychotherapeutischen Dachverbände*, der „Arbeitsgemeinschaft psychotherapeutischer Fachverbände" (AGPF, gegründet 1978 von *H. G. Petzold*) und der „Schweizer Psychotherapie-Charta" diente (idem 1992q). Heute sieht das „Tree of Science-Modell" wie folgt aus:

„Tree of Science" 2000

I. Metatheorie *(large range theories)*
→ Erkenntnistheorie
→ Wissenschaftstheorie
→ Allgemeine Forschungstheorie
→ Kosmologie
→ Anthropologie (einschließlich Gendertheorie)
→ Gesellschaftstheorie
→ Ethik
→ Ontologie

II. Realexplikative Theorien (middle range theories)
→ Allgemeine Theorie der Psychotherapie (Rezeption von Ergebnissen therapiespezifischer Wissensbestände in den Human- und Biowissenschaften, Theorie der Ziele von Psychotherapie, Theorie sozialer Relationalität, Genderfragen in der Psychotherapie etc.)
→ Theorie, Methodik und Ergebnisse der Psychotherapieforschung
→ Persönlichkeitstheorie
→ Entwicklungstheorie
→ Gesundheits-/Krankheitslehre (einschließlich Theorie der Diagnostik)
→ Spezielle Theorien der Psychotherapie

III. Praxeologie (small range theories)
→ Praxeologie als Theorie zielgruppen- und genderspezifischer psychotherapeutischer Praxis
→ Praxis der Psychotherapieforschung
→ Interventionslehre (Theorie der Methoden, Techniken, Medien, Stile etc.)
→ Prozesstheorien
→ Theorien zu verschiedenen, insbesondere „prekären" Lebenslagen
→ Theorie der Settings
→ Theorien zu spezifischen Klientensystemen
→ Theorien zu spezifischen Institutionen und Feldern

IV. Praxis
→ in Dyaden
→ in Gruppen und Netzwerken, Feldarbeit, „life" Situationen
→ in Organisationen, Institutionen.
(nach Petzold 1998a, 96)

Theorie als Matrix von Praxis

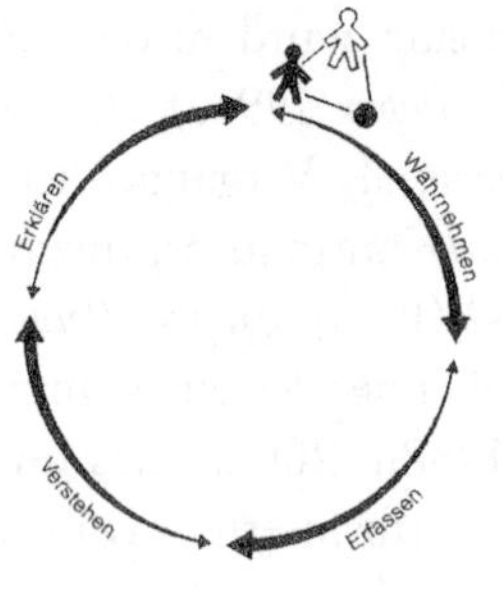

Hermeneutische Spirale
(Petzold 1991a, 489)

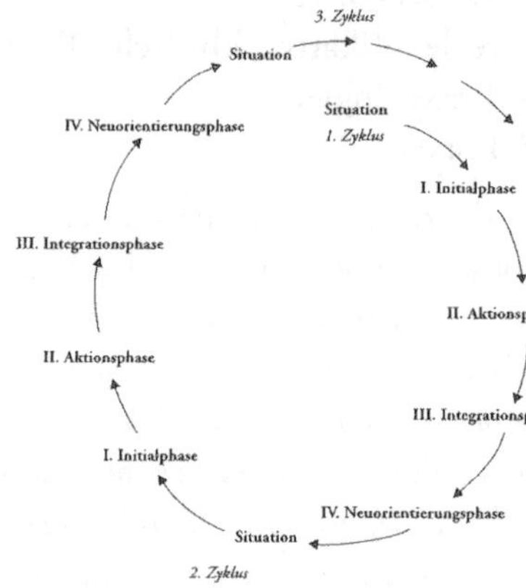

Theorie-Praxis-Zyklus
(Petzold 1992a, 626)

Praxis als Matrix von Theorie

Abb. 5: „Tree of Science" – ein Metamodell für die Psychotherapie und die Integrative Therapie. Aus *Petzold* (2000h).

Ein Meilenstein für den Integrationsgedanken und die Integrationsbewegung war die Gründung der Zeitschrift „Integrative Therapie". Zur Entwicklung der Zeitschrift als „angewandter Tree of Science" schrieb *Petzold* in einem psychotherapiegeschichtlich interessanten Rückblick in der Jubiläumsausgabe „Übergänge und Identität, Wandlungen im Feld. Ein Rückblick auf 30 Jahre der Zeitschrift Integrative Therapie" (idem 2005x) Folgendes:

»Im Editorial des ersten Heftes, das noch in der Zusammenarbeit mit *Charlotte Bühler* entstand, formulierten wir: es gehe darum „Brücken zwischen den einzelnen Methoden zu schlagen, um durch bessere Information Gemeinsamkeiten und Divergenzen klarer zu sehen, mit dem Ziel, über einengendes Schulendenken hinaus zu integrativen Ansätzen zu führen ... zu Entwicklung übergreifender Konzepte und zur Überwindung von Methodendogmatismus. Voraussetzung für ein solches Bemühen um Integration ist Information und Dialog. Hier sieht die neue Zeitschrift eines ihrer Hauptanliegen" (*Petzold* 1975a, 1). Dahinter stand eine Überzeugung, die er in der zweiten Ausgabe wie folgt formulierte:

Die Zeit der „eindimensionalen" Behandlungen beginnt abzulaufen, und die Forderung nach einem ganzheitlichen und integrativen Ansatz der Therapie, der sich nicht nur auf die psychische Realität beschränkt, sondern auch die körperliche, geistige und soziale Dimension des Menschen zu erreichen sucht, stellt sich immer dringlicher. Eine Integration verschiedener therapeutischer Verfahren über eine Analyse der ihnen gemeinsamen *Theoreme* und *Praktiken* und eine empirische Untersuchung der verschiedenen therapeutisch effizienten Variablen durch vergleichende (Psycho-)Therapieforschung wird vielleicht die Lösung der Zukunft sein, wenn man auf die nicht mehr zu überschauende Methodenvielfalt in der Psychotherapie blickt. Dabei kann es nicht nur um die Reduktion von Komplexität (*Luhmann* 1968) gehen, sondern um die Freisetzung und Erschließung eines enormen und weitgehend ungenutzten Potentials" (*Petzold* IT 2, 1975e, 115).

Das wurde, wie ersichtlich, vor dreißig Jahren geschrieben. Wenn *Grawe* († 10.6.2005) im diesem Jahr schreibt: „... irgendeine Form von Integration oder Zusammenwachsen der verschiedenen Richtungen in der Psychotherapie muss *die Zukunft sein*" (*Grawe* 2005a, 78, meine Hervorhebung), so zeigt das, wie lange innovative Ideen im Felde der Psychotherapie brauchen, um sich zu entwickeln und umgesetzt zu werden« (*Petzold* 2005x).

Das war unser Anfang zu einem Integrationsmodell vor mehr als 35 Jahren. Quid novum?, muss man da fragen, wenn man heute die Aussagen von *Grawe* und *Senf/Broda* liest. Aber offenbar gehen die Integrationsbewegungen in der Psychotherapie sehr langsam, wohl auch, weil man miteinander zu wenig schulenübergreifend kommuniziert oder glaubt – wie etwa die Psychoanalyse – über die Wahrheit zu verfügen. *Grawe* (2005a, 78) meint zu Recht, dass heute, „in einem so frühen Stadium der Entwicklung der Psychotherapie" keine „Richtung schon einen Wahrheitsanspruch stellen kann". – „Fast alle Ansätze haben wirklich etwas Positives beigetragen. Aber alle Therapien haben wirklich ihre Grenzen" und es bestehe ein „großer Integrationsbedarf" (ibid.). *Petzold* und *Grawe* stimmten hier vollauf überein. „Die herkömmlichen Behandlungsverfahren sind, für sich genommen, für eine derart komplexe Aufgabe, wie sie sich aus der Forderung nach einem integrativen Ansatz ergibt, nicht ausgerüstet", stellte *Petzold* (1975a, 2) seinerzeit fest und machte sich auf den Weg. Wenn *Grawe* heute meint, integrierende Strategien „werden bisher in keiner einzigen Therapierichtung verwirklicht" (*Grawe* 2005a, 78), so können wir ihm hier natürlich nicht zustimmen, denn wir sind seit langen hier gut unterwegs, wenngleich noch viel Arbeit zu tun ist.

Der vorliegende Text zu einem Jubiläum des „Integrativen Ansatzes der Therapie, Agogik, Supervision und Kulturarbeit", dem 25. Jahr der Arbeit der „Europäischen Akademie für psychosoziale Gesundheit und Kreativitätsförderung" (Zentrum integrativer Arbeit), stellt die bisherigen Integrationsaktivitäten vor. Wir haben das schon einmal getan (*Petzold, Sieper* 1993a). Das ist auch ein guter Anlass, das Integrationsmodell erneut in den Diskurs zu stellen, ein Modell, das „work in progress" ist und auch bleiben wird, denn „there is no end to integration" (*Perls* 1969) und „there is no end to creation" (*Petzold* 1973a). Insofern lädt mein Beitrag ein zu ko-respondierendem *Diskurs* (sensu *Habermas*), für Einige mag er auch den *Diskurs* herausfordern. Warum nicht? Allerdings wäre es gut, könnte man sich über das Diskursverständnis klar werden, oder vielleicht einigen, um nicht in die Unkultur „ekklesialen Gezänks" zu geraten, die so häufig die Auseinandersetzungen, apologetischen Schlagabtausch, Rechthaberei zwischen den psychotherapeutischen Schulen kennzeichnet (*Petzold* 1995h). Ich möchte deshalb mit diesem Beitrag zwei Ziele ansteuern: Einerseits möchte ich das integrative Verständnis von *„Diskurs"* – wir sprechen von Ko-*respondenz* oder *ko-respondierendem Polylog* (idem 1975h, 1978c, 2002c; *Petzold, Sieper* 1977, 30ff.) aufzeigen, zum anderen möchte ich dies als Hintergrund für die Auseinandersetzung mit einem klärungsbedürftigen, für manche einem „strittigen Thema" tun. Im Bereich der Psychotherapie, der humanistisch-psychologischen, aber nicht nur dort, wird immer wieder über den Begriff **„Integration"** diskutiert, auch disputiert. Offenbar herrscht über Bedeutung und Gebrauch des Begriffes keine Einigkeit. An theoretischen Ausarbeitungen zu diesem Begriff mangelt es in den Therapieschulen, die ein „Integrieren" für sich beanspruchen, ohnehin. Aber mit einem unspezifischen Integrationskonzept ist wenig gewonnen. Insofern könnten meine Ausführungen, die unsere *„Position"* – sensu *Derrida* (1986) als Standortbestimmung, die weiter in Arbeit ist – zusammenfassend darstellen, eine klare Basis für Ko-respondenzen bieten.

Der Integrative Ansatz wurde im Paris der sechziger Jahre geboren, einem Ort ko-respondierender Prozesse der Begegnungen und Auseinandersetzungen, vielfältiger Polyloge und Integrationsbewegungen. 1963, das Jahr unseres Studienbeginns in Paris, war durch ein Jahrhundertereignis gekennzeichnet, denn mit der Unterzeichnung des Elysée-Vertrags durch den französischen Staatspräsidenten *Charles de Gaulle* (*1890, †1970) und Bundeskanzler *Konrad Adenauer* (*1876, †1967) wurde am 22.1.1963 nach jahrhundertealten Rivalitäten, einer »Erbfeindschaft« mit allein drei schlimmen Kriegen in neuerer Zeit zwischen 1870 und 1945, das Fundament für die deutsch-französische Freundschaft gelegt und eine unverzichtbare Voraussetzung für eine *europäische Integration*, ein vereintes Europa geschaffen. Das hatte uns damals sehr stark berührt, denn wir waren von der Geschichte unserer Familie her „europäische Menschen". „Ich bin gerne Europäer", pflegt *Hilarion Petzold* zu sagen (*Petzold* 2003m), und so hatte und hat seine innere Ausrichtung und seine Arbeit stets eine europäische Orientierung mit langjährigen Professuren, Gastprofessuren, Dozenturen in Deutschland, Frankreich, Holland, Jugoslawien, Norwegen, Österreich, der Schweiz, Spanien und mit dem europaweiten Aufbau eines Netzes von Ausbildungsstätten und Fachverbänden auf nationaler und europäischer Ebene, und natürlich der Gründung und dem Aufbau der „Europäischen Akademie für psychosoziale Gesundheit und Kreativitätsförderung". Diese seine Idee konnte er, unterstützt von mir und einigen KollegInnen realisieren (trotz des Zögerns von *Hildegund Heinl* und einem anderen Teil unserer KollegInnenschaft, die lieber bei einer „Fritz Perls Akademie" geblieben wären). Dieses europäische Anliegen muss als eine starke Quelle von *Petzolds* Integrationsdenken gesehen werden, hatte er doch selbst mit seinem familiären Herkommen und seiner frühen Sozialisation den deutschen, französischen und slawischen Sprach- und Kulturraum zu integrieren (*Petzold* 2002h, p). Mit der Europäischen Akademie waren auch europatheoretische Überlegungen zur Idee der Integration verbunden, denn es war und ist unsere Überzeugung, das diese nicht nur 'von oben' erfolgen kann, sondern von *'unten und oben zugleich'* erfolgen muss, nicht nur im wirtschaftlich-ökonomischen und politischen Bereich, sondern auch im bildungs-, gesundheits-, familienpolitischen Bereich mit praktischen Initiativen auf allen Ebenen, wie folgende Grundsatzüberlegungen deutlich machen:

» **Europa** ist eine geographische Region, die durch Sprachverschiedenheit, Sprachenvielfalt, durch einen *Reichtum* verschiedener **Sprachen** gekennzeichnet ist, die durch Kulturverschiedenheit, Kulturvielfalt, über einen *Reichtum* verschiedener **Kulturen** verfügt. Um diesen Reichtum, dieses Potential zu erschließen und zu Nutzen, um „*Integration*" möglich zu machen, „*Synergien*" Raum zu geben, sind *Grenzen* zu öffnen, Begrenzungen abzubauen, ist ein hohes Maß von intensiven *Konnektivierungen*, Verbindungen und Austausch, aufzubauen, die Eigenständigkeiten und Eigenarten kenntlich machen, wertschätzen und zugleich Gemeinsames deutlich werden lassen, *Verbundenheit in der Vielfalt* ermöglichen und wachsend zu kultivieren hin zu einer *konvivialen* Qualität des Miteinanders in „*einem* Haus Europa", hin zu einer Europäischen Gemeinschaft, die eine konsistente, gemeinschaftlich erlebte und gewollte Identität hat und zu einer handlungsfähigen politischen Einheit wird. Das könnte unter „Integration" in einem europatheoretischen Rahmen und als Maxime europapolitischen Handelns verstanden werden. Dazu gilt es *Abgrenzungen* und *Eingrenzungen* zu überwinden, die oft einen langen historischen Vorlauf haben, denn: *Europa hat Geschichte in vielfältigen nationalen Geschichten* voller Gegnerschaften, Kriege, voller trennenden Grenzen, die den Blick dafür verstellen, dass die Länder ja auch durch „*Angrenzungen*" verbunden sind. Sie sind vielfach und vielfältig „konnektiviert" – und das ist eine Qualität nicht-vereinnahmender Integration, die es auszubauen und zu vertiefen gilt, denn es gibt ja auch die Geschichte der Bündnisse, der Einigungen, der Annäherungen – oft nach Jahrhunderten der Feindseligkeiten, Erbfeindschaften, in denen das Trennende, das Mißtrauen, das Streben nach Vorherrschaft, nach Dominanz und Unterwerfung im innereuropäischen

Kräftespiel zwischen den Völkern, den Nationen, den Ländern überwog. *Dialoge* zwischen einzelnen Machthabern oder bilaterale Abkommen zwischen einzelnen Nationen gab es zwar immer wieder, aber **Polyloge**, wirklich breite, multilaterale Gespräche gab es selten. Und von einem umfassenden *europäischen Polylog*, d.h. dem Gespräch aller mit allen, sind wir auch heute noch entfernt, wenngleich Europa durchaus unterwegs zu diesem Ziel ist – mit den entsprechenden Hindernissen, das gehört dazu. Deshalb müssen konnektivierende *Polyloge* auf allen Ebenen des europäischen Lebens geführt werden, auf der Makroebene der europapolitischen Arbeit, auf der Mesoebene des innereuropäischen Austauschs von Gemeinden in Jumelagen, von Verbänden, Hochschulen, Bildungseinrichtungen usw. in Europa-Partnerschaften und auf der Mikroebene der europapolitischen Bewusstheit der einzelnen Bürger in jedem europäischen Land, die Verbindungen zu Bürgern anderer Länder pflegen und sagen können: *Ich bin Bürger, Europäer*, Franzose, Deutscher, Spanier, was auch immer, denn *die nationalen Identitäten müssen und werden Teil einer integrierten europäischen Identität sein und bleiben*. Ein Ganzes ist nicht ohne die Teile, und es ist doch etwas anderes als ihre Summe, hat eine übergreifende, transversale Qualität, die eines Europas, das 'von unten' und 'von oben' gebaut wird, das *national* und *transnational* zugleich ist, und genau darin seine Identität gewinnt. « (*Petzold* 2003m).

Diese Hintergrundsposition sollte im Blick behalten werden, auch wenn es in diesem Beitrag um „Integrative Therapie" geht, aber diese hat sich neben ihrer klinischen (1), gesundheitsfördernden (2) und persönlichkeitsbildenden (3) Ausrichtung in ihrer vierten Orientierung stets als „Kulturarbeit (4) verstanden (*Petzold* 2001a; *Orth, Petzold* 2001), eben weil Psychotherapie in Theorie und Praxis eine Kulturleistung ist und ihre Erfahrungen auch zur Kultur beitragen sollen.

Wir waren mit dem Integrationskonzept stets spezifisch und prägnant, haben es an vielen Stellen in therapeutischen, agogischen und kulturellen Kontexten dargestellt (*Petzold* 1974j, 1988n, 1992a usw., *Petzold, Sieper* 1977, 1993, 77ff, *Sieper, Petzold* 1993), und deshalb ist vielleicht eine Überschau, wie die vorliegende, sinnvoll, wobei hier der spezifische Kontext der *Therapie* fokussiert werden soll.

2. Gestalt & Integration – Kontexte und Voraussetzungen

Da eine der Wurzeln der Integrativen Therapie die Gestalttherapie von *Fritz Perls, Lore Perls* und *Paul Goodman* (idem 1984h) ist – eine von vielen Wurzeln und auch nicht unbedingt die Hauptwurzel (*Ferenczi, Iljine, Janet, Lurija, Moreno* seien noch genannt), aber eine wichtige (*Petzold* 1974j; 2000h, 2003a) -, und weil der Gestalt-Begriff in seinem Verhältnis zum Integrationsbegriff offenbar für manche KollegInnen im Bereich der Gestalttherapie ungeklärt ist (zum Thema „Gestalt" & „Integration" vgl. *Gestalt*, Heft 56, 2006, Schweiz, S. 3f.), soll versucht werden, im Abgleich dieser Begriffe das Integrationskonzept unseres Ansatzes vorzustellen und damit auch eine wesentliche Dimension dieses Ansatzes.

Mir scheint, dass hinter dieser ganzen Diskussion um die Namen/Begriffe „Gestalt/Integration" alte fachliche Kontroversen aus der Psychologie- und Therapiegeschichte aufscheinen und – weil die Diskussionen in konkreten Feldern stattfinden – immer wieder auch persönliche, um die es aber an dieser Stelle in einem fachlichen Diskurs nicht gehen soll. Deshalb muss man einen Blick auf die Kontexte und Voraussetzungen von Diskussionen richten. Die Polarisierungen von „ganzheitlicher" und „elementenhafter" Betrachtung in der Psychologie, weiterhin der alte Gegensatz zwischen nomothetischer (quantitativ arbeitender) und idiographischer (qualitativ forschender) Wissenschaft, zwischen „Gestaltvertretern, der Humanistischen Psychologie als *Third Force Psychology*" und „all den Anderen" (Behaviorismus, Psychoanalyse) sind leider keine vergangenen Schlachten, wie sich immer wieder zeigt, aber sie sind fachlich „outdated", das hat *Alexander R. Lurija*, ein wichtiger Referenztheoretiker der Integrativen Therapie und eines Integrationsparadigmas, in seinem schönen Buch „Romantische Wissenschaft" aufgezeigt (*Lurija* 1993). „Der klassische Wissenschaftler zerlegt die Ereignisse in ihre Bestandteile, ... bis er schließlich allgemeine Gesetze formulieren kann ... Die Eigenarten des lebendigen Ganzen gehen verloren ... Der romantische Wissenschaftler lässt sich von genau entgegengesetzten Interessen, Einstellungen und Vorgehensweisen leiten ... Ihre wichtigste Aufgabe sehen sie darin, den Reichtum der Lebenswelt zu bewahren" (ebenda 1993, 177). Natürlich haben die romantischen Wissenschaftler Mängel, sie erreichen nicht die Exaktheit der reduktionistischen Forscher, ohne die wichtige Erkenntnisse nicht gewonnen werden können.

„Lange war ich mir nicht darüber im klaren, welcher dieser beiden Ansätze im Prinzip zum besseren Verständnis der lebendigen Wirklichkeit führt. Dieses Dilemma wiederholt den Konflikt zwischen der nomothetischen und idiographischen Psychologie, der mich in den ersten Jahren meiner intellektuellen Entwicklung beschäftigt hatte. Innerhalb der Psychologie liegen diese Ansätze dem Streit zwischen der erklärenden, physiologischen und der beschreibenden, phänomenologischen Schule zugrunde. Einer der wichtigsten Faktoren, der mich zu *Wygotskij* gezogen hatte, war sein Beharren auf der Notwendigkeit, diese Krise zu beenden" (*Lurija* 1993, 178).

Viele Kontroversen oder Dissenssituationen gehen von ungeklärten Vorannahmen aus. Nimmt man etwa an, die Integrative Therapie sei „summativ" (*Herzig* in „Gestalt" 56, 2006, 3), zergliedernd und stellt dagegen die Annahme, die Gestalttherapie von *Perls* sei „übersummativ", ganzheitlich ausgerichtet, dann steht man natürlich mitten in der Konflikttradition, die *Vygotskij* und *Lurija* als unsinnig ansahen. Aber eine solche Vorentscheidung darf man nicht nur anhand von Leitbegriffen (Gestalt, Integration) treffen, die als „label" auf Schachteln mit unüberprüften Inhalten stehen, denn es ist ja keineswegs ausgemacht, wenn man die Gestalttherapie von *Perls* sorgfältig konzeptkritisch unter epistemologischer, wissenschaftsgeschichtlicher, therapietheoretischer und interventionspraxeologischer Sicht analysiert, ob seine Gestalttherapie wirklich „ganzheitlich" orientiert ist („loose your mind and come to your senses" *Perls* 1969, ist das ganzheitlich?). Das zentrale Werk von „*Perls, Hefferline, Goodman*" (1951) ist durchaus auch als „eklektisch" und „inkonsistent" oder „summativ" anzusehen, neben den vielen anderen Problemen, die mit diesem Text verbunden sind (vgl. *Petzold* 2001d und *Petzold, Sieper* 1993a, 61 „Aporien und Fehlkonzeptionierungen der Gestalttherapie"). Leider liegt bis heute keine solche detaillierte Analyse des *Perls*schen Werkes und der durchaus divergierenden Positionen ihrer Begründer vor. Die Frage ist offen: sind die vielfältigen Quellen und Einflüsse, die zweifelsohne vorhanden sind (*Perls* 1969; *Petzold* 1984h, *Srekovic* 1999) wirklich zu einer konsistenten „Gestalt" integriert? Man kann da sehr unterschiedlicher Auffassung sein. Für die Literatur „*nach Perls*" muss man überwiegend eklektische Adaptierungen feststellen, wie es das „Handbuch der Gestalttherapie" (*Fuhr* et al. 1999) ausweist oder das Buch – um ein neueres zu zitieren – von *Hartmann-Kottek* (2004), das m. E. ein nicht integriertes „blending" mit tiefenpsychologischen Konzepten trotz des Anspruchs auf Ganzheitlichkeit präsentiert, eine gute Zusammenstellung klinischer Heuristiken, die – in unserer Terminologie – eher eklektisch „konnektiviert" erscheinen als im Sinne einer „starken Integration" verbunden. Das muss aber kein Schade sein, wenn man mit Weiterentwicklungen „unterwegs" ist.

Vielleicht stehen sich „Integrative Therapie" und die neueren Versuche, über die klassischen Ansätze der *Perls'* und die von *Goodman* hinaus zu kommen (etwa die Arbeiten von *Staemmler* oder *Wheeler*) näher, als es die Gruppen im Feld, durch Territorialgerangel abgelenkt, selbst meinen, denn es wird ja nach und nach Vieles von dem nachvollzogen (Orientierung an Entwicklungspsychologie, Versuch einer Hermeneutik-Orientierung etc.), was wir vor Jahrzehnten schon begonnen hatten. Dennoch muss man feststellen: Es gibt große Unterschiede zwischen „Gestalttherapie" und „Integrativer Therapie", auch wenn manche meinen, der Unterschied sei gering, gar vernachlässigbar oder gar falsch (*Petzold* 2006s). Wir meinen das nicht und haben das in verschiedenen größeren Arbeiten dargelegt (vgl. besonders *Petzold, Sieper* 1993, 51- 93). Der Unterschied kommt u. a., und für diesen Kontext beispielhaft herausgegriffen, im Gebrauch der Begriffe „Gestalt" und „Integration" zum Ausdruck, ihrer Gewichtung und inhaltlichen Ausarbeitung.

Die Integrative Therapie hat sich nach langjährigem Sichten und umfassenden Vorarbeiten seit den siebziger Jahren, die auch zur Gründung der bereits erwähnten Zeitschrift „Integrative Therapie" durch *Hilarion Petzold* und *Charlotte Bühler* führten (*Petzold* 1974j, 1975a, 1991a/2003a, 2005x), kontinuierlich aus dem Rahmen der schulengebundenen, humanistisch-psychologischen Strömungen wie Gestalttherapie oder Psychodrama usw. (*Petzold, Sieper* 1970) herausbewegt, denn „Integrative Therapie ist eben nicht Gestalttherapie" (*Petzold* 1997h, 1999d). Sie hatte auch ihre traditionell-tiefenpsychologischen, aber auch konservativ behavioralen Quellen der frühen Pariser Jahre überschritten (*Petzold, Osterhues* 1972; *Sieper, Petzold* 2002) hin zu einer *schulenübergreifenden* „Richtung" der Therapie im „neuen Integrationsparadigma" (idem 1992g), indem sie die verschiednen Therapieansätze analysierte, auf *gemeinsame **und** divergente Konzepte (common and divergent concept approach*, Petzold

1971f) hin untersuchte und nach kritischer Bewertung das zu integrieren versuchte, was „anschlussfähig" erschien. *Hilarion Petzold* (2005x) hat diesen Weg gerade in der Jubiläumsnummer zum 30-jährigen Bestehen der Zeitschrift „Integrative Therapie" dargestellt und dokumentiert: "Übergänge und Identität, Wandlungen im Feld. Ein Rückblick auf 30 Jahre der Zeitschrift Integrative Therapie". Hilfen für diese Übergänge waren dabei u.a. *Merleau-Pontys* (1942, 1945) Philosophie und Psychologie integrierende Arbeiten, dann *Vygotskijs* und *Lurijas* kulturtheoretische, kontextuelle Betrachtungsweise, mit der (*Vygotskij* 1926) schon in den zwanziger Jahren mit seiner luziden Analyse der „historischen Bedeutung der Krise der Psychologie" den unfruchtbaren Gegensatz zwischen der experimentellen, naturwissenschaftlichen und der phänomenologischen, verstehenden Psychologie kritisierte und die Notwendigkeit sah, die Rumpfstücke einer „halbierten Psychologie", „die Teilwahrheiten früherer Positionen in einer neuen Theorie zusammenzuführen" (*Lurija* 1993, 51). Weiterhin sind *Lurijas* Neuropsychologie und seine differenzierte Sicht „Zur Stellung der Psychologie unter den Sozial- und Biowissenschaften" (*Lurija* 1978), seine Ergebnisse in den Neurowissenschaften und der entwicklungs- und sozialpsychologischen Forschung für eine *konnektivierende* Arbeit unverzichtbar.

„Der konkrete Gegenstand, der Objekt der wissenschaftlichen Forschung ist, stellt kein isoliertes Ding dar, dessen Wesen sich in einem bestimmten abstrakten Begriff formulieren ließe ... er ist ein Ding mit seinen Verbindungen und Beziehungen, und je tiefer wir diese Verbindungen und Beziehungen verstehen, desto reicher wird unser begriffliches Verständnis des Dings (Vorgangs, Prozesses). Derart stellt die wissenschaftliche Erkenntnis auch einen immer reichere Bezüge aufweisenden Prozess des sukzessiven Aufsteigens zum Konkreten dar, bei dem in gleichem Maße allgemeine wie individuelle Gesetzmäßigkeiten aufgedeckt werden." (*Lurija* 1976/1984, 611f.)

Jedes Therapieverfahren, das sollte deutlich geworden sein, steht im **Kontext** vielfältiger theoretischer *Vorverständnisse* – etwa psychologischer Mainstream-Ideologien oder Ideologemen therapeutischer Schulen (*Petzold, Orth* 1999) – und die gilt es offen zu legen. Das wäre auch die Grundlage jeder Diskussion. Wir haben eine solche Offenlegung wieder und wieder unternommen (letztlich noch umfassend in *Petzold, Orth, Sieper* 2005). *Petzold* (2005 i) hat die Notwendigkeit solcher Transparenz neuerlich wie folgt dargelegt:

»1. Diese Vorverständnisse haben sich als ein „*Aufsteigen im Abstrakten*" in Prozessen der aus dem Verstehen gewonnenen Abstraktion von *durch Menschen* erfasster (*phänomenologisch* wahrgenommener, *hermeneutisch* durchdrungener und *experimentell* untersuchter) Wirklichkeit herausgebildet.

2. Dieses gewonnene Wissen muss nun, wenn es ein *Wissen für konkrete Menschen* bleiben soll, sich nicht als entfremdetes Wissen verselbständigen soll, *rekonkretisiert* werden – *Lurija* spricht im obigen Zitat unter Anspielung auf *Hegel/Marx* hier vom „*Aufsteigen vom Abstrakten zum Konkreten*" (*Marx* MEW, Bd. 42, 34ff.) – *aufsteigen*,

weil es ja nicht um einen naiven Regress in ein vorwissenschaftliches Verständnis geht, das wäre ein Abstieg. Mit dem zweiten Schritt verbunden ist ein *Rekontextualisierung* und *Rehistorisierung*. Die einstmals gewonnene Erkenntnis, das Vorverständnis, wird auf den jeweils konkreten, zu untersuchenden Zusammenhang in kritisch-problematisierender Weise angewandt, etwa mit der Frage: sind die einstmals gewonnenen Wissens- und Kenntnisstände (um deren Zustandekommen wir geschichtsbewusst wissen) heute noch gültig und sind die für die einstmals Beteiligten gefundenen Wege und Lösungen für die gegenwärtig Beteiligten angemessen? Oder *wo, wie, mit welchen Beteiligungen* muss konzeptuell und ggf. methodisch nachgebessert oder auch neukonzeptualisiert werden .... ?

3. geht es dann um ein *Aufsteigen im Konkreten* als Rekonstruktion der Geschichte konkreter Menschen und der Einflüsse auf diese Geschichte, auch die Einflüsse, die ggf. von ihnen selbst unmittelbar (willentlich entschieden) oder durch Widerfahrnisse (durch Eintritt einer Krankheit) ausgehen« (idem 2005i).

Dieses an der tätigkeitspsychologischen (*Vygotskij, Lurija, Leont'ev*), dialektisch-kritischen Theorienbildung orientierte und von uns *hermeneutisch ergänzte* Modell – es hebt narrativierte Lebensgeschichte hervor (*Petzold* 2001b) im Sinne der berühmten Fallgeschichten *Lurija*s (1991) - könnte als eine Reflexionsgrundlage für Diskurse über „Integrative Therapie", „Gestalttherapie" oder andere Therapierichtungen oder zu wichtigen Detailfragen wie dem Beziehungsverständnis (*Petzold* 1980f, 1990b, 1996k) oder Begrifflichkeiten wie „Gestalt" und „Integration" dienen.

3. Diskurstheoretische Positionen des Integrativen Ansatzes

Das Thema des Verhältnisses der Psychotherapieverfahren zueinander ist ein altes Thema und ein wichtiges: Ich verweise hier nur auf *Hilarion Petzold*s Key-note-Vortrag zur Gründung der Schweizer Therapiecharta, einem der wenigen schulenübergreifenden Verbände in der Psychotherapie[1] :

„Schulenübergreifende Dialoge im 'neuen Integrationsparadigma': Vielfalt erhalten – Schulen des Integrierens – Humantherapie", Vortrag auf dem 1. Wiss. Kongreß der die Charta f. Psychotherapie unterzeichnenden Ausbildungsinstitutionen und Fachverbände vom 10.-12.5.1996 in Zürich. *Gestalt* (Schweiz) 6 (1996) 37-39.

Der Text zeigt die Einbettung der Diskurse zwischen den Schulen in die Dynamik des übergeordneten Feldes, in der Auseinandersetzungen oft in einer ungeklärten, z. T. verwilderten Diskurskultur geführt werden, wo es eher um Macht als um die Sache oder gar um wissenschaftliche Wahrheit geht. Wir haben uns in solchen Diskussionen

---

[1] Der erste im deutschsprachigen Bereich, die Arbeitsgemeinschaft psychotherapeutischer Fachverbände AGPF wurde 1978 auf Initiative von *Hilarion Petzold* (1992g) gegründet und vertritt bis heute die Positionen der Nicht-Richtlinien-Verfahren, vgl. *Petzold, Sieper* 1993, 81.

immer wieder geäußert, denn man kann solchen Situationen nicht entkommen, wenn man berufspolitisch engagiert ist (*Petzold, Sieper* 2001d, 2006).

In diesen Kontexten haben wir theoretisch und praktisch diskurstheoretische Positionen entwickelt im Anschluss an *Paul Ricœur*, einem unserer wichtigsten Lehrer und Referenzautoren, dessen „vernetzendes Denken" gezeigt hat: jeder Diskurs hat seine eigene Würde und seine *Geschichte* und kann letztlich nicht in einem anderen aufgelöst werden – er kann aber „berücksichtigt" werden. Wir lösen Gestalttherapie und Psychodrama im „vernetzenden Ganzen" der Integrativen Therapie nicht auf sondern bewahren „ihre Würde als Teil" (1989a, vgl. *Petzold*, 2005p: „Vernetzendes Denken. Die Bedeutung der Philosophie des Differenz- und Integrationsdenkens für die Integrative Therapie. In memoriam Paul Ricœur 27.2.1913 – 20.5.2005").

Eine unserer wesentlichsten Erkenntnisse war, dass Diskurse *geschichtsbewusst* geführt werden müssen. *Ricœur*s (2000) großes, letztes Werk, „La mémoire, l'histoire, l'oubli" (dt. „Gedächtnis, Geschichte, Vergessen" 2004) zeigt das überzeugend. Denn wenn man sich mit der Geschichte nicht auseinandersetzt, kann man aus ihr nichts lernen (es ist ohnehin sehr schwierig), wenn man geführte *Diskurse* nicht rezipiert, wird man die Problematiken kenntnislos reproduzieren (die unendlichen Diskussionen zum Übertragungs-Begriff, zur Willensfreiheit, zu qualitativer oder quantitativer Forschung, wo immer man auch hinschaut, zeigen das). Auch das hier behandelte Thema zu den Begriffen „Gestalt" und „Integration", „Ganzes" und „Teil" hat eine lange Vorgeschichte.

Unsere Position war hier immer klar: Wir haben in der Integrativen Therapie seit ihren Anfängen eine *Dialektik von „Differenzierung und Integration"*, von *„Teil und Ganzem"*, von *„GESTALT* und **Rhizom"** (*Petzold* 1974j, 1989a) vertreten im **Polylog** mit *Bakhtin, Deleuze, Derrida, Lewin, Lyotard, Merleau-Ponty, Ricœur*. Und so sind für uns Aussagen wie die folgende schwer nachvollziehbar: „Gestalt & Integration ist ein Pleonasmus und betont das Summative der IT" (*Gestalt* 56, 2006, 3). Hier werden zahlreiche Diskurse zu dieser Thematik nicht zu Kenntnis genommen[2]. Mir scheint das für viele der geführten *Diskurse* im Bereich der Psychotherapie kennzeichnend zu sein – etwa in all den Diskussionen über die Geschichte der Psychoanalyse, über die unsorgfältige, z. T. verfälschende Arbeit *Freud*s, was seine Falldokumentationen anbetrifft usw. usw. – von *Ellenberger* (1973), *Rillaer* (1980) über *Israel* (1999) bis *Meyer* (2005). Wohin führt das?

---

[2] In der zitierten Zeitschrift „Gestalt", die hier exemplarisch aufgeführt wurde, sind zu dieser Thematik zahlreiche Beiträge erschienen (*Petzold* 1996h, 1997h, 1998f).

3.1 Wertschätzende Diskurskultur

Und bei dieser Frage ist wohl anzusetzen. Es ist die Frage nach der *Diskurskultur*, nach dem Geschichtsbewusstsein, nach der Sorgfalt des Quellenstudiums, nach der **Wertschätzung** schon geleisteter Arbeit und derer, die sie geleistet haben – etwa der Pionierarbeit von *Freud* (vgl. *Derrida* 1992) oder der nonkonformistischen Innovationsarbeit von *Perls* (vgl. *Petzold* 1981a), bei aller notwendiger Kritik, notwendig, um Weiterentwicklungen möglich zu machen. In der Integrativen Therapie haben wir *Freud* oder *Perls* – und natürlich auch andere – immer wertschätzend kritisiert, was nicht heißt, dass wir nicht auch massiven Dissens hatten und haben oder auch Unethisches (der Ausschluß von *O. Rank* oder die Diskriminierung von *S. Ferenczi* durch *Freud* und seinen Kreis, die Ausbeutung von *Goodman* durch *Perls* beim Abfassen von „Gestalt Therapy") zur Sprache gebracht haben (*Petzold* 2006s). In einer *Diskurskultur* sind Fragen nach dem Maß an *Exzentrizität* und *Mehrperspektivität* zu stellen, nach der Praxis von „Gerechtigkeit", „Besonnenheit", „Ausgewogenheit" und „Toleranz", ja nach der **„Wertschätzung von Andersheit und von Differentem"** (*Petzold, Sieper* 2001d, e) auf dem Boden eines Willens zu „fundierter Pluralität" (ibid.) und zu einem „konvivialen Miteinander" (*Petzold*, 2000a, *Orth* 2002). Das erfordert aber auch die Bereitschaft, Ideologisierungen, problematische Glaubenshaltungen, Mythen anzusehen (*Habermas* 2005; *Petzold, Orth* 1999), in denen die Diskurspartner als Einzelpersonen und die psychotherapeutischen „Schulen" als potentielle Diskursgemeinschaften – und ich beobachte das seit mehr als 40 Jahren – oft gefangen sind, so dass „Transgressionen" und Entwicklungen verhindert werden (*Petzold, Orth, Sieper* 1999a, 2000a). Deshalb sind wir auch keine Freunde des Begriffes „Schule", denn da ist die Zensur nicht weit, da schaut man nicht „über den Zaun". Wir lehnen den Begriff ab: *schola führt zu Scholastik* und zur *Apologetik*, der Rechtfertigung von Glaubenssätzen, einer „Lehre", die in der Regel mit der Abwertung anderer verbunden ist. Die Integrative Therapie definiert sich, nach sorgfältiger theoretischer Auseinandersetzung mit dieser Frage (*Petzold* 1993h), als eine „Richtung oder Orientierung" im psychotherapeutischen Feld, d. h. im „neuen Integrationsparadigma" (idem 1992g/2003a, 755) der wissenschaftlichen Psychotherapie und klinischen Psychologie, weil Schulen zur *Dogmatik* tendieren.

Über *Diskurskultur* lohnt es sich nachzudenken, denn es geht dabei ja keineswegs um einfache Dinge. Es geht um Recht- oder Unrecht-Haben, um Territorien, Konkurrenz, es geht um Vertrautes und Neues, das oft beunruhigt. Es geht letztlich um **Identität**, etwa die Identität von PsychoanalytikerInnen und VerhaltenstherapeutInnen, Richtlinienbehandler, Nicht-Richtlinientherapeutinnen, es geht natürlich auch um die Identität von *GestalttherapeutInnen* und von *integrativen TherapeutInnen* (vgl. *Petzold* 1993n: „Zur Frage nach der 'therapeutischen Identität' in einer pluralen therapeutischen Kultur am Beispiel von Gestalttherapie und Integrativer Therapie - Überlegungen (auch) in eigener Sache"). Und weil es letztlich immer auch um „strittige Diskurse" geht, wird die Frage unausweichlich, wie man miteinander umgeht. Das Thema führt schließlich auf eine ethische Ebene, die der „Diskursethik", die wir schon früh mit dem „Ko-respondenzmodell" (idem 1978c, *Petzold, Sieper* 1977, 31f.) zu einer Grundlage des Integrativen Ansatzes gemacht haben. In Begegnung und Auseinandersetzung bemühen sich die Kor-respondenzpartnerInnen, Sachfragen und Probleme zu klären in wechselseitigem Respekt (*Sennett* 2002), im Bemühen, die Integrität des Anderen nicht zu verletzen, seine **Alterität wertzuschätzen**. Das sind "Ethische Konzepte für die Psychotherapie – in der diskursiven und situationsbezogenen Ethik der Integrativen Therapie" (*Petzold* 1990n), die inzwischen in jahrelanger intensiver Auseinandersetzung immer fundierter ausgearbeitet wurde (idem 2000a, 2006n, *Moser, Petzold* 2006). Diskursethischer Positionen gilt es sich zu versichern, sonst entgleisen Diskurse, und es kommt nicht zu „Entwicklungen, kritischer Wertschätzung und Qualität" (idem 1998g). Solche Positionen formuliert zu haben, ist wesentlich. Sie dann auch zu praktizieren, ist nicht immer einfach. Hier wird man immer wieder auch Fehler machen, die man dann korrigieren muss (*Ferenczi* 1927/28, 1964, III, 239), mögen auch „wesentliche Stücke des vielleicht schon fertig geglaubten Baues umstürzen" (ibid.).

Wir hatten unlängst ein internes Vorschlagspapier für eine „kritische Diskurskultur" im Rahmen der Psychotherapie-Charta, dem schulenübergreifenden Zusammenschluss Schweizer Psychotherapieverbände, erstellt (*Petzold, Sieper* 2006). Die Charta ist ein für das zerstrittene psychotherapeutische Feld außergewöhnliche Arbeits- und Ko-respondenzgemeinschaft, die miteinander fachverbandliche Regelungen, berufs- und gesundheitspolitische Positionen, Wissenschaftlichkeitskriterien, Qualitätssicherungsmaßnahmen erarbeitet. Ich passe hier unseren Vorschlag für den vorliegenden Kontext zu. Wo es um die Diskussion von Sach- und Fachfragen geht, ist es gut, klare Beurteilungs- und Entscheidungskriterien zu erarbeiten und anzulegen. Ich stelle sie hier „in den Diskurs". Solche Kriterien sollen:

- 1. eine sachangemessene hohe Qualität des Diskurses/der Ko-respondenz gewährleisten,
- 2. Fehler ausschließen oder minimieren,
- 3. eine Passung für die Situation der Ko-respondenzgemeinschaften, Diskursgruppen und ihrer Mitglieder ggf. Mitgliedsinstitutionen gewährleisten,
- 4. in der Ko-respondenzgemeinschaft, der „community of discourse" *Konsens* fördern bzw. einen guten Umgang mit *Dissens* und den Schutz und die Repräsentation aller Beteiligten, auch von Minderheiten,
- 5. einen realistischen und realisierbaren Rahmen für die Zusammenarbeit erstellen,
- 6. eine (berufs)politisch seriöse und sinnvolle Außendarstellung der Ko-respondenzgemeinschaft gewährleisten (*Petzold, Sieper* 2006).

Da es in Prozessen der Auseinandersetzung um Themen immer auch zu Dissens, Konflikten, Kritik kommen kann, erachten wir es für wichtig, *konflikttheoretische Konzepte* zu entwickeln (vgl. *Petzold* 2003b) und *kritiktheoretische* Position offen zu legen, weil solche in Diskursen oft nur implizit sichtbar werden, sofern sie überhaupt ausgearbeitet wurden. Implizite Kritikmaximen sind oft: „Hart in der Sache, wertschätzend zur Person", „Fairness in der Kritik", „Kontextangemessenheit der Kritik". Das sind gute kritikheuristische Positionen, denen wir uns durchaus verpflichtet fühlen, wenn es um sachbezogene oder „strittige Diskurse" geht, um eine gute „Streitkultur". Wir vertreten dezidiert eine „differenz- und dissensfreundliche" und eine „konfliktbewusste" Kultur, die sich um die „Wertschätzung von Andersheit" bemüht, eine Kultur, die nicht „konfliktvermeidend" sondern problembewusst „konfliktklärend" ausgerichtet ist, was ja nicht immer einfach ist, gerade im psychotherapeutischen Feld (vgl. *Petzold* 2002q, 2003b). Grundlegend ist hier unser **„Ko-respondenzmodell"**, in dem es in **Konsens-Dissens-Prozessen** zu angemessenen und „gerechten" Einigungen kommen kann, weshalb *gerechtigkeitstheoretische* Überlegungen (*Petzold* 2003d, 2006n, o; *Regner* 2005) erforderlich sind.

Ko-respondenz ist Erkenntnisprinzip und Erkenntnismethode des „Integrativen Ansatzes" (bei den Gestalt- und PsychoanalysekollegInnen hat, wie die Literatur zeigt, nie eine theoretische Auseinandersetzung mit dem Modell stattgefunden, obgleich sie über kein Diskursmodell verfügen, es also nutzen könnten). Es setzt die Anderen als Mitsubjekte und damit *Intersubjektivität* und *Polylogik* voraus, weil Menschen in **„Polyaden"** – in Gruppen, Wir-Feldern, Netzwerken, Vereinen, Verbänden, Gesellschaften – leben, Polyaden, in denen Dyaden und Dialogik wichtige „Sonderfälle" sind. Das WIR liegt jedem Du und Ich zugrunde, wie es die Integrative Formel mit *Levinas* und anders als die *Buber*orientierte Gestalttherapie sieht: „**Du, Ich, WIR in Kontext und Kontinuum – Wir, Du, Ich in der Lebenswelt und Zeit**" (*Petzold* 1988t, Petzold, Orth, Sieper 2005). *Ko-respondenz* kommt in der *Theorie*, in der *Praxeologie* und in der *Praxis* als Leitprinzip zum Tragen und gewährleistet, dass in aller notwendigen konzeptuellen Vielfalt, in allen erforderlichen und angemessenen Differenzierungen ein *integrierendes Moment* wirksam bleibt, und sei es nur das des *Konnektivierens*, des In-Beziehung-Setzens.

Ko-respondenz als „komplexes Lernen und Handeln" (*Sieper* 2001) muss deshalb als etwas eminent Praktisches gesehen werden. Im Sinne eines interaktionalen, diskursiven, *polylogischen* Geschehens, das **Transversalität** ermöglicht, aufgefasst, also von der Metaebene auf eine Handlungsebene gebracht, wird *Ko-respondenz* wie folgt verstanden:

„*Ko-respondenz* als konkretes E r e i g n i s zwischen S u b j e k t e n in ihrer A n d e r s h e i t, d. h. in **Intersubjektivität**, ist ein synergetischer Prozess direkter, ganzheitlicher und differentieller Begegnung und Auseinandersetzung auf der Leib-, Gefühls- und Vernunftsebene, ein P o l y l o g über relevante Themen unter Einbeziehung des jeweiligen Kontextes im biographischen und historischen Kontinuum mit der Zielsetzung, aus der Vielfalt der vorhandenen P o s i t i o n e n und der damit gegebenen M e h r p e r s p e k t i v i t ä t die

Konstituierung von Sinn als **Kon-sens** zu ermöglichen [und sei es Konsens darüber, dass man **Dissens** hat, den zu respektieren man bereit ist]. Auf dieser Grundlage können konsensgetragene **Konzepte** erarbeitet werden, die Handlungsfähigkeit als **Ko-operation** begründen, die aber immer wieder Ü b e r s c h r e i t u n g e n durch *Ko-kreativität* erfahren, damit das *Metaziel* jeder Ko-respondenz erreicht werden kann: durch ethisch verantwortete Innovation zu einer humanen, **konvivialen** Weltgesellschaft und zu einer nachhaltig gesicherten mundanen Ökologie beizutragen. Das aber muss wieder und wieder geschehen, denn polylogische Ko-respondenzprozesse sind transversal und damit prinzipiell nicht abschliessbar" (*Petzold* 1999r, 7; vgl. ebenda. 23, vgl. 1991e, 55).

Im Fettdruck erscheinen Kernkonzepte des Modells:

> **polylogische Ko-respondenz** ⇨ **Konsens/Dissens** ⇨ **Konzepte** ⇨ **Kooperation** ⇨ **Kokreativität**[3] ⇨ **Konvivialität**.

Gesperrt erscheinen Konzepte relevanter Referenztheorien bzw. -theoretiker: E r e i g n i s und Ü b e r s c h r e i t u n g/Transgression sensu *Foucault* (1998, *Petzold, Orth, Sieper* 2000a), S u b j e k t /Intersubjektivität sensu *Marcel* (1967), A n d e r s h e i t sensu *Levinas* (1983), P o s i t i o n sensu *Derrida* (1986), M e h r p e r s p e k t i v i t ä t sensu *Merleau-Ponty* (1964, 1966) und *Petzold* (1998a)« (adaptiert von *Petzold, Sieper* 2006).

Dieser gesamte Prozess ist von *Transversalität* gekennzeichnet, ja Ausdruck solcher Transversalität. *Transversalität* ist ein Kernkonzept, das das Wesen des „Integrativen Ansatzes" in spezifischer Weise kennzeichnet: ein offenes, nicht-lineares, prozessuales, pluriformes Denken, Fühlen, Wollen und Handeln, das in permanenten Übergängen und Überschreitungen (*transgressions*) die wahrnehmbare Wirklichkeit und die Welten des Denkens und der Imagination, die Areale menschlichen Wissens und Könnens durchquert, um Erkenntnis- und Wissensstände, Methodologien und Praxen zu konnektivieren, ein „Navigieren" als „systematische Suchbewegungen" in Wissenskomplexität und Praxisbereichen, in denen die Erkenntnishorizonte und Handlungsspielräume ausgedehnt werden können (*Petzold* 1981l, 1988t). Eine solche Konzeption ist keineswegs „identitätslos", ohne Standort, sondern begründet eine „transversale Identität", die radikal „prozessual" gesehen wird, *herakliteisch* eben.

Ko-respondenz in ihrer kooperativen und kokreativen Umsetzung ist immer mit komplexen Lernprozessen (*Sieper, Petzold* 2003) verbunden, allein schon, weil in Ko-respondenzprozessen immer mehr als ein Teilnehmer involviert ist, wie in jedem kreativen Gruppenprozess (*Sieper* 1971). Sie ist daher **polylogisch** ausgerichtet. Auch dieses Konzept sei kurz erläutert:

»**Polylog** wird verstanden als vielstimmige Rede, die den Dialog zwischen Menschen umgibt

---

[3] Zum Konzept der *Kokreativität* vgl. *Petzold* (1998a) und *Iljine, Petzold, Sieper* (1967/1990), zum Konzept des „*komplexen Lernens*" in der Integrativen Therapie und Agogik vgl. jetzt *Sieper* (2001) und *Petzold* (1983i), *Petzold, Orth, Sieper* (1995a).

und in ihm zur Sprache kommt, ihn durchfiltert, *vielfältigen Sinn* konstituiert oder einen hintergründigen oder untergründigen oder übergreifenden **Polylogos** aufscheinen und „zur Sprache kommen" lässt. **Polylog** ist der Boden, aus dem **Gerechtigkeit** hervorgeht; sie gedeiht nicht allein im dialogischen Zwiegespräch, denn sie braucht Rede und Gegenrede, Einrede und Widerrede, bis ausgehandelt, ausgekämpft werden konnte, was recht, was billig, was gerecht ist, deshalb ist er der *Parrhesie*, der freien, mutigen, wahrhaftigen Rede, verpflichtet. Das Konzept des **Polyloges** bringt unausweichlich das **Wir**, die strukturell anwesenden Anderen, in den Blick, macht die Rede der Anderen hörbar oder erinnert, dass sie gehört werden müssen – unbedingt!« (*Petzold* 1988t/2002c).

Mit einer solchen Konzeption werden die Anderen in ihrer Andersheit (*Levinas*), in ihrem potentiellen Dissens (*Foucault*), in ihrer Différance (*Derrida*), in ihrer Mitbürgerlichkeit (*Arendt*) prinzipiell „significant others", **bedeutsame Mitsprecher** für die „vielstimmige Rede" (*Bakhtin* 1979, 1981), die wir in einer humanen, **konvivialen** Gesellschaft, in einer genderdifferentiellen Weltbürgergesellschaft brauchen (*Orth* 2002) – an jedem Ort.

Menschen und Menschengruppen als ko-respondierende, polylogisierende sind „lernende Systeme" und entwickeln sich als Lernende in den Prozessen des Lernens. Sie konstruieren im Sinne der sozialkonstruktivistischen Position von *Berger* und *Luckmann* gemeinsame Welten als *„social worlds"* (*A. Strauss, H. Petzold*) bzw. im Sinne der sozialpsychologischen Positionen von *Serge Moscovici* „kollektive mentale Repräsentationen" (*Moscovici* 2001; *Brühlmann-Jecklin, Petzold* 2004), denn das Problem von Verbänden und Gemeinschaften besteht ja zentral darin, in gemeinsamen **Mentalisierungsprozessen** hinlänglich konsistente, gemeinsame *mentale – d.h. kognitive, emotionale und volitive – Repräsentationen* mit bereinigten Konfliktpotentialen (*Petzold* 2003b) zu schaffen.

3. 2 Kritiktheoretische Aspekte – zu einer Konzeption „weiterführender Kritik"

Auf diesem Boden steht auch unsere Theorie einer „weiterführenden Kritik" – auch Kritiktheorie ist im Bereich der Psychotherapie und eigenartiger Weise auch im Bereich der Supervision bislang kein Thema gewesen. Kritik hat mit *Beobachtung* und *Bewertung* zu tun:

Kri|tik die; -, -en <gr.-lat.-fr.>: 1. [wissenschaftliche, künstlerische] Beurteilung, Begutachtung, Bewertung. 2. Beanstandung, Tadel. 3. a) kritische (1 a) Beurteilung, Besprechung einer künstlerischen Leistung, eines wissenschaftlichen, literarischen, künstlerischen Werkes (in einer Zeitung, im Rundfunk o. Ä.); b) (ohne Plural) Gesamtheit der kritischen Betrachter (Fremdwörterduden 2002).

Kritik hat aber auch – und es ist dekuvrierend, dass diese Bedeutung nicht mit aufgeführt ist – mit der vernunftgeleiteten und der moralischen Beurteilung gesellschaftlicher und kultureller Verhältnisse zu tun als „Kulturkritik", „Gesellschaftskritik", „Systemkritik". **Kultur** – auf der Makro- wie auf der Mikroebene – erwächst in wichtigen Bereichen aus der „Kritik", auch die „Kultur" eines spezifischen Feldes wie das der Psychotherapie. Und wenn wir in der Schweizer Therapie-Charta oder hier oder in anderen Diskursen zu Positionen und Dokumenten Stellung nehmen, stehen wir auch in einer – zumindest impliziten – „Kultur" des Diskurses bzw. der Kritik. Natürlich ist in diesem Kontext keine Auseinandersetzung mit dem Kritikbegriff seit *Platon*s Sophistes, dem aufklärerischen, dem *Rousseau*schen Konzept von Kulturkritik oder dem *Marx*schen und *Freud*schen oder poststrukturalistischen intendiert verbunden mit der erforderlichen Diskussion der zugrunde liegenden Auffassungen von Kultur, sondern es wird aus unserer Kulturtheorie eine knappe Kulturdefinition herausgeschnitten:

> »Eine *Kultur* ist ein Gesamt von archivierten und tradierten kollektiven Wissensständen, Kenntnissen, Erfahrungen, Techniken und ihrer aktual vollzogene Umsetzung in kollektiven bzw. kollektiv imprägnierten Kognitionen, übergreifenden emotionalen und volitiven Lagen und Lebenspraxen von Gruppen und Einzelpersonen« (*Petzold* 1975h, 1998a, 244; 2005v).

Diese Definition mag als Leitlinie dienen für den Ansatz von „Kritik", den wir vertreten. Sie hat nämlich all dieses in den Blick zu nehmen, bei jeder Gruppe, auf die sie sich richtet, mit der Zielsetzung, das Kritisierte konstruktiv voranzubringen.

> „*Weiterführende Kritik* ist der Vorgang eines reflexiven Beobachtens und Analysierens, des problematisierenden Vergleichens und Wertens von konkreten Fakten (z. B. Dokumenten, Handlungen) oder virtuellen Realitäten (z.B. Positionen, Ideen) aus der *Exzentrizität* unter *mehrperspektivischem Blick* aufgrund von legitimierbaren Bewertungsmaßstäben (für die Psychotherapie die der Humanität, Menschenwürde und Gerechtigkeit, die der Wissenschaftlichkeit und klinischen Fachlichkeit) und des *Kommunizierens* der dabei gewonnenen Ergebnisse in *ko-respondierenden Konsens-Dissens-Prozessen*, d.h. in einer Weise, dass die parrhesiastisch kritisierten Realitäten im Sinne der Wertsetzungen optimiert und entwickelt werden können. Weiterführende Kritik ist Ausdruck einer prinzipiellen, *schöpferischen Transversalität*" (*Petzold* 2000a).

Die in dieser Definition gegebenen Maßstäbe erscheinen für eine kritische Betrachtung von „Kulturen" – in diesem Zusammenhang etwa der „Diskurskultur" in „psychotherapeutic communities" – gut begründbar und legitimierbar. Dabei muss man sich darüber klar sein, dass Kritik immer auch bedeutet, ein „Wahrheitsregime" (*Foucault* 1983a, b) anzugreifen, einen Konsens darüber zu bezweifeln, was geht oder nicht geht, sein darf oder nicht sein darf, und dass man als Angehöriger einer „community" selbst in diesem Wahrheitsregime steht, ihm unterworfen ist. Man ist von der Anerkennung der Anderen abhängig, macht sich mit der Kritik, mit dem Aussprechen einer „anderen Wahrheit", angreifbar, riskiert also mit dieser *Parrhesie*, in Gefahr zu geraten, wie *Sokrates* in Gefahr geraten ist, als er als Bürger von Athen den anderen Bürgern die Wahrheit sagte.

> „**Offene Sprache** (παρρησια) ist das Kennzeichen der Freiheit; über das Risiko dabei entscheidet die Bestimmung des richtigen Zeitpunkts." *Demokrit* (Fragment 226)

Foucault (1983a, b, 1992, 1994, 1996, 1998) hat diesem Thema intensive Gedankenarbeit gewidmet, wir haben das aufgenommen (z. B. *Petzold, Ebert, Sieper* 1999), schließlich haben wir im poststrukturalistischen Milieu studiert – wir beide sind ja nicht nur Psychotherapeuten, sondern auch Philosophen und *Hilarion Petzold* hat das Konzept einer „**klinischen Philosophie**" (1971, *Kühn; Petzold* 1991) begründet, das ist sicher eine seiner bedeutendsten Leistungen (der IT Band. I, 1991a, wurde unter diesem Namen publiziert).

Vor diesem Hintergrund sind auch insgesamt unsere Positionen in den vielfältigen wissenschaftlichen und berufspolitischen Diskussionen zu sehen, die wir auf nationaler und internationaler Ebene geführt haben – immerhin waren wir über Jahre in die Psychotherapiegesetzgebungsverfahren und die damit verbundenen verbandspolitischen Initiativen in den drei deutschsprachigen Ländern involviert (*Petzold* 1992g, o, p, 1993a, 2001o, *Petzold, Sieper* 2001 d, e), wo wir stets versucht haben, unsere Positionen offen, parrhesiastisch und theoriegeleitet zu vertreten, und wo wir stets eine explizite Auseinandersetzung mit diskurstheoretischen Positionen vermisst haben – zum Nachteil der Sache (um die es allerdings häufig gar nicht ging, sondern es ging zumeist um Machtspiele, z. T. um einen dezidierten Ausgrenzungswillen, wie in den Demarchen der Psychoanalyse und Verhaltenstherapie im Vorfeld des deutschen Psychotherapiegesetzes gegenüber allen anderen Verfahren oder in dem mehrjährigen Prozess zur Anerkennung der Integrativen Therapie in Österreich [5. Dez. 2005, finally!], der für eine Aussenbetrachterin, wie ich es bin, an Fairness-Mangel kaum noch zu überbieten war). Dabei hätten solche politischen Prozesse in einer modernen Dialogizität bzw. Polylogizität, wie sie in unserem Ko-respondenz- und Polylogmodell ausgearbeitet worden sind, eine gute Referenz (vgl. *Marková* 2003, *Marková* et al. 1995, *Petzold* 2005ü) genauso wie die dringend notwendigen Fachdiskussionen, die in einem psychotherapeutischen Feld permanent geführt werden müssen: um Ethikpositionen, „normatives Empowerment", Theoriekonzepte, Qualitätssicherung, Forschung, Wirksamkeit, Nebenwirkungen, Unbedenklichkeit, Gerechtigkeit etc. (*Märtens, Petzold* 2002; *Petzold, Sieper, Rodriguez-Petzold* 1995; *Petzold, Orth* 1999; *Petzold, Regner* 2005; *Petzold* 2000a, 2006n). Psychotherapie steht in allen Bereichen in *Ko-respondenz* – von den Patientenkontakten, über den kollegialen Austausch bis zur gesundheitspolitischen Verbandsarbeit oder bis in den wissenschaftlich-fachlichen Austausch in der „scientific and professional community" (vgl. zu den Begriffen *Petzold, Sieper* 1993, 56f.). Für solche ko-respondierenden „Begegnungen und Auseinandersetzungen", die durchquert werden und in die alle Wissensstände des „Feldes" einbezogen sein müssen, ist eine „Transversalität" herzustellen, damit im ko-respondierenden Diskurs durch Konsens-Dissens-Prozesse im *Polylog* wirklich neue

Lösungen gefunden können, Innovation entsteht und „Transqualitäten", transdisziplinäre Erkenntnisse *emergieren* können. Es müssen einengende politisierende Diskussionsformen, aber auch romantisierende Dialogideen (wie durch den oft implizierten Bezug auf *Buber*s theologisierende und romantische Dialogkonzeption) mit *Bakhtin* (1981) und *Habermas* (1981, 2005) in Richtung auf eine besonnenen sozialwissenschaftliche Diskurskonzeption und mit *H. Arendt, G. Marcel* und *E. Levinas* zu einer ethischen Dialogizität/Polylogizität hin überschritten werden.

4. Gestalt und Integration – Anmerkungen zu Begrifflichkeiten

Weil man um die *Differenz* (man denke an das „Gesetz der Nähe" in der Gestaltpsychologie oder ihre Differenzierung von Figur/Grund) beim Denken von Integration nicht herumkommt, um das Problem von „Einheit und Vielheit", „Ganzem und Teil", „GESTALT und Rhizom" (siehe grundsätzlich *Petzold* 1989a, Nachdruck in Bd. I von „Integrative Therapie" 1991a, 397-411), macht es sehr wohl Sinn, von „**Integration und Gestalt**" zu sprechen – das übrigens wäre die *strukturlogisch* richtige Reihenfolge.

Sind die Begriffe aber in den konkreten Kontext gestellt, etwa den psychotherapeutischer Vereine und Verbände, geht es offenbar und offensichtlich nicht um Theorie und konzeptuelle Strukturlogik, sondern um *Gefühle*, wie die emotionalisierten Diskussionen zeigen, die zu diesem Thema stattgefunden haben und stattfinden[4]. Man muss das ernst nehmen – am besten, indem man die *diskursive Kultur* in den Blick nimmt und versucht, sie ko-respondierend zu klären[5]. Unsere Beweggründe in der Auseinandersetzung mit den Begriffen **Gestalt** und **Integration** aber waren keine Gefühlsangelegenheiten, denn wir erlebten weder „integrativ" noch „summativ" negativ

---

[4] Die genannte strukturlogische Reihenfolge ließ sich seinerzeit in der „Deutschen Gesellschaft für Integrative Therapie und Gestalttherapie" nicht durchsetzen, als deren Mitteilungsblatt „Gestalt-Bulletin", gegründet 1978 von *Berndt Heinermann* und *Hilarion Petzold*, 1990 umbenannt wurde in „**Gestalt & Integration**", und ich die Redaktion übernahm. Man entschied „nach dem Gefühl": „*Gestalt*, das ist uns lieb und vertraut und ja auch als Begriff älter (was natürlich historisch nicht stimmt, die Begriffe sind der Sache nach gleich alt), aber das Integrative ist inzwischen wichtig geworden und das machen wir ja de facto!" So wurde argumentiert und man entschied sich für den Namen „Gestalt & Integration". Jahre später war es kein Problem mehr, als wir diese Vereinszeitschrift einstellten und stattdessen ein Nachfolgeorgan herausgaben, eine Vereinszeitschrift, den „Mitgliederrundbrief der DGIK". Ein ähnlicher Prozess scheint sich in der jetzigen Diskussion – 16 Jahre später – um die Änderung des Namens „Gestalt" der Zeitschrift des „Schweizer Vereins für Gestalttherapie und Integrative Therapie" in „Gestalt & Integration" zu wiederholen (vgl. Heft 56, 2006), wo ein gültiger MV-Beschluss als „übereilt und zu wenig durchgekaut, also eher der Konfluenz folgend als der Integration dienend" (Gestalt 56, 2006, S. 3, Sp.1) gescholten wird, was das emotionale Moment der Diskussion zeigt (man könnte noch herauslesen, dass den abstimmenden Vereinsmitgliedern *pathologisierend* „Konfluenztendenzen" unterstellt werden). Weiterhin zeigt der aus dem metabolisierenden Gestalt-Jargon stammende Term „durchgekaut", dass daran nicht gesehen werden kann, worum es geht, nämlich um differente Diskurstraditionen, die man diskurstheoretisch angehen müsste.

[5] Solche Klärungsprozesse sind offensichtlich sehr schwierig und erscheinen oftmals fast unmöglich, wie die unendlichen Diskussionen im Felde der Psychoanalyse dokumentieren. Im Felde der Gestalttherapie beginnen sich leider ähnliche Phänomene zu zeigen.

konnotiert, noch fühlten wir Loyalitätsbindungen, zumindest was Gruppenzugehörigkeiten anbetrifft, sondern unsere Überlegungen waren und sind theoretischer und konzeptueller Natur, was ja keineswegs emotionslos sein muss, besonders wenn „ideologische" Fragen berührt werden, mit denen wir uns über lange Jahre auseinandergesetzt haben. Und da alle Theorie auch Ideologie ist – ich habe schon auf diese Position von *Karl Mannheim* verwiesen –, muss man sich überlegen, welche *funktionalen* oder dysfunktionalen Aspekte die Ideologie hat, die man vertritt, welche offenen und impliziierten Wahrheits- und Machtmomente. Wir haben das theoretisch in verschiedenen Arbeiten getan, deren Titel schon aufschlussreich sind: „Kritische Überlegungen zu offenen und verdeckten Ideologien in der Psychotherapie – Überlieferungen und Veränderungen im psychotherapeutischen Feld - Präzisierungen Integrativer Positionen" (*Orth, Petzold*, 1995a), oder: *Orth, Petzold, Sieper* (1995b): „Ideologeme der Macht in der Psychotherapie – Reflexionen zu Problemen und Anregungen für alternative Formen der Praxis". Ja, es geht immer wieder auch um **Macht**, in Theorien: um „Definitionsmacht", das lässt die Auseinandersetzungen oft so hart werden, besonders wenn das „Machtthema" nicht bearbeitet wurde. Es ist ja eher ein in der Psychotherapie negiertes Thema, auch in der Gestalttherapie, denn *Goodman*, ein profilierter anarchistischer Machttheoretiker, hat seinen Ansatz nie auf das therapeutische Setting übertragen, und als er es hätte tun müssen, zog er sich aus dem Feld der Therapie zurück und zentrierte sich wieder auf die Bürgerbewegungen (*Goodman* 1971; vgl. *Petzold* 1987f: „Zu Paul Goodmans Ausstieg aus der Gestalttherapie und der 'Psychoszene'"). Und nur wenige Gestalttherapeuten (wie verdienstvoll *Steffan Blankertz*) haben *Goodmans* Machttheorie aufgenommen. Wir haben beide Begriffe, „Gestalt" und „Integration", benutzt und verwenden sie beide, so denke ich, begriffstheoretisch fundiert.

4.1 Apropos „Gestalt"

„Integration ist eine grundlegende Funktion jeder Gestalt ... **Gestalt & Integration** ist ein Pleonasmus und betont das Summative der IT[6]" (*Herzig* in *„Gestalt"* 56, 2006, 3 Sp. 2). „Gestalt sei ein Überbegriff, und er [*Herzig*] sei dagegen, dass dieser noch weiter differenziert wird" (56, 37 Sp. 2). Das ist aus meiner Sicht in konzeptkritischer Betrachtung problematisch. Kann eine Gestalt eine Funktion haben? Für wen? Wer ist der Funktionsgeber? Ist Integration eine Funktion einer Gestalt? Welcher Gestalt- und welcher Funktionsbegriff und welcher Integrationsbegriff wird hier zugrunde gelegt? Natürlich kann, gestaltpsychologisch gesehen, eine Gestalt „Teile" haben. Da es nicht nur eine „Gestalt" gibt, gibt es auch Differenzen. Die „Würde des Teils" verlangt Differenzierung. Welches Ganzes-Teil-Verständnis liegt einem solchen Statement zu Grunde? Das alles müsste geklärt werden, ehe ich die Aussage als Argument auf-

---

[6] Eine solche Aussage könnte m. E. in diesem Kontext als eine Tendenzaussage gesehen werden, weil in Gestaltkreisen „summativ" oft negativ konnotiert wird.

nehmen kann. Ich bin nämlich sicher, dass im Felde der Gestalttherapie der Begriff „Gestalt" inhaltlich sehr unterschiedlich gefüllt wird. Ich stimme auch nicht damit überein, dass *„Gestalt* und *Integration"* ein Pleonasmus sei, dafür liegen die Begriffe nicht nahe genug beieinander, besonders nicht, wenn man unseren Integrationsbegriff und den gestalttheoretischen Begriff von „Gestalt" zugrunde legt.

Ple|o|nas|mus *der;* -, ...men <*gr.-lat.*;> »Überfluss, Übermaß«>: (Rhet., Stilk.) überflüssige Häufung sinngleicher od. sinnähnlicher Wörter, Ausdrücke (z. B. weißer Schimmel, schwarzer Rappe).
© Duden - Das Fremdwörterbuch. 7. Aufl. Mannheim 2001. [CD-ROM].

Begriffe sind überdies inhaltlich zu bestimmen und zu kontextualisieren, denn „Gestalt" kann Vielfältiges bedeuten:

> **Gestalt**, Sf Substantiv Femininum std. Standardwortschatz (14. Jh.), mhd. gestalt „Aussehen, Beschaffenheit", etwas älter ungestalt „Unförmigkeit" Stammwort. Eigentlich Partizip zu stellen, also „das Gestellte". Das Verbum gestalten ist hiervon abgeleitet, ungestalt, verunstaltet. *Kluge*, Etymologisches Wörterbuch der deutschen Sprache 2005 CD-Rom.

Gestalt ist in der Tat ein vielfältiger Begriff, wird vielfältig gebraucht in der Sprache des Alltags und in Fachsprachen:

> Ge|stalt, die; -, -en [mhd. gestalt= Aussehen, Beschaffenheit; Person, Substantivierung von: gestalt, ahd. gistalt, 2. Part. von stellen]:
> 1. <Pl. selten> sichtbare äußere Erscheinung des Menschen im Hinblick auf die Art des Wuchses: eine untersetzte, schmächtige G.; zierlich von G.; der Teufel in [der] G. der Schlange (in der Schlange verkörpert).
> 2. unbekannte, nicht näher zu identifizierende Person: vermummte, dunkle -en.
> 3. a) Persönlichkeit, wie sie sich im Bewusstsein anderer herausgebildet hat: die großen -en der Geschichte; b) von einem Dichter o. Ä. geschaffene Figur: die zentrale G. eines Romans.
> 4. <Pl. selten> Form, die etw. hat, in der etw. erscheint; sichtbare Form eines Stoffes: der Grundriss der Kirche hat die G. eines Achtecks; *G. annehmen/gewinnen (sich mit der Zeit deutlicher gestalten u. Wirklichkeit werden): der Plan nimmt allmählich G. an; **einer Sache G. geben/verleihen** (etw. deutlich, wirklich werden lassen); in G. von/in G. einer Sache (das Aussehen, die Erscheinung, Form habend von; erscheinend, vorhanden seiend als): Gas wurde in G. von aufsteigenden Bläschen sichtbar; (Papierdt.:) Unterstützung in G. von Nahrungsmitteln; **sich in seiner wahren G. zeigen** (zeigen, wer man wirklich ist; sich entlarven).
> © Duden - Deutsches Universalwörterbuch, 5. Aufl. Mannheim 2003 [CD-ROM].

Der **Gestalt**-Begriff der Gestalttherapeuten ist, davon kann man ausgehen, nicht der der Alltagsprache. Welche Referenz hat er? Formal die eines *psychologischen* Gestaltbegriffes (so schon *Perls* 1942, aber auch noch 1973). Wenn man aber *F. Perls'* Begriffsgebrauch näher untersucht und psychologische Begriffsgeschichte beizieht oder gar die Verwendung des Begriffes im gestalttherapeutischen Schrifttum betrachtet, dann wird es kompliziert. Mal nimmt man den romantischen Gestaltbegriff, wie er mit *Schiller* und *Goethe* – bei letzterem mit seiner Morphologie – verbunden ist, mal die Gestaltbegriffe der Grazer, Berliner, Leipziger Schule. Wo ist welcher Gestaltbegriff welcher Gestalttherapie und welchem Autor zuzuordnen? Das muss man jedes Mal untersuchen. Die österreichischen Kollegen etwa (*Ladenhauf, Picker* u. a.) greifen gerne auf die Grazer Schule (*Ehrenfels, Meinog, Weinhandl*) zurück.

Auf die Konzepte der Berliner Schule wird theoriebezogen von Gestalttherapeuten kaum zurückgegriffen. Der Gestalttheoretiker *Paul Thoely* (1984, 1986) ordnet deshalb die Gestalttherapie einem „seminaiven Phänomenologismus" zu. Ist Gestalt gleich Phänomen? Die Situation ist keineswegs einfach, denn *Fritz Perls* benutzte den Gestaltbegriff okkasitionalistisch, vieldeutig und nicht in eindeutiger Referenz zu den Gestaltpsychologen, wie er in seiner Autobiographie selbst ausführt. „Ich hatte eine eigenartige Beziehung zu den Gestalt-Psychologen. Ich bewunderte vieles, was sie taten, vor allem die frühe Arbeit von *Kurt Lewin*. Als sie logische Positivisten wurden, konnte ich ihnen nicht mehr folgen. Ich habe keines ihrer Bücher gelesen, lediglich ein paar Aufsätze von *Lewin, Wertheimer, Köhler*. Am wichtigsten war für mich die Vorstellung der unerledigten Situation, die offene Gestalt. Die akademischen Gestaltvertreter haben mich natürlich nie anerkannt. Ich war kein reiner Gestalt-Vertreter " (*Perls* 1969b/1981,65). Allein seine Formulierung mit der Gleichsetzung von „unerledigter Situation" und „offener Gestalt" dokumentiert, dass er wirklich nicht gründlich rezipierte – und die Gestaltszene ist ihm in diesem schlampigen Umgang mit Konzepten gefolgt (*H.-J. Walter* natürlich ausgenommen). Gerade der Zeigarnik-Effekt, genannt nach einer Arbeit der russischen Lewin-Schülerin *Bljuma Zeigarnik* (1927) „Über das Behalten von erledigten und unerledigten Handlungen", hat in Nachfolgeuntersuchungen eine Fülle von widersprüchlichen Ergebnissen hervorgebracht (z. B. *Green* 1963, *Junker* 1960), die es m. E. nicht erlauben, dieses *Perls*-Konzept in seiner habituellen gestalttherapeutischen Verwendung fortzuschreiben. Die *Perls* hätten dieses Thema, so zentral für die Gestalttherapie, verfolgen müssen und können. *Lore Perls* kam lange genug nach Deutschland, aber sie hatte offensichtlich die Entwicklungen in der Gestaltpsychologie und Phänomenologie nicht weiter verfolgt, jedenfalls zeugt nichts davon in ihren verstreuten Aufsätzen und Interviews. Theoretischer Stillstand in diesem Bereich seit ihrer Emigration! Anderes kann man nicht schließen, denn sie vertrat die Zeigarnik-Experimente uneingeschränkt. *Junkers* Frankfurter Dissertation bei *E. Rausch* zum *Zeigarnik*-Effekt, und dessen wichtigen Arbeiten zur Prägnanzhöhe, waren ihr unbekannt, wie sich bei einer Nachfrage auf einem FPI-Seminar Anfang der achtziger Jahre zeigte.

Junker hat in ihrer Untersuchung die Verwirrung hinlänglich klären können, indem sie nachwies, dass es sich beim Zustandekommen eines Z-Effektes keineswegs um ein in sich selbständiges Bedürfnis nach Erledigung handelt, sondern dass die Ich-Nähe der Aufgabe bzw. Leistung zählt. Auch die *Lewin*-Schülerin *Ovsiankina* (1928) hatte die Tendenz zur Wiederaufnahe unterbrochener *Vornahmehandlungen* nachweisen können, weil ein Spannungssystem zur Erledigung der vorgenommenen und angefangenen Aufgabe drängt. Es ist leicht einsichtig, dass die Ergebnisse dieser Forschungen zu Handlungsunterbrechungen in einem kurzen Zeitrahmen nicht auf Lebensprobleme mit Langzeitperspektiven, z. B. unerledigte Wünsche aus Kindertagen oder sonstiges „unfinished business", generalisierend angewendet werden können, wie *Perls* das tat und die Gestalttherapeuten nach ihm es immer noch unhinterfragt mit Berufung auf *Zeigarnik* tun. „Perls übertrug – wie die Spärlichkeit seiner theoretischen Äußerungen zeigt, ohne die dieses Vorgehen rechtfertigenden Experimente genau zu kennen – die gestalttheoretische Sicht auf den psychotherapeutischen Prozeß" (*Walter* 1977, 369). Man hätte sich bei *Zeigarnik* (*1900 †1988) in ihren späteren Arbeiten auch selbst vergewissern können, denn 1928 nach Russland zurückgekehrt, arbeitete sie mit *Vygotskij*, forschte dann auch mit *Lurija* zusammen zum „Erwartungsniveau" bei Patienten mit Stirnhirnläsionen und verfasste 1961 ein Werk über die „Pathologie des Denkens" und 1968 eine „Einführung in die Psychopathologie". Wir hatten das, unbehindert durch die Sprachbarriere, gelesen.

Perls bezeichnet Gefühle, Wahrnehmungen, Lebenssituationen als „Gestalten", als „offene" gar, im Sinne des „unfinished business". Das ist nicht der Gestaltbegriff der „Berliner Schule". Er bleibt eher einem unspezifischen „Holismus" (*Smuts*) oder der Organismustheorie *Goldstein*s verpflichtet. *Paul Goodman*s Gebrauch des Begriffes „Gestalt" ist ungeklärt und auch bei *Lore Perls* bin ich mir nicht sicher, was die Präzision in ihrem Begriffsgebrauch anbelangt. Sie ist m. E. keineswegs immer eindeutig „gestaltpsychologisch" präzise in der Verwendung des Begriffes auf Grund ihrer unterschiedlichen Kontexte: einerseits bei *Gelb* und *Goldstein* und andererseits in der amerikanischen Gestalttherapieszene, die ja oft nicht sehr sorgfältig mit Begriffen ist. Das Ganze wäre eine Diplomarbeit wert, die die Texte der beiden Begründer und der Begründerin in ihrem Begriffsgebrauch untersuchen müsste.

Auch im Feld der Gestalttherapie wird der Gestaltbegriff völlig unterschiedlich gebraucht, wie eine Durchsicht der Artikel der einzelnen AutorInnen im Handbuch von *Fuhr* u. a. (1999) leicht erkennen lässt. Gestaltbegriff und Ganzheitsbegriff, Figur und Formbegriff werden beständig vermischt. Sind z. B. Propriozeptionen, Interozeptionen, Leibempfindungen, Gefühle, Stimmungen, Bedürfnisse, also in der Regel unscharf wahrgenommene, *unabgegrenzte* Wahrnehmungs- und Empfindungsqualitäten, denen *H. Schmitz* (1989, 1990) den Charakter einer *Atmosphäre* zuschreibt, als „Gestalten" oder „Figuren" zu betrachten? Im Sinne des Berliner *gestaltpsychologischen* Konzeptes sind Atmosphären keine „Gestalten". Nach Auffassung der Gestaltpsychologie bezeichnet „Gestalt" nämlich *„ein Ganzes, das zu seinen Teilen in bestimmten Relationen steht"* (*Dorsch* 1970, 160).

Die Berliner Theoretiker der Gestaltpsychologie und Gestalttheorie um Max *Wertheimer* haben den Gestalt-Begriff differenziert und präzisiert als „nicht aus Elementen zusammen gesetzt", sondern immer als „Gestalt" vorfindlich, als nicht „durch ein räumliches oder zeitliche Zusammentreffen ihrer Teile entstehend", sondern durch die „Gestaltgesetze" organisiert. Gestalt ist „genetisch und funktional vor ihren Teilen gegeben, psychische und physische Prozesse sind strukturgleich, isomorph" (so die Berliner gegen die Grazer). Schaut man in die Psychologiegeschichte auf die in diesen Fragen intensiv und höchst anspruchvoll, meist auf der Grundlage von Experimenten geführten Diskussionen (sie wurden von Gestalttherapeuten in der Regel nicht rezipiert, im autoritativen „Handbuch der Gestalttherapie" von *Fuhr* et al. 1999 liest man praktisch nichts zu dieser Thematik), so findet man wenig Aufmerksamkeit – ich würde sogar von „mangelnder Wertschätzung" für schon geleistete und noch zu leistende Arbeit sprechen –, denn die Fragen sind noch keineswegs ausdiskutiert, besonders was einen Transfer gestaltpsychologischen Denkens in die Psychopathologie (allein *K. Conrad*) und in die Praxis klinischer Psychotherapie anbetrifft (allein *H. J. Walter*).

Ich möchte für den vorliegenden Zusammenhang die Definition aus dem Lexikon von *Fuchs-Heinritz* (1994, 246, 733f.) zugrundelegen.

Gestalt ist die „Bezeichnung für ein Gebilde, eine Konfiguration oder eine Ereignisfolge, die zwar aus unterschiedlichen Elementen, Gliedern oder Einzelvorgängen zusammengesetzt sind, jedoch nicht als bloße Summe dieser Komponenten wahrgenommen werden, sondern als ein einheitliches, von seiner Umgebung klar abgehobenes Ganzes", wobei in moderner Weiterführung diese Denkens *Wandel* bestimmt wird als „die Veränderung einer Gestalt, einer Konfiguration, Struktur, eines Systems bzw. des Systemzusammenhanges ... , wodurch Neukonfiguration des Systems und des Systemzusammenhanges möglich wird" (ibid. zur begrifflichen Differenzierung von System, Feld, Gestalt, Ganzheit vgl. *Metzger* 1938, 1975b).

Im Integrativen Ansatz haben wir uns aufgrund unserer kreativitätstherapeutischen Interessen mit dem Gestalt- und Kunstpsychologen *Rudolf Arnheim* befasst, der klar gemacht hat, dass in dem Moment, wo ein wahrnehmender Betrachter auf die Bühne tritt, das aufgezeigte Gestalt-Modell erweitert werden muss:

Wahrgenommene Gestalt ist „das Ergebnis eines Wechselspiels zwischen dem physikalischen Gegenstand, dem Medium Licht als dem Übermittler von Information und den im Nervensystem des Betrachters herrschenden Bedingungen" (*Arnheim* 1978, 50).

Petzold (2001k) stellte dazu fest: »Ein komplexer Prozess von Relationen konstituiert das Wahrgenommene als 'Synergem' von Wahrnehmungsgegenstand, Medium und den neuronalen Prozessen des 'Betrachters als Person', der als solcher (noch) nicht in den Prozess der Sinnkonstitution einbezogen wird. Hier nun wird eine Überschreitung von einem psychophysiologischen Paradigma der Betrachtung zu einem subjekttheoretischen notwendig, wenn man zu einer *„subjektivistischen/intersubjektivistischen Sinnkonzeption"* kommen will, in der etwas „Sinn macht", „Bedeutung gewinnt" ⇨für ... «

Arnheim war sich der Probleme der funktionalistischen Konzeptbildung im Gestaltbegriff bewusst und hat sich daher dem Begriff der **Form** als Container von In*form*ation zugewandt. *Petzold* definierte dann:

„**Form** ist eine [von erkennenden Subjekten aus einem sozialen Hintergrund heraus] mit einer Typik versehene und damit mit der Dimension der B e d e u t u n g (des Inhalts) verbundene Wahrnehmungsgestalt eines physikalischen, materiellen (z. B. Stein) oder nichtphysikalischen, transmateriellen (z. B. Satz) Gegenstandes (causa materialis).

Erfaßte Form ist ein von einem Betrachter durch perzeptive und memorative Prozesse in einen Kontext- und Kontinuumbezug gestelltes und mit der historischen und gesellschaftlichen Dimension sowie mit der individuellen Biographie und dem subjektiven Handlungsrahmen verwobenes S i n n g e f ü g e. Durch dieses können Wahrnehmungsgestalten von Gegenständen über hervortretende Strukturmerkmale (Typiken, Strukturgerüst) in ihrem spatio-temporalen Horizont (Kontext/Kontinuum) und in ihrem B e d e u t u n g s g e h a l t und -zusammenhang begriffen und verstanden werden. Formen umschließen bzw. beinhalten **Information** als formgebende Ursache ... " (*Petzold* 1990b, 682).

In der Integrativen Therapie haben wir genau definiert, *wie* der Begriff „Gestalt" gebraucht wird: nämlich differentiell, entweder im Sinne der Berliner Schule als gestaltpsychologisch-wahrnehmungspsychologisches Konstrukt (*Metzger* 1963, 1975a) oder im Sinne von *Arnheim*s „wahrgenommener Gestalt", die die Brücke zum Form- und Informationsbegriff bietet (*Petzold, Beek, van der Hoeck* 1994) und damit die *Sinndimension* (*Petzold, Orth* 2005) einbezieht. Form oder Gestalt als wahrgenommene Phänomene erhalten in Prozessen persönlicher und gemeinschaftlicher *Hermeneutik* „Sinn und Bedeutung". Das wurde in *Hilarion Petzold*s Arbeiten 1990b und 2001k klar gemacht und in dem zweibändigen Werk „Sinn, Sinnerfahrung, Lebenssinn in Psychologie und Psychotherapie" (*Petzold, Orth* 2005) vertieft.

Im Gebrauch des Begriffes „Gestalt" durch Gestalttherapeuten der verschiedenen Orientierungen gerieten nach meinem Eindruck *Ehrenfels'* „Übersummativitäts"-Gedanke und *Krüger*s ganzheitspsychologische Konzepte sowie *Perls'* holistischer Gestaltbegriff und noch viele andere Begrifflichkeiten (*Buchholz* 1985) ziemlich durcheinander, und das zumeist unbemerkt. Gilt nun die Annahme, dass die Eigenschaften eines Ganzen nicht aus der Summierung der Eigenschaften von dessen Teilen begriffen werden könnten, wie *Krüger* meinte, und ein Ganzes damit „*mehr* als die Summe der Teile" sei, eine „übersummative" Qualität habe? Oder gilt nicht doch, dass es nicht „mehr" sondern „etwas anderes" sei? Die ganzen gestaltpsychologischen Diskussionen um Summativität, Nichtsummativität, Übersummativität sind in der Gestalttherapie nicht rezipiert, und das ist nicht folgenlos (wenn z. B. das Ganze die Summe seiner Teile ist, sich aber mit Ausscheiden auch nur eines einzigen Teils das Ganze verändert, spricht man von Nichtsummativität. Was hieße das denn therapeutisch/gestalttherapeutisch?) Warum hat man sich mit diesen gestaltpsychologischen Fragen in der Gestalttherapie nie befasst? Die Frage hatten wir schon früh und vielfach gestellt (z. B. *Petzold, Sieper* 1993, 65), ohne dass das in der Gestalt-Community jemals aufgenommen worden wäre.

Der Gestalt-Begriff ist keineswegs einfach und er lässt sich nicht so ohne weiteres in die klinische Psychologie oder die Sozialpsychologie oder die Entwicklungspsychologie übertragen. Und so hat es auch sicher Gründe, dass der Gestalttheoretiker *Rudolf Arnheim* sich letztlich für den Begriff der „Form" entschieden hat, *Lewin* sich zu einer feldtheoretischen Konzeptbildung wendete, das Gestalt-Sprachspiel aufgab, *Piaget*, dem die Gestaltpsychologie wohlvertraut war, sich für den Schema-Begriff entschied, *Portele* sich einer autopoietischen Systemtheorie zuwandte. Das alles ist, wenn man auf die Publikationen aus der Gestalttherapie blickt, theoretisch noch überhaupt nicht aufgearbeitet. Wir (*Hilarion Petzold, Ilse Orth* und ich) haben das immer wieder „lang und breit" diskutiert und unsere Positionen gefunden: einen theoretisch differenziellen Gebrauch, abhängig vom Erklärungsgegenstand und -kontext und im Wissen um die Leistungsfähigkeit von Theorien in multitheoretischen Diskursen (*Petzold* 1994a, 1998a; *Petzold, Sieper, Rodriguez-Petzold* 1995).

Kurz hinweisen möchte ich auch auf die bedenklichen ideologiegeschichtlichen Hintergründe und Irrungen von Gestalt- und Ganzheitspsychologie im „Dritten Reich", die von Gestalttherapeuten zumeist übergangen werden. In der Gestalttherapieszene hat meines Wissens allein *Hilarion Petzold* (1997f, 1975h) schon früh verschiedentlich darauf aufmerksam gemacht, und auch vor den Problemen des Ganzheitlichkeitsanspruchs gewarnt („Probleme des Anspruchs auf Ganzheitlichkeit" 1988n/1996, 179, 1999d). Obgleich die Befundlage über die Rolle der Gestaltpsychologie in dieser dunklen Zeit doch deutlich und gut zugänglich ist (*Geuter* 1983, *Prinz* 1985; *Harrington* 1996), hat man sich mit diesen Themen in der Gestalttherapie nicht befasst. Ich habe mich genau *deshalb* zu diesen Fragen informiert, mich etwa mit der „Grazer Schule" und ihren Folgen befasst. Als aufschlussreich sind exemplarisch die Ausführungen des letzten großen Vertreters dieser Schule der Gestaltpsychologie, *Ferdinand Weinhandl*, zu lesen, so sein Vortrag von 1938 „Der Gestaltgedanke in der Philosophie des neuen Deutschland", insgesamt sein Werk: „Philosophie – Werkzeug und Waffe" (Neumünster 1940). Die hehre Gestalt des Führers vor dem Hintergrund des deutschen Volkes (vgl. *Weinhandl* 1926, 56), die Rassenideologie, welche mit Gestaltgesetzen begründet wurde usw. usw. Das ist geschehen und solche Phänomene dürfen nicht nur als Entgleisungen einzelner Gestaltpsychologen gesehen werden – auch die Positionen von *Metzger* (1938) und Graf *Dürckheim* aus dieser Zeit sind ja nicht unumstritten (*Geuter* 1985), bedürfen indes einer differenzierten Betrachtung –, sondern das erfordert die Suche nach *strukturellen Problematiken* von „Überbegriffen", „Holismen", „Ganzheitsmythen". Trifft es zu, dass „[d]as Wahre [...] das Ganze [ist]", wie in *Hegel*s Vorrede zur "Phänomenologie des Geistes" zu lesen ist, oder hat *Adorno*, ein „Denker der Differenz", Recht, wenn er behauptet, dass das „Ganze das Falsche" sei? Keine unwichtigen Fragen!

Es geht mir darum, darauf hinzuweisen, dass der Gestalt-, Holismus- und der Ganzheitsbegriff keine unbelasteten Begriffe sind (*Daecke* 2006; *Harrington* 1996), die zu übermächtigen Identitätsprojektionen und -ansprüchen verführen, die die Identitäten

Anderer bedrohen, ja, wie *Petzold* (1996j) in seiner - für mich wichtigsten - kulturkritischen Arbeit gezeigt hat, zur „Identitätsvernichtung" Andersdenkender bzw. ethnisch und religiös Anderer führen kann, wie im Nazi-Deutschland grausam geschehen oder wie in Psychosekten praktiziert (*Vogel* 2002). Es ist etwas anderes von mythisch-diffuser „Ganzheit und Gestalt" als morphologisch von „Gestalt und Wandel" (*Goethe*) zu sprechen oder von „optischen Gestalten" (*Metzger* 1975a) im Sinne der Berliner Gestaltpsychologie. Anders als die „humanistisch-psychologische Gestalttherapie", die zu Ganzheitsmythen tendiert (*Daecke* 2006), ist letztere nämlich naturwissenschaftlich nüchtern und experimentell orientiert und auf die Erforschung objektiver, gestalthafter Gegebenheiten wie die Eigenschaften, Bildungsgesetze und Gliederungsverhältnisse von Gestalten zentriert – alles gestaltpsychologische Fragestellungen, mit deren Relevanz für Therapie *Gestalttherapeuten* sich nie auseinandergesetzt haben, weshalb die *Gestaltpsychologen* immer wieder gegen die Verwendung des Gestaltbegriffes durch die Gestalttherapeuten protestiert hatten (*Tholey* 1986).

Solange Ganzheits- und Gestaltbegriff und ihr Gebrauch in der Gestalttherapie nicht historisch rekonstruiert, wissenschafts- und ideologiegeschichtlich durchleuchtet und definitorisch bestimmt worden sind, etwa auf ihren psychologischen Gehalt hin, werden sie *ideologisch ohne gute Fundamente* gebraucht. Soweit ich sehe, ist eine saubere Begriffsverwendung nur bei *Hans-Jürgen Walter* (1978, 1985, 1988) in seiner „gestalttheoretischen Psychotherapie" vorhanden, die konsequent an Gestalttheorie und Gestaltpsychologie anschließt. In der Integrativen Therapie haben wir unseren Begriff von „Gestalt" und „Form" sorgfältig bestimmt. Wir wissen genau, wovon wir reden, wenn wir diese Begriffe verwenden (*Petzold* 1990b).

Beim Gestaltbegriff haben Gestaltpsychologen wie *Arnheim, Henle, Köhler, Tholey* argumentiert, die Gestalttherapeuten hätten den Begriff unrechtmäßig usurpiert. Das ist ja bekannt und trifft aus Sicht von Gestalttheoretikern wohl auch zu. *Goodman* aber hat *Wolfgang Köhler* gegenüber die Wahl des „Gestalt-Begriffes" verteidigt, und er argumentierte lediglich mit Folgendem: Die Gestaltpsychologie könne noch froh sein, wenn sie über die Gestalttherapie bekannt würde.

So wurde der Begriff einfach genommen, nicht übernommen, denn man hat nicht den gestaltpsychologischen Theoriefundus mit einbezogen. Man kann natürlich einen solchen Begriff nicht schützen – man denke an Begriffe wie „analytische Gestalttherapie" oder „Gestaltungstherapie". Außerdem gibt es überall Gestaltphänomene und deshalb wird der Begriff von Vielen vielfältig gebraucht. *Dieter Wyss* (1973) hat in seinem zentralen Werk „Beziehung und Gestalt" den Gestaltbegriff sehr spezifisch verwendet – nicht im Sinne der Gestalttherapie, versteht sich, aber mit höchst fruchtbaren Perspektiven einer anspruchvollen Theorienbildung. Es kommt also immer darauf an, wie ein Begriff vom Begriffsverwender inhaltlich gefüllt und gebraucht wird.

4.2 Apropos „Integration" – Das Integrationskonzept von Hilarion G. Petzold

„Das menschliche Gehirn ist die komplizierteste Struktur, die wir im Universum kennen" (*Thompson* 1990, 9).

„Das menschliche Gehirn ist das Integrationsorgan par excellence und seine Arbeitsweise Modell vernetzender und synthetisierender Integrationsprozesse. Es ist die Grundlage jeglicher lebensalterspezifischen Entwicklung und entwickelt sich in diesem Geschehen selbst durch Differenzierungs- und Integrationsprozesse bis in die neuroanatomischen Strukturen hinein" (*Petzold* 1982c, 5)

Man muss sich dem herakliteischen Denken „zuwenden, um das Kernanliegen Integrativer Therapie, das Wesentliche ihres *Integrationsbegriffes*' zwischen Differenzieren und Integrieren' zu verstehen ... Integration, so wie wir sie verstehen, bringt 'Widerstreitendes zusammen' (*Heraklit* DK 22 B 10)" (*Petzold, Sieper* 1989a/2003a, 358). Das ist unsere Position aus der eigenen Sicht. Aber man kann und muss natürlich auch darauf schauen, wie Integrationsleistungen aus einer Außenperspektive zu sehen sind bzw. gesehen werden können. Weiterhin werden Begriffe ja auch von Personen verwandt, für die sie spezifische Bedeutungen haben oder von sozialen Gruppen, für die sie wichtig oder unwichtig sind. Das alles wäre zu betrachten. Werke, Lebenswerke, Lebensvollzüge sind nach unserer Auffassung prinzipiell Integrationsprozesse und Integrationsleistungen, und so ist die Integrative Therapie auch als die Integrationsleistung von *Hilarion Petzold* zu sehen und natürlich auch als die der Menschen, mit denen er ko-respondierend zusammengearbeitet hat. Er betont immer wieder:

„In einem solchen komplexen Prozess ist der Integrative Ansatz der Therapie, Agogik und Kulturarbeit, ist die Integrative Therapie aus der *realen* Kor-respondenz mit engen Mitarbeiterinnen – von den theoretischen und behandlungsmethodischen Beiträgen her waren das *Ilse Orth* und *Johanna Sieper* – und KollegInnen, PatientInnen, StudentInnen hervorgegangen sowie der *virtuellen* Ko-respondenz und *Polylogen* mit großen Protagonisten der Philosophie, Psychologie, Psychotherapie" (2002p) (z. B. *Merleau-Ponty, Foucault, Ricœur - Janet, Ferenczi, Lurija, Moreno, Perls, Vygotskij*). Sie verdankt sich vieler Impulse, die in permanenter Differenzierungs- und Integrationsarbeit konnektiviert wurden, so dass ein hinlänglich prägnantes *Ensemble* von metatheoretischen, theoretischen und praxeologischen Positionen und Konzepten entstanden ist und eine originelle, methodisch elaborierte Praxis, so dass Mitte der achtziger Jahre die 'Integrative Therapie' genügend Konsistenz aufwies, um als vollwertiges 'Verfahren' (1993h) der Psychotherapie gelten zu können" (*Petzold* 2002h). Will man deshalb Integrationsverfahren betrachten, wird es auch wesentlich zu beachten, welches Integrationsmodell ein Protagonist und eine Gruppe vertreten.

Man kann in der Lebensarbeit von Menschen immer sehen, welche Muster oder Stile gelingender und misslingender **Integrationen** sie geprägt haben. Ich will das hier exemplarisch an *Lurija*s Arbeitsweise als einem integrativen/integrierenden Ansatz der Lebensarbeit aufzeigen, ein Autor, den wir seit den Anfängen der Integrativen

Therapie als Referenzautor ansehen. Ich könnte auch zu *Pierre Janet* oder zu *Jean Piaget* gehen – sie haben einen ähnlichen Stil praktiziert. *Lurija* vertritt in der von ihm so benannten Arbeitsweise einer „romantischen Wissenschaft" (*Lurija* 1993) eine Zusammenführung von ganzheitlicher und differentieller phänomenologischer Beobachtung von Konkretem einerseits, der empirischen Analyse und reduktionistischen Untersuchung andererseits, die in einem dritten Schritt weiterführend in eine „Synthese" mündet, in ein „angereichertes Konkretes", so möchte ich das nennen, dass in *Lurijas Syndromanalyse* (idem 1992, 34) auch zu einem integrativen Modell des Diagnostizierens findet und zwar in einer Weise, die für *Hilarion Petzold* (1971l, 1982c, 1990e, 1999b) einer der Anstöße zu seiner Idee einer „*Psychotherapie in der Lebensspanne*" war - andere waren die andragogische Idee der *éducation permanente* (*Petzold, Sieper* 1970, 1977a, 33) und die longitudinale, entwicklungspsychologische Theorienbildung und Forschung (*Petzold* 1971l, 1982c, 1990e, 1999b). Mit *Vygotskij* vertrat *Lurija* (1992, 28f) die Meinung, dass sich „während der Ontogenese nicht nur der Aufbau höherer psychischer Prozesse, sondern auch deren gegenseitige Beziehung" verändert. ... „Diese Veränderung in der Beziehung zwischen psychischen Prozessen muss auch zur Veränderung in der Beziehung zwischen den Hauptsystemen des Kortex führen" (ibid.). Hirnverletzungen im Erwachsenenalter haben für die Gesamtentwicklung – anders als beim Kind – geringere Folgen, da beim adulten Menschen die übergeordneten Regionen bereits organisiert sind und durch ihre integrativen Funktionen auf die untergeordneten Regionen zurückwirken (ibid.). Deshalb sind - so *Petzold* (1982c, 1999b) - Entwicklungsprozesse longitudinal in den Blick zu nehmen und in ihrer Funktion als permanente *transversale Integrationsleistungen* zu betrachten; transversal, weil sie im Durchqueren vielfältiger komplexer Erfahrungsfelder stets das Erreichte überschreiten. Denn:

„die komplexe menschliche Wirklichkeit erfordert über die Lebensspanne hin beständiges Differenzieren, Vernetzen, Verbinden von Vielfalt, damit kreative Entwicklungen, Überschreitungen zu Neuem möglich werden. Das macht das Wesen *transversaler Integrationsarbeit* aus" (*Petzold* 1982c, 4). Diese ist jeweils auch abhängig von der gegebenen „social world" (*Petzold, Petzold* 1991b), dem kulturellen Rahmen, der sich, das zeigen *Lurija*s (1986) kultur- und sprachpsychologische Expeditionen nach Usbekistan und Kirgisien 1931 und 1932 (an der auch der deutsche Gestaltpsychologe *Kurt Koffka* teilnahm und über die *Lurija* mit *Kurt Lewin* korrespondierte), auch in der Organisation der höheren psychischen Prozesse widerspiegelt, die sprachvermittelt sind. Den kollektiven mentalen Repräsentationen (*Moscovici* 2001, *Petzold* 2003b, 2005t) ist deshalb besondere Aufmerksamkeit zu schenken, was in Soziotherapie und Netzwerktherapie des Integrativen Ansatzes auch dezidiert geschieht (*Petzold* 1997c, *Hass, Petzold* 1999, *Petzold, Schay, Scheiblich* 2006).

Überschreitet man den spezifischen Bereich der Hirnverletzungen, kommt man konsequenter Weise zu einer integrativen „prozessualen Diagnostik" (*Petzold* 1993p, *Osten* 2002), die dann auch Grundlagen für eine multimodale, integrative Behandlungspraxis liefert, wie sie die Integrative Therapie entwickelt hat.

Lurija hat durch die sorgfältig beobachtende Differenzierungsarbeit bei seinen hirnverletzten Patienten eine Integration erarbeiten können, was sein Gesamtverständnis des Gehirns und seiner Leistungen, der höheren psychischen Tätigkeiten, anbelangt. Es „liegt jeder psychischen Tätigkeit des Menschen ein komplexes funktionelles System zugrunde. Dieses System wird von den gemeinsam arbeitenden Hirnregionen aufrechterhalten, wobei jede von ihnen einen Beitrag zum System als ganzem liefert. Das bedeutet, dass das *System als Ganzes durch eine Verletzung irgendeiner dieser Regionen gestört werden kann und dass es je nach der Lokalisation der Verletzung unterschiedlich gestört sein kann*" (*Lurija* 1992, 34. Hervorhebung im Orig.). Heute beziehen wir wie *Damasio* (1995) auch die „Interaktion des Gehirns mit seinem Körper, dessen Teil es ist und mit dem zusammen es **Leib** wird, in die Betrachtung ein, denn das Gehirn kann als ein gutes Beispiel für ein integriertes Funktionieren der Teile bzw. Teilbereiche in einem Ganzen begriffen werden. Die Funktionen des Ganzen einerseits als auch die der Teile andererseits sind als integrierte Aktivitäten von prozessual untereinander in Beziehung stehenden Hirnzonen organisiert, wie das schon *Vygotskij* und *Lurija* in ihrer interaktionistischen Sichtweise sahen. Hirnzonen kooperieren über die Zeit, letztlich über die gesamte Lebensspanne" (*Petzold* 1982c, 6). *Petzold* hatte hier den Streit zwischen Lokalisationisten und Holisten bzw. Antilokalisationisten im Blick, denen die beiden russischen Forscher die *interaktionistische* Auffassung entgegenstellten, dass „beide Funktionsweisen im Gehirn verwirklicht sind, es ganzheitlich arbeitet und zugleich auch über hochspezialisierte Gehirnareale verfügt, die als Knotenpunkte alle Informationsströme aus dem Binnen- und Aussenraum vernetzen und dadurch sein reibungsloses Funktionieren bei der Bewältigung von Aufgaben gewährleisten, der Denkleistungen, Wahrnehmungsvorgänge, des Erlebens und der Verhaltensprozesse – das alles ist mit *Lernen* verbunden und ohne entsprechende Vorgänge im Zentralnervensystem nicht möglich" (ibid., *Sieper, Petzold* 2002).

Sieht man auf dem Boden dieser neuropsychologischen Konzepte die integrative Pathogenesetheorie schädigender *Stimulierung* (*Petzold* 1975e) als Informationsflüsse aus dem kulturellen, soziöokologischen, interpersonalen Außenfeld und dem somatopsychischen, intrapersonalen Binnenraum, so sind die Auswirkungen solcher Negativinformationen Schädigungen, Mikroläsionen (Traumata, Störungen usw., *Petzold* 1975e) im „funktionalen System" (*Anokhin, Lurija*), im „Leibselbst als informierten Leib" (*Petzold*), in der Regel verbunden mit dysfunktionalen Lernprozessen. Die Folgen sind Beeinträchtigungen des „Leibsubjektes" (*Merleau-Ponty*) durch den Kontext und in seinem Funktionieren im Kontext. Eine solche Sicht macht einen *biopsychosozialen* oder *biopsychosozialökologischen* Ansatz (*Petzold* 1965, 1974j, 2001a) erforderlich und zwar in Forschung, Diagnostik und Therapie.

Diese Grundideen einer „Neuropsychologie", wie sie *Lurija*s Verdienst und Lebensleistung ist, haben auch den Integrativen Ansatz beeinflusst. Die von ihm entdeckten Prozesse können insgesamt als ein Differenzierungs-Integrationsprozess gesehen werden, bei dem die „Synthese" nicht den Kulminationspunkt darstellt, sondern der *ge-*

samte Prozess wesentlich bleibt. Die beeindruckenden „Fallgeschichten" *Lurija*s („Der Mann dessen Welt in Scherben ging", 1991) zeigen eine solche integrative Zugehensweise von forschender Beobachtung und Exaktheit und empathisch-intuitivem Erfassen eines narrativierten Lebens, welches Lebensgeschichte *und zugleich* „biologische Biographie" ist (*Sacks* 1993, 18). Sie führen den Leser an die Integrationsarbeit des Patienten heran, wie leidvoll auch sein Schicksal sein mag, aber auch an die Integrationsarbeit seines Arztes, des Forschers *Alexander Romanow Lurija*. Bei ihm begegnet uns durch die neuropsychologisch exakte Beobachtung als Grundlage eines Verstehens zerebraler Funktionen *und* der Persönlichkeit eine andere Form der Narrativierung und ein anderer Arbeitsstil als der von *Freud* mit seinen oft romanhaft umgeformten und mit der Absicht der Begründung theoretischer Konstrukte (um)geschriebenen „Fallgeschichten", deren klinischer und historischer Wahrheitsgehalt im Lichte der Forschungen zu den Originaldokumenten leider immer wieder auch bezweifelt werden muss (*Ellenberger* 1973; *Meyer* 2005). Seine „Fallgeschichten" sind - anders als bei *Ferenczi* (1964) - oft eben „konfabulierte Geschichten" (*Israel* 1999), keine klinischen Dokumentationen. *Lurija*s Geschichten hingegen haben die Genauigkeit und Zuverlässigkeit, die bei einem mit Hirnverletzen arbeitenden Neurologen und Neuropsychologen nicht weiter verwunderlich sind; *Lurija* ist ein Wissenschaftler, der mit seinen Patienten über Jahre, ja Jahrzehnte engagiert in ganzheitlicher und detailbewusster Weise auf Augenhöhe kommuniziert und gearbeitet und die narrative Qualität eines persönlichen Lebens nicht-reduktionistisch zu bewahren gewusst hat (*Lurija* 1993, 190f; *Cole* 1979; *Sacks* 1993). Es wird hier so ausführlich auf die wichtigen Impulse *Lurija*s für die Integrative Therapie hingewiesen, die wir seit Studienbeginn durch die Lektüre seiner wichtigen Forschungsarbeiten und Erkenntnisse erhalten haben, weil dieser Forscher, genau wie sein Lehrer *Vygotskij* (*Petzold, Sieper* 2005) als beispielhaft für ein Disziplinen vernetzendes, konnektivierendes Integrieren ist. Das Leben und Werk des Begründers der Neuropsychologie selbst ist als eine solche permanente Integrationsarbeit zu sehen und zwar eine, die nicht-nichtlinear verläuft, sehr Vieles aufgreift, das unverbunden scheint und deshalb nicht auf den ersten Blick die durchaus vorhandene innere Konsistenz zeigt (*Cole* 1979, 195ff.). Der zweite Blick lässt ein Konnektivieren erkennbar werden, das sich als höchst sinnvoll erweist für *Lurija*s (1986) Lebensprojekt, *die geistige Tätigkeit des Menschen im sozialen Kontext zu verstehen*. Auch *Hilarion Petzold*s Lebensarbeit ist als eine höchst komplexe Integrationsarbeit eines komplexen Menschen (*Zundel* 1987) zu betrachten, die für ihn unter folgendem Motto steht:

> „Sich selbst, sein Selbst nach *Körper, Seele* und *Geist* im Lebensganzen verstehen zu lernen durch ein Verstehen-Lernen der Anderen und der Welt, um dann in der eigenen Lebensspanne für die Anderen *altruistisch*, für die Lebenswelt *ökosophisch*, für sich selbst *sinnvoll* handeln zu können, darum geht es und das sehe ich auch als eine Zielsetzung für meine Arbeit. Menschen müssen 'sich selbst zum Projekt machen', um diese Ziele für sich und für unsere Lebenswelt zu erreichen" (*Petzold* 1982c, 2, vgl. 1981g).

Petzold konnektivierte dazu vielfältige Erfahrungs- und Arbeitsfelder: die verschiedenen Lebensalter von der Säuglingszeit bis zum Senium (life span developmental approach, 1990e), die genannten anthropologischen Dimensionen Soma, Psyche, Nous (idem 2003e), sowie den ökologischen und sozialen Lebenskontext (idem 1965, 1974j, 2006p), und machte sie in „dichten Beschreibungen" (*Ryle* 1971), in narrativierten Prozessberichten über seine PatientInnen und ihre Lebenslagen zugänglich (*Petzold* 2001b; *Petzold, Sieper* 2006). Er entwickelte konsequent ein integratives Arbeits- und Forschungsprogramm: klinische Arbeit mit Suchtkranken, verhaltensauffälligen Kindern, Traumapatienten (*Petzold* 1969c, 1971c) und agogische Arbeit in Erwachsenenbildung und Universität (*Petzold* 1973c, *Petzold, Sieper* 1970). Diese Integration von therapeutischer Arbeit und Bildung-/Weiterbildungsarbeit war uns immer ein zentrales Anliegen sowohl in der Behandlung von PatientInnen als auch in der Psychotherapieausbildung, was sich auch in der Curriculumsentwicklung, Lehre, Ausbildungsforschung niederschlug (*Petzold, Sieper* 1972b, 1976, 1977, *Petzold, Rainals, Sieper, Leitner* 2005). Ich hatte einmal anhand der Dokumente von *Hilarion Petzold*s „Werkleben" sein integratives Arbeitsprogramm analysiert, und ich kam zu dem Schluss, dass es sich in sechs Schritte einteilen lässt:

1. Wahrnehmen einer Problemlage/einer Thematik, 2. Praktische Arbeit mit dem Problem/der Thematik und empirische Untersuchung dieser Arbeit, 3. Verbreitung und Diskussion der gewonnenen Erfahrungen, 4. Konzipierung und Durchführung von Weiterbildung aufgrund der Erfahrungen. 5. Publikation der Erfahrungen und Rückführung der Resonanz, Kritik, Forschungsergebnisse als Anregungen in die Praxis. 6. Implementierung von Strukturen im Feld durch Gründung von Initiativen, Fachgesellschaften etc. (*Sieper, Schmiedel* 1993, 422). Ein solches Programm – zu dem das Studium in mehreren Fakultäten und vielfältigen Disziplinen gehört (*Sieper* 2005b, *Zundel* 1987), die Arbeit mit zahlreichen Patientenpopulationen und die Gründung zahlreicher Institutionen und Verbände (*Sieper, Schmiedel* 1993) – ist durch eine permanente kultur-, sozial- und naturwissenschaftliche Integrationsarbeit von Materialien bestimmt, die es in einer ko-respondierenden Hermeneutik mit *significant others* als KorespondenzpartnerInnen zu durchdringen gilt, ja in einer *transversalen „Metahermeneutik"* – so sein Begriff für solche disziplin- und kulturvernetzende, interdisziplinäre und interkulturelle, **transdisziplinäre** und ggf. auch **transkulturelle Integrationsarbeit**, die von **Transversalität** gekennzeichnet ist, also breite Wissensstände durchquert und jeden erreichten Stand zu überschreiten bemüht ist. Der Integrative Ansatz strebt an, ein möglichst großes Maß an Vielfalt beizubehalten, ohne dabei beliebig zu werden und immer wieder auch übergeordnete Synthesen zu erreichen, ohne eine ultimative Synthese anzustreben. Ausgangspunkt ist die *„Hermeneutische Spirale"* (*Petzold* 1988b, 1991a) des Integrativen Ansatzes, die von leibhaftigem **Wahrnehmen** ausgehend zum *Erfassen*, zum *Verstehen* und *Erklären* voranschreitet (vlg. Abb. 5 u. Anhang). *Petzold*s **Modell integrativer Hermeneutik erweitert sich zur Metahermeneutik**, in der sich die Hermeneutik selbst zum Gegenstand der Untersuchung macht: auf ihr sozialhistorisches Herkommen hin (*M. Bloch*), auf verborgene Diskurse (*M. Foucault*) hin,

auf den Zeitgeist (*Petzold* 1989f) hin, auf die ökonomischen Bedingtheiten hin und die persönlich biographischen, nicht zuletzt aber auf die neurobiologischen Prozesse der Auslegungsarbeit selbst hin (*Petzold* 2000q) – ein sehr umfassendes Integrationsbemühen um „starke Integrationen", für das verschiedene originelle Instrumente entwickelt wurden wie die „metahermeneutische Triplex-Reflexion (idem 1994a, 1998a):

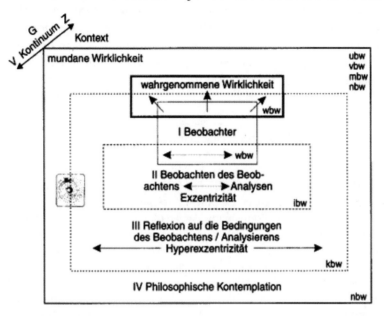

Abb. 6: Die „metahermeneutische Mehrebenenreflexion" (Triplexreflexion). Aus: *Petzold* 1994a.

»Eine metahermeneutische Betrachtung, die in der Tradition des späten *Ricœur* (*Petzold* 2002h, 2005p) *Synopsen* solcher mehrperspektivischen Zugehensweisen (Phänomenologie, Hermeneutik, Dialektik) anstrebt und *Synergien* (idem 1974j) theoretischer und dann auch praxeologischer Art hervorbringt, eröffnet die Chance, den komplexen Wirklichkeiten von PatientInnen in guter Weise gerecht zu werden. Die hermeneutische Spirale (Abb. 7) kommt in "**Mehrebenenreflexionen**" (z.B. Triplexreflexionen, idem 1994a) zum Tragen. Dieser Reflexionstyp fügt der **Dekonstruktion** und der **Diskursanalyse** ein wesentliches Moment hinzu, das der **transversalen Querung** breiter (idealisierter aller) Wissensbestände, welches letztlich erst die *Synergie* der **Metahermeneutik** möglich macht« (*Petzold* 1998a).

Es wird unterschieden:

- Eine *reflexive* **Ebene I** („*Ich* beobachte und reflektiere mein Wahrnehmen"), seminaive, intrasubjektive Reflexion, basale im hohen Maße kontextimmanente Exzentrizität,
- eine *koreflexive, diskursive* **Ebene II** („*Ich/wir* beobachten und reflektieren dieses Beobachten unter verschiedenen Optiken, *mehrperspektivisch*" intrasubjektiv, ggf. intersubjektiv, koreflexiv-diskursiv mit Anderen), eine emanzipierte Reflexion, mit differentieller, gegenüber **I** weiträumigeren Exzentrizität. Sie kann zu einer
- *metareflexiven, polylogischen* **Ebene III** überstiegen werden („Wir reflektieren dies alles intersubjektiv und interdisziplinär, wir untersuchen auch bio-neuro-kognitionswissenschaftlich das Reflektieren selbst"), um das Beobachten des Beobachtens, die Reflexion der Reflexion auf ihre kulturellen, historischen, ökonomischen, ideengeschichtlichen Bedingungen, aber auch auf seine neurophysiologischen Voraussetzungen und Bedingtheiten in *polylogischen Ko-respondenzen* (*Petzold* 2002c) zu befragen: im *Polylog* der philosophischen Ideen, im Polylog der wissenschaftlichen Disziplinen, im *Polylog* der verschiedenen Therapierichtungen, im *Polylog* unterschiedlicher Kulturen (nur so ist vielleicht den Fallstricken des Eurozentrismus zu entgehen), im *Polylog* der rechtspolitischen Diskurse, die sich um das Finden, Durchsetzen und Bewahren von *Gerechtigkeit* bemühen (*Arendt* 1949, 1986, 1993; *Petzold* 2002h). Das ist ein Kernmoment der III. Ebene, die durch *transversale Reflexion, Metadiskursivität, Hyperexzentrizität* gekennzeichnet ist.
- Richten sich die transversalen Reflexionen und Metadiskurse auf philosophische Grundlagenfragen, dann kann sich dabei der Blick dafür öffen, dass die Betrachtungsweisen der beiden ersten Ebenen mit ihrer schlichten/seminaiven Sicht auf Details (I), mit ihrer durch die analytisch zergliedernde Perspektive gegebene Betonung der Differenzen (II) oft Gesamtzusammenhänge, übergeordnete Gesichtspunkte ausgeblendet haben. Es bleibt solchen Betrachtungen in ihrer zunehmenden Emanzipation vom „Grund des Seins" eben dieser Grund verborgen, der Boden der Lebenswelt, das Fundament des Seins/Mitseins, aus dem sich das Bewußtsein erhoben hat. Die ontologische Dimension (im Sinne der „zweiten Reflexion" bei *Marcel* und *Ricœur*) tritt nun in das Erkennen und muß, will es tiefer in diesen Bereich eindringen, das Milieu des Reflexiven überschreiten zu einer IV. Ebene hin.

> - [Ich spreche in der Regel von einer „Metahermeneutischen Triplexreflexion" (*Petzold* 1994a, 1998a), obgleich das Modell vier Ebenen hat, die vierte aber im Sinne meines Modells „Komplexen Bewußtseins" (idem 1991a) areflexiv bzw. hyperreflexiv ist.]
> - Die **Ebene IV** der *philosophischen Kontemplation* transzendiert die reflexiven/metareflexiven Diskurse. Sie öffnet sich der Welt als Schauen auf die Welt und Lauschen in die Welt, in ihre Höhen, Tiefen und Weiten, in die das Subjekt eingebettet (embedded) ist. Sehend und gesehen (*Merleau-Ponty*), zentriert und exzentrisch zugleich öffnet sich der „Leib als Bewußtsein", als *embodied consciousness*, als **Leibsubjekt** dem Anderen in seiner Andersheit (*Levinas*), öffnet sich dem Sein in einer Disponibilität für die Erfahrung des „ganz Anderen", die allein in der Partizipation (*Marcel*), im „Getrennt-Verbundensein" möglich wird. Mit dieser Erfahrung „differentiellen Mitseins" verbleibt das zentriert/dezentrierte Subjekt nicht in meditativen Entrücktheiten, verliert sich nicht in metaphysischen Höhenflügen – und das ist das Wesentliche. Es wird vielmehr auf dem Boden dieser Erfahrungen *konkret* in Erkenntnis und Handeln, in einem Engagement für die Welt des Lebendigen (*A. Schweitzer*), in einem kultivierten Altruismus (*P. Kropotkin*), in Investitionen für menschliche Kultur, eine Kultur des Menschlichen (*H. Arendt*), die von Hominität, Humanität, Ethik, Ästhetik, Gerechtigkeit gekennzeichnet ist« (*Petzold* 1998a).

Das Integrationskonzept *Hilarion Petzold*s basiert auf metahermeneutischen Analysen und ist von ihm wie folgt bestimmt worden:

»**Transversale Integrationsarbeit** ist ein *metahermeneutisches* Unterfangen, das den Begriff *„Integration"* selbst, sein Herkommen und die *„jeweiligen Prozesse des Integrierens"* systematisch diskursanalytisch problematisiert (*Foucault*), dekonstruktivistisch in den Blick nimmt (*Derrida*), in Mehrebenenreflexionen (*Petzold*) erkenntniskritisch zu durchdringen sucht unter Anwendung kulturwissenschaftlicher Parameter und unter neurowissenschaftlicher Betrachtung dieses ganzen Geschehens selbst – wieder und wieder. Solche rekursive, mehrperspektivische Integrationsarbeit kann zu starken Integrationen auf einem höheren Strukturniveau führen. Integration stellt sich damit als ein spiralig progredierender Prozess mit offenem Ende dar« (*Petzold* 2000h).

An vielen dieser Projekte der Suche, der explorativen Durchdringung und Integration konnte ich – zusammen mit einigen anderen MitarbeiterInnen und KollegInnen an der EAG und den Hochschulen in Paris und Amsterdam – in nächster Nähe mitarbeiten. Wir hatten auch gemeinsam PatientInnen integrativ-therapeutisch (d.h. in elastischen, mutuellen Analysen, mit Leibtherapie, narrativer Praxis, kreativen Medien, philosophischer Therapeutik unf ggf. Netzwerkinterventionen) behandelt. Das ergab sich aus ferienbedingten Notfallinterventionen und erwies sich als äußerst fruchtbar für die Behandelten und für uns in der Entwicklung der Behandlungsmethodik.

Im Werk (*ergon*) der Integrativen Therapie finden sich durchtragende Motivationen für **Integrationsarbeit**, die in zwei neueren, alte Arbeiten fortführenden Texten *Hilarion Petzold*s mit Materialien zur persönlichen und professionellen Entwicklung deutlich werden: „Lust auf Erkenntnis" (*Petzold* 2002t/2006a) und „Für Patienten engagiert" (idem 2000a/2006n). Sie machen deutlich: Man ist und bleibt *„auf dem WEGE"* (*Petzold, Orth* 2004b), der herakliteische Strom fließt beständig weiter (*Petzold, Sieper* 1989b) in fortwährenden transversalen Überschreitungen. Wir haben in der Integrativen Therapie von *„Transgressionen* als Prinzip narrativierender Selbst- und Konzeptentwicklung durch 'Überschreitung' gesprochen" (*Petzold, Orth, Sieper* 2000a). „Leben ist Prozess, Entwicklung mit Sequenzen von Entwicklungsaufgaben, die auf keine (ab)*geschlossene Gestalt* der Person hintendieren, sondern zu Prägnanzen 'auf Zeit' führen, welche sich dann in erneuten Überschreitungen im Entwicklungsprozess von *Differenzierung, Integration, Kreation* fortschreiben" (idem 1982c, 3).

Ein solches Integrieren bzw. Integrationsprogramm, wie es den **„Integrativen Ansatz"** kennzeichnet, setzt immer wieder neu an, beginnt immer mit einem *„Konnektivieren"*: Unterschiedliches, ja Widerstreitendes wird in Kontakt gebracht. Das ist unter diesem Begriff „konnektivieren" zu verstehen. Oft muss man bei Konnektivierungen stehen bleiben, weil eine umfassendere Einpassung nicht oder noch nicht möglich ist. Es ist auch nicht alles konnektivierbar, nicht überall können Anschlussstellen gefunden werden. Zuweilen wird es aber möglich, „Ganzheit *und* Differenz 'in eins' zu denken, und das ist dann GESTALT" (*Petzold, Sieper* 1989/1991, 358), eine *übergeordnete Synthese* – so unsere damaligen Ausführungen.

Ein solcher persönlicher Hintergrund, wie der aufgezeigte, und eine derart explizierte Konzeption eines „Verfahrens" entbindet natürlich nicht von der Notwendigkeit, dass der in diesem Verfahren verwendete **Integrationsbegriff** anhand seines faktischen Gebrauchs – hier in der Integrativen Therapie – auch inhaltlich bestimmt werden muss, was versucht wurde, wie die bislang zusammengestellten Texte zeigen. Wenn der faktische Gebrauch von „Integration" bei integrativen Therapeutinnen in ihrer Praxis nicht mit dem in der Theorie präsentierten Integrationsbegriff übereinstimmen würde, könnten in Theorie und Praxis Konsistenzprobleme entstehen – hier steht es nicht anders als mit dem Gebrauch von Begriffen wie „Gestalt" oder „Psychoanalyse" durch die Adepten des jeweiligen Ansatzes. Insofern hoffe ich, dass ich mit diesem Text, der sich an integrative TherapeutIinnen und AusbildungskandidatInnen dieses Verfahrens richtet sowie an alle Interessierte des Feldes der Psychotherapie, das Verständnis unserer Therapieform erleichtere, weil ich darin die wesentlichen Konzepte hierzu aus unseren Schriften „collagiere". Das Argument „dass jede Therapieform sich um Integration bemühe", der „Begriff heute von jedem gebraucht würde" und man deshalb keinen spezifischen Integrationsansatz brauche oder beanspruchen könne oder müsse, greift nicht, zumal wir die ersten gewesen sind, die den Begriff zur Bezeichnung eines Therapieverfahrens *spezifisch* verwandten und 8 Kriterienkomplexe für diesen Ansatz in Therapie und Agogik herausgestellt und ausformuliert haben:

„1. Leib-Subjekt, Umfeld, Identität, 2. Integration und Kreation, 3. komplexes Lernen als Evidenzerfahrung, 4. Arbeit aus der Begegnung, 5. Engagement und Integrität, 6. Synopse, Synergie, Ko-respondenz, 7. Kreative Anpassung und kreative Veränderung, 8. Arbeit im Lebensganzen" (*Petzold, Sieper* 1977a, 26ff.).

Überdies: „Integration ist nicht gleich Integration". Es gibt verschiedene Verständnisse dieses Begriffes, und in der Regel wird von den Leuten im Bereich der Psychotherapie, die diesen Begriff gebrauchen[7], keine Theorie der Integration und des Integrierens vorgelegt. Das ist in der Integrativen Therapie deutlich anders (*Petzold* 1993n). Deshalb wird es wichtig, klarzustellen, auf welche Weise Integration geschieht, was man mit dem Begriff meint, *wo*, in welchem Kontext er *wie* gebraucht wird und *warum* (idem 2002b). Erst nach dieser Klärung kann man sinnvoll miteinander über den Integrationsbegriff, wie wir ihn in der IT verstehen, sprechen. Hier sei eine frühe Definition meinen weiteren Ausführungen voran gestellt.

„**Integration** (von lat. integer = ganz, vollständig, unverletzt) bedeutet – allgemein gesehen – das Verbinden von Verschiedenem und – wo möglich und sinnvoll – das Zusammenfassen unterschiedlicher oder auch gegensätzlicher Elemente zu einem übergeordneten Ganzen bzw. das Lösen von Aufgaben auf einer höheren Strukturebene durch Prozesse, in denen sinnvolle Verbindungen und konsistente Vernetzungen geschehen ... oft erfolgen sie in spiraligen Prozessen ohne letzten Abschluss und die Integration bleibt prozesshaft" (*Sieper, Petzold* 1965, 7; vgl. *Petzold* 1970c, 2; 1993a, 1350).

Diese Definition entstand in unserer Auseinandersetzung mit Spiraldynamiken und Integrationsvorgängen bei prozesshaftem Lernen und kreativem Gestalten – künstlerischem und wissenschaftlichem, denn „Integration bewahrt den Bestand meiner Identität; Kreation entfaltet meine Potentiale und macht Wachstum und Ausdehnung von Identität möglich" (*Petzold, Sieper* 1977a, 27). Die Definition lässt (unter heutigem Blick) schon zwei Positionen erkennen, welche später „zu einer 'Integrativen Theorie differentiellen Integrierens' ausgearbeitet wurde, die 'starke Integration' im Sinne der obigen Definition [übergeordnetes Ganzes] und 'schwache Integration' als hinlängliche *Konnektivierungen* [Verbinden von Verschiedenem] unterscheidet" (*Petzold* 2003a, 1094). Dazu später mehr.

Fast alle Begriffe, die wir in der Theorie der Integrativen Therapie verwenden, haben auch alltagssprachliche Bezüge und Hintergründe, von denen man nicht gänzlich absehen kann, und sei es nur, um erforderliche Abgrenzungen vorzunehmen. Folgende Erläuterung erscheint mir deshalb sinnvoll: Der Begriff „Integration" wird schon bei *Terenz* verwendet, im Wesentlichen jedoch im Spätlateinischen. Er bedeutet:

integratio, integrationis f <integro> (*Te., spätl.*) Erneuerung, Wiederherstellung. Langenscheidt, Lexikon Latein, Berlin und München 2002

Wir haben den Begriff dem *französischsprachigen* und dem *deutschsprachigen* Kontext entnommen. Im Duden – Deutsches Universalwörterbuch – finden wir:

---

[7] Z. T. in inflationärer Weise wie derzeitig von verschiedenen Gruppierungen in der Schweizer Therapiecharta, die keinerlei Anschluss an die Integrationsbewegung haben (*Petzold, Sieper* 2006).

In|te|gra|ti|on, die; -, -en [lat. integratio = Wiederherstellung eines Ganzen]:
1. [Wieder]herstellung einer Einheit [aus Differenziertem]; Vervollständigung: die politische I. Europas.
2. Einbeziehung, Eingliederung in ein größeres Ganzes: die fortschreitende I. von Fremdwörtern in die Umgangssprache; die I. der hier lebenden Ausländer ist nach wie vor ein dringendes Problem.
3. (Soziol.) Verbindung einer Vielheit von einzelnen Personen od. Gruppen zu einer gesellschaftlichen u. kulturellen Einheit.
4. (Math.) Berechnung eines Integrals (2).
© Duden, Dt. Universalwb. 5. Aufl. Mannheim 2003 [CD-ROM].

Der Integrationsbegriff der „Integrativen Therapie" ist, das wird ersichtlich, nicht mit allen im Duden aufgeführten, deutschen alltagsprachlichen und umgangssprachlichen Begriffen vollauf gleichbedeutend (am ehesten noch 2. *Einbeziehung* – nicht unbedingt Eingliederung – in ein größeres Ganzes, oder 3. *Verbindung* – wir sprechen fachsprachlich von *Konnektivierung* – wobei dieses eben nicht unbedingt eine „Gestalt" sein muss, denn die Umgangssprache oder eine wissenschaftliche Fachsprache, oder eine gesellschaftliche Einheit ist keine „Gestalt" sondern ein Netzwerk, ein System, ein *ensemble*). Als psychologischen Begriff, hat *Pierre Janet* „Integration" als das einheitliche Zusammenwirken der verschiedenen psychischen Prozesse gekennzeichnet. Wir sind von ihm im Studium beeinflusst worden, nicht aber von *E. R. Jaensch*, der eine „Integrationspsychologie" als Modell einer Charakterkunde erarbeitet hatte oder von *W. Hellpach*, der mit dem Begriff „Sozialintegral" eine sozialpsychologische Perspektive eingeführt hat. Man sieht an diesen Arbeiten aus dem ersten Viertel des 20. Jahrhunderts, dass der Begriff „Integration" durchaus in der Psychologie schon einmal Konjunktur hatte, allerdings in Orientierungen, an die wir - von *Janet* abgesehen - keinen Anschluss gesucht hatten.

Natürlich muss man den Begriff „Integration", wenn man sich auf ihn stützen will, auch auf eventuell problematische Seiten hin betrachten, damit Missverständnisse vermieden werden, genauso wie man den Begriff „Gestalt" dekonstruktivistisch und ideologiekritisch anschauen muss – das wurde in Ansätzen ja voranstehend unternommen.

Verbunden mit den Begriffen **„Integration"**, aber auch **„Integrierung"** (= Eingliederung) kann man etwa feststellen, dass sich nach dem Ersten Weltkrieg Massenparteien zu Integrationsparteien – so der terminus technicus (*Neumann* 1956) – entwickelten, zu demokratischen aber auch zu *totalitären*. Letztere versuchten ihre Anhängerschaft in Totalmobilisierungen und bis in die privaten Lebensbereiche vollständig zu bestimmen (wie bei KPdSU oder NSDAP). *Zwangsintegrationen* erfolgten: etwa zur Bewahrung einer „völkischen Ganzheit". Solche Zwangsintegrationen stellen unter historischer Perspektive ein gravierendes Problem dar. Zu allen Zeiten – bis in die Gegenwart – standen religiöse und ethnische Minderheiten (Samaritaner, Bahai, Juden etc. – Sinti, Armenier, Kurden etc.) oft unter heftigem Integrationsdruck, der bis zur erzwungenen

Integrierung/Assimilation der noch als „artverwandt" zu Betrachtenden, aber auch zur Vertreibung oder Vernichtung der Nicht-Artverwandten führte, denn es ging um die Herrschaft der dominanten Gruppe, etwa einer so genannten „arischen Rasse", oder um die gewaltsame Ausgrenzung, um **„Desintegrierung"** durch Deportation und Unterdrückung bis zur „*Identitätsvernichtung*" (*Petzold* 1996j), wie auf dem Nürnberger Parteitag der NSDAP am 15.9.1935 zur Sicherung der Volksidentität beschlossen wurde („Blutschutzgesetz" für „Staatsangehörige deutschen oder artverwandten Blutes") und wie es auf der „Wannseekonferenz" mit *Heydrichs* Plan zur „Endlösung der Judenfrage" am 20. Januar 1942 (protokolliert von *Eichmann*) besiegelt worden ist.

Wir haben uns mit diesem Thema im Kontext der Reflexion der deutschen Vergangenheit im Dritten Reich mit seinen „Rassengesetzen" auch aus psychologisch-psychotherapeutischer Sicht sehr intensiv befasst. Der bedeutende Aufsatz: „Identitätsvernichtung, Identitätsarbeit, Kulturarbeit" (*Petzold*, 1996j), wurde zwischen *Hilarion Petzold, Ilse Orth* und mir im Vorfeld lange diskutiert, genauso wie die Arbeiten im Zusammenhang mit der gegenwärtigen Migrations- und Menschenrechts- und Traumaproblematik (idem 2001m, *Petzold, Regner* 2005). Dafür haben wir uns wie kaum ein anderes Psychotherapieverfahren engagiert.

„Strukturell gewaltsame Integrationen" oder „Desintegrierungen" haben besiegte Völker (vgl. Palästinenserproblem), aber auch Randgruppen und Minderheiten ganz allgemein stets in große Schwierigkeiten gebracht – man denke etwa an die Sinti und Roma im Hitler-Deutschland und -Österreich, aber man vergesse nicht bis in die jüngere Vergangenheit die Jenischen in der Schweiz, jetzt die „Asylanten" oder „Illegalen". „Abschiebung" in Deutschland und „Ausschaffung" in der Schweiz sind moderne, „legalisierte" Strategien von „Desintegrierung". Heute stehen wir europaweit vor dem „Ausländerproblem", man blicke ins jeweils eigene Land oder nach Holland oder Frankreich, wo die bislang betriebene „Integrationspolitik" massiv gescheitert ist oder nach Norwegen, wo sie aufs Scheitern zudriftet („Pakistanerproblem").

Das „Eingemeinden", „Unterdrücken", „Ausnutzen", „Benachteiligen" als gnädige oder auch schlechte **Integrations/Integrierungstrategien** „dominierender Gruppen" gegenüber Minderheiten bis in die zweite und dritte Generation findet sich durch die gesamte Menschheitsgeschichte: die Israeliter in Ägypten, die Kinder Israels in Babylon, die Armenier im Exil, die Kurden in der Emigration seien erwähnt. Aktuell muss an die Secondo-Problematik erinnert werden (man denke auch an das Scheitern der seinerzeitigen beiden Einbürgerungsinitiativen in der Schweiz), Probleme, die sich in Deutschland früher mit den polnischen Arbeitern im Ruhrbergbau und heute mit den Deutschen türkischer Herkunft oder den „Russlanddeutschen" finden, die nicht „integriert" sind oder nur schlecht, die keine oder nur schlechte Integrationschancen erhielten. Weiterhin darf man die Menschen nicht vergessen, die Opfer von **Desintegrierungen** wurden.

In vielen, sehr vielen Lebensbereichen sind solche Phänomene als Ausdruck evolutionsbiologischer Aggressions-, Herrschafts- und Territorialprogramme zu finden, z. T. mit *devolutionärem* Charakter wie *Hilarion Petzold* immer wieder betont (*Petzold* 1986h, 2001m, *Petzold, Orth* 2004b; *Buss* 2004; *Mysterud* 2003). Sie finden sich auch bei unseren Primatenverwandten, den Schimpansen (98.6 % genetisch mit uns Menschen übereinstimmend), die Randgruppen terrorisieren, Vernichtungskriege führen, wie es *Jane Goodall* (1993) beobachtet hat. Unsere *Aggressionsnarrative* gegen „Nicht-Integrierte" (weil „rassisch", ethnisch, religiös, durch Behinderung etc. „anders") sind sehr stark, unsere „Friedensnarrative" schwach, so *Petzold* in seinem Key-note-Referat auf dem Gestalttherapie-Kongress in Hohenroda 2006: „Aggressionsnarrative, Ideologie und Friedensarbeit. Integrative Perspektiven" (*Petzold* 2006h, vgl. 1996k).

Solche starken, *„assimilierenden* bzw. *majorisierenden Integrationen"* mit Zwangscharakter mussten wir auch leider im psychotherapeutischen Feld bei den „Zwangskonvertierungen" humanistisch-psychologischer PsychotherapeutInnen im Rahmen der so genannten „Übergangsregelungen" des deutschen Psychotherapiegesetzes sehen, die durch tiefenpsychologische oder behaviorale Nachschulungen zu „RichtlinienpsychotherapeutInnen" werden konnten, also „zu ihrem Besten" *zwangsintegriert* worden sind, dafür aber ihre Identität wechseln mussten. Das ist ein schlimmes Beispiel aus jüngster Zeit aus dem Bereich der Psychotherapie – und wir haben dagegen jahrelang angekämpft: „Nur zwei Grundorientierungen oder eine plurale Psychotherapie?" – „Vielfalt der Ansätze erhalten" (*Petzold* 1992o, 1995p). Dem waren über die ganze Psychotherapiegeschichte üble Ausgrenzungskämpfe, vor allem in der Psychoanalyse vorausgegangen, Leuten gegenüber, die man **desintegrieren** wollte (*Ferenczi, Rank, Reich* sind da berühmte Opfer, weil sie sich nicht auf eine enge *Freud*sche Sicht von Psychoanalyse „integrieren" lassen wollten. Wir haben das geschichtsbewusst in vielen Beiträgen in unserer Zeitschrift „Integrative Therapie" dokumentiert, Jg. 2003, 2006).

Auch in Vereinen, Gruppen, Teams kann es also zu solchen *„majorisierenden Integrationen"* bzw. *„Zwangsintegrationen"* kommen oder zu Phänomenen, dass Teilgruppen kein ausreichender Raum für den Ausdruck ihrer Identität erhalten, weil sie zwangsintegriert sind[8]. Die Schweizer Psychotherapie-Charta hat hier eine besondere, historisch einzigartige Bedeutung, wie wir immer wieder betont haben (*Petzold* 1992q, 1996c; *Petzold, Sieper* 2001d, 2006b), weil sie dem „Schulenstreit" eine **„Schulenkooperation"** entgegengesetzt hat.

Im Kontext von Migration, Ausländer- bzw. Zuwanderungsgesetzen wird heute in der BRD erstmals die „Integration von Ausländern" (§§43, 45 Aufenthaltsgesetz) gesetzlich geregelt und der Staat zur „Förderung der Integration" – was immer das heißt

---

[8] In Österreich hatte das dazu geführt, dass viele Integrative Therapeuten schließlich aus dem gemeinsamen Dach der „Integrativen Gestalttherapie" im ÖAGG ausgetreten sind (*Petzold* 2006s), nachdem es lange Unfrieden gab, und sie deshalb ihre eigene staatliche Anerkennung (erfolgt im Dez. 2005) für ihr Verfahren, die „Integrative Therapie", erreichen konnten.

– verpflichtet. Die Probleme zum Thema „deutsche Leitkultur" oder zum „Asylantenproblem" und zur „Einbürgerung" in der Schweiz und in den anderen europäischen Ländern sind hinlänglich bekannt und zeigen: das Integrationsthema ist auf dieser sozialen und politischen Ebene ein prekäres und ubiquitäres. Erwähnt seien hier nur kurz die seit langem kontrovers geführten sonderpädagogischen Diskussionen zur **Integration** Behinderter oder im gerontologischen Bereich zur „**Desintegrierung**" und „**Desozialisation**" (*Woll-Schumacher* 1980; *Petzold, Bubolz* 1976) von alten Menschen, Themen, zu denen wir gerade in der IT Positionen und Praxisprojekte entwickelt haben (*Petzold* 1985d, 1993i, 2005a; *Petzold, Müller* 2002, 2005, *Petzold, Zander* 1985). Wir verwenden also den Integrationsbegriff reflektiert und durchaus problembewusst, und wir haben seinen Risiken ganz gezielt Konzepte und Praxen entgegengestellt, die wir entwickelt haben: die Idee einer „**konnektivierenden Integration**", die von „**Konvivialität**" als „gastlichem Raum" (*Orth* 2002; *Petzold* 2000a, 2001b, 2006n) gekennzeichnet ist, **Ko-respondenz** und **Polylog**, das Alteritäts- und Differenzdenken, praktisch umgesetzt in „Exchange-learning-Aktionen" (*Petzold, Laschinsky, Rinast* 1979), einer elaborierten Netzwerktherapie (*Brühlmann-Jecklin, Petzold* 2004; *Hass, Petzold* 1999) und die vielen konkreten Projekte, die wir mit unseren KollegInnen im Migrations-, Sucht-, Selbsthilfe-, Altenbereich und in der Hilfe für Traumaopfer realisieren konnten (*Petzold, Josić, Erhardt*, 2003; *Petzold, Schay* u. a. 2004; 2006; *Petzold, Schobert* 1991; *Petzold, Wolf* u.a. 2000, 2002; *Müller, Petzold* 2003 usw. usw.). Man muss über solche Probleme nicht nur reden, *man muss etwas tun*, und hier haben FPI und EAG einen großen Einsatz für „**konnektivierende, konviviale Integrationen**" gezeigt, wie man ihn sonst im Bereich der Psychotherapie von Ausbildungsinstitutionen nicht gerade häufig findet. „Soziales Engagement" ist aber das „4. Ausbildungsziel" all unserer Ausbildungscurricula (*Petzold, Sieper* 1972b, idem 1988n, 603) und das ist immer auch eine Arbeit für ein *integriertes, konviviales Gemeinwesen*. Weiterhin ist eine politisch bewusste, kulturkritische Haltung das „4. Leitprinzip" des Integratives Ansatzes (idem 2003a, 26).

Integrative Psycho-, Sozio- und Leibtherapie haben damit für ihre Interventionspraxis immer ein konnektivierendes **Integrations-Ziel** „*integrierter, sozialer Bezüge, Gewinn von tragfähigen, sozialen Netzwerken, Freundschaften, Familien und vielfältigen 'social worlds' sowie die Reduktion von Entfremdung und die Steigerung von Zugehörigkeit*" (ibid. S. 10 und *Petzold, Sieper* 1993a, 459 Sp. 2), wobei „*Netzwerktherapie, Soziodrama, Familientherapie, Selbsthilfegruppen, Wohngemeinschaftsarbeit und Projektarbeit als methodische Wege verwendet werden*", so *Petzold, Petzold* (1993, 459) in ihrer Arbeit.

„**Integration" ist in der IT ein fachsprachlicher Begriff**, hinter dem eine differenzierte Integrationstheorie steht, die sich über die Jahre immer weiter entwickelt hat. Dabei ist zu beachten, dass er von uns zuerst in Frankreich in französischen Texten gebraucht und aus französischer Lektüre von „Integrationsautoren" geschöpft wurde und da bedeutet

„intégration *f* 1. Integration *f*; Integrierung *f*; POL, ÉCON a Zusammenschluss *m*; *dans un ensemble a* Eingliederung *f*, Einbeziehung *f* (*dans* in + *acc*); *intégration raciale* Aufhebung *f* der Rassentrennung; *intégration sociale* soziale Integration. Langenscheidt 2005, Berlin und München.

Dabei wird dann der Begriff „*ensemble*" aus dem Hintergrund zu heben sein und muss in seinem zum Gestaltbegriff (frz. *forme*) unterschiedlichen Bedeutungsreichtum gesehen werden. Ich hebe einige hier relevante Hauptbedeutungen von „*ensemble*" hervor (Bezügen zu *Georg Cantor*s Mengenbegriff und Mengenlehre, théorie des ensembles von 1874 gehe ich nicht nach):

Gesamtheit *f*; Ganzheit *f*; *de questions etc* Komplex *m*; *l'ensemble des faits* die Gesamtheit oder der Komplex der Fakten; *loc/adj d'ensemble* Gesamt; *harmonie*, Zusammenspiel *n*, -wirken *n*, -klang *m*; Übereinstimmung *f*; *œuvre manquer d'ensemble* nicht ausgewogen, einheitlich, harmonisch sein; Ensemble *n*; *ensemble instrumental, vocal* Instrumental-, Vokalensemble; *impression f d'ensemble* Gesamteindruck *m*; *plan m d'ensemble* Gesamt-, Übersichtsplan *m*; *vue f d'ensemble* Gesamtansicht *f*; Überblick *m*, -sicht, *de meubles etc* Garnitur *f*; Gruppe *f* (ebenda).

Der Bezug auf ein „*ensemble*" kann summativ sein aber auch durchaus übersummativ, das muss man jeweils untersuchen. *Ensemble* ist von der Qualität deutlich anders zu sehen als der Begriff „Gestalt" im gestalt- oder ganzheitspsychologischen Sinne oder im Sinne des hegelianischen Ganzheits- oder Synthesegedankens, der bezeichnender Weise von *Derrida*, diesem genialen französisch-jüdischen Denker, mit seiner Kritik der Dialektik *Hegel*s dekonstruiert wird. Mit diesem Referenzphilosophen der Integrativen Therapie ist uns der Bezug zur „Vielheit, Vielfalt" unter der Perspektive der „Differenz, différance" wichtig (*Deleuze, Foucault, Lyotard, Ricœur* haben eine ähnliche Betonung des Differenz-Momentes). Genauso wichtig ist aber auch die Perspektive der „Ganzheit, Gestalt, Synthese, Synergie, Integration". Man muss das nicht antagonisieren, sondern kann zu einem differentiellen Gebrauch von Begriffen kommen, denn

„Das Erfassen der Wirklichkeit geht nur im Auseinandersetzen mit ihren vorfindlichen 'Materialien in ihrem Zusammenspiel' (*ensemble*), d. h. in der Wahrnehmung von *Differenzen* und Verbundenheiten (*synapsis, ensemble*) und in der Wahrnehmung der Prozesse und Ergebnisse dieses 'Zusammenspiels' von *Differenzierungen und Integrierungen*, das bei *Differenzen* bleiben oder zu *Integrationen* finden kann, denn nicht alles lässt sich integrieren, aber alles ist in Entwicklung - Evolution." (*Sieper, Petzold* 1965).

Hier wird die Möglichkeit der Unterscheidung des *Ergebnisses* und des *Prozesses* eines Spiels der **Differenzen** und **Integrationen** betont, den zu unterscheiden die deutsche Sprache mit der eher selten benutzten Unterscheidbarkeit der Begriffe **Integration** (er verbindet beide Bedeutungen) und **Integrierung** erlaubt.

„Integration im zwischenmenschlichen bzw. sozialen Bereich – zwischen Gruppen, in der Familie, zwischen Freunden, in der Therapie usw. – erfordert mehrperspektivisches Wahrnehmen und komplexes Erfassen von Materialien, Ereignissen, Problemen, Aufgaben oder Konzepten aus dem Lebenskontext oder aus dem erinnerten oder antizipierten Lebenskontinuum in einer Art und Weise, dass in Ko-respondenz, in intersubjektiver Begegnung und ko-kreativer Auseinandersetzung Einzelfakten sich zu übergeordneten Zusammenhängen [*ensembles*]verbinden, die oftmals die etablierten Grenzen überschreiten und die Qualität eines *Neuen* haben. Dieses Neue macht wiederum Akte der **Differenzierung, Integration** und **Kreation** möglich – eine spiralige Fortbewegung, die beständig neue Zusammenfügungen schafft, neue Formen gebiert und genau in diesem Geschehen **Sinn** und **Freiheit** aufleuchten lässt" (*Petzold* 1970c/1993a, 1350f.).

Abb. 7: Herakliteische Spirale von *Johanna Sieper* 1965

Die von mir 1965 in Paris entworfene „herakliteische Spirale", die FPI-Spirale (*Sieper, Petzold* 1965: „Spiralmotive – Skizzen, Überlegungen, Materialien"), war Ausdruck und Symbol unseres Denkens und ist es bis heute geblieben, denn eine offene, sich fortschreibende Spirale bietet die Möglichkeit fortschreitender, sich überschreitender Entwicklung (*Petzold, Sieper* 1988b: „Die FPI-Spirale – Symbol des „heraklitischen Weges"). Die Spirale wurde damals auch zum das Logo der kleinen, wissenschaftlichen Filmgesellschaft „Eikon", die wir gegründet hatten (ich hatte in Düsseldorf 1960-1964 zunächst Kunst, Graphik, Design studiert, ehe ich Ende 1963 nach Paris ging).

Ich hatte versucht, mit diesem Spiralbild solche „offenen Integrationen" darzustellen, die immer wieder Plateaus, symbolisiert durch die mehrperspektivischen Dreiecke, ermöglichen, d. h. „Strukturebenen auf Zeit", die aber nicht als eine stationäre, „geschlossene Gestalt" aufgefasst wurden, sondern sich für neue Integrations- und Kreationsprozesse in weiteren Übergängen öffneten. *Verbinden und aufs Neue verbinden*, das war für uns damals in Paris das Richtige. Das waren die Impulse der *Simone de Beauvoir*, deren autobiographische Selbstdokumentationen – Mémoires d'une jeune fille rangée (1958), La force de l'âge (1960), La force des choses (1963) – wir damals lasen (*Petzold* 2005t) und die genau ein solches, permanentes Integrieren in einem Leben, *einem Frauenleben*, erfahrbar werden ließen. Für mich war das besonders wichtig und auch für *Ilse Orth*, die damals gleichfalls in Paris studierte, das 68er Klima erlebte (*Sieper* 2005a) – wir kannten uns damals noch nicht, tauschten uns später aber über unsere Erfahrungen und Quellen aus. Bei *de Beauvoir* fand sich für mich damals schon die sich ankündigende poststrukturalistische Vielfalt „ohne Zentralautomat", wie *Deleuze* das nannte.

Unser Integrationskonzept ist ohne Berücksichtigung des zeitgeschichtlichen und kulturellen Kontextes, ohne Blick auf die Quellen unseres Integrationsgedankens nicht wirklich zu erfassen. Der Kontext ist das *„transversale"* Pariser intellektuelle Milieu der sechziger und siebziger Jahre und der französische Begriff *„l'intégration"* hat eine etwas andere Tönung als der deutsche, er fokussiert stärker eine verbindende, konnektivierende Qualität.

1 - fait d'intégrer ou de s'intégrer
2 - fait de coordonner l'activité de différents organes ou entre les membres d'une même société
3 - fait d'adjoindre à l'activité d'une entreprise des activités connexes se rattachant à sa production
4 - en mathématiques, calcul de l'intégrale d'une fonction ou résolution d'une équation différentielle
Encyclopædia Universalis, Paris 2005

Der von uns damals erfahrene Kontext war z. B. die „Integrationspsychologie" des *Pierre Janet* (er prägte diesen Begriff) oder des komplexen, integrativen Lernens von *Lev S. Vygotskij* und *Alexander R. Lurija* (*Sieper* 2001; *Petzold, Sieper* 2003, 2006), die Integrationsidee der Phänomenologie von *Maurice Merleau-Ponty* oder das integrierende Philosophieren *Paul Ricœur*s (1996, 2000) mit seiner integrativen Hermeneutik oder die integrierende Gender- und Biographietheorie von *Simone de Beauvoir*. Sie alle vertraten in ihrem Leben und Werk eine Konzeption beständigen, *vernetzenden Integrierens*, die den Integrativen Ansatz sehr beeinflusst hat – vgl. die Nachrufe und Dedikationen für *de Beauvoir* und *Ricœur* von *Hilarion Petzold* (2005p, t).

Es ist leicht ersichtlich, dass hier ein anderer Integrationsbegriff ins Spiel kommt als der, den *Fritz Perls* in seiner faszinierenden und eigenwilligen Autobiographie „In and out the garbage pail – Verlorenes und Wiedergefundenes aus meiner Mülltonne" (1969) vertritt, wenn er in seinem letzten Lebensjahr die bunte Vielfalt seines Lebens explizit als Integrationsarbeit mit dem Ziel einer „bedeutsamen Gestalt" als Ergebnis am Lebensende auffasste: „Junk and chaos come to halt! 'Stead of wild confusion, form a meaningful Gestalt at my life's conclusion" (*Perls* 1969). Auch seine frühe Arbeit „Therapy and technique of personality integration" (*Perls* 1948), ein Integrationsansatz, den er später nicht weiter verfolgte – er entschied sich dann für ein, d. h. „sein" Verfahren und für den Namen „Gestalttherapie" – hatte eine andere Orientierung, als wir sie vertraten. *Perls* betonte uns zu sehr den metabolisierenden „*Assimilationsgedanken*": zerkleinern und zerkauen, verdauen, assimilieren, dem eigenen Organismus, der eigenen Gestalt eingliedern (vgl. auch Perls 1973, 1980), das ist *eine* Möglichkeit, aber darf m. E. nicht zum einzigen oder zum dominanten Modell werden, damit ist es nämlich kein Integrationsmodell mehr, sondern wird zu einer falschen Metaphorik.

Für die Integrative Therapie hingegen ist **Integration** unlösbar mit der Idee der **Differenz** verbunden, denn „eine Differenzierung macht *Integration* im Sinne 'methodenübergreifender' Konzeptbildung oder 'methodenverbindender' Methodik und Praxeologie überhaupt erst möglich, bietet die Basis für wissenschaftliche *Diskurse*" (*Petzold* 2003a, 53), deren „Erträge es zu berücksichtigen gilt und zwar primär als **Integration im Sinne einer Konnektivierung** (schwache Integration). Weitaus seltener finden wir **Integration im Sinne einer übergreifenden Modellbildung**, die die Ausgangsmaterialien assimiliert, einschmilzt, so dass sie kaum mehr identifiziert werden können (starke Integration)" (ibid. S. 61). Die Gefahr, dass hier Wesentliches verloren geht, ist groß. *Derrida* hat mit seinem Ansatz der „Dekonstruktion" gezeigt, dass solche assimilierenden Integrationen letztlich nicht aufrecht zu halten sind.

In der IT wird eine Position vertreten, die wir als **„differentielles Integrationskonzept"** bezeichnen, das in unseren Schriften immer wieder ausgeführt wurde und auch die Grundlage unserer Praxis ist. Es geht um „Verknüpfungen, die durch zwei Leitprinzipien geschehen: das *Synopse-* und das *Synergieprinzip* (Prinzip des Zusammenschauens und Zusammenwirkens, Petzold, Sieper 1977a, 31). „In der *Synopse* werden unterschiedliche oder divergente Informationen nicht nivelliert; sie werden nebeneinander und miteinander gesehen, wobei das 'Gesamt der Information mehr und etwas anderes ist als die Summe der Teilinformationen'" (*Petzold* 1974j, 303). So unsere Position 1974, die wir schon bald (idem 1975h) modifizierten, indem wir formulierten „[mehr und] etwas anderes", das „mehr" also wegklammerten. Wir hatten im Gespräch mit unserem damaligen Ausbildungskandidaten, späteren Kollegen, dem Gestaltpsychologen *Hans-Jürgen Walter*, dazugelernt, dessen Schriften in der Gestalttherapieszene notorisch übergangen werden!

In unseren Integrationsbemühungen wurde und wird von keinem Konzept einer zu erstrebenden „Megadisziplin" oder „Supertherapie" ausgegangen – sei es die einer „allgemeinen Psychotherapie" (*Grawe* 1998) oder sei es die einer „klinischen Metascience". Eine „klinische Philosophie", ja, aber keine mit „dem universellem Anspruch *eines* übergreifenden Integrationsmodells oder mit hegemonialem Erklärungs- und Geltungsanspruch" (*Petzold* 1999r). Das wird uns irriger Weise ab und an unterstellt, offenbar weil man nicht nachgelesen hat, was wir wirklich geschrieben haben, oder weil man das formale Metamodell des „Tree of Science" als umfassendes Explikationsmodell missversteht – es ist ein Strukturraster! Wir gehen von *differentiellen Integrati-*

onsmöglichkeiten für verschiedenartige Aufgabestellungen und Problemlagen aus und nutzen dazu dieses Integrationsraster.

Ich stelle deshalb unsere Integrationsauffassung im Folgenden anhand unserer Schriften aus der Integrativen Therapie zusammen (*Petzold* 1974j; 1988n, Bd. 1-2; 2003a, Bd. 1-3; 2002b; *Petzold, Sieper* 1993; *Petzold, Orth* 1990, 1999, 2005): „Integration" geschieht in einer Dialektik von Exzentrizität und Zentriertheit, von Unizität und Pluzirität in einer – auf einer individuellen und kollektiven Ebene – beständig wachsenden *Sinnerfassungs-, Sinnverarbeitungs-* und *Sinnschöpfungskapazität* im Meer der *Diskurse*, in einer konnektivierenden Leistung *„zentrierter Exzentrizität"* und *„exzentrischer Zentrierung"*, (idem 2002b).

Integration wie wir sie in unserem Ansatz verstehen, ist kein summativer *Eklektizismus*, auch das wird uns unterstellt. Dass dies unzutreffend ist, sollte in den bisherigen Überlegungen zu einer „differentiellen Integrationstheorie" deutlich geworden sein. Ihr Ordnen und Sichten, ihr Konnektivieren zielt auf Klärung von Positionen und, wo möglich, auf dialektisches Vorantreiben von potentiellen Synthesen. Dabei richten wir uns auf *Heraklit*s Form der Dialektik (*Petzold, Sieper* 1988b), Widersprüchliches, so es geht, zu verbinden, wobei eine höhere Ebene gewonnen werden *kann*, nicht muss. In diesem Prozess spielt die von *Sokrates* und *Platon* entfaltete Dialektik als allgemeine Methode der Wahrheitsfindung durch Überwindung widersprüchlicher Meinungen im Dialog – wir sprechen von „polylogischen Ko-respondenzen" (*Petzold, Sieper* 1977a, *Petzold* 1978c, 2002c) – eine zentrale Rolle. Wesentlich ist, dass nicht alle Widersprüche aufgelöst werden können, sondern dass auch fruchtbare Differenzen bestehen bleiben können, die allerdings als *konnektivierte* nicht zu destruktiven Antagonismen ausufern müssen.

»**Integration** ist nicht [...] Assimilation, sondern die Konnektivierung von Verschiedenem in unterschiedlichen **Integrationsdichten**, auf unterschiedlichen Integrationsniveaus, mit unterschiedlichen Integrationsstilen, stets aber so, dass Differenzierung nicht assimiliert wird, Differentes als Differentes bleiben kann – integriert durch Konnektivierung« (*Petzold* 1997s, 55).

So wird die *horizontale* Orientierung gesehen, die in stärkerer oder schwächerer **Intensität** oder Dichte, d.h. in Verbindungen von höherer oder geringerer Prägnanz realisiert werden kann, wobei sie in unterschiedlichem Maße Kontingenz und Komplexität reduziert oder erhält. Wir sehen aber auch noch eine *vertikale* Orientierung der Integration, die zumeist mit ihrer *starken* Intensität der Integrationsarbeit und -prozesse neuen Formen/Gestalten hervorbringt.

„**Integration** von hoher Integrationsdichte kann bloße Konnektivierung überschreiten und dabei zu neuen Formen finden, zu neuen Schemata, Stilen, neuen Strukturen, die Komplexität und Kontingenz als 'starke Integrationen' reduzieren. In sorgfältigen Dekonstruktionen bleiben dabei die Ausgangsmaterialien erkennbar, so dass eine 'Integrationsgeschichte' rekonstruierbar wird, Integrationsarbeit nie ahistorisch wirkt" (idem 1999r, 22).

Beide Orientierungen können verbunden werden:

»**Integration** ist primär ein Prozeß der **Konnektivierung** von Verschiedenem (nicht etwa eine

Einverleibung), das damit in Ko-respondenz gebracht wird. Sie ist in einem zweiten Schritt differentielles Angleichen auf verschiedenen Ebenen bei Wahrung von Unterschieden. Nie ist sie Nivellierung oder Assimilation, denn sonst gäbe es bald nichts mehr zu integrieren. Im Konnektivieren kann es – je nach Dichte bzw. Intensität der Vernetzung – zu kokreativen Phänomenen bzw. Prozessen kommen, die übergreifende, - K o m p l e x i t ä t in unterschiedlichem Ausmaße reduzierende/erhaltende (*Luhmann* 1968) und K o n t i n g e n z in unterschiedlichem Umfang aufhebende/erhaltende **Synergien** generieren. Derartige Prozesse können eine **Transgression** zu neuen, übergeordneten Niveaus bewirken oder eine differenziertere Sicht und Strukturierung des vorhandenen Niveaus. Beides ist mit qualitativen Veränderungen verbunden, die ohne Verlust der verschiedenen Ausgangsmaterialien erfolgen. Jede durch Integration entstandene Einheit oder Verbindung behält die Markierung der Differenz, jeder integrierende Konsens trägt in sich die Signatur des Dissens« (*Petzold* 1999r, 22).

Von entscheidender Wichtigkeit sind hier **Ko-respondenzprozesse** (*Petzold* 1991e; *Petzold, Orth, Schuch, Steffan* 2001), die eine Wertung von Integrationsprozessen und -leistungen ermöglichen und in koreflexiven Prozessen einem wilden, ungeregelten Eklektizismus entgegenwirken und Prozesse eines „systematischen, kritisch reflektierten Eklektizismus", der als Vorgang des Sammelns eine nützliche Durchgangsphase in Integrationsbemühungen sein kann, gegensteuern:

Dadurch, dass ein *Panorama von Differentem* ausgebreitet wird, kann Verschiedenes vernetzt, in *„Bricolagen"* (*Lévy-Strauss* 1972), *„Collagen"* (*Petzold* 2001b) zusammengestellt werden, ist es möglich, unterschiedliche Diskurse und Diskursebenen zu konnektivieren, zwischen ihnen zu vermitteln, wie es die Arbeit von *Ricœur* kennzeichnet (*Mattern* 1996, 211ff.), dem wir folgen, wenn er ausführt: „Ich neige dazu, die Welt des Diskurses als eine Dynamik von Attraktionen und Repulsionen aufzufassen, die unaufhörlich Sektoren mit dezentrierten organisatorischen Ausgangspunkten zueinander in Wechselwirkung bringen, ohne dass dieses Wechselspiel je in einem absoluten Wissen zur Ruhe käme, das seine Spannungen in sich auflöste" (*Ricœur* 1986, 283). Aus solchen „Konnektivierungen" resultiert keineswegs ein chaotischer Wirrwarr, sondern in der Vernetzung entsteht etwas, was man mit einem Term von *Ricœur* „*synthèse panoramique*" bezeichnen kann, eine „Synthese der Überschau".

Darin differenzieren wir:

> **Abb. 8: Das Modell „schwacher" und „starker" Integrationen**
>
> 1. »Zum einen **„schwache"** bzw. **„collagierte Integrationen"**, deren integrative Leistung darin besteht, Verschiedenes, Getrenntes, Unverbundenes in Kontakt zu bringen, zu *konnektivieren*, zu vernetzen. Gehört man zu einem Netz, ist man verbunden und in einer „leichten" Weise integriert – wie minimal auch immer. Diese Form unterscheidet sich von den
> 2. **„starken Integrationen I"** bzw. **„intentionalen Integrationen"**. Diese kom-

> men durch einen Metadiskurs zustande, durch dialektisierende und metahermeneutische Prozesse der Systematisierung und Elaboration, die Verschiedenes, Informationen, ja ganze Wissenssysteme in einer *übergeordneten Synthese* zusammenführen. Dafür wurden ausführlich spezifische Integrationsregeln erarbeitet (*Petzold* 1994a; 1998a; *Petzold, Sieper* 1993, 53ff, 56ff, 65, 68 und besonders 78, siehe unten Abb. 9. Es tauchen aber ungeachtet solcher, mit hohem Arbeitseinsatz und systematischer Ausarbeitung gewonnenen starken Integrationen noch weitere Phänomene auf, die
> 3. als „**starke Integrationen II**" bzw. „**emergente Integrationen**" bezeichnet werden (*Petzold* 1988t, 5, 2002b). Sie entstehen bei hoher informationaler Dichte in hoch- oder gar hyperkonnektivierten, polyzentrischen Wissensnetzen/Systemen. Es handelt sich um Synergiephänomene (*Petzold* 1974j, 303f), Prozesse „dynamischer Regulation" (*Petzold, Orth, Sieper* 2005), die in komplexen Systemen immer wieder aufgrund nichtlinearer Vernetzungen in systemischer Selbstorganisation „emergieren" als eine neue, jede einfache Dialektik aufsprengende, umfassende und offene Realität« (*Petzold* 2002b).

»**Integrationen** entstehen aber auch in hermeneutischen Verdichtungsprozessen oder in „*dichten Beschreibungen*" (*Ryle* 1971) von Sachverhalten, Prozessen, „Mensch-mit-Mitmenschen-in-Situationen" (*Petzold, Sieper* 2006). Die verschiedenen Integrationsmodalitäten können sequenziell aufeinander folgen, zuweilen auch synergetisch zusammenwirken. Sie können metareflexiv überdacht werden und bleiben, da ihre Ausgangskomponenten bekannt bzw. identifizierbar bleiben, auch prinzipiell veränderbar bzw. reversibel. Integrationen sind damit nicht physiologischen Assimilationen gleichzusetzen« (*Petzold* 2002h).

Bei einem solchen „*differentiellen Integrationskonzept*", wie es der Integrative Ansatz vertritt, könnte die Frage entstehen, welchem Integrationstyp der Vorzug zu geben sei, aber genau diese Frage ist nicht schematisierend zu beantworten, sondern wird jeweils Gegenstand ko-respondierender, hermeneutischer/metahermeneutischer Untersuchungen werden müssen.

„**Ko-respondenz** gründet in **Prozessen** grundsätzlichen In-Beziehung-**Seins**, In-Beziehung-Tretens oder In-Beziehung-Setzens unterschiedlicher Realitäten: z. B. von Menschen und Gruppen, Wissensdisziplinen und -feldern, ein Konnektivieren mit hoher Vernetzungsdichte, das die Chance bietet, zu 'starken Integrationen' als intentional erarbeiteten Überschreitungen (Typ I) oder spontan emergierenden Transgressionen (Typ 2) zu kommen – oft ist es eine Synergie von beidem –, zu einer innovativen Transzendierung des Bisherigen im Entstehen von übergeordneter Novität, fundamental **neuen** Formen, Strukturen, Qualitäten als 'starken Synergemen'. Aber es gibt auch 'schwache Integrationen' als Generierung von Formen, Strukturen, Qualitäten von geringerer Novität, 'schwache Synergeme', die mit einem geringem Grad an Konnektivierung die Unterschiedlichkeiten des

Gegebenen wahren, sie jedoch in *neuer* Weise in Beziehung setzen, indem sie etwa Ko-respondenzen intensivieren, Prägnanzen erhöhen, Sinngehalte verdeutlichen. Dabei kommt es zu einem beständigen Wechselspiel von **Konsens** und **Dissens**, einer oszillierenden Diskursivierung von Wissensständen und Positionen mit den Möglichkeiten von Konvergenzen und Divergenzen, Realitäten, die konkordant und diskordant sein oder werden können, aber dabei durch ihre wechselseitige Responsivität Ausdruck von Verschiedenheit **und** Verbundenheit sind und diese zugleich auch **schaffen**, indem sie beständig ko-kreativ Anderes, Wirklichkeiten von unterschiedlichen Graden an **Novität** hervorbringen und **komplexes Lernen** durch Differenzierung, Integration und Kreation/Kokreation ermöglichen. Die Epitheta 'schwach' und 'stark' sind nicht im Sinne einer Bewertung, sondern einer Differenzierung anzusehen" (idem 1999r, 22; vgl. 1978c, 1991e).

In dieser Arbeit der **Ko-respondenz** und der dahinterstehenden integrativtherapeutischen Theoriearbeit und Praxiserfahrung hatte *Petzold* stets einen *doppelten Zugang* gewählt: den **multitheoretischer** bzw. **theoriepluraler Konzeptarbeit** und den collagierender und verdichtender „**transversaler Hermeneutik und Metahermeneutik**" (idem 2001b), Hermeneutik, die sich selbst zum Gegenstand des „*hermeneuo*" macht und sich dabei immer wieder überschreitet. Das wird z. B. in „**dichten Beschreibungen**", ein durch uns von *Ryle* (1971) adaptiertes Konzept, möglich (*Petzold, Sieper* 2006). Durch das Zusammenspiel beider Zugehensweisen können hinlänglich tragfähige **Positionen** und **Pragmatiken** „auf Zeit" für wesentliche Themen im Allgemeinen (z. B. Willen und Wollen, Macht, Identität, vgl. idem 2001j) und für diese Themen im Besonderen gewonnen werden, wie sie uns bei konkreten „Menschen-mit-Mitmenschen-in-Situationen" begegnen.

1. Der erste **multdisziplinäre** und **multitheoretische Zugang** (*Petzold* 1998a) wird bei komplexen Themen, etwa epistemologischer und anthropologischer Art, notwendig – z. B. das Bewusstseins-, Freiheits-, das Körper-Seele-Thema – um einen *interdisziplinären* Bezug auf vielfältige Wissensdisziplinen zu gewährleisten. Mit dieser Interdisziplinarität wird es möglich, einen „**multitheoretischen Theoriefundus von hinlänglicher Konsistenz**" (*Petzold* 1998a, 2001a) zu erarbeiten, durch den man im Praxisfeld theoriebegründet *handlungsfähig* bleibt und dabei die Möglichkeit empirischer Absicherung und wissenschaftlicher Weiterentwicklung, Wirksamkeits- und Unbedenklichkeitsnachweise nicht verschenkt, denn nur theoriebegründetes Handeln ist letztlich beforschbar und kann damit verbessert werden (*Steffan, Petzold* 2000). Der Verzicht auf konzeptuelle Vielfalt bei derart komplexen Themen wie das des Willens und der Freiheit, wenn man sich (vorschnell) für *eine* Lösung, Lesart, Forschungslinie entscheidet, wäre gleichbedeutend mit dem Verzicht auf einen – zumindest für die Psychotherapie unverzichtbaren – Erkenntnisgewinn über den Menschen als Einzel- und Kollektivwesen. Wir brauchen diese interdisziplinäre Vielfalt, um uns selbst zunehmend zu verstehen und um uns vielleicht vor uns selbst zu bewahren.

Wie aber handlungsfähig bleiben in dieser Vielfalt und z. T. Unbestimmtheit multitheoretischer Positionen? Dennoch müssen Psychotherapeuten und Psychiater handeln. *Peter Janich* (2006, 93) unterstreicht die grundsätzliche, aber funktional durchaus plausible Differenz der Menschen- und Weltbilder von Natur- und Geisteswissenschaften, die Unterschiedliches auf *unterschiedliche Weise* und mit unterschiedlichen Geltungsansprüchen erklären, und das ist ein **multitheoretisches** Vorgehen: Die *Naturwissenschaften* blicken auf die Seite des Menschen, die die „naturgesetzlich-kausal funktionierende Materie" betrifft. Die *Geisteswissenschaften* schauen auf die Seiten des Menschen, mit denen er als Erkennender in seinen Erkenntnissen (auch über Geist und Gehirn) „von Kulturleistungen wie einer semantisch gehaltvollen und wahrheitsfähigen Sprache [....] abhängig" ist (ibid.). Deshalb sei „an die Stelle von Exklusivitätsansprüchen [....] eine sinnvolle Art der Komplementarität und der Kooperation natur- und geisteswissenschaftlicher Beiträge zu setzen. Diese muss nicht erst philosophisch neu erfunden werden, sondern liegt im medizinischen Pragmatismus historisch und aktuell bereits vor" (ibid.).

Einen derartige Pragmatik, die auf notwendige Kausalerklärungen nicht verzichtet, gleichzeitig aber darum weiß, dass diese Erklärungen für viele Phänomene des menschlichen Miteinanders nicht greifen und andere Wege erforderlich machen, ist in der Tat eine Position, die wir mit Blick auf den Stand der derzeitigen Diskussion „in pragmatischer Hinsicht" auch für die Psychotherapie geltend machen (*Petzold, Sieper* 2006). Man sollte indes in der Wissenschaft nicht bei Pragmatiken und Heuristiken stehen bleiben, sondern sie zur Grundlage weiterführender Arbeit machen, auch wenn man in der Praxeologie sich immer wieder auch mit solchen Ansätzen bescheiden muss – *for the time being*.

2. Der zweite Zugang, der einer **collagierenden** und dann **verdichtenden, transversalen Hermeneutik** und **Metahermeneutik** (*Petzold* 2001b), kann u. a. „dichte Beschreibungen" verwenden mit ihren beiden Erkenntniswegen:
Dichte Beschreibungen sind „Rekonstruktionen der sprachlichen Mittel der Selbstthematisierung und Selbstbeschreibung, die das egologische Vokabular als theorieerzeugt begreift, sowie phänomenologische Lebensweltanalysen [...] Denn die Dimension des Mentalen ist keine Konstante, sondern hat sich kulturbedingt verändert und wird sich auch weiter verändern" (*Sturma* 2006a, 203f).

„Auf einer mittleren Abstraktionsebene erfüllen folgende Bestimmungen die Bedingungen für die Aufnahme in die dichten Beschreibungen der menschlichen Lebensform: 1. Selbstverhältnisse, 2. Bewusstsein der eigenen Endlichkeit, 3. Umgang mit der eigenen Körperlichkeit, 4. Ausdrucksvermögen, 5. Verstehen, 6. Kontemplation, 7. Anerkennungsverhältnisse und 8. Moralität. Diese Fähigkeiten und Eigenschaften lassen sich durch weitere Bestimmungen schrittweise konkretisieren: 1. Selbstbewusstsein, Ironie, personale Identität und Lebensplan, 2. Zeit- und Todesbewusstsein, 3. Leib (*le corps propre*), Bewusstsein, Unbewusstes, Sexualität, 4. Emotivität, Propositionalität, Kunst, Kultur und mögliche Welten, 5. Bildung, Erfahrung, Intelligenz, Intentionalität, Gründe, 6. Erhabenes, Mystik, Religiosität, 7. Antlitz (visage), Gegenseitigkeit, Selbstachtung, Würde, Mitleid, reaktive Haltungen [Reue oder Empörung, sc.] sowie 8. Tugend, Pflicht, Fairness, Gerechtigkeit" (*Sturma* 2006b, 203).

Wir führten aus (*Petzold, Sieper* 2006), dass in einer weiteren Konkretisierung solcher Themen – und sie erheben, wie der Autor betont, keinen Anspruch auf Vollständigkeit –, die Beschreibung und Selbstbeschreibung eines konkreten Menschen in den Blick genommen werden kann und muss mit den Themen, die für ihn gerade wesentlich sind. „In Fällen, wo nur eine der angeführten Fähigkeiten und Eigenschaften fehlt, muss von einer schwer wiegenden Einschränkung oder Beschädigung des Lebens einer Person ausgegangen werden", schreibt *Sturma* (ibid.); – das „muss" sollte abgeschwächt und in „ist zu vermuten" umgewandelt werden, aber der Aussage stimmen wir insgesamt zu. *Dichte Beschreibungen* in personaler Konkretisierung sind genau das, was in der psychotherapeutischen Arbeit das Verstehen des Patienten durch den Therapeuten und das Selbstverstehen des Patienten ermöglicht – wesentlich über die gemeinsamen Verstehensprozesse wechselseitigen „**Wahrnehmens, Erfassens, Verstehens** und **Erklärens**" – wie es die „hermeneutische Spirale" des Integrativen Ansatzes (*Petzold* 1991a) illustriert, wobei man in der stets gegebenen Vielfalt beständig Differenzierungs- und Integrationsarbeit, Abgrenzung, Auswahl, Zupassung von Konzepten zu leisten hat. Von den erlebten *Phänomen* des eigenleiblichen Spürens (*Hermann Schmitz* 1989, 1990) und der erfahrenen Lebenswelt findet man zu den *Strukturen*, die sich im Bereich des Phänomenalen artikulieren und damit zu *Entwürfen* für aufgeklärtes, sinngeleitetes und bedeutungshaltiges *Handeln*, bezogen auf die konkreten Menschen, mit denen man in der Therapie arbeitet und die durch „dichte Beschreibungen" uns in ihrer Personalität mit ihren *Ressourcen, Problemen* und *Potentialen* (*Petzold* 1997p) zugänglich werden können.

In all diesem polylogischen Geschehen kommen **Ko-respondenzprozesse** zum Tragen, und sie werden zugleich von derartigen **Polylogen** konstituiert, einer Hermeneutik, die sich zugleich begründet und in Frage stellt und dabei „transversal" wird. In einen solchen polytheoretischen Diskurs können aber, auf ihn selbst bezogen, auch noch andere Erklärungsparadigmen herangezogen werden, wenn man dieses Geschehen als nicht-lineare Informationsverarbeitungsprozesse versteht. Wir haben auch diesen Weg gewählt.

Er führt in den Bereich der nicht-linearen Systemtheorien, wie sie P. Anokhin (1967) mit dem Konzept der „funktionellen Systeme" und N. A. Bernstein (1965, 1975) mit seinen Forschungen zum Problem der „Freiheitsgrade" in komplexen Bewegungen erarbeitet haben[9]. Diese Ansätze haben die frühe Theorienbildung und bewegungs-

---

[9] Die Arbeiten des »bedeutenden russischen Physiologen und Experimentalpsychologen *Nikolai Alexandrovitsch Bernstein* (1896-1966), der als „Begünder der modernen Bewegungswissenschaften gesehen werden kann" (*Bong-*

therapeutische, klinische Praxis der „Integrativen Bewegungstherapie" von *Hilarion Petzold* (1970c) schon Ende der sechziger Jahre und damit auch die Integrative Therapie beeinflusst (*Sieper* 2001).

Und hier kommt noch eine weitere Quelle unseres Integrationsdenkens ins Spiel, die nur kurz angesprochen werden soll, die aber nicht fehlen darf, da mit ihr das integrative Kernkonzept des **„informierten Leibes"** verbunden ist (*Petzold* 1988n, 2002j; *Petzold, Orth, Sieper* 2005). Wir haben uns in unseren Pariser Studienjahren an der russisch-orthodoxen Fakultät im psychologischen Seminar von *V. N. Iljine* u. a. auch intensiv mit der russischen Psychologie und Psychophysiologie befasst, in der das Thema der **Integration** in vielfältiger Weise angegangen wurde. Die „Neuropsychologie", diese außergewöhnliche Integrationsarbeit ihres Begründers, des Hirnforschers, Sprachtheoretikers und Entwicklungspsychobiologen *Alexander R. Lurija*, befasste sich insgesamt mit den Integrationsleistungen – er sprach auch von „Syntheseleistungen" – des Gehirns: „Psychische Prozesse sind keineswegs unteilbare 'Funktionen' oder 'Fähigkeiten', sondern komplexe funktionelle Systeme, die aus der Zusammenarbeit der verschiedenen Gehirnfunktionen, von denen jede ihren Anteil am Aufbau dieser Prozesse beisteuern, hervorgehen" (*Lurija* 1992, 229). Mit *Anokhin, Bernstein* u.a. wird von einem „komplexen funktionellen System" (ibid. S. 31) gesprochen, in dem Teilbereiche zusammenarbeiten, einen „Beitrag zum System als Ganzem" liefern. „Das bedeutet, dass das *System als Ganzes durch eine Verletzung in irgendeiner dieser Regionen* gestört werden kann" (ibid.34). „Das Gehirn, das hat uns *Lurija* gelehrt, ist das Beispiel für ein Zusammenspiel von Teilfunktionen in einem Ganzen in permanenten Differenzierungs- und Integrationsprozessen, und wir betonen: *über die gesamte Lebensspanne hin*" (*Petzold* 1982c, 8). Das „Integrationsparadigma" ist heute eines der bedeutendsten Modelle des neuro-humoralen Funktionierens des Menschen (*Endroczi* et al. 1983; *Kandel* et al. 1995), in dem „Integration" grundsätzlich prozessual verstanden wird und das ist auch die Position der Integrativen Therapie. „Parler d'intégration nerveuse, c'est mettre l'accent sur les opérations accomplies par le système nerveux en son propre sein ou dirigées vers le monde extérieur plutôt que sur la description de son organisation structurale ou l'analyse, au niveau élémentaire, de ses mécanismes, en termes biochimiques ou biophysiques" (*Laget* 2005). Das ist keineswegs eine eliminutive, reduktionistische Position obgleich sie in einer solchen Gefahr von rigorosem, materialis-

---

aardt 1996, 3), [hatten] eine revolutionäre Theorie der Koordination im „motorischen Feld" (*Bernstein* 1935/1967, 62) entwickelt, ein neuromotorisches System, das das Problem der Freiheitsgrade komplexer Bewegungen durch ein *nonlineares* Modell (*Bernstein* 1975) zu erfassen bestrebt war: „The co-ordinational net of the motor field must be regarded, in distinction to a net in Euclidian geometry, firstly as non-rectlinear, and secondly as oscillating like a cobweb in the wind" (ibid. 48f). Ko-ordination kann dann definiert werden als „overcoming excessive degrees of freedom of our movement organs, that is, turning the movement organs into controllable systems" (1947/1996, 41). Die spezifische Schreibweise *Bernstein*s „Ko-ordination" hat bei *Petzold* Spuren hinterlassen: „Ko-respondenz", „Ko-orientierung", „Ko-kreativität", „co-emotiong" usw. sind bekanntlich bei ihm Schlüsselbegriffe (*Petzold* 1992a, 20f, 511ff, 805, 849, 1341, 903)« (*Sieper* 2001).

tischem Reduktionismus steht (*Churchland* 1986; *Portwich, Demling* 2000). Aber die Arbeiten von *Anokhin, Damasio, Edelman, LeDoux, Lurija, Kandel* u. a. zeigen: ohne neurobiologische Betrachtungsweise kann man den Menschen nicht *ganzheitlich* und *differentiell* zugleich verstehen, aber sie ist immer auch eine kontextualisierte – wie *Freeman, Gibson, Lurija*, in ihren Konzeptbildungen durchaus unterschiedlich ansetzend, verdeutlichen. Dabei geht es heute keineswegs mehr nur um „*cognitive neuroscience*" (*Gazzaniga*), sondern das Kognitionsparadigma ist heute erweitert um „*affective neuroscience*" (*Davidson, Barret, Panksepp*) – eine bedeutende Integrationsaufgabe, die damit vor uns liegt. Und jetzt ist noch mit dem Aufkommen der modernen Willensforschung eine „*volitional neuroscience*" (*Kornhuber, Libet, Singer,* vgl. *Petzold, Sieper* 2006a) auf den Plan getreten. Das sind neue Wege, die heute auch im Felde der Psychotherapie beschritten werden und werden müssen und die den Menschen als „embodied und embedded" sehen (idem 2002j, r), als ein Wesen, das sich leibhaftig in der Welt durch „dynamische Regulationen" steuert (*Petzold 1974j*, 304, Abb.III, 2002j, *Petzold, Orth, Sieper* 2005, *Varela* et al. 1991). Klinische Umsetzungen beginnen. Man sieht das z. B. in den Arbeiten von *Petzold, Wolf* et al. (2000, „Integrative Traumatherapie – Modelle und Konzepte für die Behandlung von Patienten mit posttraumatischer Belastungsstörung"), von *Schiepek* (2003, „Neurobiologie der Psychotherapie") und *Grawe* (2004, „Neuropsychotherapie", vgl. *Petzold* 2005q), die diese Entwicklungen kennzeichnen, welche von *Lurija*, ein Schüler und Mitarbeiter von *Vygotskij*, Mentor von *Oliver Sacks* (1993), Wegbereiter von *Antonio Damasio*, inauguriert worden sind in einer Integrationsleistung, die alles andere als reduktionistisch war, wie sein faszinierendes autobiographisches Werk „Romantische Wissenschaft" (*Lurija* 1993) zeigt.

„Die höheren psychischen Funktionen sind kompliziert organisierte funktionelle Systeme **sozialer Genese**. Deshalb ist jeder Versuch, sie in speziellen, eng begrenzten Abschnitten des Kortex oder in 'Zentren' zu lokalisieren, völlig ungerechtfertigt" (*Lurija* 1970). Ohne die neurohumoralen Grundlagen und ihre evolutionsgeschichtlichen Hintergründe zu betrachten, und das durchaus im Detail, ist das Verstehen des Menschen nicht möglich, dessen „Weg durch die Evolution" (*Petzold* 2005t) ein Weg beständigen Integrierens war, in dem sich sein Gehirn und besonders sein *Neocortex* als „**Organ des Integrierens**" – aus Integrationen hervorgegangen – entwickelt hat. Die Spuren dieser Entwicklung tragen wir immer noch in uns, eine Fähigkeit – die des Integrierens –, die uns weiterhin nachhaltig bestimmt. Deshalb sehen wir einen Primat der cerebralen Integrationstätigkeit *vor jeder anderen* mentalen Tätigkeit und betrachten die zentrale Arbeit der „**Mentalisierung**"[10] – ein Differenzierungs-

---

[10] »Unter *Mentalisierung* verstehe ich aus der Sicht der Integrativen Therapie die informationale Transformierung der konkreten, aus extero- und propriozeptiven Sinnen vermittelten Erlebnisinformationen von erfahrenen Welt-, Lebens- und Leibverhältnissen, die Menschen aufgenommen haben, in *mentale Information*. Die Transformierung geschieht durch *kognitive, reflexive* und *ko-reflexive* Prozesse und die mit ihnen verbundenen Emotionen und Volitionen auf *komplexe symbolische Ebenen*, die Versprachlichung, Analogisierungen, Narrativierungen, Mythen-

Integrationsgeschehen –, als ein Kernprinzip (*Petzold* 2005r, t) unserer Theorie, das von höchster Praxisrelevanz ist. Diese Sicht ist ein Grund, warum von uns in der Integrativen Therapie stets auch eine darwinistisch-evolutionstheoretische, heute evolutionspsychologische (*Buss* 2004; *Cosmides, Tooby* 1987; *Petzold* 1986h, 2006j) Position eingenommen wurde und unsere motorische, emotionale und kognitive Organisation, unser zerebrales Funktionieren auf evolutionärem Boden gesehen wird – die Evolutionspsychologie wird heute als ein Integrationsmodell für die Psychotherapie angesehen (vgl. *Kennair* in: Integrative Therapie, Heft 1, 2006), das uns noch so manches Geheimnis zu erschließen verspricht.

„Et c'est peut-être parce que le manteau néo-cortical de l'homme est, mieux que celui de tout autre mammifère, capable d'intégration, que le plus habile des artistes ne saurait éveiller en nous l'émotion esthétique si son œuvre ne porte pas en elle les obscurs et merveilleux reflets de ce monde enfoui de nos paléo-souvenirs et de nos paléo-conduites" (*Laget* 2005).

Lurija und *Vygotskij* haben die Verbindung von neurobiologischer und sozialer Realität und den Entwicklungsgedanken betont – deshalb sind sie so einflussreiche Referenzautoren der Integrativen Therapie geworden (*Sieper* 2001; *Petzold, Sieper* 2005). Sie haben die permanenten Differenzierungs- und Integrationsprozesse herausgestellt, die zwischen diesen beiden Realitätsebenen erforderlich sind und die die Grundlagen einer modernen, neurowissenschaftlich, entwicklungs- und sozialpsychologischen Position sind, wie sie auch das Fundament des Integrativen Ansatzes darstellt, den *Hilarion Petzold* zusammen mit seinen MitarbeiterInnen entwickelt hat. Sie haben den Weg gebahnt, das *leibliche*, d.h. das körper-seelisch-geistige Geschehen des „Menschenwesens in Entwicklung" als *Informationsverarbeitungsprozesse* zu begreifen – und darum handelt es sich bei Integrations- und Differenzierungsvorgängen, wie *Petzold, van Beek, van der Hoek* (1994) in ihrer grundlegenden Arbeit zeigen, in der aus den Ergebnissen ihrer Babyforschung umfassende Überlegungen zum neurowissenschaftlich fundierten *kognitiven* und *emotionalen* Fungieren des Leibsubjektes entwickelt

---

bildung, Erarbeitung vorwissenschaftlicher Erklärungsmodelle, Phantasieprodukte ermöglichen. Mit fortschreitender mentaler Leistungsfähigkeit durch Diskurse, Meta- und Hyperreflexivität finden sich als hochkulturelle Formen *elaborierter Mentalisierung, ja transversaler Metamentalisierung* künstlerisch-ästhetische Produktion, fiktionale Entwürfe, wissenschaftliche Modell- und Theorienbildung sowie aufgrund geistigen Durchdringens, Verarbeitens, Interpretierens, kognitiven und emotionalen *Bewertens* von all diesem die Ausbildung ethischer Normen, die Willensentscheidungen und Handlungen regulieren können. Prozesse der *Mentalisierung* wurzeln grundsätzlich in (mikro)gesellschatflichen Ko-respondenzprozessen zwischen Menschen, wodurch sich individuelle, *intramentale* und kollektive, *intermentale* „Repräsentationen" unlösbar verschränken (*Vygotskij, Moscovici, Petzold*). Je komplexer die Gesellschaften sind, desto differenzierter werden auch die *Mentalisierungen* mit Blick auf die Ausbildung komplexer Persönlichkeiten und ihrer Theorien über sich selbst und andere, ihrer „theories of mind" und desto umfassender wird die Entwicklung komplexer Wissenschaftsgesellschaften selbst mit ihren Theorien- und Metatheorien neuro- und kulturwissenschaftlicher Art über sich selbst: *Hypermentalisierungen.* Es entstehen auf diese Weise permanente Prozesse der *Überschreitung* des Selbst- und Weltverstehens auf der individuellen und kollektiven Ebene, eine *transversale Hermeneutik und Metahermeneutik* als unabschließbarer Prozess (*Petzold* 2000h)."

werden. Es ist eine der wichtigsten Arbeiten zur Integrativen Therapie, die lange vor *Schiepek* (2003) und *Grawe* (2004, *Petzold* 2005q) eine „**neurobiologische Wende**" in der Psychotherapie anzeigt. *Petzold* hat betont:

»Differenzierungs- und Integrationsprozesse geschehen durch die Organisation unseres zerebralen „processing" zumeist *fungierend*, zuweilen *intentional*. Das „**fungierende Integrieren**" durch die im „neuronalen Unbewussten" (*Perrig* et al. 1993; *Marcel* 1992a, b) ablaufenden Prinzipien der Differenzierung und Konnektivierung kann als zentrales Konzept moderner biologischer (*Bernstein* 1935; *Kelso* 1995) und kognitiver Systemtheorien gesehen werden (gleichfalls bestimmter soziologischer Systemtheorien), die auch für die Integrative Therapie seit ihren Anfängen wesentlich waren (z.B. der Ansatz von *Luhmann*, vgl. *Petzold* 1974j) und bis heute wesentlich geblieben sind, z. B. der „dynamic systems approach" von *Hermann Haken, Scott Kelso* u.a. (idem 1998a; *Ebert* 2000). „**Emergentes, fungierendes Integrieren**" (Typ II) muss unterschieden werden von „**intentionalem Integrieren**" (Typ I) als einer bewussten, verbindenden, interpretativen, ggf. dialektisierenden Arbeit, wie sie für Hermeneutik und Metahermeneutik kennzeichnend ist. Da hierbei stets Ko-respondenzprozesse im Spiel sind (auch wenn ich alleine „vor mich hin" sinne und mich mit den Gedanken Anderer auseinandersetze oder mit meinen eigenen, vorgängig gedachten Ideen) ist *hermeneutische Konnektivierung* ein prinzipiell *intersubjektives* Geschehen, ein **Polylog**.

Weil aber das „**emergente, fungierende Integrieren**" des neuronalen Systems Grundlage jeder bewußten, interpretativen Arbeit im hermeneutischen Geschehen ist, kommt es natürlich auch im „**intentionalen Integrieren**" zum Tragen, wenn eine gedankliche Lösung „plötzlich auftaucht" und „die Gedanken beim Reden verfertigt werden" (*Kleist* 1805/1977). Es entstehen dadurch auch bei „intentionalen Integrationen" *Emergenzen* (*Petzold* 1998a), z.B. in Form von **Konzepten** (in-formatio) von unterschiedlicher Prägnanz. Dennoch sind diese beiden Ebenen, die fungierende und die intentionale, als unterschiedliche kategoriale Ebenen zu differenzieren« (*Petzold* 2002c).

Die große Syntheseleistung von *Hilarion Petzold*, eine „starke Integration" (Typ I und II verbindend), ist seine Theorie des „**Informierten Leibes**" (*Petzold* 1975h, 1988n) und die Prägung dieses Begriffes, den er über die Jahrzehnte immer fundierter ausgearbeitet hat und der in den Arbeiten „Das Leibsubjekt als 'informierter Leib' – embodied and embedded. Leibgedächtnis und performative Synchronisationen" (idem 2002j) sowie „Der 'informierte Leib im Polylog' – ein integratives Leibkonzept für die nonverbale/verbale Kommunikation in der Psychotherapie" (idem 2004) in ausgereifter Form vorliegt. Das Konzept ist auch „cornerstone" eines Hauptartikels in *Remmel, Kernberg* (et al. 2006): „Handbuch Körper und Persönlichkeit", wo am Thema „Trauerarbeit und Trostarbeit" (*Petzold* 2006, 451-499) eine Synthese von differenzieller und integrativer Betrachtung vorgelegt wird durch eine **konnektivierende Integration** von phänomenologisch-hermeneutischer Leibtheorie (sensu *Merleau-Ponty*) und neurowissenschaftlicher Explikation (sensu *Lurija*), umgesetzt in einer „klinischen Praxeologie" der Traumatherapie.

Derartige Arbeiten demonstrieren, was in der Integrativen Therapie unter **Integration** verstanden wird. Es geht hier um mehr als um einen Begriff, es geht hier um einen komplexen Ansatz integrierender und differenzierender Methodologie im Frontfeld moderner (Psycho)therapie. Das wird auch an der praktischen Umsetzung von Integration sowohl im Bereich der Theorienbildung als auch im Bereich der Methodologie deutlich, denn man kann nicht „wild drauflos integrieren". Das würde zu Chaos führen. Deshalb wurden von uns Integrationskriterien für verschiedene Integrationsebenen, orientiert am „Tree of Science" erarbeitet (*Petzold* 1993n). Beispielhaft seien einige ebenenspezifische *Integratoren* für die Integrative Therapie (*Petzold* 1993n, 78) dem Text „Kernkonzepte" (idem 2002b) und der Einleitung von 2003a entnommen:

Abb. 9: Integratoren in der Integrativen Therapie

I. Integratoren auf der Ebene der Metatheorie

- Orientierung auf Leiblichkeit, die Phänomenologie leiblich-perzeptueller Erfahrung (*Petzold* 1985g mit Bezug auf *G. Marcel, M. Merleau-Ponty, H. Schmitz* und – für den disziplinierten, unterworfenen Körper – *M. Foucault* 1978)
- Orientierung auf Weltbezug, eine evolutionsbiologische/-psychologische Perspektive, einen integrierenden Naturbegriff (mit Bezug auf *C. Darwin, P. Florenskij, A. N. Whitehead, I. Prigogine u.a.; Petzold, Orth, Schuch, Steffan* 2001)
- Orientierung auf Sozialität und Entfremdungsphänomene (*Petzold* 1987d, 1994c, 1996j; *Coenen* 1981; mit Bezug auf *L.S. Vygotskij, T.W. Adorno, H. Arendt, P. Bourdieu, P.Goodman, G.H. Mead, G. Politzer, J. Derrida* 2000)
- Orientierung auf Sinn und Bedeutung als persönliche *und* kulturelle bzw. soziale Konstruktionen, kulturalistische, sozialhermeneutische und sozialkonstruktivistische Perspektiven (*Petzold* 1988b mit Bezug auf *P. Ricœur, J. Derrida* und auf *A. Schütz, P. Berger/Th. Luckmann* 1970; *S. Moscovici* 1984; *K. Gergen* 1994, *P. Janich* 1996 sowie auf *N. Luhmannn* 1992)
- Orientierung an einer integrativen und diskursiven Ethik der Gewährleistung von Integrität – der eigenen, wie der des Anderen und der Welt des Lebendigen (*Petzold* 1990n/1992a, 500; *Schuch* 1988; *Krämer* 1992; *Endreß* 1995; mit Bezug auf *P. Florenskij, H. Krämer, E. Levinas, M. Foucault, G.H. Mead*)
- Orientierung auf Intersubjektivität, Ko-respondenz, Diskurs, Polylog/Dialog (*Petzold* 1978c/1991e, mit Bezug auf *G. Marcel, E. Levinas, M. Bakhtin, G.H. Mead, J. Habermas*)
- Orientierung auf Bewußtseinsprozesse, Exzentrizität, Reflexivität und Metareflexivität (*Petzold* 1988 a; *Metzinger* 1995)
- Orientierung auf unbewußte Prozesse (mit Bezug auf *P. Janet, F. Nietzsche, S. Freud, A. J. Marcel; Orth* 1994; *Petzold* 1988a; *A. J. Marcel* 1983a, b; *Perrig* et al. 1993)
- Orientierung auf Sprache, symbolische Interaktion, Sinnstrukturen (*Petzold*

2001 b „et al.", 2002h; *Petzold, Orth* 1985, *Orth, Petzold* 2000; mit Bezug auf *Vygotskij, Bakhtin, Merleau-Ponty, Mead, Ricœur, Derrida*)
- Orientierung auf ideologiekritische Metareflexion (*Petzold, Orth* 1999; *Petzold, Sieper, Orth* 1999, 2000; *Petzold, Ebert, Sieper* 1999; mit Bezug auf *Adorno, Foucault, Bourdieu, Derrida, Deleuze*)
- etc.

II. Integratoren auf der Ebene realexplikativer Theorien (klinische Theorien mittlerer Reichweite)

- Biopsychosoziale Orientierung (*Petzold* 1974j, 2000h, *Lurija* 1992)
- Orientierung auf Kontext/Kontinuumstruktur, systemisch-ökologische Perspektive und Lebenslageorientierung (*Petzold, van Beek, van der Hoek* 1994; idem 2000h und 1998a mit Bezug auf *Bernstein, Gibson, Kelso, Thelen, Luhmann*)
- Orientierung auf Temporalisierung – Vergangenheits-, Gegenwarts- und Zukunftsbezug (*Petzold* 1981e, 1991o; mit Bezug auf die Zeittheorien von *Mead, Merleau-Ponty, Ricœur, M. Halbwachs*)
- Orientierung auf „kollektive mentale Repräsentationen" (kognitive, emotionale, volitive) bzw. „social worlds" (*Petzold* 2002g; *Hass, Petzold* 1998 unter Bezug auf *S. Moscovici* 2001, *A. Strauss* 1978)
- Orientierung am Entwicklungsparadigma des „life span developmental approach" (*Petzold* 1981f, 1999b) unter Bezug auf *L. S. Vygotskij, P. Baltes, M. Rutter* u.a. (*Rutter, Hay* 1994)
- Orientierung auf Pathogenese und Salutogenese, Heilung *und* Entwicklung (*Petzold, Goffin, Oudhoff* 1993; *Petzold, Steffan* 2000; *Lorenz* 2003)
- Orientierung auf Probleme, Ressourcen, Potentiale (PRP) als Fundierung von Zielparametern (*Petzold* 1997p; *Petzold, Leuenberger, Steffan* 1998)
- Orientierung auf differentielle Selbstprozesse – Selbst, Ich, Identität (*Petzold* 1992a, 527ff, 1999q; 2001p; *Müller, Petzold* 1999)
- Orientierung auf prozessuale Diagnostik/Theragnostik (*Osten* 2000; *Petzold, Osten* 1998; *Petzold, Wolf* et al. 2000)
- Orientierung auf generalisierte *und* störungsbildspezifische *Behandlungskonzepte* (*van der Mei, Petzold, Bosscher* 1997; *Heinl* 1997; *Petzold, Wolf* et al. 2000)
- Orientierung auf Netzwerke, Konvois (*Hass, Petzold* 1999; *Feuerhorst* 2000), auf „Social Worlds" als „kollektive Kognitionen, Emotionen, Volitionen" (*Petzold* 1979c, 2002g; *Petzold, Petzold* 1991)
- etc.

> **III. Integatoren auf der Ebene der Praxeologie und Praxis**
>
> - Orientierung an der *Alltagsrealität* und *Lebenslage* – chancenreiche, prekäre, destruktive (*Petzold* 2000h; *Müller, Petzold* 2000a unter Bezug auf *Moreno, Lewin, Bourdieu*)
> - Orientierung auf Alltagsformen der *Relationalität* im Netzwerk bzw. Konvoi – Verschmelzung, Kontakt, Begegnung, Beziehung, Bindung, Abhängigkeit, Hörigkeit (*Petzold* 1988p, 1991b)
> - Orientierung auf klinische Phänomene der *Relationalität* – Übertragung [des Patienten und des Therapeuten], Gegenübertragung [des Patienten und des Therapeuten, vgl. idem 1993p, 271], Widerstand, Abwehr (idem 1980g, 1981b) und auf sozialpsychologische z.B. Affiliation, Reaktanz (*Stroebe* et al. 1997)
> - Orientierung auf multiple „Wege der Heilung und Förderung" und methodenplurale und multimodale Vorgehensweisen (*Petzold* 1988n/1996a, 1993h; *Petzold, Sieper* 1993)
> - Prozeßorientierung (*Orth, Petzold* 1990; idem 1993a)
> - Orientierung an therapeutischen Wirkfaktoren (*Petzold* 1993p; *Märtens, Petzold* 1998; *Petzold, Steffan* 2000)
> - Orientierung an Evaluations- und Qualitätssicherungskonzepten (*Petzold, Hass, Märtens* et al. 1995; *Petzold, Hass, Märtens, Steffan* 2000; *Petzold, Orth, Sieper* 1995a; *Steffan, Petzold* 2000; *Märtens* et al. 2002)
> - etc. Aus: *Petzold* 2002b

Diese **Integratoren** zeigen, hier geht es um keinen summativen Eklektizismus. Sie helfen, neue Erkenntnis und Forschungsergebnisse einzuordnen und sie können natürlich erweitert werden. Das „Tree of Science"-Modell der Integrativen Therapie bietet eine formale Metastruktur, um die Wissensstände angewandter Humanwissenschaften zu analysieren und zu ordnen, und auf diese Weise *hinlängliche Pluralität* zu ermöglichen, ohne in theoretischem Chaos zu enden. Mit ihm kann man nämlich Leitparadigmen, Leitdiskurse, Leitkonzepte nach spezifischen Prinzipien auswählen, kann unterscheiden, was **konzeptsynton** und **konzeptdyston** ist (vgl. zum Ganzen: *Petzold, Orth, Schuch, Steffan* 2001; *Petzold* 2000h, 2003a; *Schuch* 2000).

5. Schlussbemerkung

Ich habe diesen Beitrag geschrieben, um durch die Zusammenstellung relevanter Materialien zum „**Integrationsbegriff**" der Integrativen Therapie, ihre Idee „**transversaler Integration**" als zentrales Moment des Verfahrens besser zugänglich zu machen, so dass man über unser Verständnis von „Integration" leichter ko-respondieren kann. Die Gegenüberstellung der Begriffe „Gestalt" und „Integration" konnte, so hoffe ich, die konzeptuelle Unterschiedlichkeit beider Begriffe deutlich machen, aber auch die weitergreifende Funktion des Integrationsmodells. Es geht ja nicht darum, einer Polarisierung von „Gestalttherapie" und „Integrativer Therapie" das Wort zu reden, sondern darum, besonnene Diskurse darüber anzuregen, was „Integration" in unserem Verständnis ist und was dieses Modell in der Psychotherapie leisten kann oder leisten müsste. Das ist keineswegs eine Sache zwischen Gestalttherapie und Integrativer Therapie. Wenn man das schon zu Eingang erwähnte „integrative Lehrbuch" zur Praxis der Psychotherapie von *Senf* und *Broda* (2000) ansieht und auf über 800 Seiten den Integrationsbegriff kaum diskutiert findet, so wird deutlich: hier werden Diskurse erforderlich (Gestalttherapie wird in diesem maßgeblichen Werk nicht einmal mehr erwähnt). Der Beitrag von *W. Huber* („Entwicklung der integrativen Therapie", S. 290-292) gibt einen knappen Überblick über verschiedene Integrationsmodelle, ohne den Integrationsbegriff und den *modus operandi* des Integrierens selbst zu diskutieren. Es wird zwar auf unsere frühe Pionierarbeit verwiesen, die Gründung der Zeitschrift „Integrative Therapie" (ibid. 291), aber inhaltlich erhält man kaum Information zum Integrationskonzept. Ganz ähnlich steht es mit dem Artikel der Herausgeber „Transparenz, Kombination, Integration: Ein Stufenmodell zur Integration in der Psychotherapie" (*Senf, Broda* 2000, 293- 295), das in der knappen und wenig aussagenden Feststellung mündet:

„*Methodenintegrierende Psychotherapie* heißt, dass unter dem Grundsatz einer möglichst minimalen Intervention Patienten nur das an Therapie und therapeutischer Dosis erhalten, was zur Behandlung der Erkrankung indiziert, medizinisch notwendig und ausreichend ist" (S. 295).

Für Pharmakotherapie mag das angehen, für Psychotherapie – zumal in einem integrativen Verständnis, das Ziele wie Gesundheitsförderung und Persönlichkeitsbildung einbezieht (*Petzold* 2001a) – nicht. Ansonsten macht der von *Senf* und *Broda* herausgegebene Band die Unterschiedlichkeiten der Verfahren deutlich, und das kann ja durchaus fruchtbar sein, wenn man dabei *Ricœur* folgt, der mit großem Respekt die „tiefe Originalität, die nicht reduzierbare Intention, die einzigartige Vision der Realität, die eine Philosophie uns vorschlägt" (*Ricœur* 1955, 47) betont. Das ist bei Therapieformen, die solide entwickelt wurden, nicht anders. Offenbar ist dieser Respekt aber immer wieder auch eingeschränkt, denn in dem monumentalen „integrativen" Lehrbuch von *Senf* und *Broda* fehlt z. B. auch das Psychodrama und in dem sechzigseitigen Literaturverzeichnis tauchen die Namen von *Moreno* und *Perls* nicht auf. Ausgrenzung und Abgrenzung scheinen hier ein bestimmendes Moment einer Auswahl aus Sicht der „Richtlinienverfahren" gewesen zu sein, nicht etwa Integration, denn bei diesen Verfahren gäbe es zweifelsohne wichtige Wissens- und Praxisstände, die der Integration Wert wären, sofern Anschlussfähigkeit gegeben ist. Deshalb müssten Diskurse stattfinden.

Wenn man das Trennende herausarbeitet, ist das sinnvoll, weil man dann Divergenzen und Unvereinbares sieht, aber *weil dann auch Gemeinsames deutlich wird* oder

Konnektiverbares. Unter einer solchen Sicht – das meine ich – können Integrative Therapie, Leibtherapie, Gestalttherapie oder Psychodrama gut **nebeneinander** stehen. Dass aber auch hier Diskurse stattfinden müssen, etwa was die Integrationskonzepte – z. B. *Moreno*s (1959) „Integrationskatharsis" oder *Perls'* „There is no end to integration" (1969) – anbelangt, ist offensichtlich. Dass diese Diskurse nicht einfach sein werden, liegt an den unterschiedlichen Graden der differentiellen Ausarbeitung dieser Verfahren in theoretischer und praxeologischer/interventionsmethodischer Hinsicht und in ihrer empirischen Absicherung. Selbst das einzuschätzen wird eine Sache der Ko-respondenz über Ideologien und letztlich über die eigenen Haltungen und Entscheidungen.

Wir hatten uns für die integrativen Positionen von *Janet*, Ferenczi, *Foucault, Merleau-Ponty, Lurija, Ricœur* entschieden und haben sie in unserer Ausarbeitung des „Integrativen Ansatzes" systematisch berücksichtigt. Es genügt nämlich nicht, wie das neuerlich üblich wird, gelegentlich *Merleau-Ponty* zu zitieren oder ihn gar zu einem Referenzautor der Gestalttherapie zu machen (*Nausner* 1999) – er ist es weder historisch noch inhaltlich -, denn sonst wird es additiv und summativ und nicht integriert, und das kann man von der Integrativen Therapie eben nicht sagen.

Eine solche integrative Position kennzeichnet das Denken von *Lurija*. Oliver Sacks (1993) nannte sein Werk das „Gehirn in Aktion" den „größten Schatz der zeitgenössischen Neurologie ... Lurijas Neuropsychologie erlaubt eine fast grenzenlos detaillierte und feine Analyse all der ineinandergreifenden Systeme, die das Bewusstsein konstituieren" (in *Lurija* 1992, 2). Gegen Ende seines Lebens (* 1902, † 1977) fasst *Lurija* seine Position zusammen und die erweist sich, gerade mit Blick auf die neueren, nicht- bzw. schwach reduktionistischen oder kompatibilistischen (*Sturma* 2006) Entwicklungen in den „neuro and brain sciences" (*Barret, Damasio, Davidson, Edelman, Freeman, Varela* u.a.) als sehr ausgewogen und liegt mit seiner Sicht auch im Sinne unseres Integrationsverständnisses, besonders wenn man beachtet, dass bei ihm mit *Vygotskij* das *Psychische immer mit dem Sozialen* verschränkt ist.

Moderne Psychologie und Neurowissenschaften haben „inzwischen klare Vorstellungen darüber, wie höhere psychische Tätigkeiten organisiert sind und wie sich komplexe Bewusstseinsakte vollziehen. Diese Vorstellungen sind dem klassischen Assozianismus, der Gestalttheorie, dem simplifizierenden Behaviorismus und der forschenden Tiefenpsychologie weit überlegen" (*Lurija* 1992, 347).

Deshalb sind „um die zerebrale Organisation geistiger Tätigkeit zu begreifen, ... sowohl das Gehirn als auch das psychische System jeweils so umfassend zu erforschen, wie es der Stand der Wissenschaft erlaubt ... und im Umgang mit Kranken dürfen wir nicht vergessen, dass es sich um individuelles menschliches Leben handelt, nicht um eine statistische Abstraktion, die unsere Theorien bestätig oder widerlegt" (idem 1993, 175f.).

Hier bleibt noch viel zu tun – auf Dauer. Es werden viele Ko-respondenzen, Diskurse und **Polyloge** geführt werden müssen, um den „*Integrationsbegriff*" und um vieles andere, und deshalb wird der Frage der *Diskurskultur* und einer Praxis „*transversaler Integration*", wie sie *Hilarion Petzold* für die Disziplin der Psychotherapie „auf den WEG" gebracht hat, eine eminente Bedeutung zukommen.

Zusammenfassung
„Transversale Integration": ein Kernkonzept der Integrativen Therapie - Einladung zu ko-respondierendem Diskurs

Der Beitrag stellt das Integrationsmodell der Integrativen Therapie, wie es von *Hilarion Petzold* entwickelt wurde anhand exemplarischer Texte des Autors vor und vergleicht es mit Integrationskonzepten wie dem Gestalt-Begriff der Gestalttherapie. Es wird deutlich: In der Integrativen Therapie liegt ein elaboriertes, differentielles Integrationskonzept vor, das „starke" und „schwache" Integrationen theoriebegründet unterscheidet. Das fehlt anderen Orientierungen der Integrationsbewegung in der Psychotherapie bislang und könnte für sie paradigmatisch werden.

Summary:
„Transversal Integration" a Core Concept of Integrative Therapy" – An Invitaion to co-responding discourse

This text presents the integration model of Integrative Therapy as it has been developed by *Hilarion Petzold* on the ground of exemplaric texts by the author. It is compared with other integrating concepts as the Gestalt concept of Gestalt Therapy. It is apparent: In Integrative Therapy we find a sophisticated and differential concept of integration that specifies theory guided „strong" and „weak" ways of integration. Such a model is missing in other approaches of the integrationist movement and could serve as a paradigm.

Key words: Integrative Therapy, Integrationism, Integration in Psychotherapy, Model Building, Hilarion Petzold

Adresse:
Prof. Dr. phil. Johanna Sieper, Pädagogische Leiterin der EAG
Achenbachstr. 40, D – 40237 Düsseldorf

Literatur

Die von Petzold und MitarbeiterInnen zitierten Arbeiten finden sich in:
Petzold, H.G. (2006): „Gesamtbibliographie Hilarion G. Petzold 1958 – 2005. Bei www. FPI-Publikationen.de/materialien.htm - *POLYLOGE: Materialien aus der Europäischen Akademie für psychosoziale Gesundheit* - 1/2006. Weitere Literatur bei der Verfasserin.

Anokhin, P.K. (1967): Das funktionelle System als Grundlage der physiologischen Architektur des Verhaltensaktes. Jena.
Anokhin, P.K. (1978): Beiträge zur allgemeinen Theorie des funktionellen Systems. Jena.
Arnheim, R. (1972): Anschauliches Denken. Köln: DuMont.
Arnheim, R. (1977): Zur Kunstpsychologie. Köln: DuMont.
Arnheim, R. (1978): Kunst und Leben. Berlin: de Gruyter.
Arnheim, R. (1990): Kunst als Therapie. In: *Petzold, Orth* (1990a) 257-265.
Bakhtin, M.M. (1979): Estetika slovesnogo tvorchestva. Hrsg: Bocharov, S.G., Moscow: Iskusstvo.

Bakhtin, M.M. (1981): Dialogical imagination. Austin TX: University of Texas Press.
Barret, F.L., Wagner, T.D. (2000): The structure of emotion. Evidence from neuorimaging studies. Current Directions in Psychological Research 2, 79-83.
Bernstein, N.A. (1967): The co-ordination and regulation of movements. Oxford: Pergamon Press.
Bernstein, N.A. (1988): Biodynamik der Lokomotionen. Genese, Struktur, Veränderungen. In: *L. Pickenhain, G. Schnabel* (1988) (eds.): Bewegungsphysiologie von N.A. Bernstein. Leipzig: Johann Ambrosius Barth. 2. Aufl. 21-66. Original 1940.
Buchholtz, F. (1985): Die europäischen Quellen des Gestaltbegriffs. Analysen zu einer Theorie der Gestalttherapie. In: *Petzold, H.G., Schmidt, C.*, Gestalttherapie – Wege und Horizonte. *Integrative Therapie*, Beiheft 10 (1985), 19-42.
Buss, D.M. (2004): Evolutionary Psychology: the new science of the mind. Boston: Allyn & Bacon. 2. ed.
Churchland, P. (1986): Neurophilosophy. Toward a Unified Science of the Mind/Brain. Cambridge: MIT-Press.
Cole, M. (1979): Epilogue: A Portrait of Luria. In: *Lurija*, (1979) 189-225.
Cosmides, L., Tooby, J. (1987): From evolution to behavior: Evolutionary Psychology as the missing link. In: *Dupré, J.* (Ed.): The latest on the best: essays on evolution and optimality. Cambridge, MA: MIT Press, 276-306.
Daecke, K. (2006): Moderne Erziehung zur Hörigkeit? Die Tradierung strukturell faschistischer Phänomene in der evolutionären Psychologieentwicklung und auf dem spirituellen Psychomarkt. Neuendettelsau: Edition Psychotherapie und Zeitgeschichte. Bd.1 und 2, Bd. 3, 2007.
Damasio, A. (1995): Descartes Irrtum. München:List.
Davidson, R.J. (2000): Affective Style, Psychopathology, and Resilience: Brain Mechanisms and Plasticity. American Psychologist 55, 1196-1214.
Davidson, R.J., Jackson, D.C., Kalin, N.H. (2000): Emotion, plasticity, context, and regulation: Perspectives from affective neuroscience. Psychological Bulletin 126, 890-906.
Davidson, R.J., Pizzagalli, D., Nitschke, J.B., Putnam, K. (2002): Depression: Perspectives from Affective Neuroscience. Annual Review of Psychology 53, 545-574.
Derrida, J. (1967): L'écriture et la difference, Paris: Gallimard; dtsch. (1972): Die Schrift und die Differenz. Frankfurt: Suhrkamp.
Derrida, J. (1972): Marges de la philosophie. Paris: Gallimard; dtsch. (1976): Randgänge der Philosophie. Frankfurt: Suhrkamp.
Derrida, J. (1986): Positionen. Graz: Böhlau.
Derrida, J. (2000): Politik der Freundschaft. Frankfurt: Suhrkamp Verlag.
Ellenberger, H.F. (1973): Die Entdeckung des Unbewussten. 2 Bde. Bern: Huber; 2. Aufl. 1985, Diogenes, Zürich.
Endroczi, E., De Wied, D., Angelucci, L. et al. (1983): Integrative Neurohumoral Mechanisms. New York: Elsevier.
Ferenczi, S. (1927/28, 1964): Die Elastizität der psychoanalytischen Technik, in: idem 1964, III, 380-398.
Ferenczi, S. (1964): Bausteine zur Psychoanalyse, 4 Bde. Bern: Huber.
Foucault, M. (1996): Diskurs und Wahrheit. Die Berkely Vorlesungen. Berlin: Merve.
Foucault, M. (1998): Foucault, ausgewählt und vorgestellt von *Mazumdar, P.* München: Diederichs.
Freeman, W.J. (1995): Societies of Brains. Mahwah NJ: Lawrence Erlbaum Associates.
Freeman, W.J. (1996): Three centuries of category errors in studies of the neural basis of consciousness and intentionality. Neural Networks 10, 1175-83.
Freeman, W.J. (1999): How Brains Make Up Their Minds. London: Weidenfeld and Nicolson.
Freeman, W.J. (2000): Neurodynamics. An Exploration of Mesoscopic Brain Dynamics. London: Springer-Verlag.
Fuchs-Heinritz, W., Lautmann, R., Rammstedt, O., Wienold, H. (1994) (Hrsg.): Lexikon zur Soziologie. Opladen: Westdeutscher Verlag. 3. bearb. Aufl.

Gazzaniga, M.S., Ivry, R.B., Mangun, G.R. (1998): Cognitive Neuroscience: The Biology of the Mind. New York, London: WW Norton & Co.
Geuter, U. (1983): „Der Nationalsozialismus und die Entwicklung der deutschen Psychologie" und M.G. Ash, „Die deutschsprachige Psychologie im Exil" beide in *Bericht über den 33. Kongress der DGP in Mainz* 1982, Göttingen: Hogrefe.
Gibson, J.J. (1979): Senses considered as perceptual systems. Boston: Houghton Mifflin.
Gibson, J.J. (1979a): The ecological approach to visual perception. Boston: Houghton Mifflin; dtsch. (1982): Der ökologische Ansatz in der visuellen Wahrnehmung. München: Urban & Schwarzenberg.
Gibson, J.J. (1982):The concept of affordance in development: The renaissance of funciontalism. In: *Collins, N.A.* (1982): The concept of development. Hillsdale: Elbaum.
Grawe, K. (2004): Neuropsychotherapie. Göttingen: Hogrefe.
Green, D.R. (1963): Voluntering and the recall of interrupted tasks. *J. abnormal and social Psychology* 66, 397-401.
Habermas, J. (2005): Zwischen Naturalismus und Religion. Philosophische Aufsätze. Frankfurt am Main: Suhrkamp.
Harrington, A. (1996): „Re-enehanted science". German holism from Wilhelm II. to Hitler. Princetown: Princetown Univ. Press.
Hartmann-Kottek, L. (2004): Gestalttherapie. Berlin: Springer.
Israel, H. (1999): Der Fall Freud. Die Geburt der Psychoanalyse aus der Lüge. Hamburg: Europäische Verlagsanstalt.
Janich, P. (2006): Der Streit der Welt- und Menschenbilder in der Hirnforschung. In: *Struma* (2006) 75-96.
Junker, E. (1960): Über unterschiedliches Behalten eigener Leistungen. Frankfurt: Kramer.
Kandel, E.R., Schwarz, J.H., Jessell, T.J. (1995): Essentials of Neuronal Science and Behavior. New York: Appleton & Lange; dtsch. (1996): Neurowissenschaften. Eine Einführung. Heidelberg: Spektrum Akademischer Verlag.
Kennair, L.E.O. (2006): Evolutionspsychologie, Lebens-Geschichts-Theorie und Psychotherapie-Integration. *Integrative Therapie* 1, 25-61.
Laget, P. (2005): Intégration nerveuse et neurohumorale. Encyclopædia Universalis 2005.
Lurija, A.R. (1973): Osnowy nejropsichlogii. Moskau: Isdatelstwo Moskowskogo Universiteta.
Lurjia, A.R. (1976): The working brain: An introduction to neuropsychology. Harmondsworth: Penguin Books.
Lurija, A.R. (1978): Zur Stellung der Psychologie unter den Sozial- und Biowissenschaften. *Gesellschaftswissenschaftliche Beiträge* 31 (1978), 640-647.
Lurija, A.R. (1979): The making of mind: A personal account of Soviet psychology. Cambridge, MA: Harvard University Press.
Lurija, A.R. (1986): Die historische Bedingtheit individueller Erkenntnisprozesse. Weinheim: Beltz.
Lurija, A.R. (1991): Der Mann, dessen Welt in Scherben ging. Zwei neurologische Geschichten. Reinbek: Rowohlt.
Lurija, A.R. (1992): Das Gehirn in Aktion. Einführung in die Neuropsychologie. Reinbek: Rowohlt. 6. Aufl. 2001.
Lurija, A.R. (1993): Romantische Wissenschaft. Reinbek: Rowohlt (Orig. Moskau 1986).
Marková, I. (2003): Dialogicality and Social Representations: The Dynamics of Mind. Cambridge: Cambridge University Press.
Merleau-Ponty, M. (1945): Phénoménologie de la perception, Paris: Gallimard; dtsch. v. *Boehm, R.*, (1966): Phänomenologie der Wahrnehmung. Berlin: de Gruyter; engl. *Edie, J.M.* (1964) (Hrsg.): The primacy of perception and other essays on phenomenology, the philosophy of art, history and politics. Evanston.
Merleau-Ponty, M. (1964): L'oeil et l'esprit, Gallimard, Paris; dtsch. (1967): Das Auge und der Geist. Reinbek: Rowohlt; Felix Meiner Verlag, Hamburg 1984.

Metzger, W. (1938): Ganzheit und Gestalt. Ein Blick in die Werkstatt der Psychologie. *Erzieher im Braunhemd* 6, 90-93.
Metzger, W. (1963): Psychologie. Darmstadt: Steinkopff.
Metzger, W. (1975a): Gesetze des Sehens. Frankfurt: Kramer.
Metzger, W. (1975b): Gestalttheorie und Gruppendynamik, *Gruppendynamik* 5, 311-331.
Meyer, C. (2005): Le livre noir de la psychanalyse. Paris: Les arènnes.
Neumann, S. (1956): Towards a Comparative Study of Political Parties; in: *Neumann, S.* (Hrsg.): Modern Political Parties. Approaches to Comparative Politics. Chicago/London: University of Chicago Press. 395-421.
Norcross, J.C., Goldfried, M.R. (1992) (eds.): Handbook of psychotherapy integration. New York: Basic Books.
Orth, I. (2002): Weibliche Identität und Leiblichkeit – Prozesse „konvivialer" Veränderung und Entwicklung – Überlegungen für die Praxis. *Integrative Therapie* 4, 303-324.
Osiankina, K.A. (1928): Die Wiederaufnahme unterbrochener Handlungen. *Psychologische Forschungen* 11, 302-379.
Panksepp, J. (1998): Affective neuroscience - The foundations of human and animal emotions. New York: Oxford University Press.
Panksepp, J., Sirey, S.M., Normansell, L.A. (1989): Brain opioids and social emotions. In: *Reite, M., Field* et al. (Hrsg): The psychology of attachment and separation. Orlando: Academic Press.
Perls, F.S. (1942): Ego, hunger and aggression. Durban; 2. Aufl. Allen & Unwin, London 1947; Random House, New York 1969; dtsch. (1978): Das Ich, der Hunger und die Aggression. Stuttgart: Klett.
Perls, F.S. (1948): Therapy and technique of personality integration. *American J. of Psychotherapy* 4, 565-586, dtsch. in: *Perls* (1980), 27-50.
Perls, F.S. (1969b): Gestalt Therapy Verbatim. Lafayette: Real People Press; dtsch. (1974): Gestalttherapie in Aktion Stuttgart: Klett.
Perls, F.S. (1969c): In and out the garbage pail. Lafayette: Real People Press; dtsch. (1981): Gestalt-Wahrnehmung. Verworfenes und Wiedergefundenes aus meiner Mülltonne. Einführung von *H. Petzold*, Verlag f. Humanist. Frankfurt: Psychol. W. Flach.
Perls, F.S. (1973): The Gestalt approach, eye witness to therapy. Science and Behaviour Books, Ben Lomond; dtsch. (1976): Grundlagen der Gestalttherapie. Vorwort *H. Petzold*. München: Pfeiffer.
Perls, F.S. (1980): Gestalt, Wachstum, Integration. Hrsg. und eingeleitet von *H. Petzold*. Paderborn: Junfermann.
Portwich, Ph. Demling, J. H. (2000): Philosophische Themen der Psychiatrie. *Schweizer Archiv Neurol. Psychiatrie* 151, 30-36.
Prinz, W. (1985): „Ganzheits- und Gestaltpsychologie und Nationalsozialismus" in: *Peter Lundgren* (1985) (Hrsg.): Wissenschaft im Dritten Reich. Frankfurt: Suhrkamp.
Remmel, H. Kernberg, O. et al. (2006): Handbuch Körper und Persönlichkeit. Stuttgart: Schattauer Verlag.
Rillaer, J. van (1980): Les illusions de la psychanalyse. Brüssel: Pierre Mardaga.
Ryle, G. (1971): The Thinking of Thoughts. What is 'le penseur' doing. In: idem Collected papers, London, vol. II, 480-496.
Sacks, O. (1993): Lurija und die romantische Wissenschaft. In: *Lurija* (1993), 7-22.
Schiepek, G. (2003): Neurobiologie der Psychotherapie. Stuttgart: Schattauer.
Schlothauer, A. (1992/2004): Die Diktatur der freien Sexualität AAO, Mühl-Kommune, Friedrichshof. Internetausgabe www.AGPF.de
Schmitz, H. (1989): Leib und Gefühl. Materialien zu einer philosophischen Therapeutik. Paderborn: Junfermann.
Schmitz, H. (1990): Der unerschöpfliche Gegenstand. Bonn: Bouvier.
Senf, W., Broda, M. (2000): Praxis der Psychotherapie. Ein integratives Lehrbuch: Psychoanalyse, Verhaltenstherapie, Systemische Therapie. Stuttgart: Thieme.

Sennett, R. (2002): Respekt im Zeitalter der Ungleichheit. Berlin: Berlin Verlag.
Sieper, J. (1971): Kreativitätstraining in der Erwachsenenbildung. *Volkshochschule im Westen* 2, 220-221.
Sieper, J. (1985): Bildungspolitische Hintergrunddimensionen für Integrativ-agogische Arbeit an FPI und FPA. *Integrative Therapie* 3-4 (1985) 340-359.
Sieper, J. (2001): Das behaviorale Paradigma im „Integrativen Ansatz" klinischer Therapie, Soziotherapie und Agogik: Lernen und Performanzorientierung, Behaviourdrama, Imaginationstechniken und Transfertraining. *Integrative Therapie* 1 (2001) 105-144.
Sieper, J. (2005a): Portrait „Ilse Orth". In: *Stumm, G.* et al. (2006): Personenlexikon der Psychotherapie. Wien: Springer, 352-355.
Sieper, J. (2005a): Portrait „Hilarion G. Petzold". In: *Stumm, G.* et al. (2006): Personenlexikon der Psychotherapie. Wien: Springer. 368 – 371.
Sieper, J., Schmiedel, I. (1993): Innovatorischen Aktivitäten von Hilarion G. Petzold im Bereich der Psychotherapie und psychosozialen Arbeit - ein Überblick. In: *Petzold, Sieper,* 421-437.
Sponsel, R. (1995): Handbuch Integrativer Psychologischer Psychotherapie. Erlangen: IPPT, IEC.
Sturma, D. (2006a): Philosophie und Neurowissenschaften. Frankfurt: Suhrkamp.
Sturma, D. (2006b): Ausdruck von Freiheit. Über Neurowissenschaften und die menschliche Lebensform, in: *Sturma* (2006a) 187-214.
Tholey, P. (1984): Gestalt Therapy made-in-USA and made elsewhere. *Gestalt Theory* 2 (1984), 171-174.
Tholey, P. (1986): Deshalb Phänomenologie! Anmerkungen zur phänomenologisch-experimentellen Methode. *Gestalt Theory* 2 (1986), 144-163.
Thompson, R.F. (1990): Das Gehirn. Von der Nervenzelle zur Verhaltenssteuerung. Heidelberg.
Varela, F., Thompson, E., Rosch, E. (1991): The embodied Mind. Cognitive Science and Human Experience, Cambridge, MA: MIT Press; dtsch. (1992): Der Mittlere Weg der Erkenntnis. Der Brückenschlag zwischen wissenschaftlicher Theorie und menschlicher Erfahrung. München: Scherz.
Vogel, K. (2002): Grenzverlust. Wie ein Psychokult funktioniert. Düsseldorf: Patmos.
Walter, H.-J. (1977): Gestalttheorie und Psychotherapie, Diss. TH Darmstadt 1977; Darmstadt: Steinkopff, 1978. 2. erw. Aufl. Westdeutscher Verlag, Wiesbaden 1985.
Walter, H.-J. (1985): Gestalttheorie als klinisch-psychologische Theorie der Selbstorganisation. *Gestalt Theory* 7 (1985) 260-272.
Walter, H.-J. (1988): Sind Gestalttheorie und Theorie der Autopoiese miteinander vereinbar? Eine polemische Erörterung am Beispiel des Stadler/Kruseschen Kompilierungsversuchs. *Gestalt Theory* 1 (1988), 57-69.
Weinhandl, F. (1926): Person Weltbild und Deutung. Erfurt.
Woll-Schumacher, I. (1980): Desozialisation im Alter. Stuttgart: Enke.
Wyss, D. (1973): Beziehung und Gestalt. Göttingen: Vandenhoeck & Ruprecht.
Zeigarnik, B.W. (1927) „Über das Behalten von erledigten und unerledigten Handlungen". *Psychologische Forschungen* 9, 1-85.
Zundel, R. (1987): Hilarion Petzold – Integrative Therapie. In: *Zundel, E., Zundel, R.* (1987): Leitfiguren der Psychotherapie. München: Kösel, 191-214.

ANHANG

Die „Hermeneutische Spirale" der Erkenntnis (*Petzold* 1988b, 2003a)

Sie ist dem herakliteischen prozessualen *„panta rhei"* („alles fließt") verpflichtet und sieht therapeutische Arbeit als eine *gemeinsame* phänomenologisch-hermeneutische Suchbewegung, einen gemeinschaftlichen Prozeß neurowissenschaftlich fundierten, „komplexen Lernens" (*Sieper, Petzold* 2002) von TherapeutInnen und ihren PartnerInnen, den PatientInnen, den Familien in dialogischen, ja *polylogischen* Prozessen, da das *familiale* und *amicale* Netzwerk, das „Weggeleit", der „Konvoi" (*Kahn, Antonucci* 1980, *Petzold* 1995a), der signifikanten Anderen (*G.H. Mead*) stets real oder virtuell präsent ist: Es sind immer mehrere Sprecher und Zuhörer anwesend, wie *Mikhail Bakhtin* (1981) deutlich macht (*Petzold* 2002c), die miteinander in *„Ko-respondenz"* stehen. Sie bestimmen in Konsens-Dissensprozessen Ziele und Verlauf einer Behandlung aus einer Position der *„Mehrperspektivität"* – womit zwei „Kernkonzepte" der IT genannt sind (idem 2002b). Die mehrperspektivische Betrachtungsweise beschreibt die Fähigkeit des „sensorischen Systems", vielfältige Wirklichkeit aus unterschiedlichsten Blickwinkeln *wahrzunehmen*, des „mnestischen Systems" sie aufgrund einer Vielfalt aktivierter Erfahrungen zu erfassen, und des „kognitiven Systems" sie mit ihren Zusammenhängen vor den soziokulturellen und politökonomischen Hintergründen zu *verstehen*, vorhandene Komplexität zu *erklären* – so der neurokognitive und hermeneutische Prozeß –, um Problemsituationen dann kooperativ zu *strukturieren* und in Performanzen, Prozessen „komplexen Lernens und Handelns" (*Sieper* 2001) aktiv zu *verändern*. Die Reflexion dieses gesamten Prozesses mit seinen neurobiologischen Voraussetzungen und in seinen kulturhistorischen Kontextdimensionen als Meta- bzw. Hyperreflexion wird als „Metahermeneutik" bezeichnet.

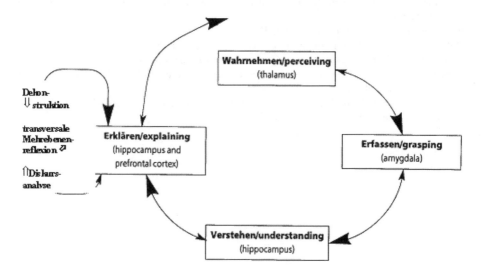

Abb. 1: Die hermeneutische Spirale „Wahrnehmen ↔ Erfassen ⇔ Verstehen ↔ Erklären" und ihre Überschreitung des Erklärens durch ⇧ Diskursanalyse (*Foucault*), ⇩ Dekonstruktion (*Derrida*), ⤢ transversale Mehrebenenreflexion (*Petzold*) zu einer **Metahermeneutik** (aus *Petzold* 2002a).

> Dieser spiralig progredierende, in sich rückbezügliche Prozeß beginnt mit dem *Wahrnehmen* (Innen- und Außenwahrnehmung als sensorisch-perzeptuelles Geschehen) als der Grundfunktion, die auch in der Diagnostik von Wahrnehmungsstörungen als Basis zahlreicher Verhaltens- bzw. Persönlichkeitsstörungen besondere Aufmerksamkeit erhält („Wie nimmt der Patient sich und die Welt wahr?"), denn damit ist die zweite Funktion des *Erfassens*, d.h. des *Aufnehmens*, des Erkennens bzw. Wiedererinnerns (als limbisches, amygdaloides Geschehen für den emotionalen Gehalt) und des Verarbeitens, Behaltens (als hippocampales und neokorticales Geschehen für den kognitiven Gehalt) verbunden („Wie nimmt der Patient sich und die Welt auf, wie erfaßt er, verarbeitet er das Wahrgenommene?"). Auf diesem Prozeß gründet das *Verstehen* und das *Erklären* (als hippocampales und präfrontales Geschehen). Die Spirale ist damit in zwei Doppeldialektiken organisiert: *Wahrnehmen ↔ Erfassen ⇔ Verstehen ↔ Erklären*, die erste als leibnahe Dialektik, die zweite als vernunftnahe Dialektik. In ihnen konstituiert sich leibhaftige Erkenntnis, in der die Polarisierung „Aktion und Kognition" überwunden werden kann. Im Bereich des *Erklärens* können die habituellen Erklärungsdiskurse auf der Ebene der Alltagsreflexion oder der fachdiziplinären Reflexivität durch „Diskursanalysen" (sensu *Foucault*), „Dekonstruktionen" (sensu *Derrida*) und „transversale Mehrebenenreflexionen" (sensu *Petzold*) überschritten werden zu einem „*polyvalenten Erklären*", das um Aufklärung der Bedingungen seiner Erklärensprozesse (der kulturellen wie der neurobiologischen) bemüht ist und die Mehrwertigkeit der *Erklärungen* hinlänglich zu überschauen versucht, wie es für die **Metahermeneutik** im Verständnis des Integrativen Ansatzes charakteristisch ist.

Ferenc Erös, Budapest
Bilbiographische Materialien zu Ferenczi

Diese Bibliographie enthält eine Liste der Arbeiten von *Sándor Ferenczi*, die auf ungarisch publiziert wurden und weder in der Bibliographie von *"Bausteine zur Psychoanalyse"* (2te Aufl. Bern: Huber, 1964) noch in den *"Schriften zur Psychoanalyse"* (Hg. M. Balint, Frankfurt: Fischer, 1970/1972) aufgeführt sind. Es werden nur die Daten der ersten und letzten Punkationen aufgeführt. Englische Übersetzungen der Titel erscheinen in eckigen Klammern.

Abkürzung:
FIR = Ferenczi Sándor: *A pszichoanalízis felé. Fiatalkori írások 1897–1908.* [Toward Psychoanalysis. Early writings 1897-1908.] (Hg. Von Judit Mészáros). Osiris, Budapest, 1999.

Übersetzung von Termini:
Recenzió = Recension
Fordítás = translation

1897
A turistaság lélektanából. [On the psychology of tourism] In: Túristák Lapja 1897 (9), Nr. 11–12, S. 201–205.; In: FIR, S. 21–24.

1900
Lelki gyógymódok (Psychoterapia). Írták Ranschburg Pál és Décsi Károly. (Recenzió). In: Gyógyászat 1900 (40), Nr. 10, S. 155.; In: FIR, S. 43–44.

Wajdits A., „Tanulmányok a szellemtan köréből (Spiritismus)" [Studies on spiritism] (Recenzió). In: Gyógyászat 1900 (40), Nr. 27: 426.; In: FIR, S. 53.

J. P. Möbius, „Ueber den physiologischen Schwachsinn des Weibes" (Recenzió). In: Gyógyászat 1900 (40), Nr. 31, S. 491–492.; In: FIR, S. 54–55.

Albert Eduárd tanár (Nekrológ). [Prof. Eduard Albert. (An obituary] In: Gyógyászat 1900 (40), Nr. 40, S. 637–638.; In: FIR, S. 66–67.

L. Löwenfeld, „Somnambulismus und Spiritismus" (Recenzió). In: Gyógyászat 1900 (40), Nr. 46: 730.; In: FIR, S. 68.

1901
Tauszk Ferenc, „A belgyógyászat alapvonalai". [The foundations on internal medicine] (Recenzió) In: Gyógyászat 1901 (41), Nr. 11, S. 174.; In: FIR, S. 75.

E. Kraepelin, „Einführung in die psychiatrische Klinik" (Recenzió). In: Gyógyászat 1901 (41), Nr. 38, S. 604–605.; In: FIR, S. 92.

Magyarország elmebetegügye az 1900. évben [Mental health in Hungary in 1900] (Recenzó). In: Gyógyászat 1901 (41), Nr. 41, S. 653.; In: FIR, S. 97.

Alexander Pilcz: „Die periodische Geistesstörungen" [A periodikus elmezavarok] (Recenzió). In: Gyógyászat 1901 (41), Nr. 42, S. 667–669.; In: FIR, S. 98–100.

1902

Jellachich István, „Útmutató a törvényszéki-orvosi gyakorlatban" [A guide to the practice of forensic medicine] (Recenzió). In: Gyógyászat 1902 (42), Nr. 1, S.10.; In: FIR, S. 103.

Montaigne: A részegségről. [On drunkenness] (Fordítás) Gyógyászat 1902 (42), Nr. 2, S. 29–31. és No. 3, S. 46–47.; In: FIR, S. 349–357.

Szilárd Ármin, „A deductiv lélektan alapvonalai" [The foundations of deductive psychology](Recenzió). In: Gyógyászat 1902 (42), Nr. 4, S. 59.; In: FIR, S. 109–110.

Wilhelm Deutsch, „Der Morphinismus" (Recenzió). In: Gyógyászat 1902 (42), Nr. 8, S. 124.; In: FIR, S. 111.

Sigmund Fränkel: „Die Arzneimittel-Synthese" [A gyógyszerszintézis (Recenzió)]. In: Gyógyászat 1902 (42), Nr. 17, S. 267.; In: FIR, S.116–117.

Sante de Sanctis „Die Träume, medizinisch-psychologische Untersuchungen" (Recenzió). In: Gyógyászat 1902 (42), Nr. 34, S. 539.; In: FIR, S. 134.

A II. országos elmeorvosi értekezlet Budapesten. [The II. National conference of psychiatrists in Budapest] (1902. október 26–27.). In: Gyógyászat 1902 (42), Nr. 45, S. 714–715.; In: FIR, S. 135–136.

Hajós Lajos, „Általános psychopatologia" [General Psychopathology] (Recenzió). In: Gyógyászat 1902 (42), Nr. 48, S. 762–763.; In: FIR, S. 137–139.

Jellachich István, „Törvényszéki orvostan jogászok számára" [Forensic medicine for students of law] (Recenzió). In: Gyógyászat 1902 (42), Nr. 49, S. 779.; In: FIR, S. 140.

Albert Albu, „Die Vegetarische Diaet". Kritik ihrer Anwendung für Gesunde und Kranke (Recenzió). In: Gyógyászat 1902 (42), Nr. 52, S. 829–830.; In: FIR, S. 145–148.

V. Vervssajev, „Beichten eines practischen Arztes" [Egy gyakorló orvos vallomásai]. (Recenzió). In: Gyógyászat 1902 (42), Nr. 3, S. 362.; In: FIR, S. 118.

1903

J. P. Möbius, „Ueber den Kopfschmerz" (Recenzió). In: Gyógyászat 1903 (43), Nr. 8, S. 124–125.; In: FIR, S. 155–156.

Lenhossék Mihály, „Das Problem der Geschlechtbestimmenden Ursachen" [A nemiséget meghatározó tényezők problémája (Recenció)]. In: Gyógyászat, (43), Nr. 10, S. 152–153.; In: FIR, S. 157–158.

F. Freiherr von Oefeld, „Keilschriftmedizin in Parallelen" [Ékírásos orvoslás párhuzamokban (Recenzió)]. In: Gyógyászat 1903 (43), Nr. 12, S. 186.; In: FIR, S. 159–160.

A szesz. [The alcohol] In: Jövendő 1903 (1), Nr. 10, S. 56–57.; In: FIR, S. 161–163.

Paralysis et lues conjugalis. [A házaspár mindkét tagját érintő agyi szifilisz]. In: Orvosi Hetilap 1903 (47), Nr. 21, S. 345.; In: FIR, S. 321–322.

Moravcsik Emil, „Az idegbetegségek gyógyítása" [The healing of neurological diseases] (Recenzió). In: Gyógyászat 1903 (43), Nr. 28, S. 441.; In: FIR, S. 173–174.

A mikrokozmos csodái. [The wonders of microcosmos] In: Jövendő 1903 (1), Nr. 14, S. 33–34.; In: FIR, S. 171–172.

Amiről hallgat a krónika (Where memory sleeps) [After James F. Goodhart's lecture in London]. In: Gyógyászat 1903 (43), Nr. 30, S. 476–478.; In: FIR, S. 175–179.

A lelkiismeret eredete. – Királygyilkosságok. – A hőmérséklet hatása a lélekre. [The origins of conscience - Assassination of kings – The effect of temperature on soul] In: Jövendő 1903 (1), Nr. 31, S. 43–46.; In: FIR, S. 180–182.

Egy kis fiziognomika. [A little physiognomy] In: Jövendő 1903 (1), Nr. 43, S. 48–50.; In: FIR, S. 183–185.

A tudás mérlege. [The balance of knowledge] In: Jövendő 1903 (1), Nr. 46, S. 86–93.; In: FIR, S. 190–193.

1904

A hit szerepe a gyógyításban [The role of belief in healing. (Translation of an article by P. C. Kalloch with Ferenczi's short comments]. In: Gyógyászat 1904 (44), Nr. 1, S. 12–13.; In: FIR, S. 382–384.

Tudományos apróságok.[Scientific nuances] Az Újság, 1904. január 31. S. 19–20.; In: FIR, S. 200–202.

Tudományos élet I–II. [Scientific Life – I-II.] In: Az Újság, 1904. március 27., S. 19, und 1904. április 3., S. 12–13.; In: FIR, S. 203–206.

Kísérleti embriológia. [Experimental embryology] In: Jövendő 1904 (2), Nr. 16, S. 61–63.; In: FIR, 207–209.

Biológiai egységesség. [Biological uniformism] In: Jövendő 1904 (2), Nr. 31, S. 45–46.; In: FIR, 210–211.

Ranschburg Pál: A gyermeki elme fejlődése és működése, különös tekintettel a lelki rendellenességekre, ezek elhárítására és orvoslására [The development and working of the child's mind, with a special regard to disorders, to their elimination and healing] (Recenzió). In: Gyógyászat 1904 (44), Nr. 52, S. 828.; In: FIR, 220.

1905

A neurasthenia két kóralakjáról. [Two syndroms of nuerasthenia] In: Orvosi Hetilap 1905 (49), Nr. 10, S. 171. FIR, 335.

Friedrich-féle betegség. [The Friedrich's disease] In: Orvosi Hetilap 1905 (49), Nr. 11, (1905 március 12.) Elme és idegkórtan című Nr. 1 melléklete, S. 62.; In: FIR, 336.

A rákbetegség keletkezéséről. [The origin of cancer disease] In: Jó Egészség 1905 (4), Nr. 9, S. 86–87.; In: FIR, 229–230.

Forel, Ágost: „Die sexuelle Frage" [A szexuális kérdés. (Recenzó)] Budapesti Orvosi Újság Urológiai melléklet 1905 Nr. 4, S. 71–75.; In: FIR, 249–252.

1906

Beiträge zur wissenschaftlichen und praktischen Medizin [Adalékok a tudományos és gyakorlati orvosláshoz. (Recenzió)]. In: Gyógyászat 1906 (46), Nr. 51, S. 851.; In: FIR, 271.

1907

A munkásbiztosítási törvénynek az orvosokat érintő rendelkezéseiről. [The law on workers' insurance and its orders concerning medical doctors] In: Gyógyászat 1907 (47), Nr. 17, S. 297–298.; In: FIR, 275–276.

Dr. Stiller Bertalan: „Az astheniás alkati betegség" [The constitutional illness of asthenia] (Recenzió). In: Gyógyászat 1907 (47), Nr. 41, S. 699–700.; In: FIR, 288–289.

1908

A női ruházat. Orvosok és művészek nyilatkozatai [Levél női ruházkodásról szóló körkérdéshez]. [The feminine dress. An answer to the ciricular question on feminine dress directed to physicians and artists] In: A Nő és a Társadalom 1908 (2), Nr. 1, S. 7.; In: FIR, 293.

Sexualis pedagógia [Kemény Ferenc: „A nemi probléma" c. könyvének recenziója]. [Sexual padagogy. A review on the book by Ferenc Kemény "The sexual problem".] In: Budapesti Orvosi Újság, Urológiai Melléklet 1908, Nr. 1, S. 2–5.

Baleseti sérülés okozhat-e progressiv paralysist? [Can tramautic injuries cause paralysis progressiva?] In: Gyógyászat 1908 (48) Nr. 28, S. 459–472.

1915-1930

Előszó. S. Freud: Az álomról (ford. Ferenczi Sándor) magyar nyelvű kiadásához. [A foreword to the Hungarian edition of Sigmund Freud's Über den Traum] Dick Manó, Budapest, 1915.; 1919, S. 3–4.

A lélek ismerője. [The knower of soul] In: Színházi Élet 1918 (december 22–29.), Nr. 51. S. 17.; In: Erős Ferenc (Hg.): Ferenczi Sándor. Új Mandátum, Budapest, 2000, S. 59.

[Önéletrajz, Budapest, 1925. aug. 1.]. (Gulyás Pál hagyatékából, OSZK, Kézirattár, közreadta: Lengyel András). [An autobiography. From the legacy of Pál Gulyás. Manuscript collection of the National Széchenyi Library, Budapest. Published by András Lengyel.] In: Thalassa 2001 (12), Nr. 1. S. 143-144.

Erotikus nehézségek a házasságban. (G. Groddeck-kel közösen). [Erotic difficulties in marraiage, written together with G. Groddeck (originally published in: Die Arche no. 14.,11. nov. 1925. (translated by Rudolf Pfitzner).] In: Thalassa 2000 (11), Nr. 2–3, S. 221–228.

Pszichoterápiai jelszavak.[Psychotherapeutic slogans] In: Pesti Napló, 1928. május 27.; In: Thalassa 2001 (12), Nr. 1, S. 144-145.

Magatartástan. [On Behaviorism] In: Századunk 1930, S. 524–525.; In: Thalassa 2005 (16), Nr. 1, S. 117-118.

Judith Dupont, Paris
Bibliographie Sándor Ferenczis in französischer Sprache

- Thalassa. Psychanalyse des origines de la vie sexuelle
Suivi de «Masculin et féminin»
Edition établie, présentée et annotée par Nicolas Abraham
« Thalassa » est traduit par J.Dupont et S.Samama
« Masculin et féminin » est traduit par Mlle Grin
Petite bibliothèque Payot, 1965

- Psychanalyse I, Œuvres complètes 1908-1912
Traduction de J. Dupont avec la collaboration de Ph. Garnier
Préface de Michael Balint
Payot, Paris, 1968

- Psychanalyse II, Œuvres complètes 1913-1919
Traduction de J. Dupont et M. Viliker, avec la collaboration de Ph. Garnier
Préface de Michael Balint
Payot, Paris, 1970

- Psychanalyse III, Œuvres complètes 1919-1926
Traduction de J. Dupont et M. Viliker
Introduction de Judith Dupont
Payot, Paris, 1974

- Psychanalyse IV, Œuvres complètes 1927-1933
Traduction par l'Equipe du Coq-Héron (J.Dupont, S.Hommel, P.Sabourin, F.Samson, B.This)
Préface de Pierre Sabourin: «Vizir secret et tête de turc»
Introduction par Michael Balint: «Les expériences techniques de Sándor Ferenczi, perspectives pour une évolution future»
Note des traducteurs
Payot, Paris, 1982
(Ces quatre ouvrages ont été plusieurs fois ré-imprimés)

- Correspondance (1921-1933) Sándor Ferenczi/Georg Groddeck
Traduction, notes et commentaires par le Groupe de traduction du Coq-Héron : Judith Dupont, Susanne Hommel, Françoise Samson, Pierre Sabourin, Bernard This
Introduction par Pierre Sabourin
Préface: «Les sources des inventions» par Judith Dupont
«Walter Georg Groddeck» par Bernard This
Lettre de Margaretha Honegger à Michael Balint
Annexe: Lettres (extraits) de Frédéric Kovács à Vilma Kovács durant son séjour à Baden-Baden. Payot, Paris, 1982

- *Journal clinique, janvier-octobre 1932*
Traduction par le Groupe de traduction du Coq-Héron : Suzanne Achache-Wiznitzer, Judith Dupont, Susanne Hommel, G. Kassaï, Françoise Samson, Pierre Sabourin, Bernard This
Introduction (1969) de Michael Balint
Notes pour une préface (1969) de Michael Balint
Note des traducteurs
Avant-propos de Judith Dupont
Payot, Paris, 1985

- *Correspondance Sigmund Freud/Sándor Ferenczi, Tome I (1908-1914)*
Edité par Eva Brabant, Ernst Falzeder, Patrzia Giampieri-Deutsch
Sous la direction d'André Haynal
Traduction par le Groupe de traduction du Coq-Héron: Suzanne Achache-Wiznitzer, Judith Dupont, Susanne Hommel, Christine Knoll-Froissard, Françoise Samson, Pierre Sabourin, Pierre Thèves, Bernard This
Introduction par André Haynal
Paris, Calmann-Lévy, 1992

- *Correspondance Sigmund Freud/Sándor Ferenczi, Tome II (1914- 1919)*
Edité par Eva Brabant, Ernst Falzeder avec la collaboration de Patrzia Giampieri-Deutsch, sous la direction d'André Haynal
Traduction par le Groupe de traduction du Coq-Héron: Suzanne Achache-Wiznitzer, Judith Dupont, Susanne Hommel, Christine Knoll-Froissard, Françoise Samson, Pierre Sabourin, Pierre Thèves, Bernard This
Introduction par Axel Hoffer
Paris, Calmann-Lévy, 1996

- *Correspondance Sigmund Freud/Sándor Ferenczi, Tome III (1920- 1933*
Edité par Eva Brabant, Ernst Falzeder avec la collaboration de Patrzia Giampieri-Deutsch, sous la direction d'André Haynal
Traduction par le Groupe de traduction du Coq-Héron: Suzanne Achache-Wiznitzer, Judith Dupont, Susanne Hommel, Christine Knoll-Froissard, Françoise Samson, Pierre Sabourin, Bernard This
Introduction par Judith Dupont
Paris, Calmann-Lévy, 2000
- *Confusion de langue entre l'enfant et les adultes*
    Paris, Payot, 2004
- *Le jeune Ferenczi* par Claude Lorain
    Paris, Aubier Montaigne, 2004

BUCHBESPRECHUNGEN

Annelie Keil, Dem Leben begegnen
Ariston, München, 2006

Annelie Keil hat in ihrem Buch: „Dem Leben begegnen", mit rhetorischer Kraft und entwaffnender Direktheit, ihre eigenen Lebenserfahrungen, interdisziplinäre, wissenschaftliche Erkenntnisse und Lebensweisheiten zusammengefasst. Ins Zentrum ihres Buches stellt sie das unverzichtbare Menschenrecht, an der Gestaltung des eigenen Lebens mitzuwirken. Sie webt leidenschaftlich einen dichten Teppich aus vielen Fäden – Embryogenese, frühkindliches Bindungsgeschehen, das Systembild des Lebens, aktive Selbstorganisation, Autopoiesis und Co-evolution, innere Leitbilder, soziale Ungerechtigkeit, Machtstrukturen und Bevormundungen, die das Leben behindern, Krankheit, Kranksein und Heilung, Psychosomatik und öffentliche Gesundheit, wissenschaftliche Ethik und Spiritualität. Trotz ihrer großen Spannweite schreibt sie nie zu viel, oberflächlich oder unverbunden. Sie nimmt sich in ihrem Buch die wohltuende sprachliche Freiheit, den Wechselfällen des Lebens entsprechend, intelligente Reflexion mit Schilderung eigener Lebenswege und klaren Worten zu verbinden.

Die LeserInnen werden ermutigt „sich selbst bei der Hand zu nehmen" um ihr geschenktes, „nacktes Leben" immer wieder neu zu träumen, Wissen und Erkenntnis in der Praxis zu suchen, zu wagen aus Phasen des Scheiterns zu lernen. Sie zitiert O. Holmes: „ Was hinter uns liegt und was vor uns liegt, sind Winzigkeiten, im Vergleich zu dem, was in uns liegt". Mit humorvoll rebellischer Sprache, schreibt Annelie Keil fast märchenhaft über die „aktive Geburtsvorbereitung" des wachsenden Embryos, dem „ biologischen Überraschungsei", auf dessen bevorstehendes „Abenteuer Leben". „Wir bekommen Leben nur als eine Möglichkeit, leben müssen wir es selbst". Lebensgeschichte wird von ihr als jeweils besondere, eingefleischte, leibliche Identität verstanden. „Das Biologische hat immer auch ein Subjekt". Soziale Unterstützung und Zusammenhalt sind unverzichtbare Grundbedingungen des erfolgreichen Versuchs eigenes Leben zu gestalten. „Dasein ist immer auch ein Mitsein". Krankheit wird als „unbewußter Streik" des Lebens geschildert. Genesung und Heilung sind für sie erfolgreiche Anpassungsleistungen, welche „neu leben lernen". Immer wieder taucht Albert Schweitzer, das Idol der frühen Jugend der Autorin, auf: „Ich bin Leben, das leben will, inmitten von Leben, das auch leben will."

Am Ende ihres Buches illustriert Annelie Keil ihre Überlegungen mit autobiografischen Schilderungen. Diese stehen stellvertretend für die vielen Schicksale von Kriegskindern und Frauen, die „trotz alledem" ihren Weg gegangen sind. Als Kind wurde sie, aus sozialer Not, in ein Berliner Waisenhaus geschickt. Mit 6 Jahren flüchtet sie mit der Mutter, die sie inzwischen wieder zu sich genommen hat. Sie muss früh Späherdienste auf der Flucht machen. „In meiner Kindheit standen Frauen und Mütter ihren Mann, nicht die „Kerle" „. Ihre Mutter hält sie an, ihren „eigenen Kopf" zu gebrauchen. Kernsätze der Mutter sind: „Du darfst nicht weinen, auch wenn Du Angst hast. – „Wenn wir überleben wollen, dann musst Du etwas tun" Nach ihrem Abitur nimmt sie das Studium der Soziologie auf. Sie wird Aktivistin der Studentenrevolte und der Sache der Frauen und Schwachen. Mit nur 32 Jahren wird sie 1971 an der neu gegründeten Universität Bremen eine der jüngsten Professorinnen Deutschlands. Sie muss in ihren Begegnungen mit dem Leben einige schmerzhafte Rückschläge wegstecken. Als junge Frau erleidet sie einen Herzinfarkt, später bekommt sie Brustkrebs. Immer wieder nimmt sie, aus Liebe zum Leben, den Kampf um ihr Leben an. Ein wichtiger Mentor ist für sie dabei Wilhelm Reich und dessen Überlegungen zur Lebensenergie und zur politischen Utopie. Später schreibt sie, zusammen mit anderen von Brustkrebs betroffenen Frauen, ein Buch zu Stärkung des Lebenswillens der Betroffenen. Sie engagiert sich in der politischen Jugendarbeit, setzt sich für die Verbesserung der Bedingungen psychisch kranker Menschen ein. Mit einem Projekt chronisch psychisch Kranker gestaltet sie eine Ausstellung in New York, arbeitet in einem Sozialprojekt in Guatemala, reist zu indianischen Schamanen und meditiert im fernen Tibet. Viele Jahre organisiert sie einen bemerkenswerten Kongress zu „Visionen einer menschlichen Zukunft", als Dialog von Wissenschaft, Kunst und Spiritualität. Zu ihren langjährigen DialogpartnerInnen gehörten u.a. Hannah Arendt, Viktor von Weizäcker, Ivan Illich, Humberto Maturana, Hugo Kükelhaus, Jane Godall, Rigoberta Menchu, Klaus Dörner, Henning Scherf, Gerald Hüther. Als sie 2004, zuletzt als Dekanin der von ihr initiierten Fakultät für Gesundheitswissenschaften, aus dem akademischen Leben ausscheidet, hat sie vieles in Bewegung gesetzt, sowohl an der Universität Bremen als auch in der sozialen Welt der Hansestadt.

Dies ist in vielfacher Hinsicht ein außerordentliches, sehr zu empfehlendes Buch. „Dem Leben begegnen" baut auf eigenen Lebenserfahrungen der Autorin auf, welche diesem Titel gerecht werden. Vor zwei Jahren wurde Annelie Keil für ihr umfangreiches soziales Engagement mit dem Bundesverdienstkreuz geehrt. Wer dieses dicht geschriebene Buch gelesen hat, welches eine ermutigende Anstiftung zum eigenständigen Leben ist, der kann diese Ehrung nachvollziehen. Wer die Möglichkeiten seines eigenen Lebens und das der Anderen schätzt und fördern will, der kann aus diesem Buch viele nützliche Anregungen und Fragen gewinnen.

Helmut Milz, Marquartstein

Evolutionäre Psychologie und Genderforschung in der Integrativen Therapie: Eine kurze Zusammenstellung anlässlich der beiden Buchveröffentlichungen von Doris Bischof-Köhler und David. M. Buss

Doris Bischof-Köhler, Von Natur aus anders
Stuttgart, Kohlhammer, 2004, 2. Auflage, 430 Seiten

David M. Buss, Evolutionäre Psychologie
München, Pearson Studium, 2004, 2. Auflage, 599 Seiten

Die Evolutionstheorie von *Charles Darwin* ist seit ihrer Formulierung, auch *Darwins* eigenen negativen Erwartungen entsprechend (*Darwin* 2002), in weiten Kreisen der Psychologie und Soziologie, der Politik und Gesellschaft, auf harsche Kritik gestoßen. Sie entsprach nicht dem seinerzeit aufkeimenden Verständnis von der Bedeutung von Sozialisationsprozessen in der Persönlichkeitsentwicklung - auch nicht denen der „Freiheit" des Menschen - und schien, wenn sie oberflächlich gelesen und interpretiert wurde, einen kruden Reduktionismus im Bereich der menschlichen Würde und der Geschlechter darzustellen. Einige dieser Umstände machten sich die Nationalsozialisten missbräuchlich zunutze und begründeten damit die Prinzipien ihrer faschistischen Eugenik, wodurch die Evolutionstheorie im Bereich der Psychologie und Psychotherapie für lange Zeit in Verruf geriet. Dies wurde noch dadurch forciert, dass Vertreter von eliminativ-deterministischer sozialdarwinistischer Orientierungen ständig wieder Missverständnisse in der Folge von *Spencer* (1820-1903) anheizten, der in „The principles of biology" [1864-1867] das Diktum „Survival of the fittest" prägte, das *Darwin* mit der 5. Auflage seines Werkes „Origin of Species" leider ergänzend zu seinem Fachausdruck „*Natural Selection*" übernahm (ab der 5. Auflage der „Origin of Species": „*Natural Selection; or The Survival of the Fittest*", was aber übersetzt werden müsste mit „Überleben des Passendsten" von engl. „fit" – nicht „des Stärksten"!). Soziolbiologen wie *Wilson* (1983) sind so sozialdarwinistisch (fehl)interpretiert worden. In der Biologie indes blieb die Evolutionstheorie stets die Leittheorie (*Gould* 2002). In den deutschsprachigen Ländern waren es vor allen Dingen Schüler von *Konrad Lorenz*, di über die Ethologie, die Verhaltensforschung in die Psychologie wirkten, und mit *Norbert Bischof* (1985) trat ein erster deutschsprachiger Evolutionspsychologe auf den Plan, der noch vor der amerikanischen Bewegung der „evolutionary psychology" eine eigenständige evolutionspsychologische Position entwickelte. Die negativen Einstellungen gegenüber dem Darwinistischen Ansatz liegen zum Teil an einigen grundlegenden Missverständnissen, die ich hier – sinngemäß aus der Publikation von *David Buss* zitiert und erweitert - kurz andeuten will.

Das erste dieser Missverständnisse bezieht sich auf die fälschliche Annahme, dass das menschliche *Verhalten von den Genen bestimmt und determiniert* werde und Umwelteinflüsse nur eine untergeordnete Rolle spielen würden. Diese Annahme ist falsch und wird von evolutionären Psychologen nicht gestützt (*Lewontin* et al. 1988). Erfolgreiche Adaptionen sind ausschließlich aufgrund andauernder Umwelteinflüsse entstanden, für die Menschen seit Millionen von Jahren Lösungen gesucht haben; sie stellen damit im Sinne von *K.Lorenz* eine bestimmte Form der Interaktion zwischen Mensch und Umwelt dar.

Das zweite Missverständnis bezieht sich auf eine Vorstellung der *Unveränderbarkeit von Verhaltensdispositionen*. Auch diese Annahme ist eine Fehlannahme. Würden wir das, was dispositionell über Jahrmillionen hin gewachsen ist, nicht spontan auf sozialpsychologische Verhältnisse unserer Umgebung einstellen können, wären wir gerade in unserer Zeit, in der Veränderungen mit einer noch nie da gewesenen Geschwindigkeit ablaufen, völlig handlungsunfähig. Neuere Untersuchungen zeigen sehr deutlich, dass die Gene eine sehr breite, offene „Schnittstelle" für unser Erleben und Verhalten aufweisen, sie *reagieren* in ihren *Expressionen* und *Regulatioen* auf Kontextbedingungen, auf Verhaltens- und Erlebenssignale. Damit laufen Gene nicht auf „Autopilot", sondern Umwelt und Genexpression beeinflussen sich wechselseitig, so dass zum Beispiel eine Adaption, die den *Gemeinsinn* fördert, reziproken Altruismus zur Überlebenssicherung (*Hamilton* 1964), wiederum zurückwirkt auf die Bildung sozialethischer Moral und damit *kulturbildend* wird. Dies ist ein Aspekt, den gewisse Evolutionspsychologen (keineswegs alle) zu wenig berücksichtigen, vor allem *David Buss* (vgl. hierzu *Monroe* 1996; *Lewontin* et al. 1988; *Wright* 1996). Denn: „ ...die Biologie ist keine zweite Physik", wie *Ernst Mayr* (2005), der große Forscher der Evolutionsbiologie es ausgedrückt hat, sondern ein hochdynamisches System, das mit seiner Umwelt in höchst komplexen Wechselbeziehungen steht.

Das dritte Missverständnis betrifft die Vorstellung, *gegenwärtige Mechanismen seien optimal ausgebildet*, nur weil sie Jahrmillionen alte Adaptionen darstellen. Auch das ist strittig. Unsere Umwelt weicht in vielen Dingen oft sehr drastisch von den Umwelten ab, die einen Großteil unserer Evolutionsgeschichte prägten (*Glantz/Pearce* 1989). In vielen Bereichen sind wir alles andere als optimal angepasst. Die Evolution bewerkstelligt Veränderungen nur über große Zeiträume hinweg; jede Veränderung der Umwelt bringt einen Selektionsdruck mit sich, auf den die genetische Drift immer nur kompromisshaft und mit Annäherungen reagiert. Das bedeutet, dass der Entwurf des heutigen Menschen sich auf Umwelten („environment of evolutionary adaptedness") bezieht, die Jahrmillionen zurückliegen; anders ausgedrückt, laufen wir mit Gehirnen und Verhaltensdipositiven von Steinzeitmenschen in unserer modernen Umwelt herum und passen uns nur mehr oder weniger gut an Veränderungen an.

Das vierte Missverständnis beinhaltet Aspekte der *Geschlechterkonkurrenz* sowie *Voreingenommenheiten gegenüber empirischer Forschung*. Die evolutionäre Psychologie ist, zusammen mit der Motivationspsychologie, der kognitiven Psychologie und der Sozialpsychologie, ein Wissenschaftsbereich, der konsequent der Frage nach den *basalen* Antrieben, Motivationen und Verhaltensdispositionen von Menschen – verstanden als Männer und Frauen – nachgeht, und dies auf eine weniger präformierte und tendenziöse Art, wie das *Sigmund Freud* in seiner Sexual- und Aggressionstheorie getan hat (vgl. *Rudolph* 2003; *Frey/Irle* 2002a, b; *Stroebe* et al. 2003). Gerade die Genderforschung ist ein sensibler Bereich, der für den Missbrauch und die Missdeutung von empirischen Daten anfällig ist. Alle Ergebnisse empirischer Forschung lassen sich missbrauchen, was auch mit den Ergebnissen der Evolutionären Psychologie geschehen kann und geschieht. *Signifikanzen* bilden nicht die „Wirklichkeit" ab, sondern *Häufigkeiten*; es liegt also an der Seriosität eines Autors und nicht an der Evolutionären Psychologie, ob ein emanzipatorischer Nutzen aus diesem Forschungsgebiet gezogen werden kann.

Die erste Auflage des Buches von *Doris Bischof-Köhler* erschien 2002 und war in einschlägig an Evolutionspsychologie und Genderforschung interessierten Kreisen sofort gut angekommen. Allein, dass hier eine *Frau* über die seit langem umstrittenen Thesen aus der Biologie und der Evolutionären Psychologie schrieb, erwirkte schon Aufmerksamkeit. Die Autorin beschreibt, wie sie Mitte der 80er Jahre zum ersten Mal eine Vorlesung über die Entwicklung geschlechtstypischer Verhaltensunterschiede hielt. In dieser Zeit rief das einerseits gemischte Gefühle hervor und Protest, andererseits Begeisterung und Interesse. An dieser Situation hat sich auch nach 20 Jahren noch nicht wirklich signifikant etwas geändert. Immer noch gehen vor allem Psychotherapeuten und PsychotherapeutInnen sehr zögerlich an eine Auseinandersetzung mit den Ergebnissen dieser Forschungsbereiche heran, obwohl gerade die aktuellen Genderdebatten, nicht nur im Fachbereich sondern auch in der Öffentlichkeit, dies zwingend erfordern würden.

In den letzten Jahrzehnten wurden trotz dieser Negierungen in vielen Hunderten von Untersuchungen die Theorien *Darwins* empirisch weiter überprüft, durch andere Autoren modifiziert, erweitert und verfeinert[1], und das Interesse an genderspezifischen Fragen in der Psychologie tauchte in den letzten 30 Jahren auch jenseits feministischer Bewegungen in Deutschland wieder auf. Die Evolutionäre Psychologie braucht in der Psychotherapie einen festen Platz, weil sie auf einer sehr basalen Ebene die grundlegenden Motivationen, Präferenzen und Entscheidungsregeln des Menschen in vielen Bereichen aufzeigen kann, in die weder die Motivationspsychologie (diese nur zaghaft) noch andere Theorien zu den „Antrieben des Lebens" – etwa die Triebtheorie *Freuds* – vorgedrungen sind. Neben den klassischen Themen der Überlebenssicherung und der natürlichen Selektion hat die evolutionäre Psychologie etwa Theorien aufgestellt für das Entstehen von Familien (nur etwa 6% aller höheren Säuger leben in Familien; da gibt es eine Erklärungsnot; *Buss*); sie erklärt, warum es Motivationen zur

---

[1] Quellliteratur hierzu: Williams 1966; Trivers 1985; Hamilton 1964; Monroe 1996; Hall/Halliday 1998; McFareland 1999; Meyer et al. 1999; Plomin et al. 1999, 2001; Goldsmith/Zimmermann 2001; Barrett et al. 2002; Bjorklund/Pellegrini 2002; Zupanc 2003; Burgess/MacDonald 2004; Buss 2004; Weber 2005).

elterlichen Investition gibt, und demgegenüber erhellt sie die Muster des Ressourcenerwerbs von Kindern im familiären und geschwisterlichen Kontext. Sie zeigt auf, dass wir soziale Wesen sind, die ohne die Angewiesenheit auf andere gar nicht hätten überleben können und bietet damit wichtige Einsichten zu den Fragen des „reziproken Altruismus" bzw. der Dynamiken, die zur Bildung von Affiliationen, Freundschaften, Gemeinschaften und Allianzen führen; alles Motivationen und Antriebe, die weit über den von *Freud* angenommenen Sexualtrieb und seine vorgeblichen Derivate hinausführen. Über diese Themen berichtet das Buch von *David Buss* tiefgreifend und ausführlich, mit einer Unzahl von Untersuchungen, die in ihrem Design dargestellt und stets einer kritischen Betrachtung unterzogen werden.

Ein weiterer zentraler Bereich der Evolutionären Psychologie befasst sich mit der Frage, was dafür sprach, dass in der Evolution zwei Geschlechter entstehen konnten, welche Aufgaben und Aufgabenteilungen beiden Geschlechtern in der Evolutionsgeschichte zufielen und schließlich, welche unterschiedlichen Adaptionen Männer und Frauen aus dieser Geschichte entwickelten. Diese Themen werden in beiden hier besprochenen Büchern abgehandelt, wobei *Doris Bischof-Köhler* nicht nur auf Unterschiede bei erwachsenen Männern und Frauen eingeht sondern auch auf Entwicklungsspezifika beider Geschlechter. Diese Betrachtungsweise wird noch lange innovativ bleiben und – hoffentlich vor allem – praktizierende Psychotherapeuten intensiv beschäftigen, zumal *Freud* und die Vertreter des Freudismus und der Reichianer hier nur obskurantistische Spekulationen mit patriarchalischen Tendenzen hervorgebracht haben (siehe aber *Ferenczi,* dieses Heft, Beitrag *Pfitzner*). Die Mehrzahl der anderen „Schulen" (VT, Systemiker) haben das Thema ausgeblendet, einige haben sexistische Positionen vertreten (wie *F. Perls* u. *P. Goodman*).

Schon früh wurde in der Integrativen Therapie in Theorie und Ausbildung auf das Verständnis von genderspezifischen Entwicklungscharakteristika aufmerksam gemacht: männliche Therapeuten sollten sich für weibliche und weibliche TherapeutInnen für männliche Antriebe, Motivationen und Präferenzen interessieren, für die Charakteristik ihrer Emotionalität und die Art und Weise ihres Denkens und Bewertens (Kognitionen, Attribution, Kontrollmeinungen) und lernen, Verhaltensstereotype einzuschätzen (*Frühmann/Petzold* 1994) – und das durchaus auf evolutionspsychologischer Basis (*Petzold* 2005t). „Gender" wird damit zu einem Thema, das weit über „Feminismus" hinausreicht. Männer und Frauen haben unterschiedliche Präferenzen in Bezug auf Fürsorge, auf Geborgenheit und Intimität, auf Verantwortlichkeiten, sie interessieren sich partiell für völlig andere Lebensthemen und Herausforderungen, sie haben unterschiedliche Ziele und Stile in Bezug auf Macht, Hierarchie, soziale Position und Dominanz, und gerade hier muss man differenziert hinsehen, um nicht in alte Stereotypisierungen zu verfallen, nach dem Motto: „es kann nicht sein, was nicht sein darf". Auf diese gesellschaftlich-kulturellen Probleme geht, obwohl beide Autoren diese Themen berühren, *Doris Bischof-Köhler* in ihrem Buch noch detaillierter ein.

Ein weiteres Gebiet, zu dem beide Bücher enormen Wissenszuwachs bringen, ist die ganze Frage der Partnerwahlpräferenzen. Was ist Frauen und Männern hierbei eigentlich wichtig? Welche Rolle spielen Motivationen aus dem Bereich der „Selektion" hierbei? Welche evolutionär bedingten Motivationen stehen hier Pate? Wodurch sind kurz- und langfristige Partnerwahlmotivationen begründet? Dies ist ein Bereich, zu dem es bereits eine Menge an Literatur gibt, die verschiedenen Tendenzen repräsentieren (z.B. *Maccoby* 2000; *Heij* 1996; *Fisher* 1993; *Pasero/Weinbach* 2003). Hier Klärung zu bringen ist eine wirkliche Herausforderung. Unddie beiden Autoren der hier besprochenen Bücher tragen hierzu wesentliches bei.

Für die Integrative Therapie waren evolutionäre Positionen schon immer maßgeblich (*Petzold* 1986); durch den kulturellen Zeitgeist der vergangenen 30 Jahre, in dem das Interesse an Genderfragen stets gewachsen ist. Vor allem durch den enormen Zuwachs an einschlägigen Publikationen, ist jetzt ein Zeitpunkt gekommen, in dem diese Forschungsergebnisse mit den grundlegenden Konzepten der Integrativen Therapie verbunden werden konnten, etwa mit dem Konzept des „Informierten Leibes" (*Petzold* 2003a), das seit Beginn der Bewegung das Menschenbild in der Integrativen Therapie geformt hat. Zu diesem gehören genau genommen auch die neueren neurobiopsychologischen Forschungsergebnisse (etwa von *Lurija* und *Bernstein*, die in das Verfahren schon in seinen Anfängen eingearbeitet wurden, hier aber nicht weiter besprochen werden können).

Für die psychotherapeutische Praxis bedeuten diese Innovationen aber genau *keine* Wende ins Biologistische, ins verhaltenstherapeutische oder in die „Neuropsychotherapie", wie sie *Grawe* (2004) in seinem letzten Buch dargestellt hat. Sie bedeuten einfach, dass wir die psychischen, seelischen und sozialen Prozesse viel enger in Anbindung an die biologischen und neuropsychologischen Realitäten sehen und psychotherapeutische Interventionen solcherart besser anpassen können (das gilt natürlich auch für entwicklungspsychologische Anpassungen, die hier auch mit eingehen). Dies alles wird mit hoher Wahrscheinlichkeit noch großen Nutzen erbringen, in Richtung auf eine dem Menschen immer besser angepasste Therapie, eine „Humantherapie", wie *Petzold* (2003a) sie nennt, wenngleich hier sicherlich noch viel Transferarbeit zu leisten sein wird.

Die beiden besprochenen Bücher sind Publikationen, die im Vergleich zu den weit gestreuten Einzeluntersuchungen der Evolutionären Psychologie und der Genderforschung leicht zugänglich sind. Darin liegt natürlich auch eine Gefahr, nämlich die hier dargestellten Positionen für die einzigen oder die richtigen zu halten. Das wäre eine Fehlannahme. Die Evolutionäre Psychologie – eine junge Disziplin - vertritt diversifizierte Positionen (z.B. *Mayr* 2005; *Gould* 2002; *Weber* 2005; *Lewontin* et al. 1988; *Kenair* 2002, 2006; vgl. *Petzold* 2006). Trotzdem sind die beiden Bücher als Einführung unverzichtbar und meines Erachtens deshalb– wie hier beschrieben – am besten im „Doppelpack" zu genießen.

Peter Osten, München

Literatur:

Barrett, L., Dunbar, R., Lycett, J. (2002): Human Evolutionary Psychology. New York: Palgrave.

Bischof, N. (1985):Das Rätsel Ödipus. Die biologischen Wurzeln des Urkonflikts von Intimität und Autonomie, München:Piper, 3. Aufl., Rowohlt, Reinbek 1991.

Bjorklund, D.F., Pellegrini, A.D. (2002): Origins of Human Nature: Evolutionary Developmental Psychology. American Psychological Association (APA).

Burgess, L., MacDonald, K. (2004): Evolutionary Perspectives on Human Development. Sage Publications.

Darwin, Ch. (2002): Die Abstammung des Menschen. Stuttgart: Kröner.

Fisher, H. (1993): Anatomie der Liebe. Warum sich Paare finden, sich binden und auseinandergehen. München: Droemer-Knaur.

Frey, D., Irle, M. (2002a): Theorien der Sozialpsychologie, Bd. 2: Soziales Lernen, Interaktion und Gruppenprozesse. Bern: Huber.

Frey, D., Irle, M. (2002b): Theorien der Sozialpsychologie, Bd. 3: Motivation und Informationsverarbeitung. Bern: Huber.

Frühmann, R., Petzold, H. (1994): Lehrjahre der Seele. Lehranalyse, Selbsterfahrung, Eigentherapie in den psychotherapeutischen Schulen. Paderborn: Junfermann.

Glantz, K., Perace, J. (1989): Exiles from Eden: Psychotherapy from an evolutionary perspective. New York: Norton.

Goldsmith, T.H., Zimmermann, W.F. (2001): Biology, Evolution and Human Nature. New York: Wiley.

Gould, S.J. (2002): The structure of evolutionary theory. Cambridge: Belknap.

Grawe, K. (2004): Neuropsychotherapie. Göttingen: Hogrefe.

Hall, M., Halliday, T. (1998): Behaviour and Evolution. Berlin: Springer.

Hamilton, W.D. (1964): The genetical evolution of social behaviour. *J. f theoretical Biology*, 7, 1-52.

Hejj, A. (1996): Traumpartner. Evolutionspsychologische Aspekte der Partnerwahl. Berlin: Springer.

Kenair, L.E.O. (2002): Evolutionary Psychology: An emerging integrative perspective within the science and practice of psychology. *Human Nature Review* 2, 17.61.

Kenair, L.E.O. (2006): Evolutionspsychologie, Lebens-Geschichts-Theorie und Psychotherapie-Integration. Integrative Therapie 32, 25-61.

Lewontin, R.G., Rose, S., Kamin, L.J. (1988): Die Gene sind es nicht. München: PVU.

Maccoby, E.E. (2000): Psychologie der Geschlechter. Sexuelle Identität in den verschiedenen Lebensphasen. Stuttgart: Klett-Cotta.

Mayr. E. (2005): Das ist Evolution. München: Goldmann.

McFareland, D. (1999): Biologie des Verhaltens, Evolution, Physiologie, Psychobiologie. Heidelberg: Spektrum.

Meyer, W.-U., Schützwohl, A., Reisenzein, R. (1999): Einführung in die Emotionspsychologie. Evolutionstheoretische Emotionstheorien. Bern: Huber.

Monroe, K.R. (1996): The heart of altruism – perceptions of a common humanity. New York: Princeton UP.

Pasero, U, Weinbach, Chr. (2003): Frauen, Männer, Gendertrouble. Systemtheoretische Essays. Frankfurt a.M.: Suhrkamp.

Petzold, H.G. (1986): Zur Psychodynamik der Devolution. *Gestalt-Bulletin* 1, 75-101

Petzold, H.G. (2003a): Integrative Therapie. Modelle, Theorien und Methoden für eine schulenübergreifende Psychotherapie, Bde. I, II, III. Paderborn: Junfermann, 2. Aufl. überarbeitet und erweitert; erste Auflage von 1993.

Petzold, H.G. (2005t): Homo migrans. Der „bewegte Mensch" – Frauen und Männer in Bewegung durch die Zeit. Transversale Überlegungen zur Anthropologie aus der Sicht Integrativer Therapie. www. FPI-Publikationen.de/materialien.htm - POLYLOGE: Materialien aus der Europäischen Akademie für psychosoziale Gesundheit - Jg. 2005; auch in: *Willke, E.* (2006): Forum Tanztherapie.

Sonderausgabe Jubiläumskongress. Pullheim: Deutsche Gesellschaft für Tanztherapie, S. 33-116.

Petzold, H.G. (2006): Evolutionspsychologie und Menschenbilder – Neue Perspektiven für die Psychotherapie und Ökopsychosomatik (Editorial). *Integrative Therapie* 32, 7-24.

Plomin, R., Defries, J.C., McClearn (1999): Gene, Umwelt und Verhalten. Bern: Huber.

Rudolph, U. (2003): Motivationspsychologie. Weinheim: PVU.

Spencer, H. (2002): The principles of biology. San Francisco: University Press of the Pacific [orig. 1964]

Stroebe, W., Hewstone, M., Stephenson, G.M. (2003): Sozialpsychologie. Eine Einführung. Berlin: Springer.

Trivers, R. (1985): Social evolution. Menol Park: Cummings.

Weber, T.P. (2005): Darwin und die neuen Biowissenschaften. Köln: DuMont.

Williams, G.C. (1966): Adaption and natural selection. New York: Princeton UP.

Wilson, E.O. (1983): Biologie als Schicksal. Die soziobiologischen Grundlagen menschlichen Verhaltens. Frankfurt a.M.: Ullstein.

Wright, R. (1996): Diesseits von Gut und Böse. Die biologischen Grundlagen unserer Ethik. München: Limes.

Zupanc, G.K.H. (2003): Behavioural Neurobiology. An integrative approach. Oxford: UP.

Remmel, A.; Kernberg, O.F.; Vollmoeller, W.; Strauss, B. (Hrsg.):
Handbuch Körper und Persönlichkeit.
Entwicklungspsychologie, Neurobiologie und Therapie von Persönlichkeitsstörungen. Stuttgart: Schattauer, 2006

Das Handbuch „Körper und Persönlichkeit" ist ein State-of-the-Art-Buch führender deutschsprachiger und internationaler Autoren zur Diagnostik und Therapie von Persönlichkeitsstörungen und Posttraumatischen Belastungsstörungen.

Der Schwerpunkt des Handbuchs liegt auf der Darstellung der Borderline-Persönlichkeitsstörung, ihrer Phänomenologie und Psychopathologie, ihrer Komorbiditäten bzw. Subtypen, und deren entwicklungspsy-chologischen und neurobiologischen Grundlagen.

Persönlichkeitsentwicklungsstörungen werden als Störungen der Affektregulation, der kognitiven Verarbeitung, der interpersonellen Beziehungen, der Selbstwahrnehmung und Selbstbewertung, und der Identitätsbildung verstanden. Wichtige Bedingungen für ihre Entwicklung sind auf *psychosozialer* Ebene gestörte Bindungsbeziehungen, Erfahrungen von Missachtung oder frühen Traumatisierungen, eine gering entwickelte Fähigkeit zur Mentalisierung und Affektregulation, und auf *somatischer* Seite neurobiologische Narben und eine beeinträchtigte Konnektivität in der Affektwahrnehmung und -regulation, der Informationsverarbeitung, Selbstwahrnehmung und Stressregulation, sowie genetisch bedingte Temperamentsfaktoren. Aus diesen *bio-psycho-sozialen* Wechselwirkungen resultieren auch Cluster von Aufmerksamkeitsdefizit- und Hyperaktivitäts-Syndromen, autodestruktive Einstellungen und Verhaltensmuster, sowie Spannungszustände und Dissoziationen, wie sie pathognomonisch für Borderline-Entwicklungsstörungen und Traumafolge-Erkrankungen sind.

Nach einem einführenden Beitrag von Andreas Remmel zu „Persönlichkeitsstörungen in der Perspektive einer medizinischen Anthropologie" gliedert sich das Handbuch in 6 Kapitel mit insgesamt 30 Einzelbeiträgen, die sehr übersichtliche grundlagenorientierte Arbeiten sowie sehr klare und gut strukturierte Beiträge zur allgemeinen und störungsspezifischen Diagnostik und Therapie darstellen.

In **Kap. I** *„Identität, Bindung, Emotionen: Grundlagen und Störungen personaler Entwicklungsprozesse"* beleuchtet Otto F. Kernberg die Bedeutung der Identität für die Entwicklung einer gesunden Persönlichkeit wie deren Defizite und Diffusion bei Persönlichkeitsstörungen. Rainer Krause widmet sich den Grundemotionen, deren protokognitiver Struktur und ihren Kernbeziehungsthemen und zeigt die zentrale Bedeutung gestörter Emotionsregulation für das psychische und psychosomatische Krankheitsgeschehen auf. Bernhard Strauss gibt eine systematische Übersicht über Ergebnisse der klinischen Bindungsforschung bei Persönlichkeitsstörungen und PTBS. Stephen W. Porges weist mit seiner polyvagalen Theorie auf die Bedeutung der Neuroception und des vegetativen Nervensystems im psychosomatischen Krankheitsgeschehen hin.

Im **Kap. II** zur „Diagnostik und Symptomatik von Persönlichkeitsstörungen" gibt Thomas Bronisch einen allgemeinen Überblick über Diagnostik, Komorbiditäten, Verlauf und Therapieevaluation bei Persönlichkeitsstörungen. Gerd Lehmkuhl stellt ausführlich die Entwicklung von Persönlichkeitsmerkmalen und Persönlichkeitsstörungen im Kindes- und Jugendalter dar. Martin Bohus und Christian Schmahl fassen die Diagnostik, die Epidemiologie, den Verlauf, die Prognose und die Psychopathologie der Borderline-Persönlichkeitsstörung übersichtlich zusammen.

Kap. III stellt umfassend und differenziert die Bedeutung der Genetik und Neurobiologie zum Verständnis der Borderline-Störung dar. Ulrike Ehlert und Urs Nater beschreiben psychobiologische Forschungsperspektiven in der Verhaltensmedizin und ihren Beitrag zur Erklärung gestörter Entwicklung und gehen dabei insbesondere auf das Stress-Konzept ein. W. John Livesley gibt einen systematischen Überblick über Forschungsergebnisse zu genetischen Einflussfaktoren auf Ätiologie und Entwicklung der Borderline-Persönlichkeitsstörung. Sabine Herpertz stellt empirische Befunde und biologische Korrelate der Affektdysregulation, Christian Schmahl und J. Douglas Bremner Ergebnisse der funktionellen, metabolischen und morphologischen Bildgebung bei Patienten mit Borderline-Persönlichkeitsstörungen dar. Schließlich fasst C. Sue Carter den aktuellen Wissensstand aus der tierexperimentellen und humanwissenschaftlichen Forschung zur Neurobiologie sozialer Bindungsbeziehunen zusammen.

In **Kapitel IV** zu „Kognitionen, Affekte, Handlungsimpulse – Körper und Körperrepräsentationen bei Persönlichkeitsstörungen" geben Andreas Remmel und Britta Richarz einen systematischen Überblick über moderne achtsamkeitsbasierte Ansätze in der Behandlung von Persönlichkeitsstörungen und Stress-Syndromen. Sie weisen auf die besondere Bedeutung der Bewusstseinsforschung innerhalb der Psychosomatik und auf die Bedeutung einer Aktivierung des „Monitoring-Bewusstseins", etwa durch achtsamkeitsbasierte Meditation, als Voraussetzungen und Begleitfaktoren wirksamer psychotherapeutischer Veränderungsprozesse hin. Rainer Krause, Cord Benecke und Gerhard Dammann stellen empirische Daten zu spezifischen Affekten bei Borderline-Patienten dar, Peter Joraschky, Angela von Arnim und Karin Pöhlmann Störungen des Körperselbst.

Im **Kap. V** „Allgemeine und störungsspezifische Behandlungskonzepte bei Persönlichkeitsstörungen" werden die aktuellen und evidenz-basierten Verfahren zur Behandlung von Borderline-Persönlichkeitsstörungen klar und umfassend dargestellt.
Peter Buchheim, Otto F. Kernberg, John F. Clarkin, Frank Yeomans und Stephan Doering zeigen die Grundzüge und Therapieprinzipien der übertragungsfokussierten

Psychotherapie auf. Gerd Rudolf stellt die strukturbezogene psychodynamische Therapie vor. Martin Bohus und Klaus Höschel geben eine Übersicht über die Behandlungsmodule und Behandlungsphasen der dialektisch-behavioralen Therapie nach Marsha Linehan.

In einem zweiten Teil des Kapitels stellen Martin Bohus und Ilona Brokuslaus den theoretischen Hintergrund und praktische Übungen zur Körpertherapie innerhalb der DBT vor Isabelle Frohne-Hagemann erläutert die Bedeutung der Musiktherapie bei Persönlichkeitsstörungen. Abschließend gibt Bernhard Strauss einen systematischen Überblick über die Ergebnisse der empirischen Psychotherapie-Forschung zur Behandlung von Persönlichkeitsstörungen. Dirk Wedekind und Borwin Bandelow nehmen in ihrem Beitrag zur Pharmakotherapie bei Persönlichkeitsstörungen Bezug auf das psychobiologische Modell von Persönlichkeitsstörungen, zeigen pharmakotherapeutische Therapieprinzipien auf, diskutieren Probleme der medikamentösen Therapie und geben konkrete medikamentöse Behandlungsempfehlungen.

Das abschließende **Kapitel VI** „Trauma, Körper und Persönlichkeit – Grundlagen, klinische Erfahrungen, therapeutische Strategien" widmet sich mit 8 Beiträgen umfassend dem Thema posttraumatischer Belastungsstörungen und ihren Verschränkungen mit Persönlichkeitsentwicklungsstörungen.

Dieter Wagner, Iris Schmidt und Christine Heim geben einen sehr klaren und umfassenden Überblick über die Psychobiologie der Posttraumatischen Belastungsstörung. Hans-Peter Kapfhammer ergänzt diesen Beitrag um die Neurobiologie von Trauma, Dissoziation und Somatisierung. Peter Heinl eröffnet mit seinem Beitrag zur Bedeutung der intuitiven Diagnostik einen „Aufbruch in den eigenen Denkraum". Regina Steil stellt kognitiv-behaviorale Ansätze zur Behandlung von Patienten mit posttraumatischen Belastungsstörungen vor, Angela von Arnim, Hans Müller-Braunschweig und Peter Joraschky körperbezogene Psychotherapieverfahren. Hilarion Petzold erweitert diese Ansätze um eine integrative Trauma—Therapie und „Trostarbeit" und stellt einen nicht-exponierenden, leibtherapeutischen, lebenssinnorientierten Ansatz vor.

Beate Herpertz-Dahlmann geht in ihrem Beitrag nochmals gezielt auf die Epidemiologie und den Verlauf, sowie die therapeutischen Implikationen von Persönlichkeitsstörungen im Kindes- und Jugendalter ein, Wolfgang Vollmoeller schließt mit einer Betrachtung zur Psychosomatik und Persönlichkeitstypologie.

Fasst man die Inhalte des 520 Seiten umfassenden Handbuches mit den grundlegenden Beiträgen der führenden Experten auf diesem Gebiet zusammen, so kann dieses Buch wärmstens und uneingeschränkt allen interessierten Lesern, Psychologen, Ärzten in psychotherapeutischer Ausbildung, und Therapeuten als Wegmarke und „Must" empfohlen werden, die sich aktuell, sachgerecht und eingehend mit dem Thema

Persönlichkeitsstörungen und posttraumatische Belastungsstörungen befassen wollen. Die gute und klare Gliederung der einzelnen Beiträge, die schulenübergreifende Grundhaltung der Herausgeber und die aktuellen Literaturverzeichnisse zu den jeweiligen Beiträgen sind weitere Gütekriterien des Buches.

Prof. Dr. med. Anton Leitner
Department für Psychosoziale Medizin und Psychotherapie
Donau- Universität Krems
Dr. Karl- Dorrek- Straße 30 A-3500 Krems
www.donau-uni.ac.at/psymed